Der Vampir

Gespenstergeschichten aus aller Welt

nymphenburger

Umschlaggestaltung: Werner Rebhuhn, Hamburg,
unter Verwendung einer Illustration von Klaus Ensikat
Einband: Klaus Ensikat

Satz und Druck: LVZ-Druckerei »Hermann Duncker«, Leipzig
ISBN 3-485-00451-0
Printed in the German Democratic Republic

Herausgegeben und mit einem Vorwort versehen
von Herbert Greiner-Mai

Mit 12 ganzseitigen Farbtafeln von
Irmhild und Hilmar Proft
(nach den Seiten 144 und 208),
Peter Nagengast
(nach den Seiten 176 und 448),
Klaus Ensikat
(nach den Seiten 224 und 464),
Regine Schulz/Burckhard Labowski
(nach den Seiten 240 und 384),
Feliks Büttner
(nach den Seiten 288 und 512),
Erika Baarmann
(nach den Seiten 336 und 416).

Vorwort

»Nirgends kann man den Grad der Kultur einer Stadt und überhaupt den Geist ihres herrschenden Geschmackes schneller und doch zugleich richtiger kennenlernen als – in den Lesebibliotheken«, schreibt Heinrich von Kleist am 14. September des Jahres 1800 an seine Verlobte Wilhelmine von Zenge. »Höre, was ich darin fand, und ich werde Dir ferner nichts mehr über den Ton von Würzburg zu sagen brauchen.« Und nachdem er vergeblich nach den Schriften Wielands, Goethes, Schillers gefragt, habe folgender Dialog den Bibliotheksbesuch beendet: »Was stehn denn also eigentlich für Bücher hier an diesen Wänden?« – »Rittergeschichten, lauter Rittergeschichten, rechts die Rittergeschichten *mit* Gespenstern, links *ohne* Gespenster, nach Belieben.« – »Soso.«

Holen wir sie wieder hervor, die Gespenster in weißen Gewändern, mit dumpfen Seufzern und hohlem Stöhnen und mit schaurigem Kettengerassel? Rufen wir sie herbei aus dem schottischen Hochland und den englischen Landschlössern, aus den deutschen Burgruinen der pseudoromantischen mondbeglänzten Zaubernächte?

Zitieren wir die Geisterschar der »Nacht- und Grabdichter« (Goethe), einem modischen Trend folgend, um unsere Leser zurückzuversetzen in wirre Vorstellungen längst vergangener Zeiten, um in ihnen Nervenkitzel, schönes (und zweckfreies) Grauen zu erregen?

Wir denken nicht daran. Wir halten es, im Gegenteil, genau mit Kleist, stehen voll zu seiner Attacke gegen die Vernebelung der Hirne durch eine Überflut trivialromantischer Machwerke.

Und wir halten es mit dem Romantiker Kleist, der die

wahre Literatur verteidigt und der im Jahre 1810 selbst eine der besten deutschen Gespenstergeschichten geschrieben hat: »Das Bettelweib von Locarno«.

Die Gespenstergeschichte als Genre, wie wir es verstehen und in dieser Anthologie darbieten, hat sich recht eigentlich in den Tagen der Romantik herausgebildet und in deren Spätphase ihre kunstvolle Ausformung erfahren. Dabei verstehen wir – um dies nur kurz anzudeuten – dieses Produkt der Romantik, diese Hinwendung zum Unheimlichen, Gespenstischen durchaus nicht nur als geistesgeschichtliche Reaktion auf die verstandesnüchterne Aufklärungsepoche, sondern sehen sie vielmehr primär als eigenwillig-künstlerisches Reagieren auf eine Zeit, in der eine festgefügte, jahrhundertealte Ordnung zerfiel und die Welt nicht mehr verstanden, sondern eben unheimlich, gespenstisch wurde.

Dabei haben sich Dichter, die dem Gespenstisch-Unheimlichen im menschlichen Leben und der Wirkung seiner künstlerischen Darstellung nach- und dem Grausig-Schaudervollen nicht aus dem Weg gingen, schon immer der Gefahr der Mißdeutung ausgesetzt. Ein Kronzeuge wie E. T. A. Hoffmann hat auf solche Vorwürfe sachkundig und überzeugend (in den »Serapionsbrüdern«) folgendermaßen geantwortet: »Warum sollte es dem Dichter nicht vergönnt sein, die Hebel der Furcht, des Grauens, des Entsetzens zu bewegen? Etwa weil hie und da ein schwaches Gemüt dergleichen nicht verträgt? Soll starke Kost gar nicht aufgetragen werden, weil einige am Tische sitzen, die schwächlicher Natur sind oder sich den Magen verdorben haben? ... Wir wissen ja alle, wie wunderbar die größten Dichter vermöge jener Hebel das menschliche Gemüt in seinem tiefsten Innern zu bewegen wußten. Man darf ja nur an Shakespeare denken! ... Ja, wohl ist das Entsetzliche, was sich in der alltäglichen Welt begibt, eigentlich dasjenige, was die Brust mit unverwindlichen Qualen foltert, zerreißt. Ja, wohl gebärt die Grausamkeit des Menschen, das Elend, was große und kleine Tyrannen schonungslos mit dem teuflischen Hohn der Hölle schaffen, die echten Gespenstergeschichten.«

Um echte Gespenstergeschichten in dem von E. T. A. Hoffmann artikulierten Sinn geht es in dieser Anthologie internationaler Erzählungen aus Europa und Nordamerika, der ein Band deutscher folgen wird. Nachdenken über vielleicht bis heute noch nicht ganz Erklärbares, über Ängste und Ursachen psychischer Zwänge der Menschen soll, bei allem Lesevergnügen, provoziert, nicht aber der Erregung zufälligen Spuks, blöder Angst und schönen Grauens das Wort geredet werden.

Locker chronologisch geordnet, geben unsere Erzählungen eine Art Übersicht über die Entwicklung des Genres. Dabei zeichnen sich bei allen genreeigenen Charakteristika – so der Bevorzugung bestimmter Örtlichkeiten und Tageszeiten, atmosphärischer Erscheinungen, von Gerüchten, Vorahnungen und Träumen – natürlich auch nationale Traditionen und Besonderheiten ab.

So ist eben Walter Scotts »Erzählung des blinden Spielmanns« von dem grausamen Gutsbesitzer Redgauntled auf Redgauntled, den sich das Volk nur als Teufelsbündler vorstellen kann, ebenso untrennbar mit der schottischen Lokalgeschichte und Folklore verbunden wie etwa William Austins »Peter Rugg«, der einen von einem Fluch ruhelos Umhergetriebenen schuf – den wir auch in der Gestalt des Fliegenden Holländers oder des Ewigen Juden kennen –, eine zur Legende gewordene Gestalt, die aus dem Volksglauben Neuenglands fortan nicht mehr wegzudenken war und auch in der nordamerikanischen Literatur der Folgezeit wiederholt auftauchte. Und der Teufelsspuk, auf dem die zugleich sozialkritische Geschichte »Der Johannisabend« von Nikolai Gogol beruht, ist ebensowenig ohne den russisch-ukrainischen Volksaberglauben vorstellbar wie die Vampirgeschichte des nicht mit seinem berühmteren Namensvetter zu verwechselnden Tolstoi – die mit Jan Nerudas Kurzgeschichte eine interessante moderne Prägung erfuhr – ohne die weit in die Geschichte zurückreichenden abergläubischen Vorstellungen der slawischen und Balkanvölker.

Ihren Siegeszug durch die europäischen Literaturen begann

die grausige Vampirgestalt übrigens in England mit der pseudobyronschen Erzählung von William Polidori (vgl. Quellenverzeichnis S. 525).

Wir deuteten bereits an, daß die Gespenstergeschichte auch auf internationale sagenhafte Motive zurückgreift. Wer fühlte sich nicht an die antike Sage von Pygmalion oder an den die Unschuld der geschändeten Tochter rächenden steinernen Komtur in Mozarts »Don Giovanni« erinnert, wenn er von Prosper Mérimée die zu gespenstisch-grausamem Leben erweckte Bronzestatue der »Venus von Ille« vorgeführt bekommt?

Angebracht scheint uns auch ein Hinweis auf die verschiedenen Erzählhaltungen der Autoren, die zwar im Zusammenhang zu sehen sind mit der jeweiligen historisch-nationalen Situation, aber doch weit über diese Zeitgebundenheit hinausreichen können.

Da gibt es die »objektive« Gespenstergeschichte, deren Autor das Phänomen des Gespenstischen interessiert und das er als solches mit seinen verschiedenen Requisiten darstellt, ohne darüber zu resümieren.

Von ganz anderer Art ist Bulwer-Lyttons »Unheimliches Haus in der Oxford Street«. Überzeugt von der Natürlichkeit aller unerklärlich scheinenden Phänomene und fasziniert von Fragestellungen, die aus der Naturphilosophie der Romantik herrühren, gibt der englische Klassiker der Gespenstergeschichte eine abgerundete Theorie von Gespenstererscheinungen und deren Ursachen, eine Lehre, die erst verständlich wird auf dem Hintergrund der naturwissenschaftlichen Errungenschaften der ersten Hälfte des 19. Jahrhunderts: der Entdeckung der Elektrizität, der Ausdeutung des Magnetismus, der Anwendung der Hypnose usw.

Tiefer unter die Haut als diese doch mehr äußeren Schauder erregenden Erzählungen gehen aber wohl die psychologisch tieflotenden Geschichten, in denen die Gespenster nichts anderes sind als die Inkarnation psychischer Nöte und Zwänge der Menschen. Dabei kann der Autor, gleichsam *über* dem Geschehen stehend, dem Leser die wahre Ursache der Geistererscheinung plausibel machen – so Balzac im »Staatsanwalt«, dem der Kopf des unschuldig Hingerichteten den Schlaf raubt, oder Andersen in der einfühlsamen Erzählung von »Anne Lisbeth«, der unmütterlichen Mutter. Der Schriftsteller kann aber auch, die Zusammenhänge selbst *nicht* durchschauend, dem Leser das unheimliche, das »verfluchte Ding« als unerklärtes Phänomen vorführen, wie es dem von Zweifeln und Ängsten erfüllten psychologischen Erzähler Ambrose Bierce meisterhaft gelingt.

Auch das humorvoll-ironische Element fehlt in diesem eigentlich so düsteren Genre nicht. Es kommt in der amourösen »Omphale« Gautiers in spielerisch-heiterer Weise zum Tragen, tendiert in Capuanas »Mastro Rocco« zum Burlesken und gerät Mark Twain in seiner »Geistergeschichte« zu einem Kabinettstückchen zeitkritischer Novellistik. Und in einem wahren Meisterwerk ironisch-satirischer Erzählkunst, dem köstlichen »Gespenst von Canterville«, stellt Oscar Wilde nicht nur die in Mode gekommene Unsitte reicher Amerikaner bloß, im merry old England ein »Geisterschloß« zu besitzen, sondern verurteilt vor allem die triviale Gespenstergeschichte mit allen ihren äußerlichen Requisiten zum Tod durch Gelächter.

»Das Geisterpack, es fragt nach keiner Regel,
wir haben aufgeklärt, und dennoch spukt's in Tegel.«

Dieses Goethe-Wortes eingedenk (es spricht der Proktophantasmist im Zweiten Teil des »Faust«), haben wir die Gespenstergeschichte nicht »regelmäßig« rubriziert und spezifiziert. Weder eine Typologie des Gespenstischen noch der von ihm erfüllten Erzählung haben wir für unsere aufgeklärte Zeit entworfen, noch über die immer noch beachtliche und zum Teil grausige Folgen zeitigende Verbreitung des Aberglaubens in unserer modernen Welt gehandelt.

Lediglich hinführen sollen diese Bemerkungen zu den hier versammelten Gespenstergeschichten aus einem Zeitraum von etwa hundert Jahren; vielleicht den Leser veranlassen, diesen

Geschichten *die* Aufmerksamkeit zu schenken, die sie verdienen als Repräsentanten eines Genres, das der Literatur immer wieder Stoffe und Möglichkeiten bietet, deren künstlerische Gestaltung den Leser immer wieder ergreift und zur Besinnung anregt.

Herbert Greiner-Mai

WILLIAM POLIDORI
Der Vampir

In der Zeit der winterlichen Bälle und Vergnügungen der Londoner tonangebenden Gesellschaft machte ein wegen seines sonderbaren Wesens auffallender Edelmann von sich reden, über dessen Lebenswandel die verschiedensten Versionen verbreitet wurden. Inmitten der ihn bei solchen Anlässen umgebenden Fröhlichkeit und Ausgelassenheit blieb er meist zurückhaltend, ja bis auf die üblichen Höflichkeiten scheinbar unbeteiligt. Doch ein Blick aus seinen grauen, auf seltsame Weise wie seelenlos glänzenden Augen bewirkte selbst bei den Unbefangensten eine unerklärliche Erregung, die jede unbeschwerte Heiterkeit verdrängte und ein Gefühl der Unsicherheit, verbunden mit leisem Schauder, hervorrief. Da er aber von attraktiver Gestalt und wohlgefälligen Manieren war, gab ihm dieses geheimnisvolle Fluidum in der gelangweilten englischen Adelswelt etwas magnetisch Anziehendes. Gerade seiner Sonderbarkeit wegen wurde er in die vornehmsten Häuser eingeladen, ja, man freute sich, ein Wesen um sich zu sehen, welches die lebhafteste Phantasie anzuregen vermochte.

Besonders der weibliche Teil der Gesellschaft behandelte ihn gleichermaßen mit Auszeichnung und Neugier, die er mit der Liebenswürdigkeit des geborenen Höflings quittierte. Doch fiel auf, daß seine Komplimente gegenüber denjenigen Frauen, die sich anmaßten, eine Vorzugsrolle zu spielen, sei es aus Gründen der Eitelkeit, Koketterie oder Weltgewandtheit, eine deutlich ironische Färbung enthielten, während er im Gegensatz dazu den sich durch Bescheidenheit, Tugend und Unschuld auszeichnenden jungen Mädchen mit großer Zuvorkommenheit und bemerkenswertem Zartgefühl begegnete.

Ein Zwischenfall, der fast zu einem Skandal geführt hätte, bezeugte, daß hinter alldem eine feste Gesinnung stand. Einst befand sich unter den geladenen Gästen die Frau eines Baronets, die erst durch ihre Verheiratung Zutritt zu den privilegierten Kreisen hatte, inzwischen aber gewohnt war, über Ansichten und Geschmacksrichtungen bei ihren Zuhörern zu gebieten und mit ihren meist frivolen Bonmots als unschlagbar zu gelten. Da bisher selbst die Avancen der begehrtesten unter den Damen der Gesellschaft dem geheimnisumwitterten Neuankömmling keinerlei nachdrückliche Gemütsbewegung oder gar leidenschaftliche Äußerungen hatten entlocken können, fühlte diese nun das unbedingte Verlangen, den bisher als unnahbar Geltenden in den Netzen ihrer sinnlichen Reize einzufangen, die sie mit der Kunst einer Kurtisane auswarf. Sie stellte sich ihm in den Weg und suchte auf alle Weise, selbst durch die gewagtesten Details ihrer Kleidung, seine Aufmerksamkeit auf sich zu ziehen, jedoch vergeblich. Ihre aufdringliche Koketterie blieb ohne den geringsten Erfolg, weshalb sie aus Zorn über ihre Niederlage die infamsten Verleumdungen und entehrendsten Gerüchte über den standhaft gebliebenen Kavalier ausstreuen ließ.

Um diese Zeit kam ein Jüngling namens Aubrey nach London. Von seinen Eltern, die er schon in früher Kindheit verloren hatte, war ihm und seiner Schwester ein sehr großes Vermögen zugefallen, das zur Zeit noch von zwei mit den nötigen Vollmachten ausgestatteten Vormündern verwaltet wurde, die der Familie seit langem nahestanden. Aubrey hatte eine vorzügliche Erziehung genossen, welche allerdings mehr auf seine Phantasie als auf seinen Verstand Einfluß genommen hatte, so daß er mit einem romantischen Gefühl für alles Schöne und Edle aufgewachsen war und in dem Glauben lebte, alle Menschen müßten die Tugend lieben, während das Laster bloß des szenischen Effektes wegen in dem Weltdrama eine Rolle spiele. Mit einem Wort: Er hielt die Träume der Dichter für die Wirklichkeit des Lebens.

Da er von angenehmem Äußeren, reich und bisher noch ungebunden war, stand ihm der Eintritt in die Zirkel der höheren Stände offen, und die Mütter bewarben sich ihrer Töchter zuliebe um seine Gunst. Sie schmeichelten ihm durch ihr entgegenkommendes Benehmen, so daß er sich eine falsche Meinung über seine eigenen Talente und Verdienste bildete, wodurch seine Eitelkeit genährt wurde.

Da seine Phantasie gewohnt war, alles Ungewöhnliche als eine verborgene Verheißung zu betrachten und seine Einbildungskraft die ausschweifendsten Ideen damit verband, war es nicht verwunderlich, daß das Seltsame an der Erscheinung des inzwischen in den Salons zu einer Art Attraktion gewordenen Fremdlings seine Aufmerksamkeit mit einer Faszination auf sich zog, die ihm selbst unerklärlich blieb. Die völlige Unmöglichkeit, sich einen Begriff von dem Charakter dieses Mannes zu bilden, der meist in sich selbst versunken, fremdartig, ja oft abweisend erschien, stärkte noch das Verlangen, mit diesem eine nähere Bekanntschaft anzuknüpfen, die den Rahmen des Alltäglichen überschritt.

Seine Neugier gab keine Ruhe, bis er in Erfahrung gebracht hatte, daß Lord Ruthven, so hieß der Geheimnisvolle, im Begriff stehe, eine Reise zu unternehmen, obwohl oder gerade weil seine persönlichen Verhältnisse zerrüttet seien. Es gelang ihm, seine Bekanntschaft zu machen, und auf gemeinsamen Spaziergängen konnte er sich davon überzeugen, daß er es mit einer weitgereisten und welterfahrenen Persönlichkeit zu tun hatte. Das führte zu dem plötzlichen Entschluß, seine Vormünder dahingehend zu beeinflussen, daß sie – wenn auch nach einigen Bedenken – ihre Zustimmung zu dem Plan gaben, die für später vorgesehene Bildungsreise, wie sie für Jünglinge von Stand als Abschluß ihrer Lehr- und Reifejahre durch die Länder Europas üblich war, nun sofort anzutreten. Gleichermaßen groß waren sein Erstaunen und seine Freude, als ihm nach Bekanntgabe seiner Absicht Lord Ruthven vorschlug, die Reise gemeinsam zu machen. Geschmeichelt durch solch ein Zeichen der Achtung von dem, der dem Anschein nach mit anderen Menschen nichts gemein hatte, nahm er an, und in wenigen Tagen hatten sie bereits den Ärmelkanal überquert.

Unterwegs fand er nun genügend Gelegenheit, das seltsame Wesen seines Begleiters zu studieren, dessen Benehmen seiner Neigung, allem Geschehen eine phantastische Bedeutung beizulegen, entgegenkam. So beobachtete er an ihm die eigenartigsten Handlungsweisen, deren Beweggründe rätselhaft blieben. Das Überraschende daran war, daß fast immer das Gegenteil von dem geschah, was nach dem von der Londoner Adelswelt entworfenen Charakterbild des Lords zu erwarten gewesen wäre. So erwies sich sein Gefährte zum Beispiel als verschwenderisch großzügig und freigebig, aber seine Wohltätigkeit betraf nicht diejenigen, die unverschuldet in Armut geraten waren, sondern die übelsten Subjekte; Landstreicher und zwielichtige Gestalten erhielten aus seiner Hand mehr als genug, wie überhaupt alle niederen Instinkte und Gelüste seinen Beifall fanden und der Lüstling eher auf seine Unterstützung rechnen und ihm mehr Interesse abgewinnen konnte als der wohlanständige Bürger. Das Groteske dabei aber war, daß die gemachten Geschenke den Empfängern nicht die erhofften Genüsse brachten, sondern sie vielmehr ins Unglück stürzten, so als läge ein Fluch auf ihnen. Ja, es gab Fälle, wo das dargebrachte Almosen den Anstoß dafür gab, daß der Betreffende nicht nur im tiefsten Elend, sondern sogar auf dem Schafott endete.

Zuerst in Brüssel, dann in Paris und so fort in allen größeren Städten der Reiseroute suchte der Lord mit Vorliebe die Zirkel und Salons der mondänen Welt auf. Dabei galt sein Interesse fast uneingeschränkt dem Glücksspiel, obwohl er selbst nicht die geringste Eigenschaft einer Spielernatur an sich hatte, sondern im Gegenteil beinahe unbeteiligt den rollenden Kugeln oder dem Bankhalter bei der Ausgabe der Karten zusah. Er spielte und wettete stets mit Glück, außer wenn ein bekannter Falschspieler sein Gegner war, dann verlor er mehr, als er gewonnen hatte; allein sein Gesicht behielt dieselbe Unveränderlichkeit, womit er gewöhnlich die Gesellschaft um sich her beobachtete. Wenn er aber dem Neuling beziehungsweise dem unbesonnenen Jüngling begegnete, dann schien sein Wunsch Fortunas Gesetz zu werden, die anscheinende Abstraktheit seines Gemütes verschwand, seine Augen glänzten fanatisch, und es war ihm eine wahre Genugtuung, wenn er es bis zum Ruin seines Mitspielers treiben konnte.

Aubrey nahm sich oft vor, seinem Freunde die bitteren Folgen seiner Handlungsweise vorstellig zu machen und ihn zu bitten, einem Vergnügen zu entsagen, welches so viele Menschen unglücklich mache, ohne ihm selbst einen Vorteil zu gewähren, denn Ruthven nahm nie einen Groschen vom Spieltisch mit. Allein er verschob es immer wieder auf eine spätere Gelegenheit.

Sie gelangten bald nach Rom, und Aubrey verlor seinen Gefährten einige Zeit aus den Augen. Dieser befand sich täglich in den Morgenzirkeln einer italienischen Gräfin, während er selbst die Denkmäler der antiken Kultur aufsuchte. Jeden Moment seines Aufenthaltes zur Vervollkommnung seiner Kenntnisse von den überlieferten Schätzen nutzend, studierte er voller Eifer und Ergriffenheit die majestätischen Reste alter Herrlichkeiten, wovon so viele bereits in Schutt und Staub versunken waren. Die Tage vergingen dabei wie im Fluge. Wanderungen zu den verschiedensten Schauplätzen wechselten mit der Niederschrift seiner Eindrücke ab. So verlor er allmählich die Gegenwart völlig aus dem Sinn und gab sich ganz dem Zauber der großen Geschichte hin.

Aus dieser Versunkenheit in frühere Zeitalter riefen ihn drei Briefe, die von England kamen, in die Gegenwart zurück. Der erste war von seiner Schwester, die ihn in Gedanken mit liebevoller Fürsorge auf seiner Reise begleitete; die anderen von seinen Vormündern. Diese drangen in ihn, daß er sich von seinem Begleiter so rasch als möglich trennen solle, da erst jetzt offenbar geworden sei, daß dessen offizielles Gebaren während seiner Anwesenheit in London im krassen Gegensatz gestanden habe zu dem, was nun als Folge seines Aufenthaltes in den Kreisen, mit denen er in Berührung gekommen sei, zutage träte. Es habe seine Zurückhaltung und äußerlich korrekte Aufführung in der Gesellschaft nur als Täuschungsmanöver gedient. Der vermeintliche Gentleman müsse geradezu über suggestive Kräfte verfügen, die so weit gingen, daß er bei denen, die sich ihm anvertrauten, niedere Instinkte zu wecken, gemeine Empfindungen und selbstzerstörerische Gedanken hervorzurufen vermöge und die gute Natur des Menschen in ihr Gegenteil verkehre. Die dringende Warnung vor der List und Macht des Bösen, das von ihm ausgehe, wurde bekräftigt durch die Aufzählung derjenigen als tugendsam bekannten Frauen, die er dem Scheine nach aus Höflichkeit und Achtung aufgesucht habe, die sich aber seit seiner Abreise nicht nur in äußerst unvorteilhafter Weise darstellten, sondern sich darüber hinaus auch noch einem ausgesprochen ausschweifenden Lebenswandel hingaben, was bereits zu mehreren gesellschaftlichen Skandalen geführt habe. Aubrey war zunächst über den Inhalt dieser Schreiben äußerst verblüfft, hielt auch das meiste davon für gesellschaftlichen Klatsch und ein Erzeugnis der Phantasie. Schließlich konnte er aber nicht umhin, seine eigenen Beobachtungen mit diesen Vorwürfen in einem Zusammenhang zu sehen. Da er ohnehin entschlossen war, einen Mann zu verlassen, dessen Charakter mit so zwielichtigen Zügen ausgestattet war, sann er nun auf einen Vorwand, sich von Ruthven zu trennen, ohne ihn jedoch vorerst gänzlich aus den Augen zu verlieren, ja, er trug sich mit der geheimen Absicht, ihn nur noch genauer als vorher zu beobachten. Hierzu bot unter anderem das unvermeidliche Zusammentreffen auf gesellschaftlichen Veranstaltungen eine gute Gelegenheit. Es war die Zeit des römischen Karnevals, der öffentlichen Schaustellungen und privaten Lustbarkeiten vielerlei Art. Der Lord genoß die Faszination seiner Erscheinung sowohl auf großen Bällen als im kleinen Kreise angesehener Familien.

Als er mit tückischem Verlangen und ihm gegebener Verstellungskunst der unerfahrenen Tochter eines seiner prominenten Gastgeber nachstellte, die er mit Artigkeiten für sich zu gewinnen versuchte, war für Aubrey der Augenblick gekommen, dessen auf die gemeinste Sinnlichkeit und damit auf die moralische Vernichtung des Mädchens zielende Pläne zu durchkreuzen. Er verfolgte Ruthvens zärtliche Werbung und das wachsende Zutrauen der siebzehnjährigen Signorina in allen Phasen, und als es der Überredungskunst des Verführers endlich gelungen war, die Zustimmung zu einem geheimen Rendezvous zu erhalten, suchte Aubrey den Lord ohne Säumnis in dessen Wohnung auf, um ihn zur Rede zu stellen. Ruthven versetzte mit unverschämter Kaltblütigkeit, seine Absicht sei die bei solchen Gelegenheiten gewöhnliche, und auf die Frage, ob er denn das Mädchen zu heiraten gedenke, lachte er laut auf.

Aubrey verließ den falschen Freund angewidert, um zur Mutter der arglosen jungen Dame zu eilen und diese von allem, was geschehen sollte, zu unterrichten sowie Auskunft über den anrüchigen Charakter des Lords und dessen frühere Affären zu geben. Nachdem er dem schändlichen Treiben seines bisherigen Reisegefährten auf diese Weise ohne Rücksicht auf dessen Rachegelüste Einhalt geboten hatte, trieb es ihn, sich ganz aus seiner Nähe zu entfernen, und er beschloß, nun ohne Umwege das Ziel seiner schon lange gehegten Sehnsucht aufzusuchen.

Er verließ Rom, um sich nach Griechenland einzuschiffen, wo er nach dem Durchstreifen der Halbinsel endlich an einem hellen Sonnentage in Athen, der geweihten Stätte des Goldenen Zeitalters altgriechischer Kultur, eintraf. Er nahm hier in der am Fuße der Akropolis gelegenen, aus der Türkenzeit stammenden Altstadt bei einem Griechen Quartier. Unter dem Eindruck der berühmten Bauten und Altertümer vergaß er allmählich die Enttäuschungen der jüngsten Vergangenheit und gab sich ganz dem Erlebnis der an Mythen und Kunstschätzen reichen historischen Stätten hin. Alle seine Sinne trachteten schließlich nurmehr danach, auf den jahrtausendealten Spuren einer hohen Kulturwelt zu wandeln.

Mit ihm unter einem Dache lebte ein Mädchen, die Tochter seines Wirtes, von einer so zarten Schönheit, daß sie einem Maler zum Modell hätte dienen können. Janthes leichter Schritt begleitete Aubrey oft auf seinen Forschungsexkursionen, und nicht selten zog ihre graziöse Gestalt den Blick des Gastes auf sich, wenn er gerade im Begriff stand, die nur noch schwer leserlichen Buchstaben auf einem hinter rankendem

Gesträuch verborgenen Stein oder einer halbverlöschten Tafel eines verfallenen Torbogens zu entziffern. Dann stritt das antiquarische Interesse mit dem aufkommenden Gefühl einer unbeschreiblichen Heiterkeit des Gemüts. Selbst bei seinen Bemühungen, die Überreste der alten Welt in Zeichnungen für künftige Stunden aufzubewahren, stand das Mädchen bei ihm, seine Arbeit bewundernd und ihm die ländlichen Tänze ihrer Heimat beschreibend oder einen Hochzeitszug, dessen sie sich noch aus ihrer Kindheit erinnerte. Überhaupt waren ihre Phantasie und Einbildungskraft tief verwurzelt im Volksglauben und in den Lebensverhältnissen ihrer Landsleute. Daher wußte sie ihn im Überfluß mit Sagen und Geschichten zu unterhalten, so daß er oft, im Innersten gerührt, seine Tätigkeit unterbrach. Eine der abenteuerlichsten Erzählungen, in denen nicht selten von Gespenstern die Rede war, handelte von einem leibhaftigen Vampir, der hier am Orte jahrelang unter seinen Freunden und Verwandten umgegangen sei, eines jener Wesen, das sein Leben von Jahr zu Jahr mit dem Blut eines unschuldigen Mädchens erneuern muß. Bei der Schilderung der äußeren Erscheinung dieses Blutsaugers und seiner Lüsternheit dem weiblichen Geschlecht gegenüber stellte sich bei Aubrey ganz unwillkürlich eine Gedankenverbindung zu seinem ehemaligen Reisegefährten her, die ihm das Blut in den Adern erstarren ließ, indessen er der Erzählerin klarzumachen versuchte, daß es sich hierbei um einen ausgemachten Aberglauben handele, der bei zahlreichen Völkern in den verschiedensten Versionen Verbreitung gefunden habe.

Janthe aber nannte ihm die Namen alter Leute, welche ein solches Wesen erst unter sich entdeckt hatten, als viele ihrer nächsten Verwandten und Kinder mit den Blutmalen dieses Gespenstes gefunden worden waren. Als sie ihn trotz ihrer Versicherung, den Vorfall ernst nehmen zu müssen, ungläubig fand, bat sie ihn händeringend, ja nicht darüber zu lachen, denn man habe bemerkt, daß die, welche es gewagt hatten, die Existenz der Vampire zu bezweifeln, genötigt worden waren, mit gebrochenem Herzen endlich die Wahrheit einzugestehen.

So vergingen Tage und Wochen, in denen Janthe und Aubrey in ein immer vertrauteres Verhältnis zueinander traten, und die natürliche Anmut und Unbefangenheit des einfachen griechischen Mädchens schien dem vornehmen jungen Engländer mehr und mehr der romantischen Idee von einem Weibe nach seinem Herzen zu gleichen. Janthe aber war sich der aufkeimenden Liebe ihres Hausgenossen nicht bewußt, unter dessen Schutz sie so manchen ihrer Lieblingsorte besuchte.

Eines Tages entschloß sich Aubrey zu einem Ausflug in eine entferntere Gegend, von der er sich interessante archäologische Entdeckungen versprach. Als jedoch seine Wirtsleute den Namen des Reviers hörten, baten sie ihn dringend, ja noch vor Einbruch der Nacht zurückzukehren; und erst als er nachdrücklich in sie drang, kamen sie voller Scheu mit der Sprache heraus, nämlich daß das zu durchquerende felsige Waldgelände von Urväterzeiten her als Treffpunkt gespenstischer Vampire verrufen sei, die dort um Mitternacht ihre Orgien feierten. Aubrey unterdrückte eine spöttische Bemerkung, die ihm auf der Zunge lag, um die Leute nicht zu verletzen.

Am nächsten Morgen ritt er noch vor Sonnenaufgang allein in aller Eile seinem Ziele entgegen. Dort angekommen, nahm ihn seine Forschung derart in Anspruch, daß er das Abnehmen des Tages gar nicht bemerkte, und da sich zudem noch ein Gewitter zusammenzog, bestieg er nun eilig sein Pferd, um die versäumte Zeit aufzuholen. Doch das Unwetter tobte schon bald in einer solchen Stärke mit Sturmwind, Blitz und Donner über ihn her, daß sein Pferd scheute und dem Willen des Reiters den Gehorsam versagte. Nach mehreren wilden Galoppsprüngen kreuz und quer jagte es mit langen Sätzen einem sich fern hinziehenden bewaldeten Höhenrücken zu. Auf die Dämmerung folgte pechschwarze Nacht, und schon bald war in dem dichten Gestrüpp kein Weiterkommen mehr. Doch beim Schein der Blitze erkannte Aubrey, daß er sich nahe einer halbverfallenen Hütte befand, die sich kaum von ihrer Umgebung abhob. Was nun weiter geschah, erlebte er wie in einem fieberhaften Traume. Er stieg ab und näherte sich dem Binsen- und Rohrgeflecht in der Hoffnung, darin einigen Schutz vor den tobenden Elementen zu finden. Als er schon dicht herangekommen war, vernahm er plötzlich den gellenden Schrei einer weiblichen Stimme, dem das krächzende Gelächter eines Mannes folgte. Von höchstem Entsetzen getrieben, erbrach er mit einer gewaltigen Anstrengung die Tür und befand sich in völliger Finsternis. Laut rufend tastete er sich voran und stieß dabei an allerlei Gerümpel. Endlich wiederholte sich das schauerliche Lachen, Aubrey wurde mit unheimlicher Gewalt niedergerissen, und sein unbekannter Gegner warf sich über ihn. Da fiel der Schein von Fackeln in die Dunkelheit; er spürte in halber Ohnmacht, wie der Druck auf seiner Brust nachließ, und vernahm nur noch das Geräusch von knackenden Zweigen unter sich eilend entfernenden schweren Tritten.

Als er wieder zur Besinnung kam, fand er sich in der Obhut einer Gruppe von Waldarbeitern, die das Wetter ebenfalls in diese verrufene Gegend verschlagen hatte und die, dem Lärm folgend, herbeigeeilt waren. Mit ihrer Hilfe richtete er sich auf, und sein Blick suchte als erstes diejenige, deren Geschrei ihm noch jetzt schauerlich in den Ohren klang. Doch wie packte ihn das Entsetzen, als er auf einer der schmutzigen, mit Lumpen bedeckten Lagerstätten das liebliche Geschöpf seiner Gastgeber, die ihm so liebgeworden Janthe, erkannte. Er traute seinen Augen kaum, doch ein abermaliges Hinstarren überzeugte ihn von der Wahrheit des ersten Eindruckes. Auf ihren Wangen, ja selbst auf ihren Lippen war keine Farbe mehr. Plötzlich riefen die Männer, auf Stellen am Nacken und der entblößten Brust des Mädchens deutend, die, wie Aubrey erst jetzt deutlich erkannte, blutige Bißwunden aufwiesen: »Steht uns bei! Ein Vampir, ein Vampir!« Aubrey wußte nicht mehr, was er denken sollte. Er fiel erneut in eine anhaltende Betäubung, so daß man auch für ihn, wie schon für den Leichnam des Mädchens, eine Tragbahre anfertigen mußte. Als einziges Indiz der Mordnacht war ein Dolch von ganz besonderer Beschaffenheit sichergestellt worden, der am Griff eine reichverzierte Schlangenfigur zeigte und mit einem Smaragd besetzt war. Als der Trauerzug den Heimatort erreichte, folgten ihm zahlreiche Bewohner leidvollen Herzens bis zum elterlichen Hause des auf eine so unnatürliche Weise zu Tode gekommenen Mädchens.

Alle Kunst der Ärzte vermochte noch nach wochenlangen Bemühungen nicht, die Geistesverwirrung Aubreys zu beheben, der die meiste Zeit des Tages in völliger Apathie verbrachte, während ihn des Nachts die heftigsten Fieberphantasien schüttelten. Dabei durchgeisterte seine Tages- und Nachtträume immer wieder das Schattenbild eines dämonischen Menschenantlitzes, das in seiner Erinnerung auf gleiche Weise nah als auch unendlich fern erschien. Furchterregende Assoziationen sinnlicher Wahrnehmungen, deren Bedeutung gedanklich unfaßbar blieben, zehrten an seinen letzten Kräften. In höchster Ekstase verfluchte er sich selbst als Mörder und blutsaugenden Vampir.

Eines Tages, als die Krisis ihren Höhepunkt erreicht hatte, stand ganz plötzlich Lord Ruthven Einlaß begehrend vor dem Trauerhause und bat, in seiner Eigenschaft als alter Bekannter zu dem Kranken geführt zu werden. Als dieser seiner ansichtig wurde, verfiel er in einen starrkrampfähnlichen Zustand, aus dem er erst nach Tagen erwachte, zur Überraschung der Wirtsleute als scheinbar völlig Genesener. Die ganze Zeit über hatte der Lord Aubreys Lager jeweils nur für wenige Stunden Schlaf verlassen. Diesem kehrte das Bewußtsein seiner Wiedergenesung auf zwiegesichtige Weise zurück. Zuerst sah er den ehemaligen Reisegefährten, der sich gerade zu ihm niederbeugte, als riesenhaften Schatten, der zu einer furchterregenden Fratze zusammenfloß, hinter deren Maske dann das Gesicht Ruthvens auftauchte. Zu völligem Bewußtsein gelangt, fühlte er eine eigenartige, gegen sich selbst gekehrte Fremdheit, und erst nach geraumer Zeit fiel ihm auf, daß die gänzlich unerklärbare plötzliche Anwesenheit des verwünschten Übeltäters ihn keineswegs irritierte. Dieser trug ein völlig verändertes Wesen zur Schau. Er zeigte sich bescheiden und voller Teilnahme, bemüht, dem ehemaligen Reisegefährten jede nur erdenkliche Erleichterung beziehungsweise wohltuende Ablenkung von seinen düsteren Gedanken zu verschaffen. Denn es zeigte sich, daß Aubreys Gemütszustand häufig zu Affekten neigte, die alle Einsicht in seine wirklichen Verhältnisse ausschalteten. Er litt an eingebildeten Ideen und anomalen Wahrnehmungserlebnissen, so als verfüge er über eine psychische Funktion, die außerhalb der Relationen des realen Seins wirksam sei, als hätte er ein zweites Gesicht. In dieser Art von Bewußtseinsspaltung sah er Ruthven doppelt: einmal wie er sich tatsächlich gab, nämlich als Freund und hilfreichen Kameraden, und andererseits als bloße Trugwahrnehmung, die sich mit einem höhnischen Grinsen auflöste. Wenn er sich, um einer Begegnung auszuweichen, in die Einsamkeit zurückzog, glaubte er in den Wäldern den leichten Schritt Janthes neben sich zu hören. Nicht selten erschien ihm ihre liebliche Gestalt, das bleiche Gesicht ihm zugewendet, so handgreiflich nahe, daß er, von panischer Angst ergriffen, auf seiner Wanderung rasch wieder kehrtmachte.

Endlich beschloß er, eine Gegend zu fliehen, wo er von solchen Erinnerungen verfolgt wurde. Er hatte nicht die Kraft, Ruthven eine energische Absage zu erteilen, als dieser sich erbot, ihm als Reiseführer zu dienen und ihm die historischen Stätten und sonstigen Sehenswürdigkeiten des Peloponnes zu zeigen, die ihm noch unbekannt geblieben waren.

So durchstreiften schließlich beide das Land in allen Richtungen. Die Warnungen der Einwohner übersehend, reisten sie einst mit nur wenigen Begleitern, die ihnen mehr zur Führung als zum Schutze dienten, durch eine felsige Gegend im Norden der Halbinsel, als ihr kleiner Zug in einem Hohlweg von Räubern eingeschlossen wurde. Es kam zu einem kurzen, aber heftigen Feuergefecht, bei dem Lord Ruthven durch einen Schuß in die Brust auf den Tod verwundet wurde und das mit der Gefangennahme der Reisegesellschaft durch die Banditen endete, denen es um ein möglichst großes Lösegeld zu tun war. Aubrey, der eine ansehnliche Barschaft mit sich führte, die er in sicherem Gewahrsam auf der letzten Station der Reise hinterlassen hatte, ging auf alle Bedingungen ein, woraufhin ihm erlaubt wurde, bis zur Rückkehr des Boten, der die geforderte Summe überbringen sollte, in einer nahe gelegenen Felsengrotte, von weiteren Belästigungen unbehelligt, seinem

Reisegefährten in dessen schlimmer Lage nach Möglichkeit Erleichterung zu verschaffen; denn die Nächte waren kalt, die Luft rauh und der Unterschlupf unwirtlich.

Lord Ruthvens Kräfte nahmen schneller als erwartet ab, und schon nach zwei Tagen war er dem Tode nahe. Dabei hatte sich sein Aussehen und Benehmen nicht verändert: Er schien weder der Schmerzen noch seiner Umgebung zu achten. Gegen Ende des letzten Abends aber wurde er sichtbar unruhig, und sein Auge heftete sich mit starrem Ausdruck auf Aubrey. »Helfen Sie mir – es steht in Ihrer Macht, mir zu helfen«, kam es schließlich lispelnd von seinen Lippen. Aubrey beugte sich über ihn, um jedes seiner Worte verstehen zu können, die unter eindringlichen Gebärden nur noch mühsam und bruchstückweise hervorgestoßen wurden, so daß ihr Sinn ihm nicht recht aufgehen wollte und neue Rätsel aufgab. »Die schwarze Melancholie – ein neuer Lebensgeist«, stammelte der Lord in einer eigentümlichen Entrücktheit. Dann erhob sich noch einmal seine beschwörende Stimme, unterbrochen von schauderhaft widerhallendem Gelächter: »Aubrey, hört mich an. Der Nebel wird sich verziehen – der Vollmond aufgehen. Tragt mich – tragt mich aus dieser Verwesung atmenden Höhle in sein helles Licht. Lebt wohl – doch nicht für immer. Die Vernichtung – meine Beute – Mitternachtsgast – von einem Toten gezeugt – die Nachtseite der Natur –« Der Körper des Sterbenden richtete sich auf: »Aubrey, erhebt die Schwurfinger – gelobt bei allem, was Euch lieb ist, daß Ihr binnen eines Jahres, und zwar auf den Tag genau, niemandem ein Wort erzählt von meinem Schicksal – und daß Ihr vor allem meinen Tod verschweigen wollt, was Euch auch widerfahre und erscheine. Und so geschehe es – bis zum Ende aller Dinge –, schwört es!« Aubrey reagierte, als stünde er unter einem dämonischen Banne. Er sagte alles zu, beschwor, was von ihm gefordert wurde, während die Augen des Stammelnden sich aus ihren Kreisen zu drehen schienen. Wie ein fernes Echo hörte er seine eigene Stimme zurückhallen: »Ich schwöre!« Da sank Lord Ruthven in sich zurück und verschied mit einem wie ein Fluch anhebenden, dann hohl und hohler klingenden und schließlich mit höllischem Lärm abbrechenden Gelächter, wozu ihm der Satan selbst im Dahinscheiden die Kraft verliehen haben mochte.

Aubrey kam wieder zu sich selbst wie aus einem bösen Traum. Heftige Schauer durchliefen seinen Leib, und der kalte Schweiß stand ihm auf der Stirn. Er hatte das Vorgefühl von etwas außerordentlich Schrecklichem, das ihn gefangenhielt und dem er folgen mußte. Ein fremder Zwang gebot über seine Seele.

So brachte er den Leichnam ins Freie, dahin, wo hell und klar der Schimmer des Mondes fiel. Dann taumelte er mit bleischweren Gliedern auf das Strohlager in der Felsenhöhle zurück und versank dort, unfähig, seine Gedanken zu ordnen, in einen der Ohnmacht ähnlichen Schlaf. Als er am folgenden Morgen erschrocken hochfuhr und allmählich seine Besinnung zurückkehrte, befand er sich noch in einem Zustand eingeengten Bewußtseins. Mit suggestiver Gewalt zog es ihn zu der Stelle, wo er die Leiche des Lords verlassen hatte. Allein, als er das kleine Plateau erreichte, fand er dieses leer; und sosehr er auch nachforschte, nirgends fand sich eine Erklärung für das Verschwinden seines toten Begleiters, was Aubrey zuerst zu der Vermutung veranlaßte, daß die Mitglieder der Bande diesen beseitigt hätten, um keine Spuren ihres verbrecherischen Treibens zu hinterlassen. Doch waren deren Verblüffung über die Neuigkeit so natürlicher Art, daß ihm darüber wieder Zweifel kamen. So verließ er schließlich nach seiner Auslösung, über den wahren Tatbestand im ungewissen bleibend, einen Ort, an den er nur mit größtem Schaudern zurückdenken konnte.

Überdrüssig eines Landes, das er mit so großen Erwartungen betreten hatte und wo er statt der erhofften Bekanntschaft mit den Zeugnissen großer Vergangenheit wiederholt solch furchtbares Mißgeschick erfahren hatte, das sein zur Schwermut neigendes Gemüt in Wahnvorstellungen verstrickte, und er sich nicht mehr von einer abergläubischen Furcht frei machen konnte, beschloß er abzureisen. Bald darauf befand er sich in Smyrna. Während er dort auf ein Schiff wartete, welches ihn nach Otranto oder Neapel mitnehmen sollte, beschäftigte er sich mit dem Ordnen von Ruthvens Nachlaß, den er mit sich führte. Unter den Sachen befand sich auch eine Kiste, welche verschiedene Angriffswaffen enthielt, worunter sich auch mehrere scharfe Messer und Jatagans befanden. Wie erschrak er aber, als er die Scheide zu einem Dolch fand, die in derselben Art verziert war wie die Waffe, die er in der Hütte neben der ermordeten Janthe gefunden hatte. Vom Schrecken überwältigt, starrte er fassungslos auf den vor ihm liegenden Gegenstand. Eine ihm unerklärliche Bedrohung schien davon auszugehen und mischte sich mit der Zwangsvorstellung, dauernder Verfolgung ausgesetzt zu sein. Nur mit Mühe konnte er Abstand von dieser Grundstimmung gewinnen, die ihn wie einen vom bösen Geist Besessenen oft in Wut und Raserei trieb. Als Folge derart anhaltender starker seelischer Erschütterungen sah sich Aubrey schließlich genötigt, auf kürzestem Wege den Rückweg in seine Heimat anzutreten. Einer inneren Eingebung seiner aufgestörten Gedanken folgend, wollte er aber zuvor noch in Rom Station machen, um Erkundigungen über das Schicksal der jungen Dame einzuziehen, die Ruthven so schnöde in seine Gewalt hatte bringen wollen und die er aus dessen Fallstricken befreit hatte. Was er darüber in Erfahrung bringen konnte, vermehrte noch seine innere Bedrängnis: Die Signorina war wie vom Erdboden verschwunden, alle Nachforschungen waren im dunkeln verlaufen. Ihre Eltern lebten im bittersten Elend und in geistiger Zerrüttung, all ihrer Habe beraubt. Das bestärkte seinen Verdacht, daß alle mit Ruthven in Beziehung stehenden Umstände wie ein Netz der Verdammnis wirkten und auch ihn in den sicheren Abgrund ziehen würden.

Die magische Konsequenz des Bösen, die in allen seinen Erlebnissen lag, ließ ihm das väterliche Haus als letzten Zufluchtsort erscheinen; und so trieb er die Postillone zur höchsten Eile an, bis er endlich verdüstert und wortkarg in Calais ankam, wo ein Landwind, der seinen Wünschen günstig war, ihn schnell an Englands Küste brachte.

Bei den Seinen angekommen, fand er in der zärtlichen

Fürsorge und Pflege, die ihm angesichts seiner kläglichen körperlichen und seelischen Verfassung besonders seine inzwischen zur jungen Dame herangewachsene Schwester angedeihen ließ, einige Beruhigung und Aufmunterung, was die Übermacht des Vergangenen und die ständige Furcht vor zukünftiger Gefahr allmählich zu verdrängen schien.

Alice Aubrey gehörte zu den bevorzugten Erscheinungen ihres Geschlechts, sowohl was ihre anmutige äußere Gestalt als auch das Zartgefühl ihres Gemütes betraf. Ihr reiches blondes Haar war in sanften Wellen um die Stirn geordnet, und ihre strahlenden Augen spiegelten die Schönheit ihrer Seele wider. Ihre Bewegungen waren von einem ganz besonders bezaubernden Reiz. Zur Vervollkommnung dieses glücklichen Naturells kam noch hinzu, daß sie einen äußerst klaren Verstand besaß, dem sich die Dinge wie von selbst zu fügen schienen, weshalb ihre Genauigkeit und Aufmerksamkeit im wirtschaftlichen Bereich des Gutsbesitzes als höchst schätzenswert empfunden wurde. Alles in allem war es hauptsächlich ihrem liebenswerten Wesen zu danken, daß das häusliche Miteinander in großer Gemütlichkeit durchlebt wurde, wobei sie manche Unterhaltung und Geselligkeit im kleinen Kreise launig belebte. Dabei stand Alice erst im achtzehnten Jahre ihres Lebens, als ihr Bruder von seiner Reise heimkehrte, und war bisher noch nicht in die große Gesellschaft eingeführt worden.

Aubrey verbrachte die ersten Wochen auf dem elterlichen Stammsitz in stiller Zurückgezogenheit, ja in Gedrücktheit und Traurigkeit, jeder Freude und Lebenslust unzugänglich. Sein Hang zum Grübeln sowie die vorwiegend depressiven Stimmungen führten zu Überdruß und Ängsten, die ihm den Schlaf raubten. Eine unbekannte Furcht vor der Zukunft erzeugte Schreckbilder der Einbildungskraft, die der Kontrolle seiner Vernunft entglitten. Das Gefühl, die Übersicht über die Lebenszusammenhänge verloren zu haben, wurde immer beherrschender. Diese Verunsicherung nährte sich aus Vorstellungen, die er früher in den Bereich des Aberglaubens verwiesen hätte. So stand sein für alle anderen Aufgaben antriebsloser Geist immer noch im Banne der vorhergegangenen Angsterlebnisse, die willensmäßig nur schwer zu unterdrücken waren. Oft schloß er sich stundenlang in sein Zimmer ein, wo er anhand von Aufsätzen und sonstigen Publikationen, die er sich aus wissenschaftlichen Bibliotheken entliehen hatte, die Erscheinungen und vielfältigen Formen des Vampirismus studierte, ein Thema, das sich, durch die Erinnerung angereizt, im Bewußtsein zu immer gefährlicheren und schrecklicheren Assoziationen ausweitete. Er stieß bei seinen Untersuchungen auf Nachrichten, die weit in die Vergangenheit führten. Schon Chroniken aus dem Mittelalter berichteten von blutsaugenden Verstorbenen. Selbst im 18. Jahrhundert riefen außerordentliche Begebenheiten eine ansehnliche Reihe von Gespensterhistorien hervor; auch fanden sich zahlreiche medizinische und philosophische Schriften, unter anderen ordentliche Dissertationen, die ausschließlich dem Vampirismus gewidmet waren. In Zeitungen und Fliegenden Blättern fanden sich diesbezügliche administrative Bekanntgaben. Eine kaum übersehbare Flut an Kommentaren rief ein im Winter 1731/32 geschehener Fall hervor, dem auch Kaiser Karl VI. sein hohes Interesse zuwandte. Zur Leipziger Ostermesse 1733 waren in den Buchläden mehrere kuriose Druckerzeugnisse über derartige Gespenstererscheinungen zum Kauf angeboten worden, wovon sich Aubrey einige Exemplare zu beschaffen wußte. Das alles vermittelte ihm zwar die Erkenntnis, daß in bezug auf den Vampirismus zwei Richtungen vertreten waren: diejenigen, die die Lösung der Frage in dämonischen Einflüssen suchte, und die rationale, die alle geheimnisvollen Vorgänge auf natürliche Weise zu erklären bemüht war – seine persönlichen Ängste wurden dadurch jedoch nicht gemildert.

So vergingen das Frühjahr und der Sommer, ohne daß er den hellen Sonnenschein genossen und die Freuden des Landlebens geteilt hätte. Die Ballsaison hatte begonnen, und der nächste Hofzirkel sollte zum Anlaß dienen, Alice als Debütantin in die Gesellschaft einzuführen, eine Verpflichtung, der sich Aubrey trotz seiner Melancholie nicht entziehen konnte, da er als nächster Verwandter Vaterstelle zu vertreten hatte. Mit einem stattlichen Gefolge an Dienstpersonal bezogen die Geschwister rechtzeitig vor dem Galaempfang ihr Londoner Haus.

Das Fest wurde auf das glanzvollste eröffnet, die hochgestelltesten Persönlichkeiten waren anwesend, und besonders die Damenwelt bot mit der zur Schau gestellten Kleiderpracht und dem prunkenden Schmuck ein farbenfrohes, festliches Bild. Alice, zum ersten Male in großer Toilette, verlor rasch ihre anfängliche Befangenheit. Die ihr geltenden Blicke waren voll Bewunderung, und mit dem Zauber ihrer Jugendfrische überstrahlte sie das gewohnte Aufgebot an weiblicher Eleganz.

Aubrey hielt sich abseits vom Trubel des Festes; seine Gedanken schweiften zurück bis zu jenem Tage, wo er an der gleichen Stelle die folgenschwere Bekanntschaft Ruthvens gemacht hatte. Auf solche Weise in Erinnerungen versunken, fühlte er plötzlich eine merkwürdige Unruhe in sich aufkommen, so als würde ihm von etwas ganz Unbegreiflichem aufgelauert. Sein Blick fiel in die tanzende Menschenmenge, in deren Mitte er sich einsam und verlassen vorkam. Da entdeckte er im Wogen der Paare ein Gesicht, das ihm ein unheimliches Grauen verursachte. Augenblicklich fühlte er sich wie unter einen fremden Willen gestellt. Er glaubte zunächst an eine bloße Täuschung seiner leicht erregbaren Sinne. Diese Selbstbeschwichtigung wurde aber vollends zunichte, als er eine ihm nur allzu bekannte Stimme zu vernehmen meinte, die ihm ins Ohr raunte: »Gedenke deines Eides!« Er hatte kaum den Mut, sich umzusehen, aus Furcht, einem Gespenst zu begegnen. Nach einigem Zögern warf er einen Blick über die Schulter und erkannte in einiger Entfernung nun deutlich das Gesicht des noch nicht vor Jahresfrist unter seinen Händen verstorbenen Lord Ruthvens. Er starrte auf die Erscheinung hin, bis ihn seine Füße nicht mehr tragen wollten. Dann faßte er den Arm eines in der Nähe befindlichen Freundes und bahnte sich mit dessen Hilfe den Weg durch die Menge. Endlich im Freien angelangt, warf er sich in seinen Wagen und ließ sich eilends nach Hause fahren, wo er in höchster Verzweiflung in sein Zimmer stürzte, sich in einen Sessel warf und seinen von einem heftigen Schwindel und starkem Schmerz befallenen Kopf in beide Hände stützte.

Je mehr er aber jetzt und in der Folgezeit über das Unfaßbare grübelte, um so aussichtsloser schien ihm seine Situation. Bei allem, was ihm heilig war, hatte er geschworen, dritten Personen gegenüber während eines vollen Jahres keine Silbe über das Schicksal seines ehemaligen Reisebegleiters verlauten zu lassen, und zwar unter Androhung der fürchterlichsten Folgen für ihn und seine Angehörigen im Falle eines Eidbruches. Niemals wäre er bei diesem, ihm von einem Sterbenden mit solch beschwörendem Nachdruck abverlangten Versprechen auch nur im entferntesten auf eine solche Konsequenz gefaßt gewesen. Alle durchlebten Umstände gewannen jetzt doppelte Bedeutung – eine Art doppelte Einfügung in den Ablauf der Dinge: als reales Geschehen und zugleich als neurotisches beziehungsweise spukhaftes Syndrom. Da waren das unaufgeklärte Schicksal der römischen Signorina, dann die zur Mordwaffe passende reichverzierte Scheide in Ruthvens Gepäck, des weiteren der von ihm, Aubrey, selbst geleistete Schwur und die verschwundene Leiche des Lords. Sollten die Toten auferstehen? Manchmal glaubte er, seine Phantasie habe bloß das Bild belebt, welches in seiner Seele wohnte.

Über das Verhängnis hinaus, das ein Bruch des Schweigens herbeiführen würde, kam noch hinzu, daß die Gesellschaft ihn, dessen labile, kontaktgestörte Lebensweise schon mehrfach Gesprächsstoff geliefert hatte, nun endgültig für einen krankhaften Phantasten halten würde, wohingegen sich jedermann, der Zutritt zu den Festlichkeiten der Saison hatte, nicht nur von der leibhaftigen Existenz, sondern auch von der Ritterlichkeit und dem charakterlichen Adel des Lords überzeugen konnte, womit dieser die geselligsten und liebenswürdigsten Eigenschaften verband, die den schlechten Beigeschmack seines früheren Rufs schnell hatten in Vergessenheit geraten lassen, zumal auch seine finanziellen Verhältnisse durch eine ihm zugefallene Erbschaft sich jetzt von der günstigsten Seite darstellten.

Während Aubrey in selbstquälerischem Zustand die Zeit meist allein in seinem Zimmer verbrachte, zu dem er nur seiner Schwester Zutritt gewährte, gingen die Maskenfeste und Tanzvergnügen auch beim Landadel reihum. Mehrfach hatte sich das Geschwisterpaar bereits wegen Unpäßlichkeit ähnlichen Veranstaltungen entzogen. Als jedoch eine dem Hofe nahestehende Verwandte die Einladung zu einem Kostümfest übersandte und eigens dazu bemerkte, daß sie sich für Alice eine ganz besonders hübsche Rolle dabei ausgedacht habe, konnte man, ohne eine größere Verärgerung hervorzurufen, nicht gut absagen, und Aubrey entschloß sich um so leichter zur Teilnahme, als er seine Schwester dort unter dem Schutz einer liebenswerten und ehrwürdigen Dame wußte, bei der nur eine auserlesene Gesellschaft verkehrte. Er brauchte auch seine Entscheidung nicht zu bereuen, denn die Gastgeber bewiesen aufs neue durch das geschmackvolle Arrangement im ganzen und besonders durch das Aufgebot an namhaften Künstlern des Londoner Musiklebens ihren bevorzugten gesellschaftlichen Rang. Als Folge der angenehmen Eindrücke, die von überallher auf sein Gemüt wirkten, gab sich Aubrey gelöster als gewöhnlich bei solchen Anlässen, ja zuweilen schien ein Anflug von Heiterkeit seine ernsten Gesichtszüge zu erhellen.

Er befand sich gerade im angeregten Gespräch mit mehreren gleichgesinnten Freunden, als er auf eine Gruppe aufmerksam wurde, die sich im Nebenzimmer um einen Gentleman gebildet hatte, dessen Erzählungen mit lautem Beifall beklatscht wurden. Er suchte sich Platz zu machen, um an die Seite seiner Schwester zu gelangen, die in der vordersten Reihe der Zuhörer stand und von allen Beteiligten, ganz ihrem sonstigen Wesen entgegengesetzt, am geräuschvollsten applaudierte. Als er dicht neben sie trat, bemerkte er, daß sie sich in einem ganz eigenartig exaltierten Zustand befand. Erst jetzt fielen seine Blicke auf den rhetorischen Künstler, und – er erkannte dieselben Gesichtszüge, die er so sehr verabscheute. Schnell ergriff er den Arm seiner Schwester und zog sie eilig mit sich fort. An der Tür wurde er durch die Menge der Diener am Vorwärtskommen gehindert, und indem er sich durchzudrängen versuchte, hörte er zum zweitenmal die nur allzu bekannte Stimme ganz dicht bei sich, ihm zuflüsternd: »Gedenke deines Eides!« Und wieder wagte er es nicht, sich umzuschauen, sondern stürzte, seine Schwester mit sich reißend, davon.

Die Heftigkeit des Auftritts hatte genugsam Aufsehen erregt und dem Gerede darüber neue Nahrung gegeben, daß es mit der geistigen Gesundheit des jungen Aubrey nicht zum besten stehe. Da es für diesen nun außer Zweifel stand, daß Ruthven ein gräßliches, allen mit ihm in näherem Verkehr Stehenden Unglück bringendes Ungeheuer sei, über das selbst der Tod keine Gewalt habe, wechselten in seinem Gemüt Zustände wilder Raserei mit solchen völliger Apathie. Vergebens drang seine Schwester liebevoll in ihn, ihr die Gründe für sein geängstetes, unstetes, querulatorisches und aller Welt rätselhaft erscheinendes Benehmen zu offenbaren. Er stieß bloß wenige unzusammenhängende Worte hervor, während ihm die Tränen in die Augen traten. So trieb ihn der sein Dasein beherrschende ausweglose Konflikt, nämlich seine Mitwelt weder durch persönliche Gewaltanwendung noch durch eine öffentliche Erklärung des wahren Sachverhalts vor dem Verderben schützen zu können, in eine dem Wahnsinn ähnliche Verzweiflung. Er begann ein Doppelleben zu führen, das zu den schlimmsten Befürchtungen Anlaß gab und ihn vollends in Verruf brachte. Aubrey floh vor sich selbst, vor der Stille seines Zimmers und der Einsamkeit, die ihn auf seinem Landsitz umgab, durcheilte die Straßen kreuz und quer, in seiner kranken Phantasie verfolgt von dem Phantombild des Gespenstes Ruthven. Dabei vernachlässigte er mehr und mehr sein Äußeres. Anfangs noch kehrte er abends nach Hause zurück, schließlich legte er sich da nieder, wo ihn gerade die Müdigkeit überfiel. Mit seinen abgerissenen Kleidern, verwildertem Bartwuchs und wie im Fieber glänzenden, weit aus ihren Höhlen hervortretenden Augen sah er selbst zum Fürchten aus. Hinzu kam noch eine hochgradige Abmagerung seines Körpers.

Alice, die für diesen trostlosen Zustand ein einschneidendes seelisches Erlebnis, einen überwältigend wirkenden Schock als Ursache annahm, versuchte vergebens, den Zusammenhängen auf die Spur zu kommen. Alles, was sie tun konnte, war, ihn auf seinem orientierungslosen Herumstreifen von zuverlässigen und verschwiegenen Dienern insgeheim verfolgen zu lassen. Da er sich aber weder einer gutgemeinten Zusprache zugänglich zeigte noch durch körperliche Überlistung gefügig machen ließ, sondern eher in Tobsucht verfiel, als sich heimführen zu lassen, blieben derartige Unternehmungen erfolglos.

So vergingen einige Wochen voller banger Sorge, immer noch in der Hoffnung, einen öffentlichen Skandal, wie die behördliche Einweisung in ein Irrenhaus, durch private Initiative vermeiden zu können. Da änderte der schon Verlorengeglaubte sein Verhalten in einer plötzlichen Anwandlung von scheinbar verständiger Bereitschaft. In Wahrheit trieb ihn das bittere Schuldbewußtsein, alle seine Freunde und Bekannten ungewarnt einer Gefahr ausgeliefert zu wissen. Er trat wieder in Kontakt mit den Seinen und bestand ausdrücklich darauf, sich als Wiedergenesener der Gesellschaft zu präsentieren.

Doch schon bei der ersten Gelegenheit, einem vielbesuchten Hofzirkel in der Hauptstadt, lenkte er durch seine hemmungslose Unrast und exaltierten Handlungen die Aufmerksamkeit des Publikums in einer für ihn ungünstigen Weise auf sich. Sowie er in einen geselligen Kreis trat, waren seine lauernden, spähenden Blicke so ergreifend, sein innerer Schauder so spürbar, daß man unwillkürlich von ihm zurücktrat. Schließlich sah sich seine Schwester genötigt, ihn aus einer Umgebung fortzuführen, die seine Selbstbeherrschung derart negativ beeinträchtigte und Affekterlebnisse hervorrief, die sich körperlich durch Schwächeanfälle, heftige Schweißausbrüche und hartnäckige Muskelzuckungen kundtaten.

In ihrer Verzweiflung verfiel Alice auf den Gedanken, die

früheren Vormünder zu Rat und Beistand herbeizurufen in dem Verlangen, ihren Bruder vor den Beleidigungen und Unannehmlichkeiten zu schützen, die er täglich auf seinen wiederaufgenommenen Wanderungen erfuhr. Um den Augen der Menge nicht das bloßzustellen, was als unleugbares Zeichen des Wahnsinns gelten mußte, wurde veranlaßt, daß hinfort ein Arzt im Hause selbst Wohnung nehmen sollte, um den Patienten zu allen Tages- und Nachtzeiten in seiner Obhut zu haben und so womöglich anhand des genauen Studiums von dessen Defekthandlungen auf die seelischen Wurzeln des fortschreitenden Intelligenzverlustes schließen und Abhilfe schaffen zu können.

Noch während man beriet, wurde Aubreys innere Verworrenheit so groß, daß er auf sein Zimmer beschränkt werden mußte, was eine ständige Bewachung erforderlich machte. Unter den Bedingungen dieser strengen Klausur hoffte man, zunächst einmal die direkten Umwelteinflüsse auszuschalten, um die vorhandene Spannung abzubauen und die Beziehung zu früheren Gefühlsverläufen wiederherzustellen. Aubrey selbst schien all das, was um ihn herum und mit ihm geschah, gar nicht zu bemerken; allzusehr war sein Geist auf den einzig furchtbaren Gegenstand fixiert. Er verbrachte oft ganze Tage ohne Zeichen von Teilnahme am Geschehen auf seinem Lager. Endlich traten Zustände von Bewußtlosigkeit ein, denen mit Krämpfen verbundene Delirien vorausgingen. Trotz der großen Ermüdbarkeit hielt der Leidende während der Intervalle zuweilen seltsame Selbstgespräche, als zähle er die Tage eines Monats, eines Jahres, und zuweilen, bei einer gewissen Zahl, die er an den Fingern abrechnete, verzogen sich seine Mundwinkel zu einem Lächeln.

Erwachte er aus den Zuständen äußerster Bewußtseinstrübung, dann saß er stundenlang, die Hand oberhalb der Augen haltend, mit dem sicheren Gefühl, ein in die Ferne reichendes Erlebnis gehabt zu haben, eine Art lebhafte Ahnung beziehungsweise in die Zukunft vordringende Wahrnehmung, deren Verkörperung im Wachsein jedoch bei aller Anstrengung ihm anfangs nicht möglich war. Schließlich sehnte er diese somnolenten Zustände geradezu herbei, um den schattenhaft entgleitenden Einbildungen, von deren schicksalhafter Vorbedeutung für ihn und die Seinen er überzeugt war, durch Wiederholung festen Bestand abzugewinnen. Und tatsächlich nahmen die Phantome an Deutlichkeit zu, und zwar auf eine Weise, daß er nicht wußte, ob er alles selbst erschaute oder ob ihm jemand das Vorgefallene mit bloßen Worten sagte.

Um was es dabei ging, war fürchterlich genug. Die auf so seltsame Weise zustande gekommene Verbindung zur Außenwelt zeigte seine geliebte Schwester im vertrautesten Beisammensein mit dem gespenstischen Lord Ruthven. Sie hing an dessen Arm, während ihr Blick voll Zärtlichkeit den seinen suchte. Dieser sprach mit betörender Stimme auf sie ein, hob die Übereinstimmung ihrer Empfindungen und Gedanken hervor und betonte, daß sein Leben, das bisher hart und voller Rückschläge gewesen sei, nur durch sie wieder einen Sinn gewonnen hätte. Seine Komplimente waren im wahrsten Sinne Fallstricke des Teufels: Er huldigte in poesievollen Bildern mit raffiniertem Unterton ihren körperlichen Reizen und beteuerte mit sichtlicher Ergriffenheit, daß er die Schönheit ihrer Seele als höchstes ihm anvertrautes Gut betrachte. Diese und andere schmeichelnde Worte fanden den Weg zum Herzen des unerfahrenen Mädchens. Sie erblühte in Liebe zu dem stattlichen Mann und versprach ihm, auf seinen Antrag hin, strahlend vor Glück, daß sie von ganzem Herzen ihm anzugehören willens sei.

Dieser Austausch von Zärtlichkeiten und Liebesbeweisen wiederholte sich in immer neuen Wandlungen und Formen, entsprechend den verschiedensten Gelegenheiten und Schauplätzen, sei es auf Bällen, ästhetischen Teegesellschaften, Landpartien oder beim Spaziergang zu zweit. Alice verlor schließlich als Folge der auf sie einstürmenden, mit versteckter Frivolität vorgebrachten Erklärungen vollkommen die Kontrolle über sich selbst und wurde zum willenlosen Geschöpf ihres Anbeters.

Diese Halluzinationen oder Visionen wurden für Aubrey zur

schrecklichsten Heimsuchung seines verwundeten Geistes. Die Fiktionen waren von solcher Eindringlichkeit, daß er in überschäumender Erregung wütend im Kreise umherlief und sich schon bei dem Gedanken an die bloße Möglichkeit eines solchen Geschehens die Haare raufte.

Als jedoch die Wochen und damit die Zeit, die Aubrey an den Ruthven geleisteten Eid band, ohne besondere Ereignisse verflossen und schließlich lediglich noch fünf Tage zu überstehen waren, bis der teuflische Zauber gebrochen war, gewann die Zuversicht auf eine Erlösung von den Qualen bei dem Patienten mehr und mehr die Oberhand, so daß es schien, als erhielte er die Herrschaft über sich selbst allmählich wieder zurück.

Das war auch der Grund dafür, daß ihn seine Schwester, die beiden Vormünder und der Arzt zusammen aufsuchten, um im Vertrauen auf seine wiederkehrenden geistigen Kräfte mit ihm zusammen ein bevorstehendes Familienereignis zu beraten. Man teilte ihm mit, daß Alice sich in der Zeit seiner Krankheit an einen Mann ihrer Wahl gebunden und daß diese die Zustimmung der Vormünder gefunden, während man die Hochzeit aus Rücksicht auf seinen Zustand noch hinausgeschoben habe, dies aber nun nicht mehr länger möglich sei, da der Betreffende schon in drei Tagen einen wichtigen Gesandtschaftsposten in Spanien antreten müsse, wohin er Alice als seine Gattin mitzunehmen gedenke. Man nannte ihm Stand und Namen des Überglücklichen; danach handelte es sich um den Earl of Marsden, der im Nebenzimmer nur darauf warte, dem Bruder seine Aufwartung machen und seine Werbung noch einmal mit wärmsten Worten vorbringen zu können.

Während dieser Mitteilung hatte Alice die Hand ihres Bruders ergriffen, küßte ihn auf die Wange, wobei die hellen Freudentränen ihr in den Augen standen. Aubrey war über alle Maßen überrascht, faßte sich aber schnell und begann mit aller Herzlichkeit zu ihr zu sprechen, wünschte ihr alles Glück der Welt für die Zukunft und drückte sie voller Zärtlichkeit an sich. Dabei fiel ein Gegenstand zu Boden, ein Miniaturbild, das die Schwester auf ihrer Brust getragen hatte. Als Aubrey es aufhob und einen Blick darauf warf, blieb er in gebückter Haltung wie versteinert stehen; als er sich endlich aufrichtete, tat er einen fürchterlichen Schrei, so als wäre sein Lebenswille in seinen ursprünglichsten Ansätzen vernichtend getroffen worden. Die Unerbittlichkeit des Schicksals stand ihm wieder klar vor Augen. Das in kleinstem Format von einem der besten Künstler angefertigte Gemälde stellte niemand anderes dar als das gefürchtete und verfluchte Monster Lord Ruthven. Alle Anstrengungen, die Vorauserlebnisse zu verdrängen, waren mit einem Male ad absurdum geführt. Dieses Bewußtsein versetzte ihn zunächst schockartig in eine absolute Teilnahmslosigkeit, die aber schnell in ihr Gegenteil umschlug. »Nie, nie«, schrie er mit sich überschlagender Stimme, »wirst du diesen Mann ehelichen!« Er warf das Porträt voller Wut auf den Boden und zertrat es mit den Füßen.

Diese Raserei versetzte alle Anwesenden in höchste Betroffenheit, da sie die Tobsucht für eine Rückkehr des Wahnsinns hielten. Aubrey fiel seiner Schwester zu Füßen und bat, ja beschwor sie, doch nur wenige Tage noch mit dem Vollzug der Trauung zu warten.

Alice erschien die verzweifelte Reaktion um so unfaßbarer, da sie geglaubt hatte, mit der Wahl von seinem ehemaligen Reisegefährten als ihrem zukünftigen Gatten nicht nur eine gelungene Überraschung bei ihrem Bruder auszulösen, sondern auch Harmonie und Eintracht innerhalb der Familie zu befördern.

Im höchstgespannten Augenblick, da sich Aubrey an seine Schwester mit dem Ausdruck maßloser Furcht anklammerte, öffnete sich die Tür, und in leibhaftiger Gestalt trat Ruthven über die Schwelle, näherte sich dem Geschwisterpaar, und mit dem Ausdruck des tiefsten Bedauerns über die erneut ausgebrochene Unpäßlichkeit des nach Alice – wie er sich ausdrückte – ihm auf der Welt am nächsten stehenden Menschen faßte er dessen wie leblos erstarrten Körper und trug ihn auf das nahe stehende Ruhebett. Aubrey hörte noch die von diesem zischend hervorgestoßene Eidesformel, dann schwanden ihm die Sinne, und er blieb für die folgenden Tage trotz aller Bemühungen der aus London hinzugezogenen Kapazitäten auf psychologischem Gebiet in tiefer Ohnmacht liegen.

Alice sah sich hin und her gerissen zwischen der Sorge um ihren Bruder und den Pflichten als zukünftige Gattin. Ihre Vermählung mit Lord Ruthven, dem inzwischen der Titel des älteren Zweiges der Familie, Earl of Marsden, zugefallen war, fand am darauffolgenden Tag in aller Stille statt, und schon am übernächsten Tage reisten beide, wie festgesetzt, ihrem neuen Bestimmungsort entgegen.

Daß Aubrey, dessen Abzehrung von Tag zu Tag immer gefährlichere Grade erreichte, überhaupt noch einmal zu Bewußtsein kam, erschien den Zurückgebliebenen wie ein Wunder. Pünktlich an dem Tage, an dem Ruthven vor einem Jahr gestorben war, erhob er sich in ganzer Größe und bei klarem Verstande von seinem Lager, verlangte dringend die Vormünder zu sprechen, und als die Glocke Mitternacht geschlagen hatte, erzählte er auf das peinlichste genau alle Umstände, wie sie sich mit der Gespenstererscheinung Ruthvens zugetragen hatten, und unterließ nicht, hinzuzusetzen, welchen Martern und Qualen er die ganze Zeit über ausgesetzt war, während die Umwelt ihn für wahnsinnig halten mußte. Schon halb mit verlöschendem Blick, gemahnte er die Umstehenden zu höchster Eile, um Alice das schauderhafte Schicksal der jungen Griechin zu ersparen. Vampire wie Ruthven seien Blutsauger und forderten jährlich ein neues Opfer, um ihr eigentlich schon längst dem Tode verfallenes Dasein in lebendiger Gestalt zu erneuern. Mit diesen Worten auf den Lippen verließ ihn die letzte Kraft, und er sank entseelt zu Boden.

Als die Vormünder ihr eiligst abgesandtes Schreiben an Alice mit der Trauernachricht und der dringenden Bitte zur Rückkehr als unbestellbar zurückerhielten und auch sonst keine öffentliche Stelle von Ruthvens Dienstantritt am spanischen Hofe etwas zu wissen schien, machten sie sich selbst auf den Weg, um nähere Erkundigungen über das Verbleiben der

Neuvermählten einzuholen. Jedoch ihre Bemühungen blieben erfolglos, ebenso wie der Einsatz aller erdenklichen Mittel, um sowohl auf privatem als auch auf amtlichem Wege Nachforschungen zu betreiben.

Von Lord Ruthven und seiner Gattin wurde nie wieder eine Spur entdeckt.

WALTER SCOTT

Die Erzählung des blinden Spielmanns

Sie haben sicher schon von Sir Robert Redgauntlet auf Redgauntlet gehört, der vor den teuren Jahren in dieser Gegend lebte.

Lange noch wird man sich hierzulande seiner erinnern; und unsere Väter atmeten schwer, wenn sie nur seinen Namen hörten. Zu Montroses Zeit zog er mit den Hochländern zu Felde, dann war er wieder mit Glencairn im Jahre 1652 in den Bergen, und als König Karl II. auf den Thron zurückkam, stand da der Herr von Redgauntlet in hoher Gunst. Er wurde im Londoner Schloß mit des Königs eigenem Schwert zum Ritter geschlagen, und da er ein fanatischer Anhänger der Bischöfe war, wütete er, als er hier herunterkam, wie ein Löwe – er hatte Statthaltervollmachten, um die Whigs und Presbyterianer im Lande zu unterdrücken. Wild ging es dabei her, denn die Whigs waren so hartnäckig wie die Tories leidenschaftlich, und es kam darauf an, wer den längsten Atem hatte. Redgauntlet war stets für Gewaltmaßnahmen, und sein Name ist bei uns so bekannt wie der Tam Dalyelis oder Claverhouses. Weder Fels- noch Waldschlucht, weder Gipfel noch Höhle konnte das arme Bergvolk schützen, wenn Redgauntlet mit den Hörnern und Bluthunden hinter ihm her war, als ob es Freiwild wäre. Und wenn er und seine Leute es dann aufgespürt hatten, machten sie, meiner Treu, nicht viel mehr Umstände mit ihm als ein Hochländer mit einem Rehbock. Es hieß nur: »Willst du den Eid leisten?« – Wenn nicht: »Achtung – fertig – Feuer!« – Und da lag der Dissenter.

Weit und breit wurde Sir Robert gehaßt und gefürchtet. Die Menschen glaubten, er hätte einen Pakt mit dem Teufel geschlossen, daß der Stahl von ihm abglitt und die Kugeln von seinem Lederkoller absprangen wie Hagelkörner von einem Herd; sie erzählten, er hätte ein Pferd, das sich am Abgrund von Carrifragawns in einen Hasen verwandelte, und mehr dergleichen Dinge, worüber ich noch berichten werde. Der beste Segen, den sie für ihn übrig hatten, lautete: »Der Teufel möge Redgauntlet holen.« Seinen eigenen Leuten war er kein schlechter Herr, und die Pächter hatten ihn gern; und gar die Dienstmannen und Reiter, welche die »Verfolgungen« mitmachten, wie die Whigs jene mörderischen Jahre nannten, die hätten sich, wenn's drauf ankam, jederzeit auf sein Wohl blind getrunken.

Nun muß ich erzählen, daß mein Großvater auf Redgauntlets Grund und Boden lebte – der Ort heißt Primrose-Knowe. Wir hatten auf dieser Scholle unter den Redgauntlets seit der Zeit der Ausritte und schon lange vorher gesessen. Es war ein hübsches Stück Land, und ich glaube, die Luft ist frischer dort als irgendwo sonst bei uns. Jetzt ist dort alles öde; und als ich vor drei Tagen an der verfallenen Tür saß, war ich froh, daß ich nicht sehen konnte, in welch traurigem Zustand sich das Gut befand; aber das gehört nicht zur Sache. Dort wohnte mein Großvater Steenie Steenson, und in seinen jungen Jahren war er ein unruhiger, lärmender Bursche gewesen, der den Dudelsack gut spielen konnte; berühmt waren seine »Faßbinder und Küfer«, und kein Cumberlander konnte an ihn heran, wenn er »Jockie Lattin« blies, und zwischen Berwick und Carlisle hatte er die geschicktesten Finger für den Dudelsack. Leute wie Steenie waren nicht aus dem Holz geschnitzt, aus dem man Whigs machte. So wurde er Tory einfach aus einer Art Notwendigkeit heraus, zu einer oder der anderen Seite zu gehören. Gegen die Whigmenschen hegte er keinen Groll, und er sah das Blut nicht gern fließen, obgleich er, da er verpflichtet war, Sir Robert auf seinen Jagden und Heerzügen zu folgen, für ihn zu wachen und Posten zu stehen, viel Unrecht sah und vielleicht auch gelegentlich eins beging, wenn es sich nicht vermeiden ließ.

Nun war Steenie eine Art Günstling seines Herrn und kannte alle die Leute im Schloß, und oft holte man ihn zum Dudelsackspielen, wenn es dort hoch herging. Der alte Dougal MacCallum, der Verwalter, der Sir Robert in guten und schlechten Zeiten, durch dick und dünn, Pfuhl und Fluß gefolgt war, hörte den Dudelsack besonders gern, und er legte bei Redgauntlet ein gutes Wort für meinen Großvater ein, denn Dougal konnte seinen Herrn um den Finger wickeln.

Nun, es kam die Revolution, und sie brach den beiden, Dougal und seinem Herrn, fast das Herz. Aber der Umsturz war nicht ganz so groß, wie sie fürchteten und andere Leute sich einbildeten. Die Whigs machten zwar ein großes Geschrei, was sie mit ihren alten Feinden und besonders mit Sir Robert Redgauntlet anstellen wollten. Aber es hatten zu viele große Leute ihre Hände im Spiel gehabt, um eine nagelneue Welt zu schaffen. So ging das Parlament darüber hinweg, und Sir Robert, ausgenommen daß er jetzt Füchse statt Presbyterianer jagte, blieb der Mann, der er war. Seine Gelage waren so lärmend und seine Halle so gut beleuchtet wie je, wenn ihm vielleicht auch die Strafgelder der Dissenters fehlten, die früher seiner Speisekammer und seinem Keller zugute gekommen waren; denn es steht fest, daß er den Zins schärfer eintrieb, als es seine Pächter gewohnt waren, und entweder waren sie am Zahltag pünktlich zur Stelle, oder aber der Herr war ungnädig. Und er war ein so fürchterlicher Patron, daß niemand ihn gern reizte; er fluchte so entsetzlich und geriet in solche rasende Wut und sah so schrecklich aus, daß die Leute manchmal glaubten, er wäre der fleischgewordene Teufel. Nun, mein Großvater war kein guter Wirt; nicht daß er ein Verschwender gewesen wäre, aber er verstand nicht zu sparen und war zwei Termine mit dem Pachtzins im Rückstand. Aus der ersten Klemme zu Pfingsten half er sich mit schönen Worten und Pfeifen heraus, aber als der Martinstag herankam, erhielt Steenie eine Aufforderung von dem Landrentmeister, mit der Pachtsumme an einem bestimmten Tage zu erscheinen, oder aber er würde fliegen. Saure Arbeit war es für ihn, das Silber aufzubringen, aber er hatte gute Freunde, und schließlich hatte er das Ganze zusammengekratzt – tausend schottische Mark –, das meiste von einem Nachbarn, der Lauri Lapraik hieß, einem schlauen Fuchs. Lauri verstand sich auf viele Gangarten – er konnte mit den Hunden jagen und den Hasen rennen, Whig oder Tory, Heiliger oder Sünder sein, wie der Wind blies. Er gehörte in dieser Revolutionswelt zu den Bekennern, aber gelegentlich gefiel ihm auch ein Hauch der irdischen Welt und eine Melodie auf dem Dudelsack recht gut, und außerdem glaubte er, er hätte gute Sicherheiten für das Silber, das er meinem Großvater in Primrose-Knowe aus dem Strumpf lieh.

Da trottete nun mein Großvater nach Redgauntlet mit schwerem Beutel und leichtem Herzen, froh, daß die Gefahr, die von dem Gutsherrn drohte, vorüber war. Nun, das erste, was er im Schloß erfuhr, war, daß sich Sir Robert so lange geärgert hatte, bis ihn die Gicht wieder packte, weil er nicht vor zwölf Uhr erschienen war. Es war nicht allein des Geldes wegen, so dachte Dougal, sondern es hätte ihm leid getan, meinen Großvater von seinem Land zu jagen. Dougal freute sich, als er Steenie sah, und brachte ihn in die geräumige, eichene Halle, und dort saß der Lord ganz allein und hatte nur einen großen, häßlichen Affen neben sich, an dem er hing; ein giftiges Biest war dieser Affe, und manch einen bösartigen Streich hatte er schon gespielt – schwer konnte man seine Zuneigung gewinnen, und leicht war er gereizt –, er rannte im ganzen Schloß herum, schwatzte und heulte, kniff und biß die Leute, besonders wenn schlechtes Wetter bevorstand oder Unruhen im Staat. Sir Robert nannte ihn Major Weir nach dem Zauberer, den man verbrannt hatte; und es gab wenige, denen der Name oder die Lebensweise des Tieres gefallen hätten – sie meinten, daß etwas nicht ganz geheuer an ihm wäre –, und meinem Großvater war es nicht besonders leicht zumute, als die Tür hinter ihm zuschlug und er sich allein im Zimmer befand mit niemand als dem Lord, Dougal MacCallum und dem Major, denn das war ihm früher noch nie begegnet.

Sir Robert saß, oder, genauer gesagt, er lag in einem großen Lehnstuhl in seinem prächtigen Samtrock, die Füße auf einem wiegenartigen Gestell, denn er hatte die Gicht und die Steinkrankheit, und sein Gesicht sah so grimmig und grausig aus wie das des Teufels. Major Weir saß ihm gegenüber in einem rotbesetzten Rock, die Perücke des Lords auf dem Kopf, und immer wenn Sir Robert vor Schmerz die Zähne fletschte, fletschte sie der Affe auch wie ein Schafskopf unter der Schere – ein häßliches, furchtbares Paar war das. Das Lederkoller des Lords hing an einem Nagel hinter ihm und sein breites Schwert und die Pistolen in Reichweite, denn er hielt an der alten Sitte fest, die Waffen griffbereit und ein Pferd Tag und Nacht gesattelt zu haben, genauso wie er es gewohnt war, als er noch auf das Pferd springen und das Bergvolk jagen konnte, wenn es ihm gemeldet wurde. Einige sagten, das täte er aus Angst, die Whigs könnten Rache nehmen, aber ich denke, es geschah nur aus alter Gewohnheit – er war nicht der Mann, der sich fürchtete. Das Pachtbuch mit dem schwarzen Einband und den Messingschließen lag neben ihm, und zwischen den Seiten steckte ein Buch mit unanständigen Liedern, um es dort offenzuhalten, wo es gegen den Hausherrn von Primrose-Knowe Zeugnis ablegte, der mit seinem Pachtzins und seinen Abgaben im Rückstand war. Sir Robert warf einen Blick auf meinen Großvater, als ob er ihm das Herz in der Brust verbrennen wollte. Sie müssen wissen, er hatte eine Art, die Brauen zusammenzuziehen, daß die Menschen deutlich das Zeichen eines Hufeisens auf seiner Stirn sahen, tief eingegraben, als ob es mit dem Prägstock hingedrückt worden wäre.

»Kommst du mit leeren Händen, du Sohn einer hohlen Pfeife?« sagte Sir Robert. »Sakerment, wenn dem so ist –«

Mein Großvater, mit soviel Haltung, wie er aufbringen konnte, machte einen Kratzfuß und stellte den Beutel Geld schneidig auf den Tisch, wie jemand, der etwas Kluges tut.

Der Lord zog ihn hastig zu sich heran. »Ist alles drin, Steenie, Mann?«

»Euer Gnaden werden es in Ordnung finden«, antwortete mein Großvater.

»He, Dougal«, sagte der Lord, »gib Steenie unten einen Becher Branntwein, bis ich das Silber gezählt und die Quittung geschrieben habe.«

Aber sie waren noch nicht ganz aus dem Zimmer heraus,

als Sir Robert einen gellenden Schrei ausstieß, daß der Schloßfelsen wankte. Dougal rannte zurück, die Dienerschaft kam herein – Schrei auf Schrei stieß der Lord aus, einen immer schrecklicher als den anderen. Mein Großvater wußte nicht, sollte er stehenbleiben oder fliehen, schließlich wagte er sich in die Stube zurück, wo das Oberste zuunterst war – und niemand, der »Herein« rief oder »Draußen bleiben«. Der Lord schrie entsetzlich nach kaltem Wasser für seine Füße und nach Wein, um den Brand in seiner Kehle zu löschen; und die Hölle und ihre Flammen waren die Worte, die er fortwährend im Munde führte. Sie brachten ihm Wasser, und als er seine geschwollenen Füße in den Bottich getaucht hatte, brüllte er, es wäre kochend heiß, und die Leute sagen, daß es tatsächlich wallte und perlte wie ein siedender Kessel. Er warf Dougal den Becher an den Kopf und schrie, er hätte ihm Blut statt Burgunder gegeben, und fest steht, daß das Mädchen am nächsten Tage geronnenes Blut vom Teppich wusch. Der Affe, der Major Weir hieß, plapperte und schrie, als ob er seinen Herrn verspottete; meinem Großvater begann es im Kopfe zu drehen – er vergaß Silber und Quittung und polterte die Treppe hinunter; aber als er rannte, wurden die Schreie immer schwächer; es gab ein tiefes, zitterndes Stöhnen, und im Schloß erzählte man sich, der Lord sei tot.

Nun, mein Großvater war davongekommen, aber er ließ die Ohren hängen, und er setzte seine ganze Hoffnung darauf, daß Dougal den Geldsack gesehen und gehört hatte, daß sein Herr die Quittung ausstellen wollte. Der junge Herr, Sir John, kam aus Edinburgh, um nach dem Rechten zu sehen. Sir John und sein Vater hatten sich nie gut gestanden. Sir John hatte Jura studiert und war Rechtsanwalt geworden, später saß er im letzten schottischen Parlament und stimmte für die Vereinigung mit England – was sich, wie man annahm, gut für ihn bezahlt machte –, wenn sein Vater aus dem Grabe hätte aufstehen können, würde er ihm dafür an seinem eigenen Herd den Schädel zertrümmert haben. Es gab Leute, die annahmen, daß man leichter mit dem alten, rauhen Lord reden konnte als mit dem höflichen jungen – davon bald mehr.

Dougal MacCallum, der arme Kerl, jammerte und stöhnte nicht, aber ging so geisterhaft im Hause herum wie eine Leiche; doch besorgte er, wie das seine Pflicht war, das ganze großartige Leichenbegängnis. Am schlechtesten sah Dougal immer aus, wenn es Nacht wurde, und er war stets der letzte, der schlafen ging. Sein Bett stand in dem kleinen runden Turmzimmer gegenüber dem Raum mit der Estrade, das sein Herr, solange er lebte, bewohnt hatte und wo er jetzt auf dem Paradebett lag, wie man das nannte, Gott sei's geklagt. Die Nacht vor dem Begräbnis konnte Dougal es nicht länger allein aushalten, sein Stolz brach zusammen, und er bat den alten Hutcheon geradeheraus, eine Stunde auf sein Zimmer zu kommen. Als sie in dem runden Zimmer waren, trank Dougal einen Becher Schnaps und goß auch Hutcheon ein, wünschte ihm Gesundheit und langes Leben und sagte, daß er selbst nicht mehr lange von dieser Welt wäre; denn jede Nacht seit Sir Roberts Tod hätte er die silberne Pfeife im Staatszimmer gehört, genauso wie nachts zu seinen Lebzeiten, um Dougal zu rufen, ihm zu helfen, wenn er sich im Bett umdrehen wollte. Dougal sagte, er hätte nie gewagt, dem Ruf zu folgen, da er auf diesem Flur des Turmes allein mit dem Toten war (denn niemand mochte bei Sir Robert Redgauntlet die Totenwache halten wie bei einer anderen Leiche), daß er sich aber jetzt Vorwürfe machte, seine Pflicht vernachlässigt zu haben; denn wenn es auch heißt: »Der Tod löst das Dienstverhältnis auf«, sagte Dougal MacCallum, »so soll er doch niemals mein Dienstverhältnis zu Sir Robert auflösen, und wenn er das nächste Mal pfeift, werde ich gehen, sofern du bei mir stehen wirst, Hutcheon.«

Hutcheon hatte keine rechte Lust zu der Sache, aber er hatte neben Dougal im Kampfgewühl gestanden und wollte ihn in dieser Klemme nicht im Stich lassen. So saßen die Männer über ihrem Schnaps, und Hutcheon, der etwas von einem Geistlichen an sich hatte, hatte ein Kapitel aus der Bibel gelesen, aber Dougal wollte nichts anderes hören als eine Auswahl aus Davie Lindsay, und das war nicht so gut als Vorbereitung.

Als die Mitternacht kam und das Haus still war wie ein

Grab, hörten sie nur zu gut, daß die silberne Pfeife so scharf und schrill erklang, als ob Sir Robert sie bliese; die beiden alten Dienstmannen standen auf und wankten in den Raum, wo der Tote lag. Hutcheon sah auf den ersten Blick genug, denn es waren Fackeln im Zimmer, die ihm den Erzfeind in eigener Person auf dem Sarge des Lords sitzend zeigten! Er kippte um, als ob ihn der Schlag gerührt hätte. Wie lange er an der Tür gelegen hatte, konnte er nicht sagen, aber als er zu sich gekommen war, rief er seinen Nachbarn, und da er keine Antwort bekam, weckte er das Haus, und man fand Dougal tot zwei Schritte von der Estrade entfernt, auf dem der Sarg seines Herrn stand. Was die Pfeife betrifft, so war sie ein für allemal verschwunden; aber oft wurde sie auf dem Dach des Hauses gehört, wo das Erkertürmchen war, und zwischen den alten Schornsteinen und Zinnen, wo die Eulen nisten. Sir John vertuschte die Sache, und das Begräbnis ging vorüber ohne weiteren Spuk.

Aber als alles vorbei war und der junge Herr anfing, seine Geschäfte in Ordnung zu bringen, wurde jeder Pächter gemahnt, seine Rückstände zu zahlen, und mein Großvater um die volle Summe, die im Pachtbuch noch offenstand. Nun, er trottete ins Schloß, um seine Geschichte zu erzählen, und dort wurde er Sir John vorgestellt, der auf dem Stuhle seines Vaters saß in tiefer Trauer mit schwarzem Flor und hängender Krawatte und einem kleinen Ausgehdegen an der Seite statt des alten Breitschwerts, das seinen Zentner wog – Klinge, Ortband und Korbgefäß. Ich habe ihr Gespräch so oft erzählen hören, daß ich fast glaube, ich wäre zugegen gewesen, obgleich ich damals noch gar nicht geboren war. (Und wirklich, Alan, ahmte mein Begleiter mit einem gut Teil Humor den schmeichelnden, versöhnlichen Ton in der Ansprache des Pächters nach und den heuchlerischen, melancholischen der Erwiderung des Lords. Sein Großvater, so sagte er, hätte, während er sprach, die Augen auf das Pachtbuch geheftet, als ob es eine Dogge wäre und er fürchtete, sie würde aufspringen und ihn beißen.)

»Ich wünsche Ihnen Freude, Sir, auf dem Hochsitz und

weißes Brot und die uneingeschränkte Herrschaft. Ihr Vater war seinen Freunden und Gefolgsleuten ein gütiger Herr, Gott gewähre Ihnen gnädig, Sir John, daß Sie in seine Schuhe passen – in seine Stiefel sollte ich sagen, denn er trug selten Schuhe, es sei denn Filzpantoffeln, wenn er die Gicht hatte.«

»Ja, Steenie«, sagte der Lord, seufzte tief und hielt das Tuch an die Augen; »er wurde plötzlich abberufen, und man wird ihn im Lande vermissen; keine Zeit, sein Haus in Ordnung zu bringen – gut vorbereitet fürs Jenseits, zweifellos, worauf es im Grunde ankommt –, aber uns ließ er einen verfitzten Knäuel zum Entwirren zurück, Steenie. – Hem! Hem! Wir müssen zum Geschäftlichen übergehen, Steenie; viel zu tun und wenig Zeit dazu.«

Hier öffnete er das verhängnisvolle Buch. Ich habe von einem Ding gehört, das man das »Buch des letzten Gerichts« nennt – ich bin mir darüber im klaren, daß es ein Zinsbuch rückständiger Pächter war.

»Stephen«, sagte Sir John, immer noch in derselben sanften, öligen Stimme, »Stephen Stevenson oder Steenson, hier steht, daß Ihr mit einem Jahr Pacht im Rückstand seid, die beim letzten Termin fällig war.«

Stephen: »Euer Gnaden verzeihen, Sir John, ich habe sie Ihrem Vater bezahlt.«

Sir John: »Ihr bekamt zweifellos eine Quittung, Stephen, und könnt sie vorweisen?«

Stephen: »Fürwahr, ich hatte nicht Zeit dazu, Euer Gnaden belieben; denn kaum hatte ich das Silber hingestellt, und gerade als Seine Gnaden, Sir Robert, der dahin ist, es zu sich zog, um es zu zählen und die Quittung zu schreiben, packten ihn die Schmerzen, die ihn wegrafften.«

»Das traf sich unglücklich«, sagte Sir John nach einer Pause. »Aber vielleicht habt Ihr es in Gegenwart eines Zeugen bezahlt. Ich möchte nur einen Talis-qualis-Beweis. Ich würde einem armen Mann nie zu hart zusetzen.«

Stephen: »Wirklich, Sir John, es war niemand im Zimmer außer Dougal MacCallum, dem Verwalter, und wie Euer Gnaden wissen, ist er seinem alten Herrn gefolgt.«

»Das trifft sich wieder sehr unglücklich, Stephen«, sagte Sir John, ohne den Klang seiner Stimme auch nur im gerinsten zu ändern. »Der Mann, dem Ihr das Geld bezahlt habt, ist tot, und der Mann, der bei der Zahlung zugegen war, ist auch tot – und das Silber, das zur Stelle sein sollte, ist an seinem Aufbewahrungsort weder zu sehen, noch hat man davon gehört. Wie soll ich das glauben?«

Stephen: »Das weiß ich nicht, Euer Gnaden, aber die Münzen selbst sind eine Art Urkunde; denn – Gott steh mir bei! – ich mußte sie aus zwanzig Beuteln borgen, und ich bin überzeugt, daß jeder Mann, der dort niedergeschrieben ist, den großen Eid schwören wird, zu welchem Zweck ich das Geld borgte.«

Sir John: »Ich zweifle nicht daran, daß Ihr das Geld geborgt habt, Steenie. Für die Zahlung an meinen Vater will ich den Beweis haben.«

Stephen: »Das Silber muß doch irgendwo im Hause sein, Sir John. Und da Euer Gnaden es nicht empfangen haben und Seine Gnaden es nicht mitgenommen haben kann, hat es vielleicht jemand von der Familie gesehen.«

Sir John: »Wir werden die Diener verhören, Stephen; das ist nur billig.«

Aber Lakaien und Mädchen, Pagen und Stallknechte, alle leugneten hartnäckig, je so einen Beutel mit Geld gesehen zu haben, wie ihn mein Großvater beschrieb. Was noch schlimmer war, er hatte unglücklicherweise gegen keinen einzigen von ihnen erwähnt, daß er den Pachtzins bezahlen wollte. Eine Frau hatte etwas unter seinem Arm bemerkt, aber für seinen Dudelsack gehalten.

Sir John Redgauntlet schickte die Diener aus dem Zimmer und sagte dann zu meinem Großvater: »Nun, Steenie, Ihr seht, ich bin anständig mit Euch verfahren, und da ich nicht zweifle, daß Ihr besser wißt als jeder andere, wo das Silber ist, bitte ich Euch, wie billig und zu Eurem eigenen Besten, daß Ihr keine Schwierigkeiten weiter macht; denn, Stephen, Ihr müßt bezahlen, oder Ihr fliegt.«

»Der Herr vergebe Euch Eure Worte«, sagte Stephen, der

am Rande der Verzweiflung war, »ich bin ein ehrlicher Mann.«

»Ich auch«, sagten Seine Gnaden, »und alle Leute im Haus, wie ich hoffe. Aber wenn ein Schurke unter uns ist, dann kann es nur der sein, der eine Geschichte erzählt, ohne sie zu beweisen.« Er hielt inne und fügte dann ernster hinzu: »Wenn ich Euern Trick recht verstehe, mein Herr, dann wollt Ihr Euch einige boshafte Gerüchte über meine Familie und besonders über den plötzlichen Tod meines Vaters zunutze machen, dadurch mich um mein Geld betrügen und mir vielleicht meinen guten Ruf nehmen, indem Ihr andeutet, daß ich die Pacht, die ich verlange, empfangen habe. – Wo soll denn das Geld Eurer Meinung nach sein? – Ich bestehe darauf, das zu wissen.«

Mein Großvater sah, wie sich alles gegen ihn wendete, und war fast verzweifelt – er trat von einem Bein aufs andere, sah in jede Ecke des Zimmers und gab keine Antwort.

»Sprecht, Kerl«, sagte der Lord und nahm die Haltung seines Vaters an, eine ganz besondere, wenn dieser sehr wütend war – es schien, als ob die Falten in der Mitte seiner Stirn dieselbe furchterregende Form des Hufeisens annahmen. »Sprecht, mein Herr; ich *will* wissen, was Ihr denkt – glaubt Ihr vielleicht, ich habe das Geld?«

»Das sei weit von mir«, sagte Stephen.

»Bezichtigt Ihr irgend jemand von meinen Leuten, es genommen zu haben?«

»Ich möchte niemand verdächtigen, der vielleicht unschuldig ist«, sagte mein Großvater, »und wenn jemand schuldig ist, so habe ich keinen Beweis.«

»Irgendwo muß das Geld doch sein, wenn an Eurer ganzen Geschichte ein wahres Wort ist«, sagte Sir John; »ich frage, wo es Eurer Meinung nach ist, und verlange eine klare Antwort.«

»In der Hölle, wenn Sie nun einmal meine Meinung hören wollen«, sagte mein Großvater, dem jetzt alles gleich war, »in der Hölle! Mit Ihrem Vater, seinem Affen und der silbernen Pfeife.«

Er rannte die Treppe hinunter (denn die Halle war kein Platz mehr für ihn nach einem solchen Wort), und er hörte, wie der Lord auf Tod und Teufel fluchte, so schlimm wie nur je Sir Robert, und wie er mit dem Gericht drohte.

Mein Großvater ritt zu seinem Hauptgläubiger (zu dem, der Laurie Lapraik hieß), um zu versuchen, ob er bei ihm nicht etwas lockermachen konnte; aber als er seine Geschichte erzählte, schimpfte dieser ihm nur die Hucke voll – Dieb, Bettler und Schuldenmacher waren noch die zahmsten Ausdrücke; und obendrein wärmte er die alte Geschichte wieder auf, daß an seinen Händen das Blut des Heiligen Gottes klebe, gerade als ob ein Pächter sich hätte weigern können, mit seinem Lord auszureiten, einem Lord noch dazu wie Sir Robert Redgauntlet. Mein Großvater hatte inzwischen längst alle Mäßigung vergessen, und als er und Laurie sich gegenseitig mit Schimpfworten übertrumpften, hatte er das Pech, nicht nur Lapraik, den Mann, sondern auch seine Konfession anzugreifen, und er sagte Dinge, daß alle, die es hörten, eine Gänsehaut überlief – er war einfach außer sich und hatte zu seiner Zeit in einer wilden Umgebung gelebt.

Schließlich trennten sie sich, und mein Großvater machte sich auf den Heimweg durch den Pitmurkiewald, der ganz voller schwarzer Fichten steht, wie es heißt. Ich kenne den Wald, aber die Bäume könnten schwarz oder auch weiß sein, für mich ist das eins. – Am Eingang des Waldes war ein wilder Anger und am Rande des Angers ein kleines, einsames Wirtshaus, das damals von der Frau eines Stallknechts bewirtschaftet wurde, die Tibbie Faw hieß, und dort rief der arme Steenie nach einem Nößel Branntwein, denn er hatte den ganzen Tag nichts genossen. Tibbie drang in ihn, er solle erst einen Bissen Fleisch essen, aber daran war nicht zu denken, und er wollte auch seinen Fuß nicht aus dem Steigbügel nehmen; er kippte den ganzen Branntwein in zwei Zügen hinter und brachte bei jedem einen Toast aus: den ersten auf das Gedächtnis Sir Robert Redgauntlets und daß er so lange im Grabe keine Ruhe finden möge, bis er seinem armen Pächter zu seinem Recht verholfen hätte, und den zweiten auf das

Wohl des Erbfeindes, wenn er ihm den Beutel voll Silber wieder beschaffte oder ihm sagte, was daraus geworden wäre, denn er sah, daß die ganze Welt ihn als Dieb und Betrüger betrachten würde, und das nahm er noch schwerer als die Vertreibung von Haus und Hof.

Er ritt weiter und kümmerte sich wenig darum, wohin. Es war eine dunkle Nacht, und die Bäume machten sie noch dunkler, und im Walde ließ er dem Tiere freien Lauf; müde und abgespannt, wie der Gaul war, fing er auf einmal an zu springen und zu fliehen und sich auf die Hinterbeine zu stellen, daß sich mein Großvater kaum im Sattel halten konnte. – Da sagte ein Reiter, der plötzlich neben ihm auftauchte: »Ihr habt da ein feuriges Tier, Freund, wollt Ihr es verkaufen?« Und während er so sprach, berührte er den Hals des Pferdes mit seiner Reitgerte, und es fiel in seinen alten, schläfrigen, stolpernden Trott zurück. »Aber sein Feuer ist bald verpufft«, fuhr der Fremde fort, »und so geht es vielen mutigen Leuten, die glauben, sie würden große Dinge tun, bis sie auf die Probe gestellt werden.«

Mein Großvater hörte kaum zu, mit einem »Ich wünsche Ihnen einen guten Abend, Freund« trieb er sein Pferd an.

Aber es schien, daß der Fremde einer war, der sich nicht so leicht abschütteln ließ; denn Steenie konnte reiten, wie er wollte, er war stets neben ihm und hielt mit ihm Schritt. Schließlich war mein Großvater Steenie Steenson halb ärgerlich, und, um die Wahrheit zu sagen, er fürchtete sich auch ein wenig.

»Nun, und was wollt Ihr von mir, mein Freund?« sagte er. »Seid Ihr ein Räuber, so habe ich kein Geld, seid Ihr ein ehrlicher Mann, der nur Gesellschaft sucht, so bin ich nicht zu Fröhlichkeit und Unterhaltung aufgelegt, und wollt Ihr den Weg wissen, so weiß ich ihn selbst kaum.«

»Wenn Ihr mir Euren Kummer erzählen wollt«, sagte der Fremde, »so bin ich, wenn mir auch die Welt sehr viel Übles nachsagt, doch der einzige, der seinen Freunden wirklich unter die Arme greifen kann.«

So erzählte mein Großvater, mehr, um sein Herz zu erleichtern, als weil er auf irgendwelche Hilfe hoffte, die Geschichte von Anfang bis zu Ende.

»Ihr seid arg in der Klemme«, sagte der Fremde, »aber ich denke, ich kann Euch helfen.«

»Wenn Sie mir das Geld leihen könnten, mein Herr, und sich mit der Rückzahlung lange gedulden würden, eine andere Hilfe auf dieser Erde sehe ich nicht«, sagte mein Großvater.

»Aber vielleicht unter der Erde«, meinte der Fremde. »Kommt, ich will ehrlich mit Euch reden; ich könnte Euch das Geld gegen einen Schuldschein leihen, aber Ihr würdet wahrscheinlich Gewissensbisse über meine Bedingungen haben. Nun weiß ich, daß Eure Flüche und das Wehklagen Eurer Familie den alten Lord im Grabe stören, und wenn Ihr es wagt, zu ihm zu gehen, wird er Euch die Quittung geben.«

Meinem Großvater standen bei diesem Vorschlag die Haare zu Berge, aber er dachte, sein Begleiter wäre vielleicht ein launischer junger Herr, der versuchte, ihn zu erschrecken, und ihm am Schluß doch das Geld leihen würde. Außerdem hatte ihn der Branntwein mutig und der Kummer verzweifelt gemacht, und er antwortete, er wage es, nach der Quittung bis an das Tor der Hölle und auch noch einen Schritt weiter zu gehen.

Der Fremde lachte.

Nun, sie ritten durch den allerdichtesten Wald, als das Pferd plötzlich an der Tür eines großen Hauses stehenblieb, und wenn mein Großvater nicht gewußt hätte, daß Schloß Redgauntlet zehn Meilen entfernt war, hätte er gedacht, er wäre dort. Sie ritten in den äußeren Hof über die große Zugbrücke und unter dem Fallgatter hindurch; und die ganze Front des Hauses war beleuchtet, und es waren Pfeifen und Fiedeln da, und es wurde getanzt und gelärmt wie nur je in Sir Roberts Haus zu Ostern oder Weihnachten und solchen hohen Festen. Sie sprangen ab, und meinem Großvater schien es, als ob er sein Pferd an demselben Ringe festmachte, an dem er es am Morgen angebunden hatte, als er dem jungen Sir John seine Aufwartung machte.

»Gott«, sagte mein Großvater, »wenn Sir Roberts Tod bloß ein Traum wäre!«

Er klopfte wie gewöhnlich an die Tür der Halle, und sein alter Bekannter Dougal MacCallum öffnete – auch wie gewöhnlich – die Tür und sagte: »Pfeifer Steenie, seid Ihr da, Bursche? Sir Robert hat die ganze Zeit nach Euch gerufen.«

Meinem Großvater ging es wie einem Mann, der träumt – er sah sich nach dem Fremden um, doch der war für jetzt gegangen. Schließlich versuchte er zu reden: »Ha! Dougal MacCallum, lebt Ihr? Ich dachte, Ihr wärt gestorben.«

»Kümmert Euch nicht um mich«, sagte Dougal, »sondern paßt auf Euch selbst auf, und nehmt nichts von irgendeinem hier an, weder Speise, Trank noch Silber, außer der Quittung, die Euch gehört.«

Und indem er so sprach, führte er ihn durch Hallen und Gänge, die meinem Großvater wohlbekannt waren, in den alten eichenen Wohnraum; und dort wurden genau solche gemeine Lieder gesungen und Zoten gerissen, es wurde so gelästert und soviel roter Wein getrunken wie je in Schloß Redgauntlet, wenn es am höchsten herging.

Aber Gott behüte uns! Was für eine Gesellschaft grausiger Zecher das war, die da um den Tisch herum saßen. Mein Großvater kannte viele, die schon längst den Weg alles Irdischen gegangen waren; denn dem größten Teil hatte er oft in der Halle von Redgauntlet aufgespielt. Dort war der wilde Middleton und der Wüstling Rothes und der schlaue Lauderdale; und Dalgell mit dem kahlen Kopf und dem Bart bis an den Gürtel; und Earlshall mit Camerons Blut an den Händen; und der wilde Bonshaw, der des seligen Herrn Cargills Glieder fesselte, bis das Blut heraussprang; und Dunbarton Douglas, der zweimal zum Verräter wurde, an seinem Land und an seinem König. Dort war der blutige Advokat MacKenyie, der den anderen wegen seiner Weltgewandtheit und Klugheit als ein Gott erschienen war; und dort Claverhouse, so schön wie im Leben mit seinen langen, dunklen, krausen Locken, die über sein geschnürtes Lederkoller herabfielen, die linke Hand immer auf dem rechten Schulterblatt, um die Wunde zu verdecken, die die silberne Kugel gemacht hatte. Er saß abseits von ihnen allen und sah sie mit schwermütigen, stolzen Blicken an, während die anderen lärmten und sangen und lachten, daß der Raum tönte. Aber von Zeit zu Zeit war ihr Lächeln schrecklich verzerrt, und ihr Gelächter ging in so wilde Laute über, daß meinem Großvater die Nägel blau wurden und das Mark in den Knochen fror.

Diejenigen, die bei Tisch bedienten, waren eben die schlechten Dienstmannen und Reitersleute, die auf Erden ihr Teil getan hatten, indem sie grausame Befehle ausführten. Dort war der lange Lad von der Nethertown, der geholfen hatte, Argyle zu fangen, und der Gerichtsbote des Bischofs, den man die Teufelsklapper nannte, und die schlechten Wächter in ihren mit Schnüren besetzten Röcken und die wilden Amoriter des Hochlands, die Blut wie Wasser vergossen, und manch ein stolzer Dienstmann mit hochmütigem Herzen und blutigen Händen, der vor den Reichen liebedienerte und sie noch schlechter machte, als sie ohnehin schon waren, und die Armen zu Staub zermalmte, nachdem sie von den Reichen in Stücke gebrochen worden waren. Und viele, viele kamen und gingen und waren so geschäftig in ihrem Beruf, als ob sie noch lebten.

Mitten in dieser fürchterlichen Schwelgerei rief Sir Robert Redgauntlet mit donnernder Stimme den Pfeifer Steenie, er solle zum oberen Ende der Tafel kommen, wo er saß, die Füße ausgestreckt und in Flanell gewickelt, die Halfterpistolen neben sich, während das große Breitschwert an den Stuhl gelehnt war, genau so, wie ihn mein Großvater das letztemal auf Erden gesehen hatte – sogar das Kissen für den Affen lag dicht neben ihm, aber das Tier selbst war nicht da, es war wahrscheinlich nicht seine Stunde; denn als er näher kam, hörte er jemand fragen: »Ist denn der Major noch nicht gekommen?« Und ein anderer antwortete: »Der Affe wird morgen früh hier sein.« Mein Großvater trat an den Tisch, und Sir Robert oder sein Geist oder der Teufel in seiner Gestalt sprach: »Nun, Pfeifer, hast du die Pachtangelegenheit mit meinem Sohn geregelt?«

Mit knapper Not konnte mein Großvater, dem es fast die Kehle abschnürte, antworten, daß Sir John die Sache nicht regeln wollte ohne die Quittung Seiner Gnaden.

»Die sollst du auch haben für eine Melodie auf dem Dudelsack, Steenie«, sagte die Erscheinung Sir Roberts, »fang an mit ›Gut gehudelt, Mütterchen‹!«

Nun war das eine Weise, die mein Großvater von einem Zauberer gelernt hatte, und dieser wieder hatte sie gehört, wenn sie bei ihren Zusammenkünften dem Satan huldigten; und mein Großvater hatte sie manchmal bei den lärmenden Gelagen in Schloß Redgauntlet gespielt, aber nie sehr gern, und jetzt überlief es ihn kalt bei dem bloßen Namen, und als Entschuldigung brachte er vor, er hätte seinen Dudelsack nicht bei sich.

»MacCallum, du Satansbraten«, sagte der fürchterliche Sir Robert, »bring Steenie den Dudelsack, den ich für ihn da habe!«

MacCallum brachte ein paar Pfeifen, mit denen der Rattenfänger hätte zufrieden sein können. Aber er gab meinem Großvater einen Rippenstoß, als er sie ihm reichte; und als Steenie heimlich, aber scharf hinsah, merkte er, daß die Tenorpfeife aus Stahl und bis zur Weißglut erhitzt war, und das diente ihm zur Warnung, die Finger davonzulassen. So entschuldigte er sich wieder und sagte, ihm wäre schwach und bange und er hätte nicht genug Luft, um den Sack aufzublasen.

»Dann mußt du essen und trinken, Steenie«, sagte die Gestalt, »wir tun hier fast nichts anderes, und zwischen einem satten Mann und einem, der hungert, kommt keine gute Unterhaltung zustande.«

Nun waren das dieselben Worte, die der blutige Graf Douglas sprach, um den Boten des Königs aufzuhalten, während er in Schloß Threave MacLellan von Bombie den Kopf abschnitt. Steenie war also noch mehr auf der Hut, und er sprach wie ein Mann und sagte, er käme weder um zu essen und zu trinken noch um den Spielmann zu machen, sondern lediglich in seiner eigenen Angelegenheit – um zu erfahren, was aus dem Gelde geworden wäre, das er bezahlt hätte, und um eine Quittung dafür zu erhalten, und inzwischen war er so beherzt geworden, daß er Sir Robert bei seinem Gewissen ermahnte (er hatte nicht die Kraft, den heiligen Namen auszusprechen) – und wenn er je auf Frieden und Ruhe hoffte, ihm keine Fallen zu stellen, sondern ihm das zu geben, was ihm zuständе.

Die Erscheinung knirschte mit den Zähnen und lachte, aber nahm aus einer großen Brieftasche die Quittung und gab sie Steenie. »Dort ist deine Quittung, du elender Köter, und was das Geld anbetrifft, so mag das mein Hund von einem Sohn in der Katzenwiege suchen.«

Mein Großvater dankte vielmals und wollte sich gerade entfernen, als Sir Robert laut brüllte: »Halt! Du dudelnder Hurensohn! Ich bin noch nicht fertig mit dir. Für nichts gibt es hier nichts; pünktlich heute übers Jahr mußt du zurückkommen, um deinem Herrn zu huldigen, wie du mir das für meine Gunst schuldig bist.«

Plötzlich war meinem Großvater die Zunge gelöst, und er sagte laut: »Ich stelle mich unter Gottes Schutz und nicht unter Ihren.«

Kaum hatte er diese Worte ausgesprochen, als alles um ihn herum finster wurde, und so plötzlich war die Erschütterung, die ihn auf die Erde zurückversetzte, daß ihm Hören und Sehen verging. Wie lange Steenie dort lag, konnte er nicht sagen, aber als er zu sich kam, war er auf dem alten Friedhof des Kirchspiels gerade neben der Tür zu der Familiengruft der Redgauntlets, und das Wappenschild Sir Roberts hing über seinem Kopf. Ein tiefer Morgennebel lag auf dem Gras und den Grabsteinen um ihn herum, und sein Pferd weidete ruhig neben den zwei Kühen des Geistlichen. Steenie hätte gedacht, das Ganze wäre ein Traum gewesen, doch hatte er die Quittung in der Hand, sauber geschrieben und von dem alten Lord unterzeichnet, nur die letzten Buchstaben seines Namens waren ein bißchen unordentlich, als ob ihn beim Schreiben ein plötzlicher Schmerz gepackt hätte.

Schlimm beunruhigt verließ er den düsteren Ort, ritt durch

den Nebel nach Schloß Redgauntlet und erreichte es mit vieler Mühe, bei dem jungen Herrn vorgelassen zu werden.

»Nun, du bankrotter Pächter«, war dessen erstes Wort, »bringst du mir mein Geld?«

»Nein«, sagte mein Großvater, »das bringe ich nicht; aber ich habe Euer Gnaden Sir Roberts Quittung dafür gebracht.«

»Wie, Kerl? – Sir Roberts Quittung! – Ihr habt mir doch erzählt, er hätte Euch keine gegeben.«

»Wollen Euer Gnaden geruhen zu prüfen, ob diese paar Zeilen richtig sind?«

Sir John sah sich jede Zeile und jeden Buchstaben sehr aufmerksam an; und schließlich beim Datum, das mein Großvater nicht beachtet hatte, las er: *Von dem mir zugewiesenen Ort den fünfundzwanzigsten November.* – Was! – Das ist gestern! – Schurke, Ihr müßt es aus der Hölle geholt haben!«

»Ich bekam es von Euer Gnaden Vater – ob er im Himmel oder in der Hölle ist, weiß ich nicht«, sagte Steenie.

»Ich werde Euch als Zauberer beim Geheimen Rat anzeigen!« sagte Sir John. »Ich werde Euch zu Eurem Herrn, dem Teufel, schicken mit Hilfe eines Teerfasses und einer Fakkel!«

»Ich beabsichtige, gegen mich selbst beim Kirchenkollegium Anzeige zu erstatten«, sagte Steenie, »und ihnen alles, was ich in der letzten Nacht gesehen habe, zu erzählen, denn sie können darüber besser urteilen als ein armer Bauer wie ich.«

Sir John hielt inne, beruhigte sich und wollte die ganze Geschichte hören, und mein Großvater erzählte sie ihm Punkt für Punkt, wie ich sie Ihnen auch erzählt habe – Wort für Wort, nicht weniger und nicht mehr.

Sir John schwieg lange, und zuletzt sagte er sehr ruhig: »Steenie, die Geschichte, die Ihr mir da erzählt, betrifft die Ehre mancher edlen Familie außer meiner eigenen; und wenn das ein Lügenmärchen ist, um mir die Hände zu binden, dann ist das Geringste, was Ihr zu erwarten habt, ein rotglühendes Eisen, das man Euch durch die Zunge treiben wird, und das wird genauso schlecht sein, als wenn Ihr Euch die Finger an der rotglühenden Pfeife verbrannt hättet. Aber es kann immerhin wahr sein, und wenn das Geld zum Vorschein kommt, dann weiß ich nicht, was ich denken soll. – Aber wo, meint Ihr, sollen wir denn die ›Katzenwiege‹ suchen? Es gibt genug Katzen in diesem alten Haus, aber ich glaube, sie werfen Junge ohne ein förmliches Wochenbett und ohne Wiege.«

»Am besten wäre es, wir fragten Hutcheon«, antwortete mein Großvater, »er kennt alle seltsamen Winkel hier herum genausogut wie – ein anderer Dienstmann, der jetzt gegangen ist und den ich nicht gern nennen möchte.«

Nun, als man Hutcheon fragte, sagte er ihnen, es gäbe einen verfallenen Turm neben dem Glockenhaus, der schon lange nicht mehr benutzt würde und nur durch eine Leiter zugänglich wäre, denn die Tür läge an der Außenseite hoch über den Zinnen, und diesen Turm hätte man früher die Katzenwiege genannt.

»Dorthin werde ich sofort gehen«, sagte Sir John, und er nahm (weiß der Himmel, warum) eine der Pistolen seines Vaters von dem Tisch in der Halle, wo sie seit der Nacht, in der er gestorben war, gelegen hatten, und eilte zu den Zinnen.

Es war gefährlich, dort hinaufzuklettern, denn die Leiter war alt und schwach, und es fehlten ein oder zwei Sprossen. Doch Sir John kam oben an und trat durch die Turmtür, wo sein Körper das bißchen Licht aussperrte, das sonst in den Turm fiel. Etwas stürzt sich mit Macht gegen ihn, wirft ihn fast rücklings über – paff! geht die Pistole los, und Hutcheon, der die Leiter hielt, und mein Großvater, der neben ihm stand, hören einen lauten, schrillen Schrei. Eine Minute später wirft ihnen Sir John die Leiche des Affen herunter und schreit, daß das Silber gefunden sei und sie heraufkommen und ihm helfen sollten. Und dort war wirklich der Sack mit dem Silber und dazu viele andere Sachen, die seit langem fehlten. Und nachdem Sir John den Turm gut durchsucht hatte, führte er meinen Großvater in das Speisezimmer, nahm ihn bei der Hand, sprach freundlich mit ihm und sagte, es täte ihm leid, daß er seine Worte bezweifelt hätte, und er wolle ihm in Zukunft ein guter Herr sein, um das wieder wettzumachen.

»Und nun, Steenie«, sagte Sir John, »obgleich die Erscheinung, die Ihr gehabt habt, im ganzen ein gutes Licht auf meinen Vater wirft, als auf einen ehrlichen Mann, der selbst nach seinem Tode einen armen Menschen wie Euch noch Gerechtigkeit widerfahren lassen will, so versteht Ihr doch, daß mißgünstige Leute daraus Übles ableiten könnten, was sein Seelenheil betrifft. So denke ich, wir legen das ganze Unheil jenem boshaften Wesen, Major Weir, zur Last und sagen nichts über Euren Traum im Walde von Pitmurkie. Ihr hattet ohnehin zuviel Branntwein getrunken, um über irgend etwas sicher zu sein; und, Steenie, diese Quittung« (seine Hand zitterte, als er sie ausstreckte) »ist doch ein seltsames Dokument, und es ist am besten, denke ich, es ruhig ins Feuer zu werfen.«

»Ja! Aber so seltsam es sein mag, es ist doch die einzige Unterlage für meine Pachtzahlung, die ich habe«, sagte mein Großvater, der vielleicht fürchtete, ihm könne der Nutzen, den ihm Sir Roberts Empfangsschein bringen sollte, verlorengehen.

»Ich werde den Inhalt zu Euren Gunsten in das Pachtbuch eintragen und Euch eigenhändig eine Quittung ausstellen«, sagte Sir John, »und zwar sofort. Und, Steenie, wenn Ihr über diese Sache den Mund halten könnt, sollt Ihr von diesem Termin an einen niedrigeren Pachtzins zahlen.«

»Euer Gnaden seien vielmals bedankt«, sagte Steenie, der merkte, aus welcher Ecke der Wind wehte, »zweifellos werde ich allen Befehlen Euer Gnaden nachkommen; nur möchte ich gern mit einem tüchtigen Geistlichen über die Sache sprechen, denn mir gefällt die Art Vorladung, welche Euer Gnaden Vater –«

»Nennt das Gespenst nicht meinen Vater!« sagte Sir John, indem er ihn unterbrach.

»Nun denn, das Ding, das ihm glich«, sagte mein Großvater; »er sprach davon, daß ich übers Jahr zurückkommen sollte, und das lastet auf meinem Gewissen.«

»Nun gut«, sagte Sir John, »wenn Euch das so eine Sorge ist, dürft Ihr mit unserem Dorfgeistlichen darüber reden; er ist ein verschwiegener Mann, was die Ehre unserer Familie betrifft, um so mehr, da er vielleicht eine Gunst von mir erwartet.«

Jetzt war mein Großvater auch einverstanden, daß die Quittung verbrannt wurde, und der Lord warf sie mit seinen eigenen Händen in den Kamin. Doch wollte sie nicht verbrennen, sondern flog den Schornstein hinauf mit einem langen Funkenschwanz und einem zischenden Geräusch wie ein Schwärmer bei einem Feuerwerk.

Mein Großvater ging zum Pfarrhaus hinunter, und als der Pfarrer die Geschichte gehört hatte, sagte er ihm offen seine Meinung: mein Großvater wäre zwar weit gegangen im Spiel mit gefährlichen Dingen, doch da er des Teufels Handgeld abgewiesen hätte (denn das war das Angebot von Speise und Trank) und da er sich geweigert hätte, ihm zu huldigen, indem er ihm aufspielte, so hoffe er, wenn er hinfort einen besonneneren Lebenswandel führe, werde der Satan wenig Vorteil aus dem, was gewesen und vergangen sei, ziehen können. Und tatsächlich hat mein Großvater aus freien Stücken dem Branntwein und dem Dudelsack lange Zeit abgeschworen – nicht eher, als bis das Jahr abgelaufen und der verhängnisvolle Tag vorüber war, hat er die Fiedel auch nur angerührt oder ein Gläschen Korn oder Dünnbier getrunken.

Sir John stutzte die Geschichte über den Affen so zurecht, wie er sie gerne haben wollte, und manche glauben bis auf den heutigen Tag, daß nichts weiter an der Sache dran ist als die diebische Natur des Viehs. Tatsächlich wird niemand es hindern können, daß manche erklären, es wäre keineswegs der alte Feind gewesen, den Dougal und mein Großvater im Zimmer des Lords sahen, sondern nur das Unglückstier, der Major, der auf dem Sarge Kapriolen machte; und wenn man nach dem Tode des Lords gehört hatte, wie seine silberne Pfeife geblasen wurde, so verstand sich das schmutzige Biest genausogut darauf wie sein Herr, wenn nicht besser. Doch der Himmel weiß die Wahrheit, die zuerst durch die Pfarrersfrau ans Licht kam, als Sir John und ihr eigener Mann beide schon im Grabe lagen. Und dann mußte mein Großvater, der zwar schwach auf den Beinen war, aber noch nicht im Kopfe und mit dem Gedächtnis – wenigstens nicht in dem Maße, daß es erwähnenswert gewesen wäre –, seinen Freunden die wahre Geschichte erzählen, um seinen eigenen guten Namen zu retten. Man hätte ihn sonst der Zauberei anklagen können.

WILLIAM AUSTIN
Peter Rugg, der Verschollene

Jonathan Dunwell aus New York an Mr. Herm. Krauff

Sehr geehrter Herr,
gemäß meinem Versprechen berichte ich Ihnen nun alle Einzelheiten, die ich über den verschollenen Mann und sein Kind zusammentragen konnte. Allein dem menschlichen Interesse, das Sie dieser Angelegenheit entgegenzubringen scheinen, ist es zu danken, daß ich die Nachforschungen bis zu dem in der Folge dargelegten Ergebnis weitergeführt habe.

Sie werden sich erinnern, daß mich die Geschäfte im Sommer 1820 nach Boston riefen. Ich fuhr mit dem Paketboot nach Providence; und als ich dort ankam, mußte ich feststellen, das alle Plätze der Postkutsche belegt waren. Somit war ich also gezwungen, entweder einige Stunden zu warten oder den Platz neben dem Kutscher einzunehmen, der mir diese Notlösung höflich anbot. So setzte ich mich denn neben ihn, und sehr bald zeigte es sich, daß er ein aufgeweckter und verbindlicher Mann war. Nachdem wir ungefähr zehn Meilen gefahren waren, legten die Pferde plötzlich ihre Ohren ganz flach zurück, wie dies gewöhnlich nur Hasen zu tun pflegen. Da sagte der Kutscher: »Haben Sie einen Wettermantel bei sich?«

»Nein«, antwortete ich. »Warum fragen Sie?«

»Sie werden bald einen brauchen«, sagte er. »Haben Sie die Ohren der Pferde beobachtet?«

»Ja, das habe ich. Und ich wollte Sie schon eben fragen, was los ist.«

»Sie wittern den Gewittermacher, und auch wir werden ihn bald zu sehen bekommen.«

In diesem Augenblick stand nicht eine einzige Wolke am

Himmel. Wenig später wurde auf der Straße ein kleiner Punkt sichtbar.

»Da kommt der Gewittermacher«, sagte mein Gefährte. »Er läßt immer ein starkes Gewitter hinter sich zurück. So mancher nasse Mantel erinnert mich an ihn. Ich glaube, der arme Kerl leidet selbst sehr darunter – viel mehr, als man gemeinhin annimmt.«

Wenig später fuhr ein Mann, ein Kind an seiner Seite, mit einem großen Rappen vor einem baufälligen Wagen, der einstmals als Kalesche gebaut worden war, in großer Geschwindigkeit an uns vorüber, die wohl zwölf Meilen pro Stunde erreichen mochte. Der Mann schien die Zügel seines Pferdes kraftvoll zu führen und die Geschwindigkeit noch weiter zu erhöhen. Er machte einen sehr niedergeschlagenen Eindruck und sah ängstlich zu den Fahrgästen herüber, besonders aber zum Kutscher und zu mir. Kaum war er an uns vorübergefahren, als auch schon die Pferde ihre Ohren wieder aufrichteten und so weit nach vorn legten, daß sie sich fast berührten.

»Wer ist dieser Mann?« fragte ich. »Er scheint großen Kummer zu haben.«

»Kein Mensch weiß, wer er ist, mir aber sind er und sein Kind seit langem vertraut. Ich bin ihm wohl schon an die hundert Male begegnet, und ebensooft hat er mich nach dem Wege nach Boston gefragt, selbst dann, wenn er direkt aus der Richtung dieser Stadt kam, so daß ich in letzter Zeit überhaupt nicht mehr auf seine Fragen gehört habe. Das ist wohl auch der Grund, warum er mich eben so fest anstarrte.«

»Aber hält er denn nirgends an?«

»Ich habe bisher nie gehört, daß er jemals länger angehalten hätte, als nötig ist, um sich nach dem Wege nach Boston zu erkundigen. Wo immer dies auch sein mag, immer wird er ihnen sagen, daß er keinen Augenblick länger verweilen könne, da er Boston noch vor Anbruch der Nacht erreichen müsse.«

Wir fuhren nun einen hohen Hügel in Walpole hinan, und da sich uns nach allen Seiten hin eine klare Sicht bot, war ich drauf und dran, meinen Kutscher wegen seiner Gedanken an den Wettermantel auszulachen, da weit und breit nicht eine einzige Wolke zu entdecken war, die auch nur die Größe einer Murmel gehabt hätte.

»Sehen Sie in die Richtung, aus der der Mann kam«, sagte er.

»Dort hinüber müssen Sie sehen. Das Unwetter kommt ihm nie entgegen; es folgt ihm.«

Wenig später näherten wir uns einem anderen Hügel. Als wir die Höhe erreicht hatten, wies der Kutscher in östlicher Richtung auf einen kleinen schwarzen Fleck, der ungefähr so groß war wie ein Hut. »Dort«, sagte er, »dort ist der Ausgangspunkt des Gewitters. Vielleicht kommen wir noch bis zu Polleys Schenke, ehe es uns erreicht, aber der Wanderer und sein Kind werden durch Regen, Donner und Blitz nach Providence fahren.«

Die Pferde jagten nun instinktiv mit gesteigerter Geschwindigkeit dahin. Die kleine schwarze Wolke wälzte sich über die Zollstraße heran und verdoppelte und verdreifachte sich nach allen Seiten. Die auftauchende Wolke zog die Aufmerksamkeit aller Fahrgäste auf sich; denn nachdem sie größer geworden war, hoben sich ihre Ränder scharf vom Himmel ab, und sie wurde dichter, dunkler und fester. Die rasch aufeinanderfolgenden Kettenblitze ließen die Wolke wie unregelmäßiges Netzwerk erscheinen und brachten tausend phantastische Bilder hervor. Der Kutscher lenkte meine Aufmerksamkeit auf eine besondere Erscheinung in der Wolke. Er sagte, jedes Aufzucken eines Blitzes in der Nähe der Mitte zeigte ihm deutlich die Umrisse eines Mannes, der in einem von einem Rappen gezogenen Wagen sitze. Aber, um der Wahrheit die Ehre zu geben, ich bemerkte nichts dergleichen. Zweifellos wurde der Mann von seiner Phantasie genarrt. Es geschieht ja oft, daß die Phantasie unseren Sinnen Bilder aus der sichtbaren oder unsichtbaren Welt vorgaukelt.

Inzwischen kündete ferner Donner einen bevorstehenden Regenschauer an. Und just in dem Augenblick, da wir Polleys Schenke erreichten, stürzte es wie Gießbäche vom Himmel herab. Der Guß war bald vorüber, und die Wolke zog in

Richtung der Zollstation nach Providence zu ab. Wenige Minuten später hielt ein würdig aussehender Herr in einer Kutsche vor der Tür der Schenke. Der Mann und das Kind im Wagen hatten bei unseren Reisenden einiges Mitgefühl erregt, und sie erkundigten sich bei dem Herrn, ob er ihnen wohl begegnet sei. Er sagte, er habe sie gesehen; der Mann sei offensichtlich sehr verwirrt gewesen und habe sich nach dem Weg nach Boston erkundigt. Er sei mit einer so großen Geschwindigkeit gefahren, als wolle er selbst das Gewitter überholen. In dem Augenblick, da der Mann an ihm vorübergefahren sei, habe sich über dessen Kopf ein Donnerschlag entladen, der Mann, Kind, Pferd und Wagen völlig einzuhüllen schien. »Ich hielt an«, berichtete der Herr, »da ich annahm, der Blitz habe ihn getroffen, aber das Pferd schien nur noch massiger zu werden und seinen Lauf zu beschleunigen. Es lief, soweit ich es beurteilen kann, ebenso schnell dahin wie die Gewitterwolke.«

Noch während der Herr sprach, kam ein Hausierer mit einem Karren voll Blechwaren heran. Er war naß bis auf die Haut, und als man ihn fragte, erzählte er, daß er den Mann und seinen Wagen im Verlaufe von vierzehn Tagen in vier verschiedenen Staaten angetroffen habe. Jedesmal habe er sich bei ihm nach dem Weg nach Boston erkundigt, und jedesmal sei ein Gewitterregen wie der heutige über seinen Wagen und seinen Waren niedergegangen und hätte seine Töpfe und so weiter derart unter Wasser gesetzt, daß er sich für die Zukunft entschlossen habe, eine Regenversicherung einzugehen. Was ihn aber am meisten überrascht habe, sei das eigenartige Verhalten seines Pferdes; denn lange bevor er den Mann und seinen Wagen auf der Straße entdecken konnte, sei sein Pferd wie angewurzelt auf der Stelle stehengeblieben und habe die Ohren zurückgeworfen. «Um es kurz zu machen«, sagte der Hausierer, »ich hege keinen Wunsch, diesem Mann und seinem Pferd je wieder zu begegnen. Sie sahen nicht gerade so aus, als wären sie von dieser Welt.«

Dies war alles, was ich damals in Erfahrung bringen konnte, und der Vorfall wäre für mich sicher bald »zu einem der Dinge geworden, die man für überhaupt nicht geschehen hält«, hätte ich nicht, als ich kürzlich auf der Treppe von Bennetts Hotel in Hartford stand, einen Mann sagen hören: »Dort fährt Peter Rugg mit seinem Kind. Er sieht naß aus und müde, und er ist weiter von Boston entfernt denn je.« Ich war fest davon überzeugt, daß es derselbe Mann war, den ich bereits einmal vor mehr als drei Jahren gesehen hatte; denn wem Peter Rugg auch nur ein einziges Mal zu Gesicht gekommen ist, dem bleibt diese Erscheinung für immer im Gedächtnis.

»Peter Rugg!« sagte ich. »Wer ist denn eigentlich dieser Peter Rugg?«

»Da wollen Sie mehr wissen, als Ihnen ein Mensch beantworten kann«, sagte der Fremde. »Er ist ein berühmter Reisender; bei den Gastwirten genießt er durchweg ein zweifelhaftes Ansehen, denn er hält nie an, um zu essen, zu trinken oder zu schlafen. Ich möchte nur wissen, warum ihn die Regierung nicht als Postboten anstellt.«

»Na ja«, sagte ein Zuhörer, »diese Idee berücksichtigt auch nur *eine* Seite der Medaille. Wie lange sollte es denn da dauern, bis ein Brief nach Boston kommt? Soviel ich weiß, ist Peter schon seit über zwanzig Jahren nach dieser Stadt unterwegs.«

»Aber«, warf ich ein, »hält denn dieser Mann wirklich nirgends an, spricht er mit keinem Menschen? Ich habe ihn vor mehr als drei Jahren in der Nähe von Providence getroffen und hörte eigenartige Dinge über ihn. Bitte, mein Herr, erzählen Sie mir etwas über diesen Mann.«

»Mein Herr«, sagte der Fremde, »diejenigen, die am meisten über ihn wissen, erzählen am wenigsten. Ich habe mehrfach sagen hören, daß der Himmel zuweilen einen Menschen zeichnet, sei's nun, um ihn zu verurteilen oder auf die Probe zu stellen. Was nun auf Peter Rugg zutrifft, kann ich nicht sagen; deshalb neige ich mehr dazu, ihn zu bedauern als den Stab über ihn zu brechen.«

»Sie sprechen wie ein wahrer Menschenfreund«, sagte ich, »und da Sie Peter Rugg schon so lange kennen, so möchte ich Sie bitten, mir etwas von ihm zu erzählen. Hat sich sein Äußeres in dieser Zeit sehr verändert?«

»Ja, natürlich. Er sieht aus, als habe er nie gegessen, getrunken oder geschlafen; und sein Kind sieht älter aus als er selbst. Er gleicht der Zeit, die aus der Ewigkeit herausgebrochen ist und nun verzweifelt nach einer Ruhestätte Ausschau hält.«

»Und wie sieht sein Pferd aus?« fragte ich.

»Was sein Pferd betrifft, so sieht es wohlgenährter und unternehmungslustiger aus als je zuvor, und es scheint mehr Leben und Mut in ihm zu stecken als vor zwanzig Jahren. Als mich Peter Rugg das letzte Mal ansprach, fragte er mich, wie weit es nach Boston sei. Ich sagte ihm, die Entfernung betrüge genau hundert Meilen.

›Wieso‹, stieß er hervor, ›wie können Sie mich so belügen? Es ist grausam, einen Reisenden derart in die Irre zu schicken. Ich habe mich verfahren, bitte weisen Sie mir den nächsten Weg nach Boston.‹

Ich wiederholte, es sei hundert Meilen entfernt.

›Wie können Sie so etwas behaupten?‹ widersprach er. ›Gestern abend hat man mir gesagt, es seien nur fünfzig, und ich bin die ganze Nacht hindurch gefahren.‹

›Aber Sie entfernen sich jetzt von Boston‹, sagte ich, ›Sie müssen wenden.‹

›Bei Gott!‹ sagte er. ›Immer nur heißt es umkehren! Boston scheint mit dem Winde zu fliegen und alle Himmelsrichtungen zu durchschwirren. Der eine sagt mir, es liegt im Osten, der andere spricht vom Westen, und selbst die Wegweiser zeigen in die falsche Richtung.‹

›Aber wollen Sie denn nicht einmal anhalten und sich ausruhen?‹ fragte ich. ›Sie scheinen durchnäßt und müde zu sein.‹

›Ja‹, sagte er, ›es war schlechtes Wetter, seitdem ich von zu Hause fortfuhr.‹

›So halten Sie doch an und erfrischen Sie sich.‹

›Ich kann nicht anhalten. Ich muß, wenn irgend möglich, noch heute abend mein Haus erreichen. Aber was die Entfernung betrifft, so müssen Sie sich irren.‹

Dann ließ er dem Pferd, das er nur mit Anstrengung zurückgehalten hatte, die Zügel schießen und war im Nu verschwunden. Einige Tage darauf traf ich den Mann ein wenig diesseits von Claremont wieder, als er sich mit etwa zwölf Meilen pro Stunde durch das Bergland von Unity schlängelte.«

»Ist Peter Rugg sein wirklicher Name, oder wird er nur so genannt?«

»Ich weiß es auch nicht genau, aber ich glaube nicht, daß er seinen Namen verleugnen würde – Sie können ihn ja fragen, denn schauen Sie, er hat sein Pferd gewendet und kommt hier vorüber.«

Wenig später näherte sich ein dunkles, stolzes Pferd, und es würde ohne Aufenthalt weitergeeilt sein, wäre ich nicht fest entschlossen gewesen, mit Peter Rugg – oder wer auch immer dieser Mann sein mochte – zu sprechen. So stellte ich mich in die Mitte der Straße, und als das Pferd näher kam, machte ich eine Bewegung, als wollte ich es zum Stehen bringen. Sofort zügelte der Mann seinen Rappen.

»Mein Herr«, sagte ich, »darf ich mich erkühnen zu fragen, ob Sie Mr. Rugg sind, denn ich glaube, ich habe Sie schon einmal gesehen.«

»Ich heiße Peter Rugg«, sagte er. »Unglücklicherweise habe ich mich verirrt. Ich bin völlig durchnäßt und müde und wäre Ihnen sehr verbunden, wenn Sie mir den Weg nach Boston weisen würden.«

»Ach, Sie sind aus Boston? Und in welcher Straße wohnen Sie, wenn ich fragen darf?«

»In der Middle Street.«

»Wann haben Sie Boston verlassen?«

»Das kann ich Ihnen nicht so genau sagen, aber ich glaube, es ist schon eine ganze Zeit her.«

»Wie sind Sie und Ihr Kind eigentlich so naß geworden? Hier hat es heute noch keinen Tropfen geregnet.«

»Flußaufwärts ist ein heftiger Platzregen niedergegangen. Aber ich werde Boston heute nicht mehr erreichen, wenn ich hier noch länger verweile. Würden Sie mir die alte Straße oder die Zollstraße mehr empfehlen?«

»Nun ja, auf der alten Straße sind es hundertundsiebzehn Meilen, auf der Zollstraße aber nur siebenundneunzig.«

»Wie können Sie nur so etwas behaupten. Sie belügen mich. Es ist unrecht, einen Reisenden so zum besten zu halten. Sie wissen doch ganz genau, daß es von Newburyport bis Boston nur vierzig Meilen sind.«

»Aber Sie sind hier nicht in Newburyport; dies hier ist Hartford.«

»Sie wollen mich täuschen, mein Herr! Diese Stadt hier ist doch Newburyport, und der Fluß, an dem ich entlanggefahren bin, ist doch der Merrimack.«

»Nein, mein Herr. Dies hier ist Hartford, und der Fluß ist der Connecticut.«

Peter Rugg rang die Hände und machte ein ungläubiges Gesicht. »Haben denn nun auch die Flüsse ihren Lauf geändert wie die Städte ihren angestammten Ort? Aber schauen Sie! Im Süden ballen sich Wolken zusammen, und wir werden eine regnerische Nacht bekommen. Oh, dieser verhängnisvolle Schwur!«

Er wollte nicht länger verweilen. Sein ungeduldiges Pferd zog an, es schien wie auf Flügeln zu schweben und alles zu verschlingen, was vor ihm, und alles zu verachten, was hinter ihm lag. Ich glaubte nun den Schlüssel zu Peter Ruggs Geschichte gefunden zu haben und beschloß, weitere Nachforschungen anzustellen, wenn mich meine Geschäfte das nächste Mal wieder nach Boston führen würden. Bald darauf gelang es mir, von Mrs. Croft, einer betagten Dame, die seit zwanzig Jahren in Boston in der Middle Street wohnte, folgendes zu erfahren. Hier ist ihr Bericht:

Im vergangenen Sommer, es begann gerade zu dämmern, hielt jemand vor der Tür der verstorbenen Mrs. Rugg. Als Mrs. Croft vor die Tür trat, sah sie einen Fremden mit einem Kind an seiner Seite in einem alten, baufälligen Wagen, der mit einem Rappen bespannt war. Der Fremde fragte nach Mrs. Rugg, und es wurde ihm gesagt, sie sei vor mehr als zwanzig Jahren in ziemlich hohem Alter gestorben.

Der Fremde antwortete: »Wie können Sie mich so belügen? Bitten Sie Mrs. Rugg, sie möchte herauskommen.«

»Mein Herr, ich versichere Ihnen, daß Mrs. Rugg in den letzten zwanzig Jahren nicht mehr hier wohnte. Außer mir wohnt hier niemand, und ich heiße Betsy Croft.«

Der Fremde zögerte, blickte die Straße hinauf und hinab und sagte: »Dies hier scheint doch mein Haus zu sein, wenn auch die Farbe ziemlich verblichen ist.«

»Ja«, sagte das Kind, »hier ist der Stein neben der Tür, auf dem ich immer gesessen habe, wenn ich das Brot in die Milch brockte.«

»Aber es scheint auf der falschen Straßenseite zu stehen«, sagte der Fremde. »Wahrhaftig, hier scheint man alles umgekrempelt zu haben. Die Straßen sind alle verändert, die Menschen sind alle verändert, die Stadt scheint verändert zu sein, und was das schlimmste von allem ist, Catherine Rugg hat ihren Mann und ihr Kind verlassen. Sagen Sie mir«, fuhr der Fremde fort, »ist John Foy vom Meere heimgekehrt? Er ging auf Große Fahrt. Er ist ein Verwandter von mir. Wenn ich ihn sprechen könnte, so würde ich bestimmt etwas über Mrs. Rugg erfahren.«

»Ich habe nie etwas von einem John Foy gehört, mein Herr«, sagte Mrs. Croft. »Wo hat er denn gewohnt?«

»Gerade hier um die Ecke in der Orange-tree Lane.«

»Hier in der Nähe gibt es keine Gasse dieses Namens.«

»Was sagen Sie da! Sind denn die Straßen vom Erdboden verschwunden? Die Orange-tree Lane liegt am Anfang der Hannover Street, in der Nähe des Pemberton-Hügels.«

»Jetzt gibt es keine Gasse dieses Namens mehr.«

»Madam, das kann doch nicht Ihr Ernst sein. Sicher kennen Sie doch aber meinen Bruder, William Rugg, er wohnt in der Royal Exchange Lane, in der Nähe der King Street.«

»Ich kenne keine solche Gasse, und ich weiß genau, daß es in dieser Stadt keine King Street gibt.«

»Keine King Street! Aber gute Frau, Sie wollen mich zum Narren halten. Ebensogut könnten Sie mir einreden wollen, daß es keinen König Georg gibt. Aber wie dem auch sei,

Madam, Sie sehen doch, daß ich durchnäßt und müde bin und eine Herberge finden muß. Ich werde in Harts Schenke am Marktplatz gehen.«

»An welchem Marktplatz, mein Herr? Sie scheinen ganz verwirrt zu sein, wir haben doch mehrere Marktplätze.«

»Sie wissen doch ganz genau, daß wir nur einen Marktplatz haben, den in der Nähe des Stadtdocks.«

»Ach so, Sie meinen den Alten Markt, aber dort hat in den letzten zwanzig Jahren kein Hart eine Schenke betrieben.«

Nun schien der Fremde völlig aus der Fassung geraten und murmelte ziemlich vernehmlich vor sich hin: »Seltsamer Irrtum! Und trotzdem, wie ähnlich hier alles der Stadt Boston ist. Wirklich, die Ähnlichkeit ist groß, aber jetzt erkenne ich meinen Irrtum. Eine andere Middle Street, eine andere Mrs. Rugg. Gut denn, Madam«, sagte er, »können Sie mir vielleicht den Weg nach Boston weisen?«

»Aber Sie sind doch hier in Boston, in der Stadt Boston. Ich kenne kein anderes Boston.«

»Es mag wohl die Stadt Boston sein, aber nicht das Boston, in dem ich wohne. Ich entsinne mich nun, daß ich über eine Brücke gekommen bin statt über die Fähre. Bitte, können Sie mir sagen, was das für eine Brücke war, über die ich soeben gekommen bin?«

»Es ist die Charles-River-Brücke.«

»Ich erkenne meinen Irrtum. Zwischen Boston und Charlestown verkehrt eine Fähre, dort gibt es keine Brücke. Ja, ja, ich sehe meinen Irrtum ein. Wenn ich hier tatsächlich in Boston wäre, würde mich mein Pferd geradewegs vor meine Haustür bringen. Aber durch seine Ungeduld zeigt mir mein Pferd, daß es sich an einem fremden Ort befindet. Was für ein Unsinn, diesen Ort mit der Stadt Boston zu verwechseln. Dies hier ist eine viel vornehmere Stadt als Boston. Sie wurde viel später erbaut als Boston. Boston muß tatsächlich weit von hier entfernt liegen, wenn es die gute Frau nicht einmal zu kennen scheint.«

Bei diesen Worten begann sein Pferd zu steigen und mit den Vorderhufen auf das Pflaster zu schlagen. Der Fremde schien ein bißchen verwirrt zu sein und sagte: »Kein Obdach für heute nacht«, und dann ließ er dem Pferd die Zügel schießen, fuhr die Straße hinauf und entschwand den Blicken der Frau.

Es war ganz offensichtlich: Die Generation, zu der Peter Rugg gehörte, lebte nicht mehr.

Dies war alles, was ich von Mrs. Croft über Peter Rugg in Erfahrung bringen konnte, aber sie verwies mich an einen älteren Mann, einen gewissen Mr. James Felt, der in ihrer Nachbarschaft wohnte und ein Tagebuch über die wichtigsten Ereignisse der verflossenen fünfzig Jahre geführt hatte. Auf meine Bitte hin ließ sie ihn rufen, und nachdem ich ihm den Grund meiner Nachforschungen genannt hatte, erzählte mir Mr. Felt, daß er Peter Rugg in seiner Jugend gekannt habe. Sein Verschwinden habe damals große Überraschung hervorgerufen. Aber da es ja öfter vorkommt, daß ein Mann durchgeht – manchmal, um andere loszuwerden, manchmal auch, um sich selbst loszuwerden –, und da Rugg sein Kind, sein Pferd und seinen Wagen mitgenommen hatte und da auch kein Gläubiger Ansprüche geltend machte, ging das Ereignis bald im Strome der Vergessenheit unter. Peter Rugg und sein Kind, Pferd und Wagen waren bald vollständig vergessen.

»Es ist zwar richtig«, sagte Mr. Felt, »daß tolle Gerüchte aus Ruggs Geschichte entstanden sind, ob sie nun aber wahr oder unwahr sind, kann ich Ihnen auch nicht sagen. Aber zu meiner Zeit sind noch weit unwahrscheinlichere Dinge geschehen, ohne daß darüber auch nur eine einzige Zeile in der Zeitung erschienen wäre.«

»Mein Herr«, sagte ich, »Peter Rugg lebt noch heute. Erst kürzlich habe ich Peter Rugg nebst Kind, Pferd und Wagen gesehen, und deshalb bitte ich Sie, mir alles zu berichten, was Sie über ihn wissen oder je von ihm gehört haben.«

»Nun, mein Freund«, sagte James Felt, »daß Peter Rugg noch heute unter den Lebenden weilt, will ich ja nicht in Abrede stellen, aber daß Sie Peter Rugg und sein Kind gesehen haben, ist unmöglich, sofern Sie ein kleines Kind darunter verstehen; denn Jenny Rugg muß, falls sie noch lebt, mindestens – warten Sie einen Augenblick: Bostoner Blutbad siebzehnhundertsiebzig – da war Jenny ungefähr zehn Jahre alt. Also, mein Herr, Jenny muß, falls sie noch lebt, mehr als sechzig Jahre alt sein. Daß Peter Rugg noch lebt, ist sehr wahrscheinlich. Er war ja nur zehn Jahre älter als ich, und ich bin im vergangenen März erst achtzig geworden und kann gut und gern noch zwanzig Jahre leben.«

Hier bemerkte ich, daß Mr. Felt bereits das kindische Alter erreicht hatte, und so gab ich denn jede Hoffnung auf, von ihm weitere Auskunft zu erhalten, die Anspruch auf Verläßlichkeit haben konnte.

Ich verabschiedete mich von Mrs. Croft und ging in mein Quartier im Marlborough-Hotel.

Wenn Peter Rugg seit den Tagen des Bostoner Massakers immer herumreiste, dachte ich, so besteht kein Grund, weshalb er nicht bis zum Jüngsten Gericht unterwegs sein sollte. Da schon die heutige Generation nicht viel von ihm weiß, so wird die nächste noch weniger von ihm wissen, und Peter und sein Kind werden keinen Platz mehr auf dieser Welt haben.

Im Verlaufe des Abends erzählte ich meine Erlebnisse aus der Middle Street.

»Na, na«, sagte einer aus unserer Gesellschaft und lächelte, »glauben Sie wirklich, daß Sie Peter Rugg gesehen haben? Schon meinen Großvater habe ich diese Geschichte erzählen hören, als glaube er wirklich, was er uns da erzählte.«

»Bitte, mein Herr«, sagte ich, »wollen wir doch mal die Geschichte Ihres Großvaters über Peter Rugg mit der meinigen vergleichen.«

»Peter Rugg lebte – wenn wir meinem Großvater Glauben schenken können – in der Middle Street dieser Stadt. Er war ein Mann aus recht guten Verhältnissen, hatte eine Frau und eine Tochter und wurde allgemein wegen seines untadeligen Lebens und seiner vollendeten Umgangsformen geachtet. Leider ging aber von Zeit zu Zeit sein Temperament völlig mit ihm durch, und dann führte er schreckliche Worte im Mund. Wenn ihm in einer solchen Aufwallung der Leidenschaften eine Tür im Wege war, so trat er zumindest die Tür ein. Zuweilen vollführte er auch einen Purzelbaum und stieß, stand er erst wieder auf seinen Füßen, wüste Flüche aus. So kam es, daß er als erster Purzelbäume schoß und Dinge vollführte, die seither andere zum Zeitvertreib erlernt haben und um des Geldes willen, daß man damit verdienen kann. Einmal wurde Rugg beobachtet, wie er einen anständigen Vierzöller in der Mitte durchbiß. Damals trugen alle, Männer und Knaben, eine Perücke, und im Augenblick aufwallender Leidenschaften führte sich Peter Rugg so lächerlich auf, daß ihm die Perücke hochging. Die einen sagten, daran sei seine fürchterliche Sprache schuld, andere betrachteten diese Angelegenheit mehr philosophisch und suchten den Grund dafür in der Ausdehnung seiner Kopfhaut, da ja – wie wir wissen – bei wilder Leidenschaft die Adern anschwellen und sich der Kopf ausdehnt. In solchen Augenblicken kannte Peter Rugg keine Ehrfurcht, weder vor dem Himmel noch vor der Erde. Von dieser Schwäche aber abgesehen – und darin waren sich alle einig –, war Rugg ein guter Mensch, denn waren seine Ausbrüche erst einmal vorüber, so lobte niemand die Gelassenheit bereitwilliger als Peter selbst.

Eines Morgens im Spätherbst stieg Rugg in seinen Wagen, den er mit einem schönen, großen Pferd bespannt hatte, nahm seine Tochter mit sich und machte sich auf nach Concord. Auf dem Rückweg überraschte ihn ein heftiges Gewitter. Nach Einbruch der Dunkelheit hielt er in Menotomy, jetzt West Cambridge, vor der Tür eines seiner Freunde, Mr. Cutter, der ihn aufforderte, er möge doch die Nacht über bei ihm bleiben. Da Rugg diese Einladung ablehnte, begann Mr. Cutter nur noch heftiger in ihn zu dringen. ›Aber warum wollen Sie denn nur fahren, Mr. Rugg‹, fragte Cutter. ›Das Gewitter wird über Sie herfallen. Die Nacht ist außerordentlich dunkel. Ihre kleine Tochter wird sich den Tod holen. Sie haben nur einen offenen Wagen, und der Sturm nimmt an Heftigkeit zu.‹ – ›*Mag auch der Sturm zunehmen*‹, sagte Rugg mit einem fürchterlichen Fluch, ›*wenn ich heute nacht dem stärksten Gewitter zum Trotz mein Haus nicht erreiche, so will ich nie mehr heimkommen.*‹ Mit diesen Worten gab er seinem stolzen Pferd die Peitsche und war im Nu verschwunden. Aber Peter Rugg erreichte sein Haus in dieser Nacht nicht, auch nicht in der nächsten, noch konnte man seine Spur weiter als bis zu Mr. Cutter in Menotomy verfolgen.

Noch lange Zeit glaubte die Frau Peter Ruggs in jeder schwarzen und stürmischen Nacht das Knallen einer Peitsche zu hören, den Trab des Pferdes und das Rattern einer vorübereilenden Kutsche. Auch die Nachbarn hörten dieselben Geräusche, und einige sagten, sie wüßten sicher, daß es Peter Ruggs Pferd sei; denn sein Tritt auf dem Pflaster war ihnen wohlbekannt. Im übrigen geschah dies so häufig, daß die Nachbarn schließlich mit Laternen hinausgingen und sahen, daß der leibhaftige Peter Rugg mit seinem eigenen Pferd und Wagen, das Kind neben sich, direkt an seiner Tür vorbeiraste. Den Kopf hatte er dem Hause zugewandt und machte alle Anstrengungen, sein Pferd zum Stehen zu bringen; aber vergeblich.

Am nächsten Tag bemühten sich Freunde von Mrs. Rugg, ihr Gatten und Kind wiederzubringen. Sie fragten in jeder Schenke und in jedem Stall der Stadt nach, aber Rugg schien in Boston nirgends haltgemacht zu haben. Nachdem Rugg an seiner eigenen Haustür vorübergefahren war, konnte niemand mehr etwas über ihn sagen, obwohl einige behaupteten, daß die Häuser zu beiden Seiten der Straße erschüttert wurden, wenn Ruggs Gefährt über das Pflaster ratterte. Und das ist durchaus glaubhaft, wenn Rugg mit Pferd und Wagen in jener Nacht überhaupt vorübergefahren sein sollte, da in jenen Tagen in vielen Straßen ein beladener Handwagen oder ein Fuhrwerk beim Vorüberfahren die Häuser erzittern ließ wie bei einem Erdbeben. Aber Ruggs Nachbarn gingen nicht mehr hinaus, um nachzuschauen. Einige von ihnen hielten das Ganze für eine Täuschung und vergaßen es. Diejenigen, die anderer Meinung waren, schüttelten nur den Kopf und sagten nichts.

So waren Rugg und sein Kind, das Pferd und der Wagen bald vergessen, und wahrscheinlich haben viele aus der Nachbarschaft niemals wieder ein Wort über die ganze Angelegenheit gehört.

Zwar liefen in der Tat Gerüchte um, nach denen Rugg später in Connecticut zwischen Suffield und Hartford wieder gesehen worden sei, wie er in halsbrecherischer Fahrt über Land raste. Diese Nachrichten veranlaßten Ruggs Freunde, erneut Nachforschungen anzustellen, aber je mehr sie forschten, um so verwirrter wurden sie. Wenn sie an einem Tage davon hörten, daß Rugg in Connecticut aufgetaucht sei, so brachte ihnen der nächste Tag bestimmt die Nachricht, daß er nun durch das Hügelland von New Hampshire fuhr; und wenig später wollte man einen Mann in einem Wagen, ein kleines Kind an seiner Seite, im Staate Rhode Island gesehen haben. Die Beschreibung traf genau auf Peter Rugg zu; er sollte sich nach dem Wege nach Boston erkundigt haben.

Was aber vor allem der Geschichte um Peter Rugg den Schimmer des Geheimnisvollen verlieh, war jene Begebenheit an der Charlestown-Brücke. Der Zolleinnehmer versicherte glaubhaft, daß etwa zu jener Zeit, da Rugg verschwunden war, zuweilen in den dunkelsten, stürmischsten Nächten, wenn man nicht einmal die Hand vor Augen sehen konnte, um Mitternacht ein Pferd mit Wagen mit einem Lärm, der dem einer ganzen Kompanie Soldaten gleichkam, unter völliger Mißachtung der Zollgebühren die Brücke passiert habe. Dies geschah so häufig, daß sich der Zollbeamte entschloß, dieser Sache auf den Grund zu gehen. Bald darauf näherte sich der Brücke zur gewohnten Zeit offensichtlich dasselbe Pferd mit dem Wagen vom Charlestown-Platz her. Der Zollbeamte war darauf vorbereitet und bezog seinen Posten mit einem großen, dreibeinigen Schemel in der Hand so weit in der Mitte der Brücke, wie er es wagte. Als die Erscheinung vorüberraste, warf er den Schemel nach dem Pferde, hörte aber nur den Lärm des Schemels, der über die Brücke schlitterte. Am nächsten Tage versicherte der Zolleinnehmer, der Schemel sei direkt durch den Körper des Pferdes hindurchgeflogen, und auch später blieb er immer bei dieser Behauptung. Ob nun Rugg – oder wer auch immer diese Person gewesen sein mochte – später jemals wieder die Brücke passierte, wollte der Zolleinnehmer nicht erzählen; und als man ihn danach fragte, schien er ängstlich bedacht, dieses Gesprächsthema zu vermeiden. So blieben Peter Rugg und sein Kind, sein Pferd und der Wagen bis zum heutigen Tage ein Geheimnis.

Dies, sehr geehrter Herr, ist alles, was ich über Peter Rugg in Boston in Erfahrung bringen konnte.«

Weiterer Bericht über Peter Rugg von Jonathan Dunwell

Im Herbst des Jahres 1825 besuchte ich die Pferderennen in Richmond im Staate Virginia. Da zwei neue, sehr vielversprechende Pferde laufen sollten, war der Rennplatz so gut besucht wie nie zuvor. Noch nie war die Spannung hier größer gewesen als an jenem Tage. Die Anhänger von »Strahl« und »Blitz« – so hießen die beiden Rennpferde – waren gleichermaßen aufgeregt wie in Zweifel über den Ausgang des Rennens. Einem unparteiischen Beobachter war es unmöglich, einen Unterschied zwischen den beiden Favoriten zu erkennen. Sie waren beide gleich wundervoll anzuschauen, gleich in der Farbe und Größe, und als sie dicht nebeneinander standen, betrug der Längenunterschied – gemessen zwischen den Vorder- und Hinterhufen – weniger als einen und einen halben Zentimeter. Die Augen beider Pferde waren gleich klar, stolz und entschlossen; und wenn sie sich von Zeit zu Zeit gegenseitig musterten, nahmen sie ein erhabenes Gebaren an, schienen den Hals einzuziehen, funkelten mit den Augen und ließen ihre Körper gleichmäßig auf allen vier Hufen ruhen. Zweifellos zeigten sie Klugheit und erwiesen sich gegenseitig Höflichkeiten, wie sie selbst unter Staatsmännern ungewöhnlich gewesen wären.

Es war nun fast zwölf Uhr, die Stunde der Erwartungen, Zweifel und Befürchtungen war herangerückt. Die Reiter stiegen auf und saßen so gut, so leicht und locker im Sattel, als wären sie und ihre Tiere aus einem Guß. Die zahlreichen Zuschauerkolonnen hatten ihre Plätze eingenommen, und es waren ebenso viele tausend atmende Statuen anwesend, wie es Zuschauer gab. Alle Augen waren auf »Strahl« und »Blitz«

und ihre beiden gnomenhaften Reiter gerichtet. Es herrschte absolutes Schweigen, nur ein geschäftiger Specht auf einem der nahen Bäume störte die Stille. Das Startzeichen ertönte. »Strahl« und »Blitz« reagierten unmittelbar. Zuerst schlagen sie einen langsamen Trab an, dann steigern sie ihre Geschwindigkeit über den kurzen Galopp in den gestreckten, bis sie schließlich beide nur so über den Platz dahinjagen. Beide Pferde fegen flach über dem Boden dahin, die Reiter beugen sich weit nach vorn und legen das Kinn zwischen die Ohren ihrer Pferde. Wäre der Platz nicht vollkommen eben gewesen, hätte es irgendeine kleine Erhebung gegeben, auch nur die kleinste Bodenwelle, so würden die Zuschauer von Zeit zu Zeit beide Pferde mit ihren Reitern aus dem Auge verloren haben. Während nun beide Pferde Seite an Seite, wenn auch ohne Flügel, flach wie die Hasen dahinzufliegen schienen und keines dem andern auch nur eine Spur nachgab, wurden plötzlich die Augen aller von einem neuen Schauspiel angezogen. Unmittelbar hinter »Strahl« und »Blitz« eilte ein majestätischer Rappe von außergewöhnlicher Größe über den Platz dahin und zog einen alten baufälligen Wagen hinter sich her, und obwohl das Tier sich nicht sonderlich zu verausgaben schien – denn es behielt seinen gleichmäßigen Trab bei –, hatte der Rappe mit seinem Wagen »Strahl« und »Blitz« überholt, noch bevor sie sich dem Ziel genähert hatten. Als die Renner ihren neuen Konkurrenten an sich vorüberziehen sahen, legten sie die Ohren zurück und hielten plötzlich in ihrem Lauf inne. So geschah es, daß weder »Strahl« noch »Blitz« das Rennen gewann.

Die Zuschauer waren nun außerordentlich begierig zu erfahren, woher der Rappe und der Wagen gekommen waren. Viele waren der Ansicht, daß niemand in diesem Gefährt gesessen habe. Und tatsächlich wurde dies zur vorherrschenden Meinung, denn selbst die am nächsten Sitzenden hatten nicht erkennen können, wer und ob überhaupt jemand in dem Wagen saß. So schnell war der Rappe vorbeigejagt. Beide Reiter aber, an denen der Rappe sehr nahe vorübergekommen war, stimmten darin überein, daß ein traurig dreinschauender

Mann und ein kleines Mädchen in dem Wagen gesessen hätten. Als sie dies berichteten, war ich sofort davon überzeugt, daß dieser Mann niemand anderes als Peter Rugg gewesen war. Zu unser aller größten Überraschung jedoch erklärte John Spring, der eine der beiden Reiter (er hatte »Blitz« geritten), daß kein irdisches Pferd mit einem Wagen seinen Renner überholen könne, ohne aus dem Trab zu fallen. Schließlich behauptete er steif und fest, daß dies gar kein Pferd gewesen sei – ja, er wollte sogar sicher sein, daß es überhaupt kein Pferd gewesen sei, sondern ein riesiger schwarzer Ochse. »Was ein großer schwarzer Ochse zu leisten vermag«, sagte John, »kann ich zwar nicht beurteilen, aber kein einziges Rennpferd, nicht einmal ›Flying Childers‹, könnte ›Blitz‹ in einem fairen Rennen schlagen.«

Die Ansicht John Springs rief nicht wenig Gelächter hervor; denn jedem von uns war klar, daß es ein mächtiger Rappe gewesen war, der das Rennen gestört hatte. Aber John Spring, eifersüchtig bedacht auf den Ruf von »Blitz« als Rennpferd, wollte lieber jedes andere Tier, selbst einen Ochsen, als Sieger genannt wissen. Jedoch das »Pferdegelächter«, das John Spring hervorgerufen hatte, verstummte bald; denn als »Strahl« und »Blitz« wieder aufzuatmen begannen, konnten wir beobachten, wie beide nachdenklich auf die Rennbahn zurückschlenderten und die Köpfe zu Boden senkten, sie plötzlich wieder hoben und zu schnauben begannen. Dies wiederholten sie, bis John Spring sagte: »Die Pferde haben irgend etwas Merkwürdiges entdeckt. Sie wittern hier ein falsches Spiel. Ich will gehen und mich mit ›Blitz‹ besprechen.«

Er ging auf »Blitz« zu und faßte ihn bei der Mähne. »Blitz« senkte die Nüstern zu Boden und beschnupperte die Erde, ohne sie zu berühren. Dann hob er den Kopf sehr hoch und schnaubte so laut, daß es von dem nahe gelegenen Hügel widerhallte. »Strahl« verhielt sich nicht anders. John Spring beugte sich nieder, um die Stelle in Augenschein zu nehmen, die »Blitz« beschnuppert hatte. Im Augenblick richtete er sich wieder auf, und der Ausdruck des Mannes war verändert. Die Kräfte verließen ihn, und er taumelte gegen »Blitz«.

Schließlich erholte sich John Spring von seiner Betäubung und rief: »Es war ein Ochse! Ich habe es euch doch gleich gesagt. Es war ein Ochse. Bisher hat noch kein wirkliches Pferd meinen ›Blitz‹ besiegt.« Und jetzt stellte sich bei genauer Untersuchung der Spuren auf der Rennbahn heraus, daß die Vorderhufe des Rappen gespalten waren. Ungeachtet dieser Anzeichen blieb es für mich doch auch weiterhin klar, daß das seltsame Pferd tatsächlich ein Pferd gewesen war. Doch als die Leute die Rennbahn verließen, hätte, glaube ich, die Hälfte von ihnen beschworen, daß es ein Ochse gewesen war, der die beiden besten Rennpferde, die jemals bei uns in Virginia gelaufen waren, besiegt hatte. So relativ ist alles, was man gemeinhin als historische Tatsachen bezeichnet.

Als ich mich zu meiner Unterkunft begab und über die Ereignisse des Tages nachdachte, ritt ein Fremder an mich heran und sprach mich folgendermaßen an: »Verzeihen Sie, Sie sind doch Herr Dunwell?«

»Ja«, antwortete ich.

»Habe ich Sie nicht vor ein oder zwei Jahren in Boston im Marlborough-Hotel getroffen?«

»Das ist gut möglich, denn ich war damals dort.«

»Und Sie haben doch dort die Geschichte über einen gewissen Peter Rugg gehört?«

»Ich erinnere mich sehr wohl«, sagte ich.

»Der Bericht, den Sie damals in Boston hörten, muß der Wahrheit entsprechen, denn Peter Rugg war heute hier. Der Mann ist nun nach Virginia gekommen, und es sollte mich nicht wundernehmen, wenn er bereits am Kap Hoorn war. Ich habe ihn schon früher einmal gesehen, aber noch nie sah ich ihn mit so besorgniserregender Geschwindigkeit fahren wie heute. Ich möchte nur wissen, mein Herr, wo Peter Rugg den Winter zubringt. Ich habe ihn immer nur im Sommer gesehen und, abgesehen von heute, immer nur bei schlechtem Wetter.«

»Niemand weiß, wo Peter Rugg die Winter zubringt«, antwortete ich, »oder wann er ißt, trinkt, schläft oder wo er nächtigt. Er scheint nur eine sehr unbestimmte Vorstellung von

Tag und Nacht, Zeit und Raum, Gewitter und Sonnenschein zu haben. Sein einziger Gedanke ist Boston. Mir scheint, Ruggs Pferd hat eine gewisse Macht über den Wagen, und Rugg selbst ist bis zu einem gewissen Grade von dem Willen des Pferdes abhängig.«

Ich erkundigte mich bei dem Fremden, wann er den Mann und das Pferd zum ersten Male gesehen habe.

»Nun ja«, sagte er, »das war im Sommer des Jahres achtzehnhundertvierundzwanzig, als ich aus Gesundheitsrücksichten nach dem Norden fuhr. Bald nachdem ich Sie im Marlborough-Hotel getroffen hatte, kehrte ich nach Virginia zurück, und falls mich mein Gedächtnis nicht trügt, traf ich den Mann und das Pferd in jedem Staate zwischen hier und Massachusetts. Einige Male kam er mir entgegen, in den meisten Fällen aber überholte er mich. Nie sprach er ein Wort mit mir, nur einmal, und das war in Delaware. Als er herankam, zügelte er sein Pferd mit einiger Mühe. Ein herrlicheres Pferd habe ich mein Lebtag nicht gesehen, sein Fell war glatt und prall und straff, wie die Haut einer Schönheit vom Kongo. Als sich Ruggs Pferd dem meinen näherte, reckte es den Hals, stellte die Ohren nach vorn, bis sie sich berührten, und sah meinem Pferd voll ins Gesicht. Im selben Augenblick schrumpfte mein Pferd zu halber Größe zusammen, und sein Fell warf sich wie ein Stück verbranntes Leder. Wie verhext stand es da, als habe man ihm durch jeden Huf einen Nagel getrieben und es an den Boden geheftet.

›Mein Herr‹, sagte Rugg, ›vielleicht reisen Sie zufälligerweise nach Boston, und wenn dem so ist, so würde ich mich überglücklich schätzen, wenn ich mich Ihnen anschließen dürfte, denn ich habe mich verirrt und muß mein Haus noch vor Einbruch der Dunkelheit erreichen. Schauen Sie nur, wie müde dieses kleine Mädchen aussieht, das arme Ding. Sie ist ein wahres Muster an Geduld.‹

›Sie können unmöglich noch heute abend Ihr Haus erreichen, mein Herr‹, sagte ich, ›denn Sie befinden sich zur Zeit in Concord, in der Grafschaft Sussex des Staates Delaware.‹

›Was soll das heißen?‹ sagte er. ›Was verstehen Sie unter

‚Staat Delaware'? Wenn ich hier in Concord bin, dann habe ich nur noch zwanzig Meilen bis nach Boston, und mein Pferd ‚Leichtfuß' kann mich in weniger als zwei Stunden bis zur Charlestown-Fähre bringen. Sie müssen sich irren, mein Herr. Sicherlich sind Sie hier fremd, denn diese Stadt gleicht hier keineswegs Concord. Ich kenne Concord sehr gut. Als ich Boston verließ, fuhr ich geradewegs nach Concord.‹

›Aber Sie sind hier in Concord‹, sagte ich, ›im Staate Delaware.‹

›Was verstehen Sie eigentlich unter Staat?‹ fragte Rugg.

›Nun, einen der Vereinigten Staaten.‹

›Staaten‹, flüsterte er. ›Der Mann ist ein Schalk und will mir einreden, daß ich in Holland bin.‹ Lauter fügte er hinzu: ›Sie scheinen mir ein Gentleman zu sein, und deshalb möchte ich Sie bitten, mich nicht zum besten zu halten. Haben Sie Mitleid mit mir, und weisen Sie mir schnell den Weg nach Boston; denn Sie sehen doch, wie mein Pferd auf die Kandare beißt, es hat noch nichts gefressen, seit ich Concord verließ.‹

›Mein Herr‹, sagte ich, ›diese Stadt hier heißt Concord – Concord in Delaware, nicht Concord in Massachusetts, und Sie befinden sich etwa fünfhundert Meilen von Boston entfernt.‹

Rugg sah mich einen Augenblick an, mehr sorgenvoll als zürnend, dann wiederholte er: ›Fünfhundert Meilen! Unglücklicher Mann, wer hätte ihn für geistesgestört gehalten, aber nichts auf der Welt ist trügerischer als der bloße Augenschein. Fünfhundert Meilen! Das übertrifft noch die Sache am Connecticut River.‹

Was er mit dem Connecticut-Erlebnis meinte, weiß ich nicht, denn sein Pferd stob davon, und wenig später war Rugg verschwunden.«

Ich erklärte dem Fremden, was Rugg mit »Connecticut River« meinte, und erzählte ihm das Erlebnis, das ich in Hartford gehabt, als ich auf der Treppe des ausgezeichneten Hotels von Mr. Bennett gestanden hatte. Wir kamen überein, daß der Mann, den wir heute gesehen hatten, tatsächlich Peter Rugg gewesen war.

Wenig später traf ich Rugg beim Zollposten am Schlagbaum zwischen Alexandria und Middleborough. Während ich noch die Zollgebühren entrichtete, bemerkte ich zum Zollbeamten, daß in dieser Gegend die Dürre weit schlimmer sei als weiter im Süden.

»Ja«, sagte er, »die Trockenheit ist außergewöhnlich; aber wenn ich nicht erst gestern von einem Reisenden gehört hätte, daß der Mann mit dem Rappen vor ein oder zwei Tagen in Kentucky aufgetaucht ist, so würde ich fast annehmen, wir haben in ein paar Minuten einen ordentlichen Gewitterregen.«

Ich musterte den Horizont, konnte aber keine Wolke entdecken, die auch nur einen halben Liter Wasser enthalten hätte.

»Sehen Sie dorthin, mein Herr«, sagte der Zolleinnehmer. »Nach Osten müssen Sie blicken, gerade über jenem Hügel ist eine kleine schwarze Wolke, nicht größer als eine Brombeere. Sehen Sie, und noch während ich spreche, verdoppelt und verdreifacht sie sich, und sie wälzt sich so unbeirrt die Zollstraße herauf, als hätte sie nur die eine Absicht, einen ganz bestimmten Gegenstand zu überfluten.«

»Tatsächlich«, sagte ich. »Ich sehe sie. Aber was für eine Verbindung soll denn zwischen dieser Gewitterwolke und einem Mann mit einem Pferd bestehen?«

»Eine engere, als Sie glauben oder ich Ihnen erklären kann; aber verweilen Sie noch einen Augenblick, es könnte sein, daß ich Ihrer Hilfe bedarf. Ich weiß, was es mit dieser Wolke auf sich hat. Ich habe sie schon öfter gesehen und kann beschwören, daß es dieselbe ist. Gleich werden Sie unter ihr einen Mann und einen Rappen erblicken.«

Während er noch sprach, vernahmen wir tatsächlich die ersten fernen Donnerschläge, und bald vollführten die Blitze alle Figuren eines ländlichen Tanzes. In einer Entfernung von etwa einer Meile erkannten wir den Mann und den Rappen unter der Wolke. Noch ehe er aber den Schlagbaum erreichte, hatte sich die Gewitterwolke verausgabt, und nicht ein Tropfen fiel in unserer Nähe zu Boden.

Als der Mann, in dem ich sogleich Peter Rugg erkannte, durchzufahren versuchte, ließ der Zollbeamte den Schlagbaum vor ihm nieder, fiel dem Pferd in die Zügel und forderte zwei Dollar Gebühren. Da ich einige Hochachtung für Rugg empfand, mischte ich mich ein, begann den Zollbeamten auszufragen und bat ihn, dem Manne nichts zu verübeln. Der Beamte antwortete mir, er habe allen Grund dazu; denn schon zehnmal habe der Mann den Zoll nicht beachtet und sei durchgerast; außerdem habe das Pferd eine Kanonenkugel nach ihm geschleudert, die ihn beinahe das Leben gekostet habe. Der Mann habe sich immer so schnell genähert, daß die verrosteten Angeln seines Schlagbaumes nicht nachgekommen wären. »Heute aber werde ich volle Genugtuung verlangen.«

Rugg sah mich flehend an und sagte: »Ich bitte Sie sehr, mein Herr, halten Sie mich nicht auf. Endlich habe ich die direkte Straße nach Boston gefunden, und ich werde mein Haus nicht vor Anbruch der Dunkelheit erreichen, wenn Sie mich aufhalten. Sie sehen doch, ich bin naß bis auf die Haut und muß meine Kleider wechseln.«

Nun aber wollte der Zollbeamte wissen, weshalb er seine Zollstation so häufig einfach überrannt hatte.

»Zoll! Was heißt hier Zoll?« rief Rugg aus. »Sie verlangen Zoll? Auf königlichen Heerstraßen wird grundsätzlich kein Zoll erhoben.«

»Was heißt hier königliche Heerstraße! Haben Sie denn nicht bemerkt, daß dies eine Zollstraße ist?«

»Ach was, Zollstraße! Es gibt keine Zollstraßen in Massachusetts.«

»Da mögen Sie völlig recht haben, aber hier in Virginia gibt es einige.«

»Virginia! Wollen Sie mir einreden, daß ich hier in Virginia bin?«

Dann wandte sich Rugg wieder mir zu und erkundigte sich, wie weit es noch bis Boston sei.

»Mr. Rugg, ich sehe, Sie sind verwirrt«, antwortete ich, »und es tut mir leid, daß Sie noch so weit von Ihrer Heimat entfernt sind, aber Sie befinden sich tatsächlich hier in Virginia.«

»Wie es scheint, kennen Sie mich also, und dessenungeachtet erzählen Sie, ich sei hier in Virginia. Erlauben Sie mir, daß ich Ihnen offen ins Gesicht sage, daß ich Sie für einen der unehrenhaftesten Männer unter Gottes weitem Himmel ansehe; denn in meinem ganzen Leben habe ich mich nie mehr als vierzig Meilen von Boston entfernt. In meinem ganzen Leben habe ich nie einen Virginier gesehen. Das übertrifft noch die Delaware-Geschichte!«

»Ihren Zoll, mein Herr, Ihren Zoll!«

»Ich werde auch nicht einen einzigen Penny bezahlen«, sagte Rugg.

»Ihr beide seid Straßenräuber. Es gibt keine Zollstraßen in diesem Land. Zoll zu verlangen auf einer königlichen Heerstraße!« Dann fuhr er fort: »Hier liegt offensichtlich eine Verschwörung gegen mich vor. Ach, ich werde Boston nie wiedersehen! Die Straßen verweigern mir die Durchfahrt, die Flüsse ändern ihren Lauf, und auch auf den Kompaß ist kein Verlaß mehr.«

Aber Ruggs Pferd schien nicht geneigt zu sein, länger als eine Minute still zu halten, denn mitten in dieser Auseinandersetzung nahm das Pferd, dessen Kopf auf dem oberen Balken des Schlagbaums geruht hatte, diesen zwischen die Zähne, hob ihn sanft aus den Krampen und trabte mit ihm davon. Der Zolleinnehmer starrte völlig nervös seinem Schlagbaum nach.

»Lassen Sie ihn laufen«, sagte ich, »das Pferd wird den Schlagbaum bald fallen lassen, und Sie werden ihn zurückbekommen.«

Dann befragte ich den Zollbeamten, was er über diesen Mann wisse, und er erzählte mir die folgenden Einzelheiten:

»Das erste Mal passierte dieser Mann meinen Schlagbaum im Jahre achtzehnhundertsechs während der großen Sonnenfinsternis. Ich glaubte, das Pferd sei durch die so plötzlich hereinbrechende Dunkelheit erschreckt, und war der Ansicht, es sei mit dem Manne durchgegangen. Aber nur wenige Tage später kam derselbe Mann mit demselben Pferd in ebensolcher Geschwindigkeit wieder vorbeigerast, ohne mir oder dem Schlagbaum auch nur die geringste Aufmerksamkeit zu zollen. Alles, was er tat, war, mich abwesend anzustarren. Einige Jahre später, während des letzten Krieges, sah ich, wie sich derselbe Mann wieder näherte, und ich war fest entschlossen, seinen Lauf aufzuhalten. Deshalb stellte ich mich auf die Mitte der Straße, streckte beide Arme aus und rief ihn an: ›Halten Sie an, mein Herr! Auf Ihre eigene Gefahr!‹ Darauf entgegnete der Mann: ›Los, ‚Leichtfuß', zahl es dem Wegelagerer heim!‹ Im selben Augenblick gab er dem Pferd die Peitsche in den Flanken zu spüren, und es zog mit solcher Kraft an, daß mir schien, zwei derartige Pferde zusammen würden jedes von Menschen erdachte Hindernis spielend nehmen. Ein Munitionskarren, der kurz vorher in Richtung Baltimore durchgefahren war, hatte eine Achtzehnpfundkugel auf der Straße verloren. Diese unglückselige Kugel lag den Hufen des Pferdes genau im Wege, und was soll ich Ihnen sagen, dieses Biest traf sie mit der Boshaftigkeit eines Dämons und schleuderte sie hinter sich. Mir wird noch heute ganz schwindlig beim bloßen Berichten des Geschehnisses; denn die Kugel flog so dicht an meinem Kopf vorbei, daß mir der Luftdruck den Hut herunterriß. Die Kugel schlug dann in den Türpfosten da ein. Ich habe sie dort belassen, zur Erinnerung an dieses Erlebnis – wie die Bostoner, von denen man mir erzählt hat, daß sie eine Achtzehnpfünder aufbewahren, die man noch heute halb in der Mauer der Battle-Street-Kirche stecken sehen kann.«

Ich fühlte das heftige Verlangen, Peter Rugg aufzuhalten und seine Taschen zu durchsuchen, da ich annahm, bei einer solchen Untersuchung würden große Entdeckungen zu machen sein. Was ich aber an diesem Tage gesehen und gehört hatte, überzeugte mich davon, daß keine menschliche Kraft Peter Rugg gegen seinen Willen aufzuhalten vermochte. Aus diesem Grund beschloß ich, sollte ich Peter Rugg je wieder begegnen, ihn mit der größten Zuvorkommenheit zu behandeln. Bei meinem weiteren Wege nach New York bog ich in

Trenton auf die Zollstraße ein, und als ich New Brunswick erreichte, bemerkte ich, daß die Straße neu beschottert worden war. Der Kleinschlag war eben erst gestreut worden. Als ich diesen Streckenabschnitt durchfuhr, fiel mir auf, daß im regelmäßigen Abstand von etwa acht Fuß die Steine in der Fläche von der Größe eines Zwanziglitermaßes völlig verschoben waren. Diese eigenartige Erscheinung bewog mich, am Schlagbaum Erkundigungen nach der Ursache einzuziehen.

»Ich bin über Ihre Frage nicht erstaunt, mein Herr«, antwortete mir der Zolleinnehmer, »aber leider kann ich Ihnen darüber auch keine erschöpfende Auskunft geben. Ich glaube tatsächlich selbst schon, ich bin verhext, und auch die Zollstraße steht unter dem Bann eines Zaubers. Was heute nacht hier geschah, kann keine wirkliche Tatsache sein, denn sonst wäre der Schlagbaum vollkommen unnütz.«

»Ich glaube weder an Hexerei noch an Verzauberungen«, antwortete ich, »und wenn Sie mir alles genau erzählen wollen, was sich in der vergangenen Nacht zugetragen hat, so will ich versuchen, dafür eine natürliche Erklärung zu finden.«

»Stellen Sie sich eine ganz unnatürlich dunkle Nacht vor. Nun, mein Herr, als ich just das Tor für die Nacht geschlossen und den Schlagbaum herabgelassen hatte, sah ich in solcher Entfernung, daß ich es gerade noch erkennen konnte, etwas, was zuerst so aussah wie zwei miteinander kämpfende Armeen. Unaufhörlich und andauernd knallten Musketen, blitzte das Mündungsfeuer von Gewehren. Und als sich dieses eigenartige Schauspiel mit der Geschwindigkeit eines Wirbelsturmes näherte, wuchs der Lärm noch weiter an, und das Spukbild rollte in einer kompakten Masse über die Erdoberfläche dahin. Das herrlichste Feuerwerk stieg aus der Erde auf und umhüllte das dahinjagende Schauspiel. Hätte man alle Farben des Regenbogens und die strahlendsten Farben, die die Sonne in den Schoß des Frühlings legt, dazu noch alle Edelsteine – es hätte sich kein wunderbareres, glänzenderes, bezaubernderes Schauspiel ergeben als dieses, das mit dem Rappen dahinschoß. Man hätte glauben können, alle Sterne des Himmels hätten sich zu einem Freudenfest ein Stelldichein auf der Zollstraße gegeben. Inmitten dieser leuchtenden Erscheinung saß ein Mann, deutlich sichtbar, in einem ärmlichen Wagen, der von einem Rappen gezogen wurde. Wäre es nach den Gesetzen der Natur und des Staates gegangen, so hätte der Schlagbaum diese ganze Erscheinung zerstören und den Zauber brechen müssen. Aber nein! Das Pferd setzte mühelos über den Schlagbaum und zog Mann und Wagen waagerecht hinter sich her, ohne den Balken auch nur zu berühren. Das ist es, was ich Zauber nenne. Was halten Sie von der ganzen Angelegenheit, mein Herr?«

»Mein Freund«, antwortete ich, »Sie haben ein ganz natürliches Ereignis maßlos übertrieben. Der Mann war Peter Rugg auf seinem Wege nach Boston. Es ist richtig, daß das Pferd mit unwahrscheinlicher Geschwindigkeit dahinraste, aber da es die Vorderhufe sehr hoch nahm, ist es nicht verwunderlich, daß es die tausend kleinen Steine, auf denen es dahintrabte, verschob, sie nach allen Richtungen auseinanderwirbelte, daß sie dabei aneinanderstießen, widerhallten und daß die Funken sprühten. Der obere Balken Ihres Schlagbaums ist nicht mehr als zwei Fuß vom Erdboden entfernt, und Peter Ruggs Pferd kann jederzeit mit einem Sprung den Wagen über den Schlagbaum heben.«

Dies leuchtete Mr. McDoubt ein, und ich war des zufrieden, denn andernfalls hätte Mr. McDoubt, der zwar ein ehrenwerter Mann, aber doch eben ein Sproß des Hochlands war, auch dieses Erlebnis dem Schatz seines Aberglaubens noch hinzugefügt. Nachdem ich auf diese Weise die neubeschotterte Straße, den Schlagbaum und Mr. McDoubt entzaubert hatte, setzte ich meine Heimreise nach New York fort.

Nie und nimmer hätte ich vermutet, noch etwas von Peter Rugg zu hören oder zu sehen; denn er hatte ja nun einen Vorsprung von mehr als zwölf Stunden. Auf meinem Wege bis Elizabethtown hörte ich nichts mehr von ihm und folgerte daraus, daß er im Laufe der vergangenen Nacht die Zollstraße verlassen und eine westlichere Richtung eingeschlagen haben mußte, aber kurz bevor ich Powles's Hook erreichte, bemerkte ich auf dem Fährschiff eine beachtliche Ansammlung von Passagieren. Alle standen wie gebannt und starrten unverwandt auf ein und denselben Gegenstand. Einer der Fährmänner, ein gewisser Mr. Hardy, der mich gut kennt, bemerkte meine Ankunft und wartete einen Augenblick, um mich noch an Bord zu lassen. Er kam heran und sagte: »Mr. Dunwell, wir haben eine Rarität an Bord, die selbst einem Dr. Mitchell einiges Kopfzerbrechen bereiten würde.«

»Es hat sich doch nicht etwa ein seltener Fisch in den Hudson verirrt?«

»Nein«, antwortete er. »Es ist ein Mann. Er sieht aus, als hätte er bis jetzt in der Arche Noah gesteckt und wäre gerade erst herausgekommen. Er hat ein kleines Mädchen bei sich, sein leibhaftiges Ebenbild, und das schönste Pferd, das ich je gesehen habe, vor dem eigenartigsten Wagen, der je gebaut worden ist.«

»Ach«, rief ich aus, »da haben Sie wirklich das Große Los gezogen, Mr. Hardy. Noch keinem ist es bisher gelungen, Peter Rugg lange genug aufzuhalten, um ihn einmal ordentlich ausfragen zu können.«

»Kennen Sie den Mann?« fragte Mr. Hardy.

»Nein, niemand kennt ihn, aber jedermann ist ihm schon begegnet. Halten Sie ihn so lange auf wie nur irgend möglich, verzögern Sie die Abfahrt der Fähre unter allen möglichen Vorwänden, zerschneiden Sie das Pferdegeschirr, unternehmen Sie alles, nur halten Sie ihn auf.«

Als ich das Fährschiff betrat, war ich verblüfft von dem Anblick, der sich mir bot. Dort saßen tatsächlich Peter Rugg und Jenny Rugg in ihrem Wagen, und dort stand der Rappe, alle so geduldig wie Lämmer, umringt von mehr als fünfzig Männern und Frauen, die alle ihre Sinne mit Ausnahme eines einzigen verloren zu haben schienen. Keine Bewegung, kein Atemzug, kein Geräusch. Sie waren ganz Auge. Peter Rugg schien ihnen kein Wesen von dieser Welt zu sein, und sie ihrerseits mußten Rugg als eine seltsame Generation von Menschen erscheinen. Rugg sprach nicht, sie sprachen kein

Wort, und auch ich fühlte keine Neigung, diese Stille zu stören, da ich zufrieden war, Rugg einmal ausruhen zu sehen. Schließlich bemerkte Rugg mit leiser Stimme, die sich an niemand wandte: »Eine neue Errungenschaft: Pferde anstelle von Rudern. Diese Bostoner haben immer neue Ideen.«

Es war ganz offensichtlich, daß Rugg holländischer Abkunft war. Er hatte drei Paar Kniehosen an, die man in der guten alten Zeit Breeches nannte. Sie waren noch ganz leidlich erhalten. Aber die Zeit hatte den Stoff geprüft und die eine mehr als die andere eingehen lassen, so daß sich an den Knien die verschiedenen Qualitäten und Farben offenbarten. Mehrere Westen, deren untere Zipfel auf den Knien lagen, gaben Rugg ein ziemlich korpulentes Aussehen. Sein weiter bräunlicher Umhang hätte Stoff für ein Dutzend moderner abgegeben, die Ärmel glichen Mehlsäcken, in ihren Aufschlägen hätte man ein Kind in den Schlaf wiegen können. Sein Hut, der früher wahrscheinlich einmal schwarz gewesen war, hatte nun eine bräunliche Farbe, war weder rund noch eingedrückt, aber von einer Form, die sehr jenem Hute glich, den Präsident Monroe auf seiner letzten Fahrt trug. Dieser Aufzug gab dem rundlichen Gesicht Ruggs eine altertümliche Würde. Obwohl der Mann stark von der Sonne gebräunt war, schien er doch nicht älter als dreißig Jahre zu sein. Er hatte seinen traurigen und ängstlichen Ausdruck verloren, war ganz gelassen und schien glücklich zu sein. Der Wagen, in dem er saß, war ziemlich groß und offensichtlich auf Strapazen eingerichtet und dafür bestimmt, ganze Zeitalter zu überdauern. Das für ihn verwandte Holz hätte genügend Material abgegeben, um daraus drei moderne Wagen zu bauen. Dieser Wagen war, wie die Nantucket-Kutschen, für alles zu gebrauchen, wofür man Räder nötig hatte. Auch das Pferd war Gegenstand allgemeiner Neugierde; seine majestätische Größe, die wilde Mähne und der Schwanz gaben ihm ein imposantes Aussehen, und seine großen, offenen Nüstern kündeten von einer unerschöpflichen Lungenkraft. Es war ganz offensichtlich: seine Vorderhufe waren in der Mitte gespalten, wahrscheinlich auf einer neubeschotterten Straße, und wuchsen nun wieder zusammen, so daß John Spring doch nicht so ganz unrecht gehabt hatte.

Wie lange wohl diese Pantomime noch gedauert hätte, kann ich nicht sagen. Rugg war nicht im geringsten ungeduldig. Aber sein Pferd, das nun schon über fünf Minuten still gestanden hatte, schien von einem weiteren Aufenthalt nicht viel zu halten; es begann zu wiehern und schlug wenige Augenblicke später mit dem rechten Vorderhuf eine Planke entzwei. Da sagte Peter Rugg: »Mein Pferd ist ungeduldig, es sieht das North End. Wir müssen uns sputen, sonst wird es nicht länger zu halten sein.«

Bei diesen Worten hob das Pferd den linken Vorderhuf, und als es damit aufstampfte, zitterte jeder Zoll des Fährschiffes. Unverzüglich packten zwei Männer Ruggs Pferd bei den Nüstern. Das Pferd bewegte ein wenig den Hals, und beide lagen im Hudson. Während wir die Männer herausfischten, verhielt sich das Pferd ganz ruhig.

»Laßt das Pferd in Ruhe«, sagte Rugg, »dann wird es auch keinem etwas zuleide tun. Es ist nur genauso ungeduldig wie ich selbst und will das schöne Ufer dort drüben erreichen. Es sieht die North Church und wittert seinen Stall.«

»Mein Herr«, sprach ich Rugg an und bediente mich dabei einer kleinen List, »ich kenne mich hier nicht aus, bitte könnten Sie mir vielleicht sagen, wie der Fluß und die Stadt dort am jenseitigen Ufer heißen, denn Sie scheinen doch hier beheimatet zu sein?«

»Diesen Fluß, mein Herr, nennt man den Mystic River, und dies hier ist die Winnisimmet-Fähre. Wir haben die indianischen Namen beibehalten. Und die Stadt dort drüben ist Boston. Sie müssen wirklich fremd in dieser Gegend sein, wenn Sie nicht einmal wissen, daß dies dort drüben Boston ist, die Hauptstadt der neuenglischen Provinzen.«

»Verzeihen Sie, mein Herr, wie lange waren Sie fort von Boston?«

»Nun ja, das kann ich Ihnen nicht so genau sagen. Ich fuhr kürzlich mit meinem Töchterchen nach Concord, um Freunde zu besuchen. Aber ich muß gestehen, so peinlich es mir auch ist, ich habe mich auf dem Rückweg verfahren, und seitdem bin ich immer unterwegs gewesen. Niemand hat mir den rechten Weg gewiesen. Es ist grausam, einen Reisenden so in die Irre zu schicken. Mein Pferd ›Leichtfuß‹ ist einmal um die ganze Windrose getrabt, und mir scheint, jetzt nimmt es denselben Weg zurück. Aber, mein Herr, Sie sehen, mein Pferd wird unruhig. Bisher hat ›Leichtfuß‹ nur Zeichen gegeben und kurz genickt. Für seine Hufe kann ich aber nicht bürgen.«

Bei diesen Worten bewegte »Leichtfuß« seinen langen Schwanz und knallte damit wie mit einer Peitsche. Der Hudson hallte wider von diesem Laut. Daraufhin begannen die sechs Pferde das Fährschiff von der Stelle zu bewegen. Der Hudson war still wie ein Meer aus Glas, glatt wie Öl, nicht eine Welle war zu sehen. Die Pferde gingen aus dem Zuckeltrab bald in einen Galopp über, und das Wasser spritzte über das Schanzdeck. Das Fährschiff war bald in ein Meer von Schaum gehüllt, und das Rauschen des Gischtes glich dem vieler Flüsse. Als wir in New York angelegt hatten, konnte man das schöne weiße Kielwasser des Fährschiffes quer über den Hudson verfolgen.

Obwohl es Rugg an den Schlagbäumen abgelehnt hatte, einen Zoll zu entrichten, griff er, als Mr. Hardy die Hand nach dem Fährgeld ausstreckte, sofort in eine seiner vielen Taschen, zog eine Silbermünze hervor und gab sie dem Fährmann.

»Was ist das?« fragte Mr. Hardy.

»Das sind dreißig Schillinge«, sagte Rugg.

»Früher könnte das mal dreißig Schillinge wert gewesen sein. Altes Geld«, sagte Mr. Hardy, »heute gilt es nicht mehr.«

»Das Geld ist gute englische Münze«, sagte Rugg. »Mein Großvater hat selbst einen Beutel davon mit aus England herübergebracht. Er hatte sie ganz frisch aus der Münze.«

Als ich dies vernahm, näherte ich mich Rugg und bat ihn um die Erlaubnis, die Münze einmal zu besehen. Es war eine halbe Krone, geprägt vom englischen Parlament, und sie trug die Jahreszahl 1649. Auf der einen Seite stand »The Commonwealth of England«, außerdem das St.-Georgs-Kreuz, umgeben von einem Lorbeerkranz. Auf der anderen Seite las man: »God with us« und sah eine Harfe mit dem St.-Georgs-Kreuz. Ich zwinkerte Hardy zu und sagte laut, dies sei gutes, im Umlauf befindliches Geld. »Ich werde nicht zulassen, daß der Herr betrogen wird. Ich werde das Geld selbst wechseln.«

Darauf sagte Rugg: »Bitte, nennen Sie mir Ihren Namen, mein Herr.«

»Ich heiße Dunwell«, antwortete ich.

»Mr. Dunwell«, sagte Rugg, »Sie sind der einzige Ehrenmann, dem ich begegnet bin, seit ich Boston verlassen habe. Da Sie hier fremd sind, steht Ihnen mein Haus offen. Madam Rugg wird sich glücklich schätzen, Sie als den Freund ihres Gatten begrüßen zu dürfen. Steigen Sie in den Wagen, mein Herr, hier ist Raum genug. Mache dem Herrn ein bißchen Platz, Jenny, wir werden gleich in der Middle Street sein.«

So setzte ich mich neben Peter Rugg.

»Sind Sie noch nie in Boston gewesen?« fragte Rugg.

»Nein«, antwortete ich.

»Nun denn, so werden Sie jetzt die Königin Neuenglands kennenlernen, eine Stadt, die in ganz Nordamerika nur von Philadelphia übertroffen wird.«

»Sie vergessen New York«, widersprach ich.

»Pah, New York. Was ist denn schon New York. Allerdings, ich bin noch nie dort gewesen. Aber man hat mir erzählt, man könne ganz New York in unserem Mühlteich versenken. Nein, mein Herr, ich versichere Ihnen, New York ist nur ein trauriges Nest. Man kann es mit Boston ebensowenig vergleichen wie einen Indianerwigwam mit einem Palast.«

Als Ruggs Pferd in die Pearl Street einbog, musterte ich Rugg so unverhohlen, wie es der gute Ton gerade noch erlaubte, und sagte: »Mein Herr, wenn dies hier Boston ist, so gebe ich zu, daß New York nicht einmal wert ist, einer der Vororte Bostons zu sein.«

Noch ehe wir in der Pearl Street weit gekommen waren, wandelte sich Ruggs Gesichtsausdruck, und seine Gesichtsmuskeln begannen zu zucken. Seine Augen zitterten in den Höhlen. Er war offensichtlich völlig verwirrt. »Was haben Sie, Mr. Rugg? Sie scheinen beunruhigt zu sein?«

»Dies übersteigt alles menschliche Fassungsvermögen. Wenn Sie wissen, mein Herr, wo wir uns hier befinden, so flehe ich Sie an, geben Sie mir Aufklärung.«

»Wenn diese Stadt nicht Boston ist, so muß es New York sein«, sagte ich.

»Nein, mein Herr, es ist weder Boston, noch kann es New York sein. Wie könnte ich hier in New York sein, das doch nahezu zweihundert Meilen von Boston entfernt liegt.«

Eben in diesem Augenblick waren wir in den Broadway eingebogen, und nun zeigte Rugg eine geradezu chaotische Geistesverfassung. »Es gibt keine solche Stadt in Nordamerika. Dies alles ist die Wirkung einer Verzauberung. Hier wird uns eine Stadt vorgespiegelt, riesige Häuser, Geschäfte und Waren, unzählige Männer und Frauen, alle so geschäftig wie im wirklichen Leben. Alles dies ist über Nacht aus der Wildnis aufgestiegen, oder, was wahrscheinlicher ist, irgendein riesiges Erdbeben hat London oder Amsterdam an die Küste Neuenglands geworfen. Oder vielleicht träume ich auch, obwohl mir die Nacht ziemlich lang vorkommt, aber auch früher bin ich schon einmal im Traum nach Amsterdam gesegelt, habe Waren bei Vandogger gekauft und bin vor Anbruch des Morgens nach Boston zurückgekehrt.«

In diesem Augenblick erhob sich Zeter und Mordio. »Haltet die Verrückten auf, sie gefährden das Leben Tausender.«

Hunderte versuchten vergeblich, Ruggs Pferd aufzuhalten. »Leichtfuß« ließ sich durch nichts beirren. Seine Bahn war so gerade wie die einer Sternschnuppe. Doch was mich betraf, so fürchtete ich, daß ich mich noch vor Anbruch der Nacht hinter den Alleghanies befinden würde, deshalb wandte ich mich in bittendem Ton an Mr. Rugg und ersuchte ihn, er möge das Pferd zügeln und mir erlauben auszusteigen.

»Mein Freund«, sagte er, »wir werden noch vor Anbruch der Dunkelheit in Boston sein, und Madam wird außerordentlich erfreut sein, daß sie uns begrüßen kann.«

»Mr. Rugg«, entgegnete ich, »Sie müssen mich entschuldigen. Bitte schauen Sie nach Westen. Sehen Sie sich die Gewitterwolke an, sie schwillt mit Macht an, und es scheint, sie verfolgt uns.«

»Ach«, sagte Rugg, »jeder Versuch, ihr zu entkommen, ist vergeblich. Ich kenne diese Wolke. Sie sammelt neuen Zorn, um ihn über meinem Haupte zu entladen.« Dann zügelte er sein Pferd, ließ mich aussteigen und sagte: »Leben Sie wohl, Mr. Dunwell. Ich würde mich glücklich schätzen, Sie in Boston wiederzusehen. Ich wohne in der Middle Street.«

In welcher Richtung Mr. Rugg seinen Weg fortsetzte, als er vom Broadway verschwunden war, kann ich nicht sagen; genügend bekannt jedoch ist jedem, daß er im Verlaufe von zwei Monaten, von dem Tag an gerechnet, da er in New York gesehen worden war, endlich seinen Weg nach Boston gefunden hatte.

Peter Ruggs Anwesen war vor kurzem, mangels Erben, an die Staatsverwaltung von Massachusetts gefallen, und die Verwaltung hatte die oberste Justizbehörde damit beauftragt, es für eine Versteigerung auszuschreiben und in öffentlicher Auktion zu verkaufen. Da ich mich in dieser Zeit zufällig in Boston aufhielt und mir die Ausschreibung zu Gesicht kam, die ein beträchtliches Stück Land betraf, regte sich in mir eine wohlwollende Neugier, mir den Ort einmal anzusehen, an dem Rugg einst gewohnt hatte. Ich nahm die Anzeige zur Hand und schlenderte ein kurzes Stück zur Middle Street hinab, ohne jemand nach dem Wege zu fragen, bis ich an eine bestimmte Stelle kam und mir sagte: Das hier ist Ruggs Anwesen, ich will nicht mehr weitergehen. Dies muß der Ort sein. Er ist in allem das Abbild Peter Ruggs. Das Anwesen sah in der Tat so aus, als habe sich an ihm eine traurige Prophezeiung erfüllt. Das Grundstück grenzte vorn an die Middle Street, an der Rückseite erstreckte es sich bis zur Ann Street, und es umfaßte etwa einen halben Acre Land. In früheren Zeiten war es nichts

Ungewöhnliches, einen halben Acre als Hausgrundstück zu besitzen, denn damals war in vielen Teilen Bostons ein Acre nicht wertvoller als heute ein Fuß. Das alte Herrenhaus war zu Staub zerfallen und auseinandergeweht. Ein anderes, unbewohntes Gebäude stand drohend da und sah dem Verfall entgegen. Die Straße war um so viel erhöht worden, daß die Schlafkammer auf die frühere Höhe der Küche gesunken war und sich nun mit der Straße auf gleicher Ebene befand. Das Haus schien sich seines Schicksals bewußt zu sein, und die Frontwand neigte sich, als sei sie müde vom vielen Stehen, von der Hinterwand weg und schien nur auf den nächsten Südwind zu warten, um sich auf die Straße zu werfen. Wenn die scheuesten Tiere einen sicheren Unterschlupf gesucht hätten, hier wäre ein Ort für ihr Stelldichein gewesen. Unter dem Hahnebalken mochten die Krähen in Sicherheit beieinandersitzen, und in den Winkeln darunter hätte man Füchse und Wiesel im Schlaf überraschen und fangen können. »Die Hand des Schicksals liegt schwer auf diesem Ort«, sagte ich. »Und noch schwerer auf seinen früheren Besitzern. Es ist seltsam, daß ein so großes Stück Land keinen Erben hat! Und doch könnte Peter Rugg noch heute an seiner eigenen Tür vorüberfahren und fragen: ›Wer wohnte hier einst?‹ «

Der Auktionator, der vom Sachverwalter ermächtigt war, das Anwesen zu verkaufen, war ein redegewandter Mann, wie es viele Bostoner Versteigerer sind. Die günstige Gelegenheit schien das zu rechtfertigen, und die Pflicht zwang ihn, seine Gabe voll und ganz herauszustellen. Mit der folgenden Rede wandte er sich an seine Zuhörer: »Dieses Anwesen, meine Herren, das wir Ihnen heute zum Kauf anbieten, war einst das Eigentum einer jetzt ausgestorbenen Familie. Aus ebendiesem Grunde ist es dem Staate zugefallen. Damit sich niemand der verehrten Anwesenden aus Furcht vor einem umstrittenen Rechtsanspruch abschrecken läßt, auf ein so großes Grundstück zu bieten, hat mich die oberste Justizbehörde autorisiert zu erklären, daß der Käufer mit der besten Legislation versehen wird: mit einer Garantie-Urkunde unseres Staates. Ich erkläre dies ausdrücklich, meine Herren, da ich weiß, daß hier ein haltloses Gerücht umgeht, nach dem ein gewisser Peter Rugg, der ursprüngliche Besitzer dieses Anwesens, noch am Leben sei. Dieses Gerücht, meine Herren, entbehrt jeder Grundlage und kann nach Lage der Dinge auch keine Grundlage haben. Es kam vor etwa zwei Jahren auf durch den unglaubwürdigen Bericht eines gewissen Jonathan Dunwell aus New York. Mrs. Croft, deren Gatten ich unter den Anwesenden sehe und den sehr nach diesem Anwesen gelüstet, hat viel dazu beigetragen, diese Version des Mr. Dunwell zu begünstigen. Aber, meine Herren, kennen Sie irgendein Grundstück, besonders ein Anwesen von einem solchen Wert wie dieses hier, das fast ein halbes Jahrhundert herrenlos daläge, wenn irgendein noch so entfernter Erbe noch am Leben wäre? Denn, meine Herrschaften, alle stimmen doch darin überein, daß der alte Peter Rugg, sollte er überhaupt noch leben, mindestens hundert Jahre alt sein müßte. Es wird behauptet, daß er und seine Tochter mit Pferd und Wagen seit über einem halben Jahrhundert verschollen sind, und weil sie nie zurückkehrten, so müßten sie noch immer am Leben sein und würden eines Tages wieder erscheinen und ihre Ansprüche auf dieses große Anwesen hier geltend machen. Eine solche Logik, meine Herren, hat noch nie zu einer guten Geldanlage geführt. Lassen Sie sich durch derartige leere Gerüchte nicht irremachen in ihren ehrenhaften Absichten, diese Ruine wieder dem Genius der Architektur zu erschließen. Wenn solche Zusammenhänge schon genügten, den Unternehmungsgeist zu hemmen, dann lebe wohl, kaufmännisches Wagnis! Ihr Gewinn würde, statt Ihren Schlaf mit goldenen Träumen neuer Spekulationsquellen zu erfrischen, für Sie zu einem Alpdruck werden. Das Geld eines Mannes dient, wenn es nicht arbeitet, nur dazu, ihm seine Ruhe zu nehmen. Sehen Sie, welcher Anblick sich Ihnen hier bietet. Hier liegt ein halber Acre Land – über zwanzigtausend Quadratfuß –, ein Grundstück mit wunderbaren Möglichkeiten. Es ist keiner der engen Plätze von vierzig mal fünfzig Fuß, wo man an den Hundstagen nur durch Luken atmen kann. Ganz im Gegenteil, ein Architekt wird dieses Grundstück nicht ohne Entzücken ansehen können; denn hier bietet sich seinem Genius Raum genug, um selbst den Tempel Salomons in den Schatten zu stellen. Dann die Aussicht – wie wundervoll! Im Osten ist der Atlantische Ozean so nahe, daß Neptun, beladen mit den erlesensten Schätzen der ganzen Welt, mit seinem Dreizack an Ihre Tür klopfen kann. Im Westen werden bald die Produkte des Paradiesflusses Connecticut dank der Erfindung von Dampf, Eisenbahn und der Erbauung von Kanälen unter Ihrem Fenster vorübergleiten, und so wird an dieser Stelle Neptun um Ceres freien, und auf dieser Hochzeit werden Pomona aus Roxbury und Flora aus Cambridge tanzen.

Männer der Wissenschaften, Männer von Geschmack, ihr Bürger der literarischen Hochburg – denn ich erkenne viele von Ihnen unter den Anwesenden –, für Sie muß dies hier heiliger Boden sein. Wenn ein Ort, auf dem in vergangenen Zeiten ein Held auch nur einen Fußabdruck hinterließ, heute geweiht ist, welchen Wert muß dann erst der Geburtsplatz eines Mannes haben, der, wie alle Welt weiß, gerade hier gegenüber in der Middle Street geboren wurde und der, wäre sein Geburtsort nicht so gut bekannt, von mehr als sieben Städten für sich beansprucht würde! Für Sie also muß dieses Grundstück von unschätzbarem Wert sein. In Kürze wird direkt vor dem Hause, das Sie hier bauen, ein Denkmal errichtet werden, das Bewunderung und Verehrung der ganzen Welt erlangen wird. Eine Säule wird sich bis zu den Wolken erheben, und in diese Säule wird ein Wort eingemeißelt sein, das all das einschließt, was dem Verstand als weise, den Wissenschaften als nützlich, der Moral als gut, im Rate klug und in den Prinzipien als gültig gilt – der Name eines Menschen, der, während er lebte, der Beschützer der Armen war und dem die Zuneigung der Hütten ebenso gehörte wie die Bewunderung der Könige; der Name eines Mannes, der nun, da er tot ist, den sieben Weisen Griechenlands ebenbürtig ist. Ist es noch nötig, seinen Namen zu nennen? Er fesselte den Blitz und zügelte den Donner.

Männer aus North End! Ist es nötig, daß ich an Ihren Patriotismus appelliere, um den Wert dieses Grundstückes zu erhöhen? Es gibt keinen zweiten Ort auf der ganzen Erde, der diesem Platz hier gleichkäme. Gerade um die Ecke wohnte James Otis, hier Samuel Adams, dort Joseph Warren und hinter jener Ecke Josiah Quincy. Hier war der Geburtsort der Freiheit. Hier wurde die Freiheit geboren, aufgezogen, und hier wuchs sie heran. Hier wurde der Mensch neu geschaffen. Hier liegt die Kinderstube der amerikanischen Unabhängigkeit – ach, ich bin zu bescheiden –, hier begann die Befreiung der Welt. Nach tausend Generationen werden Millionen von Menschen den Atlantik überqueren, nur um einmal das North End von Boston gesehen zu haben.

Ihre Väter haben – ach, was sage ich, Sie selbst, ja, in diesem Augenblick sehe ich, daß einige an dieser Auktion teilnehmen, die selbst mit Hand angelegt haben, als es hieß, die Wiege der Unabhängigkeit zu schaukeln.

Männer mit Geschäftssinn – ihr, die ihr für alles taub seid, es sei denn für den Klang des Geldes –, ich weiß, ihr werdet mir beide Ohren leihen, wenn ich euch sage, daß die Stadt Boston einen Teil des Anwesens kaufen muß, damit die Ann Street verbreitert werden kann. Was für eine Gelegenheit! Die Stadt lehnt es ab, das Land eines Mannes umsonst zu nehmen. Wenn sie auch euer Eigentum einzieht, so ist sie doch selbst über alle Erwartungen der Geizigen großzügig. Der einzige Nachteil ist, daß Sie Gefahr laufen, unter der Last des Reichtums zu ersticken. Denken Sie nur an die alte Dame, die kürzlich gebrochenen Herzens starb, als ihr der Bürgermeister für ein Stück ihres Kräutergartens etwas bezahlte. Alle Ärzte stimmten in ihren Ansichten darin überein, daß beim Anblick des Schatzes, den ihr der Bürgermeister unvorsichtigerweise in blinkenden, frisch von der Münze kommenden Dollars zahlte, alles Blut ihres Körpers vor lauter Freude in das Herz zurückströmte, so daß es vor lauter Entzücken barst. Aus diesem Grunde sollte der Käufer dieses Grundstückes allein sein Glück fürchten, nicht aber Peter Rugg. So bietet also denn freigebig und laßt euch nicht durch Peter Ruggs Namen in eurem Eifer beeinträchtigen. Wieviel bietet ihr für einen Fuß dieses Bodens?«

So hatte der Auktionator gesprochen und schwang nun anmutig seinen Elfenbeinhammer. Von fünfzig auf fünfundsiebzig Cent pro Fuß wurde in wenigen Augenblicken gesteigert. Das Angebot stieg weiter von fünfundsiebzig auf neunzig. Schließlich wurde ein Dollar geboten. Der Versteigerer schien damit zufriedengestellt zu sein, sah auf die Uhr und gab bekannt, daß er das Anwesen in fünf Minuten zuschlagen würde, wenn keiner mehr biete.

In dieser kurzen Zeit herrschte tiefes Schweigen. Während der Hammer noch in der Luft schwebte, hörte man ein seltsames, rumpelndes Geräusch, das sogleich die Aufmerksamkeit aller auf sich zog. Dann klang es wie das Geräusch, das viele Schiffsbauer verursachen, wenn sie die Bolzen eines Kriegsschiffes eintreiben. Als der Lärm näher kam, riefen einige der Anwesenden aus: »Die Gebäude am Neuen Markt fallen alle in Trümmer.« Andere sagten: »Nein, es ist ein Erdbeben, wir spüren, wie die Erde unter uns zittert.« Wieder andere sagten: »Nein, nein, der Lärm kommt von der Hannover Street her und nähert sich.« Und diese Ansicht erwies sich als richtig; denn plötzlich stand Peter Rugg mitten unter uns.

»Ach, Jenny«, sagte Peter, »ich bin ruiniert. Unser Haus ist niedergebrannt, und alle Nachbarn stehen um die Trümmer herum. Der Himmel gebe, daß sich deine Mutter in Sicherheit befindet.«

»Sie sehen nicht wie unsere Nachbarn aus«, sagte Jenny. »Aber unser Haus ist tatsächlich niedergebrannt, nichts ist übriggeblieben außer dem Türstein und einem alten Zedernholzbalken. Frage doch nur endlich, wo Mutter ist.«

In der Zwischenzeit hatten mehr als tausend Menschen Rugg, sein Pferd und seinen Wagen umringt. Aber weder Rugg persönlich noch sein Pferd und Wagen zogen mehr Aufmerksamkeit auf sich als der Versteigerer. Der zuversichtliche Blick und das suchende Auge Ruggs überzeugten die Anwesenden weit mehr, daß ihm das Grundstück gehörte, als es irgendein Dokument oder Papier mit Unterschrift und Siegel vermocht hätten. Der Eindruck, den der Auktionator noch eben auf die Anwesenden gemacht hatte, war im Nu verblichen, und obwohl seine letzten Worte gelautet hatten: »Fürchtet Peter Rugg nicht«, war ihm in dem Augenblick, da er dem Blick Ruggs begegnete, all seine Unternehmungslust vergangen. Sein Arm fiel schlaff an seiner Seite herab, sein eben noch so lebhafter Hammer lag schwer in seiner Hand, und die ganze Versteigerung war vergessen. Auch der Rappe legte dafür Zeugnis ab. Er wußte, daß seine Reise zu Ende war; denn er reckte sich zu anderthalbfacher Größe auf, legte seinen Kopf auf den Zedernholzbalken und wieherte dreimal, wobei sein Geschirr vom Zaume bis zur Kruppe erzitterte.

Dann erhob sich Rugg, stand aufrecht in seinem Wagen und fragte gebieterisch: »Wer hat in meiner Abwesenheit mein Haus zerstört? Denn ich sehe keine Zeichen eines Brandes. Ich will wissen: Durch welches Unglück ist dies geschehen? Und warum hat sich diese Ansammlung seltsamer Menschen vor meiner Tür eingefunden? Ich glaubte jedermann in Boston zu kennen, ihr aber scheint mir ein neues Geschlecht zu sein. Dennoch sind mir aber viele der hier anwesenden Gesichter vertraut, und ich kann einige von euch beim Namen nennen, aber um der Wahrheit die Ehre zu geben, muß ich gestehen, daß ich mich nicht erinnern kann, auch nur einen von euch schon früher einmal gesehen zu haben. Dort, des bin ich sicher, das ist ein Winslow und dies hier ein Sargent. Dort steht ein Sewall, und neben ihm, das ist ein Dudley. Will denn keiner von euch etwas sagen – oder ist das alles nur ein Zauber? Ich sehe doch viele menschliche Gestalten vor mir, auch an Augen fehlt es nicht, aber an Bewegung, Stimme und Gehör scheint es euch zu mangeln. Eigenartig! Will mir denn keiner sagen, wer mein Haus zerstört hat?«

Da erhob sich eine Stimme aus der Menge; aber woher sie kam, konnte ich nicht feststellen: »Nichts ist hier eigenartig außer Ihnen selbst, Mr. Rugg. Die Zeit, die alle Dinge zerstört und erneuert, hat auch Ihr Haus in sich zusammenstürzen lassen und uns hierhergeführt. Viele Jahre haben Sie in einer Täuschung gelebt. Der Sturm, den Sie in Menotomy so gottlos herausgefordert haben, hat sich endlich gelegt, aber Sie werden Ihr Heim nie wiedersehen; denn Ihr Haus, Ihre Frau und Ihre

Nachbarn, alles ist vergangen. Ihr Anwesen ist das einzige, was blieb, aber es ist Ihnen kein Heim mehr. Das vergangene Zeitalter hat Sie ausgestoßen, und dem heutigen sind Sie nicht gewachsen. Ihr Haus ist verschwunden, und Sie werden auf dieser Welt keine Heimat mehr finden.«

NIKOLAI GOGOL

Die Johannisnacht

Eine wahre Geschichte, erzählt von dem Küster an der Kirche zu***

Foma Grigorjewitsch hatte eine seltsame Angewohnheit: Er konnte es auf den Tod nicht leiden, immer wieder dasselbe erzählen zu müssen. Manchmal kam es vor, daß er, wenn man ihn bat, eine Geschichte doch noch einmal zu erzählen, eh du dich's versahst, etwas Neues hineinmengte oder sie so abänderte, daß sie keiner wiedererkannte. Einmal hatte einer jener Herren – wir einfachen Leute wissen nicht recht, wie wir sie nennen sollen, sie ähneln den Schreiberlingen, sind aber in Wirklichkeit dasselbe wie die Aufkäufer auf unseren Jahrmärkten; sie sammeln, betteln und stehlen alles mögliche zusammen und bringen dann jeden Monat oder jede Woche jene kleinen Bücher heraus, die nicht dicker sind als die Fibeln – einmal hat also einer jener Herren Foma Grigorjewitsch diese Geschichte abgelistet, und der Küster dachte gar nicht mehr daran. Doch da kam aus Poltawa einmal dieses Herrchen in dem erbsenfarbenen Kaftan, von dem ich euch schon erzählt habe und dessen eine Geschichte ihr, denke ich, schon gelesen habt. Er brachte ein kleines Büchlein mit, klappte es in der Mitte auf und zeigte es uns. Foma Grigorjewitsch wollte schon seine Nase mit der Brille satteln, doch da fiel ihm ein, daß er vergessen hatte, sie mit Fäden zu umwickeln und Wachs darauf zu kleben, und so gab er das Buch mir. Da ich einigermaßen lesen kann und keine Brille trage, begann ich vorzulesen.

Ich hatte noch nicht einmal zwei Seiten umgeblättert, als er plötzlich meinen Arm festhielt.

»Wartet mal! Sagt mir doch, was lest Ihr da eigentlich?«

Offen gesagt, ich wußte nicht so recht, was ich auf diese Frage antworten sollte.

»Wie, was ich lese, Foma Grigorjewitsch? Ihre wahre Geschichte, Ihre eigenen Worte!«

»Wer hat Euch denn gesagt, daß es meine Worte sind?«

»Was wollen Sie denn noch, hier steht doch gedruckt: Erzählt von dem und dem Küster.«

»Spuckt dem, der das gedruckt hat, auf den Kopf! Er lügt, der Hundesohn von einem Moskowiter. Das soll ich gesagt haben? Das ist ja so, als wäre beim Teufel ein Schräubchen locker! Hört zu, ich will euch die Geschichte jetzt erzählen.«

Wir rückten an den Tisch, und er begann.

Mein Großvater (Gott schenke ihm das Himmelreich! Möge er in jener Welt nur Weißbrot und Mohnkuchen mit Honig zu essen bekommen!) konnte wunderbar erzählen. Wenn er einmal etwas zum besten gab, dann hätte man am liebsten den ganzen Tag still dagesessen und immer nur zugehört. Gar nicht zu vergleichen ist er mit einem von den heutigen Possenreißern – wenn so einer anfängt, einem blauen Dunst vorzumachen, und dabei noch so tut, als hätte er drei Tage lang nichts gegessen, dann möchte man am liebsten zur Mütze greifen und zur Tür hinauslaufen. Ich erinnere mich noch daran, als wäre es gestern gewesen: Meine Mutter – die selige Alte war damals noch am Leben – saß an einem langen Winterabend, an dem der Frost draußen klirrte und das kleine Fenster unserer Hütte mit seinen Eisblumen überzog, vor der Hechel, zupfte mit der Hand einen langen Faden, schaukelte mit dem Fuß die Wiege und sang ein Lied, das mir noch jetzt in den Ohren klingt. Das Fettlämpchen, dessen Licht zitterte und flackerte, als wäre es von irgend etwas erschrocken, beleuchtete unsere Hütte. Das Spinnrad surrte; wir Kinder hatten uns eng aneinandergedrängt und hörten dem Großvater zu, der schon seit mehr als fünf Jahren wegen seines Alters nicht mehr vom Ofen heruntergekommen war. Doch die herrlichen Geschichten von der alten Zeit, von den Überfällen der Saporoger, von den Polen, von den kühnen Taten des Podkowa, des Poltora-Koshuch und des Sagaidatschny regten uns alle nicht so auf wie die Erzählungen über wunderbare

Begebenheiten der Vergangenheit, bei denen einem immer eine Gänsehaut über den Rücken lief und die Haare zu Berge standen. Manchmal jagten sie uns solche Furcht ein, daß uns abends Gott weiß was alles wie ein Ungeheuer vorkam. Mußte man nachts mal aus der Hütte hinaus, glaubte man schon, ein Wesen aus dem Jenseits habe sich auf dem Bett ausgestreckt. Ich will diese Geschichte nie wieder erzählen, wenn ich nicht oft von weitem meinen eigenen Kittel, den ich selbst am Kopfende des Bettes hingelegt hatte, für einen Teufel gehalten habe, der dort kauerte. Doch das Wesentliche an Großvaters Erzählungen ist, daß er niemals im Leben gelogen hat; was er sagte, das stimmte auch. Eine seiner wunderbaren Geschichten will ich euch jetzt erzählen. Ich weiß, daß es viele von diesen Neunmalklugen gibt, die als Schreiber in den Gerichten sitzen und sich sogar auf die neue bürgerliche Schrift verstehen, aber nicht ein Wort entziffern können, gibt man ihnen ein einfaches Gebetbuch in die Hand. Aber spöttisch ihre Zähne blecken, das können sie. Alles, was man ihnen erzählt, finden sie zum Lachen. Was für ein Unglauben sich heutzutage in der Welt breitgemacht hat! Einmal habe ich – Gott und die Heilige Jungfrau mögen sich von mir abwenden, wenn es nicht wahr ist, vielleicht glaubt ihr es nämlich nicht –, einmal habe ich über Hexen gesprochen, und was meint ihr? Da hat sich doch so ein Windbeutel gefunden, der nicht an Hexen glaubt! Gott sei Dank lebe ich schon lange auf der Welt, und ich habe Heiden gesehen, denen es leichter fiel, dem Popen bei der Beichte einen Bären aufzubinden, als unsereinem, eine Prise zu nehmen, und selbst die haben sich vor den Hexen bekreuzigt. Wenn ihnen doch im Traum das ... Ich will gar nicht erst sagen, was ihnen im Traum erscheinen soll, es hat keinen Zweck, noch groß von ihnen zu reden.

Vor mehr als hundert Jahren, so erzählte mein seliger Großvater, hätte niemand unser Dorf erkannt: Ein Weiler war es, ein bettelarmer Weiler! Ein Dutzend unverputzte Hütten ohne richtige Dächer standen mitten auf dem Feld herum. Weder Flechtzäune gab es noch ordentliche Schuppen, in die man das Vieh oder den Wagen hätte stellen können. Und auch nur die Reichen lebten so; ihr hättet mal unsereinen, den Armen, sehen müssen: Eine Grube in der Erde, das war die ganze Hütte! Nur am Rauch war zu sehen, daß da ein menschliches Wesen hauste. Ihr werdet fragen, weshalb sie so lebten. Nicht weil sie arm waren, hausten sie so, denn damals war fast jeder ein Kosak und hatte in fremden Ländern nicht wenig Reichtümer zusammengeraubt – der Grund war der, daß es sich eigentlich nicht recht lohnte, eine ordentliche Hütte zu bauen. Was für Volk sich damals überall herumtrieb – Krimtataren, Polen und Litauer! Es ist auch vorgekommen, daß die eigenen Leute zu Haufen angeritten kamen und ihren Landsleuten das Fell über die Ohren zogen. Das alles hat es gegeben.

In diesem Weiler erschien oft ein Mensch oder, besser gesagt, ein Teufel in menschlicher Gestalt. Woher er kam und weshalb – das wußte niemand. Er bummelte umher, soff, und plötzlich war er spurlos verschwunden, als hätte ihn die Erde verschluckt. Dann war er plötzlich wieder da, als wäre er vom Himmel gefallen, und streifte durch die Straßen des Dorfes, von dem jetzt nichts mehr zu sehen ist und das vielleicht nur hundert Schritt von Dikanka entfernt lag. Die Kosaken, auf die er unterwegs stieß, schlossen sich ihm an – Lachen, Singen, das Geld rollte, der Schnaps floß in Strömen ... Dann näherte er sich den hübschen Mädchen und schenkte ihnen Bänder, Ohrringe und Perlenketten – sie wußten gar nicht, wohin damit! Allerdings nahmen die hübschen Mädchen diese Geschenke recht zögernd an: Weiß der Himmel, vielleicht sind sie wirklich durch unreine Hände gegangen. Die leibliche Tante meines Großvaters, der zu jener Zeit die Schenke an der Landstraße nach Oposchnja gehörte, wo Bassawrjuk – so hieß dieser Teufelsmensch – oft seine Gelage abhielt, die sagte, daß sie für nichts auf der Welt von ihm Geschenke annehmen würde. Aber wie sollte man sie denn abweisen – man bekam es mit der Angst zu tun, wenn er seine borstigen Brauen zusammenzog und einem dann einen Blick zuwarf, daß man am liebsten Gott weiß wohin gerannt wäre; nahm man sie aber an, dann besuchte einen schon in der nächsten Nacht ein

Sumpfgeist mit Hörnern auf dem Kopf, der einen würgte, wenn um den Hals eine Perlenkette lag, einen in den Finger biß, wenn ein Ring daran steckte, oder einen am Zopf zerrte, wenn ein Band in ihn hineingeflochten war. Gott behüte uns vor solchen Geschenken! Doch zu allem Unglück konnte man diese Geschenke nicht mehr loswerden: Warf man sie ins Wasser, so gingen der Teufelsring oder die Teufelskette nicht unter, sondern schwammen einem geradewegs wieder in die Hand.

Im Dorf gab es eine Kirche; sie war, wenn ich mich recht erinnere, dem heiligen Pantelej geweiht. Ganz in ihrer Nähe wohnte damals der Priester Afanassi seligen Angedenkens. Als er dahinterkam, daß Bassawrjuk auch am Ostersonntag nicht in der Kirche war, wollte er ihn sich vornehmen und ihm eine Kirchenbuße auferlegen. Doch was geschah? Mit Müh und Not ist er mit heiler Haut davongekommen. »Hör mal, mein Freund!« donnerte Bassawrjuk zur Antwort. »Kümmere dich lieber um deine eigenen Angelegenheiten und misch dich nicht in fremde, wenn du nicht willst, daß man dir dein Ziegenmaul mit deinem eigenen Sterbemahl aus heißen Graupen und Rosinen zustopft!« Was sollte man mit diesem gottverfluchten Kerl machen? Der Vater Afanassi erklärte nur öffentlich, daß er jeden, der sich mit Bassawrjuk abgebe, als einen Katholiken, einen Feind der Christlichen Kirche und des ganzen Menschengeschlechts ansehe.

In diesem Dorf lebte bei einem Kosaken, der Korsh hieß, ein Knecht, den die Leute Petro Elternlos nannten – vielleicht deshalb, weil niemand weder seinen Vater noch seine Mutter kannte. Der Kirchenälteste erklärte allerdings, sie seien beide an der Pest gestorben, als Petro erst ein Jahr alt war, doch die Tante meines Großvaters wollte davon nichts wissen und war nach Kräften bemüht, dem armen Petro Eltern zu verschaffen, obwohl ihm diese genausowenig von Nutzen waren wie uns der Schnee vom vorigen Jahr. Sie sagte, daß sein Vater auch jetzt noch im Lager der Saporoger lebe, daß er bei den Türken in Gefangenschaft gewesen sei, dort Gott weiß was für Qualen erduldet habe und wie durch ein Wunder, als Eunuch verkleidet, entkommen sei. Die schwarzbrauigen Mädchen und die jungen verheirateten Frauen kümmerten sich wenig um seine Verwandtschaft. Sie sagten nur, daß er alle anderen Burschen ausstechen würde, wenn man ihm einen neuen Rock anzöge, einen roten Gürtel umbände, eine Mütze aus schwarzem Lammfell mit einem kecken blauen Boden aufsetzte, einen türkischen Säbel an die Seite hinge und ihm in die eine Hand eine Peitsche und in die andere eine Pfeife mit hübscher Verzierung gäbe. Doch zu allem Unglück besaß der arme Petrussja nur einen einzigen grauen Kittel, und der hatte mehr Löcher als mancher Jude Goldstücke in seiner Tasche. Das aber wäre noch nicht das größte Unglück gewesen; das schlimmste war, daß der alte Korsh eine Tochter hatte, eine Schönheit, wie ihr wohl kaum jemals eine gesehen habt. Die Tante des seligen Großvaters erzählte – und ihr wißt ja selbst, nehmt es mir nicht übel, einer Frau fällt es leichter, den Teufel zu küssen, als eine andere Frau schön zu nennen –, daß ihre runden Bäckchen so frisch waren und so leuchteten wie eine Mohnblüte vom zartesten Rosenrot, wenn sie, in Gottes Tau gebadet, erglüht, ihre Blätter ausbreitet und sich vor der gerade aufgehenden Sonne schönmacht, daß ihre Brauen an kleine schwarze Schnüre erinnerten, wie sie jetzt die Mädchen für ihre Kreuze und Medaillons bei den mit ihren Läden in den Dörfern umherziehenden Moskowitern kaufen, und daß sie sich gleichmäßig hinabbeugten, als wollten sie sich in den klaren Augen spiegeln, daß das Mündchen, nach dem die damalige Jugend lechzte, einzig und allein für Nachtigallenweisen geschaffen schien und daß ihr Haar, das schwarz wie Rabenflügel und weich wie junger Flachs war (damals flochten es die Mädchen noch nicht zu diesen kleinen Zöpfchen, in die sie jetzt die hübschen bunten, schmalen Bänder hineinstecken), in lockigen Wellen auf ihr goldbesticktes Jäckchen herniederfiel. Gott der Herr soll mich kein einziges Mal mehr von der Kanzel hinab das Halleluja verkünden lassen, wenn ich sie nicht auf der Stelle abküssen würde, obwohl der alte Wald auf meinem Schädel schon allmählich grau wird und meine Alte ebensowenig von mir zu trennen ist wie der Star von meinen Augen.

Nun, wenn ein Bursche und ein Mädchen so dicht beieinander wohnen ... Ihr wißt ja selbst, was das heißt. Schon vor Tau und Tag konnte man an den Spuren, die die Eisen der roten Stiefel hinterlassen hatten, erkennen, wo Pidorka mit ihrem Petrussja geplaudert hatte. Doch trotz allem kam dem Korsh nichts Unrechtes in den Sinn, bis es dem Petrussja einmal einfiel – man merkt sofort, daß da niemand anders als der Teufel seine Hand im Spiel gehabt hat –, den Rosenlippen seiner Kosakin von ganzem Herzen, wie man so sagt, einen Kuß aufzudrücken, ohne sich vorher in der Diele ordentlich umgeguckt zu haben. Und da mußte doch der Teufel – möge dem Hundesohn das heilige Kreuz im Traum erscheinen! – den alten Knasterbart reiten, die Hüttentür aufzumachen. Korsh stand mit offenem Mund da, als wäre er aus Stein, und hielt sich an der Tür fest. Der verdammte Kuß schien ihn völlig betäubt zu haben. Er kam ihm lauter vor als der Schlag eines Stößels an der Wand, mit dem der Bauer heutzutage die bösen Geister vertreibt, da er keine Feuerwaffe und kein Pulver besitzt.

Als er wieder zu sich gekommen war, nahm er die Peitsche von der Wand, die noch vom Großvater stammte, und wollte sie schon auf dem Rücken des armen Petro tanzen lassen, als plötzlich, Gott weiß, woher, Pidorkas sechsjähriger Bruder Iwas herbeigelaufen kam, voller Angst die Beine seines Vaters umklammerte und schrie: »Vater! Vater! Schlag Petrussja nicht!« Was sollte er da tun? Ein Vaterherz ist nicht aus Stein; er hängte die Peitsche an die Wand zurück und führte Petro still aus der Hütte hinaus: »Wenn du dich noch einmal in der Hütte blicken läßt oder auch nur unter den Fenstern, dann – paß gut auf, Petro –, dann wirst du deinen schwarzen Schnurrbart hergeben müssen und auch deine Haare, die man dir schon zweimal ums Ohr wickeln kann; ich will nicht Terenti Korsh heißen, wenn sie dann nicht von deinem Schädel Abschied nehmen!«

Nachdem er dies gesagt hatte, gab er Petro einen leichten Stoß in den Nacken, und dieser flog in hohem Bogen auf die Erde. Da war es nun zu Ende mit der Küsserei! Unsere Täubchen ließen die Köpfe hängen; zu gleicher Zeit aber lief im Dorf das Gerücht um, zu Korsh komme dauernd ein Pole in goldbestickten Kleidern, mit Schnurrbart, Säbel, Sporen und mit Taschen, die klimperten wie das Glöckchen an dem Beutel, mit dem unser Kirchendiener Taras jeden Tag durch die Kirche wandert. Nun, warum jemand zu einem Vater geht, der eine schwarzbrauige Tochter sein eigen nennt, braucht wohl nicht gesagt zu werden. Einmal nahm Pidorka schluchzend ihren Iwas auf die Arme.

»Iwas, mein Kleiner, Iwas, mein Lieber! Lauf wie der Wind zu Petrussja, mein Goldjunge, und erzähle ihm alles. Wie gern würde ich in seine braunen Augen blicken und sein weißes Gesicht küssen, doch das Schicksal erlaubt es nicht. Viele Handtücher habe ich mit heißen Tränen vollgeweint. Ich halt es nicht mehr aus. Mir ist so schwer ums Herz. Mein eigener Vater ist mein Feind: Er zwingt mich, den verhaßten Polen zu heiraten. Sag ihm, daß die Hochzeit vorbereitet wird, doch Musik wird auf unserer Hochzeit nicht gemacht werden, statt der Kobsa und der Flöte werden die Lieder der Kirchensänger erklingen. Mit meinem Freier werde ich nicht tanzen, man wird mich hinaustragen. Dunkel, ganz dunkel wird meine Hütte sein – aus Ahornholz –, und statt des Schornsteins wird ein Kreuz auf dem Dach stehen!«

Wie versteinert und ohne sich vom Fleck zu rühren, hörte Petro zu, als das unschuldige Kind Pidorkas Worte stammelnd wiederholte.

»Und ich Unglücklicher wollte in die Krim ziehen und zu den Türken, um Gold zu erbeuten und dann mit all dem Gut zu dir, meine Liebste, zurückkehren. Doch es soll nicht sein. Wir sind unter einem unglücklichen Stern geboren. Auch bei mir, meine liebe kleine Nixe, auch bei mir wird eine Hochzeit stattfinden, doch auf ihr werden keine Kirchensänger anwesend sein; statt des Popen wird ein schwarzer Rabe über mir krächzen; das ebene Feld wird meine Hütte sein und die graue Wolke mein Dach. Der Adler wird mir meine braunen Augen aushacken, der Regen wird meine Kosakenknochen bloßspülen, und der Wind wird sie bleichen. Doch was tue ich da? Wem erzähle ich das? Wem kann ich denn mein Herz ausschütten? Gott will es anscheinend so – und wenn ich nun schon einmal zugrunde gehen soll, dann will ich es auch!«

Und Petro schleppte sich geradewegs in die Schenke.

Die Tante des seligen Großvaters wunderte sich nicht wenig, Petro in der Schenke zu sehen, und dazu noch zu einer Zeit, wo ein braver Mann zur Frühmesse geht, und sie sah ihn völlig verstört an, als er einen Krug Schnaps verlangte, der beinah soviel faßte wie ein halber Eimer. Doch der Arme glaubte vergebens, seinen Kummer im Schnaps ersäufen zu können. Der Wodka brannte ihm auf der Zunge wie Brennesseln und schmeckte ihm bitterer als Wermut. Er warf den Krug auf den Boden.

»Was läßt du den Kopf hängen, Kosak!« dröhnte eine Baßstimme über ihm.

Er hob den Kopf – es war Bassawrjuk. Uh! Was für eine Fratze! Die Haare waren die reinsten Borsten, und Augen hatte er wie ein Ochse!

»Ich weiß, was dir fehlt: Das hier!«

Er klimperte unter teuflischem Gelächter mit seinem ledernen Geldbeutel, den er am Gürtel hängen hatte, Petro schreckte auf.

»He, he, he! Wie das funkelt!« brüllte Bassawrjuk und schüttete sich die Goldmünzen auf die Hand. »He, he, he! Wie das klirrt! Und nur eine einzige Tat verlange ich für einen ganzen Haufen von diesen Sächelchen!«

»Der Teufel!« schrie Petro. »Her damit! Ich bin zu allem bereit!«

Sie gaben sich die Hand darauf.

»Paß auf, Petro, du bist gerade zur rechten Zeit gekommen: Morgen ist Johannistag. Nur einmal im Jahr, in dieser Nacht, blüht das Farnkraut. Halte die Augen offen! Ich warte um Mitternacht in der Bärenschlucht auf dich.«

Ich glaube, nicht einmal die Hühner warten so ungeduldig auf den Augenblick, in dem ihnen die Bauersfrau die Körner hinstreut, wie Petro auf den Abend wartete. Andauernd sah er nach, ob die Bäume nicht längere Schatten warfen, ob sich die sinkende Sonne nicht endlich rötete, und je länger er wartete, desto ungeduldiger wurde er. Wie lange das doch dauerte! Gottes schöner Tag hatte anscheinend irgendwo sein Ende verloren. Doch dann war die Sonne verschwunden. Nur noch auf der einen Seite war der Himmel ganz rot. Und auch dort wurde er immer fahler. Auf den Feldern wurde es kühler. Es wurde dunkler und dunkler, und endlich war es ganz finster geworden.

Mit Müh und Not! Mit hämmerndem Herzen, das ihm vor Aufregung bald aus der Brust sprang, machte er sich auf den Weg und stieg durch den dichten Wald vorsichtig zu dem tiefen Grund hinab, der Bärenschlucht genannt wurde. Bassawrjuk wartete dort schon auf ihn. Es war so dunkel, daß man die Hand vor Augen nicht sehen konnte. Aneinandergefaßt arbeiteten sie sich durch Sumpf und Morast, blieben an Dornengestrüpp hängen und stolperten fast bei jedem Schritt. Endlich stießen sie auf einen ebenen Platz. Petro sah sich um: Hier war er noch niemals gewesen. Auch Bassawrjuk blieb stehen: »Du siehst, vor dir liegen drei Hügel. Auf ihnen werden viele verschiedene Blumen wachsen, doch die Überirdischen mögen dich davor bewahren, auch nur eine von ihnen zu pflücken. Nur wenn das Farnkraut aufblüht, pflück es ab und dreh dich nicht um, was immer hinter deinem Rücken auch geschehen mag.« Petro wollte ihn noch etwas fragen, doch da war er schon verschwunden. Er trat näher an die drei Hügel heran. Wo waren nur die Blumen? Es war nichts von ihnen zu sehen. Der Boden war über und über mit dunklem, dichtem, wildwucherndem Unkraut bedeckt. Doch da wurde der Himmel von einem Wetterleuchten erhellt, und vor ihm erschien eine ganze Reihe herrlicher, nie gesehener Blumen, und darunter erblickte er auch die einfachen Blätter des Farnkrauts. Petro wußte nicht recht, was er tun sollte. Beide Arme in die Hüften gestemmt, stand er vor ihnen und dachte nach. Was soll das für ein Wunder sein? Ein dutzendmal am Tag sehe ich dieses Grünzeug, was ist daran so wunderbar? Wollte sich diese Satansfratze vielleicht über mich lustig machen? Doch da leuchtete eine kleine rote Knospe auf, und sie bewegte sich, als wäre sie lebendig. Das war wirklich seltsam! Sie bewegte sich, wurde immer größer und leuchtete wie eine glühende Kohle. Da blitzte ein Sternchen auf, etwas knisterte leise, und vor seinen Augen entfaltete sich eine Blume, die gleich einer Flamme auch alle anderen neben sich beleuchtete. Jetzt ist es soweit! dachte Petro und streckte die Hand aus. Da sah er, wie hinter seinem Rücken Hunderte von zottigen Händen hervorkamen und auch nach der Blume griffen; und hinter ihm lief andauernd etwas hin und her. Er kniff die Augen zusammen, riß an dem Stengel, und die Blume lag in seiner Hand. Alles wurde still. Blau wie eine Leiche zeigte sich plötzlich, auf einem Baumstumpf hockend, Bassawrjuk. Wenn er wenigstens mit einem Finger gewackelt hätte! Seine Augen starrten etwas an, das nur er sah, der Mund stand halb offen, und er sagte kein Wort. Ringsum kein Laut. Uh, wie schrecklich! Doch plötzlich ertönte ein Pfiff, bei dem Petro beinah das Herz stehenblieb. Es kam ihm vor, als begännen die Gräser zu rauschen, die Blumen miteinander zu reden, mit zarten Stimmchen, die an Silberglöckchen erinnerten, und die Bäume knarrend zu schimpfen ... Bassawrjuks Gesicht belebte sich plötzlich, seine Augen funkelten auf. »Endlich ist sie zurückgekommen, die Hexe!« murmelte er durch die Zähne. »Paß auf, Petro, gleich wird eine schöne Frau vor dir erscheinen: Tu alles, was sie dir sagt, sonst bist du auf immer verloren!« Er bog mit einem Knotenstock das Dornengestrüpp auseinander, und vor ihnen zeigte sich ein Häuschen, das, wie es im Märchen heißt, auf Hühnerfüßen stand. Bassawrjuk schlug mit der Faust dagegen, daß die Wände zitterten. Ein großer schwarzer Hund kam ihnen entgegengelaufen, verwandelte sich in eine Katze und sprang ihnen fauchend ins Gesicht. »Tobe nicht, tobe nicht, altes Teufelsweib!« sagte Bassawrjuk und fügte noch irgend etwas Gepfeffertes hinzu, so daß sich ein guter Mensch am liebsten die Ohren zugehalten hätte. Plötzlich stand statt der Katze eine krummgebogene Alte mit faltigem Gesicht da, das an einen Bratapfel erinnerte. Nase und Kinn berührten sich fast und wirkten wie eine von den Zangen, mit denen man Nüsse knackt. Eine Schönheit im wahrsten Sinne des Wortes! dachte Petro, und es rieselte ihm kalt den Rücken hinunter. Die Hexe riß ihm die Blume aus der Hand, beugte sich darüber, flüsterte lange auf sie ein und besprengte sie dann mit Wasser. Funken sprühten aus ihrem Mund, Schaum zeigte sich auf ihren Lippen. »Wirf sie fort!« sagte sie und gab ihm die Blume. Petro warf sie weg, doch, o Wunder! Die Blume fiel nicht zu Boden, sondern schwebte als Feuerball lange durch die Dunkelheit und schwamm, einem Kahn gleich, durch die Luft; schließlich sank sie allmählich tiefer und tiefer und fiel so weit entfernt zur Erde nieder, daß sie gerade noch als Sternchen von der Größe eines Mohnkorns zu erkennen war. »Hier!« krächzte die Alte dumpf, und Bassawrjuk reichte ihm einen Spaten und sagte: »Grabe hier, Petro! Hier wirst du so viel Gold finden, wie es weder du noch Korsh sich jemals haben träumen lassen.« Petro spuckte in die Hände, packte den Spaten, trat mit dem Fuß darauf und hob eine Schicht Erde ab, dann noch eine, noch eine und wieder eine ... Da war etwas Hartes! Der Spaten klirrte und streikte. Deutlich unterschied Petro eine kleine, eisenbeschlagene Truhe. Er wollte schon nach ihr greifen, doch die Truhe drang in die Erde, und je weiter er ihr folgte, desto tiefer sank sie ein; und hinter sich hörte er ein Gelächter, das dem Zischen von Schlangen glich. »Nein, solange du kein Menschenblut herbeischaffst, wirst du das Gold nicht zu sehen bekommen!« sagte die Hexe, führte ihm ein etwa sechsjähriges Kind zu, das mit einem weißen Laken bedeckt war, und gab Petro durch ein Zeichen zu verstehen, er solle ihm den Kopf abschlagen. Petro erstarrte.

Es ist keine Kleinigkeit, so mir nichts, dir nichts einem Menschen den Kopf abzuschlagen, noch dazu einem unschuldigen Kind! Wütend riß er das Laken herunter, das den Kopf des Kindes umhüllte – und was glaubt ihr? Vor ihm stand Iwas. Das bedauernswerte Kind hatte die Arme vor der Brust gekreuzt und ließ das Köpfchen hängen ... Wie ein Rasender stürzte sich Petro mit dem Messer auf die Hexe und wollte schon zustoßen ... »Und was hast du versprochen, für das

Mädchen zu tun?« donnerte in diesem Augenblick Bassawrjuk, und Petro hatte das Gefühl, eine Kugel in den Rücken bekommen zu haben. Die Hexe stampfte mit dem Fuß auf – eine blaue Flamme schlug aus der Erde: Die Erdmitte war hell erleuchtet und schien aus Kristall zu sein; alles, was sich unter der Erde befand, war so deutlich zu sehen, als läge es auf der flachen Hand. Goldstücke und Edelsteine lagen in Truhen, Kesseln und Haufen direkt unter ihren Füßen. Petros Augen brannten, sein Verstand trübte sich ... Wie ein Wahnsinniger packte er das Messer, und das unschuldige Blut spritzte ihm in die Augen. Ein teuflisches Gelächter drang von allen Seiten auf ihn ein. Scheußliche Ungeheuer sprangen in Scharen vor ihm umher. Die Hexe hatte sich an dem kopflosen Leichnam festgekrallt und trank wie ein Wolf sein Blut ... Ihm drehte sich alles im Kopf! Er nahm seine letzte Kraft zusammen und stürzte davon. Alles vor ihm war in rotes Licht getaucht. Die Bäume waren voller Blut und schienen zu brennen und zu stöhnen. Der Himmel glühte und flimmerte ... Feurige Flecke huschten gleich Blitzen an seinen Augen vorbei. Völlig erschöpft lief er in seine Hütte hinein und fiel wie eine Korngarbe auf den Boden. Ein totenähnlicher Schlaf umfing ihn.

Zwei Tage und zwei Nächte schlief Petro. Als er am dritten Tag endlich erwachte, schaute er lange in alle Ecken seiner Hütte, doch er versuchte vergebens, sich an etwas zu erinnern: Sein Gedächtnis glich der Tasche eines alten Geizkragens, in der nicht einmal eine Viertelkopeke zu finden ist. Als er sich ein wenig reckte, hörte er, daß zu seinen Füßen etwas klirrte. Er senkte den Blick und sah zwei Säcke mit Gold vor sich liegen. Erst da erinnerte er sich dunkel daran, daß er einen Schatz gesucht und sich im Wald allein gefürchtet hatte ... Doch wie, um welchen Preis er zu dem Schatz gekommen war, wußte er um nichts auf der Welt zu sagen.

Als Korsh die Säcke sah, überkamen ihn zärtliche Gefühle. »Ach, mein lieber Petro, mein Bester! Habe ich dich nicht immer liebgehabt? Hab' ich dich nicht immer gehalten wie den eigenen Sohn?« Und der alte Knasterbart schwatzte einen solchen Unsinn zusammen, daß Petro die Tränen in die Augen stiegen. Pidorka kam es nur seltsam vor, daß Petro sich nicht einmal mehr an das Gesicht von Iwas erinnern konnte, als sie ihm erzählte, vorüberziehende Zigeuner hätten das Kind gestohlen. So sehr stand Petro im Banne dieses verfluchten Teufelsspuks! Es gab nun keinen Grund mehr, noch länger zu warten. Man drehte dem Polen eine Nase und bereitete die Hochzeit vor. Man buk kleine Kuchen, nähte Handtücher und Laken, rollte ein Fäßchen Branntwein herbei, setzte darauf das junge Paar an den Tisch, schnitt das Hochzeitsbrot auf, ließ Bandura, Zimbel, Flöte und Kobsa erklingen – und das Vergnügen nahm seinen Anfang.

In alter Zeit wurde eine Hochzeit nicht so wie heute gefeiert. Wenn die Tante meines Großvaters davon erzählte – das war eine Freude! Die Mädchen mit ihrem festlichen Kopfputz, der aus gelben, blauen und rosafarbenen Bändern bestand, die mit Goldlitze besetzt waren, drehten sich in ihren dünnen, an den Nähten mit roter Seide bestickten und über und über mit silbernen Blümchen verzierten Hemden und ihren Saffianstiefeln mit den hohen Absatzeisen leicht wie die Pfauen und tosend wie der Sturmwind im Gorliza! Die jungverheirateten Frauen mit ihren bootähnlichen Hauben, die ganz aus Silber- oder Goldbrokat gefertigt waren und die zwei abstehende Zipfelchen aus feinstem schwarzem Lammfell zierten, von denen der eine nach vorn, der andere nach hinten ragte, und die im Nacken einen kleinen Einschnitt besaßen, der eine goldene Kappe sehen ließ, traten in ihren blauen, aus bester Seide geschneiderten und mit roten Aufschlägen versehenen Überhängen einzeln vor und stampften, die Arme feierlich in die Seiten gestemmt, rhythmisch ihren Hopak. Die Burschen mit ihren hohen Kosakenmützen umkreisten in ihren dünnen Tuchröcken, die mit silbergestickten Gürteln umschlungen waren, die Frauen wie die Teufel und schwatzten dabei, die Pfeife zwischen den Zähnen, das tollste Zeug zusammen. Selbst Korsh konnte nicht an sich halten, als er die Jugend sah, und wollte sich wie in alten Tagen versuchen. Mit der Bandura in der Hand und einem kleinen Branntweinglas auf dem Kopf fing der Alte unter dem lauten Geschrei der lustigen Burschen an zu tanzen, wobei er weiterhin an der Pfeife sog und zugleich sang. Auf was kommt man nicht alles, wenn man getrunken hat! Manchmal verkleideten sie sich – ach, du lieber Gott, dann sahen sie Menschen gar nicht mehr ähnlich. Damals kostümierte man sich nicht so wie auf unseren Hochzeiten. Was ist denn das heute schon? Man zieht sich höchstens als Zigeuner oder als Moskowiter an. Nein, damals verwandelte sich der eine in einen Juden und der andere in den Teufel; zuerst küßten sie sich, doch dann gerieten sie sich in die Haare ... Mein Gott! Ein Gelächter erhob sich dann, daß man sich den Bauch halten mußte. Auch in türkische und tatarische Gewänder hüllten sie sich – und diese gleißten wie Feuer ... Und wenn sie dann erst einmal mit ihren Dummheiten anfingen und allerhand Unsinn verzapften, da hätte man am liebsten die Heiligenbilder hinaustragen mögen. Der Tante meines seligen Großvaters, die selbst auf dieser Hochzeit war, ist folgende lustige Geschichte passiert: Sie hatte ein weites tatarisches Gewand an, hielt einen Becher in der Hand und wartete der ganzen Gesellschaft auf. Da ritt den einen der Teufel – er goß ihr von hinten seinen Schnaps über den Rücken; ein anderer, der anscheinend zeigen wollte, daß er auch zu etwas taugte, schlug im gleichen Augenblick Feuer und zündete sie an. Die Flamme loderte auf, und die arme Tante, die zu Tode erschrocken war, riß sich vor aller Augen das Kleid vom Leibe. Ein Geschrei, Gelächter und Gelärme erhob sich da – schlimmer als auf dem Jahrmarkt. Kurz, die alten Männer erinnerten sich nicht, je solch eine lustige Hochzeit erlebt zu haben.

Pidorka und Petro begannen nun ein Leben zu führen, als wären sie feine Herrschaften. Alles hatten sie in Hülle und Fülle, alles glänzte nur so ... Doch die guten Leute schüttelten leicht den Kopf, als sie sahen, wie die beiden lebten. »Vom Teufel kommt nichts Gutes«, sagten sie einmütig. »Woher soll denn der ganze Reichtum kommen, wenn nicht vom Versucher aller rechtgläubigen Menschen? Woher hat er denn diesen Haufen Gold? Und weshalb ist Bassawrjuk an dem Tag, an dem Petro so reich geworden ist, so plötzlich spurlos verschwunden?«

Nun denkt doch bloß, auf was die Leute alles kommen! Und wahrhaftig, kaum war ein Monat vergangen, da war Petro nicht mehr wiederzuerkennen. Warum das so war, was in ihm eigentlich vorging, das wußte Gott allein. Er sitzt an ein und derselben Stelle und redet mit niemandem ein Wort. Er grübelt und grübelt und scheint sich an etwas erinnern zu wollen. Wenn es Pidorka gelingt, ihn zum Reden zu bringen, dann scheint er das alles zu vergessen, er spricht wieder und wird sogar fröhlich, doch dann fällt sein Blick wieder zufällig auf die Säcke, er ruft: »Halt, halt, ich hab's vergessen!« und verfällt erneut in Nachdenken und versucht wiederum, sich an etwas Bestimmtes zu erinnern. Manchmal, wenn er lange auf einer Stelle sitzt, kommt es ihm so vor, als sähe er wieder alles vor sich, doch dann ist alles wieder wie weggeblasen. Er glaubt in der Schenke zu sitzen; man bringt ihm Schnaps, der Schnaps brennt ihm auf der Zunge und widert ihn an. Jemand tritt an ihn heran, schlägt ihm auf die Schulter ... Doch was dann kommt, ist wie hinter einer Nebelwand verborgen. Der Schweiß läuft ihm in Strömen über das Gesicht, und völlig erschöpft sitzt er auf seinem Platz.

Was Pidorka auch unternahm, ob sie sich nun mit weisen Männern beriet, Blei goß oder Wasser besprach* – nichts wollte helfen. So verging der Sommer. Viele Kosaken hatten schon ihr Korn gemäht, und viele, die verwegener waren als die anderen, waren in den Krieg gezogen. Die Entenschwärme tummelten sich noch in unseren Sümpfen, doch die Zaunkö-

* Blei wird bei uns gegossen, wenn jemand erschreckt worden ist und man hinter die Ursache des Schrecks kommen will; man wirft geschmolzenes Blei oder Wachs ins Wasser, und die Form, die es annimmt, weist darauf hin, wodurch der Kranke in Schrecken versetzt worden ist, worauf er sich von seinem Schrecken erholt. Wasser bespricht man gegen Übelkeit und Bauchschmerzen. Zu diesem Zweck wird ein Stück Hanf angebrannt; man wirft es in einen Krug und stülpt diesen in eine mit Wasser gefüllte Schüssel, die auf dem Bauch des Kranken steht. Nachdem man das Wasser besprochen hat, gibt man dem Kranken einen Löffel von diesem Wasser zu trinken. (Anm. d. Verf.)

nige waren schon längst verschwunden. Die Steppe färbte sich rot. Die Getreidegarben lagen wie bunte Kosakenmützen über das Feld verstreut.

Auf den Wegen stieß man bereits auf Fuhren, die mit Reisig und Brennholz beladen waren. Die Erde wurde härter, und stellenweise griff schon der Frost nach ihr. Auch Schnee rieselte bereits vom Himmel hernieder, und die Äste der Bäume hatten sich in Rauhreif gehüllt wie in einen Hasenpelz. Und an klaren kalten Tagen stolzierte schon der rotbrüstige Gimpel wie ein eitler polnischer Adelsherr auf den Schneehaufen umher und suchte nach Körnern, während die Kinder mit riesigen Stäben Holzkreisel über das Eis trieben und es sich ihre Väter auf dem Ofen bequem gemacht hatten und nur hin und wieder mit der brennenden Pfeife zwischen den Zähnen hinausgingen, um ordentlich auf den russischen Frost zu schimpfen oder etwas frische Luft zu schöpfen und im Flur das dort schon lange aufbewahrte Getreide zu dreschen. Schließlich schmolz der Schnee, und der Hecht schlug mit dem Schwanz das Eis entzwei, doch Petro hatte sich nicht geändert, und je mehr Zeit verstrich, desto schlimmer wurde es mit ihm. Wie angenagelt sitzt er mitten in der Hütte, und sich zu Füßen hat er seine Säcke aufgestellt. Er sieht verwildert aus; sein Gesicht ist ganz mit Haaren bedeckt, er wirkt furchtbar. Er denkt immer nur an ein und dasselbe, immer versucht er, sich an etwas Bestimmtes zu erinnern, und er ärgert sich und wird wütend, weil ihm das nicht gelingt. Oft springt er wie ein Wilder von seinem Platz auf, fuchtelt mit den Armen, starrt ins Leere, als wolle er dort etwas mit seinen Blicken verschlingen, die Lippen bewegen sich, als wolle er ein längst vergessenes Wort aussprechen – doch dann preßt er sie fest zusammen ... Ihn überkommt Zorn; wie ein Wahnsinniger beißt er sich in die Hände und nagt an ihnen herum, und in seiner Wut reißt er sich das Haar büschelweise aus, bis er stiller wird und scheinbar ohnmächtig zu Boden sinkt, doch dann kommt er wieder ins Grübeln, von neuem beginnt die Raserei und die Qual ... Wofür strafte ihn Gott nur so hart? Pidorka konnte dieses Leben kaum noch ertragen. Zuerst hatte sie Angst gehabt, allein in der Hütte zu bleiben, doch dann hatte sich die Ärmste mit ihrem Unglück abgefunden. Doch die frühere Pidorka war nicht mehr wiederzuerkennen. Ihre roten Wangen und ihr Lächeln hatte sie verloren, ihr Gesicht war abgehärmt und eingefallen, und ihre klaren Augen hatte sie sich fast blind geweint. Einmal hatte jemand anscheinend Mitleid mit ihr gehabt und ihr geraten, zu der Zauberin zu gehen, die in der Bärenschlucht wohnte und in dem Ruf stand, alle Krankheiten der Welt heilen zu können. Sie beschloß, dieses letzte Mittel zu versuchen. Mit Müh und Not konnte sie die Alte dazu bewegen, ihr zu folgen. Es war am Abend vor dem Johannistag. Petro lag bewußtlos auf der Bank und nahm von dem neuen Gast überhaupt keine Notiz. Doch dann erhob er sich langsam und blickte um sich. Plötzlich begann er zu zittern, als läge er auf dem Schafott; die Haare standen ihm zu Berge, und er brach in solch ein Gelächter aus, daß die Angst Pidorka ins Herz schnitt. »Jetzt weiß ich's wieder! Jetzt weiß ich's wieder!« schrie er erschreckend fröhlich auf, holte mit der Axt aus und ließ sie mit aller Wucht auf die Alte niedersausen. Die Axt fuhr zwei Finger tief in die Eichentür. Die Alte war verschwunden, und ein etwa siebenjähriges Kind stand mitten in der Hütte, in einem weißen Hemdchen und mit verhülltem Haupt ... Das Laken fiel ab. »Iwas!« schrie Pidorka und stürzte zu ihm hin, doch die Erscheinung bedeckte sich von Kopf bis Fuß mit Blut und tauchte die ganze Hütte in rotes Licht. In ihrem Schreck lief Pidorka in den Flur, doch als sie sich wieder ein wenig erholt hatte, wollte sie ihm helfen. Aber alles war umsonst! Die Tür war hinter ihr so fest zugeschlagen, daß ihre Kraft nicht ausreichte, sie zu öffnen. Leute kamen herbeigelaufen und klopften eine ganze Weile, dann hoben sie die Tür aus – keine Menschenseele war in der Hütte. Sie war voller Qualm, und nur in der Mitte, wo Petro gestanden hatte, lag ein Aschehäufchen, von dem noch ein wenig Rauch aufstieg. Sie stürzten zu den Säcken. Statt der Goldstücke fanden sich nur zerbrochene Scherben darin. Wie vom Donner gerührt, mit aufgerissenen Augen und offenem Mund, standen die Kosaken da und wagten nicht einmal, die Schnurrbartspitzen zu bewegen. Solch einen Schrecken hatte ihnen dieses Wunder eingejagt.

Was weiter geschah, weiß ich nicht mehr. Pidorka legte das Gelübde ab, eine Pilgerfahrt zu machen; sie packte das vom Vater geerbte Hab und Gut zusammen, und einige Tage später war sie schon nicht mehr im Dorf. Wohin sie gegangen war, konnte niemand sagen. Die übereifrigen alten Weiber meinten schon, sie sei auch dort, wo Petro hingekommen sei, doch einmal kam ein Kosak aus Kiew und erzählte, daß er in einem Kloster eine Nonne gesehen habe, die dürr wie ein Skelett gewesen sei, pausenlos gebetet habe und in der die Landsleute nach allem, was er von ihr sagte, Pidorka zu erkennen glaubten; er erzählte, daß aus ihrem Mund noch keiner ein Wort vernommen habe, daß sie zu Fuß gekommen sei und für das Bild der Heiligen Mutter Gottes eine Einfassung mitgebracht habe, die mit solch leuchtenden farbigen Steinen besetzt gewesen sei, daß alle bei ihrem Anblick blinzeln mußten.

Doch gestattet, damit ist noch nicht alles zu Ende. Am selben Tag, an dem der Böse Petro zu sich geholt hatte, erschien von neuem Bassawrjuk, doch alle flohen vor ihm. Sie wußten jetzt, was das für ein Vogel war: Er war niemand anderes als der Satan, der Menschengestalt angenommen hatte, um von den Heiligenbildern die Einfassungen abzureißen. Doch da dies unreinen Händen nicht gelingt, hatte er es nun auf die jungen Burschen abgesehen. Im selben Jahr verließen alle ihre Erdhütten und siedelten sich im Kirchdorf an, doch auch dort hatten sie keine Ruhe vor dem verfluchten Bassawrjuk. Die Tante des seligen Großvaters sagte immer, daß er auf sie eine ganz besondere Wut gehabt habe, weil sie ihre frühere Schenke an der Landstraße nach Oposchnja aufgegeben hatte, und daß er sich alle Mühe gegeben habe, ihr das heimzuzahlen. Einmal hatten sich die Dorfältesten in der Schenke versammelt und unterhielten sich, wie es so schön heißt, ihrem Amt und ihrer Würde entsprechend, und mitten auf dem Tisch stand – es wäre eine Sünde zu sagen, er sei klein gewesen – ein gebratener Hammel. Sie schwätzten über dies und das, auch über allerhand seltsame Ereignisse und Wunder. Und da sahen alle – wenn es nur einer gesehen hätte, wäre es ja nicht weiter schlimm gewesen, aber alle sahen es –, wie der Hammel den Kopf hob, in seine in verschiedene Richtungen blickenden Augen Leben kam, wie sie zu leuchten anfingen und wie sich der schwarze borstige Schnurrbart, der im Nu gewachsen war, bedeutungsvoll bewegte. Alle erkannten in dem Hammelkopf sofort die Fratze Bassawrjuks wieder; die Tante meines Großvaters dachte schon, er würde sogleich Schnaps verlangen ... Die aufrechten Dorfältesten griffen nach ihren Mützen und liefen nach Hause, so schnell sie konnten. Ein andermal sah der Kirchenälteste, der es liebte, seine Zeit bisweilen mit dem vom Großvater geerbten Becher zu verbringen, wie dieser, als er ihn noch nicht zweimal geleert hatte, sich tief vor ihm verbeugte. Hol's der Teufel! Da fing er aber schleunigst an, sich zu bekreuzigen! Zur selben Zeit erlebte aber auch seine Ehehälfte ein Wunder: Sie hatte gerade begonnen, Teig in einem riesigen Trog zu kneten, als der Trog plötzlich hochsprang. »Bleib stehen! Bleib stehen!« schrie sie, doch der Trog dachte gar nicht daran! Die Griffe wichtigtuerisch in die Seiten gestemmt, fing er an, in der Hütte ein Tänzchen aufzuführen ... Ja, lacht nur – unseren Großeltern aber war damals gar nicht zum Lachen zumute. Und es half auch nichts, daß der Vater Afanassi mit Weihwasser durchs Dorf ging, mit seinem Wedel alle Straßen besprengte und dem Teufel das Leben sauer machte – die Tante des seligen Großvaters beklagte sich noch lange, daß jemand bei ihr aufs Dach klopfte und an den Wänden kratzte, sowie es Abend wurde.

Und überhaupt! Jetzt scheint hier an der Stelle, an der unser Dorf steht, alles ruhig zu sein; aber noch vor kurzem – mein seliger Vater hat sich noch daran erinnert, und auch ich weiß es noch – konnte kein anständiger Mensch an der zerfallenen Schenke vorübergehen, die dieses Höllengezücht noch lange danach auf eigene Rechnung instand hielt. Aus dem rußgeschwärzten Schornstein stieg der Rauch wie eine Säule in den Himmel, er stieg so hoch, daß man die Mütze verlor, wenn man ihm nachsehen wollte, und streute glühende Kohlen über die ganze Steppe, und der Teufel, der Hundesohn – er ist es gar nicht wert, genannt zu werden –, heulte so kläglich in seiner Kammer, daß sich die erschrockenen Saatkrähen in Schwärmen aus dem nahen Eichenwäldchen erhoben und unter wildem Gekrächze am Himmel umherschossen.

ALEXEJ TOLSTOI

Die Familie des Wurdalak

Unveröffentlichtes Fragment aus den Erinnerungen eines Unbekannten

Das Jahr 1815 hatte in Wien alles zusammengeführt, was es an Berühmtheiten der gelehrten Kreise Europas, an glänzenden Geistern der Gesellschaft und an fähigen Köpfen der Diplomatie gab. Nun aber war der Kongreß beendet.

Die royalistischen Emigranten bereiteten sich vor, endgültig auf ihre Schlösser zurückzukehren, die russischen Krieger strebten zurück zum verlassenen heimischen Herd, und einige unzufriedene Polen gedachten in Krakau ein Obdach für ihre Freiheitsliebe unter der dreifachen Ägide einer zweifelhaften Unabhängigkeit zu finden, die ihnen der Fürst von Metternich, der Fürst von Hardenberg und der Graf von Nesselrode bereitet hatten.

Wie am Ende eines rauschenden Balles hatte sich die eben noch so geräuschvolle Runde auf einen kleinen Kreis von Menschen beschränkt, die, Vergnügen suchend und gefesselt von den Reizen der österreichischen Damen, noch zögerten, ihre Koffer zu packen, und ihre Abreise hinausschoben.

Diese fröhliche Gesellschaft, zu der ich gehörte, traf sich zweimal wöchentlich im Schloß der Frau Fürstin-Witwe von Schwarzenberg, ein paar Meilen außerhalb der Stadt, jenseits eines kleinen Fleckens, der Hietzing heißt. Die feine, vornehme Haltung der Hausherrin im Verein mit ihrer anmutigen Freundlichkeit, ihrem Witz und Scharfsinn machte den Aufenthalt bei ihr höchst angenehm.

Den Morgen widmeten wir alltäglich dem Promenieren; wir speisten gemeinsam zu Mittag, sei es im Schloß, sei es in der Umgebung, und am Abend fanden wir, um ein loderndes Kaminfeuer sitzend, unser Vergnügen darin, zu plaudern und Geschichten zu erzählen. Es war streng verboten, von Politik zu sprechen. Jedermann hatte genug davon, und die Gegenstände unserer Geschichten entliehen wir etwa den Überlieferungen unserer Heimatländer oder unseren eigenen Erinnerungen.

Eines Abends, als jeder etwas erzählt hatte und wir uns im Zustand jener geistigen Spannung befanden, die gewöhnlich noch von der Dunkelheit und der Stille erhöht wird, nutzte der Marquis d'Urfé, ein alter Emigrant, den wir alle wegen seiner ganz jugendlichen Heiterkeit und seiner witzigen Plaudereien über die Frauengunst, die er einst genossen, liebten, einen Augenblick der Stille und ergriff das Wort.

»Ihre Geschichten, meine Herren«, sagte er, »sind zweifellos höchst erstaunlich, doch mich dünkt, es fehlt ihnen etwas Wesentliches, ich will sagen, die Echtheit; denn es sollte mich wundern, wenn einer von Ihnen mit eigenen Augen die so merkwürdigen Dinge gesehen hätte, von denen er eben berichtete, und ich glaube auch nicht, daß er sich für ihre Wahrheit mit seinem Wort als Edelmann verbürgen könnte.«

Uns blieb nichts anderes, als dies zuzugeben, und der Greis fuhr, über sein Jabot streichend, fort: »Was mich betrifft, meine Herren, ich kenne ein einziges Abenteuer dieser Art, doch es ist so wunderlich und wiederum so schauderhaft und auch so wahr, daß es allein, für sich, genügen würde, die Einbildungskraft selbst der Ungläubigsten schrecklich zu erregen. Ich bin unglücklicherweise zugleich Zeuge und Akteur dieser Begebenheit gewesen, und wennschon ich es sonst gar nicht liebe, mich an sie zu erinnern, werde ich Ihnen diesmal gern von ihr berichten, vorausgesetzt freilich, daß die Damen dieses Kreises es gütigst erlauben.«

Die Zustimmung kam einmütig. Zwar richteten sich ein paar furchtsame Blicke auf die leuchtenden Figuren, die der Mond auf das Parkett zeichnete; aber bald rückte der kleine Zirkel eng zusammen, und alle schwiegen, um der Geschichte des Marquis zu lauschen. Herr d'Urfé nahm eine Prise Tabak, sog sie langsam ein und begann, indem er also sprach:

Vor allem, meine Damen, bitte ich Sie um Entschuldigung, wenn es sich beim Erzählen ergeben sollte, daß ich häufiger von meinen Herzensangelegenheiten spreche, als es einem Mann meines Alters zukäme. Ich werde sie aber erwähnen müssen, um meinen Bericht verständlich zu machen. Zudem dürfte es dem Alter erlaubt sein, Augenblicke des Selbstvergessens zu haben, und es wird gewiß Ihre Schuld sein, meine Damen, wenn ich, da ich Sie in Ihrer Schönheit vor mir sehe, noch immer versucht bin, mich jung zu glauben. So sage ich Ihnen denn ohne weitere Vorrede, daß ich im Jahre siebzehnhundertneunundfünfzig sterblich verliebt war in die hübsche Herzogin de Gramont. Diese Leidenschaft, von der ich damals meinte, sie sei tief und dauerhaft, ließ mir tags und nachts keine Ruhe, und die Herzogin fand, wie es schöne Frauen oft tun, Gefallen daran, mit ihrer Koketterie meine Qualen zu vergrößern. So kam es, daß ich in einem Augenblick des Verdrusses um eine diplomatische Mission bat und sie auch erhielt; man schickte mich zum Hospodar der Moldau, der damals mit dem Versailler Kabinett in Verhandlungen über Angelegenheiten stand, auf die hier einzugehen ebenso langweilig wie unnütz wäre.

Am Tage vor meiner Abreise fand ich mich bei der Herzogin ein. Sie empfing mich mit einer Miene, die weniger spöttisch als sonst war, und sagte mit einer Stimme, die eine gewisse Erregung verriet: »D'Urfé, Sie machen da eine große Dummheit. Doch ich kenne Sie, und ich weiß, daß Sie von einem einmal gefaßten Entschluß niemals abgehen würden. So bitte ich Sie denn nur um eines: Nehmen Sie dieses kleine Kreuz als Pfand meiner Freundschaft, und tragen Sie es bei sich bis zu Ihrer Rückkehr. Es ist eine Familienreliquie, der wir hohen Wert beimessen.«

Mit einer in diesem Augenblick vielleicht unpassenden Galanterie küßte ich nicht die Reliquie, sondern die bezaubernde Hand, die mir das Kleinod reichte, und dann legte ich um meinen Hals das Kreuz, das Sie hier sehen und das ich seitdem nie mehr abgenommen habe.

Ich werde Sie, meine Damen, nicht mit den Einzelheiten

meiner Reise ermüden, auch nicht mit den Beobachtungen, die ich über die Ungarn sammelte und über die Serben, dieses arme und unwissende, aber tapfere und ehrenwerte Volk, das, obgleich geknechtet von den Türken, weder seine Würde noch seine alte Unabhängigkeit vergessen hat. Ich begnüge mich, Ihnen zu sagen, daß ich, da ich bei einem Aufenthalt in Warschau ein wenig Polnisch gelernt hatte, bald auch mit dem Serbischen zurechtkam; denn diese beiden Idiome sind, ebenso wie das Russische und das Böhmische, wie Sie zweifellos wissen, nur Zweige ein und derselben Sprache, die man die slawische nennt.

Ich wußte also schon genug, um mich verständlich zu machen, als ich eines Tages in ein Dorf kam, dessen Namen Sie kaum interessieren wird. Ich fand die Bewohner des Hauses, in dem ich einkehrte, in einer Bedrücktheit, die mir um so merkwürdiger erschien, als es an einem Sonntag war, dem Tage, da sich das serbische Volk nach alter Sitte mancherlei Vergnügungen hingibt, so dem Tanz, dem Büchsenschießen, dem Kampfspiel. Ich erklärte mir das Verhalten meiner Wirtsleute damit, daß ein Unglück sie eben heimgesucht haben mochte, und wollte mich schon zurückziehen, als ein Mann von etwa dreißig Jahren, von hohem Wuchs und mit ausdrucksvollem Antlitz, zu mir trat und meine Hand ergriff.

»Tritt ein, tritt ein, Fremder«, sagte er, »laß dich nicht von unserem Kummer schrecken; du wirst ihn verstehen, wenn du seine Ursache erfährst.«

Darauf erzählte er mir, sein alter Vater, der Gortscha hieß, ein Mann von auffahrendem, unbeugsamem Wesen, sei eines Tages von seinem Lager aufgestanden und habe die lange türkische Büchse von der Wand genommen.

»Kinder«, hatte er zu seinen beiden Söhnen gesagt – der eine hieß Georg, der andere Peter –, »ich gehe auf der Stelle in die Berge und schließe mich den tapferen Männern an, die dem Hund, dem Ali-Bek, eine Hetzjagd liefern.« (Ali-Bek war der Name eines türkischen Räubers, der seit einiger Zeit das Land verheerte.) »Wartet auf mich zehn Tage lang, und wenn ich am zehnten Tag nicht zurückkehre, so laßt mir eine Seelenmesse lesen, denn das wird heißen, daß ich tot bin. Aber«, hatte der alte Gortscha noch ernster und strenger hinzugefügt, »wenn ich – was Gott verhüten möge – zurückkehren sollte, nachdem mehr als zehn Tage vergangen sind, so laßt mich um eures Heiles willen nicht ins Haus. Ich befehle euch, dann zu vergessen, daß ich euer Vater war, und mich mit einem Hagedornpfahl zu durchbohren, ganz gleich, was ich sagen oder tun werde, denn dann würde ich nichts anderes sein als ein verfluchter Wurdalak, der käme, euer Blut zu saugen.«

Nun sei Ihnen erklärt, meine Damen, daß der Wurdalak, der Vampir der slawischen Völker, in der Vorstellung der dort wohnenden Menschen nichts anderes ist als der Körper eines Toten, der aus dem Grab gestiegen ist, um den Lebenden das Blut auszusaugen. Soweit sind seine Gewohnheiten die aller Vampire; es kommt jedoch eine Eigenschaft hinzu, die ihn noch gefürchteter macht. Der Wurdalak, meine Damen, saugt vorzugsweise das Blut seiner nächsten Verwandten und seiner vertrautesten Freunde, die, wenn sie dann gestorben sind, ihrerseits Vampire werden, dergestalt, daß man behauptet, in Bosnien und Ungarn ganze Dörfer in Wurdalaki verwandelt gesehen zu haben. Der Abbé Augustin Calmet erwähnt dafür in seinem kuriosen Werk über Geistererscheinungen erschreckende Beispiele. Die deutschen Kaiser beriefen mehrere Male Kommissionen, die Fälle von Vampirismus zu klären hatten. Man setzte darüber Protokolle auf, grub Leichen aus, fand sie vollgesogen mit Blut und ließ sie auf öffentlichen Plätzen verbrennen, nachdem ihnen das Herz durchbohrt worden war. Beamte, die Zeugen dieser Exekutionen waren, versichern, gehört zu haben, wie die Leichen in dem Augenblick aufheulten, da ihnen der Scharfrichter einen Pfahl in die Brust stieß. Sie legten ihre Aussagen darüber schriftlich nieder und bekräftigten sie durch Schwur und Unterschrift.

Nach diesen Erläuterungen werden Sie, meine Damen, die Wirkung, welche die Worte des alten Gortscha auf seine Söhne ausgeübt hatten, leicht begreifen. Beide hatten sich zu seinen Füßen niedergeworfen, hatten ihn angefleht, sie statt seiner ziehen zu lassen, doch statt jeder Antwort hatte er ihnen den

Rücken zugekehrt und war davongegangen, den Kehrreim einer alten Ballade vor sich hin brummend. Der Tag, an dem ich in dem Dorfe eintraf, war genau der, an dem die von Gortscha gesetzte Frist enden sollte, und ich hatte nun keine Mühe mehr, mir die Unruhe seiner Kinder zu erklären.

Es war eine gute und ehrbare Familie. Georg, der ältere der beiden Söhne, mit männlichen, scharf ausgeprägten Gesichtszügen, schien ein ernster und entschlossener Mann zu sein. Er war verheiratet und Vater zweier Kinder. Sein Bruder Peter, ein hübscher Bursche von achtzehn Jahren, verriet in seinen Mienen mehr Sanftmut als Kühnheit und schien der Liebling seiner jüngeren Schwester zu sein, die Zdenka hieß und die sehr wohl als Typ slawischer Schönheit gelten konnte. Neben dieser in jeder Beziehung unstreitbaren Schönheit war es eine entfernte Ähnlichkeit mit der Herzogin de Gramont, die mich von Anfang an blendete. Da war vor allem eine charakteristische Linie auf der Stirn, die ich in meinem ganzen Leben nur bei den beiden Frauen fand. Diese Linie konnte im ersten Augenblick mißfallen, doch sie zog einen unwiderstehlich an, sobald man sie mehrere Male gesehen hatte.

Mochte es sein, weil ich damals sehr jung war, mochte es sein, daß diese Ähnlichkeit, gepaart mit einem eigenwilligen und unverbildeten Geist, in der Tat eine unwiderstehliche Wirkung ausübte – ich hatte mich kaum zwei Minuten mit Zdenka unterhalten, da fühlte ich schon für sie eine Neigung, die zu lebhaft war, als daß sie sich nicht in ein zärtlicheres Gefühl zu verwandeln gedroht hätte, falls ich meinen Aufenthalt in diesem Dorf verlängerte.

Wir saßen alle vor dem Haus um einen Tisch vereint, auf dem Käse und Schalen voll Milch standen. Zdenka spann Wolle; ihre Schwägerin bereitete den Kindern, die im Sand spielten, das Abendessen; Peter pfiff mit gespielter Sorglosigkeit vor sich hin, während er einen Jatagan säuberte, ein langes türkisches Messer. Georg hatte die Ellbogen auf den Tisch gestützt, den Kopf zwischen die Handflächen gelegt und verschlang mit den Augen, die Stirn sorgenvoll gefurcht, die Landstraße; er sprach kein Wort.

Was mich betrifft, ich schaute, von der Trauer der anderen bezwungen, schwermütig zu den Abendwolken hinauf, die den Goldgrund des Himmels und die Silhouette eines von schwarzem Kiefernwald halb verdeckten Klosters umrahmten.

Dieses Kloster hatte, wie ich später erfuhr, einst große Berühmtheit genossen, weil es ein wundertätiges Bild der Jungfrau Maria besaß, das der Legende nach von Engeln gebracht und auf die Zweige einer Eiche gelegt worden war. Doch zu Beginn des vorigen Jahrhunderts waren die Türken in das Land eingefallen; sie hatten die Mönche umgebracht und das Kloster geplündert. Nichts blieb als die Mauern und eine Kapelle, in der eine Art Klausner den Kirchendienst versah. Dieser Mann machte auch, wenn Neugierige kamen, die Honneurs der Ruinen und gewährte Pilgern Unterkunft; die Pilger, zu Fuß unterwegs von einem frommen Ort zum andern, kehrten gern im Kloster der Jungfrau von der Eiche ein. Wie ich schon sagte, ich erfuhr das alles erst in der Folgezeit, denn an diesem Abend hatte ich ganz andere Dinge im Kopf als die Archäologie Serbiens. Wie es oft geschieht, wenn man seine Einbildung frei walten läßt, dachte ich an die Vergangenheit, an die schönen Tage meiner Kindheit, an mein schönes Frankreich, das ich verlassen hatte, um in ein fernes, wildes Land zu reisen.

Ich dachte an die Herzogin de Gramont, und ich dachte, warum soll ich es nicht gestehen, auch an einige andere Zeitgenossinnen Ihrer verehrten Großmütter, an Frauen, deren Bilder, ich weiß nicht wie, von dem der reizenden Herzogin gelockt und ihm folgend, sich in mein Herz gestohlen hatten.

Bald hatte ich sowohl meine Gastgeber als auch ihre Unruhe vergessen.

Mit einemmal brach Georg das Schweigen.

»Frau«, sagte er, »um welche Stunde ist der Alte fortgegangen?«

»Um acht Uhr«, antwortete die Frau, »ich hörte gerade die Glocke des Klosters läuten.«

»Dann ist es gut«, sprach Georg darauf. »Es kann nicht später als halb acht sein.«

Er verstummte und heftete von neuem seine Augen auf die Landstraße, die sich im Wald verlor.

Ich vergaß Ihnen zu sagen, meine Damen, daß die Serben, wenn sie jemanden des Vampirismus verdächtigen, darauf achten, ihn nicht bei seinem Namen oder sonst unmittelbar zu nennen; denn sie glauben, daß sie ihn damit aus dem Grabe hervorrufen würden. So gebrauchte denn Georg seit einiger Zeit, wenn er von seinem Vater sprach, nur das Wort »der Alte«.

Es vergingen ein paar Augenblicke des Schweigens. Plötzlich zupfte eines der Kinder Zdenka an der Schürze und fragte: »Tante, wann wird denn Großvater nach Hause kommen?«

Als Antwort auf diese zur Unzeit gestellte Frage gab ihm Georg eine Ohrfeige.

Das Kind begann zu weinen, doch sein kleiner Bruder sprach mit einer Miene zugleich des Staunens und der Furcht: »Vater, warum dürfen wir denn nicht von Großvater sprechen?«

Eine weitere Ohrfeige schloß ihm den Mund. Die beiden Kinder fingen an zu brüllen, und die ganze Familie bekreuzigte sich.

Just in diesem Augenblick hörte ich die Glocke des Klosters gemächlich acht Uhr schlagen. Kaum hatte der erste Glockenschlag unser Ohr erreicht, da sahen wir, wie sich eine menschliche Gestalt aus dem Schatten des Waldes löste und auf uns zustrebte.

»Er ist es! Gott sei gelobt!« schrien Zdenka, Peter und seine Schwägerin zugleich.

»Herrgott, beschütz uns und erbarm dich unser!« sprach Georg feierlich. »Wie sollen wir wissen, ob die zehn Tage verflossen sind oder nicht?«

Alle blickten ihn entsetzt an. Die menschliche Gestalt kam indessen immer näher. Das war ein alter Mann von hoher Gestalt, mit silbergrauem Bart und einem strengen, blassen Antlitz; auf einen Stock gestützt, schleppte er sich mühsam vorwärts. Je näher der alte Mann kam, desto mehr verdüsterte sich Georgs Miene. Als jener dicht vor uns angelangt war, blieb er stehen und starrte der Reihe nach auf die Glieder seiner

Familie, mit Augen, die nichts zu sehen schienen, so tief und trüb lagen sie in ihren Höhlen.

»Wie?« sprach er mit hohler Stimme. »Keiner steht auf, mich zu empfangen? Was soll dieses Schweigen? Seht ihr nicht, daß ich verwundet bin?«

Da erst bemerkte ich, daß die linke Seite des alten Mannes ganz voll Blut war.

»Stütz doch deinen Vater!« sagte ich zu Georg. »Und du, Zdenka, solltest ihm einen stärkenden Trunk reichen, er kann jeden Augenblick zusammenbrechen.«

»Mein Vater«, sprach Georg, während er sich Gortscha näherte, »zeig mir deine Wunde – ich kenne mich darin aus, ich werde sie verbinden.«

Er machte Miene, ihm das Obergewand zu öffnen, doch der alte Mann stieß ihn grob zurück und legte sich schützend beide Hände auf die linke Seite.

»Laß, du bist ungeschickt«, sagte er. »Du tust mir weh!«

»Aber du bist ja am Herzen verwundet!« schrie Georg, ganz bleich. »Rasch, rasch, zieh dich aus, du mußt, du mußt, sag' ich dir!«

Der alte Mann reckte sich drohend.

»Nimm du dich in acht«, sprach er mit dumpfer Stimme, »wenn du mich berührst, verfluche ich dich!«

Peter stellte sich zwischen Georg und seinen Vater.

»Laß ihn«, sagte er, »du siehst doch, daß er leidet!«

»Dräng ihn nicht«, fügte seine Frau hinzu, »du weißt, das konnte er niemals ausstehen!«

In diesem Augenblick sahen wir eine Schafherde von der Weide zurückkehren und in einer Wolke aufgewühlten Staubes dem Hause zustreben. Sei es, daß der Hund, der zur Herde gehörte, seinen alten Herrn nicht erkannte, sei es, daß ihn etwas anderes dazu trieb – er stemmte, sobald er auch nur aus der Ferne Gortscha erblickt hatte, die Füße ein, sein Fell sträubte sich, und er begann zu heulen, als sähe er etwas Übernatürliches.

»Was hat der Hund?« fragte der alte Mann mit einer Miene, die immer mehr Unzufriedenheit zeigte. »Was hat das alles zu bedeuten? Bin ich ein Fremder in meinem eigenen Haus geworden? Haben mich zehn Tage, die ich in den Bergen verbrachte, so sehr verändert, daß mich nicht einmal meine Hunde wiedererkennen?«

»Hörst du's?« sagte Georg zu seiner Frau.

»Was denn?«

»Er gibt zu, daß die zehn Tage um sind!«

»Aber nein, er ist doch gerade zur rechten Zeit zurückgekehrt!«

»Schon gut, ich weiß, was ich zu tun habe.«

Da der Hund immer weiterheulte, schrie der alte Gortscha: »Ich will, daß er getötet wird! Wie denn, hört ihr nicht?«

Georg rührte sich nicht, doch Peter, mit Tränen in den Augen, erhob sich, ergriff die Büchse des Vaters, zielte auf den Hund, und das Tier wälzte sich im Staub.

»Dabei war es mein Lieblingshund«, sagte er ganz leise, »ich weiß nicht, warum der Vater wollte, daß ich ihn töte.«

»Weil er es verdient hat«, bemerkte Gortscha. »Auf, es wird kalt, ich will hinein!«

Während dies draußen geschah, hatte Zdenka für den Alten einen Heiltrunk bereitet, der aus heißem Schnaps mit Birnen, Honig und Rosinen bestand, doch ihr Vater stieß ihn angeekelt zurück. Er bekundete die gleiche Abneigung für den Teller Hammelfleisch mit Reis, den ihm Georg reichen wollte; er ging in den Herdwinkel und setzte sich dort nieder, während er unverständliche Sätze vor sich hin murmelte.

Ein Kiefernholzfeuer knisterte im Herd und belebte mit seinem zuckenden Widerschein das Antlitz des alten Mannes, das so bleich und ausgezehrt war, daß man es ohne diese Beleuchtung für das eines Toten hätte halten können. Zdenka setzte sich zu ihm.

»Mein Vater«, sprach sie, »du willst nichts zu dir nehmen, willst auch nicht ruhen. Möchtest du uns nicht von deinen Erlebnissen in den Bergen erzählen?«

Das junge Mädchen wußte, daß sie mit solchen Worten seine empfindlichste Seite berührte, denn der Alte liebte es, von Kriegen und Kämpfen zu sprechen. So erschien denn auch die

Ahnung eines Lächelns auf seinen blutlosen Lippen, ohne daß die Augen daran teilgehabt hätten, und er erwiderte, während er ihr über die schönen blonden Haare strich: »Ja, meine Tochter, ja, Zdenka, ich will dir erzählen, was mir in den Bergen widerfahren ist, aber ein andermal, denn heute bin ich müde. Soviel werde ich dir indessen sagen: Ali-Bek ist nicht mehr, und meine Hand war es, die ihn tötete. Wenn jemand daran zweifelt«, fuhr der alte Mann fort, während er den Blick über seine Familie gleiten ließ, »hier ist der Beweis!«

Er löste eine Art Quersack, der ihm auf dem Rücken hing, und holte daraus einen blutigen Kopf hervor, dem freilich sein eigener an Blässe nicht nachstand. Wir wandten uns voll Entsetzen ab.

Gortscha jedoch sprach, während er Peter den Kopf hinhielt: »Nimm, steck ihn mir über der Tür auf, damit alle, die vorbeikommen, erfahren: Ali-Bek ist tot, und die Straßen sind frei von Räubern, jedenfalls wenn ich die Janitscharen des Sultans nicht mitzähle.«

Peter gehorchte voller Ekel.

»Jetzt begreife ich alles«, sagte er, »der arme Hund, den ich getötet habe, heulte nur, weil er das Fleisch des Toten witterte!«

»O ja, er witterte das Fleisch des Toten«, bemerkte in diesem Augenblick mit finsterer Miene Georg, der hinausgegangen war, ohne daß wir es bemerkt hatten, und nun wieder hereinkam; er brachte einen Gegenstand mit, der ein Pfahl zu sein schien, und lehnte ihn in eine Ecke.

»Georg«, sprach seine Frau leise zu ihm, »du willst doch nicht etwa ...«

»Bruder«, bemerkte auch Zdenka, »was hast du vor? Nein, nein, das wirst du doch nicht ...«

»Laßt mich«, erwiderte Georg, »ich weiß, was ich zu tun habe, und werde nichts tun, was nicht notwendig ist.«

Über diesen Begebenheiten war die Nacht hereingebrochen, und die Familie begab sich zum Schlafen in einen Teil des Hauses, der von meinem Zimmer durch nichts als eine äußerst dünne Trennwand abgeteilt war. Ich gestehe, daß die Dinge, die ich im Laufe des Abends gesehen hatte, meine Vorstellung aufs lebhafteste beschäftigten. Meine Kerze war erloschen, der Mond strahlte groß und hell durch ein kleines, niedriges Fenster ganz dicht an meinem Bett und warf auf den Fußboden und die Wände fahles Licht, ungefähr so, meine Damen, wie er es gegenwärtig in dem Salon tut, in dem wir sitzen. Ich wollte schlafen und konnte es nicht. Für meine Schlaflosigkeit gab ich dem hellen Mondlicht die Schuld; ich suchte etwas, was mir als Vorhang hätte dienen können, fand aber nichts. Da ich alsbald verworrene Stimmen hinter der Trennwand hörte, begann ich zu lauschen.

»Leg dich schlafen, Frau«, sagte Georg. »Auch du, Peter, und auch du, Zdenka. Sorgt euch um nichts, ich werde für euch wachen.«

»Aber Georg«, wandte seine Frau ein, »es wäre eher an mir zu wachen. Du hast in der vergangenen Nacht gearbeitet, du bist ganz gewiß müde. Ohnedies muß ich nach unserem Älteren sehen. Du weißt, er ist seit gestern nicht recht gesund.«

»Sei ruhig und leg dich schlafen«, sagte Georg, »ich werde für uns beide wachen!«

»Aber Bruder«, ließ sich darauf Zdenka mit ihrer sanftesten Stimme vernehmen, »ich glaube, es wäre unnütz, wach zu bleiben. Unser Vater ist schon eingeschlafen, und sieh nur, sein Gesicht ist ruhig und friedlich.«

»Ihr Frauen versteht beide nichts davon«, erklärte Georg in einem Ton, der keine Widerrede duldete. »Ich sage, ihr sollt euch schlafen legen und mich wachen lassen.«

Darauf trat tiefe Stille ein. Bald fühlte ich, wie meine Lider schwerer wurden und der Schlaf sich meiner bemächtigte.

Ich vermeinte zu sehen, wie meine Tür sich langsam öffnete und der alte Gortscha auf der Schwelle erschien. Doch ich vermutete seine Gestalt mehr, als daß ich sie sah, denn in dem Zimmer, aus dem er kam, war es sehr finster. Es schien mir, als suchten seine erloschenen Augen meine Gedanken zu ergründen und als folgten sie den Bewegungen meiner Brust beim Atmen. Er setzte erst einen Fuß vor, darauf den anderen. Dann, mit äußerster Vorsicht, ganz leise auftretend, schob er sich näher. Schließlich machte er einen Sprung und befand sich neben meinem Bett. Ich stand unbeschreibliche Ängste aus, doch eine Kraft, der ich mich nicht widersetzen konnte, lähmte meine Glieder. Der Alte neigte sich über mich und brachte sein fahles Gesicht so nahe an das meine, daß ich seinen Leichenhauch wahrzunehmen meinte. Da aber unternahm ich eine übernatürliche Anstrengung und wachte auf, in Schweiß gebadet. Es war niemand in meinem Zimmer, doch als ich einen Blick auf das Fenster warf, bemerkte ich dort ganz deutlich den alten Gortscha, wie er von draußen sein Gesicht gegen die Scheibe preßte und fürchterliche Augen auf mich heftete. Ich fand die Kraft, nicht zu schreien, und die Geistesgegenwart, so liegenzubleiben, als ob ich nichts gesehen hätte. Der Alte schien indessen nur gekommen zu sein, um sich zu vergewissern, daß ich schliefe; denn er unternahm keinen Versuch hereinzukommen, sondern entfernte sich, nachdem er mich aufmerksam gemustert hatte, vom Fenster, und wenig später vernahm ich seine Schritte im Nachbarzimmer. Georg war eingeschlafen, er schnarchte, daß die Wände zitterten. In diesem Augenblick hustete das Kind, und ich vernahm Gortschas Stimme.

»Du schläfst nicht, Kleiner?« fragte er.

»Nein, Großvater«, antwortete das Kind, »und ich möchte gern mit dir plaudern.«

»Ah, du möchtest mit mir plaudern, und worüber werden wir sprechen?«

»Ich möchte, daß du mir erzählst, wie du dich mit den Türken geschlagen hast; denn auch ich würde gern gegen die Türken kämpfen.«

»Ich habe daran gedacht, mein Kind, und dir einen kleinen Jatagan mitgebracht; den gebe ich dir morgen.«

»Ach, Großvater, gib ihn mir lieber gleich, wenn du doch nicht schläfst.«

»Aber warum hast du gar nichts zu mir gesagt, Kleiner, als es noch hell war?«

»Weil mir's Papa verboten hat.«

»Er ist klug, dein Papa. Du möchtest also gern deinen kleinen Jatagan haben?«

»O ja, ich möchte ihn gern, aber nur nicht hier, denn Papa könnte aufwachen.«

»Wo möchtest du ihn denn?«

»Wir könnten hinausgehen, ich würde dir versprechen, ganz vorsichtig zu sein und überhaupt keinen Lärm zu machen!«

Ich vermeinte ein leises höhnisches Lachen Gortschas zu vernehmen, und ich hörte, wie das Kind aufstand. Ich glaubte nicht an Vampire, doch hatte der Alptraum, den ich eben geträumt, auf meine Nerven gewirkt, und in dem Wunsch, mir später keine Vorwürfe machen zu müssen, stand ich auf und hieb mit der Faust an die Trennwand. Der Schlag hätte ausgereicht, die Siebenschläfer zu wecken, doch nichts deutete darauf hin, daß er von der Familie gehört worden sei. Ich stürzte zur Tür, fest entschlossen, das Kind zu retten, aber ich fand sie von außen verriegelt, und sie gab meinen Bemühungen nicht nach. Während ich versuchte, sie einzuschlagen, sah ich draußen, vor meinem Fenster, den alten Mann vorbeihuschen; er trug das Kind in den Armen.

»Steht auf, steht auf!« schrie ich, so laut ich nur konnte, und ich pochte, daß die Trennwand bebte. Erst jetzt erwachte Georg.

»Wo ist der Alte?« fragte er.

»Schnell hinaus«, rief ich, »er hat euer Kind geholt!«

Mit einem Fußtritt sprengte Georg die Tür auf, die ebenso wie die meine von außen verriegelt worden war, und rannte in Richtung des Waldes davon. Es gelang mir endlich auch, Peter, seine Schwägerin und Zdenka zu wecken. Wir versammelten uns vor dem Hause, und nach einigen Minuten des Wartens sahen wir Georg mit seinem Sohn zurückkehren. Er hatte ihn ohnmächtig auf der Landstraße gefunden, doch bald war das Kind zu sich gekommen, und es schien nicht kränker, als es zuvor gewesen. Auf die Fragen, mit denen man ihm zusetzte, erwiderte es, sein Großvater habe ihm nichts Böses angetan; sie seien gemeinsam aus dem Haus gegangen, damit sie ungehindert plaudern könnten, aber draußen habe es gleich das Bewußtsein verloren; es erinnerte sich nicht, wie das geschah. Gortscha hingegen war verschwunden.

Der Rest der Nacht verging, wie man sich vorstellen kann, ohne Schlaf.

Den Tag darauf erfuhr ich, daß die Donau, welche die Landstraße eine Viertelmeile hinter dem Dorf abschnitt, Eisschollen zu führen begann, was in jener Gegend immer im späten Herbst und im zeitigen Frühjahr geschieht. Für ein paar Tage war es unmöglich, sie zu passieren; so konnte ich denn an die Weiterreise nicht denken. Zudem hätte mich, auch ohne dieses Hindernis, die Neugier, im Verein mit einem mächtigeren Reiz, zurückgehalten: Je häufiger ich Zdenka sah, desto deutlicher fühlte ich, daß ich sie lieben würde. Ich gehöre nicht zu denen, meine Damen, die an plötzliche und unwiderstehliche Leidenschaften glauben, wie man sie in Romanen beschrieben findet; aber ich meine, es gibt Fälle, da sich die Liebe schneller als gewöhnlich entfaltet. Zdenkas ursprüngliche Schönheit, diese einzigartige Ähnlichkeit mit der Herzogin de Gramont, die zu fliehen ich Paris verlassen hatte und die ich hier wiederfand, in malerischer Tracht, eine fremde und harmonische Sprache sprechend, diese charakteristische Linie im Gesicht, für die ich in Frankreich zwanzigmal zu sterben bereit gewesen wäre, dazu noch das Einzigartige meiner Lage und die Geheimnisse, die mich umgaben – all das mußte dazu beitragen, ein Gefühl in mir reifen zu lassen, das sich unter anderen Umständen vielleicht nur unbestimmt und flüchtig geäußert hätte.

Im Laufe des Tages hörte ich ein Gespräch zwischen Zdenka und ihrem jüngeren Bruder.

»Was hältst du von alledem«, fragte sie. »Verdächtigst auch du unseren Vater?«

»Ich bringe es nicht fertig, ihn zu verdächtigen«, antwortete Peter, »um so weniger, als das Kind sagt, er hätte ihm nichts zuleide getan. Und was sein Verschwinden angeht – du weißt, er hat uns seine Absichten nie wissen lassen.«

»Ja, ich weiß«, meinte Zdenka, »dann aber müssen wir ihn retten, du kennst doch Georg ...«

»O ja, ich kenne ihn. Mit ihm zu sprechen hätte keinen Sinn, aber wir werden den Pfahl verstecken, und er wird keinen anderen holen können, weil es diesseits der Berge keinen einzigen Hagedorn gibt.«

»Gut, verstecken wir den Pfahl, aber sagen wir den Kindern nichts davon, sie könnten es vor Georg ausplaudern!«

»Wir werden uns hüten«, sagte Peter. Und sie gingen auseinander.

Die Nacht kam, ohne daß wir etwas über den alten Gortscha erfahren hätten. Ich lag wie am Tage vorher ausgestreckt auf meinem Bett, und der Mond strahlte hell in mein Zimmer. Als der Schlummer meine Gedanken zu verwirren begann, fühlte ich wie durch Instinkt die Nähe des Alten. Ich öffnete die Augen und sah sein bleiches Gesicht an mein Fenster gepreßt.

Diesmal wollte ich aufstehen, aber es war mir nicht möglich. Es kam mir vor, als wäre ich an allen Gliedern gelähmt. Nachdem der Alte mich aufmerksam betrachtet hatte, entfernte er sich. Ich hörte ihn ums Haus herumgehen und leise an das Fenster des Zimmers klopfen, in dem Georg und seine Frau schliefen. Das Kind warf sich im Bett hin und her und stöhnte im Traum. Es vergingen ein paar Minuten der Stille, dann hörte ich ihn wieder ans Fenster klopfen. Das Kind stöhnte darauf von neuem und wachte auf.

»Bist du's, Großvater?« fragte es.

»Ich bin's«, antwortete eine dumpfe Stimme, »und ich bringe dir deinen kleinen Jatagan.«

»Ich darf aber nicht hinaus, Papa hat mir's verboten!«

»Du brauchst nicht herauszukommen. Öffne mir nur das Fenster und gib mir einen Kuß!«

Das Kind stand auf, und ich hörte, wie es das Fenster öffnete. Darauf raffte ich alle meine Kräfte zusammen, ich sprang aus dem Bett, stürzte zu der Trennwand und pochte daran. Einen Augenblick später war Georg schon auf den Beinen. Ich hörte ihn ein zorniges Wort ausstoßen, seine Frau schrie laut auf; bald war das ganze Haus um das Kind versammelt, das leblos schien. Gortscha war verschwunden – wie in der Nacht vorher. Mit viel Sorgfalt gelang es uns, das Kind wieder zu Bewußtsein zu bringen, doch es war sehr schwach und atmete nur mit Mühe. Der arme Kleine wußte nicht, warum er ohnmächtig geworden war. Seine Mutter und Zdenka meinten, er sei gar zu sehr erschrocken, da man ihn überrascht hatte, wie er mit seinem Großvater sprach. Ich sagte nichts dazu. Da sich das Kind indessen beruhigt hatte, legten sich alle, außer Georg, wieder schlafen.

Als der Morgen dämmerte, hörte ich, wie Georg seine Frau weckte. Sie sprachen leise miteinander. Zdenka gesellte sich zu ihnen, und ich hörte sie schluchzen, ebenso ihre Schwägerin.

Das Kind war tot.

Die Verzweiflung der Familie übergehe ich mit Schweigen. Keiner jedoch gab dem alten Gortscha die Schuld. Wenigstens sprach man nicht offen davon.

Georg schwieg, aber sein Gesichtsausdruck war nun nicht mehr nur finster, sondern er hatte etwas Schreckliches. Zwei Tage lang ließ sich der Alte nicht blicken. In der Nacht, die dem dritten Tag folgte – dem Tag, an dem das Kind begraben worden war –, glaubte ich Schritte um das Haus zu hören und eine Greisenstimme, die den Bruder des Verstorbenen rief. Einen Augenblick lang schien es mir auch, als sähe ich Gortscha das Gesicht an mein Fenster pressen, aber später war ich mir nicht ganz sicher, ob das Wirklichkeit oder bloß Einbildung gewesen war; denn diese Nacht blieb der Mond verschleiert. Immerhin hielt ich es für meine Pflicht, Georg davon zu berichten. Er fragte das Kind aus, und das antwortete, es habe in der Tat gehört, wie es der Großvater beim Namen rief, und habe gesehen, wie er es durchs Fenster beobachtete. Georg schärfte seinem Sohn ein, ihn zu wecken, wenn sich der Alte abermals zeigen sollte.

All diese Umstände hinderten mich nicht, für Zdenka eine Zärtlichkeit zu empfinden, die sich immer mächtiger regte.

Im Laufe des Tages hatte ich sie nicht ohne Zeugen sprechen können. Als die Nacht hereinbrach, berührte der Gedanke an die bevorstehende Abreise mein Herz wie eine glühende Nadel.

Zdenkas Zimmer war von dem meinen nur durch einen schmalen Gang getrennt, der auf der einen Seite zur Straße, auf der anderen zum Hof führte.

Die Familie meiner Gastgeber hatte sich schlafen gelegt, als es mir in den Sinn kam, ein wenig durch die Gegend zu wandern, damit ich Zerstreuung fände. Ich trat auf den Gang und bemerkte, daß Zdenkas Tür halb offenstand.

Unwillkürlich blieb ich stehen. Ein wohlvertrautes Kleiderrascheln ließ mein Herz lebhaft schlagen. Darauf vernahm ich halblaut gesungene Worte. Es waren Worte des Abschieds, die ein serbischer König, da er in den Krieg zieht, an seine Schöne richtet.

»Sprach der alte König: Du, mein Bäumchen,
Junge Pappel, da ich in den Krieg muß,
Wirst du mein vergessen.

Rank und schlank wohl sind die jungen Bäume
Am Gebirge; ranker noch und schlanker
Ist dein Leib, du Schöne!

Rote Früchte trägt die Eberesche,
Die der Wind sanft schaukelt; glüh'nder rot noch
Schimmern deine Lippen.

Aber ich bin wie ein alter Eichbaum
Ohne Blätter, und mein Bart ist weißer
Als der Schaum der Donau.

Du wirst mein vergessen, darum werd' ich,
Sollt der Feind des alten Königs schonen,
Doch vor Kummer sterben.

Sprach die Schöne: Werd' dein nie vergessen!
Dies zum Schwur, und sollt' ich je ihn brechen
Und dir untreu werden,

Mögest du nach deinem Tod erscheinen,
Mögst erscheinen und aus meinem Herzen
Alles Blut mir saugen!

Sprach der alte König: Wohl, so sei es!
Er zog in den Krieg, die Schöne aber,
Ach, vergaß ihn balde ...«

Hier hielt Zdenka inne, als hätte sie Angst, die Ballade zu Ende zu singen. Ich beherrschte mich nicht länger. Diese Stimme, so sanft, so ausdrucksvoll, war die Stimme der Herzogin de Gramont ... Ohne noch etwas zu bedenken, stieß ich die Tür auf und trat ein. Zdenka hatte eben ein Jäckchen ausgezogen, wie es die Frauen ihres Landes gewöhnlich tragen. Ein mit Gold und roter Seite besticktes Hemd, an den Hüften eng umfaßt von einem schlichten karierten Rock – das war ihre ganze Kleidung. Ihre schönen blonden Zöpfe waren gelöst, und das Negligé erhöhte noch ihre Reize. Sie war nicht erzürnt über mein unvermutetes Eintreten, doch schien sie verwirrt, und sie errötete ein wenig.

»Oh«, sagte sie, »warum bist du gekommen, und was würde man von mir denken, wenn man uns überraschte?«

»Zdenka, mein Herz«, erwiderte ich, »sei ruhig, alles ringsum schläft; nur die Grille im Gras und der Falter in der Luft könnten hören, was ich dir zu sagen habe.«

»Ach, mein Freund, geh fort von hier! Wenn mein Bruder uns überrascht, bin ich verloren!«

»Zdenka, ich werde erst dann gehen, wenn du mir versprochen hast, mich immer zu lieben, wie es in der Ballade die Schöne dem König versprochen hat. Ich reise bald ab, Zdenka; wer weiß, wann wir uns wiedersehen! Zdenka, ich liebe dich mehr als meine Seele, mehr als mein Heil ... mein Leben und mein Blut gehören dir ... möchtest du mir dafür nicht eine Stunde schenken?«

»Mancherlei kann in einer Stunde geschehen«, erwiderte Zdenka mit nachdenklicher Miene; doch sie ließ ihre Hand in der meinen. »Du kennst nicht meinen Bruder«, fuhr sie fort, und ein Beben lief durch ihren Körper. »Ich ahne, daß er kommen wird.«

»Beruhige dich, meine Zdenka«, sagte ich, »dein Bruder ist müde vom vielen Wachen in der Nacht; der Wind, der in den

Bäumen spielt, hat ihm Schlummer gebracht. Tief und schwer ist sein Schlaf, lang, lang ist die Nacht, und ich wünsche mir von dir nur eine Stunde! Dann aber, leb wohl ... vielleicht für immer!«

»O nein, nein, nicht für immer!« stieß Zdenka erregt hervor. Dann wich sie zurück, wie erschrocken von ihrer eigenen Stimme.

»O Zdenka«, rief ich, »ich sehe nur dich, ich höre nur dich, ich bin nicht mehr Herr meiner selbst, ich gehorche einer höheren Gewalt, verzeih mir, Zdenka!« Und wie ein Irrer preßte ich sie an mein Herz.

»Nein, du bist nicht mein Freund«, sagte sie, löste sich aus meinen Armen und flüchtete in die Tiefe des Zimmers. Ich weiß nicht, was ich ihr erwiderte, denn ich war selbst verwirrt über meine Kühnheit; zwar hatte es mir bei ähnlichen Gelegenheiten zuweilen geholfen, kühn zu sein, hier aber konnte ich mich, trotz meiner Leidenschaft, eines ernsten Respekts für Zdenkas Unschuld nicht erwehren.

Ich hatte freilich anfangs auf gut Glück ein paar jener galanten Sätze gesprochen, die den Schönen unserer Zeit nicht mißfielen; doch bald schämte ich mich ihrer, und ich verzichtete auf weitere, da ich bemerkte, daß das junge Mädchen in seiner Einfalt nicht begriff, was Sie, meine Damen – ich sehe es an Ihrem Lächeln –, aufs halbe Wort verstanden haben.

So stand ich vor ihr, nicht wissend, was ich sagen sollte, als sie plötzlich erbebte und einen schreckerfüllten Blick auf das Fenster heftete. Ich folgte ihren Augen und erkannte deutlich das unbewegliche Gesicht Gortschas, das uns von draußen beobachtete.

Im gleichen Augenblick fühlte ich, wie sich eine schwere Hand auf meine Schulter legte. Ich wandte mich um. Es war Georg.

»Was tust du hier?« fragte er.

Aus der Fassung gebracht, da ich so unvermutet angesprochen wurde, wies ich auf seinen Vater, der uns durch das Fenster ansah und der verschwand, sobald ihn Georg bemerkt hatte.

»Ich hatte den Alten gehört und war hergekommen, deine Schwester zu warnen«, antwortete ich.

Georg musterte mich, als wollte er auf dem Grund meiner Seele lesen. Dann nahm er mich am Arm, führte mich in mein Zimmer und ging davon, ohne noch ein Wort zu sprechen.

Am Tag darauf saß die Familie vor der Haustür um einen Tisch vereint, auf dem mancherlei Milchspeisen standen.

»Wo ist das Kind?« fragte Georg.

»Auf dem Hof«, antwortete die Mutter, »es spielt ganz allein sein Lieblingsspiel: gegen die Türken kämpfen.«

Kaum hatte sie diese Worte gesprochen, da sahen wir zu unserem größten Erstaunen die hohe Gestalt Gortschas sich vom Hintergrund des Waldes lösen und langsam auf unsere Gruppe zukommen; schließlich setzte er sich an den Tisch, wie er es am Tag meiner Ankunft getan hatte.

»Mein Vater, sei willkommen«, murmelte seine Schwiegertochter mit kaum wahrnehmbarer Stimme.

»Sei willkommen, mein Vater«, wiederholten Zdenka und Peter ganz leise.

»Mein Vater«, sagte Georg mit fester Stimme, indes sein Gesicht sich verfärbte, »wir warten auf dich, daß du das Gebet sprechen mögest.«

Der Alte wandte sich stirnrunzelnd ab.

»Das Gebet! Sofort!« wiederholte Georg. »Und mach das Zeichen des Kreuzes, oder beim heiligen Georg ...«

Zdenka und ihre Schwägerin wandten sich zu dem Alten und flehten ihn an, das Gebet zu sprechen.

»Nein, nein, nein«, rief der alte Mann, »er hat nicht das Recht, mir zu befehlen, und wenn er dabei bleibt, verfluche ich ihn!«

Georg sprang auf und lief ins Haus. Bald danach kam er zurück, und seine Augen glühten vor Zorn.

»Wo ist der Pfahl?« schrie er. »Wo habt ihr den Pfahl versteckt?«

Zdenka und Peter tauschten einen Blick.

»Leichnam!« sprach Georg darauf, zu dem Alten gewandt. »Was hast du mit meinem älteren Sohn getan? Warum hast du mein Kind getötet? Gib mir meinen Sohn wieder, Leichnam!«

Und während er so sprach, wurde er immer blasser, und seine Augen glühten immer wilder.

Der Alte betrachtete ihn mit einem bösen Blick und rührte sich nicht.

»Oh, der Pfahl, der Pfahl!« rief Georg. »Den, der ihn versteckt hat, mag alles Unglück treffen, das über uns kommen wird!«

In diesem Augenblick hörten wir das kleinere Kind fröhlich auflachen; es tauchte, einen großen Pfahl reitend, vor uns auf; den Pfahl zog es hinter sich her, dabei hopste es nach links und rechts und stieß mit seiner dünnen Stimme das Kriegsgeschrei der Serben beim Angriff auf den Feind aus.

Bei diesem Anblick flammte es in Georgs Augen auf. Er entriß dem Kind den Pfahl und stürzte sich auf den Vater. Der ließ ein wildes Geheul hören und rannte davon, auf den Wald zu, und dies mit einer Schnelligkeit, die so wenig seinem Alter entsprach, daß sie übernatürlich schien.

Georg verfolgte ihn querfeldein, und bald verloren wir sie aus den Augen.

Die Sonne war untergegangen, als Georg nach Hause zurückkehrte – blaß wie der Tod, mit gesträubten Haaren. Er setzte sich am Feuer nieder, und ich vermeinte zu hören, wie ihm die Zähne klapperten. Keiner wagte ihm Fragen zu stellen. Etwa zu der Stunde, da die Familie gewöhnlich auseinanderging, schien er alle seine Tatkraft wiedererlangt zu haben; er nahm mich beiseite und sprach zu mir auf die natürlichste Art.

»Mein lieber Gast«, sagte er, »ich habe eben den Fluß gesehen. Er führt keine Eisschollen mehr, der Weg ist frei, nichts steht deiner Abreise im Wege. Es ist unnötig«, fügte er mit einem raschen Blick auf Zdenka hinzu, »von meiner Familie Abschied zu nehmen. Sie wünscht dir durch mich alles Glück, das man hinieden erstreben kann, und ich hoffe, daß auch du uns ein gutes Angedenken bewahren wirst. Morgen, sobald der Tag graut, wirst du dein Pferd gesattelt und deinen

Führer bereit finden, dir zu folgen. Leb wohl, erinnere dich manchmal deines Gastgebers und verzeih ihm, wenn dein Aufenthalt hier nicht so frei von Unannehmlichkeiten war, wie ich es gewünscht hätte.«

Georgs Züge zeigten in diesem Augenblick einen beinahe herzlichen Ausdruck. Er führte mich in mein Zimmer und drückte mir ein letztes Mal die Hand. Dann durchlief ihn ein Schauer, und seine Zähne schlugen aufeinander, als klapperten sie vor Kälte.

Allein geblieben, dachte ich – Sie werden es sich leicht vorstellen können – nicht daran, mich schlafen zu legen. Andere Gedanken beschäftigten mich. Mehrere Male in meinem Leben hatte ich geliebt. Ich hatte Aufwallungen der Zärtlichkeit, des Verdrusses, der Eifersucht gefühlt, aber niemals, auch nicht beim Abschied von der Herzogin de Gramont, hatte ich eine Trauer empfunden, wie sie mir in diesem Augenblick das Herz bedrängte. Ehe noch die Sonne aufging, zog ich meine Reisekleider an und wollte ein letztes Mal versuchen, mit Zdenka zu sprechen. Doch Georg erwartete mich im Vorraum. Jede Möglichkeit, sie wiederzusehen, war mir genommen.

Ich sprang auf mein Pferd und gab ihm beide Sporen. Ich nahm mir fest vor, bei meiner Rückkehr aus Jasi wieder in dem Dorf einzukehren, und diese Hoffnung, so fern sie auch sein mochte, verscheuchte allmählich meine Sorgen. Mit Wohlgefallen dachte ich schon an den Augenblick der Rückkehr, und die Einbildung gaukelte mir im voraus alle Einzelheiten vor; da warf mich eine jähe Bewegung des Pferdes beinahe aus dem Sattel. Es blieb mit einem Ruck stehen, stemmte sich mit den Vorderfüßen ein und ließ ein aufgeregtes Schnaufen hören, das bei diesen Tieren von drohender Gefahr ausgelöst wird. Ich schärfte meinen Blick und erspähte etwa hundert Schritt vor mir einen Wolf, der in der Erde wühlte. Ich schrie laut auf ihn ein, worauf er die Flucht ergriff; dann drückte ich meinem Pferd die Sporen so tief in die Flanken, daß es sich endlich von der Stelle rührte. An dem Ort, den der Wolf verlassen hatte, bemerkte ich nun ein ganz frisches Grab. Ich glaubte auch das

Ende eines Pfahles zu erkennen, das ein paar Zoll über die vom Wolf aufgewühlte Erde herausragte. Freilich möchte ich das nicht behaupten, denn ich ritt ziemlich schnell an diesem Ort vorüber.

Hier verstummte der Marquis und nahm eine Prise Tabak.

»Ist die Geschichte zu Ende?« fragten die Damen.

»Ach, keineswegs«, erwiderte Herr d'Urfé. »Was ich Ihnen noch zu berichten habe, bedeutet für mich eine viel quälendere Erinnerung, und ich gäbe viel darum, wäre ich von ihr befreit.« Darauf fuhr er in seiner Geschichte fort:

Die Angelegenheiten, die mich nach Jasi geführt hatten, hielten mich dort weit über Erwarten lange fest. Erst nach sechs Monaten hatte ich sie abgeschlossen. Was soll ich Ihnen sagen? Die Wahrheit, die ich Ihnen zu gestehen habe, ist traurig, doch es ist darum nicht minder eine Wahrheit, daß es wenige beständige Empfindungen hinieden gibt. Der Erfolg meiner Verhandlungen, die ermutigenden Äußerungen, die ich vom Versailler Kabinett erfuhr, mit einem Wort: die Politik, diese häßliche Politik, die uns in der letzten Zeit so sehr ermüdet hat, sie brachte es bald fertig, in meinem Geist die Erinnerung an Zdenka abzuschwächen. Zudem hatte mir die Gattin des Hospodars, eine sehr schöne Frau, die unsere Sprache vollkommen beherrschte, von den ersten Tagen meines Aufenthaltes an die Ehre erwiesen, mich vor anderen in Jasi weilenden jungen Ausländern auszuzeichnen. Da ich nach den Grundsätzen der französischen Galanterie erzogen war, hätte sich mein gallisches Blut gegen den Gedanken empört, die wohlwollende Aufmerksamkeit, die mir von der Schönheit bezeugt wurde, mit Undank zu vergelten. So ging ich denn auf die Avancen, die mir gemacht wurden, aufs artigste ein, und um mich in den Stand zu setzen, den Interessen und den Rechten Frankreichs Geltung zu verschaffen, begann ich alle Interessen und Rechte des Hospodars zu teilen.

Als man mich in mein Land zurückrief, wählte ich denselben Weg, auf dem ich nach Jasi gereist war.

Ich dachte nicht mehr an Zdenka, nicht mehr an ihre Familie, als ich eines Abends, durch eine ländliche Gegend reitend, eine Glocke acht Uhr schlagen hörte. Diese Laute schienen mir nicht unbekannt, und mein Führer sagte mir, es sei die Glocke eines unweit gelegenen Klosters. Ich fragte ihn nach dem Namen und erfuhr, es handle sich um das Kloster der Jungfrau von der Eiche. Ich trieb mein Pferd zur Eile, und bald klopften wir an die Klostertür. Der Einsiedler öffnete und führte uns in den Gästeraum. Den fand ich so mit Pilgern überfüllt, daß ich die Lust verlor, hier die Nacht zu verbringen; darum fragte ich, ob ich ein Obdach im Dorf finden könne.

»Sie werden mehr als eines finden«, erwiderte der Einsiedler und stieß einen tiefen Seufzer aus. »Dank Gortscha, dem Ungläubigen, mangelt es nicht an leeren Häusern!«

»Was soll das heißen?« fragte ich. »Lebt denn der alte Gortscha noch?«

»O nein, der ist gut und schön begraben – mit einem Pfahl im Herzen. Aber er hatte dem Sohn Georgs das Blut ausgesaugt. Das Kind kehrte eines Nachts wieder, weinte an der Tür, sagte, ihm sei kalt und es wolle hinein. Seine Mutter, dieses dumme Weib, hatte es zwar selber begraben, aber jetzt fehlte ihr der Mut, es auf den Friedhof zurückzuschicken, und sie öffnete ihm. Das Kind warf sich auf sie und saugte sie zu Tode. Als sie ihrerseits begraben war, erschien sie, ihrem zweiten Sohn das Blut auszusaugen, dann ihrem Mann und schließlich ihrem Schwager. Alle sind sie dahingegangen.«

»Und Zdenka?« fragte ich.

»Oh, sie, sie wurde irrsinnig vor Schmerz. Das arme Kind – besser nicht davon sprechen!«

Die Antwort des Einsiedlers sagte nichts Bestimmtes, und ich hatte nicht den Mut, meine Frage zu wiederholen.

»Der Vampirismus ist ansteckend«, fuhr der Einsiedler fort, und er machte dabei das Kreuzeszeichen. »Viele Familien im Dorf wurden davon ereilt, viele Familien sind tot bis aufs letzte Glied, und glauben Sie mir, es wäre das beste, Sie blieben diese Nacht im Kloster; denn wenn Sie schon im Dorf nicht von den Wurdalaki aufgezehrt würden, so blieben doch die Ängste, die sie Ihnen bereiteten und die Ihre Haare ergrauen ließen, noch bevor ich zum Morgengebet geläutet hätte. Ich bin nur ein armer Mönch«, fuhr er fort, »doch die Großzügigkeit der Durchreisenden hat mich in den Stand gesetzt, ihnen zu bieten, wessen sie bedürfen. Ich habe vorzüglichen Käse, habe getrocknete Trauben, bei deren bloßem Anblick Ihnen schon das Wasser im Mund zusammenlaufen wird, und da sind noch ein paar Flaschen Tokaier – er steht dem, den man seiner Heiligkeit, dem Patriarchen, reicht, in nichts nach!«

In diesem Augenblick schien mir aus dem Einsiedler eher ein beflissener Gastwirt zu sprechen. Ich meinte, er habe mir eigens darum Gruselgeschichten erzählt, daß er mir Gelegenheit gäbe, mich dem Himmel angenehm zu machen, indem ich mir an der Großzügigkeit jener Durchreisenden ein Beispiel nähme, die den heiligen Mann in den Stand gesetzt hatten, ihnen zu bieten, wessen sie bedurften.

Zudem hat das Wort Angst allezeit auf mich die gleiche Wirkung gehabt wie ein schmetterndes Horn auf ein Kavalleriepferd. Ich hätte mich vor mir selber geschämt, wenn ich nicht sofort aufgebrochen wäre. Mein Führer bat, am ganzen Leibe zitternd, um die Erlaubnis, im Kloster zu bleiben, und ich gewährte ihm das gern.

Ungefähr eine halbe Stunde brauchte ich, um ins Dorf zu gelangen. Ich fand es verödet. Kein einziges Licht schimmerte in den Fenstern, kein Lied war zu hören. In vollkommener Stille ritt ich an all den Häusern vorüber, die ich zumeist kannte, und so erreichte ich endlich auch das Georgs. War es gefühlvolle Erinnerung, war es jugendliche Verwegenheit – gerade hier beschloß ich, die Nacht zu verbringen.

Ich saß ab und pochte ans Tor. Keiner gab Antwort. Ich stieß gegen das Holz, das Tor tat sich, in seinen Angeln kreischend, auf, und ich betrat den Hof.

Mein Pferd band ich unter einem Schutzdach an, wo ich einen Hafervorrat fand, der für eine Nacht genügte. Darauf lenkte ich meine Schritte entschlossen zum Haus.

Keine Tür war verriegelt, dennoch schienen alle Räume unbewohnt. Zdenkas Zimmer bot einen Anblick, als wäre es erst am Tage vorher verlassen worden. Ein paar Kleidungsstücke lagen noch auf dem Bett. Schmuckstücke, die sie von mir hatte und unter denen ich ein kleines Emailkreuz wiedererkannte – ich hatte es auf der Durchreise in Pest gekauft – schimmerten auf einem Tisch im Mondenlicht. Ich konnte mich einer Beklommenheit des Herzens nicht erwehren, obgleich meine Liebe erloschen war. Indessen wickelte ich mich in meinen Mantel und streckte mich auf dem Bett aus. Bald überwältigte mich der Schlaf. Ich erinnere mich nicht der Einzelheiten dessen, was ich träumte, aber ich weiß, ich sah Zdenka wieder – schön, unbefangen und liebend, wie damals. Als ich sie erblickte, warf ich mir meinen Egoismus und meine Untreue vor. Wie konnte ich nur, fragte ich mich, dieses gute Kind verlassen, das mich so liebte, wie konnte ich sie vergessen? Bald verschmolz der Gedanke an sie mit dem Gedanken an die Herzogin de Gramont, und ich sah in den beiden Bildern nur noch ein und dieselbe Frau. Ich warf mich Zdenka zu Füßen und flehte sie an, mir zu verzeihen. Meine Seele, mein ganzes Sein ging auf in einem unaussprechlichen Gefühl der Schwermut und des Glücks.

Soweit hatte ich geträumt, als ich halb geweckt wurde durch einen Wohlklang, der dem Flüstern eines Kornfeldes unter einem leichten Windhauch glich. Ich meinte zu hören, wie die Ähren einander melodisch berührten und wie sich der Gesang der Vögel in das Plätschern fallenden Wassers und in das Murmeln der Bäume flocht. Dann erschien es mir, all diese ineinanderfließenden Laute seien nichts als das Rascheln eines Frauenkleides, und bei diesem Gedanken blieb ich. Ich öffnete die Augen und erblickte Zdenka an meinem Bett. Der Mond strahlte in so lebhaftem Glanz, daß ich die winzigsten Einzelheiten in jenen bezaubernden Zügen wahrnehmen konnte, die mir einst so teuer gewesen waren und deren ganzen Liebreiz mich eben erst ein Traum hatte fühlen lassen. Ich fand Zdenka schöner und reifer. Sie war in demselben Negligé wie das letzte Mal, als ich sie allein gesehen hatte: ein schlichtes, mit Gold und Seide besticktes Hemd und ein Rock, der ihren Leib oberhalb der Hüften eng umschloß.

»Zdenka«, rief ich und richtete mich auf meinem Lager auf, »bist du das wirklich, Zdenka?«

»Ja, ich bin es«, antwortete sie mir mit einer sanften und traurigen Stimme, »ich bin's, deine Zdenka, die du vergessen hattest. Oh, warum bist du nicht früher zurückgekehrt? Alles ist jetzt zu Ende, du mußt fort – ein Augenblick des Zögerns, und du bist verloren! Leb wohl, mein Freund, leb wohl für immer!«

»Zdenka«, wandte ich ein, »dich hat viel Unglück betroffen – man sagte es mir. Komm, wir wollen ein wenig plaudern, das wird dich erleichtern!«

»Oh, mein Freund«, sprach sie darauf, »man muß nicht alles glauben, was sie über uns reden. Aber fort mußt du, so schnell wie möglich fort, denn wenn du hierbleibst, ist dein Verderben gewiß.«

»Aber Zdenka, was ist es denn für eine Gefahr, die mir droht? Kannst du mir nicht eine Stunde schenken, nichts als eine Stunde, mit dir zu plaudern?«

Zdenka erbebte, und eine seltsame Wandlung vollzog sich mit ihr.

»Ja«, erwiderte sie, »eine Stunde, nicht wahr, so wie damals, als ich die Ballade vom alten König sang und du in dieses Zimmer tratst? Das ist es doch, was du sagen willst? Nun wohl, ich schenke dir eine Stunde! – Doch nein, nein«, sprach sie dann, sich besinnend, weiter, »geh fort, geh! Geh schnell, sag ich dir, fliehe von hier! – So flieh doch, solange du noch kannst!«

Eine wilde Kraft belebte ihre Züge.

Ich konnte mir den Grund, der sie so sprechen hieß, nicht erklären; aber sie war so schön, daß ich beschloß, gegen ihren Willen zu bleiben. Sie gab schließlich meinem Drängen nach und setzte sich zu mir. Sie erzählte mir von der zurückliegenden Zeit und gestand mir errötend, daß sie mich seit dem Tage meiner Ankunft geliebt habe. Indessen bemerkte ich allmählich eine große Veränderung in Zdenka. Ihre Zurückhaltung von damals hatte einer seltsamen Ungezwungenheit Platz gemacht. Ihr Blick, einst so schüchtern, hatte jetzt etwas

Herausforderndes. Und schließlich sah ich mit Verwunderung, daß sie in der Art ihres Verhaltens zu mir kaum noch etwas von der Sittsamkeit verriet, die sie früher ausgezeichnet hatte.

Könnte es denn sein, fragte ich mich, daß Zdenka gar nicht jenes reine und unschuldige Mädchen war, als das sie mir damals erschien? Hätte sie sich nur aus Furcht vor ihrem Bruder den Anschein gegeben, es zu sein? Hätte sie mich so grob mit einer Scheintugend getäuscht? Warum aber drängte sie mich dann so sehr wegzugehen? War das etwa ein ausgeklügelter Zug der Koketterie? Und ich, ich hatte sie zu kennen geglaubt! Doch gleichviel! War Zdenka auch keine Diana, wie ich gemeint hatte, so konnte ich sie wohl einer anderen, nicht weniger liebenswerten Gottheit vergleichen, und – bei meiner Seele – ich ziehe die Rolle des Adonis der des Aktäon vor.

Wenn Ihnen diese klassische Redeweise, in der ich zu mir selber sprach, unzeitgemäß scheint, meine Damen, so wollen Sie bitte bedenken, daß die Dinge, von denen Ihnen zu berichten ich die Ehre habe, im Jahr des Herrn siebzehnhundertneunundfünfzig geschahen. Die Mythologie war damals an der Tagesordnung, und ich hatte keineswegs den Ehrgeiz, meinem Jahrhundert vorauszueilen. Seitdem hat sich alles gewandelt, und es ist nicht sehr lange her, daß die Revolution die Hinterlassenschaft des Heidentums zugleich mit dem christlichen Glauben umstürzte und an ihren Platz die Göttin Vernunft setzte. Diese Göttin, meine Damen, ist nie meine Schutzherrin gewesen, wenn ich mich in Damengesellschaft befand, und zu der Zeit, von der ich spreche, war ich weniger denn je geneigt, ihr Opfer darzubringen. Ich überließ mich rückhaltlos dem Gefühl, das mich zu Zdenka zog, und ging mit Wonne auf ihr reizvolles Lockspiel ein. Schon war einige Zeit in süßer Vertraulichkeit hingegangen, da wollte ich Zdenka jenes kleine Emailkreuz, das ich auf dem Tisch gefunden hatte, um den Hals legen, so wie ich sie vorher im Scherz mit all ihren Schmuckstücken herausgeputzt hatte. Auf die Bewegung aber, die ich machte, wich Zdenka zurück und erzitterte.

»Genug der Kinderei, mein Freund«, sagte sie, »laß dieses Brimborium, sprechen wir lieber von dir und deinen Vorhaben!«

Zdenkas Verwirrung machte mich stutzen. Ich musterte sie aufmerksam und bemerkte, daß sie nicht mehr wie früher am Hals eine Menge Heiligenbildchen, kleine Reliquiarien und Weihrauchsäckchen hatte, wie die Serben sie gewöhnlich von Kindheit an tragen und bis zum Tode nicht ablegen.

»Zdenka«, sagte ich, »wo sind denn die Heiligenbildchen, die du am Halse trugst?«

»Verloren«, erwiderte sie mit einem Ausdruck der Ungeduld und begann sogleich von etwas anderem zu sprechen.

Eine unbestimmte Ahnung, der ich nicht weiter nachspürte, bemächtigte sich meiner. Ich wollte fort, doch Zdenka hielt mich zurück.

»Wie«, sprach sie, »du hast mich um eine Stunde gebeten, und jetzt willst du nach wenigen Minuten gehen?«

»Zdenka«, erwiderte ich, »du hattest recht, da du mir zu gehen rietest. Mir ist, als hörte ich Lärm; ich fürchte, man überrascht uns!«

»Sei ruhig, mein Freund, alles ringsum schläft, nur die Grille im Gras und der Falter in der Luft könnten hören, was ich dir zu sagen habe.«

»Nein, nein, Zdenka, ich muß fort!«

»Bleib, bleib«, sagte Zdenka, »ich liebe dich mehr als meine Seele, mehr als mein Heil, du sagtest mir, dein Leben und dein Blut gehörten mir!«

»Aber dein Bruder, dein Bruder, Zdenka, ich ahne es, er wird kommen!«

»Beruhige dich, mein Herz, meinem Bruder hat der Wind, der in den Bäumen spielt, Schlummer gebracht; tief und schwer ist sein Schlaf, lang, lang ist die Nacht, und ich wünsche mir von dir nur eine Stunde!«

Zdenka war so schön, als sie diese Worte sprach, daß jene unbestimmte Angst, die mich erfaßt hatte, mehr und mehr dem Wunsche wich, bei ihr zu bleiben. Ein nicht zu beschreibendes Nebeneinander von Furcht und Begehren erfüllte mein ganzes

Wesen. Je mehr sich mein Widerstand schwächte, desto zärtlicher wurde Zdenka, so daß ich mich entschied nachzugeben, wobei ich mir freilich vornahm, auf der Hut zu bleiben. Indessen war ich, wie ich eben schon sagte, immer nur zur Hälfte klug, und als mir Zdenka, meine Zurückhaltung bemerkend, vorschlug, die Kühle der Nacht mit ein paar Glas edlen Weines zu vertreiben, von dem sie sagte, er stamme von dem guten Einsiedler, da nahm ich ihren Vorschlag mit einem Eifer an, der sie lächeln machte. Der Wein tat seine Wirkung. Schon nach dem zweiten Glas war der schlimme Eindruck, den die Sache mit dem Kreuz und den Heiligenbildern auf mich gemacht hatte, völlig ausgelöscht. Mit ihren schönen Haaren, die Zöpfe halb gelöst, die Kleidung ein wenig verschoben, mit ihren Schmuckstücken, die im Mondlicht blinkten, erschien mir Zdenka unwiderstehlich. Ich hielt nicht länger an mich und schloß sie fest in meine Arme.

Nun, meine Damen, geschah eine jener geheimnisvollen Offenbarungen, die ich niemals werde erklären können, an deren Existenz mich aber die Erfahrung zu glauben gelehrt hat, obgleich ich bis dahin wenig geneigt gewesen war, sie anzuerkennen.

Die Kraft, mit der ich meine Arme um Zdenka schloß, bewirkte, daß mir eine der Spitzen jenes Kreuzes, das Sie eben gesehen haben und das mir die Herzogin de Gramont vor meiner Abreise geschenkt hatte, in die Brust stach. Der scharfe Schmerz, den ich empfand, war für mich gleichsam ein Lichtstrahl, der mich ganz und gar durchfuhr. Ich betrachtete Zdenka und erkannte, daß ihre Gesichtszüge, obgleich immer noch schön, vom Tode verzerrt waren, daß ihre Augen nichts sahen und daß ihr Lächeln ein Krampf war, vom Todeskampf dem Gesicht eines Leichnams aufgeprägt. Zugleich nahm ich in dem Zimmer jenen ekelerregenden Geruch wahr, der gewöhnlich von schlecht verschlossenen Grabgewölben ausgeht. Die entsetzliche Wahrheit erstand vor mir in all ihrer Häßlichkeit, und ich erinnerte mich zu spät der Warnungen des Einsiedlers. Ich begriff, wie bedenklich meine Lage war, und fühlte, daß alles von meinem Mut und meiner Kaltblütigkeit abhing. Um Zdenka den Schrecken, den meine Züge ausdrücken mußten, zu verhehlen, wandte ich mich von ihr ab. Dabei fiel mein Blick auf das Fenster, und ich sah dort den abscheulichen Gortscha; er stützte sich auf einen blutigen Pfahl und heftete Hyänenaugen auf mich. Das andere Fenster wurde von dem bleichen Gesicht Georgs eingenommen, der in diesem Augenblick eine erschreckende Ähnlichkeit mit seinem Vater hatte. Beide schienen jede meiner Bewegungen zu verfolgen, und ich zweifelte nicht daran, daß sie sich beim geringsten Fluchtversuch auf mich werfen würden. So tat ich denn, als nähme ich sie gar nicht wahr, und mit einer gewaltigen Willensanspannung fuhr ich fort, jawohl, meine Damen, fuhr ich fort, Zdenka mit denselben Zärtlichkeiten zu überschütten, die ich ihr mit Wonne vor meiner schrecklichen Entdeckung erwiesen hatte. Unterdessen suchte ich fieberhaft in Gedanken nach einem Mittel, zu entkommen. Ich bemerkte, daß Gortscha und Georg mit Zdenka Blicke des Einvernehmens tauschten und daß sie ungeduldig zu werden begannen. Auch hörte ich draußen eine Frauenstimme und Kinderschreie, aber so schreckliche, daß man sie für Klagelaute von Wildkatzen hätte halten können.

Es ist Zeit, die Zelte abzubrechen, sagte ich mir, und je früher, desto besser!

An Zdenka gewandt, sprach ich sodann mit lauter Stimme, damit es auch von ihren schrecklichen Verwandten gehört würde: »Ich bin recht müde, mein Kind, ich möchte mich hinlegen und ein paar Stunden schlafen; doch zuvor muß ich nachsehen, ob mein Pferd auch sein Futter verzehrt hat. Ich bitte dich, geh nicht fort und warte auf mich!«

Darauf drückte ich meine Lippen auf ihren kalten und blutlosen Mund und ging hinaus. Ich fand mein Pferd schaumbedeckt und wild an dem Geschirr reißend, an dem es festgebunden war. Den Hafer hatte es nicht angerührt. Das Wiehern aber, das es ausstieß, als es mich kommen sah, jagte mir einen Schauer über den Rücken; denn ich fürchtete nun, es würde meine Absichten verraten. Die Vampire indessen, die wahrscheinlich mein Gespräch mit Zdenka gehört hatten, dachten keineswegs daran, sich aufstören zu lassen. Darauf vergewisserte ich mich, daß das Hoftor offenstand, schwang mich in den Sattel und gab meinem Pferd die Sporen.

Während ich zum Tor hinausschoß, hatte ich Gelegenheit zu bemerken, daß die am Haus versammelte Truppe, die zumeist das Gesicht an die Scheiben gepreßt hatte, sehr zahlreich war. Ich glaube, mein jäher Aufbruch verblüffte sie zunächst, denn eine Zeitlang nahm ich in der Stille der Nacht nichts weiter wahr als den gleichförmigen Galopp meines Pferdes. Schon glaubte ich mich zu meiner List beglückwünschen zu können, da vernahm ich hinter mir einen Lärm, der einem plötzlich ausbrechenden Wirbelsturm im Gebirge vergleichbar gewesen wäre. Tausend verworrene Stimmen schrien, heulten und schienen sich zu streiten. Dann verstummten alle wie auf Verabredung, und ich hörte ein hastiges Stampfen, als ob sich ein Trupp von Fußsoldaten im Laufschritt näherte.

Ich hetzte mein Pferd, drückte ihm die Sporen tief in die Flanken. Fiebrige Glut floß durch meine Adern, und während ich meine letzten Kräfte zu unerhörter Anstrengung aufbot, um geistesgegenwärtig zu bleiben, vernahm ich hinter mir eine Stimme, die schrie: »Halt ein, halt ein, mein Freund! Ich liebe dich mehr als meine Seele, ich liebe dich mehr als mein Heil! Halt ein, halt ein, dein Blut gehört mir!«

Zugleich berührte ein eisiger Hauch mein Ohr, und ich spürte, wie Zdenka hinter mir aufs Pferd sprang.

»Mein Herz, meine Seele!« sprach sie zu mir. »Ich sehe nur dich, ich fühle nur dich, ich bin nicht Herrin meiner selbst, ich gehorche einer höheren Gewalt, verzeih mir, mein Freund, verzeih mir!«

Und mit den Armen mich umschlingend, versuchte sie, mich nach hinten zu beugen und mir in die Kehle zu beißen. Ein schrecklicher Kampf entbrannte zwischen uns. Lange Zeit konnte ich mich ihrer nur mit Mühe erwehren, doch schließlich gelang es mir, Zdenka mit einer Hand am Gürtel, mit der anderen an den Zöpfen zu fassen; ich richtete mich in den Steigbügeln auf und schleuderte sie zur Erde.

Sogleich verließen mich meine Kräfte, und Fieberwahn bemächtigte sich meiner. Tausend schreckliche, irre Truggesichte verfolgten mich und schnitten mir Fratzen. Zuerst jagten Georg und sein Bruder Peter am Straßenrand neben mir her und versuchten mir den Weg abzuschneiden. Es gelang ihnen nicht, und ich wollte mich schon dessen freuen, als ich beim Umblicken sah, wie der alte Gortscha mir nachsetzte, indem er mit Hilfe seines Pfahls riesige Sprünge machte, gleich den Tiroler Bergbewohnern, wenn sie über Abgründe setzen. Auch Gortscha blieb zurück. Darauf warf ihm seine Schwiegertochter, die ihre Kinder nach sich zog, eines zu, und er fing es mit der Spitze seines Pfahles auf. Den Pfahl als Wurfmaschine benutzend, schleuderte er mit aller Kraft das Kind hinter mir her. Ich wich dem Anprall aus, aber mit wahrem Bulldoggeninstinkt krallte sich der Lausejunge am Hals meines Pferdes fest, und ich hatte Mühe, ihn loszureißen. Das andere Kind wurde mir auf gleiche Weise nachgeschickt, doch es fiel vor dem Pferd auf den Weg und wurde von ihm zermalmt. Ich weiß nicht, was ich noch alles erblickte, doch als ich zu mir kam, war es heller Tag, und ich sah mich auf der Straße liegen, neben meinem Pferd, das sein Leben aushauchte.

So endete, meine Damen, ein kleines Liebesabenteuer, das mich für immer hätte heilen und mir die Lust hätte nehmen sollen, neue zu suchen. Einige Zeitgenossinnen Ihrer Großmütter könnten Ihnen darüber Aufschluß geben, ob ich mich später klüger verhielt.

Wie dem auch sei, ich zittere noch bei dem Gedanken, daß ich, wäre ich meinen Feinden unterlegen, meinerseits zu einem Vampir geworden wäre, aber der Himmel ließ nicht zu, daß es dahin käme, und weit davon entfernt, meine Damen, nach Ihrem Blut zu dürsten, wünsche ich mir, mag ich auch alt sein, nichts Besseres, als das meine in Ihrem Dienst zu vergießen!

WASHINGTON IRVING

Der Großprior von Menorca

> Hüte meinen Geist, Himmel! Es heißt, die Schatten suchen die melancholischen Gemüter heim, und die Gräber öffnen sich!
>
> Fletcher

Um die Mitte des vergangenen Jahrhunderts, da die Ritter des heiligen Johannes von Jerusalem auf Malta noch etwas von ihrem alten Rang und Einfluß besaßen, trug sich dort ein tragisches Ereignis zu, das den Kern dieser Erzählung bildet.

Wir wollen noch vorausschicken, daß zu jener Zeit der Orden des heiligen Johannes von Jerusalem übermäßig reich geworden war, worunter sein einst frommer und kriegerischer Charakter gelitten hatte. Statt eine kühne Schar von Mönchsrittern zu sein, von eingeschworenen Streitern für das Kreuz, welche die Heiden im Gelobten Land bekämpften, das Mittelmeer auf ihren Galeeren durchkreuzten und die Küsten der Barbaren züchtigten, die Armen speisten und die Kranken in den Spitälern pflegten, führten sie ein Leben des Prunks und der losen Sitten und waren an den leichtlebigsten Höfen Europas zu finden. Der Orden war praktisch eine Einrichtung geworden, die sich die Versorgung des bedürftigen katholischen Adels von Europa zur Aufgabe gemacht hatte. Es wird berichtet, daß zum Beispiel ein jüngerer Bruder glänzend versorgt war, wenn man ihm eine Komturei verschaffte, und Angehörige alter Familien konnten, wenn sie nur zur Hocharistokratie zählten, es ungeachtet ihrer Liederlichkeit zu Malteserrittern bringen, so wie sie Bischöfe, Regimentsoberste oder Hofkämmerer wurden. Nach einem kurzen Aufenthalt in Malta verbrachten die Ritter den Rest ihres Lebens auf ihren eigenen Besitzungen oder statteten der Insel hin und wieder einen kurzen Besuch ab. Dort harrten ihrer nur wenige militärische Pflichten, und sie vertrieben sich die Zeit damit, schönen Frauen den Hof zu machen. Zu einem Gesellschaftskreis jedoch blieb ihnen der Zutritt verwehrt: Das waren einige alte maltesische Adelsfamilien, die auf der Insel zu Hause waren. Ihren Mitgliedern war es untersagt, in den Orden einzutreten, und sie lehnten jede gesellschaftliche Verbindung zu den Rittern ab. Nur den Großmeister, den sie als ihren Gebieter anerkannten, und jene Mitglieder des Kapitels, aus denen sich der Ordensrat zusammensetzte, nahmen sie in ihren exklusiven Kreis auf. Um sich für diese Zurücksetzung zu entschädigen, schenkten die Ritter ihre Aufmerksamkeit der nächsten Gesellschaftsschicht, das heißt jenen Kreisen, die Ämter in der Verwaltung und Justiz bekleideten. Die Damen dieser Klasse wurden Honorate oder Ehrenwerte genannt, um sie von den niederen Schichten zu unterscheiden; unter ihnen gab es viele von großem Liebreiz und außerordentlicher Schönheit und Anziehungskraft.

Doch selbst diese freundlicher gesinnten Kreise kamen nicht allen Herren mit dem gleichen Wohlwollen entgegen. Die Deutschen genossen wegen ihres hübschen, frischen Äußeren und ihres liebenswürdigen Wesens entschiedeneren Vorzug; dann folgten die spanischen Edelleute wegen ihrer tiefen Frömmigkeit, ihrer höflichen Manieren und ihrer außerordentlichen Diskretion. So merkwürdig es scheinen mag, die französischen Ritter waren am schlechtesten dran. Die maltesischen Damen fürchteten ihre Unbeständigkeit und ihre Neigung, sich ihrer Liebschaften zu brüsten, und gingen jeder Berührung mit ihnen aus dem Wege. Sie mußten sich daher mit Eroberungen unter der Weiblichkeit der niederen Schichten zufriedengeben. Dafür rächten sie sich, indem sie nach fröhlicher französischer Art die Honorate verspotteten, allerlei Schabernack trieben, ihre zarten Beziehungen zu den glücklicheren Edelleuten auskundschafteten und sie zum Thema ihrer Lieder und Epigramme machten.

Zu jener Zeit kam ein französisches Schiff nach Malta, mit dem eine hohe Persönlichkeit des Ordens vom heiligen Johannes von Jerusalem eintraf, der Kommandant de Foulquerre, der sich um den Posten des Oberbefehlshabers der Galeeren bewerben wollte. Er stammte aus einem alten kriegerischen französischen Geschlecht; seine Vorfahren hatten lange Zeit hindurch den Posten eines Seneschalls von Poitou bekleidet, und er behauptete, ein Nachkömmling des ersten Grafen von Angoulême zu sein.

Die Ankunft des Kommandanten verursachte unter den friedlich gesinnten Maltesern eine gewisse Unruhe, denn er genoß auf der Insel den Ruf, hitzköpfig, streitsüchtig und hochmütig zu sein. Er war bereits dreimal in Malta gewesen und hatte jedesmal durch jähe blutige Händel die Aufmerksamkeit auf sich gelenkt. Da er aber bereits fünfunddreißig Jahre zählte, hoffte man, daß die Zeit seinen ungestümen Charakter gemildert habe und er ein ruhigeres und gelasseneres Wesen an den Tag legen würde. Der Kommandant richtete sich einen Hausstand ein, wie er seinem Rang und seinen Ansprüchen entsprach, denn er stellte sich sogar noch über den Großmeister. Sein Haus wurde sofort zum Treffpunkt der jungen französischen Ritter. Sie berichteten ihm von all der Geringschätzung, die sie tatsächlich oder angeblich erlitten hatten, und bewiesen ihre kecken satirischen Talente auf Kosten der Honorate und ihrer Liebhaber. Bald fanden die Edelleute der anderen Nationen Thema und Ton dieser Unterhaltungen abstoßend und beleidigend und zogen sich nach und nach zurück. Der Kommandant blieb der Führer einer nationalen Clique, die sich ihn zum Vorbild nahm. Zwar war er jetzt nicht mehr so unbändig und streitsüchtig wie früher, aber dafür um so hochmütiger und anmaßender, und es gefiel ihm, von seinen Ehrenhändeln und blutigen Duellen zu erzählen. Wenn er durch die Straßen ging, war er fast immer von einem Schwarm angriffslustiger junger französischer Ritter umgeben, die sein überhebliches, prahlerisches Gehabe nachäfften. Mit ihnen pflegte er zu den Schauplätzen seiner blutigen Treffen zu gehen, zeigte ihnen die Orte, wo er so manchen tödlichen Streich geführt, und schilderte selbstgefällig und genießerisch jede Einzelheit.

Unter seinem Einfluß wurden die jungen Franzosen, die vorher schon so keck und leichtsinnig gewesen waren, noch anmaßender und hochfahrender und erhitzten sich aus den geringfügigsten Anlässen; besonders jenen gegenüber, die beim schönen Geschlecht die größten Erfolge hatten, wurden sie zu unleidlichen Raufbolden. Die anderen Ritter legten die größte Langmut und Zurückhaltung an den Tag, aber es war klar, daß es über kurz oder lang zu einem offenen Bruch kommen mußte.

Unter den spanischen Edelleuten befand sich auch Don Luis de Lima Vasconcellos. Es war ein entfernter Verwandter des Großmeisters, der ihn in jungen Jahren unter seine Pagen aufgenommen und sehr rasch befördert hatte, so daß er schon mit sechsundzwanzig Jahren die reichste spanische Kommandantur des Ordens bekleidete. Außerdem war er sehr erfolgreich bei den Frauen und unterhielt zu einer der schönsten der Honorate von Malta lange Zeit hindurch die zartesten Beziehungen.

Was Stand, Rang und Einfluß betraf, so war Don Luis dem Kommandanten de Foulquerre durchaus ebenbürtig und galt seinen Landsleuten als natürlicher Führer und als Vorbild. Die spanischen Ritter wandten sich daher geschlossen an ihn, schilderten ihm die erlittenen Kränkungen und die Mißstände, von denen sie Kunde hatten, und drangen in ihn, seinen Einfluß bei dem Kommandanten und seinen Anhängern geltend zu machen, um den zunehmenden Übergriffen ein Ende zu setzen.

Don Luis war erfreut über das Vertrauen und die Wertschätzung, die ihm seine Landsleute entgegenbrachten, und versprach, sich mit dem Kommandanten de Foulquerre auseinanderzusetzen. Er beschloß, die größte Vorsicht und Diplomatie an den Tag zu legen; seine Absicht war, dem Kommandanten die bösen Folgen aufzuzeigen, die das rücksichtslose Betragen seiner jungen Landsleute nach sich ziehen konnte, und ihn dringend zu ersuchen, all den Einfluß aufzubieten, den er berechtigterweise besaß, um ihre Übergriffe einzudämmen. Don Luis war sich jedoch der Gefahren bewußt, die eine solche Unterredung mit dem herrschsüchtigen, störrischen Manne mit sich brachte, und er fürchtete, sie würde trotz aller Vorsicht mit einem Duell enden. Es handelte sich aber um eine Ehrensache, in der die Würde Kastiliens auf dem Spiele stand; außerdem empfand er einen heimlichen Unwillen gegen die aufdringliche Art de Foulquerres und war vielleicht über gewisse lästige Aufmerksamkeiten verärgert, die sich jener der schönen Honorata gegenüber anmaßte.

Die Osterwoche war gekommen, eine Zeit, viel zu heilig für Streit und weltliche Leidenschaften, und noch dazu in einer Gemeinschaft, die unter der Herrschaft eines religiösen Ordens stand; man hatte deshalb beschlossen, die bewußte gefährliche Aussprache erst nach dem Osterfeste stattfinden zu lassen. Spätere Ereignisse lassen jedoch darauf schließen, daß der Kommandant de Foulquerre etwas von der Abmachung der spanischen Adligen erfahren hatte und entschlossen war, den Dingen vorzugreifen und den Stolz ihres Führers zu demütigen, der ihm die Leviten lesen wollte. Er wählte Karfreitag für sein Vorhaben. An diesem heiligen Tag ist es in den katholischen Ländern Sitte, alle Kirchen der Reihe nach aufzusuchen und in jeder seine Gebete zu verrichten. Bekanntlich befindet sich in den katholischen Kirchen in der Nähe der Tür ein Weihwasserbecken. Und in dieses Becken tauchen alle Eintretenden die Finger und machen dann das Zeichen des Kreuzes auf Stirn und Brust. Nun gilt es bei den jungen Spaniern als Ritterdienst, an der Tür zu stehen, die Finger in das geweihte Wasser zu tauchen und sie den ihnen bekannten Damen beim Eintreten höflichst und respektvoll hinzuhalten; auf diese Weise wird den Damen das Weihwasser aus zweiter Hand auf die Fingerspitzen übermittelt, und sie machen sodann das Zeichen des Kreuzes, wie es die Sitte verlangt. Die Spanier, die überaus eifersüchtige Liebhaber sind, werden sehr zornig, wenn diese Geste frommer Galanterie den von ihnen verehrten Schönen durch eine andere Hand geboten wird. Wenn daher eine Dame am Karfreitag ihren Rundgang durch die Gotteshäuser macht, pflegt ihr der Verliebte von Kirche zu Kirche zu folgen, um ihr an jeder Tür das geweihte Wasser anzubieten; damit stellt er die eigene Frömmigkeit unter Beweis und verhindert gleichzeitig die zudringlichen Aufmerksamkeiten eines Rivalen.

An besagtem Tag also folgte Don Luis der schönen Honorata, die er, wie bereits erwähnt, seit langem verehrte. Schon bei der ersten Kirche, die sie besuchte, stand am Portal, umgeben von mehreren jungen französischen Edelleuten, der Kommandant de Foulquerre. Bevor noch Don Luis ihr das Weihwasser anbieten konnte, kam ihm der Kommandant zuvor; er drängte sich zwischen sie, und während er der Dame den Ritterdienst erwies, drehte er ihrem Anbeter grob den Rücken zu und trat ihm auf den Fuß. Erfreut beobachteten die jungen Franzosen diese Beleidigung. Sie war zu groß und zu tief, als daß spanischer Stolz sie hätte vergeben können, und setzte mit einem Schlage den Absichten des Don Luis, was Vorsicht und Langmut betraf, ein Ende. Jedoch wußte er sich im Augenblick zu beherrschen und wartete, bis alle Anwesenden die Kirche verlassen hatten, dann näherte er sich dem Kommandanten mit kühler und unberührter Miene, fragte nach seiner Gesundheit und welche Kirche er als nächste aufzusuchen gedächte. »Die Magistralkirche vom heiligen Johann.«

Don Luis bot sich an, ihn auf dem kürzesten Wege dorthin zu führen. Dieses Anerbieten wurde offenbar ohne jeden Verdacht angenommen, und sie brachen zusammen auf. Nachdem sie ein Stück Wegs gegangen waren, kamen sie zu einer langen Gasse, auf die weder Türen noch Fenster führten und die den Namen Strada Stretta oder Schmale Straße trug. In dieser Gasse wurden Duelle schweigend geduldet, und man ließ sie als tödliche Unfälle hingehen. Sonst waren sie überall verboten. Auf diese Weise versuchte man, die früher so zahlreichen Duelle in Malta einzuschränken. Außerdem war es bei Todesstrafe verboten, diese Straße bewaffnet mit einem Dolch oder einer Pistole zu betreten, wodurch man den Treffen ein wenig von ihrer Gefährlichkeit zu nehmen hoffte. Es war eine verlassene, düstere Gasse, gerade breit genug, daß zwei Männer in ihr Aufstellung nehmen und die Klingen kreuzen konnten. Nur wenige Menschen durchschritten die Strada Stretta, und die es taten, kamen mit finsteren Absichten. Bei vorher vereinbarten Duellen postierten sich die Sekundanten an den Ausgängen der Straße, um Vorübergehende aufzuhalten und Unterbrechungen zu verhindern.

Kaum hatten die beiden Ritter die Gasse betreten, als Don Luis auch schon sein Schwert zog und den Kommandanten aufforderte, sich zu verteidigen.

De Foulquerre war sichtlich überrumpelt; er wich zurück und versuchte Einwendungen zu machen, aber Don Luis bestand auf seiner Herausforderung.

Nach einigen Sekunden zog de Foulquerre ebenfalls sein Schwert, ließ es aber sofort wieder sinken.

»Karfreitag!« stieß er hervor und schüttelte den Kopf. »Laßt mich Euch ein Wort sagen. Es sind volle sechs Jahre, daß ich nicht mehr vor einem Beichtstuhl kniete; mich schreckt die Last, die mein Gewissen drückt; aber innerhalb von drei Tagen, das heißt am nächsten Montag ...«

Don Luis wollte jedoch auf nichts hören. Zwar war er von Natur aus friedfertig, aber jetzt aufs äußerste gereizt, und wenn solche Menschen in Wut geraten, sind sie jedem Zureden taub. Er zwang den Kommandanten, Kampfstellung einzunehmen, und dieser, obwohl an Fehde und Streit gewöhnt, war außerordentlich erschrocken. Aus seinem Gesicht sprach Entsetzen. Er stellte sich mit dem Rücken gegen die Wand, und sie kreuzten die Waffen. Der Kampf war kurz und tödlich. Schon beim ersten Stoß durchbohrte Don Luis den Leib seines Gegners mit dem Schwerte. Der Kommandant taumelte gegen die Wand.

»Karfreitag!« stieß er wieder verzweifelt und mit brechender Stimme hervor. »Der Himmel vergebe Euch«, setzte er hinzu. »Bringt mein Schwert nach Têtefoulques und laßt in der Schloßkapelle hundert Messen für mein Seelenheil lesen!« Mit diesen Worten verschied er.

Der Zorn des Don Luis war verraucht. Entsetzt stand er da und starrte auf den blutigen Leib des Kommandanten. Er erinnerte sich der Bitte des Toten um dreitägigen Aufschub, um seinen Frieden mit dem Himmel zu schließen; er hatte sie zurückgewiesen, hatte ihn mit seiner ganzen Sündenlast zu Grabe gesandt! Das Gewissen schlug ihm; er hob das Schwert des Kommandanten auf, das er nach Têtefoulques bringen sollte, und enteilte der verhängnisvollen Strada Stretta.

Das Duell erregte natürlich in Malta viel Aufsehen, hatte aber keine nachteiligen Folgen für das Wohlergehen des Don Luis. Er gab vor den zuständigen Stellen eine volle Erklärung ab; das Ordenskapitel betrachtete die Angelegenheit als einen der üblichen Unglücksfälle der Strada Stretta, die man bedauerte, aber duldete; die Leute hingegen, bei denen der verstorbene Kommandant allgemein verhaßt gewesen war, erklärten, daß er sein Schicksal verdient habe. Und schon drei Tage nach diesem Vorfall betraute der Großmeister Don Luis mit einer der höchsten Würden des Ordens, indem er ihm die Priorschaft des Königtums von Menorca übertrug.

Jedoch von diesem Zeitpunkt an veränderte sich Don Luis' Charakter und sein ganzes Gehabe. Er wurde das Opfer einer düsteren Melancholie, die sich durch nichts mildern ließ. Die strengste Frömmigkeit, die härtesten Bußen vermochten nicht die Schrecken zu lindern, die seinen Geist heimsuchten. Lange Zeit hindurch war er fern von Malta, und man sagte, er befände sich auf einer großen Pilgerfahrt; als er zurückkehrte, sah er abgezehrter denn je aus. Die geistige Verwirrung, unter der er litt, hatte etwas Geheimnisvolles und Unerklärliches. Er selbst hat die furchtbaren Visionen und Chimären geschildert, die ihn verfolgten.

»Nachdem ich meine Erklärung vor dem Kapitel abgelegt hatte«, sagte er, »wurde meine Tat öffentlich bekannt; ich hatte meinen Frieden mit den Menschen gemacht, aber weder mit Gott noch mit meinem Beichtvater noch mit meinem Gewissen. Zwiefach war die Schuld, die ich auf mich geladen hatte. Einmal wegen des Zeitpunktes, an dem ich die Tat begangen, zum anderen, weil ich dem Opfer meines Hasses jene drei Tage Aufschub verwehrt hatte, um die Sakramente zu empfangen. Ständig gellte mir sein verzweifelter Schrei ›Karfreitag, Karfreitag!‹ in den Ohren. Warum hatte ich ihm nur diesen Aufschub nicht gegeben, dachte ich verzweifelt. War es nicht genug, den Körper zu töten, mußte ich auch noch trachten, die Seele zu morden?

In der Nacht, die dem Freitag folgte, schreckte ich plötzlich aus dem Schlaf. Ich verspürte ein unerklärliches Grauen; wild starrte ich um mich. Mir war, als sei ich nicht in meinem Haus und in meinem Bett, sondern läge auf dem Pflaster der finsteren Strada Stretta. Wieder sah ich den Kommandanten, wie er an der Wand lehnte; wieder hörte ich seine letzten Worte: ›Bringt mein Schwert nach Têtefoulques und laßt in der Schloßkapelle hundert Messen für mein Seelenheil lesen!‹

In der folgenden Nacht ließ ich einen meiner Diener bei mir im Zimmer schlafen. Doch weder in dieser Nacht noch in den darauffolgenden Nächten sah oder hörte ich etwas; das ging so bis zum nächsten Freitag, als ich die gleiche Erscheinung hatte, mit dem einzigen Unterschied, daß auch mein Diener in einiger Entfernung von mir auf dem Pflaster der Strada Stretta zu liegen schien. Diese Erscheinung wiederholte sich jede Freitagnacht, der Kommandant erschien mir immer auf die gleiche Weise und stammelte immer die gleichen Worte: ›Bringt mein Schwert nach Têtefoulques und laßt in der Schloßkapelle hundert Messen für mein Seelenheil lesen!‹

Als ich meinen Diener befragte, erklärte er, daß er zur gleichen Zeit träumte, in einer sehr engen Straße zu liegen, aber vom Kommandanten sah und hörte er nichts.

Ich kannte dieses Têtefoulques nicht, wohin ich auf den dringenden Wunsch des Toten sein Schwert bringen sollte, und stellte daher unter den französischen Rittern Nachforschungen an. Sie teilten mir mit, daß es ein altes Schloß inmitten eines Waldes sei, vier Meilen von Poitiers entfernt. Es war in vergangenen Zeiten, vor vielen hundert Jahren, von Foulques Taillefer, einem hartherzigen, streitsüchtigen Grafen von Angoulême, erbaut worden, der es einem illegitimen Sohn schenkte, dem späteren Großseneschall von Poitou und Stammvater der Foulquerre von Têtefoulques, der Erbseneschalle von Poitou. Man sagte mir noch, daß in der Gegend seltsame Geschichten über das alte Schloß in Umlauf seien und daß es viele merkwürdige Reliquien enthalte, darunter die Waffen von Foulques Taillefer und die seiner besiegten

Gegner, und daß es seit urdenklichen Zeiten bei den Foulquerre Brauch sei, die Waffen, die sie im Krieg oder im Zweikampf gebraucht hatten, dort aufzubewahren. Das war also der Grund, warum mir der sterbende Kommandant den Auftrag wegen seines Schwertes erteilt hatte. Wo immer ich ging, trug ich die Waffe bei mir, aber ich versäumte es auch weiterhin, seinen Wunsch zu erfüllen. Die Erscheinung setzte mir weiter zu, und das Grauen ließ nicht nach. Ich zog nach Rom, wo ich dem Großkardinal reumütig beichtete und ihm von den Schrecken berichtete, die mich quälten. Er versprach mir Absolution, unter der Bedingung, daß ich einige Bußen verrichtete, deren wichtigste die Erfüllung des Wunsches des sterbenden Kommandanten war; ich sollte das Schwert nach Têtefoulques bringen und in der Schloßkapelle hundert Messen für sein Seelenheil lesen lassen.

Ich begab mich also so rasch wie möglich, ohne mich unterwegs aufzuhalten, nach Frankreich. Als ich in Poitiers ankam, stellte ich fest, daß die Kunde vom Tode des Kommandanten auch schon nach hier gedrungen war, aber nicht mehr Trauer hervorgerufen hatte als unter der Bevölkerung Maltas. Ich ließ meinen Wagen in der Stadt, legte das Gewand eines Pilgers an, nahm einen Führer und machte mich auf den Weg nach Têtefoulques. Die Straßen in diesem Teil des Landes waren tatsächlich für Reisewagen unbefahrbar. So kam ich zum Schloß von Têtefoulques, einem großen, aber düsteren und verfallenen Gemäuer. Alle Tore waren verschlossen, und über dem Ganzen lag eine fast barbarische Einsamkeit und Verlassenheit. Man hatte mir gesagt, die einzigen Bewohner seien der Torhüter oder Kastellan und eine Art Einsiedler, der die Kapelle zu betreuen hatte. Ich läutete einige Zeit am Tor, bis es mir schließlich gelang, den Kastellan herauszurufen, der sich in Ehrfurcht vor meinem Pilgergewande verbeugte. Ich bat ihn, mich in die Kapelle zu bringen, wo meine Pilgerfahrt zu Ende sei. Dort trafen wir auf den Eremiten, der die Totenmesse sang, düstere Weisen für einen, der Buße für den Tod eines Familienmitgliedes zu tun hatte. Nachdem er geendet hatte, teilte ich ihm mit, daß ich gekommen sei, um einer Gewissenspflicht zu genügen, und bat ihn, hundert Messen für das Seelenheil des Kommandanten lesen zu lassen. Er antwortete, er habe nicht das Recht, Messen zu lesen, da er nicht geistlichen Standes sei, wollte mir aber nach Kräften beistehen, damit ich von meiner Gewissenslast befreit würde. Ich legte meinen Obolus auf den Altar und wollte dort auch das Schwert des Kommandanten niederlegen. ›Halt!‹ rief der Eremit und schüttelte melancholisch das Haupt. ›Das ist nicht der Ort für eine solche tödliche Waffe, die so oft in Christenblut gebadet wurde. Tragt sie in die Waffenkammer, Ihr werdet dort ähnliche Trophäen zur Genüge finden. Es ist ein Raum, den ich nie betrete.‹

Der Kastellan knüpfte an die Worte des friedlichen Gottesmannes an und versicherte mir, ich würde in der Waffenkammer die Schwerter des ganzen kriegerischen Geschlechts der Foulquerre finden und die ihrer besiegten Feinde. Dieser Brauch, bemerkte er, stamme noch aus der Zeit von Melusine und ihrem Gemahl Geoffrey à la Grand-dent oder Geoffrey Großzahn.

Ich folgte dem schwatzenden Kastellan in die Waffenkammer. Es war ein großer, düsterer Saal, an dessen Wänden die gotischen Bildnisse eines starren Kriegergeschlechts hingen, ein jeder mit seiner Waffe und neben seinem Bild die Waffen derer, die er im Krieg besiegt hatte. Am bemerkenswertesten war das Bild des Foulques Taillefer, Graf von Angoulême und Erbauer des Schlosses. Er war in voller Größe abkonterfeit, gewappnet von Kopf bis Fuß, und seine Hand umklammerte einen riesigen Schild, der mit drei schreitenden Löwen verziert war; diese waren so lebendig dargestellt, daß man den Eindruck gewann, sie könnten jederzeit den Rahmen verlassen. Unter diesem Bild entdeckte ich viele erbeutete Waffen, Beweise der zahlreichen Siege des alten ritterlichen Kämpen. Außer den Waffen, die zu den Bildnissen gehörten, hingen noch Schwerter jeder Gattung und Größe und aus allen Jahrhunderten in der Halle, und überall standen eine Menge Rüstungen.

Zu beiden Seiten eines riesigen Kamins hingen die Bilder des ersten Seneschalls von Poitou* und seiner Gemahlin Isabella de Lucignan, den Ahnherren des grimmigen Geschlechtes derer de Foulquerre, die überall finster von den Wänden blickten. Sie sahen alle ganz gleich aus, und als ich sie betrachtete, war mir, als entdeckte ich in den altertümlichen Gesichtern eine gewisse Familienähnlichkeit mit jenem unglücklichen Nachkommen, den ich umgebracht hatte. Fürwahr, eine düstere Gesellschaft, aber die Waffenkammer war der einzige Ort im Schloß, der einen bewohnbaren Eindruck machte; ich fragte deshalb den Kastellan, ob er mir nicht ein Feuer machen und ein Mahl bereiten könne und ob es möglich sei, mir in einer Ecke ein Lager herzurichten.

›Ein Feuer und ein Abendmahl könnt Ihr haben, und das mit Freuden, werter Pilger‹, antwortete er, ›was aber die Bettstatt betrifft, so rate ich Euch, in meinem Zimmer zu schlafen.‹

›Warum denn?‹ fragte ich. ›Warum soll ich nicht in diesem Saale schlafen?‹

›Ich habe meine Gründe; ich will Euch ein Lager nahe dem meinen herrichten.‹

Ich machte keine Einwände, denn ich erinnerte mich, daß es Freitag war, und ich fürchtete, die Erscheinung werde mich wieder heimsuchen. Er brachte Holzscheite und fachte in dem großen, überhängenden Kamin ein Feuer an, dann entfernte er sich, um das Mahl zu bereiten. Ich zog einen schweren Sessel an den Kamin, setzte mich hinein und blickte sinnend auf die Bildnisse der Foulquerre und die altmodischen Rüstungen und Waffen, die Zeugen so vieler blutiger Taten. Der Tag neigte sich, und nach und nach verschwammen die rauchgeschwärzten Wandbehänge des Saales mit dem dunklen Grund der Bilder, und im fahlen Schein des Feuers konnte ich nur die Gesichter sehen, die mich aus der zunehmenden Dunkelheit anstarrten. All das war entsetzlich düster und flößte mir Schrecken ein; vielleicht war es aber auch mein böses Gewissen, das mich so empfindsam und besonders empfänglich für erschreckende Vorstellungen machte.

* Illegitimer Sohn von Foulques Taillefer

Schließlich brachte der Kastellan das Abendessen. Er bestand aus einem Gang Forellen und etlichen Krebsen, die man im Schloßgraben gefangen hatte. Er stellte auch eine Flasche Wein dazu und sagte mir, daß es Wein von Poitou sei. Ich bat ihn, den Eremiten einzuladen, auf daß er mir bei meinem Mahle Gesellschaft leiste, aber der heilige Mann ließ mich wissen, daß er nur Wurzeln und Kräuter in Wasser gekocht zu sich nähme. Ich speiste daher allein, zog die Mahlzeit aber so lange wie möglich hin und versuchte, meinen gesunkenen Mut durch den Wein von Poitou zu heben, den ich recht gut fand.

Als ich mit dem Essen fertig war, bereitete ich mich auf meine Abendgebete vor. Ich habe es immer sehr genau mit dem Lesen des Breviers gehalten, es gehört zu den unbedingten und unerläßlichen Pflichten aller Ritter der religiösen Orden, und ich kann mein Wort darauf geben, daß es von den spanischen Rittern erfüllt wird. Ich zog daher ein kleines Missale* und einen Rosenkranz aus der Tasche und sagte dem Kastellan, er möge mir noch den Weg zu seinem Zimmer weisen, wo ich mich nach Beendigung meiner Gebete einfinden würde.

Er zeigte mir eine Wendeltreppe, die aus dem Saale hinabführte. ›Ihr müßt diese Treppe hinuntersteigen‹ sagte er, ›bis zum vierten Absatz, dann geht Ihr durch einen Gewölbegang bis zu einer Arkade mit der Statue der heiligen Johanna von Frankreich. Ihr könnt mein Zimmer gar nicht verfehlen, und ich werde außerdem die Tür auflassen; es ist die sechste Tür vom Treppenabsatz. Ich rate Euch aber, nicht nach Mitternacht in diesem Saale zu verweilen. Bevor die zwölfte Stunde schlägt, werdet Ihr die Glocke des Eremiten hören, der seine Runde durch die Gänge macht. Bleibt nach diesem Zeichen nicht länger hier oben.‹

Der Kastellan zog sich zurück, und ich begann mit meinen Gebeten. Ich war mit dem größten Ernst bei der Sache und unterbrach nur von Zeit zu Zeit, um Holz ins Feuer zu werfen. Ich wagte nicht, viel um mich zu blicken, denn ich spürte, wie ich das Opfer angstvoller Vorstellungen wurde. Mir war, als

* Meßbuch

fingen die Bilder zu leben an. Wenn ich eines aufmerksam und längere Zeit hindurch betrachtete, so schien es die Augen und die Lippen zu bewegen. Vor allem die Bilder des Großseneschalls und seiner Gemahlin, der Ahnherren der Foulquerre de Têtefoulques, die zu beiden Seiten des großen Kamins hingen, schienen mich mit zornigen, schrecklichen Augen zu betrachten; mir war sogar, als tauschten sie vielsagende Blicke. In diesem Moment rüttelte ein furchtbarer Wind an allen Fenstern, fegte durch den Saal und ließ die Waffen klirrend aneinanderschlagen. Meine überreizte Phantasie sah darin etwas Übernatürliches. Schließlich hörte ich die Glocke des Eremiten und beeilte mich, den Saal zu verlassen. Ich nahm ein Licht von einem Tisch und stieg die Wendeltreppe hinab; aber bevor ich den Gewölbegang erreichte, der zu der Statue der heiligen Johanna von Frankreich führte, löschte ein Windstoß meine Kerze. Hastig stieg ich die Treppe wieder empor, um sie erneut am Kamin zu entzünden; aber, stellt Euch meine Gefühle vor, als ich, bei der Tür der Waffenkammer angekommen, den Seneschall und seine Gemahlin sah; sie waren aus den Rahmen gestiegen und hatten sich zu beiden Seiten des Kamins niedergelassen.

›Meine geliebte und verehrte Gemahlin‹, begann der Seneschall sehr förmlich und zuvorkommend, ›was sagt Ihr zu diesem anmaßenden Kastilier, der sich hier in unserem Schloß einnistet und schwelgt, nachdem er unseren Nachkommen, den Kommandanten, erschlagen hat, ohne ihm Zeit zur Beichte zu lassen?‹

›Fürwahr, mein Gemahl‹, antwortete das weibliche Gespenst nicht weniger würdevoll und in sehr schroffem Tone, ›fürwahr, dieser Kastilier hat ein arges Unrecht begangen und darf nicht von dannen ziehen, ohne daß Ihr ihm den Fehdehandschuh hinwerft.‹

Ich hörte nicht länger hin und eilte von neuem die Stiegen hinunter auf der Suche nach dem Zimmer des Kastellans. In der Finsternis und infolge meiner furchtbaren Aufregung war es mir jedoch unmöglich, den Raum zu finden. Nach anderthalb Stunden vergeblichen Umherirrens und tödlichen

Entsetzens suchte ich mich selbst davon zu überzeugen, daß das Morgengrauen nahe sei, und lauschte ungeduldig auf das Krähen des Hahnes, denn ich glaubte mich in Sicherheit, wenn ich erst diesen fröhlichen Laut vernehmen würde; in meinem zerrütteten Seelenzustand klammerte ich mich an den Volksglauben, dem zufolge nach dem ersten Hahnenschrei keine Geister mehr erscheinen.

Schließlich riß ich mich zusammen und bemühte mich, das unbestimmte Grauen abzuschütteln, das mich verfolgte. Ich versuchte mir einzureden, daß die beiden Gestalten, die ich gesehen und gehört haben wollte, nur Produkte meiner erregten Phantasie seien. Noch immer hielt ich den Rest meiner Kerze in der Hand und beschloß, einen neuen Versuch zu machen, um sie anzuzünden und den Weg zu meinem Bett zu finden, denn ich sank vor Müdigkeit beinah um. Ich rannte also, immer drei Stufen auf einmal nehmend, die Treppe hinauf, hielt an der Türe der Waffenkammer an und lugte vorsichtig hinein. Die beiden gotischen Gestalten saßen nicht mehr am Kamin, aber ich vergaß festzustellen, ob sie wieder in ihre Rahmen zurückgestiegen waren. Ich trat ein und ging eiligst auf das Feuer zu, aber kaum hatte ich drei Schritte gemacht, als plötzlich mitten in der Halle, gewappnet von Kopf bis Fuß und in Kampfstellung, Herr Foulques Taillefer vor mir stand und schweigend sein Schwert gegen mich hob. Ich wäre zur Treppe zurückgekehrt, aber vor der Türe stand das Gespenst eines Ritters, das mir grob einen Handschuh ins Gesicht warf. Zur Raserei gebracht, riß ich ein Schwert von der Wand; zufällig war es das des Kommandanten, das ich selbst dort aufgehängt hatte. Ich stürzte mich auf meinen gespenstischen Gegner und glaubte ihn zu durchbohren, aber gleichzeitig hatte ich das Gefühl, als stieße mir etwas ins Herz, das wie rotglühendes Eisen brannte. Mein Blut bedeckte den Fußboden der Halle, und ich verlor das Bewußtsein.

Als ich wieder zu mir kam, war heller Tag; ich befand mich in einem kleinen Zimmer, und der Kastellan und der Eremit bemühten sich um mich. Der erstere berichtete mir, wie er in der vergangenen Nacht lange nach der zwölften Stunde aufgewacht sei und mich nicht im Zimmer gefunden habe, worauf er sich – ausgerüstet mit einem Weihwasserbecken – auf die Suche nach mir begab. Er fand mich bewußtlos auf dem Boden der Waffenkammer hingestreckt und trug mich in sein Gelaß. Ich sprach von der Wunde und dem vielen Blut, das ich verloren hatte. Er schüttelte den Kopf; davon war ihm nichts bekannt; und zu meiner Überraschung mußte ich feststellen, daß ich vollkommen heil und unversehrt war. Wunde und Blut waren also nichts als Blendwerk gewesen. Weder der Kastellan noch der Eremit stellten mir irgendwelche Fragen, aber sie rieten mir, das Schloß so bald wie möglich zu verlassen. Ohne weiter Zeit zu verlieren, folgte ich ihrem Rat, und mir war, als fiele mir ein schweres Gewicht vom Herzen, als ich die verhängnisvollen, düsteren Zinnen von Têtefoulques hinter mir ließ.

Am folgenden Freitag gelangte ich auf meinem Wege nach Spanien nach Bayonne. Wieder schreckte ich genau wie früher um Mitternacht hoch, aber nicht mehr der sterbende Kommandant erschien mir. Es war der alte Foulques Taillefer, der in voller Rüstung vor mir stand und sein Schwert auf mich richtete. Ich machte das Zeichen des Kreuzes, und das Gespenst verschwand, aber ich fühlte den gleichen wie Feuer brennenden Stich im Herzen, den ich in der Waffenkammer verspürt hatte, und mir war, als sei ich in Blut gebadet. Ich hätte gerufen, hätte mich von meinem Bett erhoben, um Hilfe herbeizuholen, aber ich konnte mich nicht rühren und keinen Laut hervorbringen. Die schrecklichen Qualen dauerten bis zum ersten Hahnenschrei, dann fiel ich in Schlaf; aber am nächsten Tage war ich krank und befand mich in einem beklagenswerten Zustand. Von diesem Schreckensbild werde ich seither jede Freitagnacht verfolgt. Alle meine Bußtaten, meine ganze Frömmigkeit haben mich nicht davon befreien können; und nur die sehnsüchtige Hoffnung auf die Gnade Gottes hält mich aufrecht und macht es mir möglich, die grausame Heimsuchung zu ertragen.«

Verfolgt von ständigen Gewissensbissen und dem schrecklichen Inkubus, siechte der Großprior von Menorca langsam dahin. Einige Zeit nachdem er die vorstehenden Einzelheiten seines Falles berichtet hatte, starb er, offensichtlich das Opfer einer kranken Einbildung.

Diese Erzählung ist eine fast wörtliche Wiedergabe der französischen Chronik, in der sie als wahre Geschichte bezeichnet wird; wenn es an dem ist, so handelt es sich hier um eine jener Begebenheiten, bei denen sich die Wahrheit romantischer als alle Erfindungsgabe erweist.

THÉOPHILE GAUTIER
Omphale

Mein Onkel, der Chevalier von X., bewohnte ein Häuschen, das auf der einen Seite nach der traurigen Rue des Tournelles, nach der andern auf den ebenso traurigen Boulevard Sainte-Antoine schaute. Zwischen dem Boulevard und dem Wohnhaus reckten ein paar Hagebuchen ihre von Moos und Insekten zerfressenen dürren Arme erbarmungswürdig aus einem schwarzen, von Mauern bedrängten Hof. Ein paar blasse Blumenstengel ließen müde die Köpfe hängen wie schwindsüchtige junge Mädchen und warteten vergebens auf den Sonnenstrahl, der ihre feuchten, halbfaulen Blätter austrocknen würde. In den Wegen sproßte überall das Unkraut, so daß ihre Spuren kaum noch zu erkennen waren. Seit langem hatte dort kein Rechen mehr Ordnung geschafft. In einem Bassin, das von Algen und andern Sumpfpflanzen fast ganz überdeckt war, schwammen ein oder zwei Goldfische.

Diesen Ort nannte mein Onkel seinen Garten. In diesem Garten gab es außer den Herrlichkeiten, die wir soeben beschrieben haben, noch einen mürrischen alten Pavillon, dem er, wahrscheinlich aus einem paradoxen Gefühl heraus, den Namen »Entzücken« gegeben hatte. Er befand sich im Zustand äußersten Verfalls. Die Mauern klafften; große Stücke von Stukkatur hatten sich abgelöst und ruhten in Brennesseln und wildem Hafer; ein grünlicher Schimmelbelag bedeckte die Wände. Fensterläden und Türen waren gequollen und schlossen gar nicht mehr oder nur sehr schlecht. Eine Art riesiger Kochtopf, aus dem goldene Dämpfe aufstiegen, bildete die Verzierung des Haupteinganges. Denn zur Zeit Louis XV., aus der dieser Pavillon stammte, hatten solche Baulichkeiten fürsorglicherweise immer zwei Eingänge. Schnecken, Girlanden und Schnörkel zierten das Kranzgesimse, das durch das ständig einsickernde Regenwasser dem Zerfall nahe war. Kurz, dieses »Entzücken« war ein erbarmungswürdiger Kasten.

Diese Ruine von gestern, der man ihrem Zustand nach ruhig tausend Jahre hätte geben können, die nicht aus Stein, sondern aus Kalk bestand, runzelig und zerfressen, mit Moosen, Flechten und Salpeter ganz überzogen war, glich einem unwürdigen Greise, den ein schlechtes Leben aufgebraucht hat. Sie flößte durchaus kein Mitleid ein, denn es gibt auf der Welt nichts Häßlicheres als ein zerschlissenes Tarlatankleid und eine alte Kalkmauer. Beides sind Dinge, die keine Dauer haben dürften und die doch noch immer vorhanden sind.

In diesem Pavillon hatte mein Onkel mich untergebracht.

Das Innere war nicht weniger »Rokoko« als der äußere Anstrich, wenn auch noch ein wenig besser erhalten. Das Bett war mit chinesischem, gelb und weiß geblümtem Seidenzeug bedeckt. Auf einem mit Schildpatt und Elfenbein eingelegten Sockel stand eine Pendeluhr. Um einen venezianischen Spiegel schlang sich zierlich eine Girlande aus Monatsröschen. Über den Türen waren in Kameenmanier die vier Jahreszeiten abgebildet. In einem ovalen Rahmen lächelte eine gepuderte Dame in himmelblauer Korsage; in der einen Hand hielt sie einen Bogen, in der andern ein Rebhuhn. Auf ihrer Stirn prangte ein Halbmond, und zu ihren Füßen schmiegte sich ein Windspiel. Es war eine frühere Freundin meines Onkels, die er als Diana hatte konterfeien lassen. Man sieht, daß die Einrichtung auch nicht eben modern zu nennen war. Man hätte sich mit Leichtigkeit in der Régencezeit wähnen können; denn die Wandverkleidung mit den mythologischen Schilderungen vervollständigten den Eindruck aufs beste.

Die Hauptszene stellte den spinnenden Herkules zu Füßen Omphales dar. Die Schilderung war in der Manier Vanloos gehalten und so »Pompadour« als nur möglich. Die Spindel, die Herkules hielt, war mit rosenroten Bändern umwunden. Er selbst streckte den kleinen Finger mit preziöser Grazie in die Luft, nicht anders als ein Marquis, der eine Prise schnupft. Sein muskelstarker Hals war von Bändern und Rosetten, von

Perlenschnüren und anderem weiblichen Zierat über und über bedeckt. Eine weite, taubengraue Krinoline vervollständigte den galanten Aspekt dieses Helden, der sich mit Ungeheuern herumgeschlagen hatte.

Omphales weiße Schultern waren zur Hälfte mit dem Löwenfell bekleidet. Ihre zarte Hand stützte sich auf die knorrige Keule des Geliebten. Die goldblonden, leichtgepuderten Locken ringelten sich weich und zärtlich bis zu den Schultern herab. Die winzigen Füße, so winzig wie die einer Spanierin oder Chinesin – ja selbst Aschenbrödels Glaspantoffel wäre zu weit für sie gewesen –, staken in perlgestickten lilaseidenen Kothurnen. Sie war in der Tat allerliebst. Den Kopf hielt sie leicht zurückgebogen und schmollte dabei entzückend. Das Mündchen kräuselte sich spöttisch; die Nüstern schienen leise zu beben, die Wangen waren sanft gerötet. Ein geschickt plaziertes Schönheitspflästerchen hob die strahlende Weiße der Haut noch deutlicher hervor.

Es gab auf der Tapete noch andere Personen, natürlich die obligate Gefährtin und den kleinen Amor, aber sie haben in meinem Gedächtnis keine deutlichen Spuren hinterlassen.

Ich war sehr jung zu dieser Zeit, was nicht besagen will, daß ich jetzt sehr alt bin. Aber ich kam geradeswegs aus der Schule und wollte bei meinem Onkel bleiben, bis sich mir eine Stellung bieten würde. Hätte der brave Mann geahnt, daß ich unter die Fabeldichter gehen würde, so hätte er mich unwiderruflich vor die Tür gesetzt und enterbt. Denn er hegte für die Literatur und die Literaten im besonderen die tiefgründigste Verachtung. Als echter Edelmann hätte er diese Tintenkleckser, die sich unehrerbietig über Standespersonen äußerten, am liebsten hängen, rädern oder durch seine Lakaien durchprügeln lassen.

Ich kam also eben von der Schulbank. Mein Kopf war voller Träume und Phantasien. Glücklich, meinen Aufgaben endlich entronnen zu sein, erschien mir diese Welt die beste aller möglichen Welten. Ich glaubte an die Unendlichkeit der Dinge; ich glaubte an die Schäferin des Herrn de Florian; an flockige, weiße Lämmer. Ich hegte nicht den mindesten Zweifel gegen die Herde der Madame Deshoulières. Ich glaubte, daß es tatsächlich neun Musen gäbe, wie es in dem »Appendix de Diis et Heroibus« des Pater Jouvensy zu lesen stand. Meine Kenntnis Geßners und Berquins schufen mir eine kleine Welt, in der alles rosa, himmelblau und apfelgrün war. O heilige Einfalt! Sancta Simplicitas!, wie Mephisto sagt.

Als ich mich in diesem schönen Zimmer fand, in dem Zimmer, das mir, mir ganz allein gehören sollte, erfüllte mich eine Freude, der keine andere zu vergleichen war. Ich musterte jedes Stück; ich durchforschte jeden Winkel. Ich war fast im siebenten Himmel und glücklich wie ein König. Nach dem Nachtessen nahm ich meine Kerze und zog mich zurück, denn ich war voller Ungeduld, meine neue Behausung wiederzusehen. Während ich mich entkleidete, wollte es scheinen, als hätten Omphales Augen sich bewegt. Ich blickte schärfer hin und nicht ohne ein ängstliches Gefühl; denn der Raum war sehr groß, und der schwache Lichtkreis der Kerze machte die Dunkelheit, die in den Ecken lagerte, nur um so unheimlicher. Mir war, als hätte Omphale ihren Kopf nach der entgegengesetzten Richtung gewendet. Eine sehr wirkliche Angst begann sich in meinem Innern zu regen. Ich blies das Licht aus, drehte mich der Wand zu, zog die Tücher über den Kopf und die Nachtmütze bis zum Kinn und schlief zuletzt ein.

Mehrere Tage wagte ich nicht, die unheimliche Tapete anzusehen. Vielleicht ist es gut, um meine unwahrscheinliche Geschichte wahrscheinlicher zu machen, meinen schönen Leserinnen zu verraten, daß ich zu jener Zeit ein hübscher Junge war. Ich hatte ganz besonders schöne Augen; das sage ich, weil man es mir gesagt hat. Meine Wangen waren von zarterem Rot, als sie es heute sind. Ich nannte braunes, lockiges Haar mein eigen, wie übrigens noch heute, und siebenzehn Altersjahre, wie heute nicht mehr! Es fehlte mir nur eine reizende Patin, um einen wirklichen Cherubin aus mir zu machen. Aber meine Patin war sechsundfünfzig Jahre alt und besaß nur drei Zähne; was sie also des einen zuviel besaß, hatte sie des andern zuwenig.

Eines Abends immerhin faßte ich mir ein Herz und warf

einen scheuen Blick auf die schöne Freundin des Herkules. Sie sah mich traurig und unendlich sehnsüchtig an. Da zog ich vor Schrecken meine Nachtmütze bis über die Schultern und vergrub meinen Kopf unter dem Kissen.

In dieser Nacht hatte ich den seltsamsten Traum, wenn es überhaupt ein Traum war. Mir war, ich hörte die Ringe an meinem Bettvorhang leise klirren, als würden die Gardinen auseinander geschoben. Ich erwachte, das heißt, in meinem Traum glaubte ich zu erwachen. Aber ich erblickte niemand. Der Mond schien durch die Scheiben und tauchte das Zimmer in ein bleiches bläuliches Licht. Große, seltsam geformte Schatten zeichneten sich auf dem Boden und an den Wänden ab.

Die Uhr schlug ein Viertel. Der Ton hallte lange nach. Er klang wie ein Seufzer; und die Pendelschläge glichen zum Verwechseln menschlichen Herzschlägen.

Mir war durchaus nicht wohl zumute. Ich wußte nicht, was ich denken sollte. Ein wütender Windstoß schlug die Läden und ließ die Fensterrahmen knarren. Das Getäfel knackte; der Wandteppich bewegte sich. Ich wagte es, nach Omphale hinüberzublicken, denn ein dunkles Gefühl sagte mir, daß sie bei diesen Geschehnissen nicht unbeteiligt sein würde. Ich hatte mich nicht geirrt. Die Tapete wogte heftig. Omphale stieg von der Wand herab, hüpfte leicht auf den Boden und schritt auf mein Bett zu. Ich glaube, es ist nicht nötig, mein Erstaunen zu schildern. Auch ein alter Kriegsheld hätte sich in diesem Augenblick nicht sehr sicher gefühlt, und ich war weder alt noch ein Kriegsheld. Ich erwartete schweigend den Fortgang. Eine zarte, flötenhelle Stimme klang an mein Ohr. Sie hatte jenes süßliche Gezwitscher, das in den Tagen der Régence bei den Marquisen und anderen Leuten von Adel beliebt war.

»Fürchtest du dich vor mir, mein Kind? Du bist wirklich noch ein Kind! Aber vor Damen brauchst du dich nicht zu fürchten; besonders, wenn sie jung sind und es gut mit dir meinen! Das ist weder ritterlich noch französisch! Du mußt dich hierin bessern. Nun, nun, kleiner Angsthase, nimm deinen Kopf aus den Kissen und sieh mich nicht so erschrocken an.

Deine Erziehung wird mich noch manches kosten, du bist noch arg im Rückstand, mein hübscher Page! Zu meiner Zeit war ein Cherubin herzhafter als du!«

»Ja, aber, ich verstehe gar nicht ...«

»Ich weiß! Es erscheint dir sonderbar, daß du mich bei dir und nicht dort an der Wand siehst!« sagte sie, indem sie mit ihren Perlenzähnchen an der Unterlippe nagte und mit der Hand nach dem Wandteppich wies. »Gewiß, die Sache ist ein bißchen merkwürdig, und wenn ich sie dir zu erklären suchte, würdest du sie kaum besser verstehen. Laß es dir darum damit genügen, daß du keinerlei Gefahr läufst.«

»Ich fürchte, daß Sie der ... der ...«

»Der Teufel sind. Sprich es ruhig aus. Das wolltest du doch sagen? Immerhin wirst du zugeben, daß ich für einen Teufel nicht schwarz genug bin, und wenn die Hölle von Wesen meiner Art bevölkert wäre, so würde man seine Zeit dort so angenehm wie im Paradies verbringen.«

Um die Richtigkeit dieser Worte zu beweisen, ließ Omphale das Löwenfell fallen und offenbarte Schultern und Busen von makelloser Form und strahlender Weiße.

»Nun, was sagst du dazu?« fragte sie mit entzückendster Koketterie.

»Ich sage, daß, wenn Sie auch der Teufel in Person wären, ich doch keine Angst mehr vor Ihnen hätte, Madame Omphale!«

»Das nenne ich vernünftig gesprochen! Nenne mich aber weder Madame noch Omphale. Ich bin für dich nicht Madame, und Omphale bin ich sowenig wie der Teufel!«

»Wer sind Sie denn aber?«

»Ich bin die Marquise von X. Kurz nach unserer Heirat ließ der Marquis diese Malerei herstellen, auf der ich als Omphale und er als Herkules figurieren. Es war ein sonderbarer Einfall, denn Gott weiß, daß niemand weniger dem Herkules ähnlich war als mein armer Marquis. Seit langem ist dieses Zimmer nicht mehr bewohnt. Und da ich Geselligkeit über alles liebe, hab' ich mich tödlich gelangweilt und fast die Migräne darüber bekommen. Denn nur in Gesellschaft seines Gatten zu sein, heißt allein sein. Jetzt bist du gekommen, darüber bin ich glücklich! Das verödete Zimmer scheint mir neu belebt; ich kann mich wieder für jemanden interessieren. Ich sehe dich kommen und gehen. Ich höre dich schlafen und träumen. Ich folge deiner Lektüre. Ich finde dich sympathisch, angenehm, irgend etwas an dir zieht mich an. Ich suchte mich dir bemerkbar zu machen. Ich seufzte, du nahmst es für die Stimme des Windes. Ich machte dir Zeichen, warf dir sehnsüchtige Blicke zu und erreichte nichts anderes, als dir eine schreckliche Angst einzujagen! Aus Verzweiflung habe ich mich zu diesem etwas ungehörigen Schritt entschlossen, um dir ganz offen mitzuteilen, was du verblümt nicht verstehen wolltest. Nun, da du weißt, daß ich dich liebe, hoffe ich ...«

Soweit waren wir in unsrer Unterhaltung gelangt, als der Laut eines Schlüssels an der Türe sich vernehmen ließ. Omphale fuhr zusammen und errötete bis in das Weiße ihrer Augen.

»Lebe wohl«, sagte sie, »auf morgen!« Und sie schritt rückwärts an ihre Wand, wahrscheinlich aus Angst, mir ihre andere Seite zu zeigen.

Es war Baptiste, der gekommen war, um meine Kleider auszubürsten.

»Es ist nicht gut für Sie, Herr, mit offenen Vorhängen zu schlafen. Sie könnten sich erkälten, dieses Zimmer ist so kalt.«

In der Tat waren die Bettvorhänge auseinandergeschlagen, was mich nicht wenig verblüffte; denn mir war, als hätte ich sie eigenhändig am Abend zuvor geschlossen.

Kaum hatte Baptiste das Zimmer verlassen, als ich an den Wandteppich eilte. Ich befühlte ihn nach allen Seiten hin. Es war ein wollener Wandbehang, der sich anfühlte wie jeder andere auch; und die Omphale, die darauf abgebildet war, glich der reizenden nächtlichen Erscheinung wie ein Toter einem lebendigen Wesen. Ich hob den Teppich in die Höhe, die Mauer war ganz dicht, und es ließ sich weder eine verborgene Türe noch sonst eine bewegliche Luke finden. Das einzige, was mir auffiel, war, daß an der Stelle des Gewebes, wo Omphales Fuß ruhte, ein paar Fäden gerissen waren. Das stimmte mich nachdenklich.

Den ganzen Tag befand ich mich in nicht geringer Aufregung und erwartete den Abend mit ängstlicher Ungeduld. Ich zog mich frühzeitig zurück, fest entschlossen, mein Abenteuer zu Ende zu erleben. Ich legte mich zu Bett: Die Marquise ließ nicht auf sich warten. Sie hüpfte von der Wand herunter und sprang auf mein Bett, wo sie es sich am Kopfende bequem machte, und die Konversation nahm ihren Fortgang. Wie am Abend zuvor stellte ich ihr Fragen und verlangte Erklärungen. Sie umging die einen, beantwortete die andern ausweichend, alles mit so viel Witz, daß ich nach Verlauf einer Stunde nicht die geringsten Bedenken mehr über eine Verbindung mit ihr hegte.

Während sie sprach, ließ sie ihre schlanken Finger durch mein Haar gleiten, gab mir kleine Schläge auf die Wangen und streifte meine Stirne mit flüchtigen Küssen. Dabei plauderte und plauderte sie unaufhörlich auf spöttische und zugleich zärtliche Art in einer eleganten und zugleich zutraulichen Redeweise. Aber bei allem war sie so sehr große Dame, wie ich sie seither nirgends mehr angetroffen habe.

Zuerst hielt sie sich nur neben mir, bald aber schlang sie die Arme um meinen Hals, und mein Herz klopfte zum Zerspringen. Ach, ich fühlte eine wirkliche, schöne, entzückende Frau, eine wirkliche Marquise neben mir. Armer sechzehnjähriger Schulbub! Wie sollte ich nicht den Kopf verlieren! – Und ich verlor ihn auch! Was sich genau zugetragen, weiß ich nicht mehr zu sagen, jedenfalls konnte es dem Herrn Marquis nicht gefallen haben!

»Und der Herr Marquis? Was wird er sagen, dort auf seiner Mauer?« Die Löwenhaut war zu Boden gefallen, und die lilaseidenen Kothurne mit den Silberschnüren standen friedlich neben meinen Pantoffeln.

»Nichts wird er sagen!« Die Marquise lachte aus vollem Halse. »Er sieht ja nichts! Und wenn er etwas gesehen hätte! Er ist ein sehr weitherziger und nachsichtiger Ehemann und an derartiges gewöhnt! Liebst du mich, Kleiner?«

»Oh, sehr, sehr ...«

Der Tag graute, und meine Freundin verschwand.

Wie langsam verging mir die Zeit! Endlich nahte der Abend. Alles geschah wie am vergangenen Abend, diese zweite Nacht brauchte nicht neidisch auf die erste zu sein! Die Marquise wurde immer entzückender.

Solches wiederholte sich nun eine geraume Zeit. Da ich aber keine Nacht mehr schlief, verbrachte ich meine Tage in einer Art von Halbschlaf, der meinem Onkel zu denken gab. Er faßte einen Verdacht, horchte auch wahrscheinlich an meiner Türe und erfuhr auf diese Weise die ganze Geschichte. Denn eines Morgens trat er so stürmisch in mein Zimmer, daß die Marquise kaum Zeit fand, wieder auf ihre Wand hinaufzusteigen.

In Begleitung meines Onkels befand sich ein Tapezierer, mit Leiter und Zangen bewaffnet. Mein Onkel sah mich streng und forschend an; ich sah, er wußte alles.

»Diese Marquise von X. ist toll. Wie kann sie sich in eine solche Rotznase verlieben!« knirschte er zwischen den Zähnen. »Und dabei hatte sie mir versprochen, vernünftig zu sein. Jean, nimm diesen Teppich von der Wand, rolle ihn zusammen und trage ihn auf den Speicher!«

Jedes Wort meines Onkel drang wie ein Dolch in meine Seele.

Jean rollte meine Geliebte Omphale oder die Marquise mitsamt dem Herkules oder dem Marquis von X. zusammen und trug das Ganze auf den Speicher. Ich konnte meine Tränen nicht zurückhalten.

Am nächsten Tag schickte mich mein Onkel mit der Post von B. meinen ehrwürdigen Eltern zurück, bei denen, wie man sich denken kann, ich kein Wort von der ganzen Geschichte verlauten ließ.

Mein Onkel starb, sein Haus und die Möbel wurden verkauft, der Teppich mag auch dabeigewesen sein.

Da geschah es eines Tages, daß ich bei einem Althändler stöbernd mit dem Fuß an eine staubige, mit Spinnweben ganz überzogene große Rolle stieß.

»Was ist das?« fragte ich den Mann.

»Das ist ein Rokokoteppich und stellt Omphale und Herkules dar. Es ist ein echter Beauvais, alles auf Seide und aufs beste erhalten. Kaufen Sie ihn doch für Ihr Zimmer. Ich gebe ihn billig, weil Sie es sind!«

Bei dem Namen Omphale schoß mir alles Blut zum Herzen. »Rollen Sie mir den Teppich auf!« befahl ich dem Händler mit einem so stockenden, rauhen Ton, als hätte mich plötzlich das Fieber befallen.

Es war meine Omphale! Es wollte mir scheinen, als leuchteten ihre Augen auf, als unsere Blicke sich begegneten, und ihr Mund verziehe sich zu einem Lächeln.

»Wieviel soll er denn kosten?«

»Ich kann ihn keinesfalls unter vierhundert Franken hergeben, das ist das mindeste.«

»Ich habe so viel nicht bei mir, aber ich werde das Geld holen; in weniger als einer Stunde bin ich wieder zurück.«

Als ich mit dem Geld wiederkam, war der Teppich nicht mehr da. Ein Engländer hatte ihn in der Zwischenzeit erhandelt. Er hatte sechshundert Franken dafür geboten und den Teppich gleich mitgenommen.

Vielleicht ist es gut, daß es so gekommen ist. Ich habe meine entzückende Erinnerung rein und unberührt bewahrt. Sagt man doch, daß man auf eine alte Liebe nicht zurückkommen darf und keine Rose je wieder betrachten soll, die man am vorigen Abend bewundert hat. Und im übrigen bin ich leider nicht mehr jung und hübsch genug, damit eigens um meinetwillen eine schöne Marquise von der Wand herabsteigt.

PROSPER MÉRIMÉE
Die Venus von Ille

Sei uns dies Götterbild glückbringend und wohlgewogen, da es so menschlich aussieht!

Lukian, »Der Lügenfreund«

Ich kletterte die letzte Berglehne des Canigou hinunter, und obwohl die Sonne bereits hinabgesunken war, sah ich noch deutlich in der Niederung die Häuser der kleinen Stadt Ille, die das Ziel meiner Reise war.

»Ihr wißt doch«, sagte ich zu dem Katalanen, der mir seit dem Vortage als Führer diente, »Ihr wißt doch bestimmt, wo Monsieur de Peyrehorade wohnt?«

»Und ob ich's weiß!« rief er. »Ich kenne sein Haus wie mein eigenes; und wenn's nicht schon so duster wäre, zeigte ich's Euch. Es ist das schönste in Ille. Er hat Geld, ja, der Moussiu de Peyrehorade; und seinen Sohn verheiratet er mit einer, die noch viel mehr hat.«

»Und wird diese Heirat bald vor sich gehen?« fragte ich.

»Bald? Kann sein, daß schon die Fiedler zur Hochzeit bestellt sind. Vielleicht heute abend, vielleicht morgen, übermorgen, was weiß ich! In Puygarrig wird diesmal gehochzeitet, denn die Misè de Puygarrig wird vom Herrn Sohn heimgeführt. Da wird's hoch hergehen, ja!«

Ich war an Herrn de Peyrehorade von meinem Freunde Herrn de P*** empfohlen. Das sei, hat er mir gesagt, ein höchst erfahrener Kenner der Altertümer und zudem von bewährter Gefälligkeit. Er würde sich ein Vergnügen daraus machen, mir sämtliche Ruinen im Umkreis von zehn Meilen zu zeigen. So rechnete ich denn bereits mit ihm für die Besichtigung der Gegend von Ille, die mir als Reich an Denkmälern aus Antike und Mittelalter bekannt war. Diese Heirat, von der ich nun zum erstenmal hörte, brachte alle meine Pläne durcheinander.

»Ich werde als Störenfried erscheinen«, sagte ich mir. Aber ich wurde erwartet; angemeldet, wie ich von Herrn de P*** einmal war, mußte ich mich wohl auch einstellen.

»Wetten wir, Herr«, sagte mein Führer zu mir, als wir schon in der Ebene waren, »wetten wir um eine Zigarre, daß ich errate, was Ihr beim Herrn de Peyrehorade wollt?«

»Das«, gab ich zur Antwort und hielt ihm eine Zigarre hin, »das zu erraten ist kein großes Kunststück. Um diese Zeit, wenn man noch dazu seine sechs Stunden Marsch über den Canigou hinter sich hat, ist die große Hauptsache – das Abendessen.«

»Schon, aber morgen ...? Also ich möchte wetten, Ihr kommt nach Ille, um Euch das Götzenbild anzusehen? Ich hab' das gleich rausgekriegt, wie ich Euch die Heiligen von Serrabona hab' abkonterfeien sehn.«

»Das Götzenbild? Was für ein Götzenbild?« Das Wort hatte mich neugierig gemacht.

»Was? Man hat Euch in Perpignan nicht erzählt, wie der Herr de Peyrehorade ein Götzenbild aus der Erde herausgeholt hat?«

»Eine Statue aus gebrannter Erde, aus Ton wollt Ihr sagen?«

»Nein, nein! So eine, ja, aber hübsch gediegen aus Kupfer, da ist was dran und was draus zu schlagen an dicken Sou-Stücken. Die wiegt Euch soviel wie eine Kirchenglocke. Ordentlich tief aus dem Erdreich, unter einem Olivenbaum vor, haben wir sie rausgeholt.«

»Ihr wart also bei der Entdeckung dabei?«

»Jawohl, Herr. Vierzehn Tage mag's her sein, da sagte der Herr de Peyrehorade zu uns, zu Jean Coll und mir, wir sollten einen alten Olivenbaum ausreuten, der vom letzten Jahr her erfroren war; denn der Winter damals ist bitterböse gewesen, wie Ihr wißt. Und wie wir da so schanzen, da wuchtet doch der Jean Coll hast du was kannst du drauflos und die Hacke tief in den Boden, und ich hör' bim ... als ob er an eine Glocke geschlagen hätte. ›Was ist das?‹ sag' ich. Wir wuchten weiter, und da kommt doch eine schwarze Hand zum Vorschein, wie eine Totenhand, die sich aus der Erde herausreckt. Mich, mich packt die Angst. Ich renn' zum Herrn hin und sag' ihm: ›Tote, Patron, sind unterm Olivenbaum! Der Pfarrer muß her ...‹ – ›Was für Tote?‹ sagt er. Er kommt mit, und kaum hat er die Hand gesehn, da schreit er schon: ›Eine Antike! Eine Antike!‹ – Ihr hättet gedacht, der hat einen Schatz gefunden. Und seh' einer an, da geht er auch schon wie närrisch drauflos, mit der Hacke, mit den Händen, und schaffte nahezu soviel wie wir zwei.«

»Und was habt Ihr zu guter Letzt gefunden?«

»Ein Weibsbild, das groß und schwarz war und – mit Verlaub zu sprechen – mehr als halb nackt war, Herr, und ganz aus Kupfer; und der Herr de Peyrehorade hat uns gesagt, das wär' eine Göttin aus der Heidenzeit ... aus der Zeit Karls des Großen oder was ...«

»Ich bin im Bilde ... Irgendeine guttätige Heilige Jungfrau von Bronze aus einem zerstörten Kloster.«

»Eine guttätige Heilige Jungfrau! Jawohl ...! Das hätt' ich gleich weggekriegt, wenn das eine guttätige Heilige Jungfrau gewesen wäre. Ein Götzenbild ist das, sag' ich Euch; das sieht man der ganz genau am Gesicht an. Die hält Euch mit ihren weißen Augen starrfest ... als ob sie die Euern auskratzen wollte. Man schlägt die Augen nieder, ja, wenn man die anschaut!«

»Weiße Augen? Zweifellos sind sie in die Bronze eingelegt. Möglicherweise wird das eine römische Statue sein.«

»Römisch! Jetzt hab' ich's. Der Herr de Peyrehorade sagte: Das ist eine Römerin. Ah, ich hab's doch genau gesehn, Ihr seid ein Gelehrter wie er!«

»Ist sie ganz? Gut erhalten?«

»Oh, Herr, an der ist kein Fehler. Die ist noch schöner und besser verfertigt als die Büste vom Louis-Philippe, die aus bemaltem Gips, im Rathause. Aber trotz allem, mir paßt das Gesicht dieses Götzenweibs nicht. Die sieht böse aus ... und die ist's auch.«

»Böse! Was hat sie Euch denn Böses angetan?«

»Mir nicht, genaugenommen; aber Ihr werdet gleich sehen.

Wir hatten uns mit Händen und Füßen ins Zeug gelegt, um sie hochzukriegen, und auch der Herr de Peyrehorade zog am Seil mit, wenn er auch nicht mehr Kraft hat als ein Hühnchen, der werte Mann! Mit größter Mühe stemmen wir die nun hoch. Ich langte mir ein Ziegelstück, um sie festzukeilen, da, bums! hast du nicht gesehn, stürzt sie mit voller Wucht nach hinten über. Ich rufe noch: ›Obacht da hinten!‹ Gleichwohl nicht schnell genug, denn der Jean Coll hat keine Zeit mehr gehabt, sein Bein wegzuziehn ...«

»Und hat's ihm was getan?«

»Glatt durch war's, wie ein Rebpfahl, sein armes Bein! Herr du mein ...! Ich, als ich das sah, ich bin fuchsteufelswild geworden. Mit der Hacke wollte ich das Götzenweib zusammenschlagen, aber der Herr de Peyrehorade hat mich zurückgehalten. Dem Jean Coll hat er wohl Schmerzensgeld gegeben; aber der liegt noch immer im Bett, die vierzehn Tage lang, seit ihm das passiert ist; und der Doktor sagt, er wird nie wieder mit dem Bein losstapfen können wie mit dem andern. Das ist doch ein Jammer, wo er unser bester Läufer war und, nach dem Herrn Sohn, der verschlagenste Ballspieler. Der Herr Alphonse de Peyrehorade ist recht traurig drüber gewesen; denn mit dem Coll zusammen hat er immer das Spiel gemacht. War das schön anzuschaun, wie die sich die Bälle immer wieder zuspielten! Paff! Paff! Nie streifte bei denen auch nur einer den Boden.«

Unter solchem Geplauder waren wir bis nach Ille hineingekommen, und bald stand ich Monsieur de Peyrehorade gegenüber. Er war ein kleiner, noch munterer und rüstiger alter Herr, gepudert, mit roter Nase, wohllaunigem und spottlustigem Gesicht. Noch ehe er den Brief von Herrn de P*** aufmachte, hatte er mich im Handumdrehen an einer wohlbeschickten Tafel untergebracht und mich seiner Frau und seinem Sohn vorgestellt: als Leuchte von einem Archäologen, der die alte Gaugrafschaft Roussillon der Vergangenheit entreißen sollte, in die sie die Gleichgültigkeit der Gelehrten versinken ließ.

Während ich mit gutem Appetit zulangte – denn nichts regt

ihn besser an als scharfe Bergluft –, betrachtete ich mir meine Gastgeber näher. Über Herrn de Peyrehorade habe ich schon ein paar Worte gesagt; hinzufügen muß ich noch, daß er die Lebendigkeit selber war. Er sprach, aß, sprang auf, lief zu seiner Bibliothek, schleppte mir Bücher heran, zeigte mir Stiche, schenkte mir zu trinken ein; nie kam er auch nur für zwei Minuten zur Ruhe. Seine Frau, die etwas reichlich in die Breite gegangen war, wie die meisten Katalanerinnen, wenn sie die Vierzig hinter sich haben, machte auf mich den Eindruck einer ausgeprägten Kleinstädterin, bei der sich alles um ihre Wirtschaft dreht. Obwohl das Abendessen für wenigstens sechs Leute ausgereicht hätte, lief sie in die Küche, ließ Tauben schlachten, Miliasen* backen und machte – ich weiß nicht, wie viele – Töpfe Eingemachtes auf. Im Nu war die Tafel überladen mit Tellern und Flaschen, und ich wäre ganz bestimmt an Verdauungsbeschwerden eingegangen, wenn ich von allem, was man mir anbot, auch nur gekostet hätte. Trotzdem gab es bei jeder Platte, die ich vorübergehen ließ, neue Entschuldigungen. Man drückte die Befürchtung aus, ich fühle mich wohl recht unbehaglich in Ille. In der Provinz habe man doch so wenig Einkaufsquellen, und die Pariser seien so verwöhnt!

Mitten in all dem geschäftigen Gehen und Kommen seiner Eltern saß Monsieur Alphonse de Peyrehorade da und rührte sich kaum mehr als ein Bildstock. Es war ein großer junger Mann, in der Mitte der Zwanziger, mit schönen regelmäßigen, aber ausdruckslosen Gesichtszügen. Seine Gestalt und seine kraftgeschwellten Körperformen rechtfertigten ganz den Ruf eines unermüdlichen Ballspielers, in dem er rings in der Gegend stand. Er war an jenem Abend sehr geschniegelt angezogen, genau nach dem Kupferstichmuster in dem neuesten Hefte des Modejournals. Aber es schien mir so, als fühle er sich unbequem in seinen Kleidern; er saß in seinem Samtkragen steif wie ein Pfahl da und drehte sich nur wie aus einem Stück gedrechselt. Seine derben, sonnenverbrannten Hände, seine

* Maistörtchen

kurzen Fingernägel stachen sonderbar ab von seinem Anzuge. Das waren Bauernhände, die aus den Ärmeln eines Stutzers hervorkamen. Übrigens richtete er, obwohl er mich, den Pariser, höchst neugierig vom Kopf bis zu den Füßen musterte, nur ein einziges Mal das Wort an mich; das geschah, als er mich fragte, wo ich meine Uhrkette erstanden hätte.

»Und nun zur Hauptsache, mein lieber Gast!« sagte Herr de Peyrehorade zu mir, als es mit dem Abendessen gemach aufs Ende zuging. »Sie gehören mir, Sie sind bei mir zu Hause. Ich lasse Sie nicht eher wieder los, bis Sie alles gesehen haben, was wir an Merkwürdigem in unseren Bergen hier haben. Sie sollen unser Roussillon kennenlernen und ihm Gerechtigkeit widerfahren lassen. Sie ahnen nicht, was wir Ihnen alles zu zeigen haben. Phönizische, keltische, römische, arabische, byzantinische Denkmäler, alles sollen Sie zu sehen bekommen, von A bis Z. Überallhin werde ich Sie führen und Ihnen nicht einen Backstein erlassen ...«

Ein Hustenanfall nötigte ihn, eine Pause zu machen. Ich benutzte sie, um ihm zu sagen, ich wäre untröstlich darüber, ihm in das so hochbedeutsame Familienereignis Unordnung hineinzubringen. Wolle er mir aber gütigst seine vortrefflichen Ratschläge mit auf den Weg geben für die Ausflüge, die ich vorhabe, dann könnte ich, ohne daß er sich die Mühe mache, mich zu begleiten ...

»Ach so! Sie wollen damit sagen: die Heirat dieses Burschen da ...«, fiel er mir laut in die Rede. »Kleinigkeit, wird übermorgen erledigt. Sie feiern mit uns, im Familienkreise, denn die Zukünftige hat noch Trauer um eine Tante, eine Erbtante. Darum also keine große Feier weiter, keinerlei Ball ... Eigentlich schade ... Sie hätten unsere Katalanerinnen tanzen sehen sollen ... Sie sind hübsch, und kann sein, es hätte Sie auch gelüstet, in die Fußtapfen meines Alphonse zu treten. ›Eine Heirat‹, heißt es, ›macht die andere ...!‹ Samstag, wenn die beiden erst glücklich ein Paar sind, bin ich wieder frei, und dann machen wir uns auf die Beine. Entschuldigen Sie bitte, daß ich Ihnen das langweilige Vergnügen einer Provinzhochzeit verschaffe. Für einen Pariser, der mit Festen übersättigt ist ... und noch dazu eine Hochzeit ohne Ball! Immerhin, Sie werden eine Braut zu Gesicht bekommen ... eine Braut ... na, Sie werden mir über die schon selber noch berichten ... Aber Sie sind ja ein gesetzter Mann, und Sie sehen die Frauen nicht mehr groß an. Ich habe Ihnen was Besseres noch als das zu zeigen. Sie sollen von mir was vor Augen geführt kriegen ...! Für morgen hebe ich Ihnen eine ganz gewaltige Überraschung auf.«

»Mein Gott«, sagte ich zu ihm, »es ist schon schwer, einen Schatz im Hause zu hüten, ohne daß die Öffentlichkeit haargenau darüber im Bilde ist. Ich glaube, ich kann die Überraschung schon erraten, die Sie für mich haben. Wenn es sich aber dabei um Ihre Statue handelt, dann war die Beschreibung, die mein Führer mir von ihr lieferte, ganz dazu angetan, meine Neugier anzustacheln und mich auf ein Wunder gefaßt zu machen.«

»Aha! Vom Götzenbilde hat er Ihnen was vorgeschwatzt. Sie nennen hier nämlich so meine schöne Venus Tur ... Aber ich will Ihnen nichts vorweg erzählen. Sie sollen sie sehen, morgen, am hellichten Tage, und dann werden Sie mir sagen, ob ich recht habe, sie für ein Meisterstück zu halten. Potzblitz, gelegener konnten Sie nicht auf der Bildfläche auftauchen! Da gibt's Inschriften, die ich armer Unwissender mir auf meine Weise erkläre ... ein Pariser Gelehrter freilich ...! Sie werden vielleicht die Nase rümpfen über meine Deutungsversuche ... ich habe nämlich eine Denkschrift verfaßt ... ich, so wie ich hier zu Ihnen rede ... ich verstaubter Antiquitätensammler aus der Provinz, ich bin da vorgestoßen ... Ich will die Presse dröhnen lassen ... Wenn Sie die Güte hätten, mich zu lesen und zu berichtigen, so könnte ich die Hoffnung hegen ... Zum Beispiel bin ich sehr wißbegierig darauf, wie Sie jene Inschrift auf dem Sockel verdolmetschen wollen: CAVE ... Doch ich will vorderhand keine Erklärung von Ihnen verlangen. Morgen erst, morgen erst! Heute kein Wort über die Venus!«

»Du tust recht daran, Peyrehorade«, sagte sein Ehegespons, »dein Götzenbild beiseite zu lassen. Du solltest lieber Augen dafür haben, daß du unsern Besuch damit ganz vom Essen abhältst. Geh mir, der Herr Mérimée hat in Paris sehr viel schönere Statuen als deine gesehen. In den Tuilerien gibt es ihrer dutzendweise und auch welche aus Bronze.«

»Da sieht man mal wieder die Einfalt, die heilige Einfalt der Provinz!« unterbrach sie ihr Eheherr. »Eine bewundernswerte Antike mit dem abgeschmackten Figurenzeug eines Coustou in einen Topf zu werfen! ›Wie schwatzt ohne Ehrerbietung / von den Göttern meine Hausfrau!‹ Wissen Sie, meine Frau wollte, daß ich meine Bildsäule einschmelzen lassen sollte, damit unsre Kirche eine Glocke daraus kriegte. Sie hätte sich nämlich furchtbar gern zur Stifterin aufgeschwungen. Ein Meisterwerk von Myron, Verehrtester!«

»Meisterwerk! Meisterwerk! Ein schönes Meisterwerk hat sie fertiggebracht! Einem Menschen das Bein kaputt zu schlagen!«

»Frau, siehst du das?« sagte Herr de Peyrehorade sehr bestimmt und streckte ihr sein rechtes Bein entgegen, das in einem Seidenstrumpf mit bunten Mustern steckte. »Wenn meine Venus mir dies Bein hier zertrümmert hätte, mir würde es nicht leid darum sein.«

»Mein Gott! Peyrehorade, wie kannst du bloß so etwas sagen! Zum Glück geht es dem Manne besser ... Und doch kann ich's noch immer nicht über mich bringen, eine Statue wie die da anzuschauen, die soviel Unheil anrichtet. Armer Jean Coll!«

»Von Venus verwundet, Verehrtester!« sagte Herr de Peyrehorade und brach dabei in schallendes Lachen aus. »Von Venus verwundet – und der Lumpenkerl beklagt sich noch! ›Veneris nec praemia noris.‹* Wen hätte Venus nicht verwundet?«

Monsieur Alphonse, der Französisch besser verstand als Latein, blinkerte wiederholt verständnisvoll mit dem Augenlid und sah mich an, als ob er mich fragte: Na, Pariser, hast du verstanden?

* Du erkennst also der Venus Geschenke nicht. (Vergil)

Das Abendessen war vorüber. Seit einer Stunde bereits aß ich nicht mehr. Ich war müde, und ich konnte nicht länger ein immer wieder mich ankommendes Gähnen zurückhalten. Madame de Peyrehorade wurde es zuerst gewahr und machte die Bemerkung, es sei Zeit, zu Bett zu gehen. Hierauf hoben neue Entschuldigungen an über das schlechte Nachtlager, das ich vorfände. Wie in Paris würde ich es hier nicht haben. In der Provinz sei man so schlimm dran! Mit den Roussillonern müsse man schon Nachsicht haben ... Ich konnte mit noch so schönen Worten einwenden: nach der Herumkletterei in den Bergen wäre eine Schütte Stroh für mich eine köstliche Schlummerstatt – immer wieder bekam ich die Bitte zu hören, es armen Landbewohnern nicht zu verübeln, wenn sie mich nicht so gut hegen und pflegen könnten, wie sie gern wollten. Endlich geleitete mich Herr de Peyrehorade in das mir zugedachte Gemach hinauf. Die Treppe, deren obere Stiegen aus Holz waren, mündeten mitten auf einen Flur, von dem mehrere Zimmer abgingen.

»Da rechts«, bedeutete mir mein Gastgeber, »das sind die Gelasse, die ich der zukünftigen Madame Alphonse de Peyrehorade eingeräumt habe. Ihr Zimmer, Verehrtester, liegt dazu ganz entgegengesetzt am andern Gangende. Sie haben doch wohl das Gefühl dafür«, setzte er mit überpfiffigem Gesicht hinzu, »Sie haben doch wohl das Gefühl dafür, daß man frischbackene Eheleute für sich stecken muß. Sie richten sich häuslich am einen Ende ein, die beiden am andern.«

Wir traten in einen hübsch ausgestatteten Raum ein. Der erste Gegenstand, auf den mein Blick sich richtete, war ein Bett von gut sieben Fuß Länge, gut sechs Fuß Breite und einer solchen Liegehöhe, daß man eines Schemels bedurfte, um sich hinaufzuschwingen.

Nachdem mein gastfreundlicher Hausherr mich auf die Stelle hingewiesen hatte, wo sich die Klingel befand, und sich sodann eigens darüber vergewissert hatte, daß die Naschdose aufgefüllt war, die Fläschchen mit Kölnischwasser alle richtig auf dem Ankleidetisch standen, nachdem er mich zu wiederholten Malen noch gefragt hatte, ob es mir auch an nichts gebräche, wünschte er mir eine gute Nacht und ließ mich allein.

Die Fenster waren zu. Ehe ich mich auszog, machte ich eins auf, um die frische Nachtluft zu atmen – ein köstlicher Genuß nach langer Abendtafelei. Drüben ragte der Canigou in die Lüfte empor. Wohl zu jeder Zeit bietet er einen wunderbaren Anblick dar, aber an jenem Abend erschien er mir, hell wie er unterm gleißenden Mondlicht dalag, als der schönste Bergzug der Welt. Ich verweilte einige Minuten in der Betrachtung seines zauberhaften Umrisses und wollte gerade mein Fenster wieder zumachen, als ich nach unten sah und gut vierzig Schritt vom Hause ab die Statue auf einem Sockel gewahrte. Sie stand in dem Winkel einer lebenden Hecke, die den nicht großen Garten von einem völlig ebenen, weiten Geviert schied, das, wie ich später erfuhr, der Ballspielplatz der Stadt war. Dieses dem Herrn de Peyrehorade gehörige Grundstück war von ihm, auf seines Sohnes drängendes Betreiben hin, der Gemeinde überlassen worden.

Von der Entfernung aus, in der ich stand, war es mir schwer, das Aussehen und die Haltung der Statue deutlich zu erkennen; ich konnte lediglich ihre Höhe abschätzen, die mich etwa sechs Fuß dünkte. In diesem Augenblick zogen zwei halbwüchsige Bengel aus dem Ort über den Spielplatz, ziemlich nahe an der Hecke vorbei, und pfiffen dabei das hübsche Roussilloner Lied: »Ihr prächtigen Bergeshöhen ...« Als sie bei der Statue waren, hielten sie an und besahen sie sich; der eine fuhr sie sogar mit lauter Stimme grob an. Er redete katalanisch; aber ich war schon lange genug in Roussillon, um annähernd herauszubekommen, was er sagte.

»Da bist du ja, Metze! (Der katalanische Ausdruck war noch viel kräftiger.) Da bist du, schau her!« sagte er. »Also du hast dem Jean Coll das Bein zerschmissen! Wenn du meine wärst, haute ich dir eins ins Genick.«

»Pah, mit was?« witzelte der andere. »Die ist aus Kupfer und so hart, daß dem Stephan seine Feile drüber aus dem Leim gegangen ist, wie er die da bloß einmal ankratzen wollte. Das ist mordshart, das Kupfer aus der Heidenzeit.«

»Wenn ich mein Stemmeisen da hätte« – offenbar war er Schlosserlehrling –, »würd' ich ihr fix die großen weißen Augen rausspringen lassen, wie eine Mandel aus der Schale. Da ist für mehr als hundert Sous Silber drin!«

Sie schlenderten weiter.

»Halt, ich muß dem Götzenweib doch gut Nacht wünschen«, sagte der größere der beiden Lehrburschen und blieb plötzlich wieder stehen. Er bückte sich und langte wahrscheinlich nach einem Stein. Ich sah, wie er mit seinem Arm weit ausholte und etwas losschleuderte, und sogleich gab das Erz einen helltönenden Klang von sich. Im selben Augenblick fuhr sich der junge Kerl mit der Hand an den Schädel und stieß einen Wehlaut aus.

»Sie hat ihn auf mich zurückgeschmissen!« brüllte er.

Und meine beiden Tunichtgute nahmen die Beine unter den Arm und suchten das Weite. Es lag auf der Hand, daß der Stein vom Metall zurückgeprallt war und dem Schlingel den Schimpf heimgezahlt hatte, der von ihm der Göttin angetan war. Ich mußte von Herzen darüber lachen und schloß das Fenster.

»Wieder ein Vandale, den Venus gestraft hat! Möchten doch alle Zerstörer unserer alten Denkmäler so eins auf den Schädel kriegen!« Über diesem frommen Wunsche schlief ich ein.

Es war hellichter Tag, als ich aufwachte. Neben meinem Bett standen auf der einen Seite Monsieur de Peyrehorade im Schlafrock, auf der andern Seite, als Sendbote der Hausherrin, ein dienstbarer Geist mit einer Tasse Schokolade in der Hand.

»Los, hoch, Mann aus Paris! Da schau mir einer die Faulpelze aus der Hauptstadt an!« sprudelte mein Wirt lustig heraus, während ich eilig in meine Sachen fuhr. »Acht Uhr ist's, und noch in den Federn! Ich, ich bin schon seit sechs auf den Beinen. Dreimal bin ich bereits heraufgeklettert; auf Zehenspitzen hab' ich mich an Ihr Bett herangepirscht: kein Seelenton, kein Lebenszeichen! Das zu lange Schlafen in Ihrem Alter, das bekommt Ihnen ganz und gar nicht. Und meine Venus haben Sie auch noch nicht besichtigt! Los, heidi, verleiben Sie sich diese Tasse Schokolade ein! Aus Barcelona! Trinkechte Pascherware ... Schokolade, wie man sie in Paris nicht kriegt! Sammeln Sie Kräfte, denn wenn Sie erst vor meiner Venus stehen, wird man Sie nicht mehr davon losreißen können.«

In fünf Minuten war ich fertig, das heißt halb rasiert, mit dem Zuknöpfen schlecht zu Rande gekommen und inwendig von der Schokolade verbrannt, die ich kochend hinuntergestürzt hatte. Ich stieg eilends in den Garten hinab und fand mich einer wundervollen Antike gegenüber.

Das war wahrhaftig eine Venus – und eine von zauberhafter Schönheit. Ihr Oberkörper war nackt, wie die Alten die erhabenen Gottheiten darzustellen gewohnt waren; die rechte, zur Höhe des Busens erhobene Hand war einwärts gekehrt, den Daumen und die beiden ersten Finger hatte sie ausgestreckt, die andern beiden leicht gekrümmt. Die der Hüfte genäherte Linke hielt das Gewand, das den unteren Teil des Leibes bedeckte. Die ganze Haltung der Statue erinnerte an die des Moraspielers*, den man, warum, weiß ich nicht recht, als Germanicus bezeichnet. Vielleicht hatte man auch die Göttin bei dem berühmten Fingerspiel abbilden wollen.

Wie dem auch sei, dem Blick konnte sich unmöglich etwas Vollkommeneres darbieten als der Leib dieser Göttin; nichts Lieblicheres, Wollüstigeres als ihre Körperformen, nichts Reizenderes und Edleres als ihre Gewandung. Ich hatte mich auf irgendeine Arbeit aus der Verfallszeit Ostroms gefaßt gemacht; ich bekam ein Meisterwerk zu sehen aus der Blütezeit der antiken Bildhauerkunst. Was besonders stark auf mich wirkte, das war die vollendete Natürlichkeit der Formen, die derart köstlich waren, daß man hätte glauben können, sie seien einem lebenden Modell nachgeformt, wenn wirklich die Natur je so vollkommene Vorbilder hervorzubringen vermöchte.

Das über die Stirn hoch zurückgestrichene Haar schien

* Die »mora« ist ein italienisches Fingerspiel, in dem der Partner raten muß, wieviel Finger sein Gegenspieler an seiner rasch gezeigten Hand erhoben hatte.

ehedem vergoldet gewesen zu sein. Der Kopf, der klein war, wie der fast jeder griechischen Statue, war leicht nach vorn geneigt. Was das Antlitz betrifft, so wird mir wohl nie gelingen, mit Worten seinen seltsamen Wesensausdruck wiederzugeben, dessen Gepräge keinem der antiken Standbilder auch nur annähernd ähnelte, deren ich mich irgend entsinne. Darin war kein Zug von jener ruhigen und strengen Schönheit, die, planvoll und bewußt, die griechischen Bildhauer als hoheitsvolle Unbewegtheit ihren Gestalten verleihen. Hier im Gegenteil bemerkte ich zu meiner Überraschung die unverkennbare Absicht des Künstlers, die Bosheit zu verkörpern, die bis an die Tücke reicht. Der gesamte Ausdruck dieses Gesichtes war leicht gespannt: die Augen etwas ausweichend, die Mundwinkel ein wenig gekräuselt, die Nüstern kaum merklich gebläht. Verachtung, feiner Hohn, Grausamkeit waren auf diesem dennoch unglaublich schönen Antlitz zu lesen. Wahrhaftig, je länger man dieses herrliche Bronzeweib anschaute, um so stärker kam einen zugleich ein beklemmendes Gefühl darüber an, daß eine so zauberhafte Schönheit sich mit so völliger Gefühllosigkeit vereinen konnte.

»Wenn das Urbild je gelebt hat«, sagte ich zu Herrn de Peyrehorade, »und ich möchte bezweifeln, daß der Himmel je solch ein Weib hervorgebracht hat, wie tief bedaure ich dann ihre Liebhaber! Sie hat eine Lust daran haben müssen, einen nach dem andern an Verzweiflung zugrunde gehen zu lassen. In ihren Zügen ist etwas Blutdürstiges, und gleichwohl habe ich noch nie etwas so Schönes gesehen.«

»Es ist ganz Venus: wie sie ihre Beute festhält ...«, zitierte mit erhobener Stimme Monsieur de Peyrehorade aus Racines »Phädra«, befriedigt über meine Begeisterung.

Jener Ausdruck höllischen Hohnes wurde vielleicht noch erhöht durch den Gegensatz zwischen ihren aus Silber eingelegten gleißenden Augen und der schwärzlichgrünen Patina, mit der die Zeit die ganze Gestalt überzogen hatte. Diese hellglänzenden Augen erweckten einen gewissen Anschein wirklichen Lebens. Mir kam die Äußerung meines Führers wieder in den Sinn: daß man vor ihr die Augen senken müsse.

Das stimmte tatsächlich fast, und ich konnte mich einer Anwandlung von Ärger über mich selbst nicht erwehren, als nun auch mir vor diesem Bronzegesicht etwas unbehaglich wurde.

»Jetzt, da Sie alles im einzelnen gehörig bestaunt haben, mein lieber Fachgenosse in der Altertümerei«, sagte mein Gastgeber, »können wir ja, wenn es Ihnen gefällig ist, einen wissenschaftlichen Meinungsaustausch darüber eröffnen. Was sagen Sie zu der Inschrift, auf die Sie noch gar nicht Ihr Augenmerk gerichtet haben?«

Er zeigte auf den Sockel der Statue, und ich las dort die Worte:

»CAVE AMANTEM.«

»Quid dicis, doctissime?« fragte er mich händereibend. »Wir wollen einmal sehen, ob wir uns in der Sinndeutung dieses CAVE AMANTEM begegnen!«

»Nun«, erwiderte ich, »es liegt etwas Doppeldeutiges darin. Man kann übersetzen: ›Sei auf der Hut vor dem, der dich liebt, mißtraue den Liebhabern!‹ Aber ich weiß nicht, ob CAVE AMANTEM in diesem Sinne gutes Latein wäre. Wenn ich die teuflische Miene der Dame da sehe, würde ich vielmehr denken, der Künstler habe den Beschauer vor dieser grausigen Schönheit warnen wollen. Ich möchte daher übersetzen: ›Nimm dich in acht, wenn *sie* dich liebt!‹«

»Hm!« äußerte sich Monsieur de Peyrehorade. »Ja, eine Deutung, die man zulassen könnte. Aber, seien Sie nicht ungehalten darüber, ich ziehe die erste Übersetzung vor, worüber ich allerdings noch Näheres ausführen muß. Sie kennen doch den Liebhaber der Venus?«

»Es sind ihrer mehrere vorhanden.«

»Ja, aber der erste war und ist Vulkan. Hat man nicht sagen wollen: ›Trotz aller deiner Schönheit, trotz deinem Von-oben-herab-Sehen wirst du einen Schmied, einen wüsten Hinkefuß, zum Liebhaber kriegen‹? Eine tiefsinnige Lehre, Verehrtester, für das gefallsüchtige Weibervolk!«

Ich konnte mich eines Lächelns nicht enthalten, so sehr an den Haaren herbeigezogen kam mir diese Erklärung vor.

»Eine fürchterliche Sprache ist es schon, das Latein, mit seiner Bündigkeit«, bemerkte ich, um nicht in offenen Widerspruch mit meinem Antikenkenner zu geraten, und tat ein paar Schritte nach rückwärts, um die Statue besser betrachten zu können.

»Einen Augenblick, Herr Fachgenosse!« sagte Monsieur de Peyrehorade und hielt mich am Arme fest. »Sie haben noch nicht alles beaugenscheinigt. Es ist noch eine andere Inschrift da. Klettern Sie auf den Sockel, und schauen Sie am rechten Arm nach!« Indem er das sagte, half er mir bereits hinauf.

Ohne allzu viele Umstände hängte ich mich an den Hals der Venus und fing an, mich mit ihr näher vertraut zu machen. Einen Augenblick sogar sah ich ihr auf Nasenlänge ins Gesicht und fand es, so dicht davor, noch boshafter und noch schöner. Dann erkannte ich auch, daß auf dem Arm einige Zeichen eingeritzt waren, in antiker Schrägschrift, wie mich bedünkte. Nur mit Hilfe des Vergrößerungsglases bekam ich das Folgende heraus, während Herr de Peyrehorade laut Wort um Wort, das ich entzifferte, mit dem Tonfall und dem Gebärdenspiel der Billigung mir nachsprach. Ich las also:

»VENERI TVRBVL...
EVTYCHES MYRO
IMPERIO FECIT«.

Nach dem Worte TVRBVL in der ersten Zeile waren, wie mir schien, etliche Lettern verwischt; aber TVRBVL war vollkommen deutlich zu lesen.

»Was soviel bedeutet wie ...?« fragte mich mein Wirt strahlend und arglistig lächelnd zugleich, denn er dachte wohl, daß ich nicht so leicht mit diesem TVRBVL zurechtkommen würde.

»Ein Wort darin kann ich mir noch nicht erklären«, sagte ich zu ihm. »Alles übrige ist einfach: ›Der Venus hat Eutyches Myron auf ihr Geheiß dieses dargebracht ...‹ «

»Fabelhaft! Aber TVRBVL, was fangen Sie damit an? Was heißt TVRBVL?«

»TVRBVL macht mir einiges zu schaffen. Vergebens suche

ich nach irgendeinem bekannten Beinamen der Venus, der mir auf die Sprünge helfen könnte. Wir wollen doch mal schauen – was würden Sie sagen zu TVRBVLENTA? Venus, der Beunruhigenden, der Verstörenden ... Sie können daraus ersehen, wie sehr mich nach wie vor ihr boshafter Gesichtsausdruck beschäftigt. TVRBVLENTA, das ist gar kein so übler Beiname für die Venus«, setzte ich etwas kleinlaut hinzu, denn ich war selbst nicht sehr befriedigt von meiner Auslegung.

»Venus turbulenta! Die ruhestörende Venus! Aha! Sie glauben also, meine Venus ist eine Venus aus dem Tingeltangel? Keineswegs, mein Herr! Das ist eine Venus aus hochanständiger Gesellschaft. Aber ich will Ihnen gleich dies TVRBVL ... erklären. Sie müssen mir aber mindestens versprechen, meine Entdeckung nicht vor der Drucklegung meiner Denkschrift unter die Leute zu bringen. Auf diesen glücklichen Fund sozusagen, sehen Sie, bilde ich mir etwas ein ... Uns arme Provinzler müßt ihr auch wohl mal ein paar Ähren auf dem Felde der Ehre stoppeln lassen. Ihr habt schon reichlich eingeheimst, meine Herren Gelehrten aus Paris!«

Von der Höhe des Sockels herunter, auf dem ich noch immer wie hingepflanzt stand, versprach ich ihm hoch und heilig, daß ich niemals die Nichtswürdigkeit begehen würde, ihm seine Entdeckung zu stibitzen.

»TVRBVL ..., Verehrtester«, sagte er, wobei er noch näher herantrat und die Stimme dämpfte, damit niemand, außer mir, es etwa vernehme, »lesen Sie: TVRBVLNERAE!«

»Jetzt bin ich genauso klug wie vorher.«

»Hören Sie zu! Eine Wegstunde von hier, am Fuße des Gebirges, da liegt ein Dorf, das heißt Boulternère. Das ist eine Entstellung des lateinischen TVRBVLNERA. Nichts landläufiger als solche Silbenverdrehungen! Boulternère, mein Verehrtester, war einstmals eine römische Stadt. Das hat mir immer schon geschwant, aber ich habe nie den Beweis dafür erbringen können. Jetzt sehen Sie ihn vor sich stehen, den Beweis! Die Venus da war die Ortsgöttin der alten Stadt Boulternère. Und der Name Boulternère, dessen antiken Ursprung ich eben dargelegt habe, ist der Beweis für etwas noch viel Merkwürdigeres, dafür nämlich, daß Boulternère, ehe es zu einer Römerstadt wurde, eine Niederlassung der Phönizier gewesen ist!«

Er machte eine kleine Pause, um Luft zu holen und sich an meiner Überraschung zu weiden. Ich konnte mir gerade noch einen mächtigen Lachreiz verbeißen.

»Tatsächlich«, fuhr er fort, »TVRBVLNERA ist reines Phönizisch, TVR sprechen sie TUR aus ... TUR und SUR ist dasselbe, nicht wahr? SUR ist der phönizische Name für Tyr; den Sinn des Worts brauche ich Ihnen wohl nicht ins Gedächtnis rufen. BUL ist Baal; Bal, Bel, Bul ... nicht ins Gewicht fallende Unterschiede der Aussprache. Was NERA betrifft, bin ich etwas mehr in Schwulitäten. Weil ich kein phönizisches Wort dafür aufstöbern kann, verlockt es mich, anzunehmen, daß es vom griechischen nerós, feucht, sumpfig, herkommt. Das wäre also ein Wortbastard. Um nerós zu rechtfertigen, werde ich Ihnen in Boulternère zeigen, wie die Gebirgsbäche dort faule Lachen bilden. Anderseits auch könnte die Endung NERA erst viel später angehängt worden sein, zu Ehren der Nera Pivesuvia, der Frau des Tetricus, die der alten Stadt Turbul irgendwelche Wohltat erwiesen haben dürfte. Aber wegen der Pfuhle bin ich mehr für die sprachliche Herleitung von nerós.«

Offensichtlich befriedigt, nahm er eine Prise Schnupftabak. »Aber lassen wir die Phönizier, und kommen wir auf die Inschrift zurück! Ich verdolmetsche mithin: ›Der Venus von Boulternère eignet Myron auf ihr Geheiß diese Statue zu, sein Werk.‹ «

Ich hütete mich wohlweislich, seine Etymologie mit unter die Lupe zu nehmen, aber ich wollte auch meinerseits ein Pröbchen meines Scharfsinns zum besten geben und sagte zu ihm: »Halt, mein Herr! Myron hat irgend etwas gestiftet, aber ich sehe durchaus nicht ein, daß es diese Statue gewesen sein muß.«

»Wie denn?« ereiferte er sich. »War Myron nicht ein berühmter griechischer Bildhauer? Seine Begabung wird sich in seiner Sippe fortgepflanzt haben. Einer seiner Nachkommen wird der Schöpfer dieser Statue sein. Das ist doch klar wie das Sonnenlicht!«

»Dahingegen«, gab ich zurück, »erblicke ich auf dem Arm ein dunkles Löchelchen. Ich denke mir, es wird dazu dagewesen sein, irgend etwas festzuhalten, einen Armreif zum Beispiel, den jener Myron der Venus als Sühneopfer dargebracht hat. Myron war ein unglücklicher Liebhaber! Venus war fürchterlich gereizt gegen ihn; er besänftigte sie dadurch, daß er ihr ein goldenes Armband zum Weihgeschenk machte. Beachten Sie, daß fecit äußerst häufig für consecravit gebraucht wird. Das sind sinnverwandte Ausdrücke, Synonyme. Ich könnte Ihnen mehr als ein Beispiel dafür zeigen, wenn ich den Grüter oder noch besser den Orellius zur Hand hätte. Es ist natürlich, daß einem Liebenden die Venus im Traum erscheint, daß er sich einbildet, sie heische von ihm ein Goldarmband für ihre Statue. Myron machte ihr eins zum Weihgeschenk ... Später haben die Barbaren oder wohl irgendein frevlerischer Erzspitzbube ...«

»Ah, daran sieht man so recht, daß Sie Romane gemacht haben!« fuhr mein Wirt laut dazwischen und reichte mir zum Herunterkommen die Hand. »Nein, Verehrtester, das ist ein Werk aus der Schule des Myron. Sehen Sie doch bloß die Arbeit an, und Sie werden zu der gleichen Ansicht kommen!«

Da ich mir zum Grundsatz gemacht habe, den dickköpfigen Altertumskundlern nie bis zum äußersten meine Meinung entgegenzuhalten, senkte ich mit der Miene der Überzeugtheit mein Haupt und sagte: »Es ist ein herrliches Stück!«

»Da, Herrgott noch einmal!« rief laut Herr de Peyrehorade. »Wieder ein Vandalenstreich! Da muß einer nach meiner Statue einen Stein geworfen haben!«

Er war soeben einen hellen Fleck dicht über dem Busen der Venus gewahr geworden. Eine ähnliche Spur bemerkte ich an den Fingern der rechten Hand, die, wie ich damals vermutete, von dem Stein im Fluge gestreift worden waren, oder aber beim Aufschlage war ein Stück von ihm gesplittert und von der Hand dann zurückgeprallt. Ich erzählte meinem gastfreundlichen Hausherrn von dem Bubenstreich, dessen Zeuge ich gewesen war, und von der Strafe, die ihm sozusagen im Handumdrehen gefolgt war. Er lachte sehr darüber und wünschte dem Schlosserlehrling, den er mit Diomedes verglich, das, was dem griechischen Helden einst geschah: den Anblick aller seiner in weiße Vögel verwandelten Kumpane.

Die zum Frühstück rufende Glocke unterbrach dieses klassische Zwiegespräch, und wie am Abend zuvor, wurde ich genötigt, für vier zu essen. Danach erschienen die Pächter des Monsieur de Peyrehorade, und während er ihnen Audienz erteilte, schleppte mich sein Sohn zu einer Kalesche hin, die er in Toulouse für seine Braut gekauft hatte; ich sollte sie beaugenscheinigen. Ich bewunderte sie, das versteht sich von selbst. Dann betrat ich mit ihm den Pferdestall, in dem er mich eine halbe Stunde festhielt, um mir seine Gäule herauszustreichen, mir ihre Stammbäume zu entwickeln, mir die Preise aufzuzählen, die sie auf den Rennen im Departement davongetragen hatten. Schließlich kam er noch darauf, mir etwas von seiner Zukünftigen zu erzählen; er wurde durch eine graue Stute daraufgebracht, die er für sie bestimmt hatte.

»Wir werden sie heut zu sehn bekommen«, sagte er. »Ich weiß nicht, ob Sie sie hübsch finden werden. Ihr seid verwöhnt in Paris. Aber hier und in Perpignan findet sie jeder entzückend. Und das Beste, sie bringt mächtig viel mit. Ihre Tante in Prades hat ihr ganzes Vermögen ihr vermacht. Oh, ich werde sehr glücklich sein!«

Mich berührte es höchst unangenehm, einen jungen Mann zu sehen, auf den offensichtlich die Mitgift seiner Zukünftigen mehr Eindruck machte als ihre schönen Augen.

»Sie kennen sich in Schmuckstücken aus«, fuhr Monsieur Alphonse fort. »Wie finden Sie das hier? Den Ring schenk' ich ihr morgen!« Mit diesen Worten zog er vom ersten Glied seines kleinen Fingers einen schweren, mit Brillanten besetzten Ring, der zu zwei ineinander verschlungenen Händen gestaltet war; ein Sinnbild, das mich überaus reizend anmutete. Die Arbeit war alt, aber ich schätzte, man hatte ihn überholt, um die Diamanten einzulassen. Innen stand in altväterischen Lettern zu lesen: »SEMPR AB TI«, das heißt: »Immer mit dir«.

»Ein hübscher Ring ist das«, sagte ich. »Nur haben die hinzugefügten Brillanten ihm wohl etwas von seiner Eigenart genommen!«

»Oh! So ist er viel schöner«, erwiderte er lächelnd. »Für zwölfhundert Franken Diamanten stecken da drin. Meine Mutter hat ihn mir verehrt. Es war ein uraltes Erbstück in unserm Geschlechte ... aus der Troubadourzeit her. Er hatte meiner Großmutter seine Dienste geleistet; die hat ihn von ihrer Großmutter überkommen. Gott weiß, wann das Ding da gebosselt ist.«

»In Paris ist es üblich«, sagte ich zu ihm, »einen ganz schlichten Ring zu schenken, der gewöhnlich aus zwei verschiedenen Metallen gehämmert ist, etwa Gold und Platin. Da, der andere Ring, den Sie noch am Finger haben, der wäre sehr passend. Der hier mit seinen Diamanten und seinen hervortretenden Händen ist so unförmig, daß man keinen Handschuh wird darüberziehen können.«

»Oh! Madame Alphonse mag damit zu Rande kommen, wie sie will. Ich glaube, sie wird immerhin sehr zufrieden sein, wenn sie ihn bekommt. Zwölfhundert Franken am Finger, das ist doch ein angenehmes Gefühl. Den kleinen Ring da«, setzte er mit einem selbstgefälligen Blick auf den glatten Reif an seiner Hand hinzu, »den hat mir eine Frau aus Paris geschenkt, zu Fastnacht. Ah! Da habe ich mir mal so richtig was leisten können, in Paris, vor zwei Jahren! Ja, da lebt sich's lustig...!« Und er seufzte bedauernd.

An diesem Tage sollten wir in Puygarrig zu Mittag speisen, bei den Eltern der Braut; wir bestiegen die offene Kutsche und fuhren zum Schlosse, das etwa anderthalb Wegstunden von Ille entfernt liegt. Ich wurde als Freund der Familie vorgestellt und aufgenommen. Über das Mahl will ich mich nicht weiter verbreiten und auch nicht über die Unterhaltung, die sich daran anschloß und an der ich mich wenig beteiligte. Herr Alphonse, der neben seiner Zukünftigen saß, flüsterte ihr aller Viertelstunden irgend etwas ins Ohr. Sie ihrerseits schlug kaum die Augen auf, und jedesmal, wenn ihr Auserwählter auf sie einsprach, wurde sie sittsam rot, gab ihm aber unbefangen

Antwort. Mademoiselle de Puygarrig war achtzehn Jahre; ihre ranke, zarte Gestalt stach stark ab von dem derben Knochenbau ihres stämmigen Bräutigams. Sie war nicht nur schön, sondern geradezu hinreißend. Ich bewunderte die vollendete Natürlichkeit aller ihrer Antworten. Ihr gütiges Gesicht, dem ein leichter Schimmer von Boshaftigkeit nicht ganz fehlte, erinnerte mich unwillkürlich an die Venus meines Gastfreundes. Während dieses Vergleichs, den ich im stillen anstellte, fragte ich mich, ob die überragende Schönheit, die man der Statue doch wohl zuerkennen mußte, nicht zum großen Teil ihrem raubtierhaften Ausdrucke entspräche; denn Willenskraft, selbst in den schlimmsten Leidenschaften, erregt in uns immer Staunen und eine Art unfreiwilliger Bewunderung.

»Wie schade«, dachte ich bei mir, als wir von Puygarrig wieder wegfuhren, »daß ein so liebenswertes Wesen reich ist und daß es die Mitgift ist, die einen Menschen zu ihm hinzieht, der seiner nicht wert ist!«

Während wir nach Ille zurückrollten, wußte ich nicht so recht, was ich zu Frau de Peyrehorade sagen sollte, an die ich schicklicherweise ab und zu ein Wort richten zu müssen glaubte.

»Sie sind wirklich Freigeister hier in Roussillon!« fuhr es mir heraus. »An einem Freitage, Madame, feiern Sie eine Hochzeit! Wir in Paris wären da viel abergläubischer; kein Mensch würde bei uns an einem solchen Tage eine Frau heimzuführen wagen.«

»Mein Gott, reden Sie mir nicht davon!« erwiderte sie mir. »Wenn's nur nach mir gegangen wäre, dann wäre bestimmt ein anderer Tag dafür ausgesucht worden. Aber Peyrehorade hat's so haben wollen, und da mußte man ihm nachgeben. Mir macht das dennoch große Bange. Wenn ein Unglück geschähe? Es muß doch wohl was dran sein; warum haben denn alle Leute Angst vor dem Freitag?«

»Freitag!« rief ihr Mann aus. »Der Tag der Venus! Ein guter Tag für eine Hochzeit! Sie sehen, liebwerter Fachgenosse, ich habe nur meine Venus im Sinn. Auf Ehre, ihretwegen bin ich auf den Freitag verfallen. Morgen, wenn Sie mitmachen wollen, vor der Trauung, werden wir ihr noch ein kleines Opfer darbringen. Wir werden ihr zwei Wildtauben opfern; und wenn ich wüßte, wo Weihrauch aufzutreiben wäre ...«

»Pfui, Peyrehorade!« unterbrach ihn, im höchsten Ton der Empörtheit, seine Gattin. »Einem Götzenbild Weihrauch streuen! Das wäre ja Teufelsdienst. In welchen Geruch kämen wir weit und breit?«

»Mindestens«, sagte Herr de Peyrehorade, »wirst du mir doch gestatten, ihr einen Kranz von Rosen und Lilien aufs Haupt zu setzen: ›Opfert Lilien mit vollen Händen‹, wie Vergil sagt. Sie sehen, Verehrtester, die Verfassung ist eitles Wortgerede. Religionsfreiheit haben wir nicht!«

Die Festordnung für den kommenden Tag wurde folgendermaßen geregelt: Punkt zehn Uhr hatte jedes fix und fertig und in vollem Staat dazustehen. Nach der Schokolade würde die Wagenfahrt nach Puygarrig angetreten. Die standesamtliche Trauung sollte in der Bürgermeisterei des Dorfes vollzogen werden, die kirchliche Feier in der Schloßkapelle. Daran schlösse sich ein Frühstück. Nach dem Frühstück dürfte jeder seine Zeit verbringen, wie er Lust hätte, bis sieben Uhr. Um sieben Uhr abends würde nach Ille, zu Herrn de Peyrehorade, zurückgefahren, in dessen Hause die beiden Familien vereint zu Abend speisen sollten. Das übrige ergäbe sich von selbst. Da man nicht tanzen durfte, war man willens, soviel wie möglich zu schnabulieren.

Bereits ab acht Uhr saß ich, den Bleistift in der Hand, vor der Venus und fing zum zwanzigsten Male den Kopf der Statue an, ohne daß ich den eigentümlichen Ausdruck darin herausbekommen konnte. Monsieur de Peyrehorade lief rund um mich herum, gab mir Ratschläge und trug mir immer wieder seine phönizischen Etymologien vor. Darauf legte er Bengalrosen auf dem Sockel der Statue nieder und wünschte in halb ernstem, halb heiterem Tone der Göttin Gunst auf das junge Paar herab, das nun unter seinem Dache leben sollte. Gegen neun Uhr ging er ins Haus, um an seine Toilette zu denken, und gleichzeitig zeigte sich Herr Alphonse auf der Bildfläche in einem enganliegenden neuen Frack, weißen Handschuhen,

Lackstiefeletten, kostbaren Hemdknöpfen, eine Rose im Knopfloch.

»Sie werden doch auch meine Frau porträtieren?« sagte er, während er sich über meine Zeichnung herabbog. »Sie ist auch bildhübsch.«

In diesem Augenblicke fing auf dem schon erwähnten Ballspielplatz eine Partie an, die Herrn Alphonses Aufmerksamkeit auf der Stelle anzog. Auch ich wandte mich, müde und an der Wiedergabe dieses verteufelten Gesichts verzweifelnd, von meinem Zeichnen bald ab und schaute den Spielern zu. Es waren einige am Vorabend angekommene Maultiertreiber darunter, Leute aus Aragonien und Navarra, fast alle von bewundernswerter Geschicklichkeit. Die Iller wurden denn auch, wenngleich sie durch Herrn Alphonses Anwesenheit und beratende Zurufe angefeuert wurden, ziemlich im Handumdrehen von diesen neuen Kämpen geschlagen. Die einheimischen Zuschauer waren bestürzt. Herr Alphonse sah auf seine Uhr. Es war erst halb zehn. Seine Mutter war noch nicht frisiert. Es gab kein Zögern mehr für ihn: Er riß seinen Frack herunter, verlangte eine Jacke und forderte die Spanier zum Spiele heraus. Lächelnd und doch etwas überrascht sah ich seinem Tun zu.

»Jetzt heißt's, die Ehre des Landes herausreißen!« rief er.

Da fand ich ihn wahrhaftig schön. Die Leidenschaft hatte ihn gepackt. Sein Äußeres, das ihn eben noch so stark in Anspruch genommen hatte, galt ihm nichts mehr. Vor ein paar Minuten noch hätte er nicht einmal den Kopf leicht gedreht, weil sich dabei seine Halsbinde hätte verschieben können. Nun dachte er nicht mehr an seine kunstvoll gekräuselten Haare und an seine wohlgefältelte Hemdbrust. Und seine Braut ...? Ja, wenn es nötig gewesen wäre, hätte er, glaube ich, die Hochzeiterei aufschieben lassen. Ich sah ihn eiligst in ein paar Sandalen fahren, die Ärmel hochkrempeln und sich mit selbstsicherer Miene an die Spitze der besiegten Partei stellen, wie Cäsar, als er bei Dyrrachium seine Soldaten zu neuem Kampf zusammenraffte. Ich war mit einem Satz über der Hecke und suchte mir einen bequemen Platz im Schatten eines Zürgelbaums, so, daß ich das Feld nach beiden Seiten hin gut überblickte.

Entgegen dem allgemeinen Erwarten verfehlte Herr Alphonse den ersten Ball; der kam allerdings ganz flach über den Boden und überraschend kräftig geschossen von einem Aragonier, der wohl der Führer der Spanier war. Es war ein Mann in den Vierzigern, hager und nervig, sechs Fuß groß; seine olivengelbe Haut hatte fast die gleiche dunkle Tönung wie die Bronze der Venus.

Voller Wut warf Herr Alphonse seinen Schläger zu Boden. »Das macht der verfluchte Ring da«, stieß er hervor. »Der drückt am Finger und läßt mich einen sicheren Ball verfehlen!«

Er zog nicht ohne Mühe den Diamantring vom Finger. Ich ging hinzu, um ihn ihm abzunehmen; aber er kam mir zuvor, lief zur Venus hin, schob ihr den Reif über den Ringfinger und nahm seinen Stand an der Spitze der Iller wieder auf.

Er war blaß, aber ruhig und entschlossen. Von da an tat er keinen einzigen Fehlschlag mehr, und die Spanier bekamen eine gründliche Abfuhr. Ein prächtiges Schauspiel war die Begeisterung der Zuschauer: die einen erhoben ein nie abreißendes Freudengeschrei und schleuderten ihre Mützen hoch in die Luft; die andern drückten ihm unterdessen die Hände und nannten ihn den Stolz des Landes. Hätte er einen feindlichen Einfall zurückgeschlagen, ich möchte bezweifeln, ob er dazu lebhafter und ehrlicher beglückwünscht worden wäre. Die Mißstimmung der Besiegten setzte seinen glänzenden Triumph noch um einiges herauf.

»Wir werden noch ganz andre Partien austragen, mein Lieber!« sagte er im Tone der Überlegenheit laut zu dem Aragonier. »Aber dann gebe ich euch einige Punkte vor!«

Ich hätte lieber gehabt, Herr Alphonse wäre bescheidener aufgetreten, und mich überkam ein peinliches Gefühl bei dieser Demütigung seines Gegners.

Den baumhohen Spanier wurmte die tiefe Kränkung heftig. Ich sah, wie er unter seiner dunklen Haut fahl wurde. Mit düsterm Blick und zusammengebissenen Zähnen sah er auf sein Schlagholz; dann sagte er mit erstickter Stimme ganz leise: »Das wirst du mir büßen!«

Die Stimme von Monsieur de Peyrehorade fuhr störend in den Siegesrausch seines Sohnes hinein. Mein gastlicher Hausherr, der sich sehr gewundert hatte, ihn nicht beim Anschirren an der neuen Kalesche die Aufsicht führen zu sehen, bekam ein noch viel erstaunteres Gesicht, als er ihn schweißübergossen, den Ballschläger in der Hand vor sich sah. Herr Alphonse eilte ins Haus, wusch sich Gesicht und Hände, fuhr wieder in seinen neuen Frack und in seine Lackschuhe, und fünf Minuten später rollten wir in scharfem Trabe auf der Landstraße nach Puygarrig hin. Alle Ballspieler der Stadt und ein mächtiger Haufen Zuschauer rannten unter Freudengebrüll hinter uns her. Nur mit knapper Not konnten unsere kräftigen Zugpferde ihren Vorsprung vor diesen unentwegten Katalanen behaupten.

Wir waren in Puygarrig, und der Hochzeitszug sollte sich gerade nach der Bürgermeisterei in Bewegung setzen, da schlug sich Herr Alphonse vor die Stirn und raunte mir zu: »So eine dumme Sache! Ich habe den Ring vergessen! Er steckt der Venus am Finger – der Teufel soll sie holen! Sagen Sie's mindestens meiner Frau Mama nicht! Vielleicht merkt sie gar nichts.«

»Sie könnten doch jemanden hinschicken!« riet ich ihm.

»Ach was! Mein Diener ist ja in Ille geblieben. Und auf die Leute hier ist mir kein rechter Verlaß. Zwölfhundert Franken an Diamanten! Das könnte mehr als einen verlocken ... Übrigens, was dächten die Leute hier von meiner Zerfahrenheit? Sie würden mächtig über mich herziehen. Ich hieße bei ihnen nicht mehr anders als der Mann der Venus ... Vorausgesetzt: daß man das Ding mir nicht wegstiehlt! Zum Glück jagt das Götzenbild meinen Kerlen heillose Bange ein. Keiner traut sich an sie auf Greifweite heran. Ach was, tut nichts; ich hab' einen andern Ring!«

Beide Trauungen, die standesamtliche wie die kirchliche, wurden unter dem herkömmlichen Gepränge vollzogen; und Mademoiselle de Puygarrig bekam den Ring einer Pariser

Putzmacherin übergestreift, ohne zu ahnen, daß ihr Bräutigam ihr ein Liebespfand opferte. Dann setzte man sich zu Tisch, aß, trank, sang sogar, alles mit reichlicher Ausdauer. Ich litt für die junge Frau unter der derb-lauten Lustigkeit, die rund um sie ausbrach; doch hielt sie gefaßter durch, als ich erwartet hätte, und ihre Befangenheit war weder linkisch noch geziert. Es kann schon sein, daß der Mut wächst, je schwieriger die Lage wird.

Als es Gott dem Herrn wohlgefällig war, dem Frühstück ein Ende zu setzen, war es vier Uhr geworden. Die Herren machten einen Spaziergang durch den prächtigen Park oder schauten auf der Schloßwiese dem Tanz der festlich gewandeten Bäuerinnen aus Puygarrig zu. Auf die Art verbrachten wir ein paar Stunden. Währenddessen schlossen sich die Damen dicht um die Neuvermählte, die sie ihre Brautgeschenke bewundern ließ. Dann wechselte sie ihren Staat, und ich sah, wie sie ihr schönes Haar unter eine Haube und einen Federhut steckte; denn die Frauen haben nie Eiligeres zu tun, als so schnell wie möglich die schmucken Zeichen der Würde anzulegen, die der Ahnenbrauch ihnen zu tragen verwehrt, solange sie noch Fräulein sind.

Es ging stark auf acht Uhr, als man sich zur Abfahrt nach Ille bereitmachte. Aber vorher kam es noch zu einem erschütternden Auftritt. Die Tante der Mademoiselle Puygarrig, die ihr die Mutter ersetzte, eine hochbetagte und sehr gottergebene Dame, sollte nicht mit uns zur Stadt fahren. Beim Abschied hielt sie denn ihrer Nichte eine rührende Predigt, die einen Sturzbach von Tränen und nicht enden wollende Umarmungen auslöste. Monsieur de Peyrehorade verglich diese Trennung mit dem Raub der Sabinerinnen. Gleichwohl kam es doch noch zur Abfahrt, und den ganzen Weg über gab sich jeder die redlichste Mühe, die junge Frau zu zerstreuen und zum Lachen zu bringen; aber es war vergebliche Liebesmühe.

In Ille erwartete uns das Abendessen – und was für eins! War mir schon die laute Freude am Morgen auf die Nerven gegangen, wieviel peinlicher berührten mich nun erst die Zweideutigkeiten und Scherze, die auf das neuvermählte Paar – und vor allem die junge Frau – gemünzt waren. Der junge Ehemann, der, bevor man sich an die Festtafel setzte, auf einen kurzen Augenblick die Gesellschaft verlassen hatte, war bleich und eisig ernst. Alle Augenblicke trank er Wein, alten Collioure, der fast so stark wie Branntwein ist. Ich saß neben ihm und fühlte mich verpflichtet, ihn davor zu warnen.

»Seien Sie auf der Hut! Es heißt, der Wein ...« Ich weiß nicht, was für albernes Zeug ich zu ihm sagte, um nicht aus dem Rahmen der allgemeinen Feststimmung zu fallen.

Er stieß mich ans Knie und sagte sehr leise zu mir: »Wenn vom Tisch aufgestanden wird ... dann möchte ich Ihnen etwas sagen.«

Sein feierlicher Ton machte mich stutzig. Ich sah ihn aufmerksamer an und bemerkte eine sonderbare Veränderung in seinen Zügen.

»Fühlen Sie sich unpäßlich?« fragte ich ihn.

»Nein.« Und er trank von neuem.

Unterdessen streckte ein elfjähriges Kind, das unter den Tisch gekrochen war, unter allgemeinem Gejohle und Händeklatschen der Tafelrunde ein weißes und rosa Band entgegen, das es der jungen Frau vom Knöchel abgebunden hatte. Das »Brautstrumpfband« wird dies genannt. Es wurde sofort in kleine Streifen zerschnitzelt und an die jungen Herren verteilt, die sich das Knopfloch damit verzierten, uraltem Brauch nach, der sich in etlichen, den altväterischen Sitten huldigenden Familien noch erhält. Für die junge Frau war das ein Anlaß, bis unter die Augen zu erröten ... Ihre Verwirrung erreichte aber den Gipfel, als Monsieur de Peyrehorade, nachdem er um Silentium gebeten hatte, ihr ein paar katalanische Verse sang, aus dem Stegreif, wie er sagte. Sie lauteten so, wenn ich alles recht erfaßt habe:

»Was ist bloß, ihr Freunde, mit mir?
Der Wein, den ich in mich geschoppelt,
Hat der denn den Blick mir verdoppelt?
Es sind ja zwei Venusen hier ...«

Jäh schaute sich der junge Ehemann nach allen Seiten mit verstörtem Gesicht um, was alle zum Lachen brachte.

Herr de Peyrehorade fuhr fort:

»Ja, zwiefach ist Venus im Haus:
Die eine – gleich Trüffeln erbuddelt;
Die andre – vom Himmel getrudelt,
Grad teilte sie 's Gürtelband aus!«

»Ihr Strumpfband« – wollte er sagen.

»Du hast Venus doppelt zur Wahl!
Die röm'sche, die katalan'sche?
Er nimmt sich die heimatland'sche,
Der Lausbub hat Glück wieder mal!

Die Röm'rin ist schwarz; aber weiß,
Aber weiß ist die Katalanin.
Die eine ist kalt ... Doch wie 'n Span in
Der Brust brennt die andere heiß ...!«

Dieser Schlußeinfall rief ein solches Hurra, so tobende Beifallsstürme und so schallendes Gelächter hervor, daß ich glaubte, die Decke würde uns über dem Kopf einstürzen. In der Tafelrunde blieben nur drei Gesichter ernst: die des jungen Paares und meins. Ich hatte heftigen Kopfschmerz; und dann macht mich eine Hochzeit, warum, weiß ich nicht recht, stets trübsinnig. Diese hier erfüllte mich mit Widerwillen.

Nachdem der Amtsgehilfe des Bürgermeisters auch noch ein paar Strophen gesungen hatte, und ziemlich gepfefferte, muß ich schon sagen, wechselte man in den Salon hinüber, um den Aufbruch der Braut zu genießen, die nun in ihr Schlafgemach geführt werden sollte, denn es ging auf Mitternacht zu.

Herr Alphonse zog mich in eine Fensternische und sagte zu mir mit weggewandten Augen: »Sie werden über mich lachen ... Aber ich weiß nicht, was mit mir los ist ... ich bin behext! Der Teufel hol mich ...!«

Mein erster Gedanke war, er fühle sich von jener Art Ungemach behelligt, auf das Montaigne und Madame de Sévigné mit den Worten anspielen: »Das ganze Reich der Liebe ist voller tragischer Geschichten ...«

Ich glaubte bisher, solcherlei Mißgeschick stieße nur Leuten von Geist zu.

»Sie haben zuviel Collioure getrunken, mein Lieber Monsieur Alphonse«, sagte ich zu ihm. »Ich hatte sie vor ihm gewarnt.«

»Ja, kann sein! Aber da ist noch was viel Entsetzlicheres ...« In seiner Stimme war etwas Abgerissenes. Nach meinem Dafürhalten hatte er einen Mordsrausch.

»Sie wissen doch, mein Ring ...«, setzte er, nach einer Pause, wieder an.

»Na und, ist er gestohlen?«

»N-nein!«

»Dann haben Sie ihn also?«

»N-nein ... ich ... ich krieg' ihn nicht vom Finger dieser verdeubelten Venus 'runter!«

»Schön! Sie haben eben nicht stark genug gezogen!«

»Doch ... Aber die Venus ... die hat den Finger gekrümmt.« Er stierte mich mit verstörtem Blick an und hielt sich dabei am Fensterriegel fest, um nicht umzufallen.

»Was sind das für Märchen!« redete ich auf ihn ein. »Sie haben den Ring zu weit hinuntergeschoben. Morgen bekommen Sie ihn mit einer Zange herunter. Aber geben Sie acht und beschädigen Sie nicht die Statue.«

»N-nein, ich sag Ihnen doch: Der Finger der Venus ist einwärts gebogen, krumm gemacht; sie krampft die Hand zusammen, verstehen sie mich ...? Sie ist jetzt meine Frau, ganz offensichtlich, weil ich ihr meinen Ring übergestreift habe ... Sie will ihn nicht mehr hergeben ...«

Mich schauerte plötzlich, und ich bekam für einen Augenblick eine Gänsehaut. Da stieß er einen schweren Seufzer aus, der mir eine dicke Wolke Weindunst entgegenwehte, und alle meine Erregung entschwand.

»Der armselige Schlucker«, dachte ich bei mir, »ist vollkommen betrunken.«

»Sie sind im Altertum zu Hause, werter Herr«, lallte der

junge Mann in weinerlichem Tone fort. »Sie kennen sich in den Bildsäulen aus ... Vielleicht ist irgendeine Sprungfeder drin, irgendeine Teufelei, von der ich nichts weiß ... Wenn Sie mal nachschauten?«

»Gerne«, sagte ich. »Kommen Sie mit!«

»N-nein, mir ist's lieber, Sie gingen allein hin!«

Ich verließ den Salon.

Während des Abendessens war das Wetter umgeschlagen, und ein heftiger Regenguß setzte ein. Ich wollte gerade umkehren, um mir einen Schirm geben zu lassen, da hielt eine Überlegung mich davon ab. Ein Riesendämlack wäre ich doch, sagte ich mir, wollte ich das Gerede eines Betrunkenen nachprüfen gehen! Womöglich gar hat er einen schlechten Scherz mit mir vorgehabt, um diesen hochwohllöblichen Provinzlern Gelegenheit zu geben zu lachen; und das mindeste, was dabei für mich herauskommen könnte, wäre, bis auf die Knochen naß zu werden und einen anständigen Schnupfen zu erwischen.

Von der Haustür aus warf ich einen Blick auf die regentriefende Statue und stieg dann zu meinem Zimmer hinauf, ohne noch einmal den Salon zu betreten. Ich legte mich nieder; aber der Schlummer wollte sich lange nicht einstellen. Alle Geschehnisse des Tages zogen wieder vor meinem inneren Blicke vorüber. Mir kam dies so schöne und so reine junge Mädchen nicht aus dem Sinn, das einem rohen Trunkenbold preisgegeben war. Was für eine scheußliche Sache, sagte ich mir, ist doch die herkömmliche Heiraterei! Ein Bürgermeister bindet sich eine Schärpe in den Landesfarben um, ein Pfarrer eine Stola – und schon ist das anständigste Mädchen der Welt dem Minotaurus ausgeliefert! Was können denn wohl zwei Wesen, die einander nicht lieben, sich in einem solchen Augenblicke sagen, für den zwei Liebende ihr ganzes Dasein hingeben würden? Bringt ein Weib je Liebe für einen Mann auf, den es ein einziges Mal gemein gesehen hat? Die ersten Eindrücke verwischen sich nicht, und sicherlich verdient es dieser Monsieur Alphonse, gehaßt zu werden ...

Während meines Selbstgesprächs, das ich nur im knappen

Auszuge wiedergebe, war ein Getöse an mein Ohr gedrungen: Kommen und Gehen im Hause, Türenschlagen, Fortrollen von Wagen. Dann schien es mir, als ob ich auf der Treppe die leichten Schritte mehrerer weiblicher Wesen vernommen hätte, die dem meinem Gemach entgegengesetzten Flurende zustrebten. Wahrscheinlich war es das Geleit der Neuvermählten, die man ins Brautbett führte. Dann war man wieder die Treppe hinuntergetrippelt. Die Tür hatte sich hinter der jungen Frau de Peyrehorade geschlossen. Wie muß dem armen Mädchen, dachte ich bei mir, wirr und traurig ums Herz sein! Mißlaunig drehte ich mich in meinem Bette um. In einem Hause, in dem sich eine Hochzeit vollzieht, spielt ein Junggeselle eine alberne Rolle.

Eine Weile herrschte Stille, als schwere Tritte sie störten, die treppauf stapften. Die hölzernen Stufen krachten laut.

Dieses Trampeltier! begehrte es in mir auf. Ich wette, der fällt auf der Treppe um.

Alles wurde wieder ruhig. Ich griff nach einem Buch, um meine Gedanken abzulenken. Es war ein statistisches Jahrbuch des Departements, dessen besondere Zierde eine Denkschrift des Monsieur de Peyrehorade über die Druidensteine im Bezirk von Prades war. Über der dritten Seite fielen mir die Augen zu.

Ich schlief schlecht und wachte ein paarmal auf. Es konnte gegen fünf Uhr morgens sein, und ich lag schon länger als zwanzig Minuten wach, als der Hahn krähte. Der Tag dämmerte herauf. Da vernahm ich deutlich dieselben schweren Tritte, dasselbe Krachen der Stiegen, wie ich es vor dem Einschlafen gehört hatte. Das kam mir sonderbar vor. Gähnend versuchte ich dahinterzukommen, weshalb Herr Alphonse so früh schon wieder aufstehe. Irgend etwas, das nach Wahrscheinlichkeit aussah, konnte ich als Grund dafür nicht entdecken. Ich wollte gerade wieder die Augen zumachen, als meine Aufmerksamkeit von neuem durch seltsames Gestampfe erregt wurde, in das sich bald das Gebimmel von Zimmerklingeln und der Lärm von heftig aufgerissenen Türen mischte; dazwischen klangen verworrene Schreie zu mir herauf.

»Mein Süffel wird irgendwie fahrlässig mit dem Feuer umgegangen sein!« ging es mir durch den Sinn, während ich aus dem Bett sprang.

Schnell kleidete ich mich an und trat auf den Flur hinaus. Vom andern Ende her scholl mir Geschrei und Gejammer entgegen, und eine Stimme, die einem durch die Seele fuhr, überschrillte alle andern: »Mein Sohn! Mein Sohn!« Offenbar war Herrn Alphonse ein Unglück zugestoßen. Ich lief zum Hochzeitsgemach. Es war voller Leute. Beim Eintreten bot sich meinen Augen ein schauerliches Schauspiel: Der junge Mann lag halbbekleidet quer über das Bett hingestreckt, dessen Holzgestell zertrümmert war. Er war leichenfahl und regte sich nicht. Ihm zur Seite weinte und schrie seine Mutter. Herr de Peyrehorade war fieberhaft tätig, rieb ihm die Schläfen mit Kölnischem Wasser ein oder hielt ihm allerhand Riechsalze unter die Nase. Verlorene Liebesmühe! Sein Sohn war schon lange tot. Am andern Zimmerende, auf einem Sofa, wand sich die junge Frau in Krämpfen. Sie schrie wie ein Tier, und zwei derbfäustige Mägde hatten die größte Mühe, sie festzuhalten.

»Mein Gott!« rief ich. »Was ist denn geschehen?«

Ich ging auf das Bett zu und richtete den Körper des unglückseligen jungen Mannes etwas empor; er war bereits starr und kalt. Seine zusammengepreßten Zähne und sein schwarz angelaufenes Gesicht drückten furchtbarste Ängste aus. Es war nur zu offensichtlich, daß er ein gewaltsames Ende gefunden und einen fürchterlichen Todeskampf durchgemacht hatte. Immerhin fand sich keinerlei Blutspur an seinen Kleidern. Ich schob sein Hemd auseinander und sah auf seiner Brust eine fahlblaue Druckstelle, die über die Rippen hin nach dem Rücken zu führte. Man hätte glauben mögen, er wäre von einem Eisenringe umpreßt worden. Mein Fuß trat auf etwas Hartes, das auf dem Teppiche lag; ich bückte mich und erblickte den Brillantring.

Ich zog Herrn de Peyrehorade und seine Frau mit in ihr Zimmer fort und ließ auch die junge Frau dahin bringen.

»Sie haben da noch eine Tochter«, sagte ich zu ihnen, »der müssen Sie Ihre Sorge zuwenden!« Dann ließ ich sie allein.

Es war, schien mir, nicht zu bezweifeln, daß Herr Alphonse einem Mordanschlage zum Opfer gefallen war, dessen Täter Mittel und Wege gefunden hatte, sich nachts in die Brautkammer einzuschleichen. Jene tödlichen Brustquetschungen und ihre ringsum verlaufende Richtung verursachten mir immerhin reichliches Kopfzerbrechen, denn ein Knüppel oder eine Eisenstange konnte sie nicht hervorgebracht haben. Plötzlich fiel mir ein, daß ich hatte erzählen hören, wie in Valencia die »Bravos« sich länglicher, mit feinem Sand gefüllter Ledersäcke bedienen, um die Leute, für deren Ermordung sie gedungen werden, aus der Welt zu schaffen. Sofort kam mir auch der aragonische Maultiertreiber und seine Drohung wieder ins Gedächtnis; dennoch wagte ich kaum, es für möglich zu halten, daß der für eine bedeutungslose Witzelei so furchtbare Rache hätte üben können.

Ich ging das ganze Haus ab und suchte überall nach Spuren eines gewaltsamen Eindringens, fand aber nirgends den mindesten Anhalt dafür. Ich ging in den Garten hinunter, um nachzusehen, ob die Mörder von dorther eingestiegen wären; ich entdeckte jedoch auch dort kein sicheres Anzeichen. Der Regen hatte in der vorhergehenden Nacht zudem den Erdboden derart aufgeweicht, daß selbst deutliche Fußabdrücke gar nicht in ihm erhalten geblieben wären. Immerhin stellte ich etliche tiefe, von Schritten herrührende Löcher fest; sie verliefen in entgegengesetzten Richtungen zueinander, aber auf einer Linie, und zwar gingen sie aus von dem Winkel der Hecke, die den Garten vom Ballspielplatz schied, und endeten bei der Haustür. Das konnten die Schritte des Herrn Alphonse sein, als er hinausgegangen war, um seinen Ring vom Finger der Statue zu holen. Andererseits war die Hecke an jener Stelle minder dicht als sonst; an jenem Durchschlupf hätte es sein müssen, wo die Mörder herübergewechselt waren. Während ich so an der Statue vorbei hin und her schritt, hielt ich für einen kurzen Augenblick inne, um sie zu betrachten. Dieses Mal, muß ich gestehen, konnte ich nicht ohne Grauen den Ausdruck höhnischer Bosheit in ihrem Antlitz anschauen; und da mir der Kopf noch erfüllt war von den schauerlichen

Auftritten, deren Zeuge ich hatte sein müssen, schien es mir, als sähe ich eine höllische Gottheit sich über das Unheil, das über dieses Haus hereingebrochen war, freuen.

Ich suchte wieder mein Zimmer auf und blieb da bis Mittag. Dann stieg ich hinunter und erkundigte mich bei meinen Gastgebern. Sie waren etwas ruhiger geworden. Mademoiselle de Puygarrig, ich müßte von Rechts wegen sagen: die verwitwete Madame Alphonse, war wieder zu Bewußtsein gekommen. Sie hatte sogar dem Staatsanwalt aus Perpignan Rede und Antwort gestanden, der, auf einer Dienstreise unterwegs, sich gerade in Ille aufhielt, und dieser Beamte hatte ihre Aussage entgegengenommen. Er verlangte auch die meine. Ich berichtete ihm, was ich wußte, und verhehlte ihm auch nicht meinen Verdacht gegen den aragonischen Maultiertreiber. Er ordnete dessen sofortige Festnahme an.

»Haben Sie etwas aus Madame Alphonse herausbekommen?« fragte ich den Staatsanwalt, als meine Aussage schriftlich festgelegt und unterzeichnet war.

»Das unglückliche junge Geschöpfchen ist um seinen Verstand gekommen«, sagte er mit traurigem Lächeln zu mir. »Verrückt, völlig verrückt! Sie erzählt das Folgende:

Sie war, sagte sie, seit ein paar Minuten im Bett, bei zugezogenen Bettvorhängen, als sich ihre Kammertür auftat und jemand hereinkam. Madame Alphonse lag ganz hinten im Bett und hatte ihr Gesicht der Wand zugekehrt. Sie regte sich nicht, in der Überzeugung, ihr Mann sei es. Im nächsten Augenblick kreischte das Bett laut in allen Fugen wie unter einer ungeheuren Last. Sie hatte mächtige Angst, traute sich aber nicht, den Kopf zu drehen. Fünf Minuten, zehn Minuten vielleicht – über die Zeitdauer kann sie sich keine Rechenschaft geben – verstrichen so. Dann machte sie unwillkürlich eine Bewegung, oder aber die Person, die neben ihr im Bett lag, machte eine, und sie fühlte die Berührung mit etwas Eiskaltem. Das sind ihre eigenen Worte! Sie drückte sich noch mehr an die Wand und schlotterte an allen Gliedern. Kurz hernach ging die Tür ein zweites Mal auf, und jemand trat ein und sagte: ›Guten Abend, mein Frauchen!‹ Gleich darauf wurden die

Bettvorhänge auseinandergezogen. Sie vernahm einen erstickten Schrei. Die Person an ihrer Seite setzte sich auf und schien die Arme auszustrecken. Da wandte sie das Gesicht hin ... und erblickte, so sagt sie, ihren Mann auf den Knien vor dem Bett, mit dem Kopf in Kissenhöhe, in den Armen eines grünschillernden Ungetüms, das ihn mit eherner Gewalt umpreßt hielt. Sie sagt – und sie hat es mir an die zwanzigmal wiederholt, die arme kleine Frau! –, sie bleibe dabei, sie habe sie wiedererkannt ... erraten Sie, wen? Die bronzene Venus, die Statue des Monsieur de Peyrehorade ... Seit die hier aufgetaucht ist, träumt jeder von ihr ... Doch ich will die arme Geistesgestörte weiter berichten lassen. Bei diesem Anblicke schwanden ihr die Sinne; und wahrscheinlich war ihr schon etliche Augenblicke zuvor der Verstand geschwunden. Sie vermag ganz und gar nicht zu sagen, wie lange sie bewußtlos geblieben ist. Als sie wieder zu sich gekommen war, sah sie immer noch das Gespenst oder die Statue, wie sie stets sagt, regungslos neben sich, Beine und Leib im Bett, Brust und Arme vorgestreckt, und mit ihnen ihren Mann umklammernd, der sich nicht rührte. Ein Hahn krähte. Da stieg die Statue aus dem Bett, ließ den Leichnam fallen und schritt hinaus. Madame Alphonse hängte sich an den Klingelzug – und das übrige ist Ihnen bekannt.«

Der Spanier wurde vorgeführt. Er war gelassen und verteidigte sich mit viel Kaltblütigkeit und Geistesgegenwart. Im übrigen leugnete er nicht die Äußerung, die ich gehört hatte, erklärte aber geradeheraus, er habe damit nichts anderes sagen wollen, als daß er am nächsten Tage, ausgeruht, wie er dann wäre, dem Sieger eine Partie abgewonnen hätte. Wie ich mich erinnere, fügte er noch hinzu: »Ein Aragonier wartet nicht, wenn er schwer beleidigt worden ist, bis zum andern Morgen, um sich zu rächen. Hätte ich angenommen, Monsieur Alphonse wollte mich beschimpfen, dann hätte ich ihm an Ort und Stelle mein Messer in den Leib gerannt!«

Man verglich seine Schuhsohlen mit den Fußeindrücken im Garten; seine Schuhe waren viel größer.

Schließlich versicherte der Wirt des Gasthofes, in dem der Mann wohnte: Er habe die ganze Nacht damit hingebracht, eins von seinen Muli, das sich was geholt habe, abzureiben und ihm Latwergen einzugeben.

Übrigens war der Aragonier auch sonst gut beleumdet und in der ganzen Gegend, in die er alle Jahre seines Handels wegen kam, wohlbekannt. Man ließ ihn also unter Entschuldigungen wieder seiner Wege ziehen.

Ich vergaß noch die Aussage eines Bedienten, der als letzter Herrn Alphonse lebend gesehen hatte. Das war in dem Augenblick, als er die Treppe zu seiner Frau hinaufging. Der junge Herr hatte ihn angerufen und ihn mit unruhigem Gebaren gefragt, ob er wüßte, wo ich wäre. Der Bediente erwiderte hierauf, er hätte mich nirgends gesehen. Da habe Monsieur Alphonse geseufzt und sei länger als eine Minute stumm stehengeblieben. Zum Schluß habe er gesagt: »Also denn los! Den wird wohl auch der Teufel geholt haben!«

Ich fragte diesen Mann, ob Herr Alphonse seinen Diamantring getragen habe, als er mit ihm sprach. Der Diener kam nicht gleich mit der Antwort heraus; endlich sagte er, er glaube nicht, doch habe er im übrigen keinerlei acht darauf gegeben.

»Wenn er diesen Ring am Finger gehabt hätte«, fügte er, sich berichtigend, hinzu, »hätte ich das sicher bemerkt, denn ich war der Meinung, er hätte ihn Madame Alphonse gegeben.«

Während ich diesen Mann ausfragte, verspürte ich lebhaft etwas von dem abergläubischen Schrecken, den die Aussage der Madame Alphonse im ganzen Haus verbreitet hatte. Lächelnd blickte mich der Staatsanwalt an, und ich gab mir große Mühe, tiefer in die Einzelheiten einzudringen.

Wenige Stunden nach der Beisetzung des Herrn Alphonse war ich zur Abfahrt von Ille fertig. Der Wagen von Monsieur de Peyrehorade sollte mich nach Perpignan bringen. Trotz seines geschwächten Zustandes wollte mich der bedauernswerte alte Herr bis zur Tür seines Gartens begleiten. Schweigend schritten wir dahin; mühsam schlurfte er, auf meinen Arm gestützt, neben mir her. Im Augenblick des Abschieds warf ich einen letzten Blick zur Venus hinüber. Ich hatte die deutliche Vorahnung, daß mein gastfreundlicher Wirt, wennschon er weder das Grauen noch den Haß je teilte, die das Bildwerk einem Teil seiner Familie einflößte, doch willens wäre, sich eines Gegenstandes zu entledigen, der ihm immerwährend ein gräßliches Unglück ins Gedächtnis rufen würde. Meine Absicht war, ihn dahin zu bringen, die Göttin in einem Museum aufstellen zu lassen. Noch zauderte ich, so unmittelbar auf die Sache einzugehen, da wandte Herr de Peyrehorade wie unbewußt den Kopf nach der Richtung, in die er mich unablässig blicken sah. Er gewahrte die Statue und brach sofort in Tränen aus. Ich umarmte ihn, und ohne daß ich noch gewagt hätte, ein Wort darüber zu ihm zu sagen, stieg ich in den Wagen.

Seit meiner Abreise habe ich nichts davon erfahren, daß durch neuerliche Entdeckungen Licht über jenes geheimnisvolle Ereignis gekommen wäre.

Einige Monate nach seinem Sohne starb Monsieur de Peyrehorade. Er hat mir testamentarisch seinen gesamten handschriftlichen Nachlaß vermacht, den ich eines Tages vielleicht noch veröffentlichen werde. Die Denkschrift über die Inschriften auf der Venus habe ich nirgends darunter gefunden.

Nachschrift: Mein Freund Herr de P*** teilt mir soeben aus Perpignan mit, daß die bronzene Venus nicht mehr existiere. Nach dem Ableben ihres Eheherrn war es Madame de Peyrehorades allerdringendstes Anliegen, das Götzenweib zur Glocke umgießen zu lassen, und in dieser neuen Gestalt dient sie nun der Kirche von Ille. Aber, schließt Herr de P*** daran, es scheint, als verfolge ein böses Geschick alle, denen dies Erz zufällt.

Seit diese Glocke in Ille läutet, sind rings die Rebstöcke zweimal erfroren.

EDGAR ALLAN POE

Die Maske des Roten Todes

Lange schon hatte der Rote Tod das Land verheert. Nie zuvor war eine Seuche so verderblich, so widerwärtig gewesen. Blut war ihr Zeichen und Siegel – die Röte und Furchtbarkeit des Blutes. Zuerst stellten sich heftige Schmerzen ein; ein Schwindelanfall folgte, und Blut ergoß sich im Übermaß aus allen Poren bis zur Auflösung. Die scharlachroten Flecken, die besonders auf dem Antlitz des Opfers hervortraten, waren der Bannfluch der Pest: wer sie hatte, war vom Mitleid und von der Hilfe seiner Mitmenschen ausgeschlossen. Und Ausbruch, Verlauf und Ende der Krankheit waren das Werk einer halben Stunde.

Fürst Prospero aber war glücklich, furchtlos und weise. Als sein Reich zur Hälfte entvölkert war, rief er tausend gesunde und leichtlebige Ritter und Damen seines Hofes zu sich und zog sich mit ihnen in die tiefe Einsamkeit eines seiner festen Schlösser zurück. Dies war ein weites und herrliches Gebäude, von dem kühnen, aber erlauchten Geschmack des Fürsten geschaffen. Eine hohe und starke Mauer umschloß es. In dieser Mauer befanden sich eiserne Tore. Nach ihrem Einzuge trugen die Höflinge Schmelzöfen und mächtige Hämmer herbei und schmiedeten die Riegel zu. Sie waren entschlossen, plötzlichen Anfällen von Verzweiflung oder Tobsucht weder Ein- noch Ausgang zu gewähren. Das Schloß war mit reichlichen Vorräten versehen. Mit solchen Mitteln konnten die Höflinge der Seuche die Stirn bieten. Die Außenwelt mochte sich um sich selbst kümmern. Einstweilen brauchte man sich nicht unnützen Sorgen oder Grübeleien hinzugeben. Der Fürst hatte für alle Arten von Vergnügungen vorgesorgt. Da gab es Spaßmacher, Stegreifkünstler und Ballettänzerinnen – Musik,

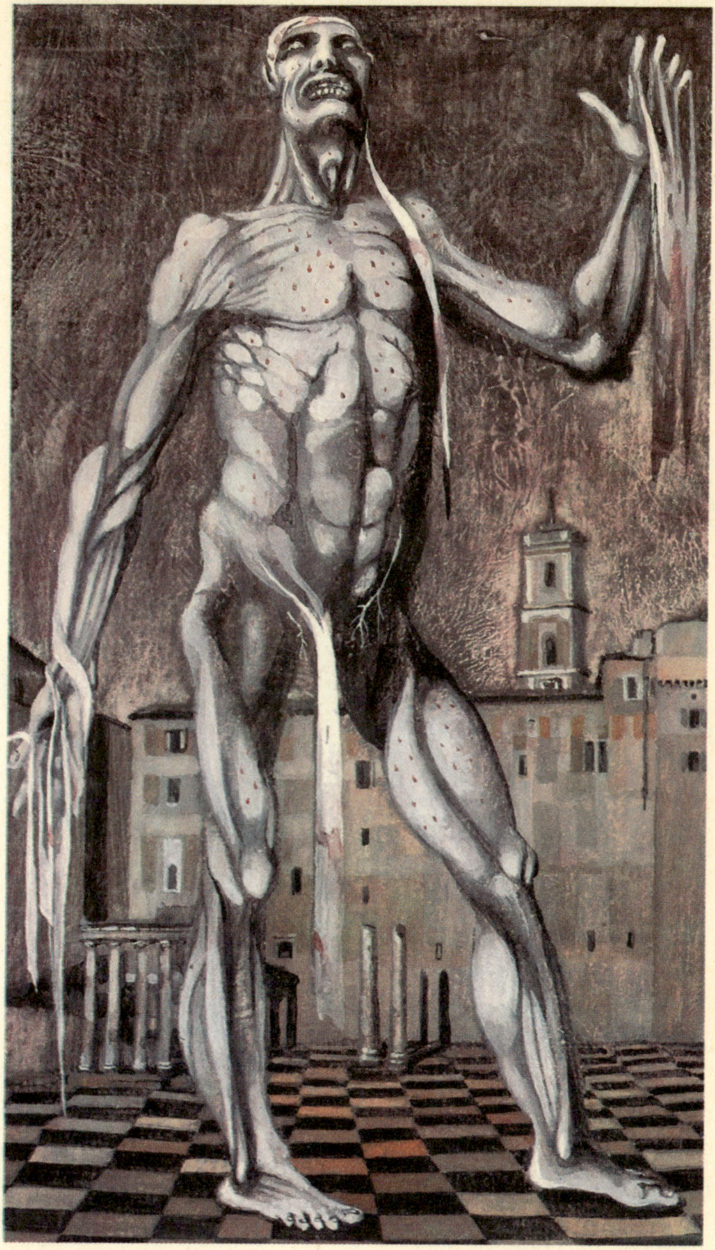

Schönheit und Wein. Alles dies war drinnen und dazu die Sicherheit. Draußen war der Rote Tod. Als der fünfte oder sechste Monat dieser Absonderung zu Ende ging und die Pest draußen am wütendsten tobte, erfreute Fürst Prospero seine tausend Freunde mit einem unerhört prächtigen Maskenfest.

Diese Maskerade bot einen verschwenderischen Anblick dar. Aber laßt mich zuerst von den Räumlichkeiten berichten, in denen sie stattfand. Es waren sieben an der Zahl – eine wahrhaft königliche Zimmerflucht. Nun sind solche Zimmerfluchten in vielen Palästen gradlinig angelegt, so daß der Blick, wenn die Schiebetüren beiderseits fast bis zu den Wänden zurückgleiten, das Ganze auf einmal aufnehmen kann. Hier verhielt es sich jedoch ganz anders – wie man es von dem Fürsten mit seinem Hang zum Absonderlichen füglich erwarten konnte. Die Säle waren so unregelmäßig angeordnet, daß man von einem beliebigen Standort immer nur einen überblicken konnte. In Abständen von einigen zwanzig oder dreißig Ellen gab es eine scharfe Biegung, bei der sich ein neuer Eindruck bot. Rechts und links waren in der Mitte der Wände hohe und schmale gotische Fenster eingefügt, die auf einen Gang, der den Windungen der Zimmerflucht angepaßt war, hinaussahen. Diese Fenster bestanden aus buntem Glase, dessen Farbe mit der der Ausstattung des entsprechenden Zimmers übereinstimmte und folglich wechselte. Das Ostzimmer war zum Beispiel blau verhangen – seine Fenster wiesen ein leuchtendes Blau. Der zweite Saal zeigte purpurne Zierate und Wandbehänge – hier waren die Scheiben purpurrot. Das dritte Zimmer war ganz in Grün gehalten – ebenso die Fenster. Das vierte war orangefarben ausstaffiert und beleuchtet – das fünfte weiß, das sechste violett. Der siebente Raum war gänzlich mit schwarzen Samtteppichen verhangen, und zwar sowohl die Decke als auch die Wände, die in schweren Falten auf einen Teppich vom gleichen Stoff und der gleichen Farbe herabfielen. Allerdings stimmte in diesem Zimmer die Farbe der Fenster nicht mit der der Ausschmückung überein. Hier waren die Scheiben scharlachrot – wie dunkles Blut. Unter all den goldenen Ziergegenständen, die hier und da verstreut waren oder von der Decke herabhingen, gab es in den Sälen weder Lampen noch Kandelaber. Nirgends verbreitete eine Ampel oder eine Kerze ihren Schein. Dagegen waren hinter allen Fenstern im Seitengang schwere Dreifüße aufgestellt, auf denen Kohlenbekken loderten. Diese ergossen ihr Licht durch die farbigen Gläser, so daß die Räume flackernd erhellt wurden. Auf diese Weise entstanden viele bunte und abenteuerliche Wirkungen. Im westlichen oder schwarzen Zimmer brachte der Feuerschein, der durch die blutroten Scheiben auf die schwarzen Behänge fiel, einen höchst schauerlichen Eindruck hervor und verlieh den Gesichtern der Eintretenden ein so grausiges Aussehen, daß nur wenige von der Gesellschaft so verwegen waren, den Fuß über die Schwelle dieses Zimmers zu setzen. Dort ragte an der westlichen Wand eine riesenhafte Standuhr aus Ebenholz empor. Ihr Pendel schwang mit einem einförmigen, dumpfen und schweren Schlag hin und her. Wenn der Minutenzeiger das Zifferblatt einmal umkreist hatte und der Stundenschlag ertönen sollte, drang aus dem ehernen Innern der Uhr ein klarer, tiefer, starker und sonorer Ton von so besonderer Art und solcher Eindringlichkeit hervor, daß nach jeder Stunde die Musiker der Kapelle ihr Spiel im selben Augenblick unterbrechen mußten, um zu lauschen. Natürlich hielten dann auch die Tänzer in ihren Bewegungen inne, und eine leise Mißstimmung beschlich die ganze frohe Gesellschaft. Solange der Schlag der Uhr zu hören war, konnte man sehen, wie die Leichtsinnigsten erbleichten und die Älteren und Gesetzteren wie in wirrem Traum oder Nachsinnen über ihre Stirnen strichen. Wenn aber das Echo verhallt war, lief sogleich wieder ein heiteres Gelächter durch die Versammlung. Die Musiker blickten einander, über ihre eigene Torheit und Schwäche lächelnd, an und schworen sich leise zu, daß sie sich durch den nächsten Stundenschlag nicht wieder aus der Fassung bringen lassen wollten. Aber nach Ablauf von sechzig Minuten (die dreitausendsechshundert Sekunden der flüchtigen Zeit umfassen) schlug die Uhr wiederum – und das gleiche Unbehagen, das gleiche Zittern und Besinnen stellten sich von neuem ein.

Hiervon abgesehen, war es ein heiteres und großartiges Fest. Der Fürst besaß einen sonderbaren Geschmack. Insbesondere hatte er ein gutes Auge für feine Farbwirkungen. Er verachtete alles, was nur Mode war. Seine Entwürfe waren kühn und feurig, ein wilder Glanz durchglühte seine Phantasien. Manche hielten ihn für wahnsinnig. Sein Gefolge aber wußte, daß er es nicht war. Man mußte ihn sehen, ihn hören und mit ihm umgehen, wenn man sich überzeugen wollte, daß er es wirklich nicht war.

Die beweglichen Einrichtungen der sieben Säle hatte er größtenteils selbst für das Fest angeordnet. Sein bestimmender Geschmack schrieb auch den Masken ihre Rollen vor. Sicherlich waren sie äußerst grotesk. Da war Glänzendes und Gewagtes und Überschwengliches – vieles der Art, wie man es später in der Oper »Hernani« sehen konnte. Da gab es arabeskenhafte Gestalten, deren Glieder etwas Verrenktes hatten. Da waren Gebilde, die aus den Fieberträumen Wahnsinniger zu stammen schienen. Da fehlte es nicht an Schönem und Ausgelassenem, an Fratzenhaftem und Schrecklichem und manchem, was beinahe Abscheu erregen konnte. Diese Masken wogten wie ein Schwarm von Träumen in den sieben Zimmern auf und nieder. Und diese Träume schlangen sich, die Farben der einzelnen Säle annehmend, umeinander und ließen die tolle Musik des Orchesters wie das Echo ihrer Schritte wirken. Und wieder schlägt die Ebenholzuhr in dem samtenen Saale. Und für einen Augenblick herrscht bis auf die Stimme der Uhr Schweigen. Die Träume sind in ihren Stellungen erstarrt. Aber nun verebbt das Echo des Glockenschlages wieder. Es hat ja nur einen Augenblick gewährt – und ein leichtes, halb unterdrücktes Lachen folgt ihm nach. Und jetzt schwillt die Musik wieder an: Die Träume beleben sich und gaukeln fröhlicher denn je umher. Sie nehmen die Farben der vielerlei Fenster an, durch die die Lichter der Dreifüße fallen. Aber keine der Masken wagt sich jetzt mehr in das westliche Gemach. Denn die Nacht schwindet; durch die blutroten Scheiben wogt ein noch glühenderes Licht, und die Schwärze der düsteren Behänge ist zum Erschrecken. Und wer den Fuß auf den schwarzen Teppich setzt, hört den dumpfen Klang der Uhr deutlicher als jene, die in den anderen Gemächern in Fröhlichkeit schwelgen. Aber in diesen anderen Gemächern drängte sich alles, und dort schlug fieberisch der Puls des Lebens. Wirbelnd ging das Fest weiter, bis die Uhr sich endlich zum Schlag der Mitternachtsstunde anschickte. Und wieder hörte, wie ich schon sagte, die Musik auf; die Bewegungen der Tanzenden erstarben, und ein unbehagliches Erstarren befiel alles. Diesmal waren es aber zwölf Schläge, die aus der Uhr ertönen mußten. Und so hatten die Gedanken mehr Zeit, sich in die Überlegungen der Besinnlicheren unter den Festgästen einzuschleichen. Und daher kam es wohl auch, daß viele, ehe der letzte Schlag verstummt war, Muße fanden, die Anwesenheit einer Maske zu bemerken, die vorher noch niemand beachtet hatte. Als sich die Kunde von dieser Erscheinung ringsum im Flüstertone verbreitet hatte, ließ sich ein Summen oder Murmeln aus der Gesellschaft hören, das Mißbilligung und Überraschung – ja, Furcht, Entsetzen und Ekel ausdrückte.

In einer Versammlung so phantastischer Gestalten, wie sie hier geschildert wurde, konnte eine gewöhnliche Erscheinung niemals solche Aufregung hervorrufen. Die Maskenfreiheit war in jener Nacht nämlich fast unbegrenzt; die bewußte Gestalt hatte aber den Tyrannen übertroffen und die weitherzige Auslegung des Fürsten, was Schicklichkeit betraf, weit hinter sich gelassen. Selbst in den Herzen der Leichtsinnigsten gibt es Saiten, die nicht ungestraft angeschlagen werden dürfen. Und selbst die Verworfensten, die über Leben und Tod spotten, können Scherze über gewisse Dinge nicht vertragen. Hier aber schien die ganze Gesellschaft zu empfinden, daß Gewand und Benehmen des Fremden weder witzig noch anständig waren. Die Gestalt war lang und hager und von Kopf bis Fuß in Grabtücher eingehüllt. Die Larve, die das Antlitz verbarg, ahmte so sehr das starre Gesicht einer Leiche nach, daß man schon genau hinsehen mußte, um den Betrug zu entdecken. Und doch wäre dies alles von den tollen Zechern zwar nicht gebilligt, aber ertragen worden. Die Maske war jedoch so weit gegangen, daß sie die Merkmale des Roten Todes angenommen hatte. Ihr Gewand war mit Blut bespritzt, und ihre breite Stirn sowie ihr ganzes Gesicht trug die scheußlichen Scharlachflecke. Als Fürst Prospero diese spukhafte Erscheinung (die langsam und gemessen, als wolle sie den Charakter ihrer Rolle betonen, durch die Tanzenden hin und her schritt) erspähte, sah man ihn im ersten Augenblick vor Schreck oder Abscheu erschauern; dann aber rötete Zorn seine Stirn. »Wer wagt es«, fragte er heiser die herumstehenden Höflinge, »wer wagt es, uns mit einer so aberwitzigen Lästerung zu schmähen? Ergreift ihn und reißt ihm die Maske ab – damit wir wissen, wen wir bei Sonnenaufgang an den Zinnen des Schlosses aufhängen sollen!« Fürst Prospero befand sich im östlichen oder blauen Zimmer, als er diese Worte hervorstieß. Sie hallten laut und klar durch die sieben Säle; denn der Fürst war ein stolzer und stattlicher Mann, und die Musik hatte er mit einem Wink seiner Hand zum Schweigen gebracht.

Er stand also im blauen Zimmer, von einer Schar bleicher Höflinge umgeben. Zuerst schienen sich diese auf den Eindringling, der sich in der Nähe befand und dem Sprecher mit ruhigem und entschlossenem Schritt nahte, stürzen zu wollen. Aber in dem bangen Gefühl, das alle, durch die ungeheuerliche Anmaßung der Maske hervorgerufen, beschlichen hatte, fand sich niemand, der die Hand ausstreckte, sie zu greifen. Daraufhin ging sie in dem Abstand von nur einer Elle an dem Fürsten vorüber. Und während die Menge wie unter einem Zwang bis zu den Wänden der Zimmer zurückwich, schritt sie ungestört und so feierlich und gelassen wie vorher weiter – durch das blaue ins purpurne, durch das purpurne ins grüne, durch das grüne ins orangefarbene, durch dieses ins weiße und schließlich ins violette Zimmer, bevor eine entscheidende Bewegung, sie aufzuhalten, erfolgt war. Jetzt aber stürzte Fürst Prospero, vor Wut und Scham über seine anfängliche Feigheit rasend, durch alle sechs Räume, ohne daß ihm ein einziger aus der von tödlichem Schrecken gebannten Schar gefolgt wäre. Einen Dolch in der hocherhobenen Rechten, hatte er sich der zurückweichenden Gestalt in wildem Ansturm bis auf drei oder vier Schritte genähert, als sich diese, am Ende des Samtzimmers angelangt, plötzlich umdrehte und ihrem Verfolger die Stirn bot. Ein gellender Schrei – und der Dolch fiel blitzend auf den schwarzen Teppich, auf den einen Augenblick später Fürst Prospero entseelt niedersank. Mit dem wilden Mut der Verzweiflung drängte sich sogleich ein Häuflein der Festgäste in das schwarze Zimmer und ergriff die Maske, deren hohe Gestalt aufrecht und bewegungslos im Schatten der Ebenholzuhr stand, taumelte aber in sprachlosem Entsetzen zurück, als es die Grabtücher und die totenähnliche Gesichtsmaske, die es so ungestüm gepackt hatte, als leere Hülle fand.

Und nun erkannten alle, daß der Rote Tod unter ihnen weilte. Wie ein Dieb in der Nacht war er gekommen. Einer nach dem anderen sanken die Gäste in den blutbefleckten Hallen ihrer Vergnügungen dahin, und jeder starb in der verzweifelten Gebärde seines Falles. Und das Leben der Ebenholzuhr entschwand mit dem letzten der Sorglosen. Und die Flammen der Dreifüße erloschen. Und Finsternis und Verwesung und der Rote Tod herrschten schrankenlos über allem.

HONORÉ DE BALZAC
Der Staatsanwalt

Pierre Leroux war ein armer Fuhrknecht aus der Umgebung von Beaugency. Wenn er den Tag damit verbracht hatte, die drei Pferde, die seine Fuhre zogen, durch die Felder zu führen, und der Abend kam, kehrte er in den Hof zurück, auf dem er diente, aß schweigsam mit den anderen Knechten sein Nachtmahl, zündete eine Laterne an und legte sich im Winkel des Stalles zur Ruhe. Seine Träume waren im allgemeinen primitiv und ohne Farbenglut, ihr Gegenstand meistens die Pferde. Einmal wachte er plötzlich auf, mitten in der Anstrengung, das Gabelpferd, das gestürzt war, auf die Beine zu bringen; ein andermal hatte der Graue sich in die Stränge der Bespannung verfangen. Eines Nachts träumte er, daß er an seiner Peitsche eine ganz neue Schnur befestigt hatte und daß die Peitsche durchaus nicht knallen wollte; diese Vision erregte ihn so sehr, daß er, erwacht, nach der Peitsche griff, die er jeden Abend neben sich legte, und mitten in der Nachtstille losknallte, um sich zu überzeugen, daß er noch nicht des schönen Vorzugs eines Fuhrmannes beraubt sei. Bei dem Lärm kam der ganze Stall in Aufruhr; die erschrockenen Pferde sprangen verwirrt auf, schlugen wiehernd aus und zerrissen beinahe ihre Halfter; aber mit einigen beruhigenden Worten beschwichtigte Pierre Leroux diesen Tumult, und alles schlief wieder ein. Das war eines der großen Ereignisse in seinem Leben, das er jedesmal erzählte, wenn ein Glas Wein ihn redselig gemacht hatte und er jemand fand, der gelaunt war, ihn anzuhören.

Zur selbigen Zeit beschäftigten Träume ganz anderer Art Herrn Desalleux, Stellvertreter des Oberstaatsanwalts beim Strafgericht in Orléans. Nachdem er einige Monate vor der Zeit, von der wir sprechen, mit großem Erfolg als Staatsanwalt debütiert hatte, glaubte er sich für mehr als dieses Amt berufen, und die Würde des Justizministers war der Traum seiner Nächte. Und während er tagsüber die schwierigsten Rechtsfälle studiert hatte, beschäftigten sich seine Träume mit rednerischen Triumphen. Der Ruhm der Agnesseau und anderer Berühmtheiten aus den schönen Zeiten des parlamentarischen Gerichtshofes genügten seinem Streben für die Zukunft nicht; bis in die weiteste Vergangenheit, bis in die Zeit der Wunder der demosthenischen Beredsamkeit schweifte sein Geist. »Macht durch das Wort!« das war die Hoffnung, der Inhalt, das ganze Wollen seines Lebens, das in dieser Leidenschaft vollkommen aufging und sich um ihretwillen alle Vergnügungen und Freuden der Jugend versagte.

Diese zwei Naturen, Pierre Leroux, der sich kaum um etwas über das Tier erhob, und Herr Desalleux, verfeinert und vergeistigt bis zum allerhöchsten Grad, standen sich eines Tages von Angesicht zu Angesicht gegenüber. Es gab zwischen ihnen eine kleine Streitfrage. Herr Desalleux, auf seinem Sitz im Gerichtshof thronend, forderte auf einige unbedeutende Indizien hin den Kopf von Pierre Leroux, wegen Mordes angeklagt, und Pierre Leroux verteidigte seinen Kopf gegen die Bemühungen des Herrn Desalleux.

Trotz des gewaltigen Unterschieds der Kräfte in diesem Duell hätte die Jury beinahe »Mangel an Beweisen« gefunden, und der Angeklagte wäre den Händen des Henkers entschlüpft. Aber gerade diese Lücke in der Anklage bot Gelegenheit, eine außerordentliche Beredsamkeit zu entwickeln, die ganz besonders den schönen Hoffnungen des Herrn Desalleux zugute kam. Als seines Glückes Schmied mußte er aus der Gelegenheit Nutzen ziehen.

Außerdem war da noch ein böser Umstand zuungunsten des armen Pierre Leroux. Einige Tage vor Beginn der Verhandlung hatte der junge Substitut, in Gegenwart einiger liebenswürdiger Damen, die sich darauf freuten dabeizusein, merken lassen, daß er sicher auf ein Todesurteil rechne; jeder wird verstehen, welche unangenehme Lage es für ihn wäre, wenn es zu keiner Verurteilung käme und wenn Pierre Leroux den

Kopf auf den Schultern behielt und als lebendiges Dementi der Allmacht seiner Anklagerede frei davonginge. Wer wollte ihn übrigens tadeln, den Vertreter des Staatsanwalts? Wenn er selbst auch nicht ganz überzeugt war, um so größer war das Verdienst, so zu sprechen, wie man es seit mehr als einem Jahrhundert vor den Schranken von Orléans nicht gehört hatte. Oh, daß Sie nicht da waren, um zu sehen, wie gerührt sie waren, diese armen Herren Geschworenen, bis auf den Grund der Seele, als er ihnen in einer hochtrabenden Schlußrede das erschreckende Bild der Gesellschaft zeigte, der Gesellschaft, die zersprengt werden würde, wenn Pierre Leroux frei ausging. Oh, daß Sie nicht zugegen waren bei den Lobreden, die zwischen der Verteidigung und der Anklage ausgetauscht wurden, als der Advokat des Angeklagten das Wort ergriff und damit anfing, daß er es nicht unterlassen könne, dem glänzenden oratorischen Talent des Staatsanwalts zu huldigen! Warum hörten Sie nicht den Vorsitzenden, der in seiner Schlußrede denselben Text behandelte. Sie hätten sicherlich geglaubt, daß ein akademischer Preis für Beredsamkeit verliehen, nicht aber, daß ein Mensch zum Tode verurteilt werden sollte. Sie hätten auch inmitten der Menge elegant gekleideter Damen die Schwester Herrn Desalleux' entdecken können, die von anderen Damen der Gesellschaft beglückwünscht wurde, während etwas weiter sein alter Vater vor Freude darüber weinte, einen solchen Sohn und Redner in die Welt gesetzt zu haben.

Ungefähr sechs Wochen nach dieser Familienfeier bestieg Pierre Leroux mit dem Scharfrichter einen Karren, der ihn am Tor des Kerkers von Orléans erwartete. Sie begaben sich miteinander auf die Place du Montroie, den Ort, wo die Hinrichtungen vollzogen werden. Sie fanden ein Schafott vor, das schon für sie aufgerichtet war, und viele Leute, die sie erwarteten. Pierre Leroux bestieg die Stufen des Schafotts mit der Gleichgültigkeit eines Mehlsacks, den ein Flaschenzug auf den Speicher einer Bäckerei befördert. Als er oben angelangt war, traf seine Augen ein Sonnenstrahl, der sich an dem glänzenden Stahl des Schwertes der Gerechtigkeit brach, und

Pierre wankte; aber der Scharfrichter, mit dem höflichen Eifer eines Gastgebers, der die Honneurs macht, stützte ihn unter dem Arm und stellte ihn auf den Boden der Guillotine. Dort fand Pierre Leroux den Gerichtsschreiber vor, der gekommen war, um das Protokoll über den Akt aufzunehmen, die Herren Gendarmen, die darüber wachen sollten, daß die öffentliche Ordnung durch die Rechnung, die da beglichen wurde, nicht gestört wurde, und die Herren Henkersknechte, die – weit davon entfernt, das Sprichwort, das über sie in Umlauf ist, wahr zu machen – ihm mit rücksichtsvoller Höflichkeit zeigten, wie er sich unter das Beil zu legen habe. Eine Minute später war Pierre Leroux' Kopf abgetrennt, und zwar mit solcher Geschicklichkeit, daß einige von denen, die gekommen waren, einem spannenden Schauspiel beizuwohnen, ihre Nachbarn fragten, ob die Sache schon vorüber sei, und dann schworen, sich nicht wieder wegen so einer Lappalie aus ihrer Ruhe bringen zu lassen.

Drei Monate waren vergangen, seitdem der Kopf und der Rumpf Pierre Leroux' in einen Winkel des Friedhofs geworfen waren, und allem Anschein nach barg die Grube nur noch die Gebeine, als eine neue Session eröffnet wurde und Herr Desalleux wieder eine große Anklage zu vertreten hatte.

Am Vorabend des Tages, an dem er wieder das Wort ergreifen sollte, verließ er zeitig einen Ball in einem Schloß der Umgebung, zu dem er mit seiner ganzen Familie eingeladen war, und kam allein in die Stadt zurück, um seinen Fall für morgen vorzubereiten.

Die Nacht war dunkel; ein warmer Südwind pfiff traurig über die Ebene, während der Lärm des Festes noch in seinen Ohren klang. Da wurde er von einer tiefen Melancholie erfaßt. Die Erinnerung an viele Leute, die er gekannt hatte und die gestorben waren, erwachte in ihm, und ohne daß er wußte, warum, fiel ihm Pierre Leroux ein.

Doch als er sich der Stadt näherte und die ersten Lichter des Vororts auftauchten, verschwanden alle seine düsteren Gedanken; und als er endlich an seinem Schreibtisch saß, umgeben von seinen Büchern und Akten, dachte er nur noch an seine Anklagerede, die er noch eindrucksvoller gestalten wollte als alle vorhergehenden. Das System seiner Anklage hatte er sich schon zurechtgelegt. Nebenbei bemerkt, es ist eine wunderbare Sache, daß unsere Sprache den Ausdruck »Anklagesystem« kennt, das heißt eine eigenmächtige Art, eine Reihe von Tatsachen und Beweisen zusammenzustellen, auf Grund deren man sich des Kopfes eines Menschen bemächtigt, so wie man ein philosophisches System aufstellt, das heißt eine Reihe von Vernunftgründen und Trugschlüssen, auf Grund deren man eine unschuldige Wahrheit, Theorie oder Moral verkündet. – Sein Anklagesystem war in bestem Gange, als die Aussage eines Zeugen, den er noch nicht verhört hatte, ihm in den Weg kam und das ganze so sicher aufgetürmte Gebäude umzustürzen drohte. Es kamen ihm wohl Augenblicke des Zweifels, aber so, wie wir ihn kennen, trug Herr Desalleux in seiner Eigenschaft als Staatsanwalt seiner Eigenliebe mindestens ebenso Rechnung wie seinem Gewissen. Indem er seine ganze Logik und alle Spitzfindigkeit der Sprache gegenüber dieser unwillkommenen Zeugenschaft zu Hilfe rief, hoffte er sie in die Zahl seiner schlagendsten Argumente einzureihen; nur war die Arbeit mühsam und die Nacht vorgeschritten.

Es hatte drei Uhr geschlagen, und die Kerzen auf seinem Schreibtisch waren im Verlöschen und warfen nur noch einen bleichen Schein.

Er ersetzte sie durch neue, ging ein paarmal im Zimmer auf und ab, setzte sich dann in seinen Lehnstuhl und lehnte sich zurück. In dieser Stellung blickte er gedankenlos durch ein Fenster ihm gegenüber und betrachtete die Sterne, die am Himmel glänzten.

Plötzlich, während sein Blick längs der Scheibe entlangglitt, begegneten seine Augen zwei Augen, die starr auf ihn gerichtet waren; er dachte, der Widerschein seiner Kerzen, die sich im Fenster spiegelten, bringe diese Erscheinung hervor, und er stellte sie an eine andere Stelle; aber er sah das Bild nur deutlicher. Da es ihm an Mut nicht mangelte, bewaffnete er sich mit einem Stock, der einzigen Waffe, die er zur Hand hatte, und öffnete das Fenster, um zu sehen, wer der Neugierige wäre, der ihn zu solcher Stunde beobachtete. Das Zimmer, in dem er sich aufhielt, lag in einem höheren Stockwerk; über ihm und unter ihm war die Mauer ganz senkrecht und zeigte keinen Vorsprung, mit dessen Hilfe man herauf- oder hinuntersteigen konnte; in dem schmalen Raum zwischen Fenster und Balkon konnte sich nichts seinem Blick entziehen, und doch sah er nichts. Er dachte, daß er die Beute einer Halluzination wäre, wie sie aufgeregte Sinne in der Nacht hervorbringen, und setzte sich lächelnd wieder an die Arbeit. Aber er hatte noch keine zwanzig Zeilen geschrieben, als er in einem dunklen Winkel des Zimmers etwas sich rühren hörte. Nun wurde er doch aufgeregt, denn es war nicht natürlich, daß alle seine Sinne, einer nach dem anderen, sich verschworen hatten, ihn zu trügen. Er untersuchte diesmal mit Aufmerksamkeit, woher dieses Geräusch käme, und entdeckte einen schwärzlichen Gegenstand, der in ungleichen Sprüngen auf ihn zuhüpfte wie eine Elster. Je mehr sich die Erscheinung näherte, desto gräßlicher wurde ihr Anblick, denn – nun konnte er sich nicht täuschen – sie nahm die Form eines menschlichen Kopfes an, der vom Rumpf abgetrennt war und von Blut triefte; und als sie mit einem großen Satz sich zwischen seinen zwei Kerzen aufpflanzte, auf den verstreuten Papieren seines Schreibtisches, erkannte Herr Desalleux die Züge Pierre Leroux', der ohne Zweifel gekommen war, um ihn zu belehren, daß bei einem Staatsanwalt gutes Gewissen mehr Wert hat als Beredsamkeit. Er sank in wildem Schreck ohnmächtig zu Boden.

Am nächsten Morgen fand man ihn bewußtlos ausgestreckt im Blute liegen, das ins Zimmer, auf seinen Schreibtisch und bis auf die Blätter seiner Anklageschrift geflossen war. Man dachte, und er hütete sich, das Gegenteil zu sagen, er sei von einem Blutsturz befallen worden. Es ist überflüssig, hinzuzufügen, daß er nicht imstande war, das Wort zu führen und daß alle seine rednerischen Vorbereitungen verloren waren.

Viele Tage verflossen, ehe die Erinnerung an diese schreckliche Nacht aus seinem Gedächtnis schwand, viele Tage, ehe er ohne Todesangst die Dunkelheit und Einsamkeit ertragen konnte. Endlich, nach einigen Monaten, nachdem die Erscheinung nicht wiedergekommen war, begann seine Vernunft der Zeugenschaft seiner Sinne die Waage zu halten, und er fragte sich wieder, ob diese ihn nicht betrogen hatten. Doch um sich ganz zu überzeugen, was alle seine Vernunftgründe nicht vermochten, rief er die Ansicht eines Arztes zu Hilfe, dem er sein Abenteuer anvertraute. Der Doktor, der schon oft Gehirne untersucht hatte, ohne die leisesten Spuren von irgend etwas zu entdecken, das einer Seele ähnlich sah, und zu einer gelehrten materialistischen Anschauung gelangt war, lachte hellauf, als er diese Erzählung der nächtlichen Vision anhörte. Das war vielleicht die beste Art, seinen Kranken zu heilen, denn auf diese Weise, indem er über dessen Sorgen lachte, zwang er sozusagen seine Eigenliebe, an der Kur mitzuhelfen. Er war übrigens nicht in Verlegenheit, Herrn Desalleux seine Halluzinationen durch eine Überspannung seiner geistigen Kräfte zu erklären, die erst einen Blutandrang nach dem Kopf und dann Blutleere zur Folge hatte, so daß er das zu sehen meinte, was er eben nicht sah. Durch diese Konsultation beruhigt und durch kein neues Ereignis widerlegt, erlangte Herr Desalleux nach und nach seine geistige Ruhe wieder und nahm seine Amtspflichten wieder auf; er schränkte sie nur in dem Sinne ein, daß er weniger angestrengt arbeitete und auch nach dem Rat des Arztes an gesellschaftlichen Zerstreuungen teilnahm, von denen er sich bis dahin ganz ferngehalten hatte.

Für einen Gelehrten, der aus Gesundheitsgründen in den Salon verbannt ist, gibt es eine einzige Art, sich die Situation erträglich zu machen, nämlich sich ihr ehrlich und ganz hinzugeben und frisch und fröhlich, was immer es ihn auch kostet, an den Vergnügungen teilzunehmen. Es liegt in den Dingen, die man gewissenhaft tut, selbst in solchen, die einem nicht angenehm sind, irgendein seltsamer Reiz und Trost; und es gibt vielleicht keinen Mann von so vollkommener Überlegenheit, daß eine Beschäftigung, an der die Gesellschaft – mit anderen Worten also alle Welt – Gefallen finden, nicht auch ihn zerstreuen würde, wenn sein Bildungshochmut es zuläßt.

In Fällen wie dem vorliegenden kann der Verkehr mit Frauen eine ausgezeichnete Ablenkung sein; und mehr als jeder andere konnte sich Herr Desalleux davon überzeugen; denn abgesehen von seinen äußerlichen Vorzügen, hatte der Ruf seiner rednerischen Erfolge und mehr noch seine Gleichgültigkeit den Frauen gegenüber die Aufmerksamkeit derselben erregt. Aber in seinem Leben war alles so berechnet, daß auch die Liebe einer Frau nur unter Bedingungen darin Platz fand. Unter den Herzen, die für ihn zu schlagen bereit waren, suchte er jenes aus, das ihm bei einer Heirat den meisten Gewinn bringen konnte an Geld, Verbindungen und anderen gesellschaftlichen Vorteilen. So beschloß er den ersten Teil seines Romans und sah mit Vergnügen, daß die Braut, die ihm all dies brachte, ein reizendes junges Mädchen war, elegant und geistreich, und er liebte sie nun mit aller Glut, deren er fähig war, unter Zustimmung und begünstigt von Vater und Mutter, bis die Heirat folgte.

Seit langem hatte Orléans keine so hübsche Braut gesehen wie die des Herrn Desalleux; seit langem hatte Orléans keine so glückliche Familie gesehen wie die des Herrn Desalleux; seit langem hatte Orléans keinen so vergnügten und glänzenden Hochzeitsball gesehen wie den des Herrn Desalleux.

Diesen Abend hatte er seine Zukunft vergessen und lebte nur in der Gegenwart. Er stand in einer Ecke des Salons mit einem Klienten, der diese Zeit gewählt hatte, um über seinen Prozeß zu sprechen, und blickte von Zeit zu Zeit auf die Uhr, die drei Viertel nach eins zeigte; er hatte auch bemerkt, daß seit Mitternacht die Mutter der Jungvermählten zweimal leise mit dieser gesprochen hatte, daß sie mit verschämtem Gesicht geantwortet hatte und nunmehr beim Tanzen zerstreut war. Plötzlich, nach einem Kontertanz, bemerkte er an dem Flüstern, das durch die Gesellschaft ging, daß etwas geschehen war. Während der Klient noch immer plädierte, suchte sein Blick die Stelle, welche seine Frau und die Brautjungfern während des Abends eingenommen hatten, und sah sie nicht mehr. Wie alle Männer, tat es auch der ernste Beamte; er stahl sich aus der Gesellschaft des redseligen Mannes, erreichte durch geschicktes Manövrieren die Tür, und während die Diener mit Erfrischungen beladen eintraten, verschwand er, im Glauben, daß ihn niemand bemerkt habe. Das war aber nur Einbildung, denn von dem Moment an, da die Braut den Ball verlassen hatte, war er allen jungen Damen von achtzehn bis fünfundzwanzig nicht aus den Augen gekommen.

Im Augenblick, da er ins Brautgemach eintreten wollte, begegnete er seiner Schwiegermutter, die mit dem Gefolge von Würdenträgern, deren Gegenwart beim coucher der Vermählten nötig gewesen waren, und einigen Matronen, die sich ihnen freiwillig angeschlossen hatten, heraustrat. Mit gerührter Stimme und bittendem Händedruck sagte ihm seine Schwiegermutter einige Worte; man sah, daß sie ihm ihre Tochter anempfahl. Herr Desalleux antwortete mit einigen zärtlichen Worten und einem Lächeln – und hat dabei sicher nicht an Pierre Leroux gedacht.

Als er die Tür des Zimmers schloß, war seine Braut schon im Bett; es schien ihm sonderbar, daß die Vorhänge zugezogen waren; kein Laut war zu hören.

Die Feierlichkeit dieses Schweigens, das unerwartete Hindernis dieses Vorhangs, dessen Zurückziehen eine gewisse Geschicklichkeit erforderte, verdoppelten bei dem Gatten eine Verlegenheit, die um so leichter zu verstehen ist, als er selten Gelegenheit gesucht hatte, sich in solchen Lagen zu bewegen. Sein Herz schlug heftig, und ein Schauer überlief seine Glieder, während er das Kleid und den Hochzeitsschmuck ansah, die um ihn herum in anmutiger Unordnung verstreut waren. Mit unsicherer Stimme rief er seine Braut beim Namen. Da er keine Antwort erhielt, wandte er sich, vielleicht um Zeit zu gewinnen, zur Tür, überzeugte sich nochmals, daß sie gut verschlossen war, näherte sich dann dem Bett und zog die Vorhänge langsam auseinander.

Im ungewissen Licht der Lampe, die das Zimmer erhellte, sah er eine wunderliche Erscheinung.

Neben seiner Braut, die fest schlief, hob sich ein schwarzer Haarschopf, der keiner Frau angehörte, von den weißen Kissen ab und nahm dort den Platz ein, der eigentlich ihm selbst zukam. War er das Opfer eines Scherzes, der die Mysterien der Brautnacht stören sollte, oder war ein kühner Usurpator gekommen, ihn zu entthronen, bevor er noch gekrönt war? Auf alle Fälle beachtete ihn sein Stellvertreter wenig; denn ebenso wie seine Frau lag er in festem Schlaf und hatte das Gesicht der Mauer des Alkovens zugewendet. Als Herr Desalleux sich über das Bett beugte, um die Züge dieses seltsamen Gastes zu erkennen, durchzog ein langer Seufzer, wie der eines Menschen, der erwacht, die Stille; zur selben Zeit wandte sich das Gesicht des Unbekannten ihm zu und zeigte ihm die schrecklichen Züge des Pierre Leroux.

Da er sich zum zweitenmal dieser entsetzlichen Erscheinung gegenübersah, hätte er verstehen sollen, daß es in seinem Leben eine böse Tat gab, für die von ihm Rechenschaft gefordert wurde. Wenn er sich die Mühe genommen hätte, sein Gewissen zu befragen, hätte er leicht gewußt, welches sein Verbrechen war; und dann wäre es das beste gewesen, bis zum Morgen zu beten, dann bei anbrechendem Tag in die Kirche zu gehen und eine Messe für die Seelenruhe des Pierre Leroux lesen zu lassen. Durch diese Buße und ein Almosen für arme Gefangene hätte er vielleicht die Ruhe seines Lebens wiedergefunden und hätte sich für immer von den Anfechtungen der Visionen befreit. Der Gedanke an seine Brautnacht nahm ihn aber so gefangen, daß er nicht an die fromme Hilfe dachte. Das Herz von Wünschen heiß, fühlte er Mut, in offenen Kampf mit dem Phantom zu treten, das ihm seine Braut streitig machen wollte, und er versuchte es bei den Haaren zu fassen, um es aus dem Bett zu werfen. Aber der Kopf, der seine Absicht merkte, begann die Zähne zu fletschen, und als er die Hand unvorsichtig nach ihm ausstreckte, brachte er ihm einen tiefen Biß bei. Doch diese Wunde vermehrte die Wut des tapferen Gatten; er sah sich nach einer Waffe um, riß eine Eisenstange vom Kamingitter und schlug mit aller Kraft auf das Bett los, um dem Tod den Tod zu geben und seinen gräßlichen Feind zu zerschmettern. Aber es ging wie in den Marionettentheatern auf dem Jahrmarkt, wo der Hanswurst den Schlägen, die ihm zugedacht sind, ausweicht, indem er sich duckt. Sooft die

... Die Nacht war dunkel; ein warmer
Südwind pfiff traurig über die Ebene,
während der Lärm des Festes noch in
seinen Ohren klang.
Da würde er von einer tiefen Melancholie
erfaßt. Die Erinnerung an viele Leute,
die er gekannt hatte und die gestorben
waren, erwachte in ihm, und ohne daß
er wußte warum, fiel ihm
Pierre Leroux
ein...

Eisenstange sich erhob, machte der Kopf einen geschickten Sprung auf die Seite, und die Waffe schlug ins Leere. Das dauerte so einige Minuten, bis er mit gewaltigem Satz, über die Schulter seines Feindes hinwegschnellend, hinter ihm verschwand, ohne daß dieser ihn in irgendeinem Winkel des Zimmers wiederfinden oder erraten konnte, wohin er entschlüpft war.

Nach gewissenhafter Untersuchung und nachdem er sich überzeugt hatte, daß er Herr des Schlachtfeldes war, kehrte Herr Desalleux zu seiner Frau zurück, die während des Kampfes wunderbarerweise weitergeschlafen hatte, und schickte sich trotz der Unordnung des Brautbettes, auf dem der Kopf Blutspuren hinterlassen hatte, an, davon Besitz zu ergreifen; aber als er die Decke aufhob, um darunter zu schlüpfen, sah er mit Entsetzen, daß eine große warme Blutlache, eine Hinterlassenschaft seines fürchterlichen Nebenbuhlers, seinen Platz ausfüllte und selbst noch die Schenkel seiner Frau badete. Mehr als eine Stunde verging, ohne daß es ihm gelang, dieses Blut aufzutrocknen, daß trotz all seiner Mühen nicht versiegte. Ein Unglück kommt selten allein. Während er im Zimmer umherlief, warf er die Lampe um und blieb in einer Dunkelheit zurück, die seine Verwirrung beträchtlich vermehrte. Indes schritt die Nacht vor, und trotz aller Hindernisse, die Himmel und Erde dagegenstemmen würden, hatte der Anwalt sich geschworen, seine Ehe zu vollziehen. Nachdem er über die feuchte Stelle zwei oder drei Lagen trockener Wäsche gebreitet hatte, die nicht so bald durchtränkt werden würden, legte er sich mutig darauf; und während er seine Braut mit den zärtlichsten Namen rief, versuchte er sie zu wecken. Sie schlief weiter. Dann zog er sie an sich, nahm sie in seine Arme und bedeckte sie mit Küssen. Sie schlief weiter und schien unempfindlich gegen alle seine Zärtlichkeiten. Was hatte das zu bedeuten? Verstellung eines jungen Mädchens, das seine Jungfräulichkeit nicht wachend verlieren will? Hatte sich in dieser Hexennacht ein übernatürlicher Schlaf auf ihre Augen gesenkt? Der Tag begann zu dämmern, und in der Hoffnung, daß seine ersten Strahlen allen häßlichen Zauber brechen würden, dessen Beute er gewesen war, stand Herr Desalleux auf und zog die Vorhänge beiseite, um das Morgenlicht ins Zimmer zu lassen; da sah der Unglückliche, weshalb das Blut nicht versiegen wollte. In seiner wahnsinnigen Wut hatte er bei dem Duell mit dem Kopf des Pierre Leroux statt seiner den Kopf seiner Geliebten getroffen. Der Schlag war so heftig gewesen, daß sie sofort und lautlos gestorben war, und jetzt, da er sie betrachtete, floß das Blut noch immer aus einer tiefen Wunde, die er ihr an der linken Schläfe beigebracht hatte. Überlassen wir es den Physiologen, diese Erscheinung zu erklären. Als Herr Desalleux sah, daß er seine Frau getötet hatte, bekam er einen Lachanfall, der noch dauerte, als seine Schwiegermutter an die Tür des Zimmers pochte, um sich zu erkundigen, wie die Gatten die Nacht verbracht hatten. Seine erschreckende Heiterkeit verdoppelte sich, als er die Stimme der Mutter der Verstorbenen hörte. Er öffnete, faßte sie an den Armen und zog sie zum Bett, damit sie dieses schöne Schauspiel gut sehen könne; dabei befiel ihn noch viel stärkeres Lachen, das schließlich in heftiges Schluchzen überging. Der markerschütternde Schrei, den die arme Mutter ausstieß, ehe sie in Ohnmacht fiel, rief alle Bewohner des Hauses zu Zeugen dieser furchtbaren Szene, deren Gerücht sich sofort in der Stadt verbreitete. Denselben Morgen noch wurde Herr Desalleux auf Befehl des Oberstaatsanwalts ins Gefängnis von Orléans geführt, und später stellte sich heraus, daß die Zelle, in die man ihn einlieferte, dieselbe war, die Pierre Leroux bis zu seiner Hinrichtung bewohnt hatte.

Das Ende des Staatsanwalts war etwas weniger tragisch als das seines Vorgängers hier.

Die Ärzte erklärten ihn einstimmig für wahnsinnig und von einer fixen Idee befallen, und so wurde der, der sich dazu bestimmt glaubte, die Welt durch sein Wort aus den Angeln zu heben, ins Irrenhaus gebracht und länger als sechs Monate in einer dunklen Zelle gefesselt gehalten. Nach Ablauf dieser Zeit nahm man ihm, da er keine Zeichen von Tobsucht gezeigt hatte, seine Ketten ab, und er erfuhr sanftere Behandlung.

Sobald er sich wieder frei bewegen konnte, zeigte sich ein

seltsamer Wahn bei ihm, der ihn nicht wieder verließ: Er hielt sich für einen Seiltänzer und tanzte von früh bis Abend mit den Gesten und allen Bewegungen eines Mannes, der eine Balancierstange in der Hand hat und auf einem Seil geht.

Ein Buchhändler in Orléans hat die Idee gehabt, die Anklagereden, die der Staatsanwalt in seiner kurzen Laufbahn gehalten, in einem Band zu sammeln. Drei Auflagen sind nach und nach erschienen. Der Herausgeber bereitet eine vierte vor.

ALEXANDRE DUMAS

Die Katze, der Gerichtsdiener und das Skelett

Doktor Sympson, der mir diesen außergewöhnlichen Vorfall berichtete, wurde zu den ausgezeichnetsten Medizinern Edinburghs gezählt und war mit den namhaftesten Personen der Stadt befreundet. Unter ihnen befand sich auch ein Richter, dessen Namen er mir nicht nannte. Dies war das einzige Geheimnis, das er sich in der ganzen Angelegenheit vorbehielt.

Jener Richter verfiel sichtlich, jedoch ohne eine erkennbare Ursache. Finstere Schwermut hatte sich seiner bemächtigt. Doktor Sympson wurde wiederholt von der Familie befragt, darum wandte er sich schließlich an die Freunde des Richters, die aber seine Befürchtungen nur noch mehr erregten, da ihre unbestimmten Antworten auf ein Geheimnis hinzudeuten schienen, das der Kranke nicht verraten wollte.

Eines Tages schließlich bedrängte der Arzt den Richter so sehr, daß dieser traurig lächelnd seine Hände ergriff und zu ihm sagte: »Ja, ich bin krank. Aber diese Krankheit, lieber Doktor, ist unheilbar, weil sie nur in meiner Einbildung besteht.«

»Wie? In Ihrer Einbildung?«

»Ja, ich werde wahnsinnig.«

»Sie und wahnsinnig! Ich bitte Sie: Ihr Blick ist klar, Ihre Stimme ruhig, und –«, setzte er, ihn bei der Hand ergreifend, hinzu, »der Puls ist ausgezeichnet.«

»Darin eben liegt die Gefahr meines Zustandes, lieber Doktor. Ich sehe und beurteile es nämlich selbst.«

»Aber worin besteht denn eigentlich Ihr Wahnsinn?«

»Schließen Sie die Tür, damit uns niemand stört, Doktor, dann will ich es Ihnen sagen.«

Der Arzt verschloß die Tür und setzte sich wieder neben seinen Freund.

»Sie erinnern sich des letzten Strafprozesses, in dem ich ein Urteil zu fällen hatte?« fragte der Richter.

»Ja, es war ein schottischer Räuber, den Sie zum Galgen verurteilten und der kürzlich gehängt worden ist.«

»Ganz recht. In dem Augenblick, da ich ihm das Urteil verkündete, schien eine Flamme aus seinen Augen zu sprühen, und er drohte mir mit der Faust. Ich achtete nicht darauf. Bei Verurteilten sind solche Drohungen häufig. Am Tage nach der Hinrichtung jedoch erschien der Scharfrichter bei mir und sagte, er glaube mich von etwas unterrichten zu müssen: Bevor der Räuber starb, hatte er eine Art Beschwörung gegen mich ausgesprochen, daß ich nämlich am folgenden Tage zu der Stunde, in der er hingerichtet worden war, also um sechs Uhr, Nachricht von ihm erhalten würde.

Ich glaubte an einen bewaffneten Überfall seiner Kameraden, und daher schloß ich mich zu dieser Zeit mit einem Paar Pistolen auf dem Schreibtisch in mein Zimmer ein.

Die Standuhr auf dem Kamin schlug die sechste Stunde. Den ganzen Tag hatte ich an die Mitteilung des Scharfrichters gedacht. Aber der letzte Schlag erbebte auf der Glocke, ohne daß ich etwas anderes vernahm als ein gewisses Schnurren, dessen Herkunft ich nicht deuten konnte. Ich wandte mich um und sah eine große schwarz und feuerrot gefleckte Katze. Wie konnte sie hereingekommen sein? Es gab keine Erklärung dafür, denn Türen und Fenster waren fest verschlossen. Sie mußte im Laufe des Tages in das Zimmer eingesperrt worden sein.

Ich läutete meinem Diener, der jedoch nicht eintreten konnte, da ich von innen zugeschlossen hatte. Also ging ich zur Tür und öffnete sie; dann sprach ich von der schwarz und feuerrot gefleckten Katze. Aber wir suchten vergebens nach ihr, sie war verschwunden.

Ich kümmerte mich nicht weiter darum. So verfloß der Abend, die Nacht brach an, und der Tag kam und verging. Dann schlug es wieder sechs Uhr. In diesem Augenblick hörte ich dasselbe Geräusch hinter mir und sah dieselbe Katze. Diesmal sprang sie auf meinen Schoß. Obwohl ich keinen Widerwillen gegen Katzen habe, machte diese Vertraulichkeit einen überaus unangenehmen Eindruck auf mich. Ich jagte sie davon, aber kaum war sie auf dem Boden, sprang sie wieder auf meinen Schoß. Ich wehrte sie ab, aber ebenso vergebens wie beim erstenmal. Ich stand auf und begann im Zimmer auf und ab zu gehen; die Katze folgte mir Schritt für Schritt. Unwillig über ihre Beharrlichkeit läutete ich wie tags zuvor meinem Bedienten. Als er eintrat, floh die Katze unter das Bett, wo wir sie jedoch vergebens suchten. Sie blieb verschwunden.

An diesem Abend ging ich aus und besuchte mehrere meiner Freunde, so daß ich erst spät nach Hause zurückkehrte. Ich hatte kein Licht und ging, aus Furcht, mich zu stoßen, vorsichtig die Treppe hinauf. Auf der letzten Stufe angekommen, hörte ich meinen Bedienten sich mit dem Mädchen meiner Frau unterhalten. Mein Name wurde genannt, deshalb lauschte ich seinen Worten und hörte ihn nun das ganze Abenteuer von gestern und heute erzählen; aber er fügte hinzu: ›Der Herr muß wahnsinnig geworden sein, denn es befand sich ebensowenig eine schwarz und feuerrot gefleckte Katze in seinem Zimmer wie hier in meiner Hand.‹

Diese Worte erschreckten mich zutiefst. Entweder war die Erscheinung wirklich, oder sie war es nicht. War sie wirklich, so befand ich mich im Banne einer übernatürlichen Gewalt. War die Erscheinung jedoch in Wahrheit gar nicht vorhanden, glaubte ich nur etwas zu sehen, was nicht existierte, wie mein Bedienter gemeint hatte, so war ich zweifellos wahnsinnig.

Sie können erraten, mit welcher Furcht und Ungeduld ich den nächsten Tag erwartete. Als die sechste Stunde herannahte, behielt ich meinen Diener bei mir unter dem Vorwand, er müsse etwas ordnen. Beim letzten Glockenschlag hörte ich das wohlbekannte Geräusch und sah meine Katze wieder. Sie saß neben mir.

Ich blieb einen Augenblick ruhig und sagte nichts, weil ich hoffte, mein Bedienter würde das Tier erblicken und zuerst davon sprechen; aber er ging in meinem Zimmer auf und ab, offenbar ohne etwas zu bemerken.

Ich wartete den Zeitpunkt ab, wo er, um den Auftrag auszuführen, den ich ihm geben wollte, einen Weg einschlagen mußte, auf dem er fast auf die Katze treten würde. ›Stellen Sie meine Glocke auf den Tisch, John‹, sagte ich. Er befand sich gerade am Kopfende meines Bettes, die Glocke stand auf dem Kamin. Um dorthin zu gelangen, mußte er wohl oder übel über das Tier gehen.

Er kam – aber bevor sein Fuß die Katze berühren konnte, sprang sie auf meinen Schoß. John sah sie nicht oder schien sie wenigstens nicht zu beachten.

Kalter Schweiß trat mir auf die Stirn, und seine Worte: ›Der Herr muß wahnsinnig geworden sein‹ kamen mir wieder in furchtbare Erinnerung.

›John‹, fragte ich ihn, ›sehen Sie nichts auf meinem Schoß?‹

Er blickte mich an wie ein Mensch, der einen Entschluß faßt. ›Doch, Herr, ich sehe eine Katze.‹

Ich atmete auf. Dann nahm ich das Tier und sagte zu ihm: ›Ich bitte Sie, John, tragen Sie sie hinaus.‹

Seine Hände kamen den meinen entgegen, ich legte ihm das Tier auf den Arm, und auf einen Wink von mir verließ er das Zimmer.

Nun erst beruhigte ich mich wieder etwas. Zwar blickte ich noch einige Minuten angstvoll um mich, da ich aber kein lebendes Wesen irgendeiner Art bemerken konnte, beschloß ich, nachzusehen, was John mit der Katze gemacht hatte.

Ich verließ mein Zimmer, um ihn danach zu fragen. Die Schwelle der Salontür betretend, hörte ich lautes Gelächter aus dem Zimmer meiner Frau. Ich schlich mich auf den Fußzehen heran und hörte Johns Stimme.

›Meine liebe Freundin‹, so sagte er zu dem Zimmermädchen, ›der Herr wird nicht wahnsinnig – er ist es bereits tatsächlich. Sein Wahnsinn besteht, wie du weißt, darin, daß er eine schwarz und rot gefleckte Katze sieht. Heute abend fragte er mich, ob ich diese Katze nicht auf seinem Schoß sähe.‹

›Und was hast du darauf geantwortet?‹ fragte das Mädchen.

›Bei Gott! Ich habe behauptet, daß ich sie sähe. Ich wollte den armen lieben Mann nicht ärgern. Aber rate, was er getan hat?‹

›Wie soll ich das?‹

›Nun denn: Er nahm die vermeintliche Katze von seinem Schoß, legte sie mir auf die Arme und sagte, ich solle sie forttragen. Ich habe das Tier beherzt fortgebracht, und er war zufrieden.‹

›Aber wenn du sie fortbringen konntest, muß die Katze doch auch dagewesen sein?‹

›Nicht doch, die Katze existierte nur in seiner Einbildung. Aber was hätte es genutzt, ihm die Wahrheit zu sagen? Sollte ich mich vielleicht aus dem Haus werfen lassen? Meiner Treu, nein, hier geht es mir gut, und ich werde bleiben. Er zahlt mir fünfundzwanzig Pfund jährlich. Wenn ich dafür eine Katze sehen soll, gut, dann sehe ich eine. Soll er mir dreißig geben – und ich werde zwei sehen!‹

Mir fehlte der Mut, länger zuzuhören, und ich kehrte seufzend in mein Zimmer zurück.

Mein Zimmer war leer.

Am folgenden Tag stellte sich meine Gesellschafterin wieder zur gewohnten Stunde bei mir ein und blieb bis zum Morgen.

Was soll ich Ihnen sagen, mein Freund?« fuhr der Kranke fort. »Während eines ganzen Monats hatte ich jeden Abend dieselbe Erscheinung, so daß ich mich allmählich an ihre Gegenwart gewöhnte. Am dreißigsten Tage nach der Hinrichtung verklang der sechste Glockenschlag, ohne daß die Katze erschien.

Ich glaubte endlich von ihr befreit zu sein und konnte vor Freude nicht schlafen. Den ganzen folgenden Tag drängte ich sozusagen die Zeit vor mir her, voller Ungeduld die verhängnisvolle Stunde erwartend. Von fünf bis sechs Uhr heftete ich den Blick ununterbrochen auf meine Standuhr, den Gang des großen Zeigers von Minute zu Minute verfolgend. Schließlich erreichte er die Zahl Zwölf; in der Uhr knarrte es, dann tat der Hammer den ersten, den zweiten, den dritten, den vierten, den fünften und endlich den sechsten Schlag.

In diesem Augenblick ging meine Tür auf, und ich sah einen Gerichtsdiener der Kammer in der Uniform des Lord-Leutnants von Schottland eintreten. Mein erster Gedanke war, der Lord-Leutnant sende mir irgendein Schreiben, und darum streckte ich die Hand nach dem Unbekannten aus. Er aber schien auf meine Gebärde nicht zu achten, sondern stellte sich hinter meinen Sessel.

Um ihn zu beobachten, brauchte ich mich nicht umzuwenden, ich konnte seine Gestalt im Spiegel gegenüber erkennen.

Ich stand auf und ging; er folgte mir einige Schritte entfernt.

Darauf trat ich an den Tisch und läutete.

Mein Bedienter kam, sah aber den Gerichtsdiener ebensowenig wie zuvor die Katze. Ich schickte ihn wieder fort.

Mit dem unheimlichen Boten allein geblieben, konnte ich diesen ungestört betrachten. Er trug Hofkleidung, den Haarbeutel, den Degen an der Seite, eine gestickte Weste und unter dem Arm seinen Hut. Um zehn Uhr legte ich mich zu Bett. Darauf setzte er sich mir gegenüber in einen Sessel, offenbar wollte er die Nacht so bequem wie möglich verbringen. Ich wandte den Kopf zur Wand, konnte aber nicht einschlafen, und so blickte ich mich zwei- bis dreimal wieder um, fand ihn aber jedesmal beim Schein meiner Nachtlampe in demselben Sessel. Auch er schlief nicht.

Endlich drangen die ersten Strahlen des Tageslichtes durch die Läden in mein Zimmer. Ein letztes Mal wandte ich mich nach dem Mann um: Der Sessel war leer. Er war verschwunden.

Bis zum Abend war ich von der Erscheinung befreit.

Ich hatte eine Einladung zum Empfang beim Großvikar der Kirche, und unter dem Vorwand, er solle meinen Festrock ausbürsten, rief ich wenige Minuten vor sechs Uhr meinen Bedienten und befahl ihm, die Riegel der Tür vorzuschieben. Er gehorchte.

Ich heftete die Augen auf die Tür. Beim letzten Schlag der sechsten Stunde öffnete sie sich, und mein Gerichtsbote trat ein.

Ich ging sofort zur Tür – sie war verschlossen, die Riegel schienen nicht verschoben worden zu sein. Als ich mich umwandte, fand ich den Gerichtsboten hinter meinem Sessel stehen, während John im Zimmer hin und her lief, ohne etwas zu bemerken. Er sah den Mann offenbar ebensowenig wie vorher das Tier.

Ich kleidete mich an. Dabei geschah etwas Seltsames: Voller Aufmerksamkeit für mich half der neue Hausgenosse John in allen seinen Handreichungen, ohne daß dieser es bemerkte. Hielt der Diener meinen Rock beim Kragen, so faßte das Gespenst die Schöße, reichte mir John die Hose beim Gürtel, so hielt das Gespenst sie bei den Beinen. Niemals hatte ich einen eifrigeren Bedienten.

Dann kam die Stunde des Besuches. Statt mir aber zu folgen, ging der Gerichtsbote mir diesmal voraus. Er schlüpfte durch die Tür des Zimmers, schritt die Treppe hinab und hielt sich, den Hut stets unter dem Arm, hinter John, der den Wagenschlag öffnete.

Nachdem der Wagenschlag geschlossen und John seinen Platz hinter dem Wagen eingenommen hatte, stieg der Gerichtsdiener auf den Bock zu dem Kutscher, der nach rechts rückte, um ihm Platz zu machen. Als der Wagen vor dem Hause des Großvikars hielt, öffnete John den Schlag, aber schon hatte auch das Gespenst hinter ihm seinen Posten bezogen. Kaum war ich ausgestiegen, eilte es, durch die am Portal versammelten Bedienten dringend, voraus, wobei es sich umblickte, ob ich ihm auch folge.

Ich entschloß mich, mit dem Kutscher denselben Versuch anzustellen, den ich schon mit John gemacht hatte.

›Patrick‹, fragte ich ihn, ›wer war der Mann, der neben Euch gesessen hat?‹

›Welcher Mann, Euer Gnaden?‹

›Der Mann, der auf dem Bock saß!‹

Patrick blickte voll Erstaunen mit großen Augen um sich.

›Es ist schon gut, ich habe mich geirrt‹, sagte ich schließlich und ging ins Haus.

Der Gerichtsbote erwartete mich auf der Treppe. Als er mich kommen sah, lief er voraus und trat vor mir ein, als wolle er mich im Empfangssaal melden. Als ich dann eingetreten war, nahm er wieder den ihm gebührenden Platz im Vorzimmer ein.

Wie für John und Patrick war das Gespenst für jedermann unsichtbar. Meine Furcht verwandelte sich in Entsetzen, denn nun sah ich ein, daß ich tatsächlich wahnsinnig würde. Seitdem bemerkte man die Veränderung, die mit mir vorging, und jedermann fragte mich, welche Sorgen mich so quälten.

Im Vorzimmer fand ich mein Gespenst wieder. Ebenso wie bei meiner Ankunft eilte es mir auch auf dem Heimweg voraus, kehrte mit mir ins Haus zurück und betrat hinter mir mein Zimmer, wo es sich, wie in der vergangenen Nacht, in den Sessel setzte.

Ich mußte mich überzeugen, ob etwas Wirkliches oder zumindest etwas Fühlbares an der Erscheinung war. So schritt ich, allen meinen Mut zusammenraffend, rückwärts auf den Sessel zu und ließ mich darauf nieder – ich fühlte nichts. Aber im Spiegel sah ich den Gerichtsdiener hinter mir stehen.

Daraufhin legte ich mich wie am Abend zuvor zu Bett, allerdings erst gegen ein Uhr. Kaum lag ich, saß er auch wieder auf seinem Sessel. Am Morgen verschwand er.

Einen Monat lang hatte ich dieselbe Erscheinung.

Dann blieb sie, gegen ihre Gewohnheit, einen Tag lang aus. Doch diesmal glaubte ich nicht mehr an ein völliges Verschwinden, sondern befürchtete noch schrecklichere Veränderungen. Ohne das langersehnte Alleinsein zu genießen, erwartete ich in furchtbarem Entsetzen den nächsten Abend.

Beim letzten Schlag der sechsten Stunde vernahm ich an jenem Tag in den Vorhängen meines Bettes ein leises Rauschen, und als ich zur Wand blickte, sah ich dort – ein Skelett.

Diesmal, mein Freund, war die Erscheinung, wenn man es so ausdrücken darf, das lebendige Abbild des Todes.

Das Skelett stand regungslos und starrte mich mit hohlen Augen an. Ich schritt mehrmals durch mein Zimmer und stellte fest, daß der Totenkopf allen meinen Bewegungen folgte. Seine Augen verließen mich nicht einen Augenblick, der Körper jedoch blieb regungslos. In dieser Nacht fand ich nicht den Mut, mich ins Bett zu legen. Darum blieb ich mit geschlossenen Augen in dem Sessel sitzen, in dem sonst das Gespenst, dessen Gegenwart ich nun herbeisehnte, die Nacht verbracht hatte.

Bei Tagesanbruch verschwand das Skelett.

Am Abend befahl ich John, mein Bett von der Stelle zu rücken und die Vorhänge zuzuziehen.

Als der letzte Schlag der sechsten Stunde verklang, hörte ich wieder das Rauschen – zwei Knochenhände schlugen die Vorhänge meines Bettes zurück, und das Skelett nahm denselben Platz ein wie in der vergangenen Nacht.

Diesmal fand ich den Mut, mich zu Bett zu legen.

Der Kopf, wie gestern allen meinen Bewegungen folgend, neigte sich nun zu mir, seine hohlen Augen hefteten sich auf mich und verloren mich keinen Augenblick aus dem Gesicht. Sie können sich vorstellen, wie ich die Nacht zubrachte! Ich habe jetzt zwanzig solcher Nächte hinter mir, lieber Doktor! Sie wissen nun, was mir fehlt; meinen Sie immer noch, Sie könnten mich heilen?«

»Ich werde es wenigstens versuchen«, antwortete Doktor Sympson.

»Wie wollen Sie das anfangen?«

»Ich bin sicher, daß das Gespenst nur in Ihrer Einbildung besteht.«

»Es ist für mich nicht wichtig, ob es existiert oder nicht, solange ich es sehe!«

»Sie möchten, daß ich versuche, es auch zu sehen, nicht wahr?«

»Ja, so bald als möglich. Schon morgen!«

»Es sei! Bis morgen also – und seien Sie guten Mutes!«

Der Kranke lächelte traurig.

Am folgenden Tag trat der Doktor um sieben Uhr morgens in das Zimmer seines Freundes.

»Nun, was macht das Skelett?« fragte er ihn.

»Es ist soeben verschwunden«, antwortete der Richter mit schwacher Stimme.

»Gut, dann wollen wir dafür sorgen, daß es heute nacht nicht wiederkommt.«

»Tun Sie das.«

»Sie sagen, es kommt mit dem letzten Schlag der sechsten Stunde?«

»Immer.«

»Dann wollen wir damit anfangen, die Uhr anzuhalten.« Der Doktor hielt das Pendel fest.

»Was haben Sie vor?«

»Ich nehme Ihnen die Möglichkeit, die Uhrzeit festzustellen. Jetzt werde ich noch die Läden schließen und die Vorhänge zuziehen.«

»Warum das?«

»Zu dem gleichen Zweck: damit Sie die Tageszeit nicht wissen.«

Nachdem die Läden geschlossen und die Vorhänge zugezogen waren, zündete man Kerzen an. »Halten Sie Frühstück und Mittagessen bereit, John«, sagte der Doktor, »bedienen Sie uns aber nicht zu einer bestimmten Stunde, sondern nur, wenn ich Sie rufe.«

»Sie hören es, John«, sagte der Kranke.

»Ja, Herr.«

»Dann bringen Sie uns Karten, Würfel, Dominos, und lassen Sie uns allein.«

John holte das Verlangte und entfernte sich.

Der Doktor versuchte den Kranken nach Kräften zu zerstreuen, indem er mit ihm plauderte und spielte. Als er schließlich Hunger hatte, läutete er, woraufhin John das Frühstück brachte. Danach setzten sie das Spiel fort, bis es durch neuerliches Läuten des Doktors unterbrochen wurde. John brachte das Mittagessen. Sie aßen, tranken, nahmen Kaffee und spielten weiter.

Der Tag schien so allein zu zweit sehr lang. Endlich meinte der Arzt, die verhängnisvolle Stunde müsse vorüber sein.

Er stand auf. »Nun denn: Viktoria!«

»Wieso?« fragte der Kranke.

»Es ist zweifellos acht bis neun Uhr, und das Skelett ist nicht erschienen.«

»Schauen Sie auf die Uhr, Doktor. Ist die Stunde wirklich vorüber, werde ich wie Sie ›Viktoria‹ rufen.«

Der Doktor blickte auf seine Uhr und schwieg.

»Also hatten Sie sich geirrt«, sagte der Kranke. »Es ist gerade sechs Uhr, nicht wahr?«

»Ja.«

»Nun, dort tritt auch das Skelett ein.« Mit einem tiefen Seufzer warf sich der Richter zurück.

»Wo sehen Sie es denn«, fragte der Arzt, sich nach allen Seiten umblickend.

»Wie gewöhnlich: zwischen den Vorhängen hinter meinem Bett.«

Der Doktor erhob sich, zog das Bett vor, trat dahinter und nahm den beschriebenen Platz zwischen den Vorhängen ein.

»Und jetzt?« fragte er.

»Sie verbergen mir den unteren Teil seines Körpers, aber ich sehe den Schädel.«

»Wo?«

»Über Ihrer rechten Schulter. Es scheint, als hätten sie zwei Köpfe – einen lebenden und einen toten.«

Sowenig der Arzt an die Existenz der Erscheinung glaubte, er schauderte doch unwillkürlich; er wandte sich um, konnte jedoch nichts erkennen. »Wenn Sie noch kein Testament gemacht haben, mein Freund«, sagte er traurig, indem er wieder zu dem Kranken trat, »dann beeilen Sie sich.« Und damit entfernte er sich.

Als neun Tage später John das Zimmer seines Herrn betrat, fand er ihn tot in seinem Bett.

Es waren genau drei Monate seit der Hinrichtung des Räubers vergangen.

EDWARD BULWER-LYTTON

Ein unheimliches Haus in der Oxford Street

Eines Tages sagte einer meiner Freunde, ein Schriftsteller und Philosoph, halb ernst und halb im Scherz zu mir: »Denke dir, seit wir uns das letzte Mal sahen, habe ich mitten in London ein Haus entdeckt, in dem Gespenster ihr Wesen treiben.«

»Spukt es dort wirklich? Und was für Gespenster sollen das sein?«

»Das kann ich dir nicht sagen. Alles, was ich darüber weiß, ist folgendes: Vor sechs Wochen suchten meine Frau und ich eine möblierte Wohnung. Wir gingen durch eine ruhige Straße und sahen an einem Fenster einen Zettel: ›Möblierte Zimmer zu vermieten‹. Die Lage sagte uns zu, wir gingen hinein, die Zimmer gefielen uns, wir mieteten sie für eine Woche und – zogen am dritten Tag wieder aus. Keine Macht der Welt hätte meine Frau bewegen können, länger darin zu bleiben. Und ich wundere mich nicht darüber.«

»Was ist euch denn um Gottes willen passiert?«

»Entschuldige – aber ich möchte nicht gerne als abergläubischer Narr ausgelacht werden, andererseits kann ich auch nicht verlangen, daß du auf meine bloße Aussage hin etwas glauben sollst, was jeder anzweifelt, der es nicht mit eigenen Augen sah. Laß mich nur das sagen: Nicht was wir hörten oder sahen, hat uns hinausgetrieben; es war vielmehr ein unbeschreibliches Grauen, das uns beide befiel, wenn wir an der Tür eines bestimmten kleinen, leeren Zimmers vorübergingen, an dem sonst nichts Ungewöhnliches zu bemerken war.

Wie vereinbart zahlte ich am vierten Tag die Wochenmiete und sagte der Vermieterin, die Zimmer gefielen uns doch nicht so recht, so daß wir sie schon vor Ablauf der Woche aufgeben möchten. Sie antwortete trocken: ›Ich weiß schon, warum. Sie sind länger hier geblieben als jeder Ihrer Vorgänger. Nur wenige brachten eine zweite Nacht hier zu, eine dritte niemand. Ich nehme an, sie sind glimpflich mit ihnen umgesprungen.‹

›Sie? – Wer?‹ fragte ich mit gekünsteltem Lächeln.

›Sie – je nun, die in diesem Hause umgehen. Mögen sie sein, wer sie wollen, mich stören sie nicht. Sie waren schon vor vielen Jahren hier, als ich noch nicht in diesem Hause diente. Eines Tages werden sie wohl mein Tod sein. Aber das ist mir ziemlich gleich; ich bin alt und muß ohnehin bald sterben – und werde dann doch mit ihnen in diesem Hause weiterleben.‹

Die Frau sprach so voller Resignation, daß ich mich scheute, weiter in sie zu dringen. Außerdem waren meine Frau und ich froh, so leicht davongekommen zu sein.«

»Du machst mich neugierig«, sagte ich; »ich wüßte nicht, was mich mehr reizte als eine Nacht im Gespensterhaus. Bitte, gib mir die Adresse.«

Er gab sie mir, wir verabschiedeten uns, und ich machte mich sofort auf den Weg.

Das Haus befand sich an der Nordseite der Oxford Street, in einer etwas düsteren, aber vornehmen Gegend. Es war verschlossen. Kein Vermietungszettel war zu sehen, keine Antwort kam auf mein Klopfen. Gerade wollte ich gehen, als mich ein Laufjunge ansprach, der in der Nachbarschaft leere Bierflaschen sammelte: »Suchen Sie jemanden in diesem Hause, Sir?«

»Ich hörte, es sei zu vermieten.«

»Zu vermieten? Das würde mich wundern. Die Haushälterin ist tot – seit drei Wochen, und es findet sich niemand, der ihre Stelle übernehmen will, obwohl Mr. J. sehr gut zahlt. Er hat meiner Mutter, die bei ihm saubermacht, ein Pfund pro Woche geboten, wenn sie nur täglich die Fenster zum Lüften auf- und zumacht. Sie hat's nicht angenommen.«

»Und warum nicht?«

»Weil es hier spukt; die alte Haushälterin hat man mit weit

aufgerissenen Augen tot im Bett gefunden. Der Teufel hat sie erwürgt, sagen die Leute.«

»Du sprachst von einem Mr. J., dem Hausbesitzer. Wo wohnt er?«

Ich gab dem Jungen ein Trinkgeld, das er für seine Informationen verdient hatte, und suchte Mr. J. in der G. Street auf, ganz nahe der Straße, in der sich das Spukhaus befand. Ich hatte Glück und traf ihn an, einen älteren Herrn von intelligentem Aussehen und einnehmendem Wesen.

Ohne Umschweife teilte ich ihm mein Anliegen mit. Ich hätte gehört, daß sein Haus verflucht sein solle, und ich sei brennend interessiert, die Räume mit eigenen Augen zu sehen, die in jenem zweifelhaften Ruf stünden. Er verpflichte mich zu größtem Dank, wenn er sie mir für eine Nacht vermieten wolle. Ich würde ihm für seine Gefälligkeit jeden Preis zahlen.

»Mein Herr«, sagte Mr. J. mit ausgesuchter Höflichkeit, »das Haus steht Ihnen ganz zur Verfügung, ganz gleich, wie lange Sie es wollen. Von Miete dafür kann keine Rede sein – ich habe Ihnen zu danken. Vielleicht entdecken Sie die Ursachen jener rätselhaften Erscheinungen, die das Haus zur Zeit völlig wertlos machen. Ich kann es einfach nicht vermieten; ich finde nicht einmal jemanden, der es in Ordnung hält und die Leute empfängt. Es spukt leider wirklich darin, wenn das überhaupt der richtige Ausdruck ist; denn nicht nur bei Nacht, sondern auch am hellichten Tage geschehen diese Ruhestörungen und Erscheinungen, wenngleich sie nachts unheimlicher, ja geradezu entsetzlich sind.

Die beklagenswerte Alte, die vor drei Wochen darin starb, hatte ich aus dem Armenhaus geholt. Sie war meiner Familie schon als Kind bekannt und hatte bessere Tage gesehen. Sie war einmal so wohlhabend, daß sie das Haus von meinem Onkel gemietet hatte. Sie hatte eine leidliche Erziehung genossen, war von gesundem Menschenverstand und die einzige Person, die ich dazu bewegen konnte, in jenem Hause zu bleiben. Seit ihrem plötzlichen Tod, der durch die öffentliche Leichenschau überall bekannt wurde, kann ich keinen Verwalter mehr für das Haus finden, schon gar keinen Mieter. Mit Freuden würde ich es jedem Interessenten ein ganzes Jahr mietfrei überlassen, wenn er nur die Steuern übernehmen würde.«

»Seit wann geht es eigentlich in Ihrem Haus so unheimlich zu?«

»Das kann ich Ihnen nicht genau sagen, aber es ist schon lange, sehr lange her. Die alte Frau, von der ich sprach, meinte, es habe schon darin gespukt, als sie es vor dreißig bis vierzig Jahren mietete. Ich selbst habe den größten Teil meines Lebens als Beamter der East Indian Company verbracht. Erst voriges Jahr kehrte ich nach England zurück, um die Nachlassenschaft meines Onkels anzutreten, unter der sich auch das Haus befand. Ich fand es mit festverschlossenen Türen und Fensterläden vor. Man erzählte sich, es hausten Gespenster darin und niemand wolle es bewohnen. Ich lachte über diese Gruselgeschichten, ließ das Haus innen und außen renovieren, kaufte zu den altmodischen Möbeln ein paar moderne Stücke, gab eine Anzeige auf und fand einen Mieter für ein Jahr. Es war ein Oberst außer Dienst.

Er zog mit seiner Familie ein: einer Tochter, einem Sohn und vier oder fünf Dienstboten. Allesamt verließen das Haus am nächsten Tage. Jeder von ihnen wollte ein anderes Gespenst gesehen haben, aber alle erfüllte das gleiche Entsetzen.

Ich brachte es nicht fertig, den Oberst wegen Vertragsbruchs zu verklagen, ja, ich konnte ihm nicht einmal einen Vorwurf machen.

Darauf setzte ich jene Alte als Hauswart ein und ermächtigte sie, das Haus in Einzelwohnungen aufgeteilt zu vermieten. Länger als zwei Tage ist nicht ein einziger Mieter geblieben.

Ich will Ihnen nicht die Erlebnisse der einzelnen erzählen – nicht zwei von ihnen haben die gleichen Erscheinungen gehabt. Doch machen Sie Ihre eigenen Erfahrungen, ohne das Haus mit vorgefaßten Meinungen zu betreten. Aber seien Sie darauf gefaßt, Außergewöhnliches zu sehen und zu hören, und treffen Sie alle erdenklichen Vorsichtsmaßnahmen.«

»Haben Sie selbst nie den Versuch gemacht, einmal eine Nacht in dem Haus zu verbringen?«

»Ja. Allerdings habe ich nicht eine Nacht, sondern nur drei Stunden bei hellichtem Tage darin zugebracht. Zwar ist damit meine Neugier nicht befriedigt worden, aber ich habe kein Verlangen mehr, das Experiment zu wiederholen. Sie sehen, Sir, ich bin sehr offen Ihnen gegenüber, und ich rate Ihnen gut, geben Sie es auf, eine Nacht in dem Haus zu verbringen – es sei denn, Ihr Interesse ist außerordentlich groß, und Ihre Nerven sind ungewöhnlich stark.«

»Mein Interesse *ist* außerordentlich groß«, antwortete ich. »Nur ein Feigling schützt schwache Nerven vor, wenn er sich einer außergewöhnlichen Situation gegenübersieht. Meine Nerven haben sich in vielen gefährlichen Situationen bewährt, ich kann mich voll auf sie verlassen – sogar Gespenstern gegenüber.«

Mr. J.s Argumente schienen entkräftet. Er entnahm seinem Schreibpult die Schlüssel des unheimlichen Hauses und gab sie mir. Ich dankte ihm herzlich für seine Offenheit und sein freundliches Entgegenkommen, nahm die Schlüssel und trug sie wie eine Beute davon. Fiebernd vor Ungeduld, beriet ich die Sache zu Hause mit meinem treuen Diener. Er war ein temperamentvoller junger Mann, furchtlos und völlig frei von abergläubischen Vorstellungen.

»Frank«, sagte ich, »du erinnerst dich, wie enttäuscht wir waren, als uns in jenem alten Schloß in Deutschland das Gespenst ohne Kopf, das darin umgehen sollte, nicht erschien. Soeben erfahre ich hier von einem Haus in London, in dem die Geister nicht so zurückhaltend sein sollen. Ich habe die Absicht, dort eine Nacht zu verbringen. Nach allem, was ich darüber gehört habe, ist nicht zu bezweifeln, daß wir dort Ungewöhnliches, vielleicht Haarsträubendes erleben werden. Kann ich mich, wenn ich dich mitnehme, fest auf deine Geistesgegenwart verlassen, was immer geschehen mag?«

»O bitte, Sir, verlassen Sie sich ganz auf mich«, erwiderte Frank freudestrahlend.

»Also gut. Hier hast du Adresse und Hausschlüssel. Geh am

besten gleich hin, such mir ein Schlafzimmer aus, das dir geeignet scheint, und da das Haus seit Monaten keiner betreten hat, lüfte das Bett, mache ein ordentliches Feuer und sorge dafür, daß genug Kerzen und Brennmaterial vorhanden sind. Nimm meine Pistole und meinen Degen mit und bewaffne dich selbst ebenfalls gut. Und wenn wir dann nicht mit einem halben Dutzend Gespenstern fertig würden, müßten wir doch jämmerliche Kerle sein.«

Für den Rest des Abends war ich durch dringende Angelegenheiten so in Anspruch genommen, daß mir keine Zeit blieb, viel an mein nächtliches Abenteuer zu denken, das zur Ehrensache für mich geworden war.

Ich aß sehr spät und allein und las, meiner Gewohnheit entsprechend, während des Essens. Es waren Macaulays Essays. Ich entschloß mich, den Band mitzunehmen. Sein frischer, gesunder Stil und die durch ihn vermittelte praktische Lebenswahrheit schienen mir ein gutes Mittel gegen alle Einflüsterungen überhitzter Phantasie zu sein. Gegen halb zehn steckte ich das Buch ein und machte mich gemächlich auf den Weg zum Geisterhaus. Meinen Lieblingshund, einen ungewöhnlich scharfen Bullterrier, nahm ich mit: einen Hund, der nachts in den finstersten Winkeln und Gängen auf Rattenjagd ging – kurz, *der* geeignete Hund für Gespenster.

Es war eine kühle Sommernacht. Düstere Wolkenfetzen bedeckten den Himmel. Zuweilen wurde das fahle, bleiche Licht des Mondes sichtbar. Immerhin, der Mond schien, und wenn es die Wolken zuließen, konnte es nach Mitternacht heller werden.

Ich kam an das Haus, klopfte, und mein Diener öffnete mir mit vergnügtem Grinsen.

»Alles in Ordnung, Sir, und recht gemütlich.«

»Oh«, sagte ich ziemlich enttäuscht, »gar nichts Verdächtiges?«

»Doch, Sir; offen gestanden, ich hörte etwas Sonderbares.«

»Ah! Was war es?«

»Es hörte sich an wie Fußgetrippel hinter mir, und ein- oder zweimal hörte ich leise Geräusche, wie Flüstern dicht an meinem Ohr, sonst nichts.«

»Und du fürchtest dich wirklich nicht?«

»Ich? Sir, überhaupt nicht!« Und der furchtlose Blick des Burschen bestätigte mir, daß er mich nicht im Stich lassen würde, was immer auch geschähe.

Wir standen in der Diele, die Haustür war geschlossen, da wurde ich auf meinen Hund aufmerksam. Er war zuerst munter ins Haus gelaufen, aber bald zur Eingangstür zurückgeschlichen, kratzte nun und winselte dort und wollte wieder hinaus. Ich kraulte ihm den Kopf, sprach ihm ruhig zu, und der Hund schien sich mit der Situation abzufinden. Aber als wir durch das Haus gingen, folgte er mir und Frank – ganz gegen seine sonstige Gewohnheit, neugierig vorauszulaufen – dicht auf den Fersen.

Wir besichtigten zunächst die unter der Erde gelegenen Räume, die Küche, Speisekammern und vor allem die Keller. Dort lagen einige völlig mit Spinnweben überzogene Flaschen Wein, offensichtlich seit Jahren unberührt. Weintrinker also waren die Gespenster nicht. Sonst fanden wir nichts Auffälliges.

Dann betraten wir einen düsteren kleinen Hinterhof, den hohe Mauern umgaben. Die Steinplatten auf dem Fußboden waren feucht, und in dem schleimigen Moder hinterließen unsere Füße leichte Spuren.

Und hier zeigte sich die erste Erscheinung, deren Zeuge ich in diesem Hause wurde. Vor meinen Augen bildete sich auf einmal ein fremder Fußabdruck. Ich blieb stehen, nahm meinen Diener am Arm und zeigte auf die betreffende Stelle. Da entstand ebenso unvermittelt ein zweiter. Ich trat schnell darauf zu, doch die Fußabdrücke, klein wie die eines Kindes, waren mir immer einen Schritt voraus. Die Eindrücke waren zu undeutlich, um die Umrisse genau erkennen zu können; aber es schien uns beiden der Abdruck eines nackten Kinderfußes zu sein. Die Erscheinung verschwand, als wir an der gegenüberliegenden Mauer anlangten, und wiederholte sich auch nicht auf dem Rückweg. Wir gingen die Treppe wieder hinauf und betraten die hinteren Zimmer des Erdgeschosses, das Speisezimmer, ein kleines Wohnzimmer und einen noch kleineren dritten Raum, vermutlich ein Bedientenzimmer – alle totenstill. Dann inspizierten wir die Gesellschaftszimmer, die neu eingerichtet schienen.

Im Vorderzimmer setzte ich mich in einen Lehnstuhl. Frank stellte den Leuchter auf den Tisch. Ich ließ ihn die Tür schließen. Als er sich umdrehte, bewegte sich ein Stuhl an der mir gegenüberliegenden Wand schnell und geräuschlos auf mich zu und blieb etwa einen Meter vor mir stehen.

»Nun, wenn's weiter nichts ist«, sagte ich mit einem etwas verkrampften Lachen, »'s ist mir noch lieber als Tischrükken!«

Mein Hund aber hob, während ich lachte, den Kopf und begann zu heulen.

Frank, der zurückkam, hatte die Bewegung des Stuhles nicht bemerkt und bemühte sich, den Hund zu beruhigen. Ich beobachtete weiterhin den Stuhl und bildete mir ein, die aus bläulichem Dunst gewobenen Umrisse einer menschlichen Gestalt darauf zu erkennen. Doch waren diese Umrisse so undeutlich, daß ich meinen Augen nicht recht traute. Der Hund hatte sich wieder beruhigt.

»Stelle den Stuhl wieder an die Wand zurück«, sagte ich zu Frank.

Er tat es. »Waren Sie das, Sir?« fragte er, indem er sich rasch umdrehte.

»Ich – was?«

»Eben hat mich etwas geschlagen. Ich fühle es ganz deutlich, hier an der Schulter.«

»Nein«, sagte ich; »aber wir haben es mit Taschenspielern zu tun, und wenn wir auch nicht hinter ihre Tricks kommen, so werden wir sie doch erwischen und uns nicht einschüchtern lassen.«

Wir blieben nicht länger in den Gesellschaftszimmern, sie waren so feucht und kühl, daß ich mich darauf freute, in mein Zimmer und an das Feuer zu kommen. Wir verschlossen die Tür, eine Vorsichtsmaßnahme, die wir bisher immer getroffen hatten. Das Schlafzimmer, das mein Diener für mich ausgesucht hatte, war das beste in der ganzen Etage. Es war geräumig und hatte nach der Straßenseite zwei Fenster. Beträchtlichen Raum nahm das Himmelbett ein, das dem Kamin gegenüberstand, in dem ein helles Feuer prasselte. Zwischen Fenster und Bett war die Tür zu dem Nebenraum, den sich mein Diener eingerichtet hatte. Er war sehr klein und enthielt nichts als ein Schlafsofa. Zum Treppenhaus hatte es keine Verbindung – man konnte nur durch mein Zimmer hineingelangen. Zu beiden Seiten des Kamins befanden sich Wandschränke, die keine Schlösser hatten und mit der gleichen trübseligen Tapete bedeckt waren wie das ganze Zimmer. Wir untersuchten die Schränke genau – sie enthielten nur ein paar Haken für Frauenkleider; auch die Außenwände erwiesen sich als fest und solide. Nachdem ich mein Zimmer inspiziert hatte, wärmte ich mich etwas auf, steckte mir eine Zigarre an und machte mich mit Frank daran, die Erkundung des Hauses zu beenden.

Auf unserem Treppenabsatz befand sich eine zweite Tür; sie war fest verschlossen.

»Sir«, sagte mein Diener erstaunt, »als ich kam, habe ich diese Tür wie alle anderen aufgeschlossen. Sie kann auch nicht von innen verschlossen worden sein, denn es ist ...«

Noch bevor er seinen Satz beendet hatte, öffnete sich die Tür langsam ganz von selbst. Überrascht sahen wir einander an. Der gleiche Gedanke kam uns: Hier mußten Spuren menschlicher Einwirkung zu finden sein!

Ich betrat schnell das Zimmer, mein Diener folgte mir. Wir befanden uns in einem kleinen, öden, düsteren Raum ohne Möbel, lediglich ein paar leere Koffer und Körbe lagen in einer Ecke. Die Läden des einzigen kleinen Fensters waren geschlossen, kein Kamin war da und keine Tür außer der, durch die wir eingetreten waren, kein Teppich auf dem unebenen und wurmstichigen Fußboden, der hie und da ausgebessert war, worauf hellere Flecken hinwiesen. Kein lebendes Wesen war zu erblicken und auch kein Platz, wo sich eines hätte verbergen können. Während wir so standen und umherblickten, schloß sich die Tür langsam von selbst, genau so, wie sie sich vorher geöffnet hatte. Wir waren gefangen!

Zum erstenmal beschlich mich ein unbeschreibliches Grauen – aber nicht meinen Diener.

»Ich glaube gar, Sir, die denken, sie können uns fangen; aber ich sage Ihnen, mit einem Fußtritt breche ich die morsche Tür auf.«

»Versuche erst, ob du sie nicht mit der Hand aufbringst«, sagte ich und versuchte meine Furcht zu überwinden. »Ich will inzwischen die Fensterläden öffnen und nachsehen, ob es draußen etwas gibt.«

Ich schob die Riegel zurück. Das Fenster führte auf den vorhin beschriebenen Hof. Kein Fenstersims, kein Vorsprung unterbrach die glatte Wand, es ging senkrecht hinab. Niemand hätte bei einer Flucht aus diesem Fenster irgendwo festen Fuß fassen können – er wäre unweigerlich auf die Steinplatten des Hofes hinabgestürzt.

Frank hatte inzwischen vergeblich versucht, die Tür zu öffnen. Er wandte sich jetzt an mich und bat, Gewalt gebrauchen zu dürfen.

Ich muß der Gerechtigkeit halber noch einmal konstatieren, daß mein Diener völlig frei von jeder Furcht war. Seine Kaltblütigkeit, seine ruhige Haltung, ja eine gewisse Heiterkeit nötigten mir unter so ungewöhnlichen Umständen uneingeschränkte Hochachtung ab. Ich konnte mir nur gratulieren zu einem Gefährten, der dieser Lage so ganz gewachsen war.

Ich gab ihm gern die Erlaubnis. Aber obwohl er außergewöhnlich kräftig war, richtete er mit Gewalt nicht mehr aus als vorher – die Tür gab auch den heftigsten Fußtritten nicht nach. Auch ich versuchte mich an der Tür – es war alles umsonst. Als ich erschöpft einhielt, beschlich mich wieder jenes unnennbare Grauen, hartnäckiger diesmal und unbezwingbarer. Mir war, als stiege aus den Ritzen des unebenen Fußbodens ein geisterhaftes Wehen auf und erfüllte die Luft mit einem der menschlichen Existenz giftigen Dunst.

In diesem Augenblick öffnete sich die Tür wieder langsam und leise. Wir stürzten auf den Treppenabsatz hinaus. Ein großes, bleiches Licht schwebte vor uns her, von Menschengröße etwa, doch ohne festumrissene Gestalt. Es bewegte sich die Treppe hinauf zum Dachgeschoß. Ich folgte dem Licht, mein Diener ging hinter mir. Es verschwand in der offenstehenden Tür einer rechts gelegenen Dachkammer. Ich folgte ihm unmittelbar. Ich sah das große Licht zu einer kleinen Kugel zusammenschrumpfen und einen Augenblick hellstrahlend über dem Bett stehen; dann flackerte es auf und erlosch.

Wir traten an das Bett heran und untersuchten es genau. Es hatte ein eisernes Bettgestell, wie man sie gewöhnlich in Dachkammern findet, die für Dienstboten eingerichtet sind. Auf der Kommode daneben lag ein altes, verblaßtes Seidentuch; eine Nadel steckte noch in einem halb genähten Riß. Das Tuch war mit einer Staubschicht bedeckt; wahrscheinlich hatte es der alten verstorbenen Haushälterin gehört; der Raum mochte ihr Schlafzimmer gewesen sein.

Meine Neugier wuchs. Ich öffnete die Fächer der Kommode: einige weibliche Bekleidungsstücke und zwei mit einem gelben Band umwundene Briefe lagen darin. Ich war so frei, die Briefe an mich zu nehmen. Sonst fanden wir nichts Bemerkenswertes in dem Zimmer. Auch das Licht tauchte nicht wieder auf, doch hörten wir beide ganz deutlich leise trippelnde Schritte unmittelbar vor uns. Und auch als wir die vier anderen Dachkammern inspizierten, ging uns das Geräusch der trippelnden Schritte immer voran. Zu sehen war nichts, absolut nichts. Die beiden Briefe hielt ich fest in der Hand. Und als ich die Treppe wieder hinabstieg, spürte ich deutlich, wie mein Handgelenk umklammert wurde und irgend etwas den schwachen Versuch machte, mir die Briefe zu entreißen. Ich schloß die Hand um so fester, und die Umklammerung löste sich.

Erst als ich wieder in meinem Schlafzimmer war, bemerkte ich, daß mein Hund uns nicht gefolgt war, als wir das Zimmer verlassen hatten. Zitternd drängte er sich an das Feuer. Während ich mich ungeduldig an die Lektüre der Briefe machte, nahm mein Diener die Waffen, die ich ihn hatte mitnehmen lassen, aus ihren Futteralen. Er legte sie auf meinen

Nachttisch und bemühte sich dann vergebens, den Hund zu beruhigen.

Die Briefe waren kurz und dem Datum nach fünfunddreißig Jahre alt. Augenscheinlich hatte sie ein Liebhaber an seine Geliebte oder ein Ehemann an seine junge Frau geschrieben. Die Ausdrucksweise und bestimmte Anspielungen auf eine frühere Seereise wiesen auf einen Seemann hin. Rechtschreibung und Handschrift verrieten einen Menschen von mittelmäßiger Bildung, wenngleich die Sprache selbst eindringlich und kraftvoll war. Eine wilde Leidenschaft klang durch die Zärtlichkeitsbezeigungen, hier und da fanden sich Anspielungen auf ein Geheimnis, das aber keine Liebesangelegenheit, sondern ein Verbrechen zu sein schien.

»Wir müssen uns lieben«, hieß es an einer Stelle, »denn wie würde uns die Welt verfluchen, wenn alles herauskäme.« Und später: »Schlafe nie mit jemandem in einem Zimmer – Du redest im Schlaf.« Weiter stand da: »Was geschehen ist, ist geschehen, und ich versichere Dir, es gibt keinen Zeugen gegen uns, es sei denn, die Toten stehen wieder auf!« Hier war in einer schöneren, weiblichen Handschrift hinzugefügt und unterstrichen: »Sie stehen wieder auf!« Und unter den Schluß des jüngsten Briefes hatte dieselbe Frauenhand geschrieben: »Gestorben auf dem Meer am 4. Juni, am gleichen Tag, als ...«

Ich ließ die Hand sinken und begann über das Gelesene nachzudenken. Doch fürchtete ich, meine Nerven zu strapazieren, wenn ich mich in diese Gedanken vertiefte. Ich war fest entschlossen, meine Nerven zu schonen, um gegen alle Überraschungen gewappnet zu sein, komme, was wolle.

Die Nacht war schon ziemlich vorgeschritten. Ich stand auf, legte die Briefe auf den Tisch, schürte das Feuer, daß es hell aufloderte, und schlug meinen Band Macauly auf. Ruhig las ich dann bis etwa halb zwölf, dann warf ich mich auf mein Bett und hieß meinen Diener, sich in sein Zimmer zurückzuziehen. Er solle sich aber wach halten und die Tür zwischen unseren Zimmern offenlassen.

Nach etwa zwanzig Minuten kam es mir so vor, als striche

ein außerordentlich kalter Luftzug über mein Gesicht. Ich nahm an, daß sich die Tür zur Rechten, zum Treppenhaus hin, geöffnet habe – doch nein, sie war geschlossen. Ich blickte nach links und sah, daß die Flammen meiner Kerzen, wie von einem Luftzug bewegt, hin und her flackerten. Im gleichen Augenblick glitt meine unmittelbar neben dem Revolver liegende Uhr ganz sachte vom Tisch, leise, als hätte sie eine unsichtbare Hand ergriffen, und war verschwunden. Ich sprang auf, ergriff den Revolver mit der einen, den Degen mit der anderen Hand, denn ich war nicht bereit, meine Waffen das Schicksal der Uhr teilen zu lassen. So bewaffnet, spähte ich auf dem Boden nach meiner Uhr – sie war nirgends zu sehen. Jetzt klopfte es dreimal langsam am Kopfende meines Bettes.

»Sind Sie das, Sir?« rief mein Diener von nebenan.

»Nein, aber sieh dich vor.«

Und nun richtete sich auch der Hund auf, setzte sich auf die Hinterbeine und spitzte die Ohren. Er hielt dabei einen so starren, merkwürdig beredten Blick auf mich gerichtet, daß ich dem Hund meine volle Aufmerksamkeit widmete. Plötzlich erhob er sich langsam, jedes Haar an ihm sträubte sich und stand wie festgebannt und mit wildem Blick da. Mir blieb jedoch keine Zeit, den Hund weiter zu beobachten, denn mein Diener stürzte aus seinem Zimmer heraus.

Wenn ich je das Grauen in einem menschlichen Antlitz sah, so war es in diesem Augenblick. Wenn ich ihm auf der Straße begegnet wäre, ich hätte den Mann nicht wiedererkannt, so verzerrt waren seine Züge. Er rannte an mir vorbei und raunte in einem Ton, der kaum von seinen Lippen zu kommen schien: »Laufen Sie, was Sie können – es ist hinter mir!« Er erreichte die Tür zum Treppenhaus, riß sie auf und rannte weiter. Unwillkürlich folgte ich ihm, um ihn zurückzurufen, doch ohne mich zu beachten, stürzte er, das Geländer krampfhaft umklammernd, die Treppe hinab, riß die Haustür auf, ich hörte sie noch zuschlagen und – war allein im Geisterhaus.

Offen gestanden, ich zögerte einen Augenblick, ob ich nicht lieber meinem Diener folgen sollte; doch Stolz und Neugier bewahrten mich vor solch feiger Flucht. Ich ging in mein Zimmer zurück, verschloß die Tür und betrat vorsichtig den kleinen Nebenraum; aber ich fand keine Erklärung für das Entsetzen meines Dieners. Ich untersuchte nochmals die Wände, tastete sie ab nach einer Geheimtür, aber ich fand keine Spur, nicht einmal den kleinsten Riß in der Tapete. Wie hatte also das Etwas, das ihn so furchtbar entsetzt hatte, anders in seine Kammer gelangen können als durch mein Zimmer?

Ich ging wieder zurück, schloß die Tür zur Kammer und verriegelte sie. Dann stellte ich mich an den Kamin, voller Erwartung, was nun geschehen würde. Ich sah, wie mein Hund in eine Zimmerecke kroch und sich so hineinpreßte, als wolle er buchstäblich durch die Wand hinaus. Ich trat zu dem armen Tier und redete ihm gut zu. Es war außer sich vor Angst, fletschte die Zähne, Schaum troff von seinen Lefzen; er hätte mich bestimmt gebissen, wenn ich ihn angerührt hätte. Er schien mich nicht zu erkennen. Wer einmal im Zoo gesehen hat, wie ein von einer Schlange fasziniertes Kaninchen sich in einer Ecke zusammenkauert, kann sich eine Vorstellung davon machen, welche Todesangst der Hund ausstand. Alle Versuche, das Tier zu beruhigen, waren umsonst; ich überließ ihn schließlich sich selbst, weil ich fürchtete, sein Biß würde in diesem Zustand genauso giftig sein wie bei der Tollwut. Nun legte ich meine Waffen wieder auf den Tisch, setzte mich und nahm meinen Macauly wieder vor.

Vielleicht ist mir hier gestattet, ein oder zwei persönliche Bemerkungen einzufügen, um nicht in den Verdacht zu geraten, ich rühmte mich zu großen Mutes oder besonderer Besonnenheit.

Wenn ich ruhiges Blut bewahrte oder das bewies, was man gemeinhin Mut nennt, und mich ganz exakt mit den einzelnen Umständen vertraut machte, so deswegen, weil ich mich seit langem mit allen Versuchen beschäftigt habe, die man dem Wunderbaren zurechnet. Ich hatte viele sehr ungewöhnliche Phänomene in verschiedenen Teilen der Welt studiert – Phänomene, die entweder nicht geglaubt würden, böte ich sie dar, oder übernatürlichen Kräften zugeschrieben würden.

Meine Theorie aber besagt, daß das Übernatürliche das Unmögliche ist und daß das, was übernatürlich genannt wird, nur etwas innerhalb der Naturgesetze ist, von dem wir bis heute nichts wissen ...

Plötzlich bemerkte ich, daß sich irgend etwas zwischen Licht und Buch schob, denn es fiel ein Schatten auf die Seiten. Ich sah auf und nahm etwas wahr, was sich nur sehr schwer, vielleicht überhaupt nicht beschreiben läßt: ein dunkles Etwas von unbestimmten Umrissen, das sich von selbst aus Luft formte. Ich kann nicht sagen, daß es menschliche Gestalt hatte, doch sah sie einer solchen oder, besser gesagt, dem Schatten einer menschlichen Gestalt ähnlich. Je länger ich hinsah, um so deutlicher konnte ich Licht von Schatten unterscheiden, und die Erscheinung nahm gigantische Ausmaße an, ihr oberes Ende reichte fast bis zur Decke hinauf. Während ich es anstarrte, umfing mich ein Hauch eisiger Kälte. Ein Eisberg vor mir hätte mich nicht stärker erschauern machen können, er hätte eine so intensive Kälte nicht auszustrahlen vermocht. Dennoch bin ich überzeugt, daß es nicht die Kälte war, die die Furcht verursachte. Während ich die geheimnisvolle Erscheinung weiter anstarrte, hatte ich den Eindruck – aber mit Bestimmtheit kann ich es nicht behaupten –, als blickten aus der Höhe zwei Augen auf mich herab. Bald glaubte ich sie genau zu erkennen, bald waren sie wieder verschwunden; doch schossen zwei Strahlen eines fahlblauen Lichtes durch das Dunkel, und zwar von jener Stelle aus, wo ich vorher die Augen gesehen zu haben glaubte.

Ich versuchte zu sprechen, doch meine Stimme versagte völlig. Ist das Furcht? dachte ich. Nein, ich kenne keine Furcht. Ich wollte aufstehen – vergebens, eine unsichtbare Kraft schien mich niederzudrücken. Mein Eindruck war der einer unermeßlichen und überwältigenden, sich über meinen Willen hinwegsetzenden Macht! Ich hatte das Gefühl völliger Unterlegenheit gegenüber einer übermenschlichen Kraft, das man *körperlich* während eines Sturmes auf See oder einer wilden Bestie gegenüber, etwa einem Hai, empfinden kann. So ähnlich hatte ich es nun in einem moralischen Sinn. Ein fremder Wille stemmte sich gegen meinen, war ihm so überlegen, wie Sturm und Feuer der Kraft der Menschen überlegen sind. Und nun, während dieser Eindruck mir immer mehr zur Gewißheit wurde, kam ein unbeschreibliches Grauen über mich. Nur mein Stolz hielt mich aufrecht. Dies ist wohl Grauen, sagte ich mir, aber es ist nicht Furcht. Solange ich mich nicht fürchte, kann mir nichts geschehen, und meine Vernunft sagte mir, daß diese Erscheinung nichts ist als ein Auswuchs der Phantasie.

Mit einer heftigen Anstrengung gelang es mir schließlich, meine Hand nach meinen Waffen auszustrecken; doch da erhielt ich einen sonderbaren Schlag, und mein Arm sank kraftlos herab. Und um das Maß des Grauens voll zu machen, brannten die Kerzen zusehends dunkler, sie erloschen nicht, aber die Flammen schienen sich in sie zurückzuziehen. Ähnliches geschah mit dem Feuer im Kamin, und in wenigen Augenblicken war das Zimmer in tiefes Dunkel gehüllt.

Das Entsetzen, das mich bei dem Gedanken überkam, im Finstern diesem dunklen Etwas ausgeliefert zu sein, dessen Macht ich so intensiv gefühlt hatte, löste eine Gegenwirkung meiner Nerven aus. Das Grauen hatte einen solchen Grad erreicht, daß ich entweder mein Bewußtsein verlieren oder den Bann brechen mußte. Und ich brach den Bann. Ich fand meine Stimme wieder, die zwar mehr wie ein Aufschrei klang. Aber ich erinnere mich, daß ich etwa folgende Worte hervorstieß: »Ich fürchte mich nicht, meine Seele ist frei von Schuld«, und zugleich fand ich die Kraft aufzustehen. Von tiefem Dunkel umgeben, stürzte ich zu einem der Fenster, zerrte den Vorhang beiseite, riß die Läden auf. Licht! war mein einziger Gedanke.

Und als ich den Mond so ruhig, hoch und klar über mir sah, empfand ich eine Freude, die mich fast für das ganze Entsetzen entschädigte. Da war der Mond, dort waren die Gaslampen in der menschenleeren, verschlafenen Straße. Ich drehte mich um und blickte ins Zimmer zurück. Das Mondlicht durchdrang nur schwach die Dunkelheit – aber es war wenigstens etwas Licht. Das dunkle Etwas war verschwunden, nur ein düsterer Widerschein, wie der Schatten der Erscheinung, zeigte sich auf der gegenüberliegenden Wand.

Mein Blick fiel nun auf den alten runden Mahagonitisch, auf dem keine Decke lag. Dort erschien plötzlich eine bis zum Handgelenk sichtbare Hand. Sie schien von Fleisch und Blut zu sein, wie meine eigene, aber es war eine dürre, runzlige, ältliche Frauenhand. Lautlos ergriff sie die beiden Briefe und verschwand mit ihnen. Dann hörte ich wieder die drei gleichmäßigen Stöße am Kopfende meines Bettes, die ich bereits zu Beginn dieses ungewöhnlichen Dramas vernommen hatte.

Als sie verhallt waren, spürte ich deutlich, wie der ganze Raum vibrierte; von nah und fern erschienen nun grüne, gelbe, rote und azurblaue Kügelchen, die wie lichtgefüllte Seifenblasen schimmerten. Hinauf und hinunter, herüber und hinüber zuckten die Funken, kleinen Irrlichtern gleich, je nach Laune langsam oder schnell. Ein Stuhl – wie vorher unten im Wohnzimmer – wurde ohne sichtbare Ursache von der Wand abgerückt und mir gegenüber an den Tisch gestellt. Und plötzlich wuchs eine weibliche Schattengestalt aus dem Stuhl empor. Sie war deutlich erkennbar wie ein lebendes Geschöpf und doch gespenstisch bleich wie eine Leiche. Das Gesicht sah jugendlich aus, es war von seltsamer, trauriger Schönheit. Hals und Schultern waren entblößt, der übrige Körper in ein langes weißes Gewand gehüllt. Die Gestalt begann über ihr langes blondes Haar zu streichen, das ihr über die Schultern fiel. Ihre Augen waren unverwandt auf die Tür gerichtet; sie schien spähend zu lauschen und zu warten. Die schattenhafte Erscheinung auf der Wand gegenüber vertiefte sich, und es schien mir erneut, als funkele der Blick eines Augenpaares herab, nun auf die Gestalt am Tisch gerichtet.

Aus der Tür, die geschlossen blieb, wuchs jetzt eine andere Gestalt hervor, ebenso deutlich und ebenso gespenstisch bleich: die eines jungen Mannes. Sie war nach der Mode des letzten Jahrhunderts gekleidet, oder besser: sie schien so gekleidet; denn obwohl die männliche wie die weibliche Gestalt deutlich erkennbar waren, so waren sie doch körperlos, nicht greifbare Trugbilder. Ein lächerlich grotesker, grausiger Gegensatz war in der ganzen Erscheinung, der Gegensatz zwischen dem höfischen Aufputz, jener altmodischen, von Krausen, Spitzen und Schnallen gezierten Kleidung, und dem leichenhaften Aussehen und der gespenstischen Lautlosigkeit dieser schwebenden Wesen. In dem Augenblick, in dem die weibliche Gestalt sich der männlichen näherte, löste sich der Schatten von der Wand, und alles hüllte sich in Dunkel. Und als das fahle Licht wiederkehrte, schien es, als befänden sich die beiden Gestalten in der Gewalt des Schattens, der sich über sie aufschwang. Auf der Brust der weiblichen Gestalt wurde nun ein Blutfleck sichtbar. Die männliche Gestalt stützte sich auf ein Schwert, Blut tropfte über Krause und Spitzen herab, und wieder verschlang die Dunkelheit des zwischen ihnen stehenden Schattens alles. Und erneut schossen die lichtgefüllten Blasen empor, segelten und wogten, wurden dichter und dichter und immer verworrener in ihren Bewegungen.

Nun öffnete sich rechts vom Kamin die Tür des Wandschrankes, und heraus trat die Gestalt einer alten Frau mit Briefen in der Hand, mit den Briefen, die jene Hand vorhin an sich genommen hatte. Hinter ihr hörte man Schritte. Sie horchte auf, wandte sich um, öffnete dann die Briefe und begann zu lesen – über ihre Schulter blickte ein bleifarbenes Gesicht, das dem eines vor längerer Zeit Ertrunkenen glich, aufgedunsen und ausgeblichen und mit Seetang im triefenden Haar. Zu Füßen der Frau lag etwas, das einem Leichnam glich, und daneben kauerte ein schmutziges, erbarmungswürdiges Kind, aus dessen Augen Furcht sprach und dessen eingefallene Wangen auf Hungertod hinwiesen. Und als ich das Gesicht der Frau genauer betrachtete, schwanden die Runzeln und Falten daraus, und es wurde jugendlich, mit strengem Blick und wie aus Stein gehauenen Zügen. Und dann schwoll der Schatten wieder an und verschlang mit seinem Dunkel auch diese drei Phantome.

Nichts war sichtbar geblieben als der Schatten selbst, den ich unablässig beobachtete und aus dem abermals die bösartigen Schlangenaugen leuchteten. Auch die leuchtenden Seifenblasen stiegen wieder und fielen, setzten ihre ungestüme Fahrt im Schein des verblassenden Mondes fort. Aber wie aus der Schale eines Eies krochen aus den Kugeln ekle Larven hervor, blutlos und scheußlich anzusehen. Sie schienen mir den Wesen ähnlich, die man durch das Mikroskop in einem Wassertropfen erkennen kann: durchsichtige, geschmeidige und schlüpfrige Körper, die sich einander jagten und gegenseitig verschlangen. Sie schwebten ziellos umher, umkreisten mich immer dichter und schneller, schwärmten über meinem Kopf und krochen über meinen Arm, den ich in instinktiver Abwehr gegen diese üblen Wesen ausstreckte. Manchmal berührte mich etwas; doch das kam nicht von ihnen – unsichtbare Hände griffen nach mir. Einmal war es mir, als umschlössen kalte, weiche Finger meine Kehle. Ich war mir völlig bewußt, daß ich in körperliche Gefahr geriet, sobald ich der Furcht nachgab; darum konzentrierte ich meine ganze Kraft auf einen einzigen Punkt: eisernen Widerstand zu leisten. Ich wandte den Blick ab von dem Schatten, besonders von den scheußlichen Schlangenaugen, die nun ganz deutlich erkennbar geworden waren. Denn ich war mir gewiß, nur von dort und von nirgends sonst ging dieser intensive Wille aus, eine starke, schöpferische Macht des Bösen, der meinen eigenen zu zermalmen drohte.

Das fahle Licht im Zimmer begann sich zu röten wie in der Nähe eines Feuers, und in diesem feurigen Schein schwebten die Larven umher. Wieder vibrierte der ganze Raum, wieder waren die drei abgemessenen, gleichmäßigen Stöße zu vernehmen. Der große Schatten verschlang alles mit seiner Finsternis – von ihm schien alles auszugehen, in ihn schien alles zurückzukehren.

Als das Dunkel sich verzogen hatte, war der Schatten verschwunden. Langsam, wie die Flammen sich aus den Kerzen zurückgezogen hatten, wuchsen sie wieder hervor. Dasselbe geschah mit dem Feuer im Kamin, und bald lag das Zimmer wieder in tiefem Frieden, als hätte sich darin nie etwas Ungewöhnliches ereignet.

Die beiden Türen waren fest zu, die zur Kammer des Dieners war sogar verschlossen. Der Hund lag in der Ecke des Zimmers, in die er sich so krampfhaft gepreßt hatte. Ich rief ihn an – er rührte sich nicht. Ich ging zu ihm – das arme Tier war tot; die Augen waren ihm herausgetreten, die Zunge hing ihm aus dem Maul, das schaumbedeckt war. Ich nahm ihn in die Arme, trug ihn zum Feuer. Der Schmerz über den Verlust meines Lieblings war um so größer, als ich mir Vorwürfe zu machen hatte. Ich mußte mir die Schuld an seinem Tode zuschreiben, denn ich war mir sicher, daß er aus Furcht gestorben war. Doch wie überrascht war ich, als ich feststellte, daß sein Genick gebrochen war; denn die nähere Untersuchung ergab, daß die Wirbel aus dem Rückgrat herausgedreht waren. Mußte das nicht in der Finsternis geschehen sein, und zwar von einer menschlichen Hand? Sollten da nicht auch von Menschen bewirkte Kräfte die ganze Zeit in diesem Zimmer wirksam gewesen sein? Die Annahme war nicht von der Hand zu weisen. Beweisen kann ich sie nicht; ich kann nur festhalten, was ich mit eigenen Augen sah. Der Leser mag seine eigenen Schlüsse ziehen.

Noch ein merkwürdiger Umstand ist zu berichten: meine Uhr, die auf so unheimliche Weise vom Tisch verschwunden war, befand sich wieder an ihrem Platz – doch ging sie nicht mehr. Sie war in dem Augenblick stehengeblieben, als sie verschwand. Trotz aller Bemühungen des Uhrmachers geht sie nicht wieder; nur manchmal kommt sie für ein paar Stunden in Gang, tickt unregelmäßig und bleibt wieder stehen – sie ist nicht mehr zu gebrauchen.

Bis zum Tagesanbruch ereignete sich nichts mehr. Beim ersten Sonnenstrahl verließ ich das unheimliche Haus. Bevor ich jedoch ging, betrat ich noch einmal das kleine leere Zimmer ohne Ausgang, in dem mein Diener und ich eine Zeitlang gefangen gewesen waren. Ich konnte mich des Gedankens nicht erwehren, daß sich dort und nirgends sonst der »Mechanismus« befand, von dem die Erscheinungen der Nacht ausgegangen waren. Und obwohl ich ihn jetzt bei Tageslicht, bei heller Sonne, die durch die trüben Fensterscheiben schien, betrat, überkam mich wieder dieses aus dem Fußboden hochkriechende Grauen der Nacht. Länger als eine halbe Minute konnte ich es dort nicht aushalten. Als ich die Treppe hinunterging, hörte ich wieder die Schritte vor mir, und als ich die Haustür öffnete, glaubte ich ein leises Lachen hinter mir zu hören.

Als ich wieder in meiner Wohnung war, hoffte ich dort meinen fortgelaufenen Diener vorzufinden. Aber er war weder hier, noch ließ er in den nächsten Tagen von sich hören. Schließlich erhielt ich folgenden Brief aus Liverpool: »Verehrtester gnädiger Herr, ich bitte Sie inständigst um Verzeihung, wenn ich auch kaum hoffen kann, daß Sie mich derselben für wert halten – es sei denn, Sie hätten gesehen, was ich sah (aber ich hoffe, der Himmel ersparte es Ihnen). Ich fühle, es werden viele Jahre vergehen, bis ich mich erholt habe. Auf jeden Fall besteht kein Zweifel daran, daß ich zum Diener nicht mehr zu gebrauchen bin; deshalb reise ich zu meinem Schwager nach Melbourne. Mein Schiff läuft morgen aus. Vielleicht gibt mir die lange Seereise mein Gleichgewicht wieder. Noch zittere ich am ganzen Leibe, fahre zehnmal am Tag zusammen, immer noch bilde ich mir ein, *es* ist hinter mir. Ich bitte Sie untertänigst, verehrter Herr, meine Sachen und was ich vielleicht noch an Lohn zu bekommen habe meiner Mutter in Walworth zu übersenden. John kennt ihre Adresse.«

Der Brief schloß mit vielen Entschuldigungen und mit Einzelheiten, die seinen Dienst bei mir betrafen.

Diese Flucht des Dieners nach Australien wird mancher Leser als Beweis dafür nehmen, daß der Mann in dieser oder jener Weise betrügerisch mit den Vorgängen der letzten Nacht zu tun hatte. Ich kann diese Annahme nicht widerlegen, möchte aber dagegen einwenden, daß ich sie für die bequemste Lösung jener unwahrscheinlichen Geschehnisse halte.

Meine eigene Vorstellung von den Ursachen blieb jedenfalls davon unerschüttert. Ich kehrte am Abend noch einmal in das unheimliche Haus zurück, um in einer Pferdedroschke meine Sachen und die Leiche meines armen Hundes abzuholen. Nichts störte mich dabei, nichts Nennenswertes ereignete sich – nur die Schritte waren beim Hinauf- und Hinabsteigen der Treppe wieder vor mir.

Als ich das Haus verlassen hatte, ging ich zu Mr. J. Er war

zu Hause. Ich gab ihm die Schlüssel zurück und sagte ihm, daß meine Neugier voll befriedigt worden sei, und wollte ihm kurz die Ereignisse der letzten Nacht schildern, als er mich unterbrach und höflich sagte, er habe kein Interesse mehr, Einzelheiten über ein Geheimnis zu erfahren, das doch nie enthüllt werden könne.

Ich erwähnte aber wenigstens die beiden Briefe, die ich gelesen hatte, berichtete ihm von deren rätselhaften Verschwinden und fragte ihn, ob er glaube, daß sie an die alte Frau adressiert gewesen sein könnten, die vor kurzem in dem Haus gestorben war, und ob in deren Leben vielleicht irgendwelche Anhaltspunkte zu finden sein könnten, die über die dunklen Andeutungen der Briefe Aufschluß geben.

Mr. J. schien überrascht, dachte ein paar Augenblick nach und sagte: »Aus dem früheren Leben der Frau weiß ich nur wenig, nur, daß sie mit meiner Familie bekannt war. Jedoch rufen Sie einige vage Erinnerungen in mir wach, die freilich nicht für die Frau sprechen. Ich werde der Sache nachgehen und Sie gelegentlich über das Ergebnis meiner Nachforschungen unterrichten. Doch selbst wenn wir uns dem verbreiteten Aberglauben anschließen wollten, nachdem jemand, der ein Verbrechen begangen hat oder Opfer eines Verbrechens war, als rastloser Geist den Tatort wieder aufsuchen muß, so wäre dem entgegenzuhalten, daß das Haus bereits vor dem Tod der Alten von seltsamen Geräuschen und Gesichtern heimgesucht worden ist. Sie lächeln – was wollten Sie sagen?«

»Ich meine, wenn wir der Sache auf den Grund gingen, würden wir auf die Spuren lebendiger, menschlicher Wesen stoßen.«

»Wie? Sie glauben, daß der ganze Spuk nur Betrug ist? Aber wozu?«

»Nicht eine Betrügerei im buchstäblichen Sinne. Wenn ich zum Beispiel in einen tiefen Schlaf sänke, aus dem ich nicht zu erwecken wäre, aus dem heraus ich aber Fragen mit einer Genauigkeit beantworten könnte, die ich in wachem Zustand nie erreichen würde, so brauchte dies ebensowenig Betrug wie übernatürlich zu sein. Ich stünde dann, mir selbst nicht bewußt, unter der Einwirkung eines tierischen Magnetismus, der von einem entfernt lebenden Wesen ausgeht, zu dem ich irgendwann in Beziehung stand.«

»Aber wenn ein tierischer Magnetismus schon auf lebende Wesen einwirken kann, würden Sie sagen, daß er auch leblose Dinge beeinflussen kann: Stühle bewegen, Türen öffnen und schließen?«

»Oder unsere Vorstellungen so stimulieren, daß wir glauben, niemals Verbindung mit der Person gehabt zu haben, die auf uns einwirkt? Nein. Was gemeinhin Mesmerismus genannt wird, vermag das nicht; aber es mag eine dem Mesmerismus ähnliche, ihm sogar überlegene Kraft geben – eine Kraft, die man in alten Zeiten »Magie« genannt hat. Daß eine solche Kraft sich auf alle, auch leblose Gegenstände erstreckt, will ich nicht behaupten; aber wenn es so ist, so wäre es nicht gegen die Natur: Es wäre freilich eine seltene Kraft, die nur Wesen mit bestimmten Besonderheiten gegeben und durch Übung in außerordentlichem Maße entwickelt ist. Vielleicht wohnt eine solche Kraft auch Verstorbenen inne oder vielmehr nur gewissen Gedanken und Erinnerungen von ihnen, nicht dem Teil, den wir mit »Seele« bezeichnen, denn dieser ist nach dem Tod allem Irdischen abgewandt. Jene Kraft mag sich, wie gesagt, nur auf den Teil beschränken, der weltlich, unrein und damit für uns erkennbar ist – doch das ist eine alte Theorie, über die ich mir kein Urteil erlauben kann. Dennoch glaube ich keineswegs, daß es sich in unserem Fall um übernatürliche Kräfte handelt. Lassen Sie mich durch ein Beispiel klarer machen, was ich meine. Paracelsus beschreibt folgendes Experiment als nicht schwierig, und der Autor der »Kuriositäten der Literatur« zitiert es als glaubwürdig. Eine Blume verwelkt, man verbrennt sie. Aus welchen Elementen sie lebend auch immer bestanden haben mag, als Asche verstreut, erkennt man sie nicht und kann sie auch nicht sammeln. Doch kann man mit Hilfe der Chemie aus der Asche ein Spektrum gewinnen, das dem der lebenden Blume täuschend ähnlich ist. So mag es auch mit dem Menschen sein. Die Seele ist entflohen wie der Geruch, die Substanz der Blume, und doch mag sich eine farbige Erscheinung hervorbringen lassen, die die abergläubische Menge für den Geist des Abgeschiedenen hält; aber es ist nur ein Idol, ein Trugbild des toten Körpers.

So erklärt sich auch, daß uns selbst bei den besten Spuk- und Gespenstergeschichten immer wieder eines auffällt: die Abwesenheit dessen, was wir für das wesentliche Merkmal der Seele halten – eine höhere, unabhängige Intelligenz. Die Erscheinungen zeigen sich aus völlig unbedeutenden Anlässen; sie sprechen selten, und wenn sie sprechen, äußern sie keine Gedanken, die über dem Niveau des Alltäglichen stehen. Amerikanische Spiritisten haben bändeweise Berichte in Vers und Prosa herausgegeben, die sie von großen Toten wie Shakespeare und Bacon diktiert erhalten haben wollen. Aber alle diese Mitteilungen, selbst wenn wir nur die besten von ihnen nehmen, sind um keinen Deut von höherer Intelligenz, als sie ein Durchschnittstalent von einiger Bildung verfassen könnte. Sie stehen weit unter dem, was Bacon, Shakespeare und Platon zu Lebzeiten sagten und schrieben. Und noch auffälliger ist, daß sie nicht einen neuen Gedanken enthalten.

Ich jedenfalls halte alle diese Phänomene für Gedanken, die auf eine uns noch nicht erkennbare Weise von einem sterblichen Gehirn auf ein anderes übertragen werden. Ob sich nun Tische von selbst bewegen, dämonische Gestalten in magischen Kreisen erscheinen, Hände aus dem Nichts auftauchen und konkrete Gegenstände verschwinden lassen oder ein aus Dunkelheit geformtes Etwas, wie es sich mir gezeigt hat, unser Blut erstarren macht – ich bleibe bei meiner Überzeugung, daß das alles nur wie durch elektrische Drähte vermittelte Einflüsse eines fremden Gehirns auf das meine waren. Es gibt Konstitutionen, in denen eine bestimmte chemische Zusammensetzung überwiegt und hier diese Beeinflussung vermutlich chemische Wunder hervorbringen; andere werden von einem natürlichen Fluidum bestimmt, nennen wir es Elekrizität, und diese erzeugen vielleicht elektrische Wunder. Beide weichen vom Normalen ab und erscheinen der Wissenschaft daher gegenstands- und wertlos; sie führen zu keinen höheren Resultaten.

Deshalb beachtet die Welt sie nicht, und die Wissenschaft hat sich nicht tiefer damit befaßt. Ich gehe jedoch nicht davon ab, daß alles, was ich sah und hörte, von einem entfernt lebenden Menschen, wie ich es bin, einem Geschöpf von Fleisch und Blut, hervorgebracht worden ist; und ich glaube, daß er sich gar nicht bewußt ist, welche Wirkungen er hervorruft – und dies deshalb, weil nach Ihrer eigenen Aussage noch nie zwei Personen jemals genau dasselbe erlebt haben. Handelte es sich um einen gewöhnlichen Betrug, so würde der Mechanismus, der alles in Bewegung setzt, immer zu gleichen Resultaten führen, kleine Abweichungen zugestanden. Übernatürliche, vom Allmächtigen gebilligte Kräfte aber hätten einen bestimmten Endzweck. Unsere Erscheinungen gehören keiner dieser beiden Kategorien an. Ich bin nach wie vor überzeugt, daß sie einem weit entfernten Gehirn entspringen, das nichts Bestimmtes bezweckt, daß es Reflexionen seiner vom gewöhnlichen Weg abweichenden, irrenden, ständig wechselnden, halb ausgeformten Gedanken sind – kurz, es sind wohl die Träume eines solchen Gehirns, die hier wirksam werden und die Eigenschaft haben, eine fast stoffliche Gestalt anzunehmen. Ich glaube, daß dieses Gehirn eine eminente Kraft hat, daß es Materielles in Bewegung versetzen, daß es boshaft und zerstörerisch wirken kann; denn eine solche Kraft muß meinen Hund getötet haben. Und wahrscheinlich hätte sie auch ausgereicht, mich zu vernichten, wenn ich der gleichen Furcht unterworfen gewesen wäre wie mein Tier, wenn mein Verstand oder mein Mut meinem Willen nicht die entsprechende Widerstandskraft verliehen hätte.«

»Ihr Hund ist getötet worden? Das ist ja entsetzlich! Übrigens ist es wirklich recht seltsam, daß kein Tier zu bewegen ist, in diesem Hause zu bleiben, nicht einmal eine Katze. Auch Ratten und Mäuse hat nie jemand darin bemerkt.«

»Wahrscheinlich spürt der Instinkt der unverbildeten Kreatur die Einflüsse, die für ihre Existenz tödlich sind. Die Sinne der Menschen sind da weniger zuverlässig. Doch genug davon! Leuchtet Ihnen meine Theorie ein?«

»Ja, wenn auch nicht völlig; aber ich will lieber jede noch

so merkwürdige Erklärung akzeptieren, als daß ich mich dem Glauben an Gespenster und Kobolde hingebe, der bestenfalls in die Kinderstube gehört. Was aber in aller Welt soll ich nun mit dem Haus anfangen?«

»Ich will Ihnen sagen, was ich machen würde. Ich lasse mich nicht davon abbringen, daß der kleine unmöblierte Raum rechts neben dem Schlafzimmer, das ich benutzte, den Ausgangspunkt des ganzen Spuks bildete. Daher rate ich Ihnen allen Ernstes, die Mauern niederreißen und den Fußboden abheben zu lassen – am besten das ganze Zimmer zu zerstören. Es ist mir aufgefallen, daß es abgesondert über dem kleinen Hinterhof angebaut ist und ohne Beschädigung des übrigen Gebäudes abgerissen werden kann.«

»Glauben Sie wirklich, daß ich dadurch jene ›Telegraphendrähte‹ zerstören würde?«

»Versuchen Sie es. Ich bin so fest von der Richtigkeit meiner Annahme überzeugt, daß ich gern die Hälfte der Kosten übernehmen würde, wenn Sie mir erlaubten, die Arbeiten zu beaufsichtigen.«

»Die Kosten trage ich natürlich allein, aber über das Ergebnis werde ich Sie selbstverständlich in Kenntnis setzen.«

Ungefähr zehn Tage später erhielt ich einen Brief von Mr. J. Er teilte mir mit, daß er in der Zwischenzeit das Haus betreten und die beiden erwähnten Briefe wieder in der Kommode gefunden hätte, aus der ich sie genommen hatte. Er habe sie mit ähnlichen Gefühlen gelesen wie ich und sorgfältige Nachforschungen über die Frau veranlaßt, die, wie ich ganz richtig vermutet hatte, die Adressatin sei. Diese hatte allem Anschein nach vor sechsunddreißig Jahren (also ein Jahr vor dem Datum der Briefe) gegen den Willen ihrer Familie einen Amerikaner von sehr zweifelhaftem Ruf geheiratet – man hielt ihn für einen ehemaligen Seeräuber. Sie selbst war die Tochter eines angesehenen Kaufmanns und als Kinderfräulein tätig gewesen. Sie hatte einen Bruder, der Witwer war, als reich galt und ein Kind von etwa sechs Jahren besaß. Ein Jahr nach der Hochzeit wurde die Leiche des Bruders in der Nähe der London Bridge aus der Themse gezogen. Man hatte am Hals Spuren von

Gewalt entdeckt, doch reichten sie nicht aus, um eine andere Todesursache als »ertrunken aufgefunden« angeben zu können.

Der Amerikaner und seine Frau nahmen sich des Kindes an, da der tote Bruder seine Schwester testamentarisch als Vormund für sein einziges Kind eingesetzt hatte. Ungefähr sechs Monate darauf starb das Kind, das, wie es hieß, vernachlässigt und schlecht behandelt worden sei. Nachbarn sagten aus, sie hätten es des Nachts schreien hören. Der Arzt stellte nach dem Tode fest, daß es an den Folgen von Unterernährung gestorben sei und sein Körper schwarzgelbe Flecken aufgewiesen habe. Es schien so, als ob das arme Wesen in einer Winternacht zu fliehen versucht, sich in den Hinterhof geschleppt und über die Mauer zu klettern versucht hatte. Dabei war es erschöpft herabgestürzt und am Morgen sterbend auf den Steinen gefunden worden. So lagen zwar Beweise für Grausamkeit vor, aber keine für Mord. Die Tante und ihr Mann versuchten die Sache zu vertuschen, indem sie die außerordentliche Widerspenstigkeit des Kindes hervorzukehren versuchten und es für schwachsinnig erklärten.

Wie dem auch gewesen sein mag, die Frau des Amerikaners erbte nach dem Tod des Waisenkindes das Vermögen ihres Bruders. Und noch bevor das erste Jahr ihrer Ehe vergangen war, verschwand ihr Gatte plötzlich aus England. Er pachtete ein Schiff, das zwei Jahre darauf im Atlantik unterging. Die Witwe blieb als wohlhabend zurück, wurde aber von Schicksalsschlägen verschiedener Art befallen: ein Teil ihres Vermögens ging durch einen Bankkrach verloren, dann ruinierte sie sich völlig mit einem Geschäft, das sie kaufte; sie nahm wieder eine Stelle als Haushälterin an, sank noch weiter auf der sozialen Stufenleiter und wurde schließlich Mädchen für alles. Nirgends hielt sie es lange aus, obwohl nichts Besonderes gegen sie einzuwenden war und jeder ihre Tüchtigkeit, Ehrlichkeit und unauffällige Art anerkannte. Aber trotz allem mißlang ihr alles, und sie landete schließlich im Armenhaus, aus dem ich sie herausholte und ihr die Sorge für eben das Haus übertrug, das sie im ersten Jahr ihrer Ehe gemietet hatte.

Mr. J. fügte noch hinzu, daß er eine Stunde in dem Raum verbracht habe, zu dessen Abriß ich ihm geraten hatte. Er habe dort zwar weder etwas gesehen noch gehört, doch habe auch ihn dort ein derartiges Grauen befallen, daß er nunmehr darauf dränge, die Wände niederzureißen und den Fußboden abheben zu lassen, so wie ich es vorgeschlagen habe. Leute seien bereits bestellt, die, wenn es mir recht sei, sogleich mit der Arbeit beginnen könnten.

Ich begab mich zu dem unheimlichen Haus, wir betraten jenes düstere, kleine Zimmer, ließen die Holzverkleidung abnehmen und den Fußboden aufreißen. Darunter fanden wir eine schmutz- und staubbedeckte Falltür von Mannesgröße. Sie war mit Riegeln und Klammern sorgfältig verschlossen. Wir öffneten sie und gelangten in einen darunterliegenden Raum, von dessen Existenz niemand gewußt hatte. Ein Fenster und ein Kamin befanden sich darin, doch waren beide offenbar seit vielen Jahren zugemauert. Wir leuchteten das Zimmer ab; es enthielt ein paar verschimmelte Möbelstücke, drei Stühle und einen Eichentisch nebst Sessel – alles im Stil des vergangenen Jahrhunderts. Eine Kommode an der Wand enthielt halbvermoderte Männerkleidung, die im vorigen Jahrhundert von einem vornehmen Herrn getragen worden sein mochte; sie war mit kostbaren Schnallen und Knöpfen besetzt, wie sie sich ähnlich auch jetzt noch an Hoftrachten finden. Daneben lag ein Degen. In einer reich mit Goldbrokat verzierten Weste, die aber durch Nässe verdorben und schwarz geworden war, fanden wir fünf Guineen, ein paar Silbermünzen und ein Elfenbeintäfelchen – die Eintrittskarte zu einem Vergnügungslokal, dessen Freuden längst verrauscht sind. Unsere wichtigste Entdeckung aber war eine Art eiserner Safe in der Wand, dessen Schloß uns ziemlich viel Mühe machte.

Dieser Safe enthielt drei Fächer und zwei Schubladen. In den Fächern stand eine Anzahl luftdicht verschloßner Fläschchen. Sie enthielten farblose, sich verflüchtigende Essenzen unbekannter, aber nicht giftiger Art – Phosphor und Ammoniak schienen darunter zu sein. Auch ein paar sehr merkwürdige Glasröhrchen entdeckten wir, einen kleinen zugespitzten

Eisenstab, einen großen Bergkristall, ein großes Stück Bernstein und einen sehr starken Magneten.

In einer der Schubladen fand sich ein in Gold gefaßtes Miniaturporträt, dessen Farben sich trotz der vielen Jahre, die es hier gelegen haben mußte, wunderbar frisch erhalten hatten. Es zeigte einen Mann, der zwischen sieben- und achtundvierzig Jahren alt sein mochte.

Es war ein höchst sonderbares Gesicht, das man nicht wieder vergißt. Die beste Vorstellung von dieser Physiognomie hat man, wenn man sich eine in einen Mann verwandelte Schlange denkt: breite und flache Stirn bei zugespitzter Kopfform, lange, schmale furchterregende Augen, glitzernd wie Smaragde, und zu allem dem lag über diesem Gesicht eine geradezu erbarmungslose Ruhe, in der sich das Bewußtsein unbezwinglicher Kraft spiegelte.

Mechanisch drehte ich die Miniatur um, um die Rückseite anzusehen, und fand dort ein Pentagramm eingraviert, eine kleine Leiter in der Mitte, deren dritte Sprosse das Datum 1765 trug. Bei genauerem Hinsehen entdeckte ich eine Feder, die meinem Fingerdruck nachgab und die Rückseite der Miniatur wie einen Deckel aufspringen ließ. Auf der Innenseite stand eingraviert: »Dir, Mariana! Bleibe treu im Leben wie im Tode Deinem ...«, hier folgte der Name, den ich nicht nennen möchte, der mir aber nicht unbekannt war. In meiner Kindheit hatte ich ihn von alten Leuten nennen hören als den eines betrügerischen Scharlatans, der etwa ein Jahr lang großes Aufsehen erregt hatte. Er war dann, des Doppelmordes im eigenen Hause angeklagt, geflohen; er sollte seine Geliebte und seinen Nebenbuhler vergiftet haben. Ich erzählte Mr. J. nichts von der Sache und gab ihm die Miniatur mit einem gewissen Widerstreben zurück.

Die erste Schublade des Safes hatten wir fast ohne Mühe geöffnet, um so größere Schwierigkeiten machte uns die zweite. Sie war zwar unverschlossen, widerstand aber allen unseren Anstrengungen, bis wir einen Meißel in die Fugen trieben. Als sie endlich offen war, stießen wir auf eine sonderbare, peinlich saubere Anordnung: auf einem kleinen, dünnen

Buch, eigentlich mehr einem Notizblock, stand eine Glasschale mit einer klaren Flüssigkeit. Auf dieser flüssigen Substanz schwamm eine Art Kompaß mit einer Nadel, die sich schnell drehte; aber anstelle der üblichen Kompaßzeichen fanden sich sieben seltsame Lettern, ähnlich denen, die Astrologen zur Bezeichnung der Planeten verwenden.

Ein merkwürdiger, jedoch nicht penetranter und unangenehmer Geruch drang aus dieser Schublade, die, wie wir erst später sahen, mit Haselholz ausgelegt war. Dieser Geruch, woher immer er stammen mochte, übte eine sonderbare Wirkung auf unsere Nerven aus. Alle im Raum empfanden das, auch die beiden Arbeiter: ein prickelndes Gefühl von den Fingerspitzen bis zu den Haarwurzeln. Voller Ungeduld, das Büchlein zu untersuchen, hob ich die Glasschale hoch. Sofort kreiste die Nadel mit großer Geschwindigkeit, und es zuckte wie ein elektrischer Schlag durch meine Glieder, so daß die Schale meiner Hand entglitt und zu Boden fiel. Das Glas zersprang, die Flüssigkeit verrann, und der Kompaß rollte bis in die Ecke des Zimmers. Im selben Augenblick schienen die Wände zu beben, als rüttelte ein Riese daran.

Die beiden Arbeiter waren so erschrocken, daß sie die Leiter zur Falltür hinaufhasteten; als sie jedoch sahen, daß weiter nichts geschah, ließen sie sich leicht zum Umkehren bewegen.

Inzwischen hatte ich das Notizbuch geöffnet. In glattes, rotes Leder gebunden und mit einer silbernen Schließe zusammengehalten, enthielt es nur ein einziges Blatt aus Pergament. Darauf waren in altem Mönchslatein folgende Worte geschrieben, die wörtlich übersetzt lauten: »Alles, was ich innerhalb dieser Mauern erreichen kann, Beseeltes und Unbeseeltes, Lebendes oder Totes, will ich vernichten – so wie die Nadel sich regt, wirke mein Wille! Verflucht sei dieses Haus und ruhelos seine Bewohner!«

Mehr fanden wir nicht. Mr. J. verbrannte das Büchlein samt seinem Fluch. Er ließ den Anbau mit dem unheimlichen Raum und dem darüberliegenden Zimmer bis auf die Grundmauern zerstören. Darauf entschloß er sich, selbst einen Monat lang in dem Haus zu wohnen – und tatsächlich, ein gemütlicheres Heim war in ganz London nicht zu finden.

Später vermietete er dann das Haus zu sehr günstigen Bedingungen, und sein Mieter hatte sich über nichts mehr zu beklagen.

JAN NERUDA

Der Vampir

Eine polnische Familie, Vater und Mutter, Tochter und Bräutigam, dann wir zwei, das war die Gesellschaft, die das unansehnliche Dampfboot, welches täglich zwischen Konstantinopel und der Prinzeninsel hin- und herfährt, an das Ufer von Prinkipo brachte. Es war allerdings noch jemand da. Auf der hölzernen, über das Goldene Horn von Stambul gespannten Brücke hatte sich uns ein Grieche angeschlossen, ein noch junger Mensch, nach der Mappe unter seinem Arm wahrscheinlich ein Maler. Lange schwarze Locken hingen bis weit über seine Schultern herab, sein Gesicht war blaß, die dunklen Augen lagen tief. Anfangs interessierte mich der Mann, er war so dienstwillig und reich an Kenntnis der lokalen Verhältnisse. Aber er schwätzte zuviel, und nach Verlauf von zehn Minuten ließ ich ihn stehen.

Die polnische Familie präsentierte sich dafür um so angenehmer. Die Eltern gutmütige, aufrichtige Leute, der Bräutigam jung, elegant und von weltmännischen Manieren. Sie setzten nach Prinkipo über, um hier die Sommermonate zuzubringen; die Tochter war etwas kränklich und hatte es nötig. Das schöne blasse Mädchen mochte eben erst eine schwere Krankheit überstanden haben. Sie stützte sich auf den Arm ihres Bräutigams, ruhte öfter aus, und ein trockenes Hüsteln unterbrach wiederholt ihre leise Rede. Dann hielt ihr Begleiter sorglich im Gehen inne. Voll Mitleid sah er sie an, und sie wieder blickte zu ihm auf, als wollte sie sagen: »Es ist ja nichts – ich bin ja glücklich!« Sie glaubten beide an die Genesung.

Auf die Empfehlung des Griechen, der gleich auf der Mole sich von uns trennte, mietete sich die Familie in dem Hotel eines Franzosen ein. Wir frühstückten in Gesellschaft, und als später die Mittagshitze etwas nachließ, stiegen wir alle gemächlich die Berglehne hinan zu einem Pinienhaine, um die Aussicht zu genießen. Kaum hatten wir einen passenden Platz aufgefunden und uns gelagert, erschien unser Grieche wieder. Er grüßte leichthin und ließ sich dann ebenfalls nieder, nur wenige Schritte abseits. Er öffnete seine Mappe und begann zu zeichnen.

»Ich glaube, daß er nur deshalb den Rücken an den Fels lehnt, damit wir seiner Zeichnung nicht folgen können.«

»Wir brauchen ja nicht zuzusehen«, meinte der junge Pole, »wir sehen genug vor uns.« Und nach einer Weile setzte er hinzu: »Es scheint mir, daß er uns als Staffage mit hineinzeichnet – meinetwegen!«

Wir sahen in der Tat genug vor uns. Es gibt kein schöneres Fleckchen als dies Prinkipo! Das Marmarameer war nur leicht gekräuselt. In der Ferne milchweiß, schillerte es etwas höher rosig, zwischen den Inseln glühte es wie eine goldene Orange, und tief unter uns war es saphirblau. Nirgends ein größeres Schiff, nur an dem Ufer unserer Insel flogen zwei Boote hin, und wenn die Bemannung ihre Ruder gleichmäßig aus dem Wasser hob, stoben glänzende Tropfen hernieder wie flüssiges Silber. Zutrauliche Delphine tummelten sich zwischen den Booten, und am blauen Himmel oben segelten dann und wann riesige Adler ruhigen Flugs von Weltteil zu Weltteil. Die ganze Berglehne unter uns aber war mit blühenden Rosen bedeckt, und aus dem Café unten am Meere erklang gedämpfte Musik.

Ein wundervoller Eindruck! Wir verstummten alle. Die junge Polin hatte ihr Haupt an die Brust des Geliebten gelegt. Das bleiche Oval ihres zarten Gesichtchens bekam einen leichten Anflug von Farbe, und ihrem blauen Auge entquollen plötzlich Tränen. Der Bräutigam beugte sich nieder und küßte die Tränen auf.

»Hier *muß* ja jeder gesunden«, flüsterte das Mädchen. »Welch schönes Land!«

»Weiß Gott – ich habe keine Feinde, aber wenn ich sie hätte, hier würde ich ihnen verzeihen!« sagte der Vater leise.

Und wieder ward es stille. Alle waren von denselben unaussprechlichen Empfindungen übermannt. Kaum daß wir davon Notiz nahmen, daß der Grieche nach ungefähr einer Stunde sich erhob, seine Mappe schloß und nach kurzem Gruße wieder leichten Schrittes verschwand.

Nach mehreren Stunden drängte die Mutter zum Aufbruch. Wir stiegen langsam herab zum Hotel, wo wir in der luftigen Veranda hübsche Plätze fanden. Kaum daß wir uns hingesetzt, erscholl unterhalb der Veranda Lärm. Unser Grieche zankte sich mit dem Wirte herum, und wir hörten zu, um uns zu unterhalten.

Die Unterhaltung dauerte nicht lange. »Hätte ich keine anderen Gäste hier ...«, brummte der Wirt und stieg die Treppe zu uns hinauf.

»Ich bitte Sie«, fragte der junge Pole, »wer ist der Herr? Wie heißt er?«

»Pah, der Teufel mag wissen, wie sich der Kerl nennt«, brummte der Wirt weiter und sah giftig hinab, »wir nennen ihn den Vampir.«

»Ein Maler – nicht?«

»Sauberes Handwerk! Er malt nur Leichname. Sobald jemand in Konstantinopel oder hier herum stirbt, ist der Kerl schon am selben Tage mit dem Leichenporträt fertig. Er malt im vorhinein – und er irrt sich nie, der Geier!«

Die alte Polin stieß einen Angstschrei aus – in ihren Armen lag die Tochter, ohnmächtig, kreideweiß.

Und schon war ihr Bräutigam die Stiege herabgesprungen, faßte mit einer Hand den Griechen an der Brust und griff mit der anderen nach seiner Mappe.

Wir eilten ihm nach. Beide Männer kollerten schon im Sande. Die Mappe war geöffnet, ihre Blätter zerstreut, und auf einem befand sich – der frappant gezeichnete Kopf der jungen Polin. Nur daß die Augen geschlossen waren und ein Myrtenzweig sich um die Stirne schlang.

GUSTAVO ADOLFO BECQUER

Das Miserere

Vor ein paar Monaten entdeckte ich bei einem Besuch der berühmten Abtei von Fitero, als ich in der vernachlässigten Bibliothek etliche Bände durchblätterte, in einem Winkel zwei oder drei ziemlich alte, staubbedeckte Musikhefte, die schon die Ratten anzufressen begonnen hatten.

Es war ein Miserere.

Ich verstehe nichts von Musik; gleichwohl liebe ich sie so sehr, daß ich, ohne sie zu verstehen, manchmal die Partitur einer Oper zur Hand nehme und ganze Stunden damit hinbringe, die Seiten umzublättern und die mehr oder weniger dichten Notengruppen, die Taktstriche, die Bogen, die Triangeln und die übrigen Zeichen, die man Schlüssel nennt, und all das, ohne ein Jota zu begreifen oder den kleinsten Nutzen zu haben.

Meiner Manie gemäß ging ich die Hefte durch, und das, was zunächst meine Aufmerksamkeit auf sich zog, war, daß, obwohl auf der letzten Seite das in allen Werken so gewöhnliche lateinische Wort Finis stand, das Miserere in Wahrheit nicht vollendet war; denn die Musik reichte nur bis zum zehnten Vers.

Das hat zweifellos zuerst meine Aufmerksamkeit auf sich gelenkt; kaum aber hatte ich mich ein wenig in die Notenblätter vertieft, nahm es mich noch weit mehr wunder, daß ich statt jener allgemein gebrauchten italienischen Worte wie maestoso, allegro, ritardando, più vivo, a piacere hier ein paar Zeilen in sehr kleiner Schrift und in deutscher Sprache geschrieben sah, von deren Vorschriften einige so schwierig auszuführen waren wie diese: Knacken ... Knacken der Knochen; aus ihrem Mark scheinen Wehrufe zu dringen; oder diese andere: die Geigen heulen, ohne zu distonieren, das Blech dröhnt, ohne zu betäuben; hier fällt alles ein, aber nichts vermischt sich, und die ganze Menschheit schluchzt und seufzt. Die originellste von allen verlangte am Schlusse des letzten Verses: Die Töne sind mit Fleisch bekleidete Gebeine; unverlöschliches Licht, die Himmel und ihre Harmonie ... Kraft! ... Kraft und Süße.

»Wissen Sie, was das ist?« fragte ich meinen greisen Führer, als ich diese Zeilen, Worte, die mir ein Wahnsinniger geschrieben zu haben schien, zur Hälfte übersetzt hatte.

Der Alte erzählte mir darauf folgende Legende.

I

Vor vielen Jahren kam in einer regnerischen, dunklen Nacht an die Klosterpforte dieser Abtei ein Pilger und bat um einen Platz am Feuer, um seine Kleider zu trocknen, um einen Ranft Brot, um seinen Hunger zu stillen, und um irgendein Obdach, um da die Nacht zu verbringen und früh mit der Sonne seinen Weg fortzusetzen. Der Frater, an den diese Bitte gerichtet wurde, stellte dem Wanderer seine bescheidene Mahlzeit, sein ärmliches Lager und seinen flackernden Kamin zur Verfügung, und dann, nachdem er sich ihn von seiner Ermüdung hatte erholen lassen, fragte er ihn nach dem Zweck seiner Wallfahrt und nach dem Ziel, wohin er pilgere.

»Ich bin Musikus«, antwortete der Gefragte, »ich wurde sehr fern von hier geboren und war in meinem Vaterland einmal sehr berühmt. In meiner Jugend diente mir meine Kunst als ein mächtiges Mittel zur Verführung, und ich entzündete durch sie Leidenschaften, die mich zu einem Verbrechen hinrissen. In meinem Alter möchte ich die Talente, die ich zum Bösen benutzt habe, zum Guten wenden, um eben durch das, was mich zum Verderben führte, mir das Heil zu erwerben.«

Da die rätselvollen Worte des Unbekannten dem Laienbruder durchaus nicht klar schienen und die Neugierde in ihm zu erwachen begann, er darum in seinen Fragen fortfuhr, erzählte sein Besucher weiter folgendes: »Ich beweinte im

Grunde meiner Seele das Verbrechen, das ich begangen hatte, aber wenn ich Gott um Erbarmen anflehen wollte, fand ich keine Worte, die meine Reue geziemendlich ausdrücken konnten; da fielen meine Augen eines Tages zufällig auf ein heiliges Buch. Ich schlug dieses Buch auf und begegnete auf einer der Seiten einem gigantischen Aufschrei wahrhafter Reue, einem Psalm Davids, den, der beginnt: Miserere mei, Deus! Von dem Augenblick an, da ich seine Verse gelesen, war mein einziger Gedanke, eine musikalische Form von solcher Macht, solcher Erhabenheit zu finden, daß sie der gewaltigen Schmerzenshymne des königlichen Sängers würdig wäre. Bis jetzt habe ich sie noch nicht gefunden; aber, wenn es mir gelingt, das auszudrücken, was ich in meinem Herzen fühle, was ich verworren in meinem Haupte vernehme, bin ich gewiß, daß ich ein Miserere schreibe, so wunderbar, wie die Sterblichen kein ähnliches vernommen haben; so ergreifend, daß bei den ersten Akkorden die Erzengel, die Augen von Tränen erfüllt, mit mir zugleich zum Herrn gewendet, sagen sollen: Erbarmen! – und der Herr es seinem armen Geschöpfe zuteil werden lassen wird.«

Da der Pilger in seinem Berichte soweit gelangt war, schwieg er einen Augenblick, dann nahm er, aufseufzend, den Faden seiner Rede wieder auf. Der Laienbruder, etliche Dienstpersonen der Abtei und zwei, drei Hirten des Klostermeierhofs, die einen Kreis um den Kamin bildeten, lauschten ihm in tiefem Schweigen.

»Darauf«, fuhr er fort, »bin ich durch ganz Deutschland, ganz Italien und durch dieses für die geistliche Musik klassische Land gezogen, habe aber noch kein Miserere gehört, das mich inspiriert hätte, nicht eins, und ich habe so viele gehört, daß ich wohl sagen kann, ich habe alle gehört.«

»Alle?« unterbrach ihn da einer der Großhirten. »Haben Sie auch das Miserere in den Bergen gehört?«

»Das Miserere in den Bergen?« rief der Musiker erstaunt. »Was für ein Miserere ist das?«

»Habe ich's nicht gesagt?« murmelte der Hirt, und dann fügte er in geheimnisvollem Tone hinzu: »Dieses Miserere, das nur die zufällig hören, die wie ich tags und nachts hinter der Herde her durch Gedörn und Gefels streifen, das hat eine ganze Geschichte; eine sehr alte Geschichte, die aber darum nicht weniger wahr ist, weil sie unglaublich scheint.

In dem wildesten Teil dieser Bergketten nämlich, die den Horizont dieses Tales begrenzen, auf dessen Grunde die Abtei liegt, stand vor vielen Jahren – was sage ich: vor vielen Jahren? –, vor vielen Jahrhunderten ein berühmtes Kloster; ein Kloster, das, wie es scheint, ein Edelmann auf seine Kosten hatte erbauen lassen, und zwar mit dem Vermögen, das er seinem Sohn hinterlassen haben würde, wenn er ihn auf seinem Sterbebette nicht zur Strafe für seine Missetaten enterbt hätte.

Bis daher war alles gut; aber dieser Sohn muß, wie sich zeigen wird, ein Teufelsbalg, wenn nicht der Teufel in Person gewesen sein, denn da er sah, daß sein Gut in den Händen der Mönche sei, die seine Burg in eine Kirche verwandelt hatten, tat er sich mit einer Anzahl Buschreuter zusammen, den Genossen des sündhaften Lebens, das er führte, seit er das Haus seiner Väter verlassen, und so legten sie an einem Gründonnerstag in der Nacht, als die Mönche sich eben im Chor befanden und das Miserere zu singen begannen oder begonnen hatten, Feuer an das Kloster, plünderten die Kirche und ließen, wie man sagt, ohne daß ich es beschwören will, auch nicht einen von den Brüdern am Leben.

Nach dieser Freveltat verschwanden die Banditen und ihr Anführer mit ihnen, niemand weiß, wohin sie gingen, wahrscheinlich zur Hölle.

Die Flammen legten das Kloster in Trümmer; die Ruinen der Kirche stehn noch auf dem Felskulm, woher der Wasserfall kommt, der erst von Klippe zu Klippe stürzt und dann den kleinen Bach bildet, der die Mauern dieser Abtei bespült.«

»Aber«, unterbrach ihn der Musikus ungeduldig, »das Miserere?«

»Wartet nur«, fuhr der Großhirt ganz gelassen fort, »alles nach der Reihe.« Darauf erzählte er weiter: »Die Leute der Umgegend waren über das Verbrechen entrüstet: mit Grauen erzählten davon in den langen Winternächten die Väter den Söhnen und die Söhne den Enkeln; aber was es noch lebendiger im Gedächtnis erhält, ist, daß man jedes Jahr in derselben Nacht, da die Kirche vernichtet wurde, hinter ihren zerbrochenen Fenstern Lichter erglänzen sieht, daß man eine Art seltsamer Musik vernimmt und dazu wie schauerliche Klagegesänge, die der Windhauch in Pausen herüberträgt.

Da sind die Mönche, die vielleicht gestorben sind, ohne sich vorbereitet zu haben, daß sie rein von aller Schuld vor dem Richterstuhl Gottes erschienen, und nun aus dem Fegefeuer kommen, um das Miserere zu singen und ihn um Erbarmen anzuflehen.«

Die Umstehenden blickten einander mit ungläubigen Mienen an; nur der Pilger, den die Erzählung dieser Geschichte lebhaft ergriffen zu haben schien, fragte begierig den, der sie erzählt hatte: »Und Ihr sagt, dieses Wunder wiederhole sich jedes Jahr?«

»In drei Stunden wird es ohne jeden Zweifel wieder beginnen, denn heute ist gerade die Nacht auf Gründonnerstag, und die Uhr der Abtei hat eben acht geschlagen.«

»Wie weit von hier ist das Kloster?«

»Knapp anderthalb Meilen ... aber was habt Ihr? Wohin wollt Ihr in einer solchen Nacht? Hat Gott seine Hand von Euch abgezogen?« riefen alle, als sie sahen, daß der Pilger von seinem Sitz aufstand, den Stecken ergriff und vom Kamin zur Tür schritt.

»Wohin ich gehe? Die wunderbare Musik anhören, das große, das wahrhaftige Miserere anhören, das Miserere derer, die aus dem Tode wieder zur Welt zurückkehren und wissen, was es heißt, in Sünden zu sterben.«

Nach diesen Worten schwand er dem erschrockenen Laienbruder und den nicht weniger erschreckten Hirten aus den Augen.

Der Wind stöhnte und ließ die Tore krachen, als ob eine riesenstarke Hand sie aus ihren Angeln zu reißen versuchte; der Regen rauschte in Strömen und peitschte an die Fensterscheiben, und dann und wann erhellte der Schein eines

Blitzes für einen Augenblick den ganzen Horizont, soweit man sehen konnte.

Nach dem ersten Augenblick der Verblüffung rief der Bruder: »Er ist toll!«

»Er ist toll!« wiederholten die Hirten, und man fachte das Feuer wieder an und rückte rings um den Kamin zusammen.

II

Nach ein oder zwei Stunden Wegs kam der geheimnisvolle Mann, den sie in der Abtei für toll erklärt hatten, an dem Bach entlang, den der Großhirt in seiner Geschichte erwähnt hatte, stromaufwärts dahin, wo die schwarzen, mächtigen Ruinen des Klosters aufragten.

Der Regen hatte aufgehört; die Wolken zogen in schwarzen, zerrissenen Streifen dahin, wozwischen nur manchmal ein flüchtiger Strahl blassen, ungewissen Lichtes durchbrach, und der Wind schien, wie er gegen die starken Pfeiler schlug und durch die verödeten Klostergänge strich, gleichsam zu seufzen. Trotzdem nichts Übernatürliches, nichts Ungewöhnliches, das die Phantasie erregt hätte. Einem Menschen, der mehr als eine Nacht ohne anderes Obdach als die Trümmer eines verlassenen Turms oder einer einsamen Burg geschlafen hatte, der auf seiner weiten Pilgerfahrt hundert und hundert Unbilden erlitten hatte, waren all diese Geräusche vertraut.

Die Wassertropfen, die aus den Rissen der geborstenen Bogen sickerten und mit dem regelmäßigen Klang eines Uhrpendels auf die Fliesen fielen, die Schreie des Uhus, der, hinter die steinerne Aureole einer noch aufrecht stehenden Statue geflüchtet, krächzte, das Rascheln der Eidechsen, die der Sturm aus ihrer Lethargie erweckt hatte und die ihre ungestalten Köpfe aus den Schlupflöchern hervorsteckten oder zwischen den am Fuße des Altars wachsenden Ranken und Brombeeren, zwischen den Fugen der den Boden der Kirche bildenden Grabplatten herumschlüpften: alle diese seltsamen, geheimnisvollen Laute des freien Landes, der Einsamkeit und der Nacht drangen deutlich ans Ohr des Pilgers, der, auf der abgebrochenen Statue eines Grabmals sitzend, ungeduldig der Stunde harrte, da das Wunder zur Wirklichkeit werden sollte.

Weile um Weile verrann, aber er nahm nichts wahr; jene tausend verworrenen Geräusche wiederholten sich und verbanden sich auf tausenderlei Weise, aber es waren stets dieselben.

Wenn er mich zum besten gehabt hätte! dachte der Musikus; aber in diesem Augenblick vernahm er einen neuen Laut, dem ähnlich einer Uhr, einige Sekunden bevor sie die Stunde schlägt; den Laut sich drehender Räder, gespannter Schnüre, des Werks, das sich dumpf in Bewegung setzt und sich anschickt, seine geheimnisvolle mechanische Kraft spielen zu lassen, und ein Glockenschlag erscholl, ein zweiter ... dritter ... bis elf.

In dem zerstörten Dom gab es keine Glocke, keine Uhr, keinen Turm überhaupt.

Noch war der letzte Schlag, von Echo zu Echo weiterklingend, nicht verstummt, noch hörte man seine zitternden Schwingungen in der Luft, da begannen die granitenen Baldachine über den Bildwerken, die Marmorstufen der Altäre, die Quadern der Spitzbogen, die durchbrochenen Brüstungen des Chors, die kleeblattförmigen Verzierungen der Karniese, die schwarzen Mauerpfeiler, der Boden, die Wölbungen, die ganze Kirche plötzlich von Licht zu glänzen, ohne daß eine Fackel, Kerze oder Lampe, die diese ungewöhnliche Helle verbreitete, zu sehen gewesen wäre.

Das Ganze war wie ein Gerippe, von dessen gelben Knochen jenes phosphorische Gas aufsteigt, das wie ein unruhiges, banges blaues Licht im Dunkel schimmert und schwelt.

Alles schien sich zu beleben, aber mit diesem galvanischen Krampf, der den Tod das Leben parodierende Zuckungen machen läßt, dem jähen Krampf, der noch schrecklicher ist als die Reglosigkeit des Leichnams, den seine unbekannte Kraft sich bewegen läßt. Stein fügte sich an Stein; der Altar, dessen zermorschte Trümmer vorher zerstreut umher lagen, erhob sich unversehrt, als hätte der Künstler eben daran den letzten

Meißelschlag getan, und zugleich mit dem Altar erhoben sich die eingestürzten Kapellen, die zerbrochenen Kapitelle und die zerstörten unendlichen Reihen von Bogen, die, einander kreuzend und sich kraus verschlingend, mit ihren Säulen ein Labyrinth von Porphyr bildeten.

Sobald der Dom wiederaufgebaut war, begann ein ferner Akkord zu erklingen, der für das Rauschen des Windes genommen werden konnte, aber ein Zusammenklang ferner, feierlicher Stimmen war, der aus dem Schoß der Erde aufzusteigen und langsam höher und höher zu kommen schien, wobei er immer deutlicher vernehmbar wurde. Dem wagemutigen Pilger begann bange zu werden; aber seine Furcht wurde von seiner Leidenschaft für alles Ungewöhnliche und Wunderbare bezwungen, und durch sie ermutigt, verließ er das Grabmal, worauf er gesessen, beugte sich über den Rand des Abgrunds, über dessen Felsen der Wasserfall mit unaufhörlichem, schrecklichem Donner zu Tal stürzte, und vor Grausen sträubten sich ihm die Haare.

Schlecht eingehüllt in die Fetzen ihrer Gewänder, mit zerrissenen Kapuzen, unter deren Falten die schwarzen Augenhöhlen ihrer Totenschädel mit den fleischlosen Kiefern und den weißen Zähnen kontrastierten, sah er die Gerippe der Mönche, die von der Brüstung der Kirche in diesen Abgrund geworfen worden waren, aus der Tiefe der Wasser aufsteigen und, sich mit den langen Fingern ihrer Knochenhände an die Felszacken anklammernd, daran emporklimmen, bis sie den Rand erreichten, während sie mit leiser Grabesstimme, aber wildem Schmerzensausdruck den ersten Vers des Davidschen Psalmes sangen: »Miserere mei, Deus, secundum magnam misericordiam tuam.«

Als die Mönche das Peristyl des Domes erreicht hatten, ordneten sie sich in zwei Reihen, zogen ins Innere und knieten da im Chore nieder, wo sie mit erhobener, feierlicher Stimme die weiteren Verse des Psalmes sangen. Musik erklang zur Begleitung ihrer Stimmen: Diese Musik war fernes Donnerrollen, das sich, nachdem der Sturm sich gelegt hatte, murrend verzog; war das Sausen des Windes, der in der Bergschlucht seufzte; war das eintönige Rauschen des Wasserfalls, der von den Felsen stürzte, und der sickernde Wassertropfen und der Schrei des verborgenen Uhus und das Rascheln der ruhelosen Reptile. Alles das war die Musik und etwas noch dazu, das sich nicht erklären und kaum erfassen ließ, etwas wie das Echo einer Orgel, die die Verse der gewaltigen Reuehymne des königlichen Psalmisten mit Tönen und Akkorden begleitete, so gewaltig wie ihre furchtbaren Worte.

Es folgte das Amt; der Musikus, der ihm anwohnte, bezwungen und schaudernd, wähnte sich außerhalb der wirklichen Welt, glaubte in jener phantastischen Region des Traumes zu leben, worin sich alles in seltsame, phantomische Formen kleidet.

Eine furchtbare Erschütterung rüttelte ihn aus jener Betäubung, die all seine Geisteskräfte übernommen hatte, auf. Eine überaus heftige Bewegung ließ seine Nerven zucken, seine Zähne schlugen, von einem nicht zu beschreibenden Beben geschüttelt, aneinander, und der Frost drang ihm bis in das Mark seiner Knochen. Die Mönche sprachen in diesem Augenblick diese grausigen Worte des Misereres: »In iniquitatibus conceptus sum, et in peccatis concepit me mater mea.«

Als dieser Vers verklungen war und seine Echos von Wölbung zu Wölbung weiterschwebten, erhob sich ein entsetzlicher Klageruf wie ein Schmerzesaufschrei der ganzen Menschheit im Bewußtsein ihrer Missetaten; ein grauenhafter Aufschrei, aus allen Klagen des Unglücks, allem Geheul der Verzweiflung, allen Lästerungen der Gottlosigkeit gebildet, ein ungeheuerlicher Chorus, würdiger Dolmetsch derer, die in der Sünde leben und empfangen worden sind in Ungerechtigkeit.

Der Gesang nahm seinen Fortgang, bald voll schwerer Trauer und tief, bald einem Sonnenstrahl gleich, der durch die dunklen Wolken eines Sturmes bricht, so daß auf einen Schreckensblitz ein Jubelblitz folgte, bis, dank einer plötzlichen Verwandlung, die Kirche in einer Flut von himmlischem Lichte strahlte; die Gebeine der Mönche bekleideten sich mit ihrem Fleisch, eine leuchtende Aureole schimmerte rings um ihre Stirnen; die Kuppel riß, und darüber erschien der Himmel wie ein Meer von Licht, aufgetan den Blicken der Gerechten.

Die Seraphim, die Erzengel, die Engel und die Hierarchien begleiteten mit einer Jubelhymne den folgenden Vers, der jetzt wie ein harmonischer Wirbelsturm, wie eine gigantische Spirale tönenden Weihrauchs zum Thron des Herrn emporstieg: »Auditu meo dabis gaudium et laetitiam, et exutabunt ossa humiliata.«

In diesem Augenblick beraubte der blendende Glanz den Pilger des Gesichts; seine Schläfen pochten heftig, in seinen Ohren brauste es, und besinnungslos sank er zur Erde und hörte nichts mehr.

III

Am folgenden Tag sahen die friedsamen Mönche der Abtei von Fitero, denen der Laienbruder von dem sonderbaren Besuch in der vergangenen Nacht erzählt hatte, den unbekannten Pilger, blaß und wie außer sich, in ihr Kloster treten.

»Habt Ihr endlich das Miserere gehört?« fragte ihn der Laienbruder nicht ohne Ironie, während er seinen Oberen verstohlen einen Blick des Einverständnisses zuwarf.

»Ja«, antwortete der Musikus.

»Und wie hat es Euch gefallen?«

»Ich will es aufschreiben. Gebet mir ein Asyl in Euerm Hause«, fuhr er, zum Abt gewendet, fort, »ein Asyl und Brot für ein paar Monate, und ich schaffe Euch dafür ein unsterbliches Kunstwerk, ein Miserere, das in Gottes Augen meine Schuld tilgt, meinen Namen unsterblich macht und zugleich damit den dieser Abtei.«

Die Mönche redeten aus Neugier dem Abte zu, seiner Bitte zu willfahren; der Abt bewilligte es endlich aus Mitleid, obwohl er ihn für einen Narren hielt, und der Musikus nahm im Kloster Wohnung und begann sein Werk.

Nacht und Tag arbeitete er mit nicht nachlassender Emsigkeit. Mitten in seinem Schaffen hielt er inne und schien gleichsam Stimmen zu lauschen, die in seiner Phantasie erklangen, und seine Pupillen erweiterten sich, er sprang vom

Sitze auf und rief: »Das ist es; so, so, ohne Zweifel ... so!« Und in fiebrischer Hast, die seine unbemerkten Beobachter mehr als einmal wundernahm, schrieb er weiter an seinen Noten.

Er schrieb die ersten Verse und die folgenden und kam bis in die Mitte des Psalmes; aber als er zu dem letzten kam, den er in den Bergen gehört hatte, war es ihm unmöglich, fortzufahren.

Er schrieb einen, zwei, zehn, zweihundert Entwürfe, alles umsonst. Seine Musik kam der bereits niedergeschriebenen nicht gleich, und der Schlaf floh von seinen Augenlidern, und er verlor die Eßlust, und das Fieber nahm seinen Kopf ein, und er wurde wahnsinnig und starb am Ende, ohne das Miserere vollenden zu können, und dieses wurde von den Brüdern nach seinem Tode als Merkwürdigkeit aufbewahrt und ist noch heute im Archiv der Abtei erhalten.

Als der Alte seine Geschichte beschlossen hatte, konnte ich nicht umhin, noch einmal in das verstaubte alte Manuskript des Misereres zu blicken, das auf einem der Tische noch aufgeschlagen lag.

»In peccatis concepit me mater mea.« Das waren die Worte der Seiten, die ich vor mir hatte und die mit ihren Noten, ihren Schlüsseln und ihren Häkchen, die der Musiklaie nicht verstand, meiner zu spotten schienen.

Ich hätte wer weiß wieviel dafür gegeben, sie lesen zu können. Wer weiß, sie sind vielleicht wirklich das Werk des Wahnsinns.

HANS CHRISTIAN ANDERSEN

Anne Lisbeth

Anne Lisbeth war wie Milch und Blut, jung und vergnügt, lieblich anzusehen, die Zähne leuchteten so weiß, die Augen so hell, der Fuß war leicht im Tanz und der Sinn noch leichter! Was kam dabei heraus? »Der häßliche Junge!« – Ja, schön war er nicht! Er wurde zur Frau des Grabenziehers gegeben, Anne Lisbeth kam auf das gräfliche Schloß, saß in einer schönen Stube, mit Kleidern aus Samt, kein Wind durfte sie anblasen, keiner ihr ein hartes Wort sagen, denn dadurch hätte sie Schaden nehmen können, und das durfte sie nicht leiden. Sie stillte das gräfliche Kind, es war fein wie ein Prinz, schön wie ein Engel; wie liebte sie dieses Kind! Ihr eigenes, ja, das war im Hause des Grabenziehers, wo kein Topf, aber der Mund überkochte, und gewöhnlich war niemand daheim; der Junge weinte, aber was niemand hört, das niemand stört, er weinte sich in Schlaf, und im Schlaf fühlt man weder Hunger noch Durst, der Schlaf ist so eine gute Erfindung. Mit den Jahren – ja, wenn die Zeit kommt, schießt das Unkraut hoch, sagt man – schoß Anne Lisbeths Junge empor, und doch sei er im Wuchs zurückgeblieben, sagten sie; aber er war ganz in die Familie hineingewachsen, die ihn für Geld aufgenommen hatte; Anne Lisbeth war ihn für immer los, sie war eine Stadtdame, hatte es warm und gut und, wenn sie ausging, einen Hut auf; aber sie ging niemals zu Grabenziehers, das war zu weit von der Stadt entfernt, und sie hatte dort auch nichts zu tun, der Junge gehörte ihnen, und seine Kost verzehren könne er, sagten sie; für seinen Unterhalt sollte er etwas leisten, und so hütete er Mads Jensens rote Kuh; er konnte schon Vieh hüten und sich beschäftigen.

Der Kettenhund auf der Bleiche des Gutshofes sitzt im

Sonnenschein stolz auf seiner Hütte und bellt jeden an, der vorbeikommt, bei Regenwetter kriecht er hinein und liegt dort trocken und warm. Anne Lisbeths Junge saß im Sonnenschein am Graben und schnitzte einen Pflock; im Frühling wußte er drei blühende Erdbeerpflanzen, die wohl Beeren ansetzen würden; das war ein froher Gedanke; aber es kamen keine Beeren. Hier saß er bei Wind und Wetter, wurde naß bis auf die Haut, der scharfe Wind trocknete ihm dann das Zeug auf dem Leibe; kam er auf den Hof, wurde er gepufft und gestoßen, er sei häßlich und garstig, sagten Mägde und Knechte; daran war er gewöhnt – niemals geliebt!

Wie erging es Anne Lisbeths Jungen? Wie sollte es ihm gehen? Das war sein Los: »Niemals geliebt.«

Vom festen Lande wurde er über Bord geworfen, er ging auf einer elenden Schute zur See, saß am Ruder, während der Schiffer trank; schmutzig und häßlich war er, verfroren und gefräßig, man sollte meinen, er wäre niemals satt gewesen, und das war er auch nicht.

Es war spät im Jahre, rauhes, stürmisches Wetter, der Wind schnitt kalt durch die dicken Kleider, besonders auf See, und darüber trieb mit einem Segel eine elende Schute mit nur zwei Mann an Bord, ja, man kann sagen, mit nur anderthalb Mann, das waren der Schiffer und der Junge. Den ganzen Tag war Dämmerlicht gewesen, nun wurde es dunkler, es war eine beißende Kälte. Der Schiffer nahm einen Schnaps, der innerlich erwärmen konnte; die Flasche war alt und das Glas auch, oben war es ganz, aber der Fuß war abgebrochen, und es hatte statt dessen einen geschnitzten, blaubemalten Holzklotz, damit es stehen konnte.

Ein Schnaps täte gut, zwei täten besser, meinte der Schiffer. Der Junge saß am Ruder, das er mit seinen harten, teerigen Händen hielt; häßlich war er, das Haar struppig, verkümmert und gekrümmt war er; das war des Grabenziehers Junge, im Kirchenbuch stand er als Anne Lisbeths.

Der Wind schnitt auf seine Weise und die Schute auf ihre. Das Segel, das der Wind gefaßt hatte, blähte sich, es gab eine fliegende Fahrt; es war rauh und naß ringsumher, aber es konnte noch mehr kommen. – Halt! – Was war das? Was stieß, was sprang, was griff in die Schute? Sie drehte sich! Kam ein Wolkenbruch, erhob sich eine Sturzsee? Der Junge am Ruder schrie laut: »In Jesu Namen!« Das Boot war auf einen mächtigen Stein auf dem Meeresgrunde aufgelaufen und sank wie ein alter Schuh im Dorfteich, sank mit Mann und Maus, wie man sagt; und Mäuse waren da, aber nur anderthalb Mann, der Schiffer und des Grabenziehers Junge. Keiner sah es außer den schreienden Möwen und den Fischen dort unten, ja, und die sahen es noch nicht einmal ganz richtig, denn sie fuhren erschreckt zur Seite, als das Wasser in die sinkende Schute hineinpolterte; sie stand kaum einen Klafter unter Wasser; begraben waren sie beide, begraben, vergessen! Nur das Glas mit dem blaubemalten Holzklotz am Fuß sank nicht, der Holzklotz hielt es oben; das Glas trieb, um zu zerbrechen und an den Strand gespült zu werden – wo und wann? Na, das hat weiter nichts zu bedeuten. Nun hatte es ausgedient und war geliebt worden, aber Anne Lisbeths Junge nicht! Doch im Himmelreich wird keine Seele mehr sagen können: »Niemals geliebt!«

Anne Lisbeth war in der Stadt, und das schon viele Jahre, sie wurde Madam genannt und trug den Kopf sehr hoch, wenn sie von alten Erinnerungen sprach, von den gräflichen Zeiten, als sie in der Kutsche fuhr und mit Gräfinnen und Baronessen sprechen konnte. Ihr süßes Grafenkind war der lieblichste Gottesengel, die zärtlichste Seele, er hatte sie sehr lieb, und sie hatte ihn sehr lieb, sie hatten sich geküßt und gestreichelt, er war ihre Freude, ihr halbes Leben. Nun war er groß, war vierzehn Jahre alt, hatte Wissen und Schönheit; sie hatte ihn nicht mehr gesehen, seit sie ihn auf ihren Armen getragen hatte; viele Jahre war sie nicht auf dem gräflichen Schlosse gewesen, es war eine ganze Reise dorthin.

»Ich muß mich einmal kurz entschließen!« sagte Anne Lisbeth. »Ich muß zu meiner Herrlichkeit, zu meinem süßen Grafenkind! Ja, er sehnt sich gewiß auch nach mir, denkt an mich, hat mich lieb wie damals, als er mit seinen Engelsarmen an meinem Halse hing und ›An-Lis‹ sagte; das klang wie eine Geige, ja, ich muß mich kurz entschließen und ihn wiedersehen.«

Sie fuhr mit dem Kälberwagen, sie ging zu Fuß, sie kam in das gräfliche Schloß, das noch immer groß und glänzend war wie früher, und wie früher war außen herum der Garten; aber die Leute im Hause waren alle fremd, und nicht einer von ihnen kannte Anne Lisbeth, sie wußten nicht, was sie hier einmal bedeutet hatte, das würden ihnen wohl dic Gräfin und ihr Sohn sagen; wie sehnte sie sich nach ihm!

Nun war Anne Lisbeth hier; lange mußte sie warten, und Wartezeit ist immer lang! Bevor die Herrschaft zu Tische ging, wurde sie zur Gräfin hineingerufen und sehr freundlich angesprochen. Ihren süßen Knaben sollte sie erst nach Tische sehen; dann wurde sie wieder hereingerufen.

Wie groß, lang und schmächtig war er geworden! Aber er hatte noch die lieblichen Augen und den Engelsmund! Er sah sie an, sagte aber kein Wort. Gewiß erkannte er sie nicht. Er wandte sich um und wollte wieder gehen, da nahm sie seine Hand und drückte sie an ihren Mund. »Schon gut!« sagte er, und dann ging er zur Stube hinaus, er, der Gedanke ihrer Liebe, er, den sie geliebt hatte und noch am höchsten liebte, er, ihr ganzer Stolz auf Erden.

Anne Lisbeth ging zum Schlosse hinaus auf den offenen Landweg; sie war sehr traurig; er war so fremd zu ihr gewesen, hatte keinen Gedanken, kein Wort für sie gehabt, er, den sie einmal Tag und Nacht getragen hatte und immer in ihren Gedanken trug.

Da flog ein großer schwarzer Rabe vor ihr auf den Weg nieder, schrie und schrie wieder. »Ei«, sagte sie, »was bist du für ein Unglücksvogel!«

Sie kam am Hause des Grabenziehers vorbei; da stand die Frau in der Tür, und sie sprachen miteinander.

»Du bist gut bei Sache!« sagte die Grabenziehersfrau. »Du bist dick und rund! Dir geht es wohl gut!«

»Gewiß!« sagte Anne Lisbeth.

»Das Boot ist mit ihnen untergegangen!« sagte die Grabenziehersfrau. »Schiffer Lars und der Junge sind beide ertrunken. Nun hat es ein Ende mit ihnen. Ich hatte gehofft, der Junge würde mir einmal mit ein paar Schillingen helfen können; dich hat er ja nichts mehr gekostet, Anne Lisbeth!«

»Sind sie ertrunken!« sagte Anne Lisbeth, und dann sprach sie nicht mehr über die Sache. Anne Lisbeth war so betrübt, weil ihr Grafenkind nicht mehr mit ihr sprechen mochte, mit ihr, die ihn liebte und die den langen Weg gegangen war, um hierherzukommen; es hatte auch Geld gekostet, und das Vergnügen, das sie gehabt hatte, war nicht groß; aber davon sagte sie hier kein Wort, sie wollte ihr Herz nicht der Grabenziehersfrau ausschütten, die hätte ja glauben können, daß sie bei Grafens nicht mehr angesehen wäre. Da schrie der Rabe wieder über ihr.

»Dieser schwarze Schreihals«, sagte Anne Lisbeth, »hat mich heute schon genug erschreckt!«

Sie hatte Kaffeebohnen und Zichorie mitgebracht; es wäre eine Wohltat für die Grabenziehersfrau, wenn sie ihr die schenkte, um sich eine Schale Kaffee davon zu brühen, Anne Lisbeth könnte auch eine Tasse bekommen, und die Grabenziehersfrau ging hinaus, um den Kaffee zu kochen. Anne Lisbeth setzte sich auf einen Stuhl und schlief ein; da träumte sie von ihm, von dem sie früher niemals geträumt hatte, es war wunderlich genug, sie träumte von ihrem eigenen Kinde, das hier im Hause gehungert und geschrien hatte, das vernachlässigt worden war und nun im tiefen Meere lag, nur der liebe Gott wußte, wo. Sie träumte, sie säße dort, wo sie jetzt saß, und die Grabenziehersfrau wäre draußen, um Kaffee zu kochen, sie konnte sogar die Bohnen riechen. Und da stände in der Tür ein schönes Wesen, ebenso schön wie das Grafenkind; und der Kleine sagte: »Nun geht die Welt unter! Halte dich an mir fest, denn du bist doch meine Mutter! Du hast einen Engel im Himmelreich! Halte dich fest an mir!«

Und dann ergriff er sie, aber da gab es ein großes Gepolter, das war wohl die Welt, die aus den Fugen ging, aber der Engel erhob sich und hielt sie an ihren Ärmeln fest, so fest, daß es ihr schien, sie würde von der Erde emporgehoben; aber da hängte sich etwas sehr Schweres an ihre Beine, es legte sich über ihren Rücken, es war, als ob Hunderte von Frauen sich festklammerten und sagten: »Sollst du gerettet werden, müssen wir es auch! Haltet fest! Haltet fest!« Und dann hängten sie sich alle an; das war zuviel, »Ritsch, ratsch!« sagte es, der Ärmel zerriß, und Anne Lisbeth fiel entsetzlich tief, so daß sie erwachte und nahe daran war, mit dem Stuhle, auf dem sie saß, umzustürzen; sie war so verwirrt im Kopfe, daß sie sich gar nicht an das erinnern konnte, was sie geträumt hatte, aber etwas Böses war es gewesen.

Dann wurde Kaffee getrunken, dann wurde erzählt, und dann ging Anne Lisbeth in die nächste Stadt, wo sie den Fuhrmann treffen und noch diese Nacht mit ihm in ihre Heimatstadt fahren wollte. Aber als sie zum Fuhrmann kam, sagte der, daß er nicht vor dem nächsten Abend fortkommen könnte; sie dachte darüber nach, was es kosten würde, hier zu bleiben, erwog die Länge des Weges und bedachte, daß es zwei Meilen kürzer wäre, wenn sie nicht den Fahrweg, sondern am Strande entlangginge. Es war ja schönes Wetter und Vollmond, und so wollte Anne Lisbeth gehen; am nächsten Tage könnte sie zu Hause sein.

Die Sonne war untergegangen, die Abendglocken läuteten noch – nein, es waren Peter Oxes Frösche, die im Sumpfe quakten. Nun schwiegen sie, alles war still, man hörte nicht einen Vogel, die waren alle zur Ruhe gegangen, und die Eule war noch nicht zu Hause. Lautlos war es im Walde und am Strande, den sie entlangging, sie hörte ihre eigenen Fußtritte im Sande, das Wasser plätscherte nicht, alles war lautlos draußen in dem tiefen Meere; stumm waren sie alle dort, die Lebenden und die Toten.

Anne Lisbeth ging und dachte an nichts, wie man sagt; sie hatte ihre Gedanken verlassen, aber die Gedanken hatten sie nicht verlassen, sie verlassen uns niemals, sie liegen wie im Dämmerschlaf, die lebendig gewordenen, die sich wieder gelegt haben, und die, welche sich noch nicht gerührt haben. Die Gedanken kommen doch hervor, sie können sich in unserm Herzen und in unserm Kopfe regen oder uns überfallen.

»Gute Tat hat ihre Segensfrucht!« steht dort geschrieben. »In der Sünde liegt der Tod!« steht dort auch geschrieben; vieles steht geschrieben, vieles ist gesagt, man weiß es nur nicht, man denkt nicht daran; so erging es Anne Lisbeth; aber es kann einem plötzlich aufgehen, es kann kommen.

Alle Laster, alle Tugenden liegen in unserm Herzen, in deinem, in meinem! Sie liegen da wie kleine, unsichtbare Körner; dann kommt von außen ein Sonnenstrahl, die Berührung einer bösen Hand, du drehst um die Ecke, nach rechts oder links, ja, das kann es entscheiden, und das kleine Samenkorn wird erschüttert, es schwillt an, es platzt und ergießt seinen Saft in dein Blut, und dann bist du auf dem Wege.

Es gibt beängstigende Gedanken, die man nicht ahnt, wenn man wie im Traume einhergeht, aber sie sind in Bewegung. Anne Lisbeth ging wie im Traume, die Gedanken waren in Bewegung! Von Lichtmeß zu Lichtmeß hat das Herz viel auf seinem Rechenbrett, die Abrechnung eines Jahres, vieles ist vergessen, Sünde in Wort und Gedanken gegen Gott, gegen unsern Nächsten und gegen unser eigenes Gewissen. Wir denken nicht darüber nach, auch Anne Lisbeth tat das nicht, sie hatte nichts Böses gegen Gesetz und Recht des Landes getan, sie war angesehen, brav und ehrsam, das wußte sie. Und wie sie nun den Strand entlangging – was war das, was dort lag? Sie blieb stehen; was war dort angespült? Ein alter Männerhut lag da. Wo mag der über Bord gegangen sein? Sie ging näher heran, blieb stehen und sah ihn an – oh, was lag dort! Sie erschrak sehr; aber da war nichts, um sich zu erschrecken, es war nur Tang und Schilf, das sich um einen großen länglichen Stein geschlungen hatte und wie ein Mensch aussah; es war nur Schilf und Tang, aber sie erschrak doch, und als sie weiterging, kam ihr vieles in den Sinn, was sie als Kind gehört hatte, all der Aberglaube vom »Strandgespenst«, der Spukgestalt der Unbegrabenen, die an den einsamen Strand gespült waren. Der »Strandwäscher«, der tote Körper, der nichts tat, aber dessen Spuk, das Strandgespenst, dem einsamen Wanderer folgte, sich fest an ihn hängte und verlangte, zum Kirchhof getragen und in christlicher Erde begraben zu werden. »Halt fest! Halt fest!« sagte es; und als Anne Lisbeth diese Worte für sich wiederholte, stand mit einemmal ihr ganzer Traum so lebhaft vor ihr, wie die Mütter sich an sie geklammert hatten mit dem Ausruf: »Haltet fest! Haltet fest!«, wie die Welt unterging, wie ihre Ärmel zerrissen und sie ihrem Kinde entfiel, das sie in der Stunde des Jüngsten Gerichts emporziehen wollte. Ihr Kind, ihr eigen Fleisch und Blut, das sie niemals geliebt, ja, an das sie niemals gedacht hatte, dieses Kind lag nun auf dem Meeresgrunde, es konnte als Strandgespenst erscheinen und rufen: »Halt fest! Halt fest! Bring mich in christliche Erde!«

Und als sie daran dachte, prickelte ihr die Angst in den Fersen, so daß sie schneller ging; die Furcht kam wie eine kalte, feuchte Hand und legte sich auf ihr Herz, so daß sie fast ohnmächtig wurde, und als sie über das Meer hinaussah, wurde es dort dicker und dichter; ein schwerer Nebel wälzte sich heran, legte sich um Busch und Bäume, die dabei ein wunderliches Aussehen bekamen. Sie wandte sich, um nach dem Monde zu sehen, der hinter ihr stand und wie eine blasse Scheibe ohne Strahlen war; es war ihr, als hätte sich etwas schwer auf alle ihre Glieder gelegt. Halt fest! Halt fest! dachte sie, und als sie sich wieder umwandte, um nach dem Monde zu sehen, schien es ihr, als wäre dessen weißes Antlitz dicht bei ihr, und der Nebel hing wie ein Leinentuch über ihre Schultern nieder: »Halt fest! Bring mich in christliche Erde!« glaubte sie zu hören, und sie hörte auch einen Ton, so hohl, so seltsam; der kam nicht von den Fröschen im Sumpfe, nicht von den Raben oder Krähen, denn sie sah sie ja nicht. »Begrabe mich! Begrabe mich!« klang es laut. Ja, das war das Strandgespenst ihres Kindes, das auf dem Meeresgrunde lag, das keinen Frieden fand, bevor es nicht zum Kirchhof getragen und das Grab in christlicher Erde gegraben war. Dorthin wollte sie nun gehen, dort wollte sie graben, sie ging in die Richtung, wo die Kirche lag, und da schien es ihr, als würde die Bürde leichter und verschwände; und so wollte sie wieder umkehren und den kürzesten Weg nach Hause erreichen, aber da packte es sie wieder: »Halt fest! Halt fest!« – Es klang wie das Quaken der

Frösche, es klang wie ein klagender Vogel, es klang so deutlich: »Begrabe mich! Begrabe mich!«

Der Nebel war kalt und feucht, ihre Hand und ihr Antlitz waren kalt und feucht vor Entsetzen, von außen umklammerte es sie, in ihr war ein unendlicher Raum für Gedanken, die sie früher niemals vernommen hatte.

In einer Frühlingsnacht kann hier im Norden der Buchenwald ausschlagen und im Sonnenschein des Tages in seiner jungen lichten Pracht dastehen, in einer einzigen Sekunde kann die Saat der Sünde in Gedanke, Wort und Tat, die in unsere Lebensführung gelegt ist, in uns aufgehen und sich entfalten; sie keimt und entfaltet sich in einer einzigen Sekunde, wenn das Gewissen erwacht, und der liebe Gott weckt es, wenn wir es nicht im mindesten erwarten; da gibt es nichts zu entschuldigen, die Tat steht da und zeugt wider uns, die Gedanken bekommen Worte, und die Worte klingen laut in die Welt hinaus. Wir entsetzen uns über das, was wir in uns getragen und nicht erstickt haben, wir entsetzen uns über das, was wir in Übermut und Gedankenlosigkeit ausgestreut haben. Das Herz birgt alle Tugenden, aber auch alle Laster in sich, und sie können selbst auf dem unfruchtbarsten Boden gedeihen.

Anne Lisbeths Gedanken schlossen in sich, was wir eben in Worten gesagt haben, sie war von ihnen überwältigt, sie sank zur Erde und kroch ein Stück darauf entlang. »Begrabe mich! Begrabe mich!« sagte es, und am liebsten hätte sie sich selbst begraben, falls das Grab ewiges Vergessen wäre. – Das war die ernste Erweckungsstunde mit Angst und Grauen. Der Aberglaube ging heiß und kalt durch ihr Blut; so vieles, von dem sie niemals hätte sprechen mögen, kam ihr in den Sinn. Lautlos, wie der Schatten einer Wolke im hellen Mondschein, fuhr eine Erscheinung an ihr vorüber, von der sie früher gehört hatte. Dicht an ihr vorbei jagten vier schnaubende Rosse, Feuer sprühte aus ihren Augen und Nüstern, sie zogen eine glühende Kutsche, in welcher der böse Gutsherr saß, der vor mehr als hundert Jahren hier in der Gegend gehaust hatte. Jede Mitternacht, so hieß es, fuhr er in seinen Hof und kehrte sofort wieder um, er war nicht weiß, wie man es von einem Toten sagt, nein, er war schwarz wie Kohle, wie ausgebrannte Kohle. Er nickte Anne Lisbeth zu und winkte: »Halt fest! Halt fest! Dann kannst du wieder im gräflichen Wagen fahren und dein Kind vergessen!«

Schneller eilte sie vorwärts und erreichte den Kirchhof; aber die schwarzen Kreuze und die schwarzen Raben schwammen vor ihren Augen ineinander; die Raben schrien, wie der Rabe heute geschrien hatte, doch nun verstand sie, was er gesagt hatte: »Ich bin eine Rabenmutter! Ich bin eine Rabenmutter!« sagte jeder von ihnen, und Anne Lisbeth wußte, daß der Name auch für sie galt, sie würde vielleicht in einen solchen schwarzen Vogel verwandelt werden und unaufhörlich schreien müssen, was jener schrie, gelänge es ihr nicht, das Grab zu graben.

Und sie warf sich auf die Erde nieder, und sie grub mit ihren Händen ein Grab in die harte Erde, so daß das Blut aus ihren Fingern quoll.

»Begrabe mich! Begrabe mich!« klang es unaufhörlich; sie fürchtete den Hahnenschrei und den ersten roten Streif im Osten; denn war ihre Arbeit nicht vorher beendet, so war sie verloren. Und der Hahn krähte, und im Osten wurde es hell – das Grab war nur halb gegraben, eine eisige Hand glitt über ihr Haupt und Antlitz bis zum Herzen nieder. »Ein halbes Grab nur!« seufzte es und schwebte fort, zum Meeresgrunde hinunter, ja, das war das Strandgespenst; Anne Lisbeth sank überwältigt und betäubt zur Erde nieder, sie hatte weder Gedanken noch Empfindung.

Es war heller Tag, als sie wieder zu sich kam; zwei Männer richteten sie auf; sie lag nicht auf dem Kirchhofe, sondern unten am Strande, und dort hatte sie vor sich eine tiefe Grube in den Sand gegraben und ihre Finger an einem zerbrochenen Glase blutig geschnitten, dessen scharfer Fuß in einem blaubemalten Holzfuß steckte. Anne Lisbeth war krank; das Gewissen hatte die Karten des Aberglaubens gemischt, sie aufgelegt und herausbekommen, daß sie jetzt nur eine halbe Seele hätte, die andere Hälfte hätte ihr Kind mit sich auf den Meeresgrund genommen; niemals würde sie zur Gnade des

Himmels emporfliegen können, ehe sie nicht die eine Hälfte wieder hatte, die im tiefen Wasser festgehalten würde. Anne Lisbeth kam nach Hause, sie war nicht mehr der Mensch, der sie früher gewesen war; ihre Gedanken waren verwirrt wie verworrenes Garn, nur einen Faden hatte sie entwirrt, das Strandgespenst zum Kirchhofe zu tragen, ihm ein Grab zu graben und damit ihre ganze Seele zurückzugewinnen.

Manche Nacht wurde sie zu Hause vermißt, und immer fand man sie dann am Strande, wo sie auf das Strandgespenst wartete. So verging ein ganzes Jahr. Da verschwand sie eines Nachts und war nicht zu finden; der ganze folgende Tag ging hin unter vergeblichem Suchen.

Gegen Abend, als der Küster in die Kirche kam, um zum Sonnenuntergang zu läuten, sah er vor dem Altar Anne Lisbeth liegen. Hier war sie vom frühen Morgen an gewesen, ihre Kräfte hatten sie fast verlassen, aber ihre Augen leuchteten, ihr Antlitz hatte einen rötlichen Glanz; die letzten Sonnenstrahlen schienen auf sie nieder, strahlten über den Altar auf die blanken Spangen der Bibel, die bei den Worten des Propheten Joel aufgeschlagen lag: »Zerreißt eure Herzen und nicht eure Kleider, bekehrt euch zum Herrn!«

»Das war nun Zufall!« sagte man, wie so vieles zufällig ist.

In Anne Lisbeths Antlitz, das die Sonne beleuchtete, war von Frieden und Gnade zu lesen. Ihr sei so wohl, sagte sie; nun hätte sie es überwunden. In der Nacht wäre das Strandgespenst, ihr eigenes Kind, bei ihr gewesen und hätte gesagt: »Du grubst nur ein halbes Grab für mich, aber du hast mich nun Jahr und Tag in deinem Herzen begraben, und darin birgt eine Mutter ihr Kind am besten!« Und dann hätte es ihr die verlorene Seelenhälfte wiedergegeben und sie in die Kirche hineingeleitet.

»Nun bin ich in Gottes Haus«, sagte sie, »und darin ist man selig!«

Als die Sonne ganz unten war, war Anne Lisbeths Seele ganz oben, wo es keine Furcht gibt, wenn man ausgekämpft hat, und Anne Lisbeth hatte ausgekämpft.

BRET HARTE
Die Sage von Devils Point

Auf dem Nordufer der Bucht von San Francisco, an einem Punkte, wo die Goldene Pforte sich nach dem Stillen Ozean hin erweitert, liegt ein steil abfallendes Vorgebirge. Es gewährt einer halbrunden Bucht im Osten Schutz vor den vorherrschenden Winden. Um diese Bucht herum ist der Berghang dürr und öde, aber es gibt dort in Gestalt einer vom Wetter mitgenommenen Hütte und einer verlassenen Hürde Spuren, daß der Ort früher bewohnt gewesen. Es heißt, daß diese ursprünglich von einem unternehmungslustigen Squatter errichtet worden seien, der sie aus irgendeinem unaufgeklärten Grunde bald nachher verlassen habe. Der Jumper, welcher ihm folgte, verschwand eines Tages ganz ebenso geheimnisvoll. Der dritte Inhaber, der ein Mann von sanguinischem, hoffnungsreichem Temperament zu sein schien, zerlegte den Besitz in Bauplätze, steckte den Berghang ab und entwarf den Plan zu einer neuen Metropole. Da es ihm jedoch nicht gelang, die Bürger von San Francisco zu überzeugen, daß sie sich mit der Anlage ihrer Stadt vergriffen, versank er bald in Liederlichkeit und Verzweiflung. Häufig beobachtete man ihn, wie er, einem Gespenst gleich, bei Ebbe die schmalen Landstreifen durchirrte oder bei Flut auf der Klippe hockte. In letzterer Stellung fand ihn eines Tages ein Schafhirt kalt und pulslos, eine Karte von seinem Besitz in der Hand und das Antlitz der fernen See zugekehrt.

Vielleicht gaben diese Umstände der Örtlichkeit ihren unseligen Ruf. Unbestimmte Gerüchte verbreiteten sich, daß ein übernatürlicher Einfluß auf die Inhaber eingewirkt habe. Seltsame Geschichten liefen um über den Ursprung des diabolischen Namens, unter welchem das Vorgebirge bekannt war. Einige glaubten, daß hier der Geist eines von Sir Francis Drakes Matrosen spukte, der sein Schiff infolge von Geschichten verlassen, welche die Indianer von Goldfunden erzählt hätten, der aber auf den Felsen Hungers gestorben sei. Ein Vaquero, der einmal eine Nacht in der verfallenen Hütte verbracht, erzählte, daß um Mitternacht eine wunderlich gekleidete und abgemagerte Gestalt an die Tür geklopft und Nahrung verlangt hätte. Andere Geschichtenerzähler, die es mit der Geschichte genauer nahmen, behaupteten rundweg, daß Sir Francis Drake selber nicht viel Besseres als ein Seeräuber gewesen sei und sich diese Stelle zum Versteck auf schlechten Wegen gewonnener Beute, die er neutralen Fahrzeugen abgenommen, ausgesucht und seinen Schlupfwinkel durch das orthodoxe Mittel der Beschwörung der Hölle und teuflischer Gewalten geschützt habe. In Mondscheinnächten sah man bisweilen ein Schattenschiff auf das Land zu- und wieder wegschweben, oder wenn Nebel See und Gestade verhüllten, hörte man die Nacht hindurch das gedämpfte und unbestimmte Geräusch von Rudern, die sich in ihren Rojeklampen hoben und senkten.

Welche Begründung diese Geschichten auch gehabt haben mögen, gewiß war, daß man für ihren Schauplatz keinen schauerlicheren und öderen Ort hätte wählen können. Hohe Hügel, graslos und mit dunklen Klüften durchfurcht, warfen ihre finsterblickenden Schatten auf die Flut. Während des größeren Teils des Tages schien der unaufhörlich mit Wut wehende Wind von einem Geiste grimmiger Unruhe und Rastlosigkeit besessen zu sein. Gegen Einbruch der Nacht schlich mit leisem Tritt der Seenebel durch die Portale der Goldenen Pforte oder stahl sich mit lautlosem Gange den Berghang herab, bis See und Himmel miteinander verborgen waren. Zu solchen Zeiten schienen die volkreiche Stadt jenseits und die näher gelegene Niederlassung in unendliche Ferne entrückt. Eine unermeßliche Einsamkeit sank auf die Klippe hernieder. Das Knarren einer Ankerwinde oder der eintönige Gesang von Matrosen auf einem draußen liegenden Schiff kam leise von Ferne her und war voller mystischer Ahnung.

Etwa vor Jahresfrist nun sah sich ein behäbiger, in mittleren Jahren stehender Makler von San Francisco mit Einbruch der Nacht als alleiniger Insasse eines Plumpers von dickem Nebel eingeschlossen und auf die Goldene Pforte zutreiben. Dieses unverhoffte Ende einer nachmittäglichen Segeltour war teils seinem Mangel an nautischem Geschick, teils der Wirkung seiner gewöhnlich sanguinischen Natur zuzuschreiben. Nachdem er die Führung seines Bootes dem Winde und der Flut überlassen, hatte er zu unbedingt auf jene Reaktion vertraut, welche, wie seine Geschäftserfahrung ihm versicherte, in allen Angelegenheiten, zu Wasser ebenso wie zu Lande, sicher eintreten mußte. »Auf die Ebbe muß bald die Flut folgen«, sagte sich der Börsenmakler zuversichtlich, »oder es wird sonst etwas passieren.« Er hatte sich kaum wieder in den Stern des Bootes zurückgelehnt, als der Bug des Plumpers, einem geheimnisvollen Antriebe gehorchend, sich herumdrehte und ein dunkler Gegenstand vor ihm aufdämmerte. Ein sanfter Strudel trug das Boot weiter auf das Gestade zu, bis es zuletzt vollständig von einer felsigen Spitze umbuchtet war, die sich jetzt schwach durch den Nebel unterscheiden ließ.

Er sah sich um, indem er die vergebliche Hoffnung hegte, irgendeinen bekannten Landvorsprung wiederzuerkennen. Die Gipfel der hohen Hügel, die sich zu beiden Seiten erhoben, waren im Nebel verborgen. Als das Boot sich herumschwang, gelang es ihm, eine Leine an den Felsen zu befestigen, worauf er sich mit dem Gefühl erneuter Zuversicht und Sicherheit wieder hinsetzte.

Es war sehr kalt. Der heimtückische Nebel drang durch seinen dicht zugeknöpften Rock und ließ ihm, trotz der Hilfe, die er bisweilen aus seiner Taschenflasche zog, die Zähne klappern. Seine Kleider waren naß, und die Bank im Stern war mit Schaum bedeckt. Die Behaglichkeit von Feuer und Obdach stieg fortwährend vor seiner Einbildungskraft auf, als er sehnsüchtig nach dem Felsen hinschaute. In reiner Verzweiflung zog er endlich sein Boot nach dem zugänglichsten Teil der Klippe und versuchte hinaufzusteigen. Dies war weniger schwierig, als es schien, und in wenigen Minuten hatte er den

Hügel oben erreicht. Ein dunkler Gegenstand in geringer Entfernung zog seine Aufmerksamkeit auf sich, und als er sich demselben näherte, erwies es sich, daß es eine verlassene Hütte war. Die Geschichte behauptet dann weiter, daß er, nachdem er sich aus Stangen von der anstoßenden Umzäunung ein gewaltiges Feuer aufgeschichtet, mit Hilfe einer Flasche vortrefflichen Kognaks es fertiggebracht habe, den ersten Teil des Abends in verhältnismäßigem Behagen zu verleben.

Es gab keine verschließbare Tür in der Hütte, und die Fenster waren einfache viereckige Löcher, welche dem zudringlichen Nebel ungehinderten Eintritt gestatteten. Aber trotz dieser unbehaglichen Dinge ergötzte er sich, da er ein Mensch von heiterem sanguinischem Temperament war, damit, daß er das Feuer schürte und die rötliche Glut beobachtete, welche die Flammen auf den von der offenen Tür herwallenden Nebel warfen. Bei dieser harmlosen Beschäftigung überfiel ihn eine große Müdigkeit, und er schlief ein.

Um Mitternacht wurde er von einem lauten Hallo geweckt, welches direkt von der See herzukommen schien. Indem er dachte, es könnte der Schrei irgendeines Bootsschiffers sein, der sich im Nebel verirrt, ging er nach dem Rande der Klippe, aber der dicke Schleier, welcher See und Land bedeckte, machte alle Dinge in der Entfernung weniger Fuß ununterscheidbar. Er hörte indessen die regelmäßigen Schläge von Rudern, die sich erhoben und ins Wasser fielen. Das Hallo wurde wiederholt. Er räusperte sich, um darauf zu erwidern, als plötzlich zu seiner Überraschung eine Antwort augenscheinlich aus der Hütte kam, die er soeben verlassen hatte. Indem er hastig seine Schritte dahin zurücklenkte, war er noch mehr verwundert, bei der Ankunft vor der offenen Tür einen Fremden zu finden, der sich am Feuer wärmte. Er trat weit genug zurück, um seine eigene Person zu verbergen, und sah sich dann den Eindringling gehörig an.

Es war ein Mann von ungefähr vierzig Jahren mit einem leichenartig blassen und hageren Gesicht. Aber die Seltsamkeit seiner Tracht zog die Aufmerksamkeit des Maklers mehr auf sich als seine trübselige Physiognomie. Seine Beine steckten in maßlos weiten Hosen, die ihm bis an die Knie gingen, wo sie mit langen Stiefeln von Seehundsfell zusammentrafen. Eine Matrosenjacke mit unmäßig großen Aufschlägen, die fast die Größe der Kniehosen hatten, bedeckte seine Brust, und ein riesiger Gürtel um seine Lenden mit einer Schnalle, so groß wie das Schild eines Zahnarztes, trug zwei Pistolen mit trompetenartig sich nach der Mündung hin erweiternden Läufen und einen krummen Dolch. Er trug einen langen Zopf, welcher ihm über den halben Rücken herabhing. Als das Licht des Feuers auf sein treuherziges Gesicht fiel, bemerkte der Makler mit einigem Erstaunen, daß dieser Zopf ganz und gar aus einer Art Tabak bestand, welcher unter dem Namen Ferkelschwanz oder Gespinst bekannt ist. Seine Wirkung wurde, wie der Makler erzählte, sehr erhöht, als die Erscheinung in einem Augenblicke gedankenvoller Zerstreutheit sich ein Stück davon abbiß und als einen kleinen Priem in die höhlenartigen Schluchten seiner Kinnbacken hineinwälzte.

Inzwischen zeigte das näher kommende Plätschern von Rudern das Herankommen des unsichtbaren Bootes an. Der Makler hatte kaum Zeit, sich hinter der Hütte zu verstecken, als eine Anzahl Gestalten von ungeschlachtem Aussehen den Hügel nach dem verfallenen Stelldichein heraufkletterten. Sie waren wie der Frühergekommene gekleidet, der, als sie durch die offene Tür schritten, Grüße in altmodischen Redensarten mit ihnen austauschte und ihnen gleichzeitig vertrauliche Spitznamen gab: Blitz-in-der-Pfanne, Froschspießer, Malmsey-Tölpel, Bohnenstangen-Willem und Mark der Pinkenschiffer waren die wenigen, deren der Makler sich erinnerte. Ob diese Titel irgendeine besondere Eigenschaft ihrer Inhaber bezeichnen sollten, konnte er nicht sagen, denn es wurde still, als sie sich auf der Diele der Hütte langsam in einem Halbkreis um ihren leichenhaften Wirt ordneten.

Endlich erhob sich Malmsey-Tölpel, ein kugelrund gestalteter Kriegsschiffmatrose mit einer rotschimmernden Nase, etwas unsicher auf seine Beine und hielt eine Rede an die Gesellschaft. Sie wären, so sagte der Redner, diesen Abend infolge eines altehrwürdigen Brauches zusammengekommen.

Dieser bestünde einfach in der Ablösung eines von ihnen, welcher seit fünfzig Jahren die Örtlichkeit behütet und bewacht hätte, wo gewisse Schätze vergraben worden seien. Bei diesem Punkte spitzte der Makler seine Ohren. »Woferne ihr bereit seid, Kameraden und Brüder alle«, fuhr Malmsey-Tölpel fort, »den Bericht unseres fürtrefflichen und vielgeliebten Bruders Master Gurgelabschneider, betreffend sein Suchen nach diesem Schatze, zu vernehmen, dann, zum Donnerwetter, los damit und angefangen.«

Ein zustimmendes Gemurmel ging in dem Kreise herum, als der Redner seinen Sitz wieder einnahm. Master Gurgelabschneider öffnete langsam seine klapperdürren Kinnladen und begann. Er hätte viel von seiner Zeit damit verbracht, daß er die genaue Lage des Schatzes bestimmt hätte. Er glaubte, ja, er könnte positiv behaupten, daß die Stelle, wo er läge, jetzt sicher stehe. Es wäre richtig, daß er außerdem noch ein kleines Geschäftchen besorgt hätte. Die Bescheidenheit verböte ihm, die Einzelheiten zu erwähnen, aber er wolle einfach bemerken, daß von den drei Besitzern, welche die Hütte in den letzten zehn Jahren innegehabt hätten, jetzt keiner mehr am Leben wäre. (Beifallsrufe und Geschrei: »Immer drauf!« – »Du warst schon immer ein fixer Kerl!« und dergleichen mehr.)

Nach ihm erhob sich Mark der Pinkenschiffer. Bevor er zum Geschäft vorschritte, hätte er im geheiligten Namen der Freundschaft eine Pflicht zu erfüllen. Es stünde ihm übel zu Gesicht, wenn er eine Lobrede auf die Eigenschaften des Redners halten wollte, der vor ihm gesprochen, denn er hätte ihn von Kindesbeinen an gekannt. Seite an Seite hätten sie zusammen in dem spanischen Kriege gearbeitet. Als eine feine Hand mit der Toledoklinge suche er seinesgleichen, und wie nobel und schön er seinen gegenwärtigen Namen Gurgelabschneider sich erworben habe, könnten alle bezeugen. Der Redner bat dann, indem er einige Rührung zeigte, um Verzeihung, wenn er sich zu lange mit Zügen aus ihrer früheren Kameradschaft aufhielte, und setzte dann mit einer feinen humoristischen Färbung die eigentümliche Weise auseinander, auf die sein Kamerad einem widerspenstigen Juden, der auf einer ihrer früheren Reisen zum Gefangenen gemacht worden war, die Ohren und Lippen aufgeschlitzt hatte. Er wolle, fuhr er fort, die Geduld seiner Zuhörer nicht ermüden, sondern kurz den Vorschlag machen, daß Gurgelabschneiders Bericht angenommen und ihm der Dank der Gesellschaft ausgedrückt würde.

Dann wurde eine Tonne Branntwein in die Hütte gerollt, und Kannen mit Grog gingen wacker von Hand zu Hand. In einer sauberen Rede wurde von Mark dem Pinkenschiffer Gurgelabschneiders Gesundheit ausgebracht, und darauf erwiderte der vorhergenannte Herr in einer Weise, die allen Anwesenden die Augen mit Tränen füllte.

Dem Makler in seinem Versteck machte dieses augenblickliche Ablenken von dem eigentlichen Zweck der Versammlung viel Angst. Bis jetzt hatte man noch nichts gesagt, was die Lage des Schatzes bestimmt andeutete, auf den sie geheimnisvoll angespielt hatten. Furcht hielt ihn von offener Nachfrage ab, und Neugier hinderte ihn, sich während der Orgien, welche folgten, aus dem Staube zu machen.

Aber seine Lage fing jetzt an kritisch zu werden. Blitz-in-der-Pfanne, der ein Mann von cholerischem Temperament zu sein schien, fing während einer heiß bestrittenen Beweisführung Feuer und schoß seine beiden Pistolen gegen die Brust seines Gegners ab. Die Kugeln gingen auf jeder Seite unmittelbar unter dessen Achselhöhlen durch und machten ein sauberes Loch, durch welches der entsetzte Makler das Licht des Feuers hinter ihm sehen konnte. Der verwundete Mann erregte, ohne irgend zu verraten, daß er Schaden gelitten, das Gelächter der Gesellschaft, indem er scherzhaft seine Arme in die Seiten stemmte und seine Daumen in die Mündungen der Wunden steckte, wie wenn sie Westenarmlöcher wären. Nachdem dies in gewissem Maße die gute Laune wiederhergestellt hatte, faßte sich die Gesellschaft bei den Händen und bildete einen Kreis, um zu tanzen. Der Tanz begann damit, daß einer der Leute ein paar Strophen in sehr hohem Ton summte und die übrigen in den folgenden Chor einfielen, der dem Ohr des Maklers einen wohlbekannten Klang hatte:

»Ihro Majestät, die ist sehr krank,
Lord Essex hat die Masern,
Unser Admiral hat die Franzosen gewichst,
Was seind das doch für Hasen!«

Bei der regelmäßigen Wiederkehr der letzten Zeile feuerte die Gesellschaft ihre geladenen Pistolen nach allen Richtungen hin ab, wodurch die Lage des unglücklichen Maklers zu einer äußerst gefährlichen und ungemütlichen wurde.

Als der Lärm sich teilweise gelegt hatte, rief Blitz-in-der-Pfanne die Versammlung zur Ordnung, und die meisten der Zechbrüder kehrten auf ihre Plätze zurück. Malmsey-Tölpel aber bestand auf einem anderen Chorgesang und sang mit aller Kraft seiner Stimme:

»Ich heiß' J. Keyser, gebürtig aus Springinsfelde,
Mein Vater wollt', ich sollte mich vertun als Ladenschwengel.
Ach, Laden, lauf mir am Buckel hinauf!
Viel lieber ein Fleischersknecht und bei dir, mein Engel!«

Blitz-in-der-Pfanne zog ein Pistol aus seinem Gürtel, und indem er einem befahl, Malmsey-Tölpel mit dem Schaft desselben den Mund zu stopfen, schritt er zur Verlesung einer gewichtigen Pergamentrolle, die er in seiner Hand hielt. Es war ein halbgesetzliches Dokument, gekleidet in die wunderliche Phraseologie einer vergangenen Periode. Nach einer langen Einleitung, in welcher sie ihre Ergebenheit als Untertanen Ihrer allergnädigsten Majestät und Herrin der Königin aussprachen, erklärte das Dokument, daß sie dermalen und daselbsten Besitz ergriffen von dem Vorgebirge und dem darin enthaltenen Schatz unbekannter Eigentümer, so vordem von Ihrer Majestät getreuesten und gehorsamsten Admiral Sir Francis Drake vergraben worden, mit dem Rechte, denselbigen zu suchen, aufzudecken und sich anzueigenen, wannhero sie dermalen und daselbsten eine Gilde oder Korporation gebildet hätten, um vorbesagte Schätze zu entdecken, aufzuspüren und zu erschließen; zur Bekräftigung dessen hätten sie feierlich ihre Namen unterschrieben.

Aber in diesem Augenblick wurde die Vorlesung des Pergaments durch einen Ausruf der Gesellschaft unterbrochen, und man sah an der Tür den Makler wie wahnwitzig sich in den starken Armen von Mark dem Pinkenschiffer winden. »Laßt mich gehen!« schrie er, als er eine verzweifelte Anstrengung machte, um an die Seite des Schiffers Blitz-in-der-Pfanne zu gelangen. »Laßt mich gehen! Ich sage euch, meine Herren, das Dokument ist nicht das Pergament wert, auf das es geschrieben ist. Die Gesetze des Staates, die Bräuche des Landes, das Bergrecht, alles ist dagegen. Bei allem, was heilig ist, werft eine solche vortreffliche Anlage nicht aus Unwissenheit und Nichtbeachtung der Förmlichkeiten weg. Laßt mich gehen! Ich versichere euch, meine Herren, als Fachmann, daß ihr etwas Großes, etwas beachtenswert Großes habt, und selbst wenn ich nicht daran beteiligt bin, mag ich nicht sehen, daß es in den Born fällt! Um Gottes willen, meine Herren, ich bitte euch inständig, setzt eure Namen nicht unter ein solch lächerliches Papier! Es ist ja kein Notar –«

Er hielt inne. Die Gestalten um ihn herum, welche, als er die ersten Worte gesprochen, blasser und unbestimmter geworden waren, verschwammen vor seinen Augen, flackerten, erschienen wieder und erloschen zuletzt. Er rieb sich die Augen und sah sich um. Die Hütte war verlassen. Auf dem Herde erbleichte die rote Asche seines Feuers in den hellen Strahlen der Morgensonne, die schräg durch das offene Fenster hereinblickte. Er lief hinaus nach der Klippe. Die kräftige Seebrise fächelte seine fiebernden Wangen und schaukelte die weißen Wogenkämme, die mit angenehmer Musik unten an das Gestade schlugen. Ein stattlicher Kauffahrer mit schneeigen Segeln kam durch den Sund herein. Die Stimmen von Matrosen schallten munter von einer Barke, die unter der Spitze des Vorgebirges vor Anker lag. Die Musketen der Schildwachen blitzten hell auf dem Alcatraz, und Trommelwirbel schaukelte sich auf der Brise. Weiterhin begegneten, mit Landhäusern gekrönt und mit Werften und Speichern besäumt, seinem sehnsüchtigen Auge die Hügel von San Francisco.

Dies ist die Sage von Devils Point. Allen Einwürfen gegen

ihre Verläßlichkeit kann man mit der Mitteilung begegnen, daß der Makler, welcher die Geschichte erzählt, seitdem eine Gesellschaft gegründet hat, welche den Namen führt: »Blitz-in-der-Pfanne, Gesellschaft zur Nachgrabung nach Gold- und Silberschätzen«, und daß die Aktien derselben schon einen recht festen Kurs erreicht haben. Eine Abschrift des Originaldokumentes soll im Büro der Gesellschaft aufbewahrt sein, und an jedem klaren Tag ist die Örtlichkeit des Landstücks, auf das sie Anspruch erhebt, von den Hügeln San Franciscos deutlich zu sehen.

doch tot, gestorben – nicht wahr –, trotzdem aber sprechen wir; ja es ist auch gleichsam, als ob wir uns sogar bewegten, währenddessen aber bewegen wir uns weder, noch sprechen wir. Was soll das alles?«

»Das, o das, wenn Sie wünschen, Baron, könnte Ihnen Platon Nikolajewitsch besser erklären als meine Wenigkeit.«

»Was für ein Platon Nikolajewitsch? Quatschen Sie nicht dummes Zeug – zur Sache.«

»Platon Nikolajewitsch ist hier unser einheimischer Philosoph, Naturforscher und Professor. Hat bei Lebzeiten mehrere philosophische Bücher verfaßt, doch werden es jetzt wohl schon drei Monate sein, daß er sich anschickt, ganz einzuschlafen, daher wird es wohl schwerfallen, ihn jetzt noch wachzurütteln. Er brummt jetzt höchstens einmal in der Woche einige zusammenhanglose Worte, die eigentlich nicht zur Sache gehören ...

»So kommen *Sie* doch wenigstens zur Sache!«

»Er – er – er erklärt das mit der ganz einfachen Tatsache, und zwar gerade mit der, daß wir oben, das heißt, als wir noch lebten, den dortigen Tod ganz irrtümlich für einen Tod hielten. Der Körper belebt sich hier gewissermaßen nochmals, die Reste des Lebens konzentrieren sich, aber nur im Bewußtsein. Das – ich kann Ihnen das nicht so recht sagen, ich weiß eigentlich nicht, wie ich mich ausdrücken soll, das Leben setzt sich hier gewissermaßen durch die Inertie fort. Alles konzentriert sich seiner Meinung nach irgendwo im Bewußtsein und lebt dort noch drei oder vier Monate lang fort, zuweilen sogar ein ganzes halbes Jahr ... Es gibt hier zum Beispiel einen, der sich schon total zersetzt hat, doch einmal in etwa sechs Wochen murmelt er plötzlich doch noch ein Wort, natürlich ein sinnloses, von irgendeinem Bobok: Bobok, Bobok, Bobok – also glüht doch auch in ihm noch ein Lebensfünkchen ...«

»Alles ziemlich dumm, was Sie da sagen. Aber wie kommt es, daß ich, ohne Geruchssinn zu haben, doch diesen Gestank hier rieche?«

»Das ... he-he ... Nun, was das anbetrifft, so wurde unser Philosoph, offen gestanden, schon etwas schleierhaft in seiner Erklärung. Gerade über den Geruchssinn bemerkte er, man rieche hier nur, he-he, sozusagen den, he-he, moralischen Gestank! Den Gestank, heißt es, der Seele, um sich in diesen zwei, drei Monaten noch besinnen zu können ... und dieses wäre sozusagen noch die letzte Barmherzigkeit, bis uns ... Nur glaube ich, Baron, das ist alles schon mystische Phantasterei, natürlich entschuldbar durch seine Verfassung ...«

»Danke, ich bin überzeugt, daß alles Weitere Unsinn ist. Es genügt, daß wir jetzt wissen, woran wir sind: also zwei oder drei Monate Leben und zum Schluß – Bobok. Ich schlage allen vor, diese zwei Monate möglichst angenehm zu verbringen und uns zu dem Zweck neue Grundsätze zu wählen. Meine Damen und Herren, ich schlage vor, *sich überhaupt nicht mehr zu schämen!*«

»Ach ja, ach ja, wollen wir uns nicht mehr schämen!« riefen sofort viele Stimmen, und sonderbar, es ließen sich auch viele ganz neue Stimmen hören, was natürlich bedeutete, daß inzwischen noch andere erwacht waren. Mit ganz besonderer Bereitwilligkeit und dröhnendem Baß aber äußerte der bereits völlig belebte Ingenieur seinen Beifall. Katisch kicherte erfreut.

»Ach, wie gern ich mich keiner einzigen meiner Handlungen schämen will!« rief begeistert Awdotja Ignatjewna.

»Hören Sie, wenn schon Awdotja Ignatjewna sich keiner Sache mehr schämen will ...«

»Nein, nein, nein, Klinjewitsch, ich habe mich wirklich geschämt, immerhin habe ich mich doch geschämt, aber hier will ich mich furchtbar, furchtbar gern nicht mehr schämen!«

»Ich verstehe, Klinjewitsch«, meinte mit dröhnendem Baß der Ingenieur, »daß Sie vorschlagen, das hiesige, sagen wir, Leben auf neuen vernünftigen Grundsätzen aufzubauen ...«

»Äh, das ist mir wirklich ganz egal! Was das anbetrifft, wollen wir lieber Kudejarow abwarten – gestern beerdigt. Wenn er erwacht, wird er Ihnen alles erklären. 'n großartiger

Kerl! Morgen, denk' ich, wird man noch so einen Naturalisten ranschleppen, einen Leutnant jedenfalls bestimmt, und wenn ich mich nicht täusche, nach drei, vier Tagen einen Feuilletonisten – vielleicht mitsamt dem Redakteur. Übrigens, hol sie der Henker, nur wird sich hier bei uns ein geschlossener Kreis bilden; und, na ja, es wird sich dann schon alles ganz von selbst machen. Doch – eine Bedingung! –: *Ich verlange, daß man nicht lügt.* Nur dieses eine verlange ich, denn das ist doch die Hauptsache. Auf der Erde leben und nicht lügen ist unmöglich, denn Leben und Lüge sind synonym; hier aber wollen wir zur Erhöhung der Heiterkeit einmal *nicht* lügen. Der Teufel noch eins, es hat doch etwas zu bedeuten, daß man im Grabe liegt! – Wir werden alle laut unsere Lebensgeschichte erzählen und uns keiner einzigen Sache mehr schämen. Ganz zuerst werde ich von mir erzählen. Ich, wissen Sie, gehöre zu den Wollüstigen ... Dort oben war alles mit faulen Schnüren zusammengebunden. Reißen wir sie ab, diese faulen Schnüre, fort mit ihnen, und lassen Sie uns diese zwei Monate in der schamlosesten Wahrheit verleben! Entblößen wir uns alle, und zeigen wir uns nackt!«

»Ach ja, ja! Entblößen wir uns, entblößen wir uns!« riefen alle Stimmen aus vollem Halse.

»Ach, ich will mich furchtbar, furchtbar gern entblößen!« rief Awdotja Ignatjewna, und ihre kreischende Stimme schnappte vor lauter Begeisterung über.

»Ach ... ach ... ach, ich sehe schon, es wird hier lustig werden, ich will nicht mehr zu Ek!«

»Nein, ich würde aber leben, nein, wissen Sie, ich würde aber leben!«

»Hi-hi-hi!« Katisch kicherte.

»Vor allen Dingen kann uns niemand etwas verbieten, und wenn sich auch Pjerwojedow, wie ich sehe, ärgert, so kann er mich doch nicht kneifen noch sonst mir etwas antun. Grandpère, sind Sie einverstanden?«

»Oh, oh, ich bin durchaus, durchaus einverstanden und mit dem größten Vergnügen, aber nur mit der Bedingung: daß Katisch als erste ihre Bi-o-graphie zum besten gibt.«

»Ich protestiere! Ich protestiere mit allem Nachdruck!« erklärte plötzlich mit fester Stimme General Pjerwojedow.

»Exzellenz!« flehte sofort in ängstlicher Erregung und mit gesenkter Stimme der Nichtsnutz Lebesjatnikow – er wollte ihn eines Besseren überzeugen. »Aber, Exzellenz, es ist doch für uns sogar vorteilhafter, wenn wir zustimmen. Hier ist, wissen Sie, dieser Backfisch ... und schließlich, alle diese kleinen Späßchen ...«

»Nun schön, gesetzt – ein Backfisch, aber ...«

»Vo-vo-vorteilhafter, Exzellenz, bei Gott, es wäre vorteilhafter! Sagen wir meinetwegen nur so zum Beispiel, nur so zur Probe ...«

»Selbst im Gra-abe läßt man einen nicht zur Ruhe kommen!«

»Erlauben Sie, General –«, unterbrach ihn Klinjewitsch gemessen. »Erstens: Sie geruhten vorhin selbst im Grabe Préférence zu spielen, und zweitens sind Sie uns ganz egal – aber ganz!«

»Mein Herr, ich bitte Sie, sich nicht zu vergessen.«

»Was? – Tja, Sie können mich doch nicht erreichen, und ich kann Sie ja von hier aus necken, soviel ich will – wie Julchens Mops. Und übrigens – äh, meine Herren, was ist er denn hier noch für ein General? Dort mag er ja auch General gewesen sein, hier aber ist er nichts – überhaupt nichts!«

»Nein, mein Herr, auch hier bin ich ...«

»Hier werden Sie im Sarge verfaulen, und was von Ihnen übrigbleibt – sind sechs silberne Knöpfe.«

»Bravo, Klinjewitsch, ha-ha-ha!« grölten lachende Stimmen.

»Ich habe meinem Kaiser gedient ... ich ... ich besitze einen Degen!«

»Äh, mit Ihrem Degen kann man jetzt Mäuse spießen, und zudem haben Sie ihn doch noch nie gezogen.«

»Das ... bleibt sich gleich. Ich machte einen Teil des Ganzen aus!«

»Als ob es wenig Teile des Ganzen gäbe!«

»Bravo, Klinjewitsch, bravo, ha-ha-ha!«

»Ich begreife nicht, was solch ein Degen überhaupt bedeuten soll«, meinte spöttisch der Ingenieur.

»Vor den Preußen werden wir wie die Mäuse ausreißen, die werden uns doch zu Staub zerklopfen!« schrie eine entferntere, mir noch unbekannte Stimme, die aber buchstäblich vor Begeisterung erstickte.

»Der Degen, mein Herr, ist die Ehre!« schrie wohl noch der General, wenigstens konnte ich nur noch seine Stimme unterscheiden, denn es erhob sich ein wütendes, unbändiges Geschrei, das wie ein Sturm dahinbrauste und das nur noch von dem ungeduldigen hysterischen Gekreisch Awdotja Ignatjewnas durchschnitten wurde.

»Ach, schneller, schneller doch! Ach, wann werden wir denn endlich anfangen, uns nicht mehr zu schämen!«

»Och – chohoho! Wahrlich, wahrlich, meine Seele durchlebt das Fegefeuer!« hörte ich zwar noch die Stimme des Kaufmanns, aber ...

Aber da nieste ich plötzlich. Es kam ganz plötzlich und unbeabsichtigt, doch die Wirkung war verblüffend: Alles verstummte, verging wie ein Traum. Wahre Grabesstille brach an. Glaube nicht, daß sie sich vor mir schämten; sie hatten doch beschlossen, sich überhaupt nicht mehr zu schämen!

Ich wartete noch fünf Minuten – kein Wort, kein Laut. Es ist doch nicht anzunehmen, daß sie eine Anzeige an die Polizei fürchteten; denn was könnte die Polizei hierbei tun? Schließe daraus, daß sie immerhin irgend solch ein Geheimnis haben müssen, eines, das uns Sterblichen unbekannt ist und das sie sorgfältig vor uns bewahren.

»Nun, meine Lieben«, dachte ich, »euch werde ich noch oftmals besuchen.« Und mit diesen Worten verließ ich den Friedhof.

Nein, das kann ich nicht zulassen; nein, wahrhaftig nicht! Da habe ich nun in Gräbern mein Bobok gefunden! – Hab' ja weiter keine Angst davor, aber ...

Verderbnis an solch einem Ort, Verderbnis zerfallender, verwesender Leichen, und das noch in dem letzten Augenblick der Besinnung, angesichts der letzten Zuversicht! Diese kurzen Augenblicke sind ihnen gegeben, geschenkt, um ... Doch die Hauptsache, die Hauptsache – an solch einem Ort! Nein, das kann ich nicht zulassen ...

Werde zu den anderen Klassen gehen, werde überall zuhören. Das ist's ja eben, daß man überall zuhören muß, und nicht nur irgendwo am Rande an einer einzigen Stelle, um sich eine richtige Vorstellung machen zu können. Wer weiß – vielleicht werde ich auch auf etwas Tröstendes stoßen.

Doch zu denen werde ich bestimmt noch zurückkehren. Versprachen doch ihre Biographien und verschiedene Geschichtchen ... Pfui! Aber ich werde überall hingehen, unbedingt werde ich hingehen! Gewissenssache!

Will es in die Redaktion des »Bürger« bringen; dort hat man auch das Bild eines Redakteurs ausgestellt. Vielleicht drucken sie's.

NIKOLAI LESKOW
Das Gespenst in der Ingenieurburg
Erinnerungen eines Kadetten

1

Häuser haben, genau wie Menschen, ihren Ruf! So gibt es zum Beispiel welche, von denen behauptet wird, sie seien *nicht sauber,* in ihnen würden Erscheinungen beobachtet, die auf eine böse oder zumindest unerklärliche Kraft zurückzuführen wären. Zwar haben die Spiritisten nicht wenige Anstrengungen unternommen, solche Phänomene aufzuhellen, doch da ihre Theorien kein großes Vertrauen genießen, ist die Sache mit den Spukhäusern nicht aus der Welt geschafft.

Solch einen traurigen Ruhm genoß nach Meinung vieler Leute in Petersburg lange Zeit ein imposantes Gebäude, das ehemalige, auf Geheiß Pauls I. errichtete Schloß, das heute unter der Bezeichnung »Ingenieurburg« bekannt ist. Nahezu seit seiner Erbauung wurden in diesem Palast geheimnisvolle Erscheinungen beobachtet, die man allen möglichen Geistern und Gespenstern zuschrieb. Noch zu Lebzeiten Pauls war hier, wie erzählt wird, die Stimme Peters des Großen zu hören, und am Ende soll Zar Paul selbst den Schatten seines Urgroßvaters gesehen haben. Diese letzte Behauptung, nie widerlegt, ist in einigen ausländischen Büchern festgehalten, die sich mit dem plötzlichen Tod Pauls befassen, und auch in einem erst kürzlich erschienenen Buch des Russen Kobeko. Danach soll der Urgroßvater sein Grab verlassen haben, um dem Urenkel mitzuteilen, daß dessen Tage gezählt seien. Eine Prophezeiung, die dann tatsächlich eintraf.

Übrigens soll der Schatten Peters an den Wänden des Schlosses nicht nur vom Zaren Paul gesehen worden sein, sondern auch von Personen aus seiner Umgebung. Kurz, das Gebäude war furchteinflößend, weil dort Geister und Gespenster wohnten oder zumindest hin und wieder auftauchten, um schlimme und sich zu allem Überfluß erfüllende Voraussagen zu machen. Der jähe und unerwartete Tod Pauls, von den Leuten zum Anlaß genommen, sich sofort dieses und jenes Schattens zu erinnern, der im Schloß angeblich dem toten Herrscher mit düsteren Prophezeiungen erschienen war, vergrößerte den geheimnisvoll-traurigen Ruf dieses unheimlichen Hauses noch. Von jenem Zeitpunkt an büßte das Gebäude seine ursprüngliche Bedeutung als Wohnpalast ein und wurde – wie es im Volksmund hieß – »von den Kadetten mit Beschlag belegt«.

Heute sind in dem ehemaligen Schloß die Junker des militärischen Ingenieurwesens untergebracht, doch »eingewohnt« haben es seinerzeit die Ingenieurskadetten. Das war ein junges, temperamentvolles Volk, immer zu Streichen aufgelegt, neugierig, waghalsig und noch ganz und gar einem naiven Aberglauben verschrieben. Die Schauermärchen, die über ihr gruseliges Schloß erzählt wurden, waren diesen Kindern natürlich mehr oder weniger bekannt. Sie wollten möglichst viele Einzelheiten in Erfahrung bringen und sogen sich mit den Spukgeschichten förmlich voll. Jene von ihnen aber, die ihre Angst schon einigermaßen überwunden hatten, versetzten die anderen gar zu gerne in Schrecken. Eine Unsitte, die außerordentlich verbreitet war und der die Direktion machtlos gegenüberstand. Bis eines Tages etwas passierte, das allen schlagartig die Lust an solchen Späßen nahm.

2

Ganz besonders Mode war es, die »Neuen« zu erschrecken, die auch die »Knirpse« genannt wurden. Kaum hatten sie Einzug ins Schloß gehalten, wurden sie mit so viel schauerlichen Informationen über das Haus eingedeckt, daß sie vor Eingeschüchtertheit und abergläubischer Furcht fast vergingen. Am meisten ängstigte sie das Schlafgemach des toten Zaren Paul, das sich am Ende eines der Korridore befand, hatte sich der Herrscher doch dort gesund zur Ruhe niedergelegt und war am nächsten Morgen tot herausgetragen worden. Die

Alteingesessenen versicherten, daß der Geist des Zaren nach wie vor in diesem Zimmer lebe und es Nacht für Nacht verlasse, um sein geliebtes Schloß in Augenschein zu nehmen. Das glaubten die »Knirpse« unbesehen. Das Zimmer war stets fest versperrt, und zwar nicht einfach mit einem, sondern gleich mit mehreren Schlössern, doch existierten ja für einen Geist bekanntlich keinerlei Schlösser und Riegel. Außerdem erzählte man, daß es noch eine andere Möglichkeit gäbe, in das Zimmer einzudringen, und das schien auch tatsächlich zu stimmen. Jedenfalls ging damals wie heute das Gerücht, es sei einigen der älteren Kadetten gelungen, dort hineinzugelangen, und die Besuche seien erst zu Ende gewesen, als einer von ihnen für einen üblen Scherz teuer bezahlen mußte. Dieser Kadett, der den unbekannten Einschlupf in das schauerliche Schlafgemach des Zaren entdeckt hatte, begab sich abends in das Zimmer, nachdem er dort unbemerkt ein Laken versteckt hatte. Er wickelte sich von Kopf bis Fuß in das Laken ein und stellte sich ins dunkle Fenster, das auf die Sadowaja hinausführte. Dieses Fenster war von jedermann einzusehen, der auf dieser Straße entlangkam oder -fuhr und zum Schloß hinüberschaute.

Auf diese Weise die Rolle eines Gespenstes spielend, gelang es dem Kadetten tatsächlich, viele abergläubische Leute – Bewohner des Schlosses oder auch einfach Passanten – in Angst und Schrecken zu versetzen, die zufällig die weiße Gestalt erblickten und sie für den Schatten des verblichenen Zaren hielten.

Der üble Scherz zog sich über mehrere Monate hin, und so verbreitete sich hartnäckig das Gerücht, Paul erhebe sich des Nachts in seinem Schlafzimmer und betrachte durchs Fenster Petersburg. Viele glaubten sich mit einer Deutlichkeit zu erinnern, die jeden Zweifel ausschloß, daß der am Fenster stehende weiße Schatten ihnen nicht nur einmal zugenickt, ja eine Verbeugung angedeutet habe. Und es stimmte – der Kadett hatte in der Tat solchen Unfug getrieben. All diese Vorfälle wurden unter den Insassen des Schlosses ausgiebig erörtert, nach den verschiedensten Richtungen hin ausgedeutet und endeten damit, daß der unruhestiftende Kadett am Ort seiner Sünde gestellt wurde. Nachdem er »zur Abschreckung« gezüchtigt worden war, verschwand er für immer aus dem Internat. Es wurde gemunkelt, er habe das Pech gehabt, mit seinem Erscheinen am Fenster eine hochgestellte Persönlichkeit zu erschrecken, die zufällig vorbeifuhr, und sei deshalb so unangemessen hart bestraft worden. Unter den Kadetten hieß es sogar, der unglückliche Spaßvogel sei »unter den Rutenhieben gestorben«, und da solche Dinge damals durchaus vorstellbar waren, schenkte man auch diesem Gerücht Glauben. Der besagte Kadett wurde von jener Zeit an zu einem neuen Gespenst. Seine Kameraden sahen ihn nun »völlig striemenübersät« und mit einem kleinen Totenkranz auf der Stirn, auf dem sie die Inschrift zu lesen glaubten: »Ich habe noch so wenig Honig genossen, und siehe da – ich mußte sterben.«

Denkt man an die biblische Legende, in der diese Worte zu finden sind, so hat das Ganze durchaus etwas Rührendes.

Bald nach dem Tod des Kadetten wurde jenes Schlafgemach, von dem die größten Ängste im Schloß ausgingen, geöffnet und in einer Weise umgestaltet, daß es seinen schauerlichen Charakter verlor. Dennoch hielten sich die Gerüchte über das Gespenst, ungeachtet der Tatsache, daß das Geheimnis gelüftet war, noch lange Zeit. Die Kadetten glaubten nach wie vor, daß in ihrem Schloß ein Geist lebte und des Nachts zuweilen umging. Auch war diese Überzeugung allgemein, sie hielt sich gleichermaßen unter den jüngeren wie den älteren Kadetten, und es gab nur den einen Unterschied, daß die Jüngeren blind an das Gespenst glaubten, während es die Älteren mitunter selbst erscheinen ließen. Dabei schloß freilich eins das andere nicht aus – die den Geist beschworen, fürchteten ihn nicht minder. Jene also, die über die sogenannten Wunder berichteten, hatten sie selbst hervorgerufen und glaubten dennoch an ihre Existenz.

Die Jüngeren unter den Kadetten kannten nicht die »ganze Affäre«, war es doch nach dem Vorfall, auf den jene grausame Züchtigung folgte, unter Strafe verboten, darüber zu reden.

Aber sie waren überzeugt, daß ihre älteren Kameraden, von denen einige den Gezüchtigten oder zu Tode Geprügelten noch persönlich gekannt hatten, um das volle Geheimnis des Gespenstes wußten. Das verschaffte den Älteren ein großes Prestige, das bis zum Jahre 1859 oder 1860 vorhielt. So lange, bis vier von ihnen selber einen fürchterlichen Schrecken erlitten. Im folgenden will ich von diesem Vorfall, der von einem höchst unangebrachten Scherz während einer Totenwache handelt, so berichten, wie ihn mir einer der Beteiligten mit eigenen Worten schilderte.

3

In jenem Jahr 1859 oder 1860 starb in der Ingenieurburg der Vorsteher des Internats, General Lamnowski. Er war bei den Kadetten nicht gerade beliebt gewesen, und wie es hieß, hatte er auch bei den vorgesetzten Behörden keinen besonders guten Ruf gehabt. Gründe dafür gab es zur Genüge: Der General verhielt sich den Kindern gegenüber ziemlich barsch und teilnahmslos, er schenkte ihren Problemen wenig Gehör und kümmerte sich nicht um die Bedingungen ihres Lebens. Den Ausschlag aber gab, daß er nörglerisch, penibel und selbst in kleinen Dingen hartherzig war. Im Schloß hieß es sogar, er wäre gewiß noch bösartiger, würde nicht seine Frau, sanft wie ein Engel, seinen unmäßigen Zorn zügeln. Kein einziger der Kadetten hatte diese Frau jemals zu Gesicht bekommen, denn sie war ständig krank, doch wurde sie allgemein für den guten Geist des Hauses gehalten, der alle vor der unberechenbaren Wut des Generals bewahrte.

Neben seinem grausamen Herzen, das ihm diesen traurigen Ruhm einbrachte, besaß General Lamnowski auch sehr unangenehme Angewohnheiten, darunter einige komische, die den Kindern Anlaß zum Spott boten. Wenn sie ihren ungeliebten Vorsteher »nachahmen« wollten, betonten sie eine dieser Eigentümlichkeiten so sehr, daß sie ihn fast schon karikierten.

Die komischste Gepflogenheit Lamnowskis bestand darin,

stets mit allen fünf Fingern der rechten Hand über die Nase zu streichen, wenn er irgendwelche Reden hielt oder Verweise erteilte. Das sah nach Meinung der Kadetten so aus, als »melke er die Worte aus der Nase«. Da er kein Redekünstler war, fehlte es ihm des öfteren an den geeigneten strafenden Worten. Geriet er aber ins Stocken, verstärkte sich das »Melken« der Nase, und dann war es mit dem Ernst der Kadetten vorbei – sie begannen zu grienen. Wenn der General einen solchen Verstoß gegen die Subordination bemerkte, kam er noch mehr in Rage und bestrafte die Ertappten hart. Auf diese Weise verschlechterten sich die Beziehungen zwischen ihm und den Zöglingen immer mehr; schuld an alldem aber war nach Ansicht der Kadetten einzig »die Nase«.

In ihrer Abneigung gegenüber Lamnowski ließen die Kadetten keine Gelegenheit aus, ihm zuzusetzen oder sich an ihm zu rächen. Dadurch schadeten sie natürlich seinem Ruf in den Augen der jüngeren Kameraden. So brachten sie zum Beispiel das Gerücht in Umlauf, daß sich Lamnowski mit dem bösen Geist verbündet habe und die Dämonen zwinge, Marmor für ihn herbeizuschleppen. Er brauche das Material für ein großes Gebäude, wahrscheinlich für die Isaakskathedrale. Da die Dämonen des Schuftens aber überdrüssig wären, warteten sie ungeduldig auf das Ende des Generals, um endlich wieder frei zu sein. Und damit das Ganze noch glaubwürdiger wirkte, setzten die Kadetten eines Abends – es war am Namenstag des Generals – eine höchst unangenehme Geschichte in Szene: Lamnowskis »Beerdigung«. Während in der Generalswohnung die Gäste feierten, veranstalteten sie in den Korridoren des Internats eine Trauerprozession. In Laken gehüllte Gestalten mit Kerzen in den Händen trugen auf einer Bahre einen ausgestopften Popanz mit langnasiger Maske und sangen leise Trauerlieder. Die Urheber dieses »Streiches« wurden entlarvt und bestraft, doch am nächsten Namenstag Lamnowskis wiederholte sich der unentschuldbare Spaß erneut. Das ging so bis zum Jahre 1859 oder 1860, wo der General dann tatsächlich starb, so daß sein Begräbnis wirklich ausgerichtet werden mußte. Die damalige Sitte sah vor, daß die Kadetten abwechselnd Wache am Sarg halten mußten, und dabei geschah unseren Helden nun jene schauerliche Geschichte, die sie in Angst und Schrecken versetzte, nachdem sie zuvor ihren Kameraden lange Zeit hindurch selbst Furcht eingejagt hatten.

4

General Lamnowski starb im Spätherbst, im November, einer Jahreszeit, in der Petersburg auf die Menschen geradezu niederdrückend wirkt: Kälte und Schmutz überall und dazu eine Feuchtigkeit, die einem unter die Haut dringt. Besonders das fahle Nebellicht strapaziert die Nerven und dadurch auch Hirn und Phantasie. All das aber ruft eine krankhafte psychische Unruhe und innere Erregung hervor. Der Wissenschaftler Moleschott hätte um diese Jahreszeit für seine Forschungen über den Einfluß des Lichts auf das Leben höchst aufschlußreiche Informationen von uns bekommen können.

Die Tage um Lamnowskis Tod herum waren besonders widerwärtig. Da der General Lutheraner gewesen war, wurde der Leichnam nicht in der Kapelle des Schlosses aufgebahrt, sondern in der großen Halle der Generalswohnung, wo auch die Kadetten Wache zu stehen hatten – die Totenmessen wurden ganz nach rechtgläubiger Sitte in der Kirche abgehalten. Eine Messe wurde am Tage gelesen, die andere am Abend. Das gesamte Lehrpersonal der Anstalt hatte sich, ebenso wie die Kadetten und die Dienerschaft, auf den Messen einzufinden, eine Vorschrift, die genauestens befolgt wurde. So kam es, daß sich zu den Totenfeiern alle Bewohner des Schlosses in der Kirche versammelten, während die übrigen Räume und Flure wie ausgestorben dalagen. Auch in der Wohnung des Verblichenen selbst hielten sich nur die vier Kadetten auf, die die Totenwache bildeten. Die Schüler waren, das Gewehr bei Fuß, die Mütze auf dem angewinkelten Arm, um den Sarg postiert.

In diesen Tagen kam unter den Kadetten eine unerklärliche Unruhe auf: Allen schien es, daß irgend etwas im Gange sei, in allen kroch die Angst hoch. Man munkelte überall, daß sich wieder mal einer »erhoben hätte« und »umging«. Die Sache wurde so unangenehm, daß sich die Kadetten gegenseitig anhielten und sagten: »Genug jetzt! Aufhören! Der Teufel soll dich und dein Gerede holen! Du gehst dir und den anderen nur auf die Nerven!« Was sie aber nicht hinderte, kurz darauf die gleichen Reden zu führen und damit die anderen um ihre Ruhe zu bringen. So machte sich bei Anbruch der Nacht jedesmal die Furcht breit. Außerdem spitzte sich das Ganze noch zu, weil der damalige Priester, genannt das »Väterchen«, mit den Kadetten zu schimpfen begann. Er hielt ihnen ihre Freude über das Ableben des Generals vor, und es gelang ihm, sie auf bündige, doch geschickte Weise in ihren Empfindungen anzurühren.

»Ja, er geht um«, sagte er, indem er ihren eigenen Ausdruck gebrauchte, »und selbstverständlich könnt ihr den, der da umgeht, weder sehen noch hören. Auch ist in ihm eine Kraft, mit der keiner fertig wird. Denn es ist der *graue Mensch,* und er macht seine Runde nicht um Mitternacht, sondern zur Dämmerstunde, wenn es ringsum grau wird. Er will jedem von uns das Schlechte vor Augen führen, das es in unseren Gedanken gibt. Dieser graue Mensch ist das *Gewissen*, und ihr solltet es nicht mit häßlicher Freude über den Tod eines anderen belasten. Es gibt immer jemanden, der den Verstorbenen geliebt hat und ihm nachweint. Gebt also acht, daß euch dieser graue Mensch nicht erscheint und eine bittere Lehre erteilt!«

Die Kadetten nahmen sich diese Worte sehr zu Herzen, und kaum daß der Abend zu dämmern begann, schauten sie sich um, ob und in welcher Gestalt vielleicht der graue Mensch auftauchte. Bekanntlich ist die menschliche Psyche mit Anbruch der Dunkelheit besonders empfindsam – eine neue Welt verdrängt die des Tageslichts, wohlbekannte und in ihrer Form durchaus gewöhnliche Gegenstände nehmen auf unerklärliche Weise ein bizarres Aussehen an, werden unverständlich und flößen zu guter Letzt sogar Angst ein. Zu dieser Stunde scheint die Empfindung auf geheimnisvollem Weg nach einem intensiveren Ausdruck für sich zu suchen. Die Gefühls- und

Gedankensphäre ist einer ständigen Schwankung unterworfen, und in der ausgeprägten Disharmonie der ganzen inneren Welt des Menschen beginnt die Phantasie ihr Werk: Die Wirklichkeit wird zum Traum, der Traum zur Wirklichkeit ... Das ist verlockend und furchteinflößend zugleich, und je furchteinflößender, desto verlockender, desto fesselnder ...

In dieser Verfassung befand sich die Mehrheit der Kadetten, besonders als es galt, die Nachtwache am Sarg des Generals zu halten. Und weil am Vorabend des Begräbnisses zur Totenmesse sehr hochgestellte Persönlichkeiten erwartet wurden, versammelten sich in der russischen Kirche außer den Bewohnern des Schlosses auch viele Leute aus der Stadt. Aus Lamnowskis Wohnung hatten sich ebenfalls alle dort eingefunden, um diese Ansammlung hoher Gäste zu sehen. So blieb der Tote allein in Gesellschaft der postenstehenden Kinder zurück, der vier Kadetten: G-ton, W-now, S-ski und K-din, die sich noch heute bester Gesundheit erfreuen und gute Stellungen beim Militär und im öffentlichen Dienst bekleiden.

5

Von den vier Jungen, die zur Wache antraten, war vor allem K-din für seine ausgelassenen Streiche bekannt. Er hatte dem verstorbenen Lamnowski mehr als alle anderen zugesetzt und war deshalb auch, öfter als die übrigen, empfindlich von ihm bestraft worden. Besonderes Mißfallen hatte K-din bei dem Toten erregt, weil er sein »Melken der Nase« einmalig gut nachahmen konnte, aber auch, weil er bei den »Begräbniszeremonien« zum Namenstag des Generals sehr aktiv gewesen war.

So hatte der Kadett am letzten Namenstag Lamnowskis selbst den »Toten« gespielt und eine Rede aus dem Sarg heraus gehalten, bei der er die Stimme und den Tonfall des Generals so genau traf, daß er alle zum Lachen brachte, sogar den Offizier, der die ketzerische Prozession auseinandertreiben sollte.

Es war kein Geheimnis, daß dieser Vorfall Lamnowski in äußersten Zorn versetzt hatte und daß er tobend vor Empörung geschworen haben sollte, »K-din eine Lehre zu erteilen, die er sein Lebtag nicht vergessen werde«. Die Kadetten schenkten dem um so mehr Glauben, als sie den Charakter des Generals nur zu gut kannten, und hegten keinerlei Zweifel daran, daß er seinen Schwur wahrmachen würde. K-dins Geschick schien das ganze Jahr über »am seidenen Faden zu hängen«, und da es ihm auf Grund seines Wesens schwerfiel, sich seiner gewagten Späße zu enthalten, wurde seine Lage immer bedrohlicher. Im Internat wartete man förmlich darauf, daß K-din bei der erstbesten Gelegenheit geschnappt und daß Lamnowski mit ihm kurzen Prozeß machen würde, ihm also wie versprochen »eine Lehre fürs ganze Leben« zu erteilen.

Die Angst vor dieser Drohung machte K-din dermaßen zu schaffen, daß er sich die allergrößte Mühe gab, nichts anzustellen. Er mied die Gelegenheiten zu Streichen wie der eingefleischte Trinker den Wein. Doch für ihn traf gewissermaßen auch das Sprichwort zu, daß, »wenn jemandem, der ein Jahr nicht säuft, übern Weg der Teufel läuft, er alles versäuft«.

Und der Teufel lief K-din übern Weg – am Sarg des Generals, der entschlafen war, ohne seine Drohung wahrgemacht zu haben. Lamnowski stellte nun keine Gefahr mehr für den Kadetten dar, und so brach sich das Temperament des Jungen, das lange genug gezügelt worden war, mit einemmal Bahn, schnellte vor wie eine zusammengepreßte Feder. Mit ihm ging förmlich der Verstand durch.

6

Die letzte Totenmesse, zu der sich alle Bewohner des Schlosses in der rechtgläubigen Kirche einzufinden hatten, war auf acht Uhr abends festgesetzt, doch da mit dem Eintreffen sehr hochgestellter Persönlichkeiten gerechnet wurde, nach deren Erscheinen keiner mehr die Kapelle betreten durfte, waren die Leute bedeutend früher gekommen. In der Halle mit dem

Toten waren lediglich jene vier erwähnten Schüler G-ton, W-now, S-ski und K-din als Wache zurückgeblieben. Nicht eine einzige Menschenseele in einem der angrenzenden großen Gemächer ...

Um halb acht öffnete sich für einen Augenblick die Tür, und es erschien kurz der Platzadjutant. Ihm nun widerfuhr etwas Seltsames, das die gespenstische Stimmung nur noch anheizte: Der Offizier hatte sich, während er auf die Tür zuging, entweder vor seinen eigenen Schritten erschrocken oder aber geglaubt, es wolle ihn jemand überholen. Jedenfalls blieb er zunächst stehen, um den Weg freizugeben, und rief dann aus: »Wer da! Wer ist das!« Während er aber hastig den Kopf zur Tür hereinsteckte, quetschte er ihn mit dem anderen Türflügel selbst ein und schrie auf, als hätte ihn jemand von hinten gepackt.

Gewiß, er fing sich schnell wieder und streifte die Trauerhalle mit einem kurzen, unruhigen Blick. Die Leere, die überall herrschte, sagte ihm, daß sich bereits jedermann in die Kirche begeben hätte. So schloß er die Tür wieder und eilte, laut mit dem Säbel rasselnd, hastigen Schritts durch die Korridore, die zur Schloßkapelle führten.

7

Die wachhabenden Kadetten lauschten den Schritten des sich entfernenden Offiziers, und ihre Verlassenheit wurde mit jedem dieser Schritte größer. Ihnen war, als habe man sie hier wegen irgendeiner Schandtat, die der Verstorbene nicht vergessen und nicht verzeihen konnte, mit ihm eingesperrt und als würde sich der Verblichene gleich erheben, um sie büßen zu lassen. Diese Rache aber – die Rache eines Toten – würde fürchterlich ausfallen ... Es mußte nur erst die richtige, die geliebte mitternächtliche Stunde anbrechen, da

... der Hahn zu krähn beginnt
und die Geister durchs Dunkel rasen ...

Aber ach was, sie würden hier ja nicht bis Mitternacht ausharren müssen, sie würden vorher abgelöst werden. Außerdem konnten ihnen ja nicht die »Geister« gefährlich werden, sondern nur der graue Mensch, dessen Stunde die Dämmerung war.

Diese Dämmerung freilich hatte jetzt gerade richtig eingesetzt. Der Tote lag in seinem Sarg, ringsum grusligste Stille, draußen heulte und tobte mit wilder Wucht der Wind, klatschte ganze Ströme schmutzigen Herbstregens gegen die riesigen Fenster und fuhr knarrend in die Dachsparren. Die Schornsteine gaben von Zeit zu Zeit ein Stöhnen von sich, ein regelrechtes Seufzen, als wollten sie etwas am Entweichen hindern, das nur um so stärker ins Freie begehrte.

Das alles trug nicht gerade zu kühlen Empfindungen und nüchternem Denken bei. Die niederdrückende Atmosphäre wirkte auf die Kinder um so stärker, als sie ja mucksmäuschenstill dastehen mußten, kein einziges Wort wechseln durften. Und so kam es, daß sich die Dinge um sie herum verwirrten. Das Blut strömte den Jungs zu Kopf, pulste in einer Art einförmigem Gestampfe in ihren Schläfen. Wer schon einmal ähnliches erlebt hat, kennt dieses seltsame und ganz eigenartige Hämmern des Blutes, vergleichbar dem Schroten einer Mühle, die nicht das Korn zermahlt, sondern sich selbst. Ein Zustand, der einen sehr bald in eine dumpfe und gereizte Stimmung versetzt, so als begäbe man sich ungewohnterweise in den Schacht eines Bergwerks, wo das vertraute Tageslicht plötzlich von flackernden Grubenlampen abgelöst wird ... Unter diesen Umständen Schweigen zu bewahren ist ein Ding der Unmöglichkeit. Man möchte etwas hören, und wenn's die eigene Stimme ist, man möchte etwas unternehmen, und sei es auch völlig unvernünftig.

8

Einer der vier Kadetten, die um den Generalssarg herum postiert waren – K-din –, ließ, von diesen Empfindungen geplagt, die Disziplin Disziplin sein und flüsterte, Gewehr bei Fuß: »Die Geister klopfen an, um Väterchens Nase zu holen.«

Die Kadetten nannten auch Lamnowski mitunter spöttisch »Väterchen«, doch diesmal erheiterte der Spaß niemanden. Er verstärkte im Gegenteil das Gruselgefühl noch, so daß zwei aus der Wache erwiderten: »Sei still ... ist schon so unheimlich genug.« Und sie richteten den Blick ängstlich auf das von Nesselstoff eingerahmte Gesicht Lamnowskis.

»Weil euch so gruslig zumute ist, red' ich ja«, antwortete K-din. »Denn *ich* hab' nicht die geringste Angst, ich weiß, daß er mir nichts mehr anhaben kann. Man muß die Vorurteile beiseite werfen, jawohl, darf sich nicht vor bedeutungslosen Dingen fürchten. Jeder Tote, wer er auch immer sein mag, ist ein Nichts, und ich werde euch das auf der Stelle beweisen.«

»Bitte, spar dir den Beweis.«

»Nein, ich denke nicht daran. Ich werde euch zeigen, daß Väterchen mir nicht mehr das geringste anhaben kann, selbst wenn ich ihn jetzt, in diesem Augenblick, an der Nase packe.«

Und kaum daß er's gesagt hatte, klemmte K-din das Gewehr unter den Arm, rannte eilig das Treppchen zum Katafalk hinauf, packte den Leichnam bei der Nase und rief voller Übermut laut aus: »Siehst du, Väterchen, du bist tot, ich aber lebe und rüttle an deiner Nase. Und du kannst mir nichts tun!«

Seine Kameraden waren starr vor Schrecken über diese Unbotmäßigkeit und brachten kein Wort heraus. In diesem Augenblick aber vernahmen sie alle vier sehr deutlich und nah einen tiefen, schmerzlichen Seufzer. Es klang, als würde sich jemand auf ein Luftkissen setzen, dessen Stöpsel nicht richtig schloß, so daß die Luft entwich ... Dieser Seufzer aber – den Eindruck hatten alle – schien direkt aus dem Sarg zu kommen.

K-din zog hastig seine Hand zurück, stolperte und fiel mitsamt seinem Gewehr polternd die Stufen des Katafalks hinunter. Die drei anderen aber rissen, ohne recht zu begreifen, was sie taten, in ihrer Angst das Gewehr hoch, bereit, sich gegen den auferstehenden Leichnam zur Wehr zu setzen.

Doch damit nicht genug: Der Tote seufzte nicht nur, er

verfolgte seinen Beleidiger tatsächlich, indem er ihn am Arm festhielt – eine ganze Woge von Nesselstoff zog K-din hinter sich her; er konnte sich einfach nicht davon befreien. Einen schrecklichen Schrei ausstoßend, stürzte er zu Boden ... Die Stoffwoge aber war wirklich höchst seltsam und unerklärlich; sie wirkte um so grauenvoller, als der Tote jetzt völlig entblößt im Sarg lag, die Hände auf der eingefallenen Brust gefaltet.

Der Spaßvogel aber lag da, das Gewehr neben sich, die Hände voller Entsetzen vors Gesicht geschlagen, und stöhnte jämmerlich. Er war ganz offensichtlich bei Bewußtsein und wartete, daß sich der Tote nun seinerseits über ihn hermachen würde.

Inzwischen wiederholte sich der Seufzer, nun zu allem Überfluß von einem leisen Rascheln begleitet. Es war ein Geräusch, wie es beim Aneinanderreiben trockenen Stoffs – zweier Ärmel etwa – entstand. Offenbar hatte der Tote die Hände auseinandergenommen. Erneut ertönte das leise Rascheln, und danach strich ein kühler Lufthauch über die Kerzen hinweg. Im gleichen Augenblick erschien zwischen den sich bewegenden Portieren, die die Türen zu den nach innen führenden Gemächern verhüllten, das *Gespenst.* Der graue Mensch! Jawohl, die vor Angst geweiteten Augen der Kadetten nahmen ganz deutlich ein Gespenst in Menschengestalt wahr ... War das nun die Seele des Verstorbenen selbst, die in jener anderen Welt ein neues Gewand erhalten hatte und für kurze Zeit zurückkehrte, um die begangene Ketzerei zu bestrafen, oder war es ein noch viel schrecklicherer Gast, der *Schloßgeist* höchstpersönlich, durch den Fußboden des Nachbarzimmers aus dem Verlies zu ihnen emporgestiegen?

9

Das Gespenst war keine Frucht der Phantasie – es verschwand nicht und erinnerte vom Äußeren her an die Beschreibung, die einst Heine von der ihm erschienenen »geheimnisvollen Frau« gegeben hat: Wie Heines Spukgeist ähnelte auch der hier einem »Leichnam, der seine Seele noch nicht ausgehaucht hatte«.

Vor den entsetzten Kadetten erstand eine bis zum äußersten ausgemergelte Gestalt, ganz in Weiß gehüllt, das aber im Schatten grau aussah. Ihr Antlitz war schrecklich mager, bläulich-blaß und wirkte völlig erloschen. Das lange, wirre Haar war zerzaust und von so vielen weißen Strähnen durchzogen, daß es ebenfalls grau schien; die einzelnen Strähnen fielen unordentlich über Brust und Schultern. Die fiebrigen Augen der Erscheinung glühten in einem krankhaften Feuer; sie leuchteten wie verglimmende Kohlen aus der Tiefe der eingefallenen Augenhöhlen. Das Gespenst hatte dünne, knochige Hände – die Hände eines Skeletts –, mit denen es sich an der schweren Türportiere festhielt.

Krampfhaft den Stoff mit den schwachen Fingern pressend, löste es auch jenes trockene Knistern aus, das die Kadetten anfangs wahrgenommen hatten.

Die Lippen des Gespenstes waren völlig schwarz und etwas geöffnet. Aus ihnen drang in kurzen Intervallen, pfeifend und keuchend, jenes Geräusch, das halb ein Stöhnen, halb ein Seufzen war und das die Kadetten zum erstenmal gehört hatten, als K-din den Toten bei der Nase gepackt hielt.

10

Beim Anblick dieses furchteinflößenden Gespenstes erstarrten die drei wachestehenden Kadetten in ihrer Verteidigungshaltung, sie verkrampften sich noch mehr als K-din, der wie hingemäht, verheddert im Nesselstoff, am Boden lag.

Das Gespenst schenkte der Gruppe jedoch nicht die geringste Aufmerksamkeit; sein Blick war allein auf den Sarg gerichtet, in dem sich der jetzt völlig entblößte Leichnam befand. Es schwankte sacht hin und her und wollte sich allem Anschein nach in Bewegung setzen, was ihm schließlich auch gelang.

Während es sich mit den Händen an der Wand abstützte, ging es langsam, mit unsicheren, abgehackten Schritten, auf den Sarg zu. Dieses Laufen war furchtbar anzuschauen. Bei jedem Schritt krampfhaft erzitternd und mit offenem

Mund qualvoll nach Luft schnappend, entrangen sich seiner hohlen Brust jene schauerlichen Seufzer, von denen die Kadetten angenommen hatten, sie kämen aus dem Sarg. Noch ein Schritt und noch einer, dann war es endlich beim Sarg angelangt. Doch bevor es die Stufen des Katafalks erklomm, blieb es einen Augenblick stehen, packte K-din bei der Hand, die wie sein ganzer Körper mitsamt dem Ende der Totenbedeckung gleichsam im Fieber zitterte, und hakte mit seinen dünnen Knochenfingern den Stoff vom Knopf des Ärmelaufschlags. Dann bedachte es den Tunichtgut mit einem Blick voll unaussprechlicher Trauer, drohte ihm sacht und ... schlug das Kreuz über ihn.

Danach stieg es, sich nur mühsam auf den wackligen Beinen haltend, die Stufen des Katafalks empor, klammerte sich an den Rand des Sarges, schlang seine Skelettarme um die Schultern des Toten und brach in Schluchzen aus ...

Fast schien es, als ob im Sarg ein Tod den andern küßte, doch war die Sache bald zu Ende. Vom Korridor her machten sich aus einiger Entfernung die Geräusche des Lebens bemerkbar: Die Totenmesse war beendet, und aus der Kirche eilten, für den Fall, daß sich hochgestellte Persönlichkeiten in der Wohnung des Verstorbenen einzufinden gedachten, die ersten Leute herbei.

11

Die Kadetten vernahmen die dumpf näher kommenden Schritte und die letzten Klänge des Totengesangs, die durch die geöffnete Tür der Kapelle drangen.

Dieses Zeichen des Lebens munterte sie auf, sie fanden zur gewohnten Disziplin zurück und damit zu ihrer Pflicht, wieder in der vorgeschriebenen Haltung den vorgeschriebenen Platz einzunehmen.

Derselbe Adjutant, der vor der Totenmesse als letzter bei ihnen gewesen war, stürmte auch jetzt als erster herein und rief: »Mein Gott, wie hat sie es bloß bis hierher geschafft?«

Eine totenähnliche, ganz in Weiß gehüllte Gestalt mit langen grauen Haaren lag, den Toten in den Armen haltend, über dem

Sarg und schien gleichfalls aufgehört haben zu atmen. Hier aber nun fand die Geschichte ihre Aufklärung.

Das Gespenst, das die Kadetten in so panischen Schrecken versetzt hatte, war niemand anderes als die Witwe des verstorbenen Generals, die, selbst dem Tode nah, von dem Unglück getroffen war, ihren Mann überleben zu müssen. Da sie sehr schwach war, hatte sie das Bett schon lange nicht mehr verlassen können, sich aber, als alle zur Totenmesse in der Kirche weilten, doch von ihrem Krankenlager erhoben. An den Wänden Halt suchend, war sie zum Sarg ihres Mannes gekommen. Das trockene Knistern, das die Kadetten irgendwelchen Regungen des Toten zugeschrieben hatten, rührte von ihren Tastbewegungen entlang der Wand her. Nun aber lag sie in tiefer Ohnmacht, und in diesem Zustand trugen sie die Kadetten auf Weisung des Adjutanten in einem Sessel in den angrenzenden Raum.

Das war das letzte Spukereignis in der Ingenieurburg, und es hat – nach den Worten dessen, der es mir erzählte – bei den vier Kadetten einen fortwährenden tiefen Eindruck hinterlassen.

»Nach diesem Ereignis«, sagte er, »konnten wir es nicht mehr mit anhören, wenn jemand über den Tod eines Menschen Freude empfand. Wir erinnerten uns stets an diesen unverzeihlichen Streich und an die segnende Hand jenes letzten Gespenstes der Ingenieurburg, das, nach dem heiligen Gesetz der Liebe, allein das Recht hatte, uns zu vergeben. Von da an fand im Schloß auch die Angst vor Gespenstern ein Ende. Der Geist, der uns erschienen war, blieb der letzte.«

CLAUDE VIGNON
Der Gefährte der Toten

An einem späten Septembertage des Jahres 1192 saßen zwei arme Weiber des Dorfes Arnsberg, das in der Nähe der Bischofsstadt Halberstadt lag, vor ihren dürftigen Hütten und klagten sich, während sie fleißig die Spindel drehten, ihr Leid. Es war aber nicht nur das ungewisse Schicksal ihrer Männer, die schon vor Jahren mit dem Heerbann des Kaisers Friedrich Barbarossa in das Gelobte Land hatte ziehen müssen, und die Last der schweren Arbeit, die von den zurückbleibenden Frauen allein kaum bewältigt werden konnte, oder der Kummer, alles mühsam und schwer Erworbene dadurch allmählich verlorengehen zu sehen – nein, es war noch tieferer Gram, der Margarete und Barbel am Herzen nagte. Jeder, der die mürrischen und wilden Gesichter ihrer beiden Söhne, die sich auf der Dorfstraße schimpfend und fluchend gerade gegenseitig Fausthiebe und Fußtritte austeilten, gesehen hätte, würde ihnen beigestimmt haben, daß sie allen Grund zu den schlimmsten Befürchtungen hatten, wenn sie an die Zukunft der beiden Knaben dachten. Der eine war sechzehn, der andere fünfzehn Jahre alt, sie waren aber beide für ihr Alter außerordentlich stark – was eben nichts besserte, denn sie benutzten ihre Kraft und ihre Geschicklichkeit nur dazu, um dem Federvolk ihrer Nachbarn die Hälse umzudrehen, zu stehlen, was sie erreichen konnten, und Faustkämpfe zu bestehen; kurz, sie waren zuverlässig die beiden abscheulichsten Schelme und boshaftesten Taugenichtse der ganzen Gegend.

Es war daher auch nicht zu verwundern, daß überall die Meinung herrschte, die beiden seien nicht auf rechtem Wege zu ihren Müttern gekommen, denn daß der Satan die mißgestalteten Wesen, die er mit Hexen gezeugt hatte, braven

Christenmenschen in die Wiege legte, damit sie statt des eigenen Kindes seinen Wechselbalg, seinen Kielkropf (»Killekroff« sagten die Arnsberger), großziehen mußten, war allgemein bekannt, und die beiden armen Mütter lauschten zitternd und sorgenvoll, wenn ihnen von ähnlichen schrecklichen Beispielen erzählt wurde, die sich anderwärts zugetragen hatten.

Das Äußere der beiden Knaben war wohl geeignet, solche schlimmen Vermutungen zu bestärken.

Friedrich, Margaretes Sohn, war ein großer Bursche von kräftigem und knochigem Körperbau mit gebeugter Haltung und krummen Beinen. Rotes Haar, das ihm über die Stirn herabfiel, mischte sich mit buschigen Augenbrauen, welche den schiefen Blick seiner scheu umherirrenden Augen nur eben gewahren ließen. Unter diesen Augen überragte eine Nase, scharf gebogen wie der Schnabel eines Raubvogels, einen verzerrten Mund mit scharfen, ungleichen Zähnen.

Hermann, der jüngere der beiden, war ein großer, vierschrötiger Bursche mit einem dicken wie aufgebläht erscheinenden Kopf, der von einem übermäßig kräftigen, kurzen Hals getragen wurde. Er hatte gedunsene, stark gerötete Wangen, stechende, listig blickende Augen und dicke Lippen. Gefräßigkeit und Trunksucht, die seine hauptsächlichsten Laster waren, hatten sein Aussehen geprägt, und für einen Becher Bier oder eine Scheibe Speck verkaufte er Leib und Seele.

Wenn er nüchtern war und sah seine Mutter sowie Friedrichs Schwester Käthchen, welche ihm seit früher Jugend versprochen war, weinen, versprach er wohl oft, sich zu bessern, aber die Reue dauerte immer nicht lange, denn Friedrich lehrte ihn, einen Augenblick des Vertrauens zu benutzen, um Lebensmittel und einige Blechmünzen zu stehlen und die Reue bei einem tüchtigen Schmause zu ertränken.

Als die beiden Mütter ihre Ermahnungen und Tränen erschöpft hatten und alle ihre Bemühungen, ihre Söhne wieder auf den rechten Weg zu bringen, als ohnmächtig erkannten, als Käthchen ihre Mutter gebeten hatte, sie lieber Laienschwester im Kloster als Hermanns Frau werden zu lassen, mischte die Geistlichkeit sich hinein und beschwor die Teufel mit Hilfe von vielem Weihwasser, aus den Killekroffs zu weichen.

Aber Herr Satan hielt fest an seinem Eigentum, denn weder die Gebete noch die Beschwörungen änderten die Schelme: sie blieben Wilddiebe, Spitzbuben und Brandstifter, sie verfolgten die jungen Mädchen und entweihten die Friedhöfe. Oft hatte man in den Schenken, die sie zu ihren Aufenthaltsorten wählten, sonderbare Geräusche gehört und unheimliches nächtliches Treiben beobachtet. Deshalb wünschte jedermann lebhaft, endlich von den Killekroffs befreit zu werden.

Aber auch die gutsherrliche Gerechtigkeit wurde endlich so vieler Missetaten überdrüssig. Friedrich wurde von den Waffenleuten des Freiherrn von Halberstadt ergriffen, als er einen Wildhüter getötet hatte, und kurze Zeit darauf tanzte seine Leiche am Galgen.

Nach der Hinrichtung hielt Hermann es für klug, sich aus dem Staube zu machen und einige Beweise der Reue zu geben. Deshalb ging er nach Halberstadt, um das Handwerk seines Vaters zu erlernen, der Weber gewesen war, ehe er nach dem Gelobten Lande ziehen mußte.

Man ließ Friedrichs Leiche längere Zeit als mahnendes Beispiel am Galgen hängen; endlich schnitt der Henker sie ab und begrub sie ohne Einsegnung und Gebet auf einem verlassenen Gottesacker.

Als Hermann nach seiner Lehrzeit als Weber zurückkehrte, lebte die Erinnerung an die Hinrichtung noch in den Gemütern aller; er begriff daher, daß er weder auf die Menschen noch auf deren Eigentum Angriffe machen durfte, wenn er nicht Friedrich nachgeschickt werden sollte. Er hatte überdies das neunzehnte Jahr überschritten, und er wußte, daß, nach den Versicherungen der Gelehrten, die Killekroffs nie das zwanzigste Jahr erreichen.

Nach seiner Rückkehr suchte er daher soviel als möglich für einen ruhigen, geschickten Weber zu gelten, der sehr schnell seine Elle Leinwand webte. Er schien seine Gewohnheiten der

Gewalttat und des Diebstahls vergessen zu haben, nur war er unfähig, sich gegenüber einem Kruge Bier zurückzuhalten oder an einer Schenke vorüberzugehen, die er dann meist erst verließ, wenn sein Kopf schwer und seine Beine unsicher geworden waren.

Käthchen entschloß sich nicht leicht dazu, ihren Bräutigam zu ehelichen. Sie weinte viel, aber sie mußte auch an eine Unterstützung für ihre Mutter denken, und es erschien ihr überdies als ein frommes Werk, Hermanns verirrte Seele endgültig zu bekehren.

Die Hochzeit wurde ohne Aufsehen vollzogen, und die beiden jungen Leute zogen in das Haus von Hermanns Vater, der indessen in dem Gelobten Lande gestorben war.

Dieses Haus lag in einiger Entfernung von dem Dorfe und enthielt nur ein kleines Erdgeschoß. Ein Tisch, ein einfaches hölzernes Bett, ein alter Feuerherd, einige verrostete Waffen, die an der Wand hingen, und endlich ein Webstuhl bildeten das ganze Hausgerät.

Alles ging eine Zeitlang gut. Die Mütter hatten die junge Hauswirtschaft durch alles bereichert, was ihnen blieb, und der Weber konnte auf dem Markt seine Leinwand gut verkaufen.

Allein eine so gute Aufführung konnte bei dem ehemaligen Gefährten Friedrichs, des Gehängten, nicht von langer Dauer sein. Bald merkte Käthchen, daß der Webstuhl ganze Tage lang müßig stehenblieb; wenn ihr Mann nach dem Halberstädter Markt ging, um Garn zu holen oder Leinwand abzuliefern, gab er an einem Tage mehr aus, als er in einer Woche verdient hatte. Vorhaltungen darüber erbitterten den Weber, statt ihn zu bekehren. Er faßte allmählich gegen seine Familie und sein Haus einen Widerwillen und kam nur noch, um zu essen und zu trinken und alles, was er fortbringen konnte, mitzunehmen, um es zu verkaufen.

Um diese Zeit starb Käthchens Mutter, und so konnte die junge Frau nur Trost bei der alten Barbel suchen. Die armen Frauen beteten und weinten. Wenn Hermann nach wochenlanger Abwesenheit nach Hause kam, betrunken, taumelnd, zum Tier herabgesunken, geschah es nur, um als Geißel für seine Familie zu erscheinen: um Käthchen zu prügeln, seine Mutter zu beschimpfen und durch seine Ausschweifungen und seine Erniedrigung die Verwünschungen des ganzen Dorfes auf sich zu laden.

Eines Abends rechnete Barbel, alt und gebückt, weniger durch das Alter als durch den Kummer, die letzten Hilfsmittel der Familie zusammen. »Ach, mein armes Kind«, sagte sie zu Käthchen, »der Herr hat uns harte Prüfungen auferlegt, und seine Hand lastet schwer auf uns. Deine gute Mutter ist vor Kummer gestorben, weil sie sechs Monate lang den Körper ihres Killekroff-Sohnes am Galgen hängen sah! Großer Gott! sollte ich denn auch dazu bestimmt sein, vor Schande und Schmerz zu sterben? Denn wenn Hermann fortfährt, so zu leben, werde ich ganz sicher auch seine Leiche vom Galgen herabhängen sehen!«

»Teure Mutter, verzweifle nicht so«, entgegnete Käthchen, »Gott wird noch einmal Hermanns Herz rühren. Er kann doch, wenn er wiederkommt, nicht ganz ohne Reue unsere Klagen und unseren Schmerz sehen!«

In diesem Augenblick ließ sich eine rauhe, heisere Stimme in der Ferne hören, und obwohl noch kaum vernehmbar, erkannten die beiden Frauen sie sofort und bekreuzten sich weinend. Es war die abgerissene Melodie eines alten Trinkliedes, die von einer lallenden, den Grad höchster Trunkenheit verratenden Stimme hervorgestoßen wurde, oft genug durch Schlucken unterbrochen. Bald hörten die armen Frauen, die heftig zitterten, schwerfällige und unsichere Schritte auf dem Pflaster des Hofes. Dann kreischte die Tür in ihren Angeln, denn Hermann stieß sie auf und trat taumelnd hinein. Er sank, ohne seine Frau und seine Mutter zu beachten, wie eine leblose Masse auf einen Schemel nieder. Seine Kleider waren in Unordnung und von Wein und Kot beschmutzt. Plötzlich richtete er sich auf und blickte wild um sich.

»Heda! Weib!« schrie er fluchend. »Wo ist mein Abendessen? – Ich will mein Abendessen haben ... ich! – Hast du nicht Zeit gehabt, den Tisch für mich zu decken?«

Käthchen trocknete ihre Augen, aber sie suchte vergebens nach Kraft zu einer Antwort.

»Nun, du schöne Strafpredigerin, hat der Herr Teufel mir die Gnade erzeigt, dir die Zunge umzudrehen, da du kein Wort herausbringst?«

»Mein Sohn«, sagte endlich Barbel mit einiger Anstrengung, »schweig und laß deine Frau in Ruhe. Du hast nur zu reichlich zu Abend gegessen und fern vom Hause, wo du dich wenig darum kümmerst, was es im Brotschrank gibt.«

»Was ist das?« brummte Hermann, der den Sinn des mütterlichen Vorwurfs nicht erfassen konnte. »Bin ich denn hier Herr oder nicht? – Kein Geschwätz, Weiber! – Und gebt mir zu trinken!«

»Schweige du selbst, mein Sohn!« rief die alte Barbel unwillig. »Deine Frau und deine Mutter richten ihre Gesundheit zugrunde, indem sie den ganzen Tag lang spinnen, und es gelingt ihnen doch nicht, das tägliche Brot zu gewinnen. Die Zeit ist gekommen, daß du dich endlich wieder einmal an den Webstuhl setzen solltest, um einige gute Ellen Leinwand zu machen. Hier ist kein Ort zum Trinken, und wir haben keine Ursach, uns zu freuen, denn weit entfernt, dich zu ändern, beharrst du vielmehr dabei, ein gemeiner Trunkenbold zu bleiben, ohne Mitleid und Achtung für uns!«

»Zum Teufel mit der Mutter und dem Weibe!« schrie der Betrunkene wütend, und das ganze Haus erzitterte unter dem furchtbaren Faustschlage, den er auf den festen Tisch tat, der mitten in dem Gemach stand. »Nun, welche von euch beiden will gehen und mir zu trinken holen?«

Dieser Frage folgte ein Augenblick des Schweigens, und dieses Schweigen hatte etwas Feierliches. Die Alte drehte an der Ecke des Herdes ihre Spindel mit fieberhafter Hast. Käthchen zitterte und weinte unentschlossen zwischen Gehorsam und Widerstand.

»Wirst du mir endlich gehorchen, du Höllenbrand?« schrie Hermann, schäumend vor Wut. »Wirst du mir gehorchen, oder soll ich dich dazu stoßen?«

Die alte Barbel erhob sich.

»Rühre dich nicht, Tochter«, sagte sie mit bebender Stimme zu Käthchen, die schon aufgestanden war.

Da sprang Hermann auf wie ein wildes Tier, stürzte auf seine Mutter zu, packte sie bei den Schultern und warf sie, indem er die Tür aufstieß, mit aller Kraft auf die Steine des Hofes. »Zum Donner, du bist es also, alte Hexe, die meinem Weib den Ungehorsam lehrt? Hinaus! Und schnell! Laufe zum Sabbat, und möge Satan dich braten!« schrie er mit fürchterlicher Stimme.

»Jetzt zu dir«, sagte er, indem er Käthchen mit dem Blick suchte. »Gehorche und finde schnell den Weg nach dem Keller! – Aber zum Teufel! Sollte sie denn fort sein? – So geht es, wenn man diesen Rosenkranzbeterinnen den Zügel straff zieht! – Ich sehe sie nicht.«

In diesem Augenblick stieß der Wütende an einen regungslosen Körper. Es war Käthchen, die vor Entsetzen ohnmächtig niedergesunken war.

Da fühlte Hermann, allein mit seiner leblosen Frau, einen unbekannten Schauder; die Furcht durchbrach die Trunkenheit, und er entfloh wie ein Verdammter.

Lange irrte er auf dem Felde umher, die Beute einer Art von Wahnsinn, in welchem sich die Bilder der Wirklichkeit und die Phantome, die der Rausch hervorrief, miteinander mischten. Bald schien es ihm, als verfolgten ihn tausend Dämonen mit mißtönendem Geschrei und indem sie entsetzliche Fratzen schnitten. Bald waren es seine Mutter und seine Frau, die bleichen Opfer, die sein Mitleid anflehten oder – überdrüssig, vergebens zu bitten – um die Bestrafung ihres Henkers beteten. Bald endlich war es der Galgen von Halberstadt, der sich drohend vor ihm erhob, mit dem Leichnam seines Gefährten, der daran schaukelte wie in ewiger Todesqual.

Dies letzte Bild gewann eine eigentümliche Herrschaft über seinen Geist. Es schien ihm, als zöge der verhängnisvolle Galgen ihn unbesieglich zu sich und als nähere ihn, seines Widerstrebens ungeachtet, jeder Schritt demselben mehr und mehr.

Dann, als er ihm ganz nahe war, sah er Friedrich sich plötzlich von demselben loslösen, und er fühlte die Hand, mit der er seine Mutter geschlagen hatte, von der dürren, kalten Hand des Gehängten umklammert wie von einem Schraubstock.

Plötzlich sah er sich mit Gewalt in einen Rundtanz fortgerissen, den Tausende entsetzlicher und phantastischer Gestalten tanzten. Es war, als ob alle Toten, welcher der Galgen getragen hatte, hier zusammengekommen wären, um bei dem zweifelhaften Lichte des untergehenden Mondes eine höllische Orgie zu feiern. Da waren alle die Räuber, die einst die Gegend in Schrecken setzten und deren Skelette bei den schneidenden Tönen eines entsetzlichen Gelächters gegeneinanderschlugen. Dann kamen die Mörder, deren Leiber fleischlos waren, während ihre Arme und Hände den Schein des Lebens bewahrten und die unvertilgbaren Spuren des Blutes zeigten. Alle diese von der Hölle ausgespienen Gespenster tanzten mit toller Wut einen konvulsivischen Tanz. Hermann wurde von dem Killekroff mit hineingerissen, und ohne Kraft zum Widerstand, ohne Willen, ohne Entschlossenheit folgte er ächzend dem schwindelnden Reigen, der sich um den Fuß des Galgens mit immer größerer Geschwindigkeit drehte.

Gebrochen, zerschmettert, atemlos sank er endlich nieder. Nun schien es ihm, als tanzten die Gespenster, ihn höhnend, rings um ihn her. Er glaubte zu sehen, wie ihre bleichen Knochenfinger auf ihn deuteten, wie auf ein Opfer oder eine Beute, und wie der Kreis ihn von allen Seiten immer dichter umschloß.

Hermann fühlte bald, daß Raum und Luft ihm mangelten, denn die eisig kalten Glieder der gespenstischen Gestalten drückten und erstickten ihn. Es war ihm, als legte sich ein Reifen von Eis um seinen Kopf und eine entsetzliche Last auf seine Brust. Dann verlor er das Bewußtsein.

Die frische Morgenluft linderte die Qualen des Webers. Er öffnete mühsam die Augen und sah voller Entsetzen, daß er unter dem Galgen von Halberstadt lag. Er folgte seiner ersten Regung, von diesem unheimlichen Ort zu fliehen, ohne auf die Richtung zu achten, in die er lief. Allmählich jedoch beruhigten sich seine Sinne, und er sonderte die nächtlichen Visionen von der entsetzlichen Wirklichkeit. Von dem Ort, an dem er sich gerade befand, konnte er noch in der Ferne sein Häuschen und sein Dorf erblicken. Von Haß und Entsetzen gleichermaßen getrieben, entfernte er sich rasch davon und strebte beharrlich dem Saum des nahe gelegenen Waldes entgegen. Da er jetzt nüchtern war, verfolgte er seinen Weg gradlinig; die Mittagssonne stand jedoch schon am Himmel, als er das Ziel seiner Wanderung erreicht hatte. Nun verfolgte er im Walde einen finsteren Weg, den die Regengüsse gebahnt hatten und auf dem die Schatten selbst am hellen Tage so dicht waren, daß man kaum genug sah, um zehn Schritt vor sich einen Reisegefährten zu erkennen. Nach kurzer Zeit öffnete sich der Weg auf eine kleine Lichtung, eine elende Holzschlägerhütte wurde sichtbar, auf die Hermann energisch zustrebte und drei kräftige Schläge gegen die Tür tat.

Ein gebrechliches altes Weib mit falschem Blick und glasigen Augen streckte den Kopf zu einer Öffnung heraus, die mit Stroh eingefaßt war und als Fenster diente.

»Heda, beeilt Euch, meine liebe Freundin«, rief Hermann, sobald er sie bemerkte, »öffnet mir schnell, wenn es dem Teufel, Eurem Vetter, gefällt!«

Die Alte kam so rasch, wie ihre Jahre und ihre Hinfälligkeit es ihr gestatteten, zur Tür geschlurft, öffnete den Riegel, und Hermann stürzte in das Gemach. Er setzte sich an den großen Tisch, der mit Weinflecken beschmutzt war und um den Bänke ringsumher standen, und da er fand, daß die Alte sich nicht genügend beeilte, um ihn zu bedienen, tat er einen kräftigen Faustschlag auf die hölzerne Tischplatte.

»Zum Donner, bewegt Euer Gerippe etwas rascher, Höllenbrand, und tragt mir eine gute Mahlzeit auf! Ich bin schnell gegangen und habe seit gestern nichts getrunken.«

»Gnädiger Herr Meister Hermann«, sagte die Alte mit öliger Stimme, »wie aufgeregt Ihr seid! Aber werdet nur nicht zornig, denn die Suppe meiner Leute siedet schon, der Speck ist gekocht, das Bier ist in den Krügen, und ich erwarte meinen Anton, der seinen Schrei an dem Eingange des Hohlweges ausstößt. Er ist ja Euer guter Kamerad, und Ihr könnt wohl

eine kurze Zeit auf ihn warten.« Indem die Alte dies sagte, nahm sie aus einem alten Schranke einige zinnerne Krüge und einige hölzerne Löffel und setzte sie auf den Tisch, um ihren Gast zur Geduld zu bringen. Gleich darauf traten drei kräftige, wildblickende Männer ein, die sich mit Hast ihrer Waffen und ihrer Mäntel entledigten. Dann setzten sie sich an die Seite Hermanns, wobei sie kräftig über die schlechten Zeiten fluchten. Diese drei waren der Kohlenbrenner Anton und seine beiden Söhne, die in der ganzen Umgegend einen fürchterlichen Ruf hatten. Man sah sie öfter auf der Jagd oder umherschweifen, aber seltener Holz schlagen. Ihr Haus, für welches die Alte sorgte, die als eine halbe Hexe galt, war eine berüchtigte Schenke geworden, in welcher sich jeden Tag und jede Nacht die ganzen Trunkenbolde und Taugenichtse der Nachbarschaft berauschten. Man erzählte mit leiser Stimme, daß mehrere Fremde, die sich in der Gegend verirrt hatten, ihre Heimat nie wiedergesehen hätten und daß ihre Mäntel zuweilen auf den Schultern der Kohlenbrenner erkannt worden wären. So vermieden fremde Kaufleute und Reisende, nach Anbruch der Nacht in dem Hause Meister Antons einzukehren. Aber man klagte die Kohlenbrenner nicht laut an, denn der Vater und die Söhne standen in dem Rufe, daß sie für ihre Feinde sehr gefährlich seien.

Hierhin also hatte sich Hermann zurückgezogen. Er setzte seine Gewohnheit des Nichtstuns und der Ausschweifung im Hause Antons fort und war zu allem bereit, um dieses Leben führen zu können. Der alte Kohlenbrenner hatte das wohl begriffen und leitete ihn dazu an, seine letzten Münzen springen zu lassen, da er sehr gut wußte, daß der Trunkenbold ihm ganz angehören würde, sobald er nüchtern und ohne Geld war.

Als Hermann daher, nachdem er dem Becher fleißig zugesprochen hatte, sich endlich rühmte, wie er in seinem Hause Ordnung gemacht habe, zollte Anton diesem Beweise von Entschlossenheit lauten Beifall. »Die Pest«, rief er, »über die plärrenden und greinenden Weiber, die nichts weiter zu tun wissen, als zu klagen und ihre Paternoster zu beten! Ihr hättet wohl daran getan, da Ihr doch einmal im Zuge waret, gleich das ganze Haus rein zu machen und die Frau samt der Mutter zur Tür hinauszuwerfen. Das wäre eine gute Befreiung von einer Last gewesen!«

»Und ich wage zu behaupten«, sagte Hans, der älteste Sohn, »daß es mit einer schönen, recht sanften und recht gehorsamen Magd, die ich für Euch in Rückhalt habe, ein Vergnügen gewesen wäre, aus Eurer Hütte eine hübsche Schenke zu machen wie diese hier, wo Ihr für Eure Lebenszeit mit Euren Gästen zugleich auch Euch bewirtet und umsonst getrunken hättet.«

»Alle Wetter! Der Rat hat seinen Wert!« rief Anton. »Holla, Alte! Zu trinken! Und vom Besten! Hört, Gevatter Hermann, trinkt tüchtig und vergeßt, was Ihr in Eurem Haus erlebt habt.«

Hermann leerte mit einem Zuge einen Becher Wein. »Zum Teufel«, rief er, »Ihr habt recht, Gevattern! Hinaus mit dem Weib! Und bald werden wir den Kessel über ein helles Feuer hängen, und ich schwöre Euch bei der Weberei, meinem alten Handwerk, daß es gut brennen soll!«

Freigebig reichten die Kohlenbrenner ihrem Gaste Wein, denn sie planten schon seit langem, mit ihm ein Raubbündnis zu schließen. In der Tat konnte seine Hütte, in eine Schenke verwandelt, eine herrliche Ergänzung der ihrigen werden; Hermann hatte überdies breite Schultern und derbe Fäuste, man konnte sich daher bei Gelegenheit gegenseitig kräftigen Beistand leisten.

Die Alte schien die Absichten ihrer Gebieter erraten zu haben, denn indem sie den Wein einschenkte, goß sie den Becher Hermanns eher zwei- als einmal voll. In dem Grade, wie die Trunkenheit des Webers zunahm, ereiferte er sich mehr und mehr gegen das arme Käthchen, und durch das Trinken aufgeregt und von den Kohlenbrennern angestachelt, brannte er jetzt vor Begierde, in das Haus, aus welchem er mit solchem Entsetzen geflohen war, zurückzukehren, um seine Frau aus demselben zu verjagen.

Antons Söhne fuhren fort, ihm kräftig zuzureden, bis er

plötzlich aufsprang, fluchend seinen noch gefüllten Becher umstieß und rief: »Alle Wetter! Es ist nicht nötig, zu warten, um Herr in meinem Hause zu sein! Es ist noch eine Stunde Tag, überdies kenne ich den Weg, und wenn es Euch gefällt, meine guten Gevattern, so essen wir morgen miteinander zu Abend in meinem Hause!« Er nahm seinen eisenbeschlagenen Stock und verließ taumelnd die Hütte.

Anfangs ging er rasch und sicher, als ob ein entschiedener Wille für einen Augenblick die Nebel des Rausches verbannte. Es war schon spät, aber der Tag war schön gewesen, die letzten Strahlen der untergehenden Sonne funkelten hell, und die Gegend war von jenem eigentümlichen Licht beleuchtet, das dem Sonnenuntergang vorherzugehen pflegt. Purpurfarbige Wolken, gemischt mit matten, bleigrauen Streifen, umgaben am Horizont das verschwindende Tagesgestirn und schienen ein nahendes Gewitter zu verkünden.

Allmählich jedoch vollendete der Einfluß der Luft die Trunkenheit des Webers; seine Gedanken verwirrten sich, und er stolperte über die Steine des Weges. Vergebens versuchte er sich seines Zieles zu erinnern. Seine schwankenden Beine schienen ihm nur widerwillig ihre Dienste zu leihen, und sein Geist bewahrte nur noch unbestimmte Eindrücke der äußeren Gegenstände. Währenddessen umhüllte die Dämmerung langsam die Erde mit ihrem grauen Schleier, die sich anhäufenden Wolken nahmen eine kupfrige Färbung an, während fernes Donnerrollen das Nahen des Gewitters anzeigte.

Hermann versuchte, seine Schritte zu beschleunigen, aber alle seine Anstrengungen dienten nur dazu, daß er sich auf einem Weg, den er nicht mehr erkannte, um sich selbst drehte. Bei dem flüchtigen Schein der ersten Blitze gewahrte er in der Ferne die Türme Halberstadts und die Dächer seines Dorfes; aber wenn er in jene Richtung vorwärts ging, schwenkten die Türme und zeigten sich sogleich von der entgegengesetzten Seite, als wollten sie seine Anstrengungen verspotten. Die ganze umliegende Landschaft, in der er seit seiner Kindheit jedes Feld, jeden Baum, jedes Dach kannte, schien ihn zu umtanzen, wie um seine Ungewißheit und Verwunderung zu steigern.

Das Gewitter nahte nun mit großer Schnelligkeit; die Wolken türmten sich aufeinander, und feurige Blitze durchzuckten sie immer häufiger. Der Wind jagte die trockenen Blätter mit einem eigentümlichen Geräusch vor sich her und wirbelte pfeifend durch die hohen Gebüsche. In der zunehmenden Dunkelheit erschienen dem Betrunkenen an jeder Biegung des Weges phantastische Gestalten, die ihm den Weg versperrten, ihn in das wuchernde Unkraut drängten und über seine Anstrengungen lachten.

Hermann schlug wütend mit seinem Stock gegen alle wirklichen oder eingebildeten Hindernisse. »Bei Gotts Tod!« rief er wie toll. »Die Teufel müssen ein Bündnis gegen mich geschlossen haben! Werde ich denn nicht endlich mein Haus wiederfinden?« Und strauchelnd verirrte er sich zwischen die verwitterten Stämme einiger alter Weiden, die einen Bach säumten und deren knorrige Köpfe ihm von Zeit zu Zeit hinter dem Laubwerk die häßlichsten Gnomengesichter zu zeigen schienen. Dann raffte Hermann sich wieder auf, um neuerdings seinen Weg auf den Fußsteigen zu suchen, die das Feld durchkreuzten und die sich zu vervielfältigen und zu einem unentwirrbaren Netz zu verschlingen schienen.

Plötzlich befand er sich mitten zwischen moderig riechenden hohen Pflanzen, und verschlungene Gewinde von Efeu schlugen ihm ins Gesicht. Der Sturm tobte jetzt fürchterlich. Wolken verhüllten undurchdringlich den Himmel, die Blitze zuckten, und die Schläge des Donners krachten fast ununterbrochen. Mit einer letzten Anstrengung seines Willens versuchte Hermann nochmals, seine Schritte zu beschleunigen und seine Füße von den sie umschlingenden Pflanzen frei zu machen. Aber bei jeder Bewegung schien er einen heftigen Stockschlag gegen die Beine zu bekommen, und je mehr er sich regte, um so mehr verdoppelten sich die Schläge.

»Satan möge mir zu Hilfe kommen!« rief er endlich in der höchsten Wut. »Bei Friedrich, meinem alten Freunde, der mich gestern so lustig tanzen machte, sollte denn Luzifer in seinem Reiche nicht eine arme kleine Flamme zu meinen Diensten haben, um meinen Weg zu beleuchten?«

In diesem Augenblick begann der Regen in großen Tropfen zu fallen, und eine kleine bläuliche Flamme, die kein Licht verbreitete, stieg langsam aus der Erde herauf und beschrieb dabei unbekannte Linien. Sie tanzte mit zunehmender, zauberhafter Schnelligkeit, drehte sich um den Weber, streifte seine Kleider, ohne sie zu verbrennen, und berührte seine Füße, ohne daß er Wärme empfand.

Hermann versuchte ihr auszuweichen, aber er verwickelte sich nur noch mehr in die Schlingpflanzen, so daß er mit dem Gesicht gegen den Boden niederschlug. Bei seinem Falle riß er mit Gewalt einen der Stöcke aus, die seine Beine mit Schlägen getroffen hatten. Er hob ihn heftig bis zu seinen Augen und stieß einen Schrei der Verwünschung aus.

Es war ein schwarzes, von Würmern zerfressenes Kreuz. Er hatte sich auf einen alten Begräbnisplatz verirrt.

»Zum Donner«, rief er aus, »ihr Herren Toten seid verdammt schlechte Spaßmacher! Bei den Teufeln! Das Feuer der Hölle leuchtet nicht, gibt es denn da nicht vielleicht eines von euren alten Gerippen, das sich erheben will, um mir den Weg zu zeigen?«

Der Regen goß jetzt in Strömen herab. Hermann stampfte mit den Füßen auf ein noch ziemlich frisches Grab. »Holla, ihr da!« rief er herausfordernd. »Ist denn hier niemand, der mir beistehen will? Es möge doch irgendein Sohn Satans mit mir kommen, und ich behalte ihn zum Abendessen bei mir! Ich will den Durst der Kehle eines Verdammten mit meinem letzten Krug Wein stillen und ihn dann artig bis zu seiner Wohnung zurückgeleiten, damit es ihm gefällig sei, Gleiches mit Gleichem zu vergelten!« Er begleitete seine Worte mit rohem Lachen. Aber plötzlich verstummte er, und das Gelächter blieb ihm in der Kehle stecken.

Er fühlte sich von einer eisig kalten Hand ergriffen. Diese trockene scharfe Knochenhand krallte sich mit einem entsetzlichen Druck in sein Fleisch und schüttelte ihn mit übermenschlicher Kraft. Sein Kopf wurde wie Blei, und all sein Blut strömte zum Herzen.

Mitten unter den Kämpfen der aufgeregten Natur, der Wut

des Sturmes, den Schlägen des Donners, dem fahlen Licht der Blitze, das die Wolken durchzuckte, erhob sich vor ihm ein regungsloses, gräßliches Gespenst.

Ein Blitz, der den Himmel zerriß, hatte den abscheulichen Kopf des Gespenstes beleuchtet: Es war der ehemalige Gefährte des Webers, es war der von der ganzen Gegend verfluchte Killekroff, es war Friedrich, der Gehängte!

Hermann sank nieder auf die Knie, erstarrt vor Entsetzen, gelähmt durch den Schrecken.

Die bläuliche Flamme, welche einen Augenblick verschwunden war, erschien wieder; sie flog keck auf das Gespenst zu und umgab es wie mit einem höllischen Scheine. Ihr schwaches Licht erzeugte einen phosphoreszierenden Schimmer, und Friedrich trat aus der ihn umgebenden Finsternis wie eine bleiche, bläuliche Silhouette hervor.

Sein trockner, langer Körper war aus den Gelenken gerissen. Seine fürchterlich verzerrten Züge schienen sich fratzenhaft zu bewegen, sein rotes Haar sträubte sich wie unter Todesqualen, und seine runden Augen traten blutig aus ihren Höhlen hervor. Aber all diese abscheuliche Häßlichkeit, welche einst durch den Tod hervorgebracht worden war, zeigte jetzt den Schein eines übernatürlichen und teuflischen Lebens. Seine Glieder regten sich, als würden sie durch eine Feder in Bewegung gesetzt, und bogen sich knarrend in ihren Gelenken.

Er senkte seine entsetzlichen Augen bis in die tiefste Seele des Webers. Ein dumpfes Röcheln entrang sich dessen Brust, seine Zähne schlugen aufeinander, und der Schrecken nagelte ihn fest an den Boden. Das war nicht mehr der Alptraum der vergangenen Nacht, sondern eine gräßliche Wirklichkeit.

Mit einer langsamen Bewegung hob die Erscheinung den rechten Arm in die Höhe und streckte ihn gegen den Horizont aus. Weit fort, in gerader Linie von dem Arme, glänzte ein Licht in der Nacht, und bei dem Leuchten der Blitze erkannte Hermann, daß es aus seinem Hause kam.

Mit einer übermenschlichen Anstrengung sprang er auf und rannte, durch die Schrecknisse völlig nüchtern geworden, in verzweifeltem Lauf über das Feld.

Er lief mit wunderbarer Schnelligkeit; weder der strömende Regen, der ihm das Gesicht peitschte, noch die gewaltigen Stöße des Windes, die ihn beinahe vom Boden emporhoben, hielten ihn in seinem wahnsinnigen Laufe auf. Von der Gewalt des Entsetzens vorwärts getrieben, flog er, der Dunkelheit ungeachtet, über die Felder, durch den Wald und über Abgründe hinweg, ohne sich zu stoßen, ohne Atem zu holen, ohne zurückzublicken. Und je weiter er kam, desto schneller schien seine Flucht zu werden.

Endlich ließ der Regen nach, und durch die zerrissenen Wolken blickte ein Strahl des Mondes. Erschöpft, außer Atem, wie gebrochen am ganzen Leib sank Hermann an einem Baum nieder. Er stützte sich mit den Ellenbogen auf den durchnäßten Rasen und erhob die Augen, um sich zurechtzufinden.

Ein eisiger Schauer durchjagte ihn. Er lag am Fuße des Halberstädter Galgens, und Friedrich, das abscheuliche Gespenst mit den grünlichen Gliedern, dem verzerrten Mund und den flammenden Augen, stand vor ihm, gerade und regungslos, den Arm gegen den Horizont gestreckt.

Die Angst verlieh dem Weber neue Kräfte; er begann erneut seine verzweifelte Flucht. Wenn er sich von Zeit zu Zeit umwendete, sah er Friedrich, der ihm immer in gleicher Entfernung, mit gleichen, abgemessenen, automatischen Schritten folgte. Vergebens nahm er einen noch kräftigeren Anlauf, vergebens übersprang er mit einem einzigen Satz unglaubliche Räume, vergebens berührte er bei seinem übermenschlichen Lauf kaum die Erde: Das Gespenst blieb, seines langsamen Ganges ungeachtet, nicht einen Zollbreit zurück.

Endlich erreichte Hermann, erschöpft, sterbend, am Ende seiner Kräfte und seines Mutes, die Tür seines Hauses. Er ergriff den Klopfer, bewegte ihn wie wahnsinnig und stieß dabei ein Geheul des Entsetzens aus.

Käthchen erkannte die Stimme ihres Mannes und ging zur Tür, indem sie ihre Seele Gott empfahl.

Hermann verdoppelte seine Schläge. Er hörte hinter sich die fürchterlichen Schritte des Gespenstes, und die Sekunden erschienen ihm wie Jahrhunderte der Todesangst.

Endlich bewegten sich die Riegel, und die Tür ging auf.

Hermann stürzte mit verwirrtem Kopf, mit stieren Augen wie ein Wahnsinniger hinein, schob die Riegel mit aller Kraft, deren er noch fähig war, wieder vor und blickte um sich. »Weib«, schrie er, »schnell – schnell! – Bringe alles her – alles, was wir haben! – Schnell! – Das Hausgerät – die Fässer – alles, alles!« Taumelnd stützte er sich gegen die Wand.

Käthchen stand regungslos, ohne zu begreifen.

Hermann öffnete die Klappe in der Tür und zeigte ihr Friedrich, der näher kam.

Die arme Frau stieß einen Schrei des Entsetzens aus. »Mein Bruder!« Dann begriff sie, wie durch innere Eingebung, die Absicht ihres Mannes und eilte in den Keller hinab.

Im Nu waren Leitern, Fässer, Tonnen von ihrer Stelle fortgerissen und vor der Tür zu einer hohen Barrikade aufgetürmt, die sie auch noch mit ihren Leibern zu stützen gedachten.

Als die letzte Befestigung beendet war, sank der Weber erschöpft nieder; Käthchen warf sich neben ihm auf die Knie und betete.

Aber der Tritt des gespenstischen Killekroff kam von Minute zu Minute näher – bald hörte man ihn auf dem Pflaster des Hofes erdröhnen.

Plötzlich verstummten die Schritte – dann fiel der langsam erhobene Klopfer an der Tür mit dumpfem Geräusch nieder.

Die Eheleute sprangen zur Tür und stemmten sich mit aller Kraft gegen das übereinandergehäufte Hausgerät. Dann lauschten sie regungslos mit angehaltenem Atem.

Nach einigen Sekunden ein zweiter Schlag.

Tiefes Schweigen herrschte ringsum.

Ein dritter Schlag, stärker als die beiden ersten, machte die Barrikade erbeben.

Käthchen war kaum noch ihrer Sinne mächtig. »Mein Gott! Was will er denn nur?« fragte sie ihren Mann mit so erloschener Stimme, daß er ihre Worte nur aus der Bewegung ihrer Lippen erriet.

»Ich habe Satan angerufen; habe die Toten aufgefordert, mir den Weg zu zeigen; habe einen Verdammten eingeladen, mit mir zu essen; habe versprochen, ihm dann zu folgen – und Friedrich ist gekommen ...«

Die Stimme des Webers erlosch, denn der Klopfer schlug erneut an die Tür, und bei dem letzten Schlage erbebte die Barrikade, und die Tonnen rollten lärmend hinunter. Die Unglücklichen fühlten ihre Haare auf dem Kopfe sich sträuben und all ihr Blut in den Adern erstarren.

Die Schläge tönten weiter fort, und bei jedem neuen Schlag stürzte wieder ein Stück der Barrikade nieder.

Endlich sprangen die Riegel auf, und der Gehängte erschien auf der Schwelle.

Bei diesem entsetzlichen Anblick sank Käthchen ohne Besinnung nieder; Hermann flüchtete sich in die finsterste Ecke des Gemaches, als hoffte er, hier Schutz zu finden.

Aber das erbarmungslose Gespenst ging gerade auf ihn zu, faßte ihn mit Fingern wie von Erz, hob ihn empor und setzte ihn sich gegenüber an den Tisch.

Als beide saßen, richtete es seine flammensprühenden Augen auf seinen ehemaligen Gefährten und schlug auf den Tisch, um das ihm versprochene Nachtmahl zu fordern.

Hermann stieß einen Schrei der Verzweiflung aus und schüttelte verneinend den Kopf. »Im Namen Gottes: geh!« murmelte er matt, indem er versuchte, das Zeichen des Kreuzes zu machen. Aber der Killekroff blieb unerschütterlich, behielt seine Grabeshaltung bei und heftete noch immer seine flammenden Augen auf den Weber. Er tat einen zweiten gebieterischen Schlag auf den Tisch.

Da rief Hermann mit erstickter Stimme seine Frau. Das arme Geschöpf erhob sich mühsam und öffnete langsam die Augen. Bei dem Anblick ihres Mannes und des Gespenstes ihres Bruders stieß sie einen gellenden Schrei aus und stürzte wieder nieder wie ein Mensch, der aus einem fürchterlichen Traum zu einer noch fürchterlicheren Wirklichkeit erwacht.

Da schlug der Gehängte zum dritten Male auf den Tisch.

»Weib, hole uns etwas zu trinken«, murmelte Hermann.

Mit übernatürlicher Kraft, gebannt durch den Blick des Gespenstes, stand sie auf, nahm aus dem Schranke einige getrocknete Früchte und ein Stück Schinken und legte dieses auf den Tisch; dann reinigte sie zwei zinnerne Becher und stellte sie daneben, und verfolgt von den beiden Augen, welche zwei Fackeln glichen, die das Feuer der Hölle entzündet hatte, ging sie in den Keller hinab, um den letzten Krug Wein zu holen, den Hermann dort gelassen hatte.

Als sie den Krug vor Friedrich hingesetzt hatte, ergriff er seinen Becher und hob ihn in die Luft. Hermann füllte ihn bis zum Rande und stellte den Krug wieder auf den Tisch. Aber der Arm des Gespenstes blieb steif ausgestreckt, bis sein Gefährte sich ebenfalls eingeschenkt hatte und seinen Becher an die Lippen führte, welche die Furcht blau färbte.

Der goldene Trank schien in die Kehle des Gespenstes hinabzurinnen wie durch den Spund eines leeren Fasses, und während es trank, richtete es seine starren Blicke immer auf den Weber. Unter diesem unerträglichen Druck war der Unglückliche gezwungen, ebenfalls zu trinken.

Wieder und wieder mußte Hermann die Becher füllen und das Totenmahl fortsetzen. Der Wein schien sich in die Adern des Gehängten zu ergießen wie in das ausgetrocknete Bett eines Baches, ohne sein Gesicht zu beleben oder seine steifen Glieder zu erwärmen.

Endlich, als der Krug bis auf den letzten Tropfen geleert war, stand das Gespenst auf und forderte den Weber durch eine gebieterische Gebärde auf, ihm zu folgen.

Mit einem Satz, der die äußerste Entschlossenheit verriet, sprang der Unglückliche in die entfernteste Ecke des Gemaches und klammerte sich hier mit aller Macht an die Füße des Bettes. Mit einem herzzerreißenden Schrei rief er Käthchen herbei wie einen schützenden Engel, die sich mit einer Bewegung, schneller als ein Gedanke, auf ihren Mann warf und versuchte, ihn mit ihrem eigenen Körper zu decken.

Aber der Gehängte stieß ein finsteres Lachen aus und senkte seine hakenartigen Knochenfinger in das Haar des Webers. Mit einem einzigen Ruck riß er ihn zu sich, während er zugleich Käthchen weit fortstieß.

Nun entspann sich zwischen dem Toten und dem Lebenden

ein furchtbarer, erbarmungsloser Kampf. Käthchen klammerte sich schluchzend an die Kleider ihres Mannes, sie flehte Gott an und bat selbst den Verdammten um Gnade. Hermann klammerte sich an den Herd, den Tisch, den Schemel – aber das entsetzliche Gespenst schien seine Bitten nicht zu hören, seinen Widerstand nicht zu fühlen. Als sie zur Tür kamen, erfaßte Hermann den Klopfer mit Händen und Zähnen, Käthchen warf sich mitten über den Weg. Der Gehängte stieß sie mit dem Fuße fort und stieg über sie hinweg, seine Beute mit sich fortschleppend, ohne sich umzusehen.

Als Käthchen zur Besinnung kam, begann der Tag zu dämmern, und in der Ferne ertönte das Sterbeglöcklein, denn die alte Barbel war im nahe gelegenen Kloster, in das sie sich nach der Schreckensnacht hatte flüchten können, gestorben.

Der Regen hatte aufgehört, die Wolken waren verschwunden, und am Horizont zeigte der helle Schein des anbrechenden Tages die Umrisse der Halberstädter Kirchtürme.

Weit, sehr weit entfernt auf der Ebene erkannte Käthchen die Erscheinung des Gehängten, der über Wurzeln und Steine den leblosen Körper ihres Mannes hinter sich herschleppte.

IWAN TURGENJEW
Der Hund

»Wenn man aber die Möglichkeit des Übernatürlichen zugibt, die Möglichkeit seiner Einmischung in das wirkliche Leben, dann gestatten Sie die Frage, welche Rolle nun der gesunde Menschenverstand spielen soll?« sagte Anton Stepanytsch und kreuzte die Arme über dem Magen.

Anton Stepanytsch stand im Range eines Staatsrates, diente in einem kniffligen Departement und erfreute sich, da er bedächtig, knapp und mit tiefer Stimme sprach, allgemeiner Achtung. Nicht lange vordem hatte man ihm, wie sich seine Neider ausdrückten, »den Stanislaus verpaßt«.

»Diese Frage ist vollkommen berechtigt«, bemerkte Skworewitsch.

»Das wird niemand bestreiten«, fügte Kinarewitsch hinzu.

»Auch ich stimme dem zu«, pflichtete mit Fistelstimme aus einer Ecke der Hausherr bei, Herr Finopljontow.

»Ich muß gestehen, ich kann mich damit nicht einverstanden erklären, weil mir selbst etwas Übernatürliches widerfahren ist«, sagte ein Mann mittleren Wuchses und mittleren Alters, mit Bäuchlein und Glatze, der bisher stumm hinter dem Ofen gesessen hatte.

Die Blicke aller im Zimmer Anwesenden richteten sich voll Neugier und Zweifel auf ihn, und es trat Schweigen ein.

Dieser Mann war ein nicht gerade reicher Kalugaer Gutsbesitzer, der vor kurzem nach Petersburg gekommen war. Er hatte einst bei den Husaren gedient, alles verspielt, seinen Abschied genommen und sich auf dem Lande niedergelassen. Die neuesten Veränderungen, die in der Landwirtschaft vor sich gegangen waren, hatten seine Einkünfte geschmälert, und er hatte sich in die Hauptstadt begeben, um ein bequemes Pöstchen zu suchen. Er besaß keinerlei Fähigkeiten und hatte keinerlei Beziehungen, aber er hoffte fest auf die Freundschaft eines alten Kameraden, der plötzlich ohne ersichtlichen Grund in eine hohe Stellung aufgerückt war und dem er einmal geholfen hatte, einen Falschspieler durchzuprügeln. Außerdem vertraute er auf sein Glück – und es ließ ihn auch nicht im Stich: Nach einigen Tagen erhielt er den Posten eines Aufsehers über staatliche Magazine, einen einträglichen und sogar ehrenvollen Posten, der keine besonderen Talente erforderte, denn diese Magazine bestanden vorläufig nur auf dem Papier, und es war noch nicht einmal genau bekannt, womit sie gefüllt werden sollten – geplant waren sie aus staatsökonomischen Erwägungen.

Anton Stepanytsch unterbrach als erster die allgemeine Erstarrung.

»Wie, mein verehrter Herr«, begann er, »Sie behaupten allen Ernstes, Ihnen sei etwas Übernatürliches widerfahren, ich will sagen: etwas, das nicht mit den Naturgesetzen im Einklang steht?«

»Das behaupte ich«, entgegnete der »verehrte Herr«, dessen wirklicher Name Porfiri Kapitonytsch war.

»Etwas, das nicht mit den Naturgesetzen im Einklang steht!« wiederholte gereizt Anton Stepanytsch, dem diese Phrase offenbar gefiel.

»Genau das. Ja, genau so etwas war es, wie Sie zu sagen belieben.«

»Das ist erstaunlich! Was meinen Sie, meine Herren?« Anton Stepanytsch bemühte sich, seinen Zügen einen ironischen Ausdruck zu verleihen, doch es gelang ihm nicht – oder richtig gesagt, es gelang ihm nur, sein Gesicht so zu verziehen, als hätte der Herr Staatsrat soeben einen üblen Geruch verspürt. »Wollen Sie sich nicht die Mühe machen, verehrter Herr«, fuhr er, zu dem Kalugaer Gutsbesitzer gewandt, fort, »uns die Einzelheiten dieser interessanten Begebenheit mitzuteilen?«

»Warum nicht? Das kann ich!« antwortete der Gutsbesitzer,

schob sich ungezwungen in die Mitte des Zimmers und begann zu sprechen.

»Wie Ihnen wahrscheinlich bekannt ist, meine Herren – vielleicht ist es Ihnen auch nicht bekannt –, besitze ich ein kleines Gut im Koselsker Kreis. Früher zog ich daraus einen gewissen Nutzen, aber jetzt sehe ich selbstverständlich nichts außer Unannehmlichkeiten auf mich zukommen. Doch lassen wir die Politik beiseite! Nun, zu diesem Gut gehört ein kleines Gehöft: ein Gemüsegarten, wie üblich, ein kleiner Teich mit Karauschen, ein paar Gebäude – na, und ein Seitenflügel für den eigenen sündhaften Leib. Eine Junggesellensache. Eines Abends nun – so an die sechs Jahre mag es her sein – kam ich ziemlich spät nach Hause. Ich hatte bei einem Nachbarn Karten geklopft, aber ich war, bitte das zu bemerken, nicht etwa beschwipst, wie man so sagt. Ich entkleidete mich, legte mich hin und blies die Kerze aus. Und stellen Sie sich vor, meine Herren: Kaum habe ich die Kerze ausgeblasen, da rührt sich etwas unter meinem Bett! Ich denke: Vielleicht eine Ratte? Nein, eine Ratte ist es nicht: Es scharrt, wälzt sich herum, kratzt sich. Endlich klatscht es mit den Ohren!

Ein klarer Fall: Es ist ein Hund. Aber wo kann der Hund hergekommen sein? Ich selbst halte keinen. Ist etwa, überlege ich, irgendein *Streuner* zugelaufen? Ich rufe meinen Diener. Filka wird er von mir genannt. Der Diener kommt mit einer Kerze herein. ›Was soll das‹, frage ich, ›Freund Filka? Was ist das für eine Unordnung bei dir! Unter mein Bett hat sich ein Hund gezwängt.‹ – ›Was für ein Hund?‹ fragt er. ›Woher soll ich das wissen!‹ sage ich. ›Es ist deine Sache, deinem Herrn jede Störung fernzuhalten.‹ Mein Filka bückt sich und leuchtet mit der Kerze unter das Bett. ›Aber hier ist doch gar kein Hund‹, sagt er. Nun bücke auch ich mich. Tatsächlich: Es ist kein Hund da. ›Was soll das heißen?‹ Ich werfe einen Blick auf Filka. Er lächelt. ›Dummkopf‹, sage ich zu ihm, ›was fletschst du die Zähne? Der Hund ist wahrscheinlich, als du die Tür aufmachtest, unversehens ins Vorzimmer gehuscht. Du Maulaffe aber hast nichts bemerkt, weil du ewig schläfst. Denkst du vielleicht, ich bin betrunken?‹ Er wollte etwas erwidern, aber ich jagte ihn hinaus, rollte mich zusammen und hörte in jener Nacht nichts mehr.

In der folgenden Nacht jedoch – stellen Sie sich vor! – wiederholte sich das gleiche. Kaum hatte ich die Kerze ausgeblasen, scharrte es wieder und klatschte mit den Ohren. Wieder rief ich Filka, wieder schaute er unter das Bett – und wieder war nichts zu finden! Ich schickte ihn fort, blies die Kerze aus, und – hol's der Teufel! – schon ist der Hund da, ein richtiger Hund. Es ist genau zu hören, wie er atmet, wie er mit den Zähnen durchs Fell fährt und einen Floh sucht – ganz deutlich! ›Filka‹, rufe ich, ›komm mal ohne Kerze herein!‹ Er kommt. ›Nun, wie ist es‹, sage ich, ›hörst du's?‹ – ›Ich höre es!‹ sagt er. Ich kann den Burschen zwar nicht sehen, aber ich fühle, daß er sich fürchtet. ›Wie erklärst du dir das?‹ frage ich. ›Wie befehlen Sie, daß ich es mir erkläre, Porfiri Kapitonytsch? Eine Versuchung!‹ – ›Du sittenloser Mensch‹, sage ich, ›schweig mir von deiner Versuchung!‹ Dabei klangen unsere Stimmen wie Vogelgezwitscher, und wir zitterten in der Dunkelheit wie im Fieber. Ich zündete die Kerze an. Es war kein Hund da und auch kein Geräusch mehr zu hören – nur wir beide, ich und Filka, standen im Zimmer, weiß wie Kreide. Die Kerze ließ ich bis zum Morgen brennen. Und ich versichere Ihnen, meine Herren, ob Sie mir glauben oder nicht, seit jener Nacht wiederholte sich die gleiche Geschichte sechs Wochen lang. Zuletzt hatte ich mich sogar daran gewöhnt und löschte die Kerze, denn ich kann bei Licht nicht schlafen. Mochte er sein Wesen treiben! Er tat mir ja nichts Böses.«

»Immerhin sind Sie keiner von den Ängstlichen, wie ich sehe«, unterbrach ihn Anton Stepanytsch mit einem halb verächtlichen, halb herablassenden Lachen. »Man erkennt gleich den Husaren!«

»Vor Ihnen hätte ich in keinem Falle Angst«, sagte Porfiri Kapitonytsch und sah einen Augenblick lang wirklich wie ein Husar aus. »Aber hören Sie weiter. Eines Tages kam ein Nachbar zu mir, derselbe, mit dem ich Karten geklopft hatte. Er aß bei mir, was Gott beschert hatte, und verlor während dieses Besuches fünfzig Rubelchen an mich. Draußen war es

Nacht – Zeit, sich fortzuscheren. Aber ich hatte meine besonderen Absichten. ›Bleib doch‹, sagte ich, ›übernachte bei mir, Wassili Wassiljitsch. Morgen wirst du das Verlorene zurückgewinnen, so Gott will.‹ Mein Wassili Wassiljitsch überlegte hin und her und blieb. Ich befahl, das Bett für ihn in meinem Schlafzimmer aufzustellen. Nun, wir legten uns nieder, rauchten und schwatzten noch ein Weilchen, am meisten über das weibliche Geschlecht, wie es sich unter Junggesellen gebührt, und lachten natürlich auch. Dann sah ich: Wassili Wassiljitsch löschte seine Kerze und drehte mir den Rücken zu. Das heißt, *schlafen Sie wohl.* Ich wartete noch ein wenig und löschte dann meine Kerze ebenfalls. Und stellen Sie sich vor: Ich war noch nicht dazu gekommen, mir auszumalen, was für ein Gestreite losgehen würde, da rührte sich mein Liebling schon. Aber er rührte sich nicht nur, er kroch sogar unter dem Bett hervor, lief durchs Zimmer, klapperte mit den Klauen auf dem Fußboden, schüttelte die Ohren und stieß plötzlich an den Stuhl, der neben Wassili Wassiljitschs Bett stand! ›Porfiri Kapitonytsch‹, sagte dieser, und zwar, wissen Sie, in völlig gleichmütigem Ton, ›ich wußte gar nicht, daß du dir einen Hund angeschafft hast. Was ist es denn für einer, ein Jagdhund, was?‹ – ›Ich habe überhaupt keinen Hund‹, sagte ich, ›und habe auch nie einen gehabt.‹ – ›Was soll das heißen? Und was ist das?‹ – ›Was *das* ist?‹ entgegnete ich. ›Zünde doch die Kerze an, dann wirst du es selbst sehen.‹ – ›Das ist kein Hund?‹ – ›Nein.‹ Wassili Wassiljitsch drehte sich im Bett um. ›Zum Teufel, du scherzt wohl?‹ – ›Nein, ich scherze nicht.‹ Ich hörte, wie er ein Streichholz anrieb, aber der da, der beruhigte sich noch immer nicht – er kratzte sich die Flanke. Das Licht flammte auf – und Schluß! Spurlos verschwunden war alles. Wassili Wassiljitsch sah mich an, und ich sah ihn an. ›Was ist das für ein Hokuspokus?‹ fragte er. ›Das ist‹, antwortete ich, ›so ein Hokuspokus, daß du auf der einen Seite Sokrates hinsetzen kannst und auf der anderen Friedrich den Großen, und selbst die werden es nicht herausbekommen.‹ Und dann erzählte ich ihm alles bis in die letzten Einzelheiten. Wie mein Wassili Wassiljitsch da auf-

sprang! Als hätte er sich verbrannt! Er kam vor Schreck gar nicht in die Stiefel. ›Die Pferde!‹ schrie er. ›Meine Pferde!‹ Ich redete ihm gut zu – umsonst! Er ächzte nur in einem fort. ›Ich bleibe nicht‹, schrie er, ›nicht eine Minute mehr! Nach alledem bist du doch ein behexter Mensch! Meine Pferde!‹ Dennoch konnte ich ihn schließlich beschwichtigen. Nur mußte sein Bett in ein anderes Zimmer getragen werden, und überall wurden die Nachtlampen angezündet. Am Morgen, beim Tee, war er wieder zur Vernunft gekommen und erteilte mir Ratschläge. ›Du solltest für ein paar Tage dein Haus verlassen, Porfiri Kapitonytsch‹, sagte er, ›vielleicht wirst du dann diese Scheußlichkeit los.‹ Ich muß Ihnen sagen, mein Nachbar war ein Mann von großem Verstand! Er hat zum Beispiel seine Schwiegermutter so wunderbar bearbeitet, daß er ihr einmal einen Wechsel unterschieben konnte – freilich hatte er sich dazu eine besonders günstige Stunde ausgesucht! Ganz sanft war sie geworden. Sie stellte ihm eine Vollmacht zur Verwaltung des ganzen Gutes aus – was kann man mehr verlangen? Und es will schon etwas heißen, eine Schwiegermutter soweit zu bringen, nicht? Sagen Sie doch selbst! Trotz allem fuhr er ziemlich unzufrieden von mir fort, denn ich hatte ihn wiederum mit ungefähr hundert Rubelchen abgestraft. Er beschimpfte mich sogar und nannte mich undankbar und gefühllos. Aber wieso war ich schuld daran? Nun, das ist eine Sache für sich – seinen Rat jedoch nahm ich an.

Noch am selben Tag fuhr ich in die Stadt und stieg im Gasthof eines alten Raskolniks ab, den ich kannte.

Er war ein ehrwürdiger Greis, wenn auch ein bißchen grob infolge seiner Einsamkeit: Die ganze Familie war ihm weggestorben. Nur Tabak konnte er nicht ausstehen, und vor Hunden empfand er einen großen Abscheu. Ich glaube, ehe er zum Beispiel eingewilligt hätte, einen Hund ins Zimmer zu lassen – eher hätte er sich selbst in zwei Hälften zerrissen! ›Das ist ganz unmöglich!‹ pflegte er zu sagen. ›Hier in meiner Stube geruht sich an der Wand die Muttergottes aufzuhalten – wie kann da ein widerlicher Köter seine gottlose Schnauze hereinstecken!‹ Man kennt das – keine Bildung! Im übrigen bin ich der Meinung: Wem Weisheit gegeben ist, der soll auch weise handeln!«

»Ich sehe, Sie sind ein großer Philosoph«, unterbrach ihn Anton Stepanytsch abermals mit dem herablassenden Lächeln.

Diesmal runzelte Porfiri Kapitonytsch sogar die Stirn.

»Was für ein Philosoph ich bin, weiß man noch nicht«, meinte er, während sein Schnurrbart verdrießlich zuckte, »aber Sie würde ich gern in die Lehre nehmen.«

Unser aller Augen hefteten sich auf Anton Stepanytsch. Jeder von uns erwartete eine hochmütige Antwort oder wenigstens einen vernichtenden Blick. Doch der Herr Staatsrat verwandelte sein verächtliches Lächeln nur in ein gleichgültiges, gähnte dann und schaukelte ein wenig mit dem Fuß – sonst geschah nichts!

»Bei diesem Alten war ich also abgestiegen«, fuhr Porfiri Kapitonytsch fort. »Da wir miteinander bekannt waren, wies er mir ein Zimmer an, das keins von seinen besten war. Er selbst quartierte sich auch darin ein, hinter einer Scheidewand – aber gerade so wollte ich es haben. Was für Qualen stand ich damals aus! Das Zimmer war klein, eine Hitze darin, eine stickige Luft, Fliegen, und zwar solche klebrigen; in der Ecke ein ungewöhnlich großer Heiligenschrein mit uralten Heiligenbildern; ihre metallenen Einfassungen waren matt und hohl; es roch widerlich nach Öl und nach irgendeiner Spezerei; auf dem Bett zwei Pfühle; bewegte man das Kopfkissen, liefen Schaben darunter hervor ... Aus reiner Langeweile trank ich unwahrscheinlich viel Tee – es war einfach schlimm! Ich legte mich nieder, aber schlafen konnte ich nicht, denn hinter der Scheidewand seufzte und ächzte der Hausherr und sprach Gebete. Endlich jedoch beruhigte er sich. Ich hörte, wie er anfing zu schnarchen, aber nur leise, auf die altmodische, höfliche Art. Die Kerze hatte ich längst gelöscht; nur das Lämpchen vor den Heiligenbildern brannte noch. Das war offenbar ein Hindernis! Nun, ich besann mich nicht lange. Ich stand ganz vorsichtig auf, schlich barfuß zu dem Lämpchen hin und blies es aus. Nichts rührte sich. Aha, dachte ich, in fremder Umgebung versagt es also. Doch kaum habe ich mich ins Bett gelegt, da geht der Klamauk wieder los! Er scharrt und kratzt und klatscht mit den Ohren – ganz wie es sich gehört! Schön. Ich liege und warte, was geschehen wird. Ich höre, wie der Alte erwacht. ›Gnädiger Herr‹, sagt er, ›gnädiger Herr?‹ – ›Was ist?‹ – ›Hast du etwa das Lämpchen ausgelöscht?‹ Doch ohne meine Antwort abzuwarten, stößt er plötzlich hervor: ›Was ist das? Was ist das? Ein Hund? Ein Hund! Ach, du verdammter Nikotinianer!‹ – ›Hör auf zu schimpfen, Alter‹, sage ich, ›komm lieber mal herüber. Hier gehen staunenswerte Dinge vor‹, sage ich. Der Alte kramte hinter der Scheidewand herum und kam dann mit einer ungemein dünnen Kerze aus gelbem Wachs zu mir. Verwundert blickte ich ihn an. Er sah ganz struppig aus; die Ohren waren dicht behaart; die Augen böse wie bei einem Iltis. Auf dem Kopf saß eine weiße Filzmütze; der Bart, der bis an den Gürtel reichte, war gleichfalls weiß; über dem Hemd trug er eine Weste mit kupfernen Knöpfen und an den Füßen Pelzstiefel – und nach Wacholder roch er. In diesem Aufzug trat er vor die Heiligenbilder, bekreuzigte sich dreimal mit zwei Fingern, zündete das Lämpchen an und bekreuzigte sich nochmals. Dann drehte er sich zu mir um und grunzte nur: ›Erkläre!‹ Und da teilte ich ihm, ohne im geringsten zu zaudern, alles ausführlich mit. Der alte Knabe hörte sich meine Erklärungen an, ohne ein Wörtchen fallenzulassen – er schüttelte nur in einem fort den Kopf. Dann setzte er sich zu mir aufs Bett, immer noch, ohne etwas zu sagen. Er kratzte sich die Brust, den Nacken und so weiter – und schwieg. ›Wie ist es‹, sagte ich, ›Fedul Iwanytsch, was meinst du: Ob das wohl eine Versuchung ist?‹ Der Alte sah mich an. ›Was du dir denkst! Eine Versuchung! Ja, wenn es nur bei dir zu Hause geschähe, du Tabakraucher – aber hier ... Bedenke doch nur, was hier für Heiligtümer sind! Und da redest du von Versuchung!‹ – ›Aber wenn es keine Versuchung ist, was ist es dann?‹ Wieder schwieg der Alte, wieder kratzte er sich und sagte schließlich, und zwar ganz dumpf, weil ihm der Schnurrbart in den Mund geraten war: ›Geh in die Stadt Belew. Außer einem einzigen Menschen kann dir niemand helfen. Und dieser Mensch wohnt in Belew – er ist einer der Unsrigen. Will er dir helfen, so ist es dein Glück, will er nicht, so bleibt es beim alten.‹ – ›Wie soll ich ihn aber finden, diesen Menschen?‹ fragte ich. ›Wir können dir den Weg weisen‹, antwortete er, ›nur, was soll das für eine Versuchung sein? Es ist eine Erscheinung oder auch ein Zeichen – aber das kannst du nicht begreifen, das ist zu hoch für dich. Leg dich jetzt schlafen – Väterchen Christus sei mit dir. Ich werde mit Weihrauch räuchern. Am Morgen aber wollen wir weitersprechen. Der Morgen ist klüger als der Abend, weißt du.‹

Nun, und am Morgen sprachen wir also weiter – nur wäre ich an ebendiesem Weihrauch beinahe erstickt. Der Alte leitete mich folgendermaßen an: In Belew angekommen, sollte ich auf den Marktplatz gehen und im zweiten Laden rechts nach einem gewissen Prochorytsch fragen. Hatte ich Prochorytsch gefunden, sollte ich ihm ein Schreiben aushändigen. Das ganze Schreiben bestand aus einem Fetzen Papier, auf dem folgendes zu lesen war:

Im Namen des Vaters und des Sohnes und des Heiligen Geistes. Amen. An Sergej Prochorowitsch Perwuschin. Vertraue diesem.

Feoduli Iwanowitsch

Und darunter stand:
Die Kohlköpfe sind mit Gottes Hilfe angekommen.

Ich bedankte mich bei dem Alten, ließ ohne weitere Erörterungen meinen Reisewagen anspannen und machte mich auf den Weg nach Belew, denn ich dachte bei mir: Obwohl mein nächtlicher Besucher mir, zugegeben, keinen großen Kummer bereitet, so ist es doch immerhin unheimlich und schließlich für einen Edelmann und Offizier auch nicht ganz schicklich. Was meinen Sie?«

»Und sind Sie wirklich nach Belew gefahren?« murmelte Herr Finopljontow.

»Geradewegs nach Belew. Ich ging auf den Marktplatz und fragte im zweiten Laden rechts nach Prochorytsch. ›Gibt es einen solchen Mann?‹ erkundige ich mich. ›Ja, den gibt es‹, wird mir gesagt. ›Und wo wohnt er?‹ – ›An der Oka, hinter den Gemüsegärten ‹ – ›In welchem Haus?‹ – ›In seinem eigenen.‹ Ich begab mich an die Oka und machte das Haus ausfindig, das heißt, eigentlich war es gar kein Haus, sondern eine einfache Hütte. Ich erblickte einen Mann in einem geflickten dunkelblauen Bauernkittel und mit einer zerrissenen Schirmmütze – dem Äußeren nach war er also ein armer Kleinbürger. Er stand mit dem Rücken zu mir und grub auf einem Kohlbeet. Ich näherte mich ihm. ›Sind Sie der und der?‹ Er drehte sich um, und ich sage Ihnen wahr und wahrhaftig: So durchdringende Augen hatte ich mein Lebtag noch nicht gesehen. Im übrigen sah das Gesicht aus wie eine geballte Faust, das Bärtchen wie ein Keil, und der Mund war eingefallen – ein alter Mann. ›Ich bin der und der‹, sagte er, ›was wünschen Sie?‹ – ›Das da‹, erwiderte ich und drückte ihm das Schreiben in die Hand. Er schaute mich scharf an und sprach: ›Bemühen Sie sich bitte ins Zimmer, ich kann ohne Brille nicht lesen.‹ Nun, ich ging mit ihm in seine Kate. Es war wirklich eine elende Kate: ärmlich, kahl, schief – sie hielt sich kaum noch aufrecht. An der Wand hing ein Heiligenbild in der alten Malweise, schwarz wie Kohle – nur das Weiße in den Augen leuchtete. Er holte aus dem Tischkasten eine runde, eiserne Brille, setzte sie sich auf die Nase, las das Schreiben und sah mich durch die Brille wiederum an. ›Sie haben eine Bitte an mich?‹ – ›Ja‹, sagte ich, ›das stimmt.‹ – ›Nun‹, meinte er, ›wenn es so ist, dann tragen Sie sie vor, wir werden hören.‹ Und was denken Sie: Er selbst setzte sich, zog ein kariertes Tuch aus der Tasche, breitete es auf seinen Knien aus – dabei hatte das Tuch lauter Löcher – und blickte so würdevoll auf mich, als wäre er ein Senator oder Minister, mir aber bot er keinen Platz an. Und was noch erstaunlicher war: Ich fühlte plötzlich, daß ich verlegen wurde, ganz verlegen. Mir fiel einfach das Herz in die Hosen. Er durchbohrte mich geradezu mit den Augen! Ich faßte mich jedoch wieder und erzählte ihm meine ganze Geschichte. Er schwieg, krümmte sich ein wenig zusammen, kaute an den Lippen, nun, und dann fragte er mich aus, genau wie ein Senator, majestätisch und ohne sich zu beeilen. ›Wie ist Ihr Name? Wie alt sind Sie? Wer waren Ihre Eltern? Im Junggesellenstand oder verheiratet?‹ Darauf kaute er von neuem an den Lippen, runzelte die Stirn, hob den Finger und sprach: ›Beten Sie vor der heiligen Ikone, vor den gerechten, ehrwürdigen Metropoliten Sossima und Sawwati von Solowezk.‹ Ich fiel auf die Knie und verneigte mich. Ich stand gar nicht mehr auf, eine solche Furcht empfand ich vor diesem Menschen – und eine solche Demut. Was immer er auch befohlen hätte, ich glaube, ich hätte es auf der Stelle ausgeführt. Ich sehe, Sie lächeln darüber, meine Herren; mir aber war damals nicht zum Lachen, nein, nein. ›Stehen Sie auf, mein Herr‹, sagte er endlich. ›Ihnen kann geholfen werden. Das ist Ihnen nicht zur Strafe geschickt worden, sondern zur Warnung, es bedeutet, daß Sie in jemandes Obhut stehen – ein guter Mensch betet für Sie. Gehen Sie jetzt auf den Markt, und kaufen Sie sich einen jungen Hund; halten Sie diesen ständig bei sich, Tag und Nacht. Ihre Erscheinungen werden aufhören, und außerdem wird Ihnen der Hund von großem Nutzen sein.‹

Mich überkam es plötzlich wie eine Erleuchtung. Wie hatten mir doch diese Worte wohlgetan! Ich verneigte mich vor Prochorytsch und wollte schon gehen, da fiel mir ein, daß ich mich ja bei ihm bedanken müsse. Ich nahm einen Dreirubelschein aus meinem Geldbeutel. Er jedoch schob meine Hand von sich fort und sagte: ›Spenden Sie das unserer Kapelle oder den Armen, diesen Dienst aber kann man nicht bezahlen.‹ Ich verneigte mich nochmals vor ihm, fast bis zur Erde, und marschierte sogleich zum Markt. Und stellen Sie sich vor: Kaum nähere ich mich den Verkaufsbuden, da kommt mir schon ein Friesmantel entgegengeschlichen, der unter dem Arm einen zwei Monate alten Jagdhund mit braunem Fell, weißer Schnauze und weißen Vorderpfoten trägt. ›Halt!‹ sagte ich zu dem Mantel. ›Für wieviel verkaufst du ihn?‹ – ›Für zwei Silberrubel.‹ – ›Da, nimm drei!‹ Jener staunte: Er glaubte wohl, der Herr sei verrückt geworden. Ich aber schob ihm die Geldscheine zwischen die Zähne, nahm das Hündchen unter den Arm und sprang in meinen Wagen. Der Kutscher spannte flugs die Pferde an, und noch am selben Abend war ich zu Hause. Während der ganzen Fahrt lag das Hündchen unter dem Mantel an meiner Brust und muckste sich nicht; ich aber sagte in einem fort zu ihm: ›Tresorchen! Tresorchen!‹ Daheim fütterte und tränkte ich es sogleich, ließ Stroh bringen, legte es schlafen und schlüpfte selber ins Bett. Ich blies die Kerze aus. Es wurde dunkel. ›Nun‹, sagte ich, ›fang an!‹ Er schwieg. ›Fang doch an‹, sagte ich, ›du da!‹ Kein Laut, wie zum Spott. Ich wurde mutiger. ›So fang doch an, du da, du Soundso!‹ Aber es rührte sich nichts – es war Schluß! Ich hörte nur das Hündchen schnaufen. ›Filka!‹ rief ich. ›Filka! Komm her, dummer Kerl!‹ Er kam herein. ›Hörst du den Hund?‹ – ›Nein, Herr, ich höre nichts‹, antwortete er und lachte. ›Und du wirst auch nie mehr etwas hören!‹ sagte ich. ›Da hast du einen halben Rubel für Wodka!‹ – ›Gestatten Sie die Hand zum Kuß‹, sagte der Dummkopf und schlich im Dunkeln auf mich zu. Die Freude war groß, sage ich Ihnen.«

»Und damit hörte alles auf?« fragte Anton Stepanytsch, nunmehr ohne Ironie.

»Die Erscheinungen hörten auf, das stimmt, und es gab keinerlei Ruhestörungen mehr – aber warten Sie nur, die Sache ist noch nicht zu Ende. Mein Tresorchen wuchs heran und wurde ein ganz geriebener Bursche, dickschwänzig und schwer, mit Schlappohren und einer großen Schnauze – ein richtiger ›Pack an‹. Dabei hing er ungemein an mir. Mit der Jagd steht es in unserer Gegend schlecht, doch da ich mir nun einmal den Hund angeschafft hatte, mußte ich mir auch ein Gewehr zulegen. Und so zog ich denn mit meinem Tresor durch die Umgebung. Manchmal glückte es mir, einen Hasen abzuknallen (wie er immer hinter den Hasen her war, mein Gott!), manchmal auch eine Wachtel oder eine Ente. Die Hauptsache war indessen: Tresor durfte sich keinen Schritt von mir entfernen. Wohin ich ging, dorthin mußte auch er; sogar in die Badestube nahm ich ihn mit – wahrhaftig! Eine Gutsherrin unserer Gegend wollte mich einmal nur dieses Tresors wegen aus ihrem Besuchszimmer führen lassen. Da habe ich einen schrecklichen Krach gemacht! Was ich ihr allein an Glas zerschlagen habe! Nun, und einmal, es war im Sommer ... Ich sage Ihnen, eine Dürre herrschte damals, wie sie noch niemand erlebt hatte. In der Luft schien Rauch oder Nebel zu hängen; es roch brandig; der Dunst war unbeschreiblich; die Sonne glich einer glühenden Kugel, und ein Staub ... Man wurde gar nicht fertig mit Niesen! Die Menschen liefen mit aufgesperrtem Mund umher – wie die Krähen. Es wurde mir äußerst langweilig, immer zu Hause zu sitzen, im vollsten Déshabillé, hinter geschlossenen Fensterläden. Die Hitze ließ gerade ein wenig nach, und so machte ich mich denn, meine Herren, auf den Weg zu einer Nachbarin von mir. Sie wohnte kaum eine Werst entfernt, diese Nachbarin, und war wirklich eine wohltätige Dame. Sie war noch jung, im blühendsten Alter, und von ungemein angenehmem Äußeren; nur hatte sie einen unbeständigen Charakter. Allerdings ist das beim weiblichen Geschlecht nicht so schlimm; es bereitet sogar Vergnügen ... Endlich war ich an ihrer Freitreppe angelangt – sauer genug war mir diese Reise geworden! Na, denke ich, jetzt wird mich Nimfodora Semjonowna sicher mit Preiselbeerwasser erquicken und auch mit anderen Erfrischungen. Ich griff schon nach der Türklinke, da fingen hinter dem Gesindehaus plötzlich Lausbuben an zu trappeln, zu quieken und zu schreien. Ich sah mich um. Herr, mein Gott! Ein riesiges rotes Vieh, das ich auf den ersten Blick gar nicht als Hund erkannte, stürmte gerade auf mich zu: den Rachen weit offen, die Augen blutunterlaufen, das Fell gesträubt. Ich hatte noch nicht einmal Luft schöpfen können, da kam dieses Ungeheuer schon die Freitreppe heraufgesprungen, stellte sich auf die Hinterpfoten und warf sich mir an die Brust. Das war eine Lage! Ich erstarrte vor Entsetzen und konnte nicht einmal die Arme heben. Ich war völlig betäubt, sah nur die schrecklichen weißen Reißzähne dicht vor meiner Nase, die rote Zunge, ganz voll Schaum ... Doch im selben Augenblick flog ein anderer, dunkler Körper vor mir hoch wie ein Ball. Es war mein Liebling Tresor, der sich für mich einsetzte. Wie ein Blutegel hängte er sich dem da, diesem Vieh, an die Kehle! Der röchelte, knirschte mit den Zähnen, taumelte zurück. Mit einem Ruck riß ich die

Tür auf und war im Vorzimmer. Ganz außer mir, stemmte ich mich mit dem ganzen Körper gegen das Schloß und hörte nur, wie auf der Freitreppe eine verzweifelte Bataille vor sich ging. Ich schrie, rief um Hilfe. Im Hause geriet alles in Aufruhr. Nimfodora Semjonowna kam mit aufgelöstem Haar herbeigelaufen; draußen lärmten Stimmen – und plötzlich vernahm man: ›Halt ihn auf, halt ihn auf, mach das Tor zu!‹ Ich öffnete die Tür – natürlich nur ganz wenig – und sah: Das Ungeheuer war nicht mehr auf der Freitreppe. Die Leute rannten auf dem Hof durcheinander, schwenkten die Arme, hoben Stöcke vom Boden auf – sie hatten völlig den Kopf verloren. ›Zum Dorf! Er ist zum Dorf gelaufen!‹ kreischte ein Weib in einem Feiertagskopfputz von ungewöhnlichen Ausmaßen, während sie sich aus einem Dachfenster beugte. Ich trat aus dem Haus. ›Wo ist Tresor?‹ Doch im selben Augenblick gewahrte ich meinen Retter. Er kam vom Tor, hinkend, ganz zerbissen und voll Blut. ›Was war denn überhaupt los?‹ fragte ich die Leute – sie liefen immer noch auf dem Hof umher wie von Sinnen. ›Ein toller Hund‹, antworteten sie mir, ›ein gräflicher; seit gestern treibt er sich hier herum.‹

Wir hatten einen Nachbarn, einen Grafen. Dieser hatte sich ausländische Hunde kommen lassen, die ganz besonders scharf waren. Mir zitterten die Knie. Ich stürzte zu einem Spiegel, um nachzusehen, ob ich nicht gebissen worden war. Nein, Gott sei Dank, ich konnte nichts sehen – nur meine Visage war natürlich ganz grün. Nimfodora Semjonowna aber lag auf dem Diwan und gackerte wie ein Huhn. Das war ja auch begreiflich: erstens die Nerven und zweitens die Empfindsamkeit. Sie kam indessen bald wieder zu sich und fragte, ganz matt, ob ich noch am Leben sei. Ich sagte, daß ich lebe und daß Tresor mich gerettet habe. ›Ach‹, sagte sie, ›welch ein Edelmut! Der tolle Hund hat ihn also erwürgt?‹ – ›Nein‹, erwiderte ich, ›nicht erwürgt, aber schwer verwundet.‹ – ›Ach‹, sagte sie, ›dann muß man ihn sofort erschießen!‹ – ›Nicht doch‹, entgegnete ich, ›damit bin ich nicht einverstanden; ich werde versuchen, ihn zu kurieren.‹ In diesem Augenblick kratzte Tresor an der Tür. Ich wollte gehen und ihm öffnen.

›Ach‹, rief sie, ›was tun Sie da? Er wird uns alle beißen!‹ – ›Aber ich bitte Sie‹, sagte ich, ›so schnell wirkt das Gift nicht.‹ Darauf sie: ›Ach, wie ist das möglich! Sie haben wohl den Verstand verloren?‹ Und ich: ›Nimfotschka, beruhige dich, nimm Vernunft an.‹ Sie jedoch fing plötzlich an zu schreien: ›Gehen Sie, gehen Sie sofort weg mit Ihrem widerwärtigen Hund!‹ – ›Und ich werde gehen‹, sagte ich. ›Sofort‹, rief sie, ›augenblicklich! Entferne dich, Räuber, und untersteh dich, mir jemals wieder unter die Augen zu treten! Du selbst kannst ja toll werden!‹ – ›Sehr schön‹, sagte ich, ›nur geben Sie mir einen Wagen, denn es ist mir zu gefährlich, jetzt zu Fuß nach Hause zu gehen.‹ Sie starrte mich an. ›Gebt ihm eine Kalesche, eine Kutsche, eine Droschke, alles, was er will, wenn er nur schleunigst verschwindet. Ach, was für Augen! Ach, was für Augen er macht!‹ Mit diesen Worten war sie auch schon aus dem Zimmer. Sie gab dem Mädchen, das ihr entgegenkam, eins auf die Wange, und ich hörte noch, wie sie einen neuen Anfall bekam. Und ob Sie mir glauben, meine Herren, oder nicht, seit jenem Tag habe ich jegliche Bekanntschaft mit Nimfodora Semjonowna abgebrochen, und bei reiflicher Erwägung aller Dinge kann ich nicht umhin anzufügen, daß ich auch dafür meinem Freund Tresor Dank bis über das Grab hinaus schulde.

Nun, ich ließ eine Kalesche anspannen, setzte Tresor hinein und fuhr nach Hause. Daheim untersuchte ich ihn, wusch ihm die Wunden aus und dachte: Morgen in aller Frühe werde ich ihn zu der Hebamme des Jefremower Kreises bringen. Diese Hebamme ist ein merkwürdiger alter Bauer: er bespricht Wasser – andere behaupten, er tue Schlangenspeichel hinein –, und das gibt er einem zu trinken. Es nimmt alles im Handumdrehen fort. Bei dieser Gelegenheit, überlegte ich, werde ich mir in Jefremow gleich Blut abzapfen lassen, das ist immer gut gegen einen Schreck – nur freilich nicht aus dem Arm, sondern aus der Daumader.«

»Und wo ist diese Stelle – die Daumader?« fragte mit schüchterner Neugier Herr Finopljontow.

»Das wissen Sie nicht? Hier an der Hand, neben dem Daumen, ist diese Stelle, da, wo man aus dem Horn den

Schnupftabak hinschüttet – hier! Für einen Aderlaß der beste Punkt, denn bedenken Sie doch: Aus dem Arm kommt nur Sehnenblut, hier aber ist es richtig eingespielt. Die Ärzte wissen das nicht und verstehen nichts davon – wie sollten sie auch, diese deutschen Schmarotzer! Die Schmiede bringen es besser. Wie geschickt da mancher ist! Er setzt den Stichel an, klopft mit dem Hammer darauf, und schon ist es geschehen! Nun, während ich so sann, war es draußen völlig dunkel geworden und Zeit, sich aufs Ohr zu legen. Ich ging zu Bett – und Tresor natürlich ebenfalls. Aber ob es nun von dem Schreck oder von der Schwüle kam, von den Flöhen oder von den Gedanken – ich konnte einfach nicht einschlafen, es war nichts zu machen! Eine Bangigkeit befiel mich, daß ich es gar nicht beschreiben kann. Ich trank Wasser, öffnete das Fenster, spielte auf der Gitarre den ›Kamarinski‹ mit italienischen Variationen – nichts half! Es trieb mich geradezu aus dem Zimmer! Endlich faßte ich einen Entschluß: Ich nahm Kopfkissen, Decke und Bettlaken und ging durch den Garten zur Heuscheune. Dort legte ich mich nieder. Und nun wurde mir wohl, meine Herren. Die Nacht war still, ganz still, nur zuweilen strich mir ein Windhauch gleich einer Frauenhand über die Wange, so angenehm kühl. Das Heu duftete wie Tee; auf den Apfelbäumen zirpten die Grillen; plötzlich begann eine Wachtel zu schlagen – man merkte, daß es auch ihm, dem netten Kerlchen, wohltat, im Tau mit der Herzensfreundin beisammenzusitzen. Der Himmel aber war eine einzige Pracht: Die Sterne funkelten; manchmal schwebte ein Wölkchen heran, weiß wie Watte, doch auch das bewegte sich kaum ...«

An dieser Stelle der Erzählung nieste Skworewitsch plötzlich, und auch Kinarewitsch, der nie und in nichts hinter seinem Kameraden zurückblieb, nieste. Anton Stepanytsch warf einen beifälligen Blick auf die beiden.

»Nun«, fuhr Porfiri Kapitonytsch fort, »so lag ich denn da, aber ich fand trotzdem keinen Schlaf. Das Grübeln kam mich an, und am meisten grübelte ich über die höchste Weisheit: wie es zuging, daß Prochorytsch recht gehabt hatte, als er meinte, das sei eine Warnung, und warum ausgerechnet an mir solche Wunder geschahen. Ich staunte eigentlich gerade deswegen darüber, weil ich es nicht begreifen konnte. Tresorchen jedoch hatte sich im Heu zusammengerollt und winselte – ihn schmerzten seine Wunden. Ich will Ihnen auch sagen, was mich daran hinderte zu schlafen. Sie werden es mir nicht glauben: Es war der Mond. Er stand direkt vor mir, rund, groß, gelb, flach, und mir deuchte, er starrte mich an, weiß Gott, und zwar so frech und zudringlich ... Ich streckte ihm schließlich sogar die Zunge heraus, wahrhaftig. Warum bist du denn so neugierig? denke ich. Ich wende mich von ihm ab. Da kriecht er mir ins Ohr, bescheint mir den Nacken, übergießt mich wie ein Regenschauer. Ich öffne die Augen. Was ist das? Jedes Hälmchen, jedes elende Ästchen im Heu, das winzigste Spinngewebe – alles läßt er ganz deutlich hervortreten, ganz deutlich. Da, schau dir's an! Es ist nichts zu machen: Ich stütze den Kopf in die Hand und schaue. Und Sie mögen es glauben oder nicht: Meine Augen glotzen und werden immer größer, wie bei einem Hasen, als wüßten sie gar nicht, was Schlaf ist. Mir kommt es vor, als könnte ich mit diesen Augen alles verschlingen. Das Scheunentor steht sperrangelweit offen. Wohl auf fünf Werst kann man ins Freie hinaussehen. Klar und zugleich unklar sieht man alles vor sich, wie es in Mondnächten immer ist. Ich schaue also und schaue und zwinkere nicht einmal. Und plötzlich scheint mir, als ob sich etwas bewegte, in weiter Ferne – so, als flimmere da etwas. Es vergeht eine Weile, und wieder taucht ein Schatten auf – nun schon etwas näher; dann wieder, noch näher. Was ist das nur? denke ich. Vielleicht ein Hase? Nein, überlege ich, das ist größer als ein Hase, und es läuft auch anders. Abermals zeigt sich der Schatten. Jetzt bewegt er sich schon über die Viehweide (die Weide sah im Mondlicht ganz weiß aus), und zwar als ein großer Fleck. Die Sache ist klar: Es ist ein Tier – ein Fuchs oder ein Wolf. Mir hämmert auf einmal das Herz. Weshalb bin ich nur so erschrocken? Es läuft doch genug Viehzeug aller Art nachts durchs Gelände. Doch meine Neugier ist noch stärker als meine Furcht. Ich erhebe mich etwas, reiße die Augen auf, und plötzlich überläuft es mich kalt; ich erstarre, als hätte man mich bis an die Ohren in Eis eingegraben. Weshalb nur? Weiß der Himmel! Ich sehe, wie der Schatten wächst und wächst – er jagt also direkt auf die Scheune zu. Und nun wird mir auch klar, was das ist. Es ist wirklich ein Tier, groß, mit dickem Kopf ... Es kommt dahergerast wie ein Wirbelwind, wie eine Kanonenkugel. Um Himmels willen! Was ist los? Es bleibt auf einmal stehen, als habe es etwas gewittert. Ja, das ist, das ist doch der tolle Hund von heute! Er, er ist es! Herrgott! Und ich kann mich nicht rühren, kann nicht schreien. Er springt an das Tor heran, funkelt mit den Augen, heult auf und stürzt über das Heu hinweg geradewegs auf mich zu.

Aus dem Heu aber stürmt wie ein Löwe mein Tresor – und er hat ihn schon! Sie verbeißen sich mit den Rachen ineinander, fallen wie ein Knäuel zu Boden! Was weiter dort geschah, ich weiß es nicht. Ich weiß nur, daß ich, so wie ich war, Hals über Kopf über die beiden hinwegflog, in den Garten hinein, ins Haus, in mein Schlafzimmer. Beinahe hätte ich mich unters Bett verkrochen – wozu soll ich es verhehlen. Und was für Sprünge, was für Hopser ich durch den Garten machte! Ich glaube, selbst die allerbeste Tänzerin, die dem Kaiser Napoleon an seinem Namenstag vortanzte, selbst die hätte mich nicht eingeholt. Als ich jedoch ein wenig zu mir gekommen war, brachte ich sogleich das ganze Haus auf die Beine. Ich befahl allen, sich zu bewaffnen, und ich selbst nahm Säbel und Revolver. (Ich muß gestehen, ich hatte mir diesen Revolver kurz nach der Bauernbefreiung gekauft, für alle Fälle, wissen Sie. Allerdings entpuppte er sich als ein ganz hinterlistiges Ding – von drei Schüssen waren bestimmt zwei Versager.) Nun, das griff ich denn alles, und so ausgerüstet, mit Knütteln und Laternen, begaben wir uns, der ganze lärmende Haufen, zur Scheune. Wir traten heran, riefen – es war nichts zu hören. Endlich gingen wir in die Scheune hinein. Und was sahen wir da? Mein armes Tresorchen lag tot am Boden, mit durchgebissener Gurgel. Jener aber, der verfluchte, war spurlos verschwunden.

Und da, meine Herren, heulte ich auf wie ein Kalb, und ich

schäme mich nicht, es auszusprechen: Ich warf mich neben meinem sozusagen doppelten Lebensretter nieder und küßte ihn lange auf den Kopf. Und ich verharrte in dieser Stellung, bis mich meine alte Beschließerin Praskowja wieder zur Besinnung brachte – sie war auf das Geschrei hin ebenfalls herbeigeeilt. ›Was tun Sie da, Porfiri Kapitonytsch?‹ sagte sie. ›Wie können Sie sich über einen Hund so grämen! Sie werden sich noch erkälten – Gott bewahre Sie davor!‹ Ich war wirklich nur sehr leicht angezogen. ›Wenn dieser Hund das Leben verloren hat, indem er Sie rettete, so kann man das als eine große Gnade für ihn ansehen!‹

Obwohl ich mit Praskowja nicht einverstanden war, ging ich doch ins Haus zurück. Den tollen Hund indessen erschoß am nächsten Tag ein Garnisonsoldat mit seinem Gewehr. Auch diesem Hund war also eine Grenze gesetzt. Zum erstenmal in seinem Leben hatte der Soldat mit einem Gewehr geschossen, obgleich er eine Medaille für das Jahr achtzehnhundertzwölf besaß. Das also war das übernatürliche Geschehnis, das mir widerfahren ist.«

Der Erzähler verstummte und stopfte sich eine Pfeife. Wir anderen aber blickten einander unschlüssig an.

»Sie haben vielleicht ein sehr sittenstrenges Leben geführt«, fing Herr Finopljontow an, »und zum Lohn dafür ...« Doch bei diesen Worten stockte er, denn er sah, daß Porfiri Kapitonytschs Wangen sich aufblähten und röteten und seine Augen immer kleiner wurden – als wollte sich der Mann jeden Augenblick ausschütten vor Lachen.

»Wenn man aber die Möglichkeit des Übernatürlichen zugibt, die Möglichkeit seiner Einmischung in das sozusagen alltägliche Leben«, hob Anton Stepanytsch von neuem an, »welche Rolle soll dann der gesunde Menschenverstand spielen?«

Keiner von uns wußte darauf etwas zu antworten, und so verharrten wir nach wie vor in Ungewißheit.

OSCAR WILDE

Das Gespenst von Canterville

Eine materio-idealistische romantische Erzählung

I

Als Mr. Hiram B. Otis, der amerikanische Gesandte, Canterville Chase kaufte, erklärte ihm jeder, er tue daran sehr töricht, denn ganz bestimmt spuke es dort im Schlosse. Auch Lord Canterville selbst, der äußerst heikel in Dingen der Ehre war, hatte sich verpflichtet gefühlt, Mr. Otis auf die Tatsache hinzuweisen, bevor man über die Kaufbedingungen einig wurde.

»Wir hatten keine Lust mehr, dort zu wohnen«, sagte Lord Canterville, »seit meine Großtante, die Herzoginwitwe von Bolton, einen Nervenanfall erlitt, den sie nie völlig überwand, weil zwei Knochenhände sich auf ihre Schultern legten, als sie zum Dinner Toilette machte; und ich kann nicht umhin, Ihnen zu sagen, Mr. Otis, daß der Geist von mehreren lebenden Mitgliedern meiner Familie gesehen worden ist sowie von dem Pfarrer des Kirchspiels, Reverend Augustus Dampier, Fellow von King's College zu Cambridge. Nach dem unheilvollen Erlebnis der Herzogin wollte niemand von unserer jüngeren Dienerschaft mehr bei uns bleiben, und Lady Canterville vermochte in vielen Nächten kaum Schlaf zu finden wegen der unerklärlichen Geräusche, die vom Korridor und aus der Bibliothek zu uns drangen.«

»Mylord«, entgegnete der Gesandte, »ich will die ganze Einrichtung mitsamt dem Gespenst zum Schätzungspreis übernehmen. Ich komme aus einem modernen Lande, wo wir alles haben, was für Geld zu kaufen ist; und wenn ich bedenke, wie unsere unternehmungslustigen fixen Jungen die Alte Welt unsicher machen und euch eure besten Schauspielerinnen und Primadonnen ausspannen, dann meine ich: Gäbe es in Europa etwas wie ein Gespenst, so hätten wir es in allerkürzester Zeit bei uns in einem unserer öffentlichen Museen oder in einem Wanderzirkus auf den Landstraßen.«

»Ich fürchte, das Gespenst existiert wirklich«, sagte Lord Canterville lächelnd, »wenn es den Angeboten Ihrer geschäftstüchtigen Manager bisher auch widerstanden hat. Es ist seit drei Jahrhunderten allgemein bekannt, genauer gesagt seit fünfzehnhundertvierundachtzig, und es erscheint unmittelbar immer, bevor ein Mitglied unserer Familie stirbt.«

»Genau wie der Hausarzt also, Lord Canterville, Gespenster aber gibt es nicht, und ich kann mir nicht denken, daß die Gesetze der Natur der britischen Aristokratie zuliebe aufgehoben werden sollten.«

»In Amerika sieht man sicher alles sehr natürlich an«, erwiderte Lord Canterville, der Mr. Otis' letzte Bemerkung nicht ganz verstand, »und wenn ein Gespenst im Haus Ihnen nichts ausmacht, ist ja alles in Ordnung. Nur dürfen Sie nicht vergessen, daß ich Sie vorher gewarnt habe.«

Wenige Wochen nach dieser Unterredung war der Kauf abgeschlossen, und zu Ende der Londoner Season übersiedelte der Gesandte mit seiner Familie nach Canterville Chase. Mrs. Otis, die als Miss Lucretia R. Tappan, New York West, 53. Straße, eine gefeierte Schönheit ihrer Stadt gewesen, war jetzt eine sehr stattliche Frau mittleren Alters, mit schönen Augen und einem herrlichen Profil. Viele amerikanische Damen geben sich, sowie sie ihr Heimatland verlassen haben, als siechten sie an einem chronischen Leiden, denn sie halten das für eine Form europäisch verfeinerter Kultur; Mrs. Otis aber war diesem Irrtum niemals unterlegen. Ihr Körper funktionierte ausgezeichnet und barg ein wahrhaft erstaunliches Maß robuster Lebenstüchtigkeit. In vieler Hinsicht war sie also durchaus englisch, ja, sie bot ein vorzügliches Beispiel für die Tatsache, daß England und Amerika heute alles miteinander gemein haben – ausgenommen natürlich die Sprache. Ihr ältester Sohn, den seine Eltern in einer Aufwallung patriotischer Gefühle auf den Namen Washington getauft hatten, was zu beklagen er nie aufhörte, war ein blonder, recht gut aussehender junger Mann und hatte seine Befähigung für die amerikanische Diplomatenlaufbahn dadurch nachgewiesen, daß er im Strandkasino von Newport drei Sommer nacheinander den Kotillon anführte und selbst in London als hervorragender Tänzer galt. Gardenien und englischer Hochadel waren seine einzigen Schwächen. In allem übrigen war er ungemein vernünftig. Miss Virginia E. Otis, ein kleines Fräulein von fünfzehn Jahren, geschmeidig und hübsch wie ein junges Reh und mit schönem Freimut in ihren großen blauen Augen, war eine wundervolle Reiterin, eine wahre Amazone, und hatte kürzlich auf ihrem Pony ein Rennen zweimal rund um den Hyde Park gegen den alten Lord Bilton ausgetragen und gerade vor der Achillesstatue mit anderthalb Längen vor ihm gewonnen. Das entzückte den jungen Herzog von Cheshire dermaßen, daß er ihr auf der Stelle einen Heiratsantrag machte und noch an demselben Abend, in Tränen gebadet, von seinen Vormündern nach Eton zurückgeschickt wurde. Nach Virginia kamen die Zwillinge, gemeinhin »das Sternenbanner« genannt, weil sie wegen ihrer Streiche immerzu verprügelt werden mußten und daher meistens voller »Sterne und Streifen« prangten. Sie waren reizende Knaben und, abgesehen von dem trefflichen Gesandten, die einzigen echten Republikaner der Familie.

Da Schloß Canterville sieben Meilen von Ascot, der nächsten Bahnstation, entfernt liegt, hatte Mr. Otis nach einem Break telegraphiert, der die Familie abholen sollte, und frohgemut fuhren sie los. Es war ein lieblicher Juliabend, und die Luft schmeckte köstlich herb vom Duft der Fichtenwälder. Dann und wann hörten sie eine Waldtaube ihrer eigenen sanften Stimme nachlauschen oder sahen tief im raschelnden Farn die braunglänzende Brust des Fasans. Kleine Eichhörnchen guckten von den Rotbuchen auf sie nieder, wenn sie vorüberfuhren, und die Kaninchen stoben durchs Unterholz und über die bemoosten Wurzelknorren, die weißen Schwänzchen hoch in der Luft. Doch als Mr. Otis und die Seinen in die Allee von Canterville Chase einbogen, verdüsterten Wolken plötzlich den Himmel, eine sonderbare Stille schien der Luft den Atem abzudrücken, ein großer Flug Krähen schwebte lautlos über ihre Köpfe dahin, und ehe sie das Haus erreichten, waren einige schwere Regentropfen gefallen. Auf der Freitreppe empfing sie eine alte Frau in würdiger schwarzer Seide und mit weißer Haube und Schürze. Das war Mrs. Umney, die Haushälterin, die Mrs. Otis auf Lady Cantervilles inständige Bitte in ihrer bisherigen Stellung übernommen hatte. Als sie ausstiegen, machte sie vor jedem einen tiefen Knicks und sagte in eigentümlich altmodischer Ausdrucksweise: »Ich heiße Sie willkommen auf Schloß Canterville.«

Von ihr geführt, ging man durch die schöne Tudorhalle nach der Bibliothek, einem langen, niedrigen, mit schwarzem Eichenholz getäfelten Raum, an dessen Ende sich ein großes Fenster mit bunten Glasscheiben befand. Hier war der Tisch schon zum Tee für sie gedeckt, und als sie ihre Mäntel abgelegt hatten, nahmen sie Platz und begannen sich umzuschauen, während Mrs. Umney sie bediente.

Plötzlich erblickte Mrs. Otis einen trübroten Fleck auf dem Fußboden, gerade vor dem Kamin, und sagte zu Mrs. Umney, ohne im mindesten zu ahnen, was es damit auf sich hatte: »Ich glaube fast, jemand hat dort etwas vergossen.«

»Ja, gnädige Frau«, erwiderte die alte Haushälterin mit gedämpfter Stimme, »Blut ist an jener Stelle vergossen worden.«

»Wie gräßlich!« rief Mrs. Otis. »Blutflecke im Wohnzimmer kann ich nicht ausstehen. Er muß sofort entfernt werden.«

Die Alte lächelte und sprach mit derselben leisen, geheimnisvollen Stimme: »Es ist das Blut der Lady Eleanore de Canterville, die an ebenjener Stelle von ihrem eigenen Gemahl, Sir Simon de Canterville, im Jahr fünfzehnhundertfünfundsiebzig ermordet wurde. Sir Simon überlebte sie um neun Jahre und verschwand plötzlich unter rätselhaften Umständen. Sein toter Leib ward niemals aufgefunden, doch sein schuldbeladener Geist geht noch heute hier im Schlosse um. Der Blutfleck wird von Touristen und anderen Besuchern viel bewundert und kann durch nichts entfernt werden.«

»Unsinn!« rief Washington Otis. »Pinkertons Ia Fleckweg und Universal-Reinigungsstift wird ihn sofort wegbringen«, und ehe die entsetzte Haushälterin dazwischentreten konnte, hatte er sich auf die Knie niedergelassen und rieb behende den Fußboden mit etwas, das aussah wie ein Stümpfchen schwarze Pomade. Nach ein paar Augenblicken war von dem Blutfleck keine Spur mehr zu sehen.

»Ich wußte, Pinkerton schafft's!« schrie er triumphierend, während sein Blick reihum über die staunende Familie wanderte; doch kaum hatte er die Worte ausgesprochen, da erleuchtete ein greller Blitzstrahl das düstere Zimmer, ein furchtbarer Donnerschlag ließ alle von ihren Stühlen aufspringen, und Mrs. Umney fiel in Ohnmacht.

»Was für ein schauderhaftes Klima!« sagte der amerikanische Gesandte ruhig und zündete sich eine lange Manilazigarre an. »Ich glaube, das alte England ist so übervölkert, daß sie nicht genug anständiges Wetter für alle haben. Meine Ansicht war stets: nur Auswanderung kann England retten.«

»Lieber Hiram«, rief Mrs. Otis, »was sollen wir mit einer Frau anfangen, die ohnmächtig wird?«

»Zieh es ihr vom Lohn ab wie das zerbrochene Geschirr«, antwortete der Gesandte, »dann wird sie nicht wieder in Ohnmacht fallen«, und wirklich kam Mrs. Umney nach ein paar Sekunden wieder zu sich. Allein sie war zweifellos im Tiefsten aufgewühlt, und sie mahnte Mr. Otis mit Grabesstimme, sich auf Ungemach vorzubereiten, das sein Haus treffen werde.

»Ich habe mit meinen eigenen Augen Dinge gesehen, Sir«, sagte sie, »daß sich jedem Christenmenschen die Haare sträuben würden, und manch eine Nacht habe ich kein Auge zugetan zum Schlaf, um des Grauenvollen willen, das hier geschieht.«

Doch Mr. Otis und seine Gattin versicherten der ehrlichen Haut mit allem Nachdruck, daß sie sich nicht vor Gespenstern fürchteten, und die alte Haushälterin flehte den Segen der Vorsehung auf ihre neue Herrschaft herab, murmelte einiges betreffs Lohnerhöhung und humpelte davon in ihr Zimmer.

II

Der Sturm tobte die ganze Nacht hindurch, aber nichts Absonderliches ereignete sich. Am nächsten Morgen indessen, als sie zum Frühstück herunterkamen, sahen sie den grausigen Blutfleck von neuem auf dem Fußboden. »Ausgeschlossen, der Universal-Reinigungsstift kann nicht versagt haben«, meinte Washington, »er ist von mir selbst an allem möglichen ausprobiert. Es muß das Gespenst gewesen sein.« Also rieb er den Fleck zum zweitenmal weg, aber am nächsten Morgen erblickte man ihn wieder. Auch am dritten Morgen war er da, obwohl Mr. Otis die Bibliothek am Abend eigenhändig abgeschlossen und den Schlüssel nach oben mitgenommen hatte. Die ganze Familie interessierte sich nun für die Angelegenheit: Mr. Otis hielt es für möglich, daß er sich doch wohl zu entschieden festgelegt hatte, als er die Existenz von Gespenstern rundweg ableugnete; Mrs. Otis tat kund, sie beabsichtige, dem Spiritistenklub beizutreten; und Washington verfaßte einen langen Brief an Messieurs Myers & Podmore über das Problem der Dauerhaftigkeit von Blutflecken, sofern diese kriminellen Ursprungs sind. In der folgenden Nacht sollte mit allen Zweifeln an der tatsächlichen Existenz von Geistererscheinungen ein für allemal aufgeräumt werden.

Der Tag war warm und sonnig gewesen, und in der Abendkühle fuhr die ganze Familie ein Stück spazieren. Sie kehrten erst um neun Uhr nach Haus zurück und nahmen dann ein leichtes Abendessen ein. Bei Tisch war keineswegs von Gespenstern die Rede, so daß auch die Vorbedingungen für jene Aufnahmebereitschaft fehlten, die so oft die Wahrnehmung übersinnlicher Phänomene begünstigt. Wie ich später von Mr. Otis erfuhr, waren die behandelten Gesprächsthemen durchweg solche, wie sie unter gebildeten Amerikanern der besseren Stände üblich sind: daß zum Beispiel Miss Fanny Davenport der Sarah Bernhardt als Schauspielerin enorm überlegen ist; daß man selbst in den besten englischen Häusern unmöglich frische Maiskolben, Buchweizenkuchen und Maisbrei bekommen kann; daß Boston aus der Entwicklung der

Weltseele nicht wegzudenken ist; daß das amerikanische Gepäckscheinsystem den Eisenbahnreisenden unbestreitbare Vorteile bietet und daß der New-Yorker Akzent unvergleichlich melodischer klingt als das Londoner Geklöne. Das Übernatürliche wurde mit keinem Wort erwähnt und auf Sir Simon de Canterville auch nicht beiläufig Bezug genommen. Um elf ging die Familie zu Bett, und halb zwölf waren alle Lichter ausgelöscht. Eine Weile später wurde Mr. Otis durch ein sonderbares Geräusch auf dem Korridor vor seinem Schlafzimmer geweckt. Es klang, als ob Metall klirrte, und schien mit jedem Augenblick näher zu kommen. Er stand sogleich auf, zündete ein Streichholz an und sah nach, wie spät es war. Die Uhr zeigte Punkt eins. Er war ganz ruhig und fühlte sich den Puls: der ging durchaus normal. Das seltsame Geräusch dauerte noch fort, zugleich damit hörte Mr. Otis deutlich das Scharren von Tritten. Er fuhr in seine Pantoffeln, nahm ein längliches Fläschchen aus seinem Nachttischkasten und öffnete die Tür. Gerade vor sich erblickte er im blassen Mondlicht einen alten Mann von gräßlichem Aussehen. Seine Augen glichen rotglühenden Kohlen, langes graues Haar fiel ihm in wirren Locken über die Schultern, seine Kleider, von Urvätermachart, waren schmutzig und zerfetzt, und von seinen Hand- und Fußgelenken hingen schwere, rostige Fesseln.

»Mein lieber Herr«, sagte Mr. Otis, »ich muß Sie dringendst ersuchen, Ihre Ketten zu ölen, und ich habe Ihnen zu diesem Zwecke ein Fläschchen »Tammany-Morgensonnen-Salböl« mitgebracht. Es soll bereits bei einmaliger Anwendung von höchster Wirksamkeit sein, auf dem Etikett stehen verschiedene Gutachten darüber von einigen unserer hervorragendsten amerikanischen Kanzelredner. Ich stelle es Ihnen hierher neben den Leuchter und werde Sie gern mit mehr versorgen, falls Sie es brauchen.« Mit diesen Worten deponierte der Gesandte der Vereinigten Staaten die Flasche auf einem Marmortischchen, schloß die Tür hinter sich und ging wieder zur Ruhe.

Das Gespenst von Canterville stand einen Augenblick erstarrt in gerechter Entrüstung; dann schmetterte es die Flasche hitzig auf den blankpolierten Fußboden und floh den

Korridor entlang, wobei es hohle Wehelaute ausstieß und ein grausiggrünes Licht entsandte. Doch als es eben die breite eichene Treppe hinunter wollte, wurde plötzlich eine Tür aufgerissen, zwei kleine Gestalten in weißen Nachtkitteln erschienen, und ein großes Kissen sauste ihm dicht am Kopf vorbei!

Jetzt war offensichtlich keine Zeit zu verlieren, und so ergriff es in aller Hast die vierte Dimension als Rettungsanker, verflüchtete sich durch die Wandtäfelung, und das Haus lag wieder still und schweigend.

Das Gespenst hatte unterdessen ein kleines verborgenes Gemach im linken Flügel erreicht; dort lehnte es sich an einen Mondstrahl, um erst mal tief Luft zu holen, und versuchte sich seine Lage klarzumachen. Niemals in seiner blendenden, während dreier Jahrhunderte nicht unterbrochenen Karriere war man ihm so gröblich zu nahe getreten. Es dachte an die Herzoginwitwe, der es einen Nervenanfall verursacht hatte, als sie in ihren Diamanten und Spitzen vor dem Spiegel stand; an die vier Hausmädchen, die es nur durch die Gardinen der Fremdenzimmer anzugrinsen brauchte, und sie fielen in Krämpfe; an den Pfarrer des Kirchspiels, dem es die Kerze ausgeblasen hatte, als er einmal spät in der Nacht aus dem Bibliothekszimmer trat, und der seitdem bei Sir William Gull in ständiger Behandlung war, ein wahrer Märtyrer nervöser Störungen; und es dachte an die alte Madame de Tremouillac, die eines Morgens früh beim Aufwachen ein Gerippe in ihrem Lehnstuhl am Kamin hatte sitzen und in ihrem Tagebuch lesen sehen, worauf sie sechs Wochen mit einem Anfall von Gehirnfieber das Bett hüten mußte und, als sie dann doch genas, ihren Frieden mit der Kirche machte und jede Verbindung mit dem berüchtigten Freigeist Monsieur de Voltaire löste. Es gedachte jener schaurigen Nacht, da der ruchlose Lord Canterville röchelnd und fast erstickt in seinem Ankleidezimmer aufgefunden wurde, mit dem Karobuben tief in der Kehle, und wie er im Angesicht des Todes gerade noch beichten konnte, er habe Charles James Fox beim Spiel im Crockford's Club fünfzigtausend Pfund abgeluchst, und zwar vermittels ebendieses Karobuben, den, das schwöre er, das Cantervillegespenst ihm danach in den Rachen gestopft hatte. All seine großen Erfolge kamen ihm ins Gedächtnis zurück, angefangen mit dem Kellermeister, der sich in der Speisekammer erschoß, weil er eine grüne Hand leise an die Fensterscheibe hatte rühren sehen, bis hinauf zu der schönen Lady Stutfield, die stets ein schwarzes Samtband um ihren weißen Hals tragen mußte, um das Brandmal von fünf Knochenfingern zu verstecken, und die sich schließlich im Karpfenteich am Ende der Königsallee ertränkte. Mit der enthusiastischen Selbstbespiegelungslust des echten Künstlers ließ das Gespenst seine glorreichsten Rollen an sich vorüberziehen und lächelte bitter, als es sich seines letzten Auftretens als »Roter Ruben oder der erdrosselte Säugling« erinnerte, seines Debüts als »Der dürre Gibeon, der Blutsäufer vom Bexley-Moor« und des rasenden Beifalls, der an einem lieblichen Juniabend einer ganz schlichten Darbietung zuteil geworden: Es hatte damals auf dem Tennisplatz mit seinen eigenen Knochen Kegel geschoben. Und nach alldem sollten da ein paar niederträchtige moderne Amerikaner hereingeschneit kommen und ihm Morgensonnen-Salböl anbieten und mit Kissen nach ihm werfen! Das ging denn doch zu weit. Nein, nie in der Geschichte war ein Gespenst auf solche Art behandelt worden. Es schnob also Rache und verblieb bis zum Morgengrauen in der Haltung tiefen Sinnens.

III

Als Familie Otis sich am nächsten Morgen zum Frühstück versammelte, erörterte man die nächtliche Erscheinung mit einiger Ausführlichkeit. Den Gesandten der Vereinigten Staaten verdroß es begreiflicherweise ein bißchen, daß sein Geschenk verschmäht worden war. »Es liegt mir ferne«, sagte er, »dem Gespenst eine persönliche Kränkung zuzufügen, und ich muß sagen, in Anbetracht der langen Jahre, die es in diesem Hause zugebracht hat, finde ich es keineswegs höflich, mit Kopfkissen nach ihm zu werfen« – eine sehr richtige Bemerkung, die von den Zwillingen leider mit Lachsalven beantwortet wurde. »Andererseits«, fuhr er fort, »falls das Gespenst es tatsächlich ablehnen sollte, das Morgensonnenöl zu benutzen, werden wir ihm wohl oder übel seine Ketten wegnehmen müssen. Bei so einem dauernden Geklapper vor dem Zimmer kann man ja unmöglich schlafen.«

Den Rest der Woche verbrachte die Familie indes ungestört, das einzige Bemerkenswerte war die Tatsache, daß der Blutfleck am Boden der Bibliothek sich ständig erneuerte. Dies war allerdings sehr merkwürdig, denn Mr. Otis verschloß die Tür jeden Abend und hielt die Fenster stets fest verriegelt. Auch die chamäleonhafte Färbung des Fleckes regte zu zahlreichen Deutungsversuchen an. Manchen Morgen zeigte er ein mattes Rot, nahezu ein Indischrot, dann war er scharlachfarben, dann von tiefem Purpur; und als einmal alle Otis, den schlichten Riten der Freien Amerikanischen Reformierten Episkopalkirche gemäß, zum gemeinsamen Familiengebet zusammentraten, prangte er in leuchtendem Smaragdgrün. Dieser kaleidoskopartige Wechsel erfreute die Gesellschaft natürlich sehr, und alle Abende wurden Wetten jeder Höhe darüber abgeschlossen. Die einzige, die sich an dieser Belustigung nicht beteiligte, war die kleine Virginia, der – wer weiß, warum – der Anblick des Blutflecks immer das Herz schwer machte, und an dem Morgen, als er smaragdgrün aussah, hätte sie um ein Haar richtig losgeweint.

Das zweite Mal erschien das Gespenst Sonntag nacht. Kurz nachdem alle Familienmitglieder schlafen gegangen waren, wurden sie jählings durch ein fürchterliches Gerassel in der Halle aufgestört. Sie liefen hinunter und sahen, daß eine komplette alte Ritterrüstung von ihrem Ständer herabgerissen und auf den steinernen Fußboden gefallen war; in einem hochlehnigen Armstuhl aber saß das Gespenst von Canterville und rieb sich die Knie, den Ausdruck tiefster Seelenqual in den Zügen. Die Zwillinge, die sich vorsorglich mit ihren Blasrohren bewaffnet hatten, schossen sogleich zwei Kügelchen auf den Geist ab, mit einer Treffsicherheit, wie sie nur durch lange und gründliche Übung an einem Schreiblehrer erworben wird; der Gesandte der Vereinigten Staaten hingegen feuerte aus seinem Revolver auf das Gespenst und rief ihm in der zeremoniösen Sprache des Wilden Westens ein »Hände hoch!« zu. Mit gellendem Wutgeheul sprang das Gespenst in die Höhe und wehte wie ein Nebelschleier mitten durch die Amerikaner hindurch, wobei es im Vorüberstreichen Washington Otis die Kerze auslöschte und alle in totaler Finsternis stehen ließ. Erst auf den höchsten Treppenstufen ermannte es sich und beschloß, seine gefeierte dämonische Lache aufzuschlagen.

Diese hatte es bei mehr als einer Gelegenheit äußerst wirkungsvoll und nützlich gefunden. Man erzählte sich, Lord Rakers Haupthaar sei davon in einer einzigen Nacht ergraut, und bestimmt wurden drei von Lady Cantervilles französischen Gesellschafterinnen durch die Wucht dieses Geschmetters zur Kündigung bewogen, bevor noch der Monat um war. Also stieß das Gespenst sein gräßlichstes Lachen aus, daß die alten Gewölbe hallten und widerhallten; doch kaum war das schauerliche Echo erstorben, als eine Tür sich öffnete und Mrs. Otis in einem himmelblauen Morgenrock herauskam. »Ich fürchte, Ihnen ist nicht ganz wohl«, sagte sie, »und ich habe Ihnen deshalb eine Flasche Doktor Dobells Tropfen mitgebracht. Sollten Sie an Koliken leiden, so werden Sie sich über die prompte Wirkung freuen.«

Das Gespenst stierte sie wütend an und traf sogleich Anstalten, sich in einen riesigen schwarzen Hund zu verwandeln ein Kunststück, dessentwegen es mit Recht in hohem Ansehen stand und dem der Hausarzt die chronische Idiotie des Onkels von Lord Canterville, des Hochedlen Thomas Horton, zuschrieb. Der Schall näher kommender Schritte ließ den Geist jedoch in seinem unmenschlichen Vorsatz wankend werden; so begnügte er sich damit, schwach zu phosphoreszieren, und entschwand mit einem dumpfen Kirchhofseufzer, gerade als die Zwillinge heran waren.

Das Gespenst floh in seine Kammer und brach kraftlos in sich zusammen, eine Beute des grausamsten Aufruhrs der Gefühle. Das pöbelhafte Betragen der Zwillinge und Mrs. Otis' unvornehmer Materialismus waren selbstverständlich im höchsten Grade verstimmend, am schlimmsten aber peinigte es der Gedanke, daß es nicht imstande gewesen war, die Rüstung zu tragen. Es hatte gehofft, selbst neuzeitlichen Amerikanern werde der Anblick eines »Geistes im Harnisch« Schauer über den Rücken jagen – wennschon aus keinem vernünftigen Grunde, so doch zum mindesten aus Respekt vor ihrem Nationalpoeten Longfellow, dessen anmutige und liebenswerte Gedichte dem Gespenst selber manch öde Stunde gekürzt hatten, wenn Cantervilles nach London gefahren waren. Vor allem aber: Diese Rüstung war seine eigene gewesen! Es hatte sie mit großem Erfolg beim Turnier von Kenilworth getragen und von niemand Geringerem als der jungfräulichen Königin in Person die schmeichelhaftesten Komplimente geerntet. Als es die Rüstung jedoch heute anlegen wollte, war es von dem Gewicht des mächtigen Brustharnischs und des stählernen Helmes buchstäblich zu Boden gedrückt worden, so daß es mit aller Wucht auf das Steinpflaster schlug und sich schwere Abschürfungen an beiden Knien sowie blaue Flecke an den Knöcheln der rechten Hand zuzog.

Ein paar Tage fühlte es sich ganz elend nach diesem Ereignis, und es verließ kaum je sein Gemach, außer um den Blutfleck in anständigem Zustand zu erhalten. Doch da es in diesen Tagen nur seiner Gesundheit lebte, brachte es sich glücklich wieder auf die Beine und faßte den Entschluß, ein drittes Mal zu versuchen, ob es den Gesandten der Vereinigten Staaten und seine Familie nicht doch das Fürchten lehren könne. Es erkor Freitag, den 13. August, für sein Erscheinen und verbrachte den größten Teil dieses Tages mit der Durchsicht seiner Garderobe; schließlich entschied es sich für einen breiten Schlapphut mit roter Feder, ein Leichenhemd, an Hals und Handgelenken reich gefältelt, und einen rostigen Dolch. Gegen Abend ging ein heftiger Regenguß nieder, und der Wind blies so stark, daß alle Fenster und Türen in dem alten Hause schütterten und klappten. Ja, das war genau das Wetter, das es liebte. Sein Feldzugsplan war dieser: Es wollte ganz leise nach Washington Otis' Zimmer schleichen, ihm vom Fußende seines Bettes her etwas wirr Phantastisches zulallen und sich dabei zu den Klängen einer getragenen Musik dreimal den Dolch in die Gurgel bohren. Das Gespenst grollte Washington ganz besonders, denn es war sich wohl bewußt, daß er es war, der mit Hilfe von Pinkertons Ia Fleckweg den berühmten Blutfleck der Cantervilles täglich von neuem entfernte. War dieser Tollkopf, dieser unbedachte Jüngling erst im Zustand zitternden Entsetzens, so wollte das Gespenst sich in das Zimmer begeben, das der Gesandte der Vereinigten Staaten und seine Frau innehatten, und dort eine feucht-klebrige kalte Hand auf Mrs. Otis' Stirn legen, dabei aber in des bebenden Gatten Ohr die grauenhaften Geheimnisse des Beinhauses zischen. Bezüglich der kleinen Virginia war das Gespenst noch nicht ganz mit sich im reinen. Sie hatte es niemals irgendwie gekränkt und war hübsch und nett. Ein paar hohle Seufzer aus dem Kleiderschrank, meinte der Geist, würden für sie reichlich genügen, oder falls sie davon nicht aufwachte, konnte er ja mit krampfhaft zuckenden Fingern an ihrer Bettdecke zerren. Die Zwillinge aber, die sollten ihre Lektion erhalten – das stand für ihn fest. Vor allem übrigen mußte er sich ihnen natürlich auf die Brust setzen, um das erstickende Angstgefühl eines Alpdrucks hervorzurufen. Dann wollte er in der Gestalt eines grünen, eisigkalten Leichnams zwischen ihre dicht beieinanderstehenden Betten treten und dort angewurzelt bleiben, bis die Furcht sie lähmte, dann als Schlußeffekt das Totenhemd abwerfen und mit weißgebleichten Knochen und seinen einzigen Augapfel rollend an den Wänden entlangkriechen in der Rolle des »Stummen Daniel oder das Selbstmördergerippe«, und das war eine Partie, die mehr als einmal die stärkste Wirkung getan hatte und die er seiner berühmten Verkörperung des »Martin der Tobsüchtige oder das maskierte Geheimnis« für ebenbürtig erachtete.

Um halb elf hörte das Gespenst die Familie zu Bett gehen. Eine Zeitlang wurde es durch die zügellosen Lachausbrüche der Zwillinge gestört, die lustig und leichtfertig wie Schuljungen sind, wohl noch Allotria trieben, bevor sie sich schlafen legten; doch um Viertel zwölf war alles still, und als die Uhr Mitternacht schlug, brach das Gespenst vor. Die Eule flatterte gegen die Fensterläden, der Rabe krächzte vom alten Eibenbaum hernieder, und der Wind lief stöhnend rings ums Haus wie eine verdammte Seele, aber Familie Otis schlief, des nahenden Verhängnisses unbewußt, und sieghaft Sturm und Regen übertönend, erklang dem Gespenst das unerschütterliche Schnarchen des Vertreters der Vereinigten Staaten. Das Gespenst trat verstohlen aus dem Wandgetäfel hervor; ein böses Lächeln um den blutdürstigen, welken Mund, und der Mond verbarg sein Antlitz in einer Wolke, als es dicht an dem großen Erkerfenster vorüberschlich, auf dem sein eigenes Wappen und das seines gemordeten Weibes in Blau und Gold gemalt waren. Weiter und weiter glitt es gleich einem unheilvollen Schatten, und selbst der Finsternis schien vor ihm und seinem Weg zu grausen. Einmal meinte es rufen zu hören und blieb stehen; aber es war nur Hundegebell, das vom Roten Gutshof herüberscholl, und das Gespenst schritt weiter, seltsame Verwünschungen auf den Lippen, wie sie im sechzehnten Jahrhundert Mode gewesen, und hin und wieder schwang es den rostigen Dolch in der mitternächtigen Luft. Endlich erreichte es die Biegung des Ganges, der in des unseligen Washington Zimmer führte. Einen Augenblick verhielt es hier, und der Wind wehte ihm die langen grauen Locken um den Kopf und raffte das namenlose Grauen des Totenkleides zu wunderlichen und grotesken Falten. Da schlug die Uhr ein Viertel, und das Gespenst wußte, daß seine Zeit gekommen war. Es kicherte in sich hinein und bog in den Gang; doch kaum hatte es das getan, als es mit einem jammervollen Schreckensschrei zurückwich und sein erblichenes Gesicht in den langen Knochenhänden verbarg. Gerade vor ihm stand ein scheußliches Gespenst, reglos wie eine Statue und ungeheuerlich wie eines Wahnwitzigen Traumbild! Sein Kopf war kahl und glänzend, das Gesicht rund und fett und weiß, und ein widerwärtiges Lachen schien seine Züge zu einem ewigen Grinsen zu verzerren. Aus den Augen schossen Strahlen Scharlachlicht, der Mund war ein gähnender Feuerschlund, und ein grausiges Gewand, seinem eigenen gleich, umhüllte grabesstill und schneeig die Riesengestalt. Auf der Brust trug es ein Schild mit einer seltsamen Aufschrift in altertümlichen Lettern: ein Verzeichnis von wilden Schandtaten, schien es, ein Register unausdenkbarer Sünden, eine entsetzliche Liste von Verbrechen; und in der Rechten hocherhoben hielt es ein Schwert.

Da das Gespenst von Canterville nie zuvor ein Gespenst gesehen hatte, war es natürlich furchtbar erschrocken; nach einem zweiten hastigen Blick auf die greuliche Erscheinung flüchtete es zurück in sein Gemach, und bei dem eiligen Lauf den Korridor hinunter stolperte es in einem fort über sein schleppendes Leichentuch und ließ schließlich den rostigen Dolch in des Gesandten Reitstiefel fallen, wo er am Morgen vom Butler gefunden wurde. Als es wieder in der Geborgenheit seiner Klause war, warf es sich auf ein kleines Feldbett und steckte das Gesicht unter das Bettzeug. Nach einer Weile jedoch obsiegte der alte Heldengeist der Cantervilles, und das Gespenst beschloß, sobald es Tag geworden, vor das andere Gespenst hinzutreten und es anzureden. Also machte es sich auf, als die Morgendämmerung die Berge eben silbern überhauchte, und kehrte zu dem Ort zurück, wo ihm das schaurige Phantom zuerst erschienen war; es meinte nämlich, am Ende seien zwei Gespenster besser als eins und mit Hilfe seines neuen Freundes könne es in aller Gemütlichkeit auch mit den Zwillingen fertig werden. Doch an der bewußten Stelle traf ein niederschmetternder Anblick sein Auge. Dem Geist mußte wohl irgend etwas zugestoßen sein, denn das Licht in seinen hohlen Augen war erloschen, das schimmernde Schwert seinen Händen entglitten, und sein Körper lehnte sich in einer gezwungenen, unbequemen Stellung gegen die Wand. Das Gespenst von Canterville stürzte vorwärts und packte das andere an den Armen; da fiel zu seinem Entsetzen der Kopf ab und rollte auf den Boden, der Rumpf sank schlaff zurück, und das Gespenst mußte erkennen, daß es einen weißen barchenten Bettvorhang in den Händen hielt; ein Besen, ein Wiegemesser und eine ausgehöhlte Futterrübe lagen zu seinen Füßen! Unfähig, diese sonderbare Wandlung zu begreifen, faßte es in fieberhafter Hast das Schild, und in dem grauen Morgenlicht las es darauf die Schreckensworte:

Wir sind das Gespenst der Otis
Nur Wir sind der einzig echte Originalspuk
Vor Imitationen wird gewarnt
Nachahmungen werden gerichtlich verfolgt

Nun war ihm alles klar. Man hatte es betrogen, getäuscht, überlistet! Der alte Cantervilleblick sprühte aus seinem Auge; es knirschte mit den zahnlosen Kiefern; und die welken Hände hoch über sein Haupt aufreckend, schwor es in den pittoresken Redewendungen der alten Schule: Wenn Chante-clair, der Hahn, zum zweitenmal hell in sein heiteres Horn gestoßen habe, würden blutige Taten vollbracht, und auf verschwiegenen Sohlen werde Mord im Haus umgehen.

Kaum hatte es den gräßlichen Eid ausgesprochen, als vom roten Ziegeldach eines entfernten Gehöftes der Hahn krähte. Es lachte ein langes, hohles, boshaftes Lachen und wartete. Stunde um Stunde wartete es, aber aus einem unerfindlichen Grunde krähte der Hahn kein zweites Mal. Schließlich, morgens um halb acht Uhr, beendete das Nahen der Hausmädchen seine fürchterliche Wacht, und das Gespenst stahl sich zurück in seine Kammer und dachte seiner eitlen Hoffnungen, seiner durchkreuzten Pläne. Zu Hause schlug es in mehreren alten Ritterbüchern nach, seiner Lieblingslektüre, und stellte fest, daß jegliches Mal, wenn jener Eid geschworen worden war, Chante-clair, der Hahn, ein zweites Mal gekräht hatte. »Verderben treff das arge Vieh«, murmelte das Gespenst. »Ich hab' den Tag gesehn, da ich ihm meinen kühnen Speer tät in die Kehle rennen, daß es mir krähte, wär' es auch im Tod!« Dann zog es sich in einen behaglichen Bleisarg zurück und verharrte dort bis zum Abend.

IV

Am nächsten Tage war das Gespenst sehr schwach und müde. Die entsetzlichen Aufregungen der letzten vier Wochen begannen sich auszuwirken. Seine Nerven waren völlig zerrüttet, und bei dem leisesten Geräusch zuckte es zusammen. Fünf

Tage lang blieb es zurückgezogen in seiner Behausung und kam schließlich mit sich überein, im Kampf um den Blutfleck auf dem Fußboden der Bibliothek nachzugeben. Wenn die Familie Otis den Fleck nicht mochte, so zeigte sie sich damit deutlich seiner unwert. Man sah aus dem Gehaben dieser Leute, daß sie auf einer niederen, grobmaterialistischen Daseinsstufe standen und den Symbolwert sinnfälliger Formen des Wunderbaren in keiner Weise zu schätzen wußten. Geistererscheinungen und das Entstehen von Astralleibern waren selbstverständlich Fragen ganz anderer Art als so ein Blutfleck und nicht seinem freien Ermessen anheimgestellt. Seine heilige Pflicht war es, einmal in der Woche auf dem Korridor zu spuken und an jedem ersten und dritten Mittwoch des Monats von dem großen Erkerfenster herab dummes Zeug zu schwatzen, und das Gespenst sah keine Möglichkeit, wie es sich diesen Aufgaben auf eine ehrenvolle Weise entziehen könne. Es hatte ein sehr übles Leben geführt, zugestanden; auf der andern Seite aber nahm es alles peinlich genau, was mit dem Übernatürlichen zusammenhing. An den nächsten drei Sonnabenden ging es also wie gewöhnlich von Mitternacht bis morgens drei auf dem Korridor um, ergriff indessen jede erdenkliche Vorsichtsmaßregel, damit niemand es sehe oder höre. Es zog seine großen Stiefel aus, trat so leicht als irgend möglich auf die alten, wurmstichigen Dielen, hüllte sich in einen weiten nachtschwarzen Samtmantel und gebrauchte treulich das Morgensonnenöl, um seine Ketten damit zu schmieren. Zur Anwendung dieses letzteren Schutzmittels hatte sich der Geist, wie ich bekennen muß, furchtbar schwer durchgerungen. Eines Abends jedoch, während die Familie beim Dinner saß, schlüpfte er in Mr. Otis' Schlafzimmer und holte sich die Flasche. Er fühlte sich zunächst ein bißchen gedemütigt, später aber war er vernünftig genug, einzusehen, daß eine Menge zugunsten dieser neumodischen Erfindung gesagt werden konnte und daß sie bis zu einem gewissen Grade seinen Zwecken sogar dienlich war. Allein – diesen sämtlichen weisen Maßnahmen zum Trotz blieb er nicht unbehelligt. Quer über den Korridor fand er beständig Stricke gespannt, über die er in der Dunkelheit stolperte, und einmal, als er gerade als »Schwarzer Isaak oder der Jäger vom Hogley-Wald« gekleidet ging, stürzte er der Länge nach hin, weil er auf eine Rutschbahn aus Butter getreten war, die die Zwillinge vom Eingang des Gobelinzimmers bis zur großen Treppe angelegt hatten. Diese letzte Kränkung brachte das Gespenst dermaßen auf, daß es beschloß, mit einem Gesamtaufgebot all seiner Geisteskräfte seine Würde und seine gesellschaftliche Stellung zu verteidigen; und zu diesem Behuf wollte es die nichtsnutzigen jungen Etonboys in der folgenden Nacht in einer seiner berühmtesten Rollen, als »Kecker Ruprecht oder der Graf ohne Kopf«, heimsuchen.

Der Geist war seit mehr denn siebenzig Jahren nicht in dieser Gestalt erschienen: seit er damit der reizenden Lady Barbara Modish einen solchen Schrecken eingejagt hatte, daß sie umgehend ihr Verlöbnis mit dem Großvater des derzeitigen Lord Canterville löste, mit dem schönen Jack Castleton nach Gretna Green durchging und erklärte, nichts in der Welt könne sie dazu bewegen, in eine Familie zu heiraten, bei der so ein Scheusal von einem Gespenst unangefochten im Zwielicht auf der Terrasse umherspazieren durfte. Der arme Jack war später von Lord Canterville zu Wandsworth Common im Duell erschossen worden, und Lady Barbara starb in Tunbridge Wells an gebrochenem Herzen, bevor noch das Trauerjahr um war – der »Kecke Ruprecht« hatte also einen in jeder Hinsicht großartigen Erfolg gehabt.

Allerdings stellten Maske und Kostüm das Gespenst vor gewaltige Schwierigkeiten, wenn ich mich solcher Ausdrücke aus der Theatersphäre bedienen darf in Verbindung mit einem der tiefsten Geheimnisse des Übernatürlichen oder, um einen mehr wissenschaftlichen Terminus anzuwenden, mit einem Phänomen der höherorganisierten Welt. Das Gespenst brauchte volle drei Stunden, bis es seine Vorbereitungen getroffen hatte. Endlich war es mit allem fertig, und sein Aussehen gefiel ihm außerordentlich wohl. Die mächtigen ledernen Reitstiefel, die zu dem Kostüm gehörten, schlappten zwar ein bißchen an seinen Füßen, und es konnte nur die eine der

beiden schweren Sattelpistolen finden; alles in allem war es mit sich durchaus zufrieden, und um Viertel zwei trat es aus der Wandtäfelung und schlich den Korridor hinunter. Als es ans Zimmer der Zwillinge gelangte – wie ich erwähnen möchte, wurde es nach der Farbe seiner Tapeten das »Blaue Schlafzimmer« genannt –, fand es die Tür einen Spalt breit offen. Da der Geist sich gern einen effektvollen Auftritt verschaffen wollte, stieß er die Tür sperrangelweit auf – und im selben Augenblick stürzte ein schwerer Krug Wasser gerade auf ihn nieder, durchnäßte ihn bis auf die Haut und hätte um ein Haar seine linke Schulter getroffen. Zu gleicher Zeit vernahm er unterdrücktes Lachen von dem großen Doppelbett her. Sein gesamtes Nervensystem erlitt einen fürchterlichen Schock, in rasender Flucht rannte er nach seinem Gemach zurück, und den ganzen nächsten Tag lag er mit schwerem Schnupfen fest zu Bett. Das einzige, was ihn bei dieser Katastrophe zu trösten vermochte, war der Umstand, daß er seinen Kopf nicht aufgehabt hatte; andernfalls hätten die Folgen leichtlich sehr ernst für ihn sein können.

Nein, diese dickfellige Amerikanerfamilie konnte ein Geist niemals in Schrecken setzen, jede derartige Hoffnung war eitel; und das Gespenst begnügte sich nun in der Regel damit, in Filzpantoffeln auf den Gängen umherzuschlurfen, einen dikken roten Wollschal um den Hals, aus Furcht vor Zugluft, und mit einer kleinen Armbrust für den Fall, daß die Zwillinge zu neuen Feindseligkeiten schritten. Den letzten, entscheidenden Schlag empfing es dann am 19. September. Es war in die große Eingangshalle hinabgestiegen, weil es sich wenigstens da vor jeder Belästigung sicher fühlte, und vergnügte sich damit, ironische Bemerkungen über die pompösen Saroni-Photographien des Gesandten der Vereinigten Staaten und seiner Gattin zu machen, die jetzt anstelle der Cantervilleschen Ahnenbilder dort hingen. Das Gespenst war einfach, aber schmuck in ein langes Bahrtuch mit Tupfen von Kirchhofserde gekleidet, hatte sich die Kinnlade mit einem Streifen gelben Linnens hochgebunden und trug in der einen Hand eine kleine Laterne, in der andern einen Totengräberspaten. Ja, es hatte das Kostüm für »Jona ohne Grab oder der Leichenräuber von Chertsey Barn« angelegt, eine seiner Glanzrollen und überdies eine, deren zu gedenken die Cantervilles allen Grund hatten, denn sie bildete die eigentliche Ursache des Zwistes zwischen ihnen und ihrem Nachbarn, Lord Rufford. Es war gegen Viertel drei am Morgen, und soweit der Geist feststellen konnte, rührte sich nichts im Hause. Allein, als er seine Schritte nach der Bibliothek lenkte, um nachzusehen, ob von dem Blutfleck vielleicht doch noch irgendwelche Spuren übrig seien, sprangen mit einemmal zwei Gestalten aus einem dunklen Winkel auf ihn los, fuchtelten mit den Armen wild über ihren Köpfen und brüllten ihm »Buuuh!« in die Ohren.

Von einer unter diesen Umständen nur allzu begreiflichen Panik erfaßt, wollte das Gespenst zur Treppe stürzen, lief aber Washington Otis in die Arme, der ihm dort mit einer großen Gartenspritze auflauerte; und da er sich solchergestalt von seinen Feinden auf allen Seiten umstellt und fast ausweglos in die Enge getrieben sah, entwich es in den mächtigen eisernen Ofen, der glücklicherweise nicht geheizt war, und mußte durch Rauchfänge und Kamine heim in sein Zimmer, wo es nach vieler Beschwer in einem gräßlichen Zustand ankam, schmutzig, verstört und trostlos.

Danach wurde es nicht wieder auf nächtlichen Expeditionen angetroffen. Die Zwillinge lagen bei verschiedenen Gelegenheiten nach ihm auf der Lauer und bestreuten jeden Abend zum großen Mißvergnügen ihrer Eltern und der Dienerschaft alle Korridore mit Nußschalen, aber alle Bemühungen waren nutzlos. Man hatte das Gespenst offenbar so im Innersten verletzt, daß es sich nicht mehr zeigen mochte.

Mr. Otis nahm daraufhin die Arbeit an seinem grundlegenden Werk über die Geschichte der Demokratischen Partei der Vereinigten Staaten von Nordamerika wieder auf, das ihn bereits seit einigen Jahren beschäftigte; Mrs. Otis veranstaltete ein riesenhaftes Gartenfest mit original echt amerikanischem Muschelbacken und versetzte damit die ganze Gegend in helle Aufregung; die Jungen widmeten sich Vergnügungen wie

Lacrosse, Poker sowie anderen Nationalspielen ihres Heimatlandes; und Virginia ritt auf ihrem Pony über Land, begleitet von dem jungen Herzog von Cheshire, der nach Canterville Chase gekommen war, um dort seine letzte Ferienwoche zu verbringen. Man nahm allgemein an, das Gespenst sei vom Schlosse weggezogen, und Mr. Otis schrieb in diesem Sinne sogar einen Brief an Lord Canterville, der in Erwiderung desselben seine aufrichtige Freude über diese Nachricht aussprach und der verehrten Gattin des Gesandten seine herzlichsten Glückwünsche übermittelte.

Jedoch die Otisse irrten, denn das Gespenst weilte noch im Hause; und obgleich es nun recht gebrechlich war, fühlte es durchaus keine Neigung, die Dinge auf sich beruhen zu lassen – vor allem seit es hörte, unter den Gästen befinde sich der junge Herzog von Cheshire, dessen Großonkel, Lord Francis Stilton, einst um hundert Guineen mit Oberst Carbury gewettet hatte, er werde mit dem Gespenst von Canterville knobeln, und der dann am nächsten Morgen so hilflos gelähmt auf dem Fußboden des Spielzimmers gefunden ward, daß er, der zwar noch ein hohes Alter erreichte, nie wieder imstande war, etwas anderes zu sagen als »Doppelte Sechs«. Die Geschichte kannte seinerzeit jeder Mensch, wiewohl man sie natürlich mit Rücksicht auf die beiden vornehmen Familien sorgfältigst zu vertuschen suchte; ein ausführlicher Bericht über alle mit der Sache zusammenhängenden Umstände findet sich jedoch im dritten Bande von Lord Tattles »Erinnerungen an den Prinzregenten und seine Freunde«. Selbstverständlich wollte das Gespenst nun furchtbar gern zeigen, daß es seine Macht über die Stiltons nicht eingebüßt hatte, mit denen es obendrein entfernt verwandt war: Seine Cousine ersten Grades war in zweiter Ehe mit dem Sieur de Bulkeley verheiratet gewesen, und wie jedermann weiß, stammen von diesem die Herzöge von Cheshire in direkter Linie ab. Es bereitete sich also vor, Virginias jugendlichem Verehrer zu erscheinen, und zwar in seiner berühmten Verkörperung »Der Vampirmönch oder der blutleere Benediktiner«, einem so gruseligen Schauspiel, daß die alte Lady Startup, als sie es an jenem schicksalsschweren Silversterabend des Jahres 1764 sah, in gellende Schreikrämpfe ausbrach, die sich dann zu einem verhängnisvollen Schlagfluß steigerten; sie starb daran nach Ablauf von drei Tagen und nachdem sie schnell noch die Cantervilles – und diese waren ihre nächste Verwandtschaft! – enterbt und ihr sämtliches Geld ihrem Londoner Apotheker vermacht hatte.

Im letzten Augenblick bannte die Angst vor den Zwillingen das Gespenst jedoch in seine Kammer, und der kleine Herzog schlief friedlich unter dem großen federgeschmückten Betthimmel des »Königlichen Schlafzimmers« und träumte von Virginia.

V

Einige Tage danach ritten Virginia und ihr lockenköpfiger Kavalier über die Brockley-Wiesen; dort setzte sie über eine Hecke, zerschliß dabei ihr Reitkleid und wollte deshalb bei der Rückkehr über die Hintertreppe nach oben gehen, damit ihr niemand begegne. Als sie am Gobelinzimmer vorüberlief, dessen Tür zufällig nur angelehnt war, schien ihr, sie sehe jemand drinnen, und in der Meinung, es sei Mrs. Otis' Kammermädchen, das zuweilen seine Näharbeit dorthin mitnahm, ging sie hinein, um sich das Kleid ausbessern zu lassen. Doch zu ihrer unermeßlichen Überraschung war es das Gespenst von Canterville selber! Es saß am Fenster und schaute zu, wie das welke Gold der gilbenden Bäume durch die Luft flog und die roten Blätter in tollem Wirbel die lange Allee hinuntertanzten. Sein Kopf ruhte in die Hand geschmiegt, und seine ganze Haltung drückte tiefste Niedergeschlagenheit aus. Und wie die kleine Virginia das Gespenst so gottverlassen und so greisenhaft hinfällig sah, erfüllte sie Mitleid; sie widerstand ihrer ersten Regung, davonzulaufen und sich in ihr Zimmer einzuschließen, und wollte versuchen, ob sie es trösten könnte. So leicht war ihr Schritt und des Gespenstes Schwermut so tief, daß es ihrer Anwesenheit erst gewahr wurde, als sie zu ihm sprach. »Sie tun mir herzlich leid«, sagte sie, »aber morgen gehen meine Brüder nach Eton zurück, und wenn Sie sich gesittet benehmen, wird Sie dann niemand mehr ärgern.«

»Zu verlangen, daß ich mich gesittet benehmen soll, ist absurd«, erwiderte das Gespenst und blickte erstaunt auf zu dem hübschen Mädchen, das gewagt hatte, es anzureden, »völlig absurd. Ich muß mit meinen Ketten rasseln und durch Schlüssellöcher stöhnen und nachts umgehen, wenn Sie das etwa meinen. Es ist mein einziger Lebenszweck.«

»Es ist ganz und gar keiner, und Sie wissen selbst, daß Sie es zu Ihrer Zeit sehr arg getrieben haben. Mrs. Umney hat uns alles erzählt, als wir kaum angekommen waren: Sie haben Ihre Frau umgebracht.«

»Na ja, das geb' ich ja ganz gerne zu«, sagte das Gespenst störrisch, »aber das war eine reine Familienangelegenheit und ging niemanden weiter was an.«

»Morden ist stets eine große Sünde«, sagte Virginia, die mitunter eine entzückende puritanische Feierlichkeit an sich hatte, ein spätes Erbteil von irgendeinem alten Neuengländer-Vorfahren.

»Oh, wie hasse ich die billige Strenge abstrakter Moral! Meine Frau war sehr reizlos, außerdem stärkte sie mir die Halskrausen nie ordentlich und kochte jammervoll. Da hatte ich mal im Hogley-Wald einen jungen Hirsch geschossen, einen kapitalen Burschen – und wissen Sie, wie sie den auf den Tisch gebracht hat? Na ja, reden wir nicht davon, 's ist ja nun alles einerlei und vorüber; aber ich dächte, es war nicht gerade sehr nett von ihren Brüdern, daß sie mich haben Hungers sterben lassen, und wenn ich zehnmal meiner Frau den Garaus gemacht habe.«

»Hungers sterben lassen? Oh, Mister Gespenst... ich wollte sagen, Sir Simon, möchten Sie etwas zu essen? Ich habe ein Butterbrot in der Tasche. Wollen Sie es haben?«

»Nein danke, ich esse jetzt niemals mehr; aber trotzdem ist es sehr liebenswürdig von Ihnen. Sie gefallen mir überhaupt viel besser als die anderen aus Ihrer gräßlichen, rüden, vulgären Räuberfamilie.«

»Still!« rief Virginia und stampfte mit dem Fuße auf. »Nur

Sie sind das! Sie sind rüde und gräßlich und vulgär; und was die Räuberei angeht – Sie wissen ganz genau, wer mir immer die Farben aus meinem Malkasten gestohlen hat: Das waren Sie, weil Sie diesen lächerlichen Blutfleck in der Bibliothek damit nachmalen wollten. Zuerst nahmen Sie alle meine Sorten Rot, und sogar mein Zinnoberrot, und ich konnte keine Sonnenuntergänge mehr malen; dann holten Sie sich Smaragdgrün und Chromgelb, und zum Schluß hatte ich bloß Indigo und Zinkweiß übrig, und da konnte ich nur noch Mondscheinlandschaften machen, und die sehen immer so langweilig aus und sind dabei gar nicht mal so leicht. Ich habe Sie niemals angegeben, obwohl ich furchtbar ärgerlich war. Und albern finde ich sie im höchsten Grade, diese ganze Geschichte; denn wer hat je etwas von smaragdgrünem Blut gehört?«

»Ach Gott«, sagte der Geist ganz kleinlaut, »was sollte ich schon tun? Heutzutage ist es äußerst schwierig, richtiges Blut zu bekommen, und als Ihr Bruder mit seinem prima Fleckweg losging, sah ich wirklich keinen Grund, warum ich mich nicht an Ihren Malkasten halten sollte. Und das mit den Farben ist immer Geschmacksache: Wir Cantervilles haben zum Beispiel blaues Blut, das allerblaueste in England; aber ich weiß, ihr Amerikaner interessiert euch nicht für solche Fragen.«

»Sie wissen gar nichts, und ich kann Ihnen nur raten, auszuwandern und sich eines Besseren belehren zu lassen. Mein Vater wird Ihnen mit Vergnügen die Überfahrt bezahlen, und wenn die Zollgebühren für Geistiges aller Art auch sehr hoch sind, so werden Sie doch keine Schwierigkeiten bei der Einreise haben, denn die Zollbeamten gehören alle zur Demokratischen Partei. Und sind Sie erst mal in New York, dann garantiere ich Ihnen einen Riesenerfolg. Ich kenne massenhaft Leute, die hunderttausend Dollar für einen Großvater gäben und noch viel, viel mehr, wenn sie ein Familiengespenst kriegten.«

»Ich glaube nicht, daß es mir in Amerika gefallen würde.«

»Wohl weil wir keine Altertümer und keine Sehenswürdigkeiten haben?« sagte Virginia schnippisch.

»Keine Altertümer? Keine Sehenswürdigkeiten?« erwiderte das Gespenst. »Sie haben doch Ihre Kriegsschiffe und Ihre Manieren.«

»Gute Nacht. Ich gehe und werde Papa bitten, daß er den Zwillingen zusätzlich acht Tage Ferien bewilligt.«

»Bitte, bitte, gehen Sie nicht fort, Miss Virginia«, rief der Geist. »Ich bin so mutterseelenallein und unglücklich, und ich weiß wirklich nicht, was ich tun soll. Ich möchte so gerne schlafen und kann es nicht.«

»Das ist ja Unsinn! Sie brauchen nur ins Bett zu gehen und die Kerze auszupusten. Wach bleiben ist manchmal schwierig, besonders in der Kirche; aber Schlafen ist doch kinderleicht. Sogar die Babys können das, und die sind gewiß nicht sehr gescheit.«

»Ich habe seit dreihundert Jahren nicht mehr geschlafen«, sagte er traurig, und Virginia schlug verwundert ihre schönen blauen Augen auf, »seit dreihundert Jahren nicht mehr, und ich bin so müde.«

Virginia wurde ganz ernst, und ihre kleinen Lippen zitterten wie Rosenblätter. Sie trat zu ihm, kniete neben ihm nieder und blickte in sein altes, welkes Gesicht.

»Armes, armes Gespenst«, sagte sie leise, »haben Sie kein Fleckchen, wo Sie schlafen können?«

»Fern, fern, hinter den Fichtenwäldern«, antwortete der Geist mit dunkel träumerischer Stimme, »liegt ein kleiner Garten. Dort wächst das Gras hoch und voll, dort schimmern die großen weißen Schierlingssterne, dort singt die Nachtigall die ganze Nacht. Die ganze Nacht singt sie, und der kühle, kristallne Mond schaut hernieder, und der Eibenbaum breitet seine Riesenarme über die Schläfer.«

Virginias Augen dunkelten in Tränen, und sie barg ihren Kopf zwischen den Händen.

»Sie meinen den Garten des Todes«, flüsterte sie.

»Ja, den Tod. Der Tod muß so schön sein. Schön, in der zärtlichen braunen Erde zu liegen, wenn das Gras über einem wogt, und der Stille zu lauschen. Kein Gestern haben und kein Morgen. Die Zeit vergessen, dem Leben vergeben, im Frieden sein. Du kannst mir helfen. Du kannst die Pforten des Todeshauses für mich auftun, denn um dich ist allezeit Liebe, und Liebe ist stärker als der Tod.«

Virginia zitterte, ein kalter Schauder durchlief sie, und eine kurze Weile herrschte Schweigen. Ihr war, als läge sie in einem schweren Traum.

Dann sprach der Geist weiter, und seine Stimme klang wie die Klage des Windes.

»Hast du die alte Prophezeiung gelesen, die am Fenster der Bibliothek geschrieben steht?«

»Oh, oftmals!« rief die kleine Virginia und sah zu ihm auf. »Ich kann sie sogar auswendig. Sie ist in altmodischen Schnörkelbuchstaben gemalt und schwer zu lesen. Es sind nur sechs Zeilen:

Wenn's eine güldne Maid vollbringt,
Sündenmund zum Beten zwingt,
Wenn die tote Mandel sprießt,
Kindes Mitleidsträne fließt:
Endlich wird's im Haus dann still,
Friede wohnt in Canterville.

Aber ich weiß nicht, was das bedeutet.«

»Es bedeutet«, sagte er schwermütig, »daß du mit mir um meine Sünden weinen mußt, denn ich habe keine Tränen, und mit mir für meine Seele beten mußt, denn ich habe keinen Glauben; und wenn du immer lieb und gut und freundlich gewesen bist, wird sich der Todesengel meiner erbarmen. Du wirst im Dunkel schreckliche Gestalten sehen, und teuflische Stimmen werden dir in die Ohren flüstern; aber sie werden dir nichts zuleide tun, denn gegen die Reinheit eines Kindes vermögen die Höllenmächte nichts.«

Virginia antwortete nicht, und der Geist rang wildverzweifelt die Hände, als er auf ihren gesenkten goldenen Scheitel niedersah. Plötzlich stand sie auf, sehr bleich und mit einem seltsamen Leuchten in den Augen. »Ich fürchte mich nicht«, sagte sie entschlossen, »und ich will den Engel bitten, daß er sich deiner erbarmt.«

Mit einem schwachen Freudenschrei erhob er sich von seinem Sitze, und ihre Hand ergreifend, beugte er sich mit altväterischer Galanterie darüber und küßte sie. Seine Finger waren kalt wie Eis, und seine Lippen brannten gleich dem Feuer; aber Virginia zauderte nicht, als er sie durch den dämmrigdüsteren Raum führte. Auf die verblichenen grünen Wandteppiche waren kleine Jäger gestickt. Sie stießen in ihre quastengeschmückten Hörner und winkten ihr mit den winzigen Händen umzukehren. »Kehre um, kleine Virginia«, riefen sie, »kehre um!« Aber der Geist packte ihre Hand noch fester, und sie verschloß ihre Augen gegen die Warner. Gräßliche Tiere mit Eidechsenschwänzen und Glotzaugen starrten vom geschnitzten Kaminsims nach ihr und raunten: »Hüte dich, kleine Virginia! Hüte dich! Kann sein, daß wir dich niemals wiedersehen.«

Doch der Geist eilte noch schneller dahin, und Virginia hörte nicht auf die Stimmen.

Als sie den Raum durchquert hatten, hielt er ein und murmelte Worte, die sie nicht verstand. Sie öffnete die Augen und sah die Wand allmählich schwinden wie Nebel, und eine weite dunkle Höhle gähnte vor ihr. Ein schneidend kalter Wind raste um sie beide, und Virginia fühlte, wie etwas an ihrem Kleide zerrte. »Rasch, rasch«, rief der Geist, »oder es wird zu spät!« Und im nächsten Augenblick hatte sich die Wandtäfelung hinter ihnen geschlossen, und das Gobelinzimmer war leer.

VI

Etwa zehn Minuten später läutete der Gong zum Tee, und als Virginia nicht herunterkam, sandte Mrs. Otis einen Bedienten, sie zu rufen. Nach einer kleinen Weile kam er wieder und sagte, er könne Miss Virginia nirgends finden. Da sie gewöhnlich abends in den Garten ging, um Blumen für den Dinnertisch zu holen, war Mrs. Otis zunächst keineswegs beunruhigt; als es jedoch sechs schlug und Virginia immer noch nicht erschien, geriet sie in ernste Sorge und schickte die Jungen auf die Suche, sie selbst und Mr. Otis durchforschten unterdessen alle Räume des Hauses. Um halb sieben kehrten die Jungen zurück und berichteten, von ihrer Schwester sei keine Spur zu entdecken. Alle waren nun in höchster Aufregung und wußten nicht, was tun, bis Mr. Otis sich plötzlich erinnerte, daß er ein paar Tage zuvor einer Zigeunerbande gestattet hatte, im Park ihr Lager aufzuschlagen. Also brach er mit seinem ältesten Sohne und zwei Bauernburschen schleunigst nach Blackfell Hollow auf, wo, wie er wußte, die Zigeuner sich aufhielten. Der kleine Herzog von Cheshire, der vor Angst um Virginia ganz außer sich war, bestürmte ihn um die Erlaubnis, mitgehen zu dürfen; Mr. Otis aber lehnte ab, da er fürchtete, es könne zu einer Schlägerei kommen. An der betreffenden Stelle angelangt, mußte er jedoch sehen, daß die Zigeuner weitergezogen waren, und zwar augenscheinlich in großer Hast, denn das Lagerfeuer brannte noch, und ein paar Teller lagen im Grase. Er schickte Washington und die beiden Männer, die Gegend abzusuchen, eilte selber zum Haus zurück und jagte Telegramme an alle Polizeiinspektionen des Distrikts, mit der Bitte, man möge Nachforschungen nach einem Kinde anstellen, das von Landstreichern oder Zigeunern entführt worden sei. Dann ließ er sein Pferd satteln, und nachdem er dringend gemahnt hatte, daß seine Frau und die drei Jungen sich zum Dinner niedersetzen sollten, ritt er mit einem Reitknecht davon, die Straße nach Ascot hinunter. Er war jedoch noch keine zwei Meilen weit gekommen, als er jemand hinter sich hergaloppieren hörte; er schaute sich um und sah den kleinen Herzog auf seinem Pony heranpreschen, krebsrot im Gesicht und ohne Hut. »Tut mir schrecklich leid, Mr. Otis«, keuchte der Junge, »aber ich kann nichts essen, solange Virginia nicht da ist. Bitte, seien Sie mir nicht böse; hätten Sie voriges Jahr erlaubt, daß wir uns verloben, wäre das ganze Unglück nicht passiert. Nicht wahr, Sie schicken mich nicht fort? Ich kann nicht zurück, und ich will nicht zurück!«

Der Gesandte mußte lächeln über den hübschen kleinen Tollkopf, und des Jungen Schwärmerei für Virginia rührte ihn; er beugte sich vom Pferd, klopfte ihm freundlich auf die Schulter und sagte: »Schön, Cecil, wenn Sie nicht zurück wollen, müssen Sie schon mit mir mitkommen; aber zunächst müssen Sie in Ascot einen Hut kriegen.«

»Zum Teufel mit dem Hut! Ich will Virginia wiederkriegen!« rief der kleine Herzog, und sie galoppierten zum Bahnhof. Dort erkundigte sich Mr. Otis beim Stationsvorsteher, ob ein Mädchen auf dem Bahnsteig gesehen worden sei, auf das Virginias Beschreibung zutraf, konnte aber nichts über sie erfahren. Immerhin telegraphierte der Beamte nach allen Stationen an der Strecke und versicherte, man werde scharf aufpassen; und nachdem Mr. Otis in einem Schnittwarengeschäft gerade noch bei Ladenschluß einen Hut für den kleinen Herzog erstanden hatte, ritten sie weiter nach Bexley, einem etwa vier Meilen entfernten Dorf, weil dieser Ort, wie ihnen gesagt worden war, wegen der nahe gelegenen großen Gemeindewiese von den Zigeunern mit Vorliebe aufgesucht wurde. In Bexley scheuchten sie den Landgendarm aus seinem Schlummer, konnten jedoch keine Auskunft von ihm erhalten. Sie ritten die Wiese nach allen Richtungen ab und mußten schließlich schweren Herzens umkehren, zurück nach Canterville Chase, wo sie gegen elf Uhr anlangten, todmüde und der Verzweiflung nahe. Washington und die Zwillinge erwarteten sie mit Laternen schon am Pförtnerhäuschen, denn in der zum Schloß führenden Allee war es sehr dunkel. Von Virginia war nicht die mindeste Spur entdeckt worden. Man hatte die Zigeuner auf den Brockley-Wiesen angetroffen, aber das Mädchen befand sich nicht bei ihnen, und sie konnten ihren überstürzten Aufbruch glaubwürdig erklären: sie sagten, sie hätten sich im Datum des Jahrmarkts von Chorton geirrt und seien Hals über Kopf weitergezogen, um nicht zu spät zu kommen. Die Nachricht von Virginias plötzlichem Verschwinden hatte sie ehrlich betrübt, denn sie waren Mr. Otis sehr dankbar, daß er sie in seinem Park hatte lagern lassen, und vier von ihnen waren zurückgeblieben, um bei den Nachforschungen zu helfen. Der Karpfenteich war mit dem Grundnetz abgesucht und im ganzen Schlosse das Unterste zuoberst gekehrt worden – allein ohne jeden Erfolg. Offensichtlich mußte man Virginia verloren geben, zum mindesten für diese

Nacht; und im Zustand tiefster Niedergeschlagenheit gingen Mr. Otis und die Jungen nach dem Hause, während der Reitknecht ihnen mit den beiden Pferden und dem Pony folgte. In der Halle fanden sie eine Gruppe aufgeregter Bedienter, die arme Mrs. Otis lag auf einem Sofa in der Bibliothek, fast von Sinnen vor Kummer und Sorge, und die alte Haushälterin tupfte ihr die Stirn mit Eau de Cologne. Mr. Otis drang vor allem darauf, daß sie etwas zu sich nehme, und ließ das Souper für die ganze Familie auftragen. Es wurde ein trübseliges Mahl, kaum einer sprach ein Wort, selbst die Zwillinge hielt die Bangigkeit im Zaume, denn sie hatten ihre Schwester sehr lieb. Als das Souper beendet war, schickte Mr. Otis, trotz der inständigen Bitten des kleinen Herzogs, alle zu Bett, in der Nacht könne doch nichts mehr unternommen werden, sagte er, und am Morgen wolle er ein Telegramm an Scotland Yard absenden, damit unverzüglich einige Detektive nach Canterville Chase herauskämen.

Alle verließen das Speisezimmer, und im selben Augenblick begann die Uhr Mitternacht vom Turm zu dröhnen; als aber der letzte Schlag erscholl, hörten sie ein Krachen und einen kurzen gellenden Schrei; ein fürchterliches Donnerrollen erschütterte das Haus, überirdische Musik wehte melodisch durch die Luft, ein Stück Tafelwerk ganz oben im Treppenhaus sprang mit lautem Getöse aus der Wand, und auf die Treppe heraus trat, weiß und geisterblaß mit einem Kästchen in der Hand – Virginia. Schon waren alle zu ihr hinaufgestürzt, Mrs. Otis schloß sie leidenschaftlich in ihre Arme, der Herzog erstickte sie mit ungestümen Küssen, und die Zwillinge vollführten einen wilden Indianertanz rings um die Gruppe.

»Gott im Himmel! Kind, wo bist du gewesen?« fragte Mr. Otis, und es klang ziemlich verärgert, denn er meinte, sie habe ihnen einen mutwilligen Streich gespielt. »Cecil und ich sind im ganzen Lande nach dir umhergeritten, und deine Mutter ist vor Angst fast gestorben. Daß du mir nie wieder solche schlechten Späße machst!«

»Außer mit dem Gespenst! Außer mit dem Gespenst!« brüllten die Zwillinge und sprangen wie die Böckchen.

»Mein geliebtes Kind, Gott sei Dank, wir haben dich wieder! Du darfst mir nicht mehr von der Seite gehen«, flüsterte Mrs. Otis, während sie ihre zitternde Tochter küßte und sanft über das Goldgeflecht ihres Haares strich.

»Papa«, sagte Virginia ruhig, »ich war bei dem Geist. Er ist tot, und ihr müßt mitkommen und ihn sehen. Er ist im Leben sehr böse gewesen, aber er hat alle seine schlimmen Taten von Herzen bereut, und bevor er starb, hat er mir dieses Kästchen voll herrlicher Edelsteine gegeben.«

Die ganze Familie starrte sie an, stumm vor Verwunderung, aber sie sprach ganz ernst und gesammelt, und sich umwendend, führte sie alle durch die Öffnung im Wandgetäfel und einen engen geheimen Gang hinunter; Washington ging als letzter, mit einer brennenden Kerze, die er vom Tisch gerafft hatte.

Endlich kamen sie zu einer großen, mit verrosteten Nägeln beschlagenen Eichentür. Virginia berührte sie, und sie flog auf in ihren schweren Angeln, und alle fanden sich in einem kleinen niedrigen Raum mit gewölbter Decke und einem einzigen, winzigkleinen Gitterfenster. In die Mauer war ein starker Eisenring eingelassen, und an ihn gekettet lag ein schauerliches Gerippe längelang auf dem steinernen Boden ausgestreckt und schien mit seinen langen Knochenfingern nach einem altertümlichen Wasserkrug und einem Holzteller greifen zu wollen, die um ein weniges außer der Reichweite seiner Hand aufgestellt waren. Der Krug mußte einstmals mit Wasser gefüllt gewesen sein, denn grüner Moder überzog seine Innenseite. Auf dem Teller war nichts als ein Häufchen Staub. Virginia kniete neben dem Gerippe nieder, faltete ihre kleinen Hände und begann still zu beten; die anderen blickten staunend auf die grausige Tragödie, deren Geheimnis sich ihnen nun entschleiert hatte.

»Hallo!« rief plötzlich der eine der Zwillinge, der zum Fenster hinausschaute, um festzustellen, in welchem Flügel des Hauses die Kammer eigentlich lag. »Hallo! Der alte, verdorrte Mandelbaum blüht ja. Der Mond scheint darauf, da kann ich es ganz deutlich sehen.«

»Gott hat ihm verziehen«, sagte Virginia ernst. Sie erhob sich, und ein schöner Glanz leuchtete auf ihrem Gesicht.

»Sie sind ein Engel!« rief der junge Herzog, und er legte seinen Arm um ihren Hals und küßte sie.

VII

Vier Tage nach diesen sehr wunderbaren Ereignissen bewegte sich gegen elf Uhr nachts ein Trauerzug aus Canterville Chase. Der Leichenwagen wurde von acht schwarzen Pferden gezogen, die große Büschel nickender Straußenfedern auf den Köpfen trugen, und den bleiernen Sarg bedeckte ein prächtiges purpurnes Bahrtuch mit dem in Gold gestickten Wappen der Cantervilles. Zur Seite der Bahre und der Trauerwagen schritten die Bedienten mit brennenden Fackeln – der ganze Zug hätte nicht malerischer sein können. Lord Canterville, der Hauptleidtragende, war von Wales eigens hergekommen, um dem Leichenbegängnis beizuwohnen, und saß neben der kleinen Virginia im ersten Wagen. Dann kamen der Gesandte der Vereinigten Staaten mit seiner Gemahlin, dann Washington und die drei Jungen, und im letzten Wagen fuhr Mrs. Umney. Alle hatten gleichermaßen das Gefühl gehabt: Da die alte Haushälterin mehr als fünfzig Jahre ihres Lebens von dem Gespenst in Schrecken gehalten worden war, habe sie ein Recht, auch sein letztes Auftreten mit anzusehen. Ein tiefes Grab war in der Ecke des Kirchhofs ausgehoben, gerade unter dem alten Eibenbaum, und der Trauergottesdienst wurde von Reverend Augustus Dampier in der eindrucksvollsten Weise gehalten. Am Ende der Feier löschten die Bedienten nach einem alten, in der Familie Canterville geübten Brauch ihre Fackeln, und als man den Sarg in die Grube hinuntersenkte, trat Virginia vor und legte ein großes Kreuz aus weißen und rosa Mandelblüten darauf nieder. In diesem Augenblick kam der Mond hinter einer Wolke hervor und überflutete den kleinen Friedhof mit stillem Silberlicht, und aus einem fernen Gebüsch begann eine Nachtigall zu schlagen. Virginia erinnerte sich, wie der Geist ihr den Garten des Todes beschrieben hatte; ihre

Augen wurden trüb von Tränen, und während der Heimfahrt sprach sie kaum ein Wort.

Am nächsten Morgen, ehe Lord Canterville nach London abreiste, hatte Mr. Otis mit ihm eine Unterredung betreffs der Juwelen, die das Gespenst der kleinen Virginia geschenkt hatte. Sie waren von ganz außerordentlicher Schönheit, vor allem ein Halsband aus Rubinen in altvenezianischer Fassung, ein wahrhaft prachtvolles Stück Goldschmiedearbeit des sechzehnten Jahrhunderts; und wegen des hohen Wertes der Gegenstände empfand Mr. Otis beträchtliche Skrupel, ob er seiner Tochter erlauben dürfe, sie anzunehmen.

»Mylord«, sagte er, »wie mir bekannt ist, gilt Familienschmuck nach englischem Recht ebenso als unveräußerliches Gut wie Grund und Boden, und es steht für mich außer Frage, daß die Edelsteine Erbeigentum Ihrer Familie sind oder doch sein sollten. Daher muß ich Sie bitten, sie nach London mitzunehmen und als nichts anderes als einen Teil Ihres Vermögens zu betrachten, der Ihnen unter gewissen merkwürdigen Umständen zurückerstattet worden ist. Was meine Tochter anlangt, so ist sie noch ein Kind und hat bis jetzt, wie ich mit Genugtuung feststelle, bloß geringes Vergnügen an solchen Artikeln nichtiger Pracht. Von Mrs. Otis, die, ich darf sagen, keine unbedeutende Autorität in der Materie der Kunst ist, da sie den Vorzug genoß, als junges Mädchen mehrere Winter in Boston zu verleben – von Mrs. Otis wurde ich auch davon unterrichtet, daß dieses Flitterwerk großen Geldwert besitzt und einen kolossalen Preis erbrächte, falls man die Absicht hegte, es zu verkaufen. Sie werden sicherlich begreifen, Lord Canterville, wie unmöglich es bei dieser Lage der Dinge für mich ist, den Schmuck im Besitz eines Mitglieds meiner Familie zu belassen; überdies wäre solch eitler Putz und Tand, so angemessen, ja notwendig derlei für das Ansehen des britischen Adels auch sein mag, keineswegs bei denen am Platze, die in den strengen und meiner Überzeugung nach unsterblichen Grundsätzen republikanischer Einfachheit erzogen worden sind. Vielleicht sollte ich noch erwähnen, daß Virginia sich sehr freuen würde, wenn Sie ihr das Kästchen als

Erinnerung an Ihren unglücklichen, aber irregeleiteten Vorfahren zu behalten gestatteten. Da es sehr alt und folglich nicht im besten Erhaltungszustand ist, wären Sie vielleicht nicht abgeneigt, ihr den Wunsch zu erfüllen. Für mein Teil muß ich gestehen: Ich sehe mit einigem Befremden eins meiner Kinder Interesse äußern für Mittelalterliches, ganz gleich welcher Art, und kann es mir nur durch die Tatsache erklären, daß Virginia in einem Ort der Londoner Umgebung geboren wurde, kurz nachdem Mrs. Otis von einem Abstecher nach Athen zurückgekehrt war.«

Lord Canterville hörte der langen Rede des wackeren Gesandten sehr ernsthaft zu und zupfte nur dann und wann an seinem grauen Schnurrbart, um ein unwillkürliches Lächeln zu verbergen; als Mr. Otis zu Ende gekommen war, schüttelte er ihm herzlich die Hand und sagte: »Mein lieber Mr. Otis, Ihr reizendes Töchterchen hat meinem unseligen Ahnherrn Sir Simon einen sehr wertvollen Dienst geleistet, und ich sowie meine Familie sind ihr für ihren unerhörten Mut und ihre Kühnheit zutiefst verpflichtet. Der Schmuck ist unstreitig ihr Eigentum, ja, ich glaube, wenn ich so herzlos wäre, ihn ihr vorzuenthalten, würde der wüste alte Geselle binnen kurzem aus seinem Grabe steigen und mir ein Höllenleben bereiten. Was den Begriff des Erbeigentums betrifft, so ist er nur auf solche Dinge anwendbar, die in einem Testament oder in einem rechtsgültigen Akt erwähnt sind; das Vorhandensein der Juwelen jedoch war gänzlich unbekannt. Seien Sie versichert, ich habe nicht mehr Anspruch darauf als Ihr Butler, und wenn Miss Virginia heranwächst, wird sie sich freuen, meine ich, so hübsche Dinge tragen zu können. Überdies vergessen Sie, Mr. Otis, daß Sie damals die ganze Einrichtung samt dem Gespenst zum Schätzungspreis übernommen haben, und alles, was dem Gespenst gehört hat, ist somit in Ihren Besitz übergegangen; denn wieviel Lebendigkeit Sir Simon nachts auf dem Korridor auch entfaltet haben mag – juristisch war er tot, und Sie haben durch Kauf sein Eigentum erworben.«

Mr. Otis war aufrichtig betrübt, weil Lord Canterville die

Juwelen ausschlug, und er bat ihn, seinen Entschluß nochmals zu erwägen; aber der liebenswürdige Lord blieb fest und brachte den Gesandten schließlich dahin, daß er seiner Tochter erlaubte, das Geschenk des Gespenstes zu behalten, und als im Frühjahr 1890 die junge Herzogin von Cheshire anläßlich ihrer Vermählung bei der ersten Galacour der Königin vorgestellt wurde, waren ihre Juwelen Gegenstand der allgemeinen Bewunderung. Denn Virginia erhielt die Adelskrone, die der Lohn für alle braven kleinen Amerikanermädchen ist, und heiratete ihren jugendlichen Verehrer, den Herzog, sobald er mündig wurde. Sie waren beide so hübsch und liebten einander so sehr, daß an dieser Heirat jeder seine Freude hatte, mit Ausnahme der alten Marquise von Dumbleton – sie hatte den Herzog für eine ihrer sieben unverehelichten Töchter kapern wollen und zu diesem Zweck nicht weniger als drei sehr kostspielige Abendgesellschaften gegeben – und, seltsam, aber wahr, mit Ausnahme von Mr. Otis selber. Dem Gesandten gefiel der junge Herzog persönlich zwar über die Maßen, aber er war grundsätzlich gegen Adelstitel und, um seine eigenen Worte zu gebrauchen, »nicht ohne Befürchtungen, daß inmitten der entnervenden Einflüsse einer vergnügungssüchtigen Aristokratie die echten und wahren Prinzipien republikanischer Einfachheit verlorengehen könnten«. Seine Einwände wurden jedoch auf der ganzen Linie überstimmt, und ich glaube, als er mit seiner Tochter am Arm durch das Schiff der St. George's Church, Hanover Square, schritt, gab es in ganz England von Nord bis Süd und von Ost bis West keinen stolzeren Mann als ihn.

Nach den Flitterwochen begaben sich der Herzog und die Herzogin nach Canterville Chase, und gleich am folgenden Tag gingen sie nachmittags hinüber zu dem einsamen Friedhof hinter den Fichtenwäldern. Die Inschrift auf Sir Simons Grabstein hatte zunächst viel Kopfzerbrechen gemacht, dann aber war beschlossen worden, einfach die Initialen des alten Herrn einzumeißeln und dazu den Spruch vom Fenster der Bibliothek. Die Herzogin hatte schöne Rosen mitgebracht und streute sie über das Grab, und nachdem sie ein Weilchen geblieben waren, schlenderten sie weiter, nach dem verfallenen Chor der alten Abtei. Dort setzte sich die Herzogin auf eine umgestürzte Säule, und der Herzog lagerte sich ihr zu Füßen, um eine Zigarette zu rauchen und seiner Gattin in die schönen Augen zu sehen. Plötzlich warf er die Zigarette weg, nahm Virginias Hand und sagte: »Virginia, eine Frau sollte vor ihrem Mann keine Geheimnisse haben.«

»Lieber Cecil, ich habe keine Geheimnisse vor dir!«

»O doch«, antwortete er lächelnd, »du hast mir nie erzählt, was dir geschah, als du mit dem Gespenst eingeschlossen warst.«

»Das habe ich niemand erzählt, Cecil«, sagte Virginia ernst.

»Ich weiß, aber mir könntest du es sagen.«

»Bitte, frag mich nicht, Cecil; ich kann es dir nicht sagen. Der arme Sir Simon! Ich bin ihm zu großem Dank verpflichtet. Jawohl, Cecil, lach nicht, es ist wahr. Er lehrte mich erkennen, was das Leben ist und was der Tod bedeutet – und warum die Liebe stärker ist als sie beide.«

Der Herzog stand auf und küßte seine Frau sehr zärtlich.

»Du kannst dein Geheimnis so lange bewahren, wie mir dein Herz gehört«, sagte er leise.

»Das gehört dir immer, Cecil.«

»Und unseren Kindern wirst du's eines Tages mal erzählen, nicht wahr?«

Virginia errötete.

GUY DE MAUPASSANT
Wer weiß?

I

Mein Gott! Mein Gott! Ich werde also endlich aufschreiben, was mir zugestoßen ist! Aber werde ich es auch können? Werde ich es wagen? Es ist so seltsam, so unerklärlich, so unverständlich, so verrückt!

Wenn ich nicht sicher wäre, daß ich es gesehen habe, daß es in meinen Folgerungen nicht irgendeinen Fehlschluß gegeben hat, nicht irgendeinen Irrtum in meinen Feststellungen, keine Lücke in der unerbittlichen Kette meiner Beobachtungen, ich würde einfach glauben, ich litte an Halluzinationen, sei das Spielzeug einer seltsamen Vision. Schließlich, wer weiß?

Ich bin heute in einer Nervenheilanstalt. Aber ich bin freiwillig hierhergekommen, aus Einsicht, aus Furcht! Ein einziges Wesen kennt meine Geschichte. Der hiesige Arzt. Ich werde sie niederschreiben. Ich weiß nicht recht, warum. Um mich davon zu befreien. Denn ich fühle es in mir wie einen unerträglichen Alpdruck.

Hier ist sie:

Ich habe immer die Einsamkeit geliebt, ich war ein Träumer, eine Art zurückgezogener Philosoph, freundlich, mit wenig zufrieden, ohne Bitterkeit gegen die Menschen und ohne Groll gegen den Himmel. Ich habe allein gelebt, ohne Unterbrechung, infolge einer gewissen Bedrückung, die mich in Gegenwart anderer beschlich. Wie das erklären? Ich könnte es nicht. Ich lehne nicht ab, Menschen zu sehen, zu plaudern, mit Freunden zu speisen; aber wenn ich sie länger um mich fühle, selbst die Vertrautesten, langweilen sie mich; sie ermüden mich, sie hängen mir zum Halse heraus, und ich fühle ein wachsendes, ein quälendes Verlangen, sie aufbrechen zu sehen oder selbst zu gehen, allein zu sein.

Dieses Verlangen ist mehr als ein bloßes Bedürfnis, es ist eine unwiderstehliche Notwendigkeit. Und würde die Anwesenheit der Menschen, unter denen ich mich befinde, andauern, müßte ich ihre Gespräche länger hören, ja sie aufmerksam verfolgen – es würde mir ohne Zweifel ein Unglück zustoßen. Welches? Ach, wer weiß? Vielleicht eine einfache Ohnmacht? Ja, wahrscheinlich!

Ich bin so gerne allein, daß ich selbst die Nähe anderer Menschen, die unter meinem Dach schlafen, nicht ertragen kann. Ich kann nicht in Paris leben, weil ich dort dahinsiechen würde. Ich gehe seelisch zugrunde und leide auch körperlich und nervlich Qualen durch diese unermeßliche Menschenmenge, die umherwimmelt, die um mich lebt, selbst wenn sie schläft. Ah, der Schlaf der anderen quält mich noch mehr als ihr Gerede. Und ich kann niemals ausruhen, wenn ich weiß, ja wenn ich nur fühle, daß hinter einer Wand Wesen atmen, deren Leben durch das regelmäßige Ausatmen der Vernunft unterbrochen wird.

Warum bin ich so? Wer weiß? Der Grund dafür ist vielleicht ganz einfach: Ich werde sehr schnell alles überdrüssig, was nicht in mir selbst vorgeht. Und es gibt viele Menschen, die wie ich sind.

Wir sind zwei Arten von Menschen auf der Erde: diejenigen, welche die anderen brauchen, die die anderen zerstreuen, beschäftigen, beruhigen und die die Einsamkeit entkräftet, erschöpft, vernichtet, wie das Besteigen eines gefährlichen Gletschers oder das Durchqueren der Wüste – und diejenigen, die im Gegenteil durch die anderen ermüdet, bedrückt, gelangweilt, belästigt werden, während die Abgeschiedenheit sie beruhigt, sie in Ruhe wiegt in der Unabhängigkeit und der Phantasie ihrer Gedanken.

Kurz, es handelt sich hier um ein normales, psychisches Phänomen. Die einen sind geschaffen, um nach außen, die anderen, um nach innen zu leben. Meine Aufmerksamkeit nach außen ist beschränkt und schnell erschöpft, und sobald sie an ihre Grenzen kommt, fühle ich im ganzen Körper und mit meinem ganzen Verstand ein unerträgliches Unbehagen.

Daraus hat es sich ergeben, daß ich mich sehr angezogen fühlte von unbelebten Gegenständen, die für mich die Bedeutung von lebenden Wesen annehmen, und daß mein Haus mir zu einer Welt geworden ist, in der ich ein einsames und tätiges Leben führte, umgeben von Dingen, von Möbeln, von vertrauten Kuriositäten, die meinen Augen wohltun wie sympathische Gesichter. Ich hatte mein Haus damit nach und nach angefüllt, ich hatte es damit geschmückt, und ich fühlte mich darin froh und zufrieden und sehr glücklich, wie in den Armen einer liebenswerten Frau, deren gewohnte Liebkosungen ein ruhiges und süßes Bedürfnis geworden sind.

Ich hatte dieses Haus in einem schönen Garten errichten lassen, der es von den Straßen abschirmte. Es lag vor den Toren der Stadt, in der ich gelegentlich gesellschaftlichen Umgang finden konnte, wenn ich für Augenblicke das Bedürfnis danach verspürte. Alle meine Dienstboten schliefen in einem abgelegenen Gebäude am Ende des Gemüsegartens, den eine hohe Mauer umgab. Eingehüllt zu sein in das Dunkel der Nächte, in die Stille meiner entlegenen Wohnung, verborgen und versunken zu sein unter dem Laub der mächtigen Bäume war für mich so erholsam und so wohltuend, daß ich an jedem Abend stundenlang zögerte, zu Bett zu gehen, um diese Stimmung länger zu genießen.

An jenem Abend hatte man im Städtischen Theater »Sigurd« gespielt. Es war das erste Mal, daß ich dieses schöne Musik- und Feenstück hörte, und es hatte mir große Freude gemacht.

Ich kam zu Fuß zurück, mit leichtem Schritt, den Kopf voller klangreicher Melodien und das Auge erfüllt von anmutigen Bildern. Es war dunkel, stockdunkel, so dunkel, daß ich kaum die Straße erkennen konnte und mehrmals beinahe in den Straßengraben gestürzt wäre. Vom Stadtrand bis zu mir ist es ungefähr ein Kilometer weit, vielleicht ein wenig mehr, etwa zwanzig Minuten langsamen Gehens. Es war ein Uhr morgens, ein Uhr oder auch halb zwei. Der Himmel hatte sich ein wenig aufgehellt, und der Mond wurde sichtbar, die traurige Sichel des letzten Mondviertels. Die Sichel des ersten Viertels, die um die fünfte oder sechste Abendstunde aufgeht, ist hell, fröhlich, silbrig-glänzend; aber die, die sich nach Mitternacht erhebt, ist rötlich, trüb, beunruhigend – das ist die wahre Hexensabbatsichel. Alle, die nachts spazierengehen, müssen diese Beobachtung schon gemacht haben. Die erstere, mag sie schmal sein wie ein Draht, wirft einen zwar dünnen, doch fröhlichen Schein, der das Herz erfreut, und zeichnet klare Schatten auf die Erde; die letztere verbreitet kaum ein verlöschendes Licht, so matt, daß sie fast keine Schatten wirft.

Ich bemerkte in der Ferne die finsteren Umrisse meines Gartens, und ich weiß nicht, woher mir, bei der Vorstellung, dort einzutreten, eine Art Unbehagen kam. Ich verlangsamte den Schritt. Die Luft war sehr mild. Die mächtige Baumgruppe sah aus wie eine Gruft, in der mein Haus begraben lag!

Ich öffnete das Gitter und betrat die lange Allee von Maulbeerbäumen, die zu meiner Behausung führte. Sie war gewölbt wie ein hoher Tunnel und führte durch dichtes Gebüsch und um Rasenstücke, die Blumenbeete zierten, ovale Flecken unter den bleichen Schatten in verschwommenen Umrissen.

Als ich mich dem Hause näherte, ergriff mich eine seltsame Verwirrung. Ich blieb stehen. Es war nichts zu hören. In den Blättern war kein Windhauch. Was habe ich denn? dachte ich. Seit zehn Jahren kehrte ich so heim, ohne daß mich jemals die geringste Unruhe erfaßt hätte. Angst hatte ich nicht. Ich habe mich in der Nacht niemals gefürchtet. Der Anblick eines Menschen, eines Spitzbuben, eines Halunken hätte mich wütend gemacht, und ich hätte mich, ohne zu zögern, auf ihn geworfen. Ich war übrigens bewaffnet. Ich hatte meinen Revolver. Aber ich rührte nicht daran, denn ich wollte diesem Angstgefühl, das in mir keimte, nicht nachgeben.

Was war das? Eine Vorahnung? Eine mysteriöse Vorahnung, die sich der Sinne der Menschen bemächtigt, wenn sie etwas Unerklärliches auf sich zukommen sehen? Vielleicht? Wer weiß?

Während ich weiterging, hatte ich ein Schaudern auf der Haut, und als ich vor der Mauer war, vor dem verschlossenen Windfang meines geräumigen Hauses, fühlte ich, daß ich einige Minuten warten mußte, bevor ich die Tür öffnen und hineingehen konnte. Ich setzte mich auf eine Bank unter den Fenstern meines Salons. Dort blieb ich sitzen, ein wenig zitternd, den Kopf an die Mauer gelehnt, den Blick auf den Schatten der Zweige gerichtet. Während der ersten Augenblicke bemerkte ich nichts Ungewöhnliches um mich herum. Ich hatte in den Ohren ein Brummen, aber das kommt mich öfter an. Es scheint mir manchmal, daß ich Züge vorbeifahren, daß ich Glocken läuten höre.

Bald danach wurde dieses Brummen deutlicher, genauer, erkennbarer. Ich hatte mich getäuscht. Das war nicht das gewöhnliche Pochen meiner Pulsadern, das diese Geräusche in meinen Ohren bewirkte, sondern ein ganz bestimmtes, freilich sehr verworrenes Geräusch, das, daran war nicht zu zweifeln, aus dem Inneren meines Hauses kam.

Ich vernahm dieses andauernde Geräusch durch die Mauer hindurch. Es war eher eine Bewegung als Lärm, ein unbestimmbares Hinundherschieben von Dingen, als wenn man alle meine Möbel gerüttelt, verrückt und sachte hin und her geschoben hätte.

Oh! Ich zweifelte noch eine ganze Zeit an der Verläßlichkeit meines Gehörs. Aber nachdem ich mein Ohr an den Windfang gelegt hatte, um diese seltsame Unruhe in meinem Hause besser wahrzunehmen, blieb ich überzeugt, daß bei mir im Hause etwas Ungewöhnliches, Unverständliches vorging. Ich hatte keine Angst, aber ich war – wie soll ich es ausdrücken? – erstaunt und bestürzt zugleich. Ich entsicherte nicht meinen Revolver – ich ahnte sehr wohl, daß ich ihn nicht nötig hatte. Ich wartete.

Ich wartete lang, ohne mich zu irgend etwas entschließen zu können, hellwach, aber irrsinnig vor Angst. Ich wartete. Ich war aufgestanden und lauschte dem immer größer werdenden Lärm, der für Augenblicke eine heftige Stärke annahm, der ein Grollen aus Ungeduld und Zorn, ein mysteriöser Aufruhr zu werden schien.

Dann plötzlich, mich meiner Feigheit schämend, ergriff ich meinen Schlüsselbund, suchte den Schlüssel, den ich benötigte, steckte ihn in das Schloß, drehte ihn zweimal herum und stieß die Tür mit ganzer Kraft auf, so daß der Türflügel gegen die Trennwand prallte.

Der Schlag dröhnte wie ein Gewehrschuß, und das, was auf diesen Krach folgte, war ein fürchterlicher Tumult im ganzen Haus. Das war so plötzlich, so furchtbar, so ohrenbetäubend, daß ich einige Schritte zurückwich und daß ich, obwohl ich fühlte, daß es nutzlos war, meinen Revolver aus dem Futteral zog.

Ich wartete noch immer, oh, nur kurze Zeit. Ich unterschied jetzt ein sonderbares Stampfen auf den Stufen meiner Treppe, auf dem Parkett, auf den Teppichen, ein Getrappel nicht von Stiefeln, nicht von menschlichem Schuhwerk, sondern von hölzernen Krücken, die wie Zimbeln nachzitterten. Und da bemerkte ich plötzlich auf der Schwelle meiner Tür einen Sessel, meinen großen Lesesessel, der schlenkernd herauskam. Er lief durch den Garten davon. Andere folgten ihm, die aus meinem Salon, dann die niedrigen Kanapees, die wie Krokodile auf ihren niedrigen Beinen krochen. Dann hüpften alle meine Stühle mit Bocksprüngen vorbei, und die kleinen Schemel, sie hoppelten wie die Hasen vorüber.

Oh, welche Aufregung! Ich glitt in ein dichtes Gesträuch, verharrte dort zusammengekauert und schaute diesem Vorbeimarsch meiner Möbel gespannt zu; denn sie machten sich alle davon, schnell oder langsam, ihrer Gestalt und ihrem Gewicht entsprechend. Mein Piano, mein großer Flügel, lief im Galopp, wie ein durchgehendes Pferd, vorbei, mit summender Musik seiner Seiten.

Die kleinsten Gegenstände glitten wie Ameisen über den Sand, die Bürsten, das Kristall, die Becher, denen der Mondschein das Leuchten von Glühwürmchen anhängte. Die Stoffe krochen dahin, breiteten sich zu Flächen aus, wie die Tintenschnecken des Meeres. Ich sah meinen Schreibtisch erscheinen, ein seltenes Stück aus dem vorigen Jahrhundert, der alle Briefe enthielt, die ich empfangen hatte, die ganze Geschichte meines Herzens, eine alte Geschichte, unter der ich so schwer gelitten hatte! Und in ihm waren auch die Photographien.

Plötzlich hatte ich keine Furcht mehr. Ich warf mich auf den Schreibtisch und packte ihn, wie man einen Dieb packt, wie man eine Frau festhält, wenn sie davonlaufen will. Aber er ging unaufhaltsam davon, und trotz meiner Anstrengungen und ungeachtet meines Zorns konnte ich seinen Lauf nicht einmal verzögern. Als ich mich wie ein Verzweifelter dieser schrecklichen Kraft widersetzte, warf er mich zu Boden. Dann überrollte er mich und zerrte mich über den Sand, und schon begannen dic Möbel, die ihm folgten, über mich hinweggehen, auf mir herumzutrampeln, daß meine Beine ganz zerquetscht wurden. Als ich ihn losgelassen hatte, rannten die anderen über meinen Körper hinweg, wie eine Kavallerieattacke über einen abgeworfenen Reiter.

Irrsinnig vor Angst, konnte ich mich endlich aus der großen Allee wegschleppen und mich wieder unter den Bäumen verstecken, und so sah ich, wie auch die winzigsten Gegenstände, die allerkleinsten, die allerbescheidensten, die von mir unbeachtetsten, die mir gehört hatten, verschwanden.

Dann hörte ich von fern, aus meiner Wohnung, in der es widerhallte wie in leeren Häusern, ein fürchterliches Getöse von zuschlagenden Türen. Sie fielen im ganzen Haus von oben bis unten krachend ins Schloß, zuletzt die zum Vestibül, die ich selbst geöffnet hatte.

Auch ich floh davon, lief auf die Stadt zu, und ich fand meine Kaltblütigkeit erst wieder, als ich in den Straßen Leute traf, die zu dieser späten Stunde noch unterwegs waren. Ich läutete an der Tür eines Hotels, wo ich bekannt war. Ich hatte mit den Händen den Staub von meinen Kleidern geklopft und erzählte nun, daß ich meinen Schlüsselbund verloren hätte, an dem sich auch der Schlüssel zu meinem Gemüsegarten befand, wo meine Dienstboten in einem abgelegenen Haus schliefen, hinter der Mauer des Geheges, die mein Obst und Gemüse vor Spitzbuben bewahrte.

Ich verkroch mich bis zu den Augen in dem Bett, das man mir gab. Aber ich konnte nicht schlafen und erwartete den Tag mit klopfendem Herzen. Ich hatte befohlen, daß man meine Leute bei Tagesanbruch verständigte, und um sieben Uhr am

Morgen klopfte mein Kammerdiener an meine Tür. Sein Gesicht wirkte ganz verstört.

»Es ist diese Nacht ein großes Unglück geschehen, Monsieur«, sagte er.

»Was denn?«

»Man hat das ganze Mobiliar von Monsieur gestohlen, alles, alles bis auf die kleinsten Gegenstände.«

Diese Neuigkeit machte mir Spaß. Warum? Wer weiß? Ich war ganz Herr meiner selbst, fest entschlossen, zu verhehlen, niemandem etwas von dem zu sagen, was ich gesehen hatte, es zu verbergen, es in meinem Bewußtsein zu begraben wie ein entsetzliches Geheimnis. Ich antwortete: »Das sind gewiß dieselben Leute gewesen, die mir meine Schlüssel gestohlen haben. Man muß sofort die Polizei verständigen. Ich stehe gleich auf und bin in wenigen Augenblicken auch dort.«

Die Untersuchung dauerte fünf Monate. Man entdeckte nichts, man fand nicht das kleinste meiner Möbel und Antiquitäten, nicht die geringste Spur der Diebe.

Bei Gott! Wenn ich gesagt hätte, was ich wußte ... Wenn ich gesagt hätte ... man hätte mich eingesperrt, mich, nicht die Diebe, sondern den Menschen, der eine solche Sache hatte sehen können.

Oh, ich wußte zu schweigen. Aber ich möblierte mein Haus nicht wieder. Das hätte gar keinen Sinn gehabt. Das würde dauernd von neuem begonnen haben. Ich wollte dorthin nicht zurückkehren. Ich kehrte dorthin nicht zurück. Ich sah mein Haus nie wieder.

Ich ging nach Paris, wohnte im Hotel und konsultierte andere Ärzte über den Zustand meiner Nerven, der mich seit dieser bedauerlichen Nacht sehr beunruhigte.

Sie bewogen mich zu reisen. Ich folgte ihrem Rat.

II

Ich begann mit einem Ausflug nach Italien. Die Sonne tat mir wohl. Während sechs Monaten reiste ich ohne bestimmtes Ziel von Genua nach Venedig, von Venedig nach Florenz, von Florenz nach Rom, von Rom nach Neapel. Dann durchstreifte ich Sizilien, bewundernswertes Land durch seine Natur und seine Denkmäler, Überreste aus der Zeit der Griechen und der Normannen. Ich fuhr nach Afrika und durchquerte diese große gelbe und schweigende Wüste, wo Kamele, Gazellen und unstete Araber umherziehen. Ihre leichte und glasklare Luft wird von nichts Umheimlichem belastet, weder am Tag noch in der Nacht.

Über Marseille kehrte ich nach Frankreich zurück, und trotz provenzalischer Fröhlichkeit stimmte mich das verminderte Himmelslicht traurig. Bei meiner Rückkehr auf den Kontinent hatte ich das bedrückende Gefühl eines Kranken, der sich für geheilt hält, den aber ein stumpfer Schmerz warnt, daß der Herd des Leides nicht erloschen ist.

Dann kam ich nach Paris zurück. Schon nach einem Monat langweilte ich mich dort. Es war Herbst, und ich wollte noch vor dem Winter einen Ausflug in die Normandie machen, die ich noch nicht kannte.

Ich ging selbstverständlich zuerst nach Rouen, und acht Tage wanderte ich, wohltuend abgelenkt, entzückt und begeistert durch diese mittelalterliche Stadt, dieses überraschende Museum mit außergewöhnlichen gotischen Denkmälern.

Eines Nachmittags gegen vier Uhr nun, als ich in eine unwahrscheinliche Gasse einbog, an der ein Bach entlangfloß, schwarz wie Tinte, genannt »Wasser von Robec«, wurde meine Aufmerksamkeit, die ganz auf das seltsame und altertümliche Gepräge der Häuser gerichtet war, plötzlich durch den Anblick einer Reihe von Trödlerläden abgelenkt, die Tür neben Tür aufeinanderfolgten.

Ah, sie hatten ihren Platz gut gewählt, diese schmierigen Händler mit ihrem Trödelkram, in dieser phantastischen

Gasse, über dem unheimlichen Wasserlauf, unter diesen spitzen Ziegel- und Schindeldächern, wo noch die Wetterfahnen der Vergangenheit knarrten.

Im Hintergrund der schwarzen Lagerräume sah man haufenweise geschnitzte Truhen, Fayencen aus Rouen, Nevers, Moustiers, bemalte Figuren, andere aus Eiche, Christusgestalten, Madonnen, Heilige, Kirchenschmuck, Meßgewänder, Chorröcke, selbst heilige Gefäße und ein altes Tabernakel aus vergoldetem Holz, das Gott verlassen hatte. Oh, die eigenartigen Höhlen in diesen hohen Häusern, in diesen großen Häusern, die vom Keller bis zum Boden vollgepfropft waren mit Gegenständen jeder Art, deren Zeit vorbei zu sein schien, die ihre ursprünglichen Besitzer überlebt hatten, ihr Jahrhundert, ihre Zeit, ihre Mode und nun von neuen Generationen als Kuriosität gekauft werden sollten.

Meine Liebhaberei für Kuriositäten erwachte wieder in dieser Heimstatt der Antiquitätenhändler. Ich ging von Laden zu Laden, indem ich mit zwei großen Schritten die Brücken aus vier morschen Bohlen überquerte, die über den übelriechenden Lauf der »Wasser von Robec« führten.

Barmherziger Gott! Welch ein Schreck durchfuhr mich! Einer meiner schönsten Schränke stand vor mir am Rand eines mit den verschiedensten Gegenständen überfüllten Gewölbes, das wie ein Eingang zu den Katakomben eines Friedhofs für alte Möbel aussah. Ich näherte mich, zitternd an allen Gliedern. Ich zitterte so stark, daß ich ihn nicht zu berühren wagte. Ich streckte die Hand aus, zögerte aber. Trotzdem, das war er: Ein einzigartiger Schrank aus der Zeit Louis' XIII. – unverkennbar für jeden, der ihn auch nur ein einziges Mal gesehen hatte. Als ich meinen Blick unwillkürlich ein wenig weiterschweifen ließ, in die dunkle Tiefe des Gewölbes, bemerkte ich drei meiner Sessel, die mit Tapisserie in feiner Stickerei überzogen waren, dann noch weiter hinten meine zwei Henri-II.-Tische – die so selten waren, daß man von Paris gekommen war, um sie sich anzusehen.

Stellen Sie sich meine seelische Verfassung vor!

Und ich ging weiter, halb gelähmt, halb tot vor Erregung,

aber ich ging weiter, denn ich bin tapfer; ich ging weiter, wie ein Ritter in uralten Zeiten zum Sitz eines Zauberers vorgedrungen war. Ich fand Schritt für Schritt alles wieder, was mir gehört hatte, meine Kronleuchter, meine Bücher, meine Bilder, meine Stoffe, meine Waffen, alles, außer dem Schreibtisch mit meinen Briefen. Den bemerkte ich nirgends.

Ich ging weiter, stieg in dunkle Gänge hinab und dann in die oberen Stockwerke hinauf. Ich war allein. Ich rief, niemand antwortete mir. Ich war allein; es gab niemanden dort in diesem Haus, das weitläufig und winklig war, wie ein Labyrinth.

Die Nacht kam, und ich mußte mich in der Finsternis auf einem meiner Sessel niedersetzen, denn ich wollte auf keinen Fall fortgehen. Von Zeit zu Zeit rief ich: »Hallo! Hallo! Ist da jemand?«

Ich war gewiß schon mehr als eine Stunde da, als ich Schritte hörte, leichte, langsame Schritte; ich wußte nicht, wo. Ich wäre beinahe davongelaufen; aber ich machte mich stark und rief von neuem, und nun bemerkte ich einen Lichtschimmer im Nebenzimmer.

»Wer ist da?« sagte eine Stimme.

Ich antwortete: »Ein Käufer.«

Die Stimme erwiderte: »Es ist reichlich spät, um einfach so in einen Laden einzutreten.«

Ich entgegnete: »Ich warte seit mehr als einer Stunde auf Sie.«

»Sie können ja morgen wiederkommen.«

»Morgen werde ich Rouen verlassen haben.«

Ich wagte nicht weiterzugehen, und er kam und kam nicht. Ich sah immer den Schimmer seines Lichts, das einen Wandteppich beleuchtete, auf dem zwei Engel über den Toten eines Schlachtfeldes schwebten. Auch er gehörte mir.

Ich sagte: »Was ist? Kommen Sie?«

Er antwortete: »Ich erwarte Sie.«

Inmitten eines großen Raumes war ein winziges Männchen. Es war ganz klein und sehr dick, dick wie ein gespenstisches Wesen, ein häßlicher Nachtmahr.

Er hatte einen seltsamen Bart, aus ungleichlangen Haaren, dünn und gelblich, und nicht ein einziges Haar auf dem Kopf! Nicht ein Haar! Als er seine Kerze mit ausgestrecktem Arm erhob, um meiner gewahr zu werden, erschien mir sein Kopf wie ein kleiner Mond in diesem mit alten Möbeln vollgestopften Zimmer. Das Gesicht war runzlig und aufgedunsen, seine Augen nicht zu erkennen.

Ich erhandelte drei der mir gehörigen Sessel, bezahlte dafür auf der Stelle einen hohen Betrag und gab einfach die Zimmernummer im Hotel an. Sie sollten am folgenden Tag um neun Uhr geliefert werden.

Dann ging ich fort. Er führte mich mit großer Höflichkeit bis zur Tür zurück.

Ich begab mich darauf zum Hauptkommissar der Polizei, dem ich vom Diebstahl meines Mobiliars erzählte und von der Entdeckung, die ich soeben gemacht hatte.

Auf der Stelle forderte er telegraphisch Auskunft von der Staatsanwaltschaft, die die Untersuchung in der Angelegenheit geleitet hatte, und bat mich, die Antwort abzuwarten. Eine Stunde später traf sie ein. Sie war völlig zufriedenstellend für mich.

»Ich werde diesen Mann festnehmen und unverzüglich vernehmen lassen«, sagte der Kommissar mir, »denn er könnte Verdacht geschöpft haben und das, was Ihnen gehört, verschwinden lassen.

Gehen Sie bitte essen, und kommen Sie in etwa zwei Stunden zurück. Ich werde ihn dann hier in Ihrem Beisein einem neuen Verhör unterziehen.«

»Gern, Monsieur. Ich danke Ihnen von ganzem Herzen.«

Ich ging zum Abendessen in mein Hotel, und ich aß mit besserem Appetit, als ich geglaubt hatte. Ich war trotz allem recht zufrieden. Man hatte ihn dingfest gemacht.

Zwei Stunden später kehrte ich zu dem Polizeikommissar zurück. Er erwartete mich.

»Nun wohl, Monsieur«, sagte er, als er mich erblickte. »Man hat Ihren Mann nicht gefunden. Meine Leute haben nicht Hand an ihn legen können.«

»Ah!« Mir wurde schwach. »Aber ... Sie haben sicher sein Haus gefunden?« fragte ich.

»Durchaus. Es wird sogar beobachtet und bewacht, bis er zurückkommt. Was ihn betrifft: Er ist verschwunden.«

»Verschwunden?«

»Verschwunden. Gewöhnlich verbringt er seine Abende bei seiner Nachbarin, ebenfalls einer Trödlerin, einer komischen Art von Hexe, der Witwe Bidoin. Sie hat ihn heute abend nicht gesehen und kann keine Auskunft über ihn geben. Wir müssen bis morgen warten.«

Ich ging. Ach, wie die Straßen von Rouen mir finster, beklemmend, gespenstisch erschienen!

Ich schlief schlecht, wachte immer wieder auf, von Alpträumen gequält.

Da ich nicht wollte, daß ich sehr beunruhigt aussah oder als ob ich große Eile hätte, wartete ich bis zehn Uhr am anderen Tag und begab mich erst dann zur Polizei.

Der Händler war nicht wieder aufgetaucht. Sein Laden blieb geschlossen.

Der Kommissar sagte mir: »Ich habe alle notwendigen Schritte unternommen. Das Gericht ist über die Angelegenheit auf dem laufenden. Wir gehen jetzt gemeinsam zu diesem Kramladen und lassen ihn öffnen. Sie werden mir alles zeigen, was Ihnen gehört.«

Eine Kutsche brachte uns hin. Polizisten standen mit einem Schlosser vor der Tür des Ladens. Sie wurde geöffnet.

Beim Eintreten bemerkte ich weder meinen Schrank noch meine Sessel, noch meine Tische, nichts, rein gar nichts, was zum Mobiliar meines Hauses gehört hatte; nichts war mehr da, während ich am Abend zuvor keinen Schritt machen konnte, ohne einem meiner Möbelstücke zu begegnen.

Der überraschte Hauptkommissar betrachtete mich zunächst mit Mißtrauen.

»Mein Gott, Monsieur«, sagte ich ihm, »das Verschwinden meiner Möbel fällt seltsamerweise mit dem des Händlers zusammen.«

Er lächelte.

»Das ist wahr. Sie hätten gestern Ihre Möbel nicht kaufen und bezahlen sollen. Das hat ihn stutzig gemacht.«

Ich erwiderte: »Was mir unverständlich erscheint, ist, daß alle die Stellen, wo gestern noch meine Möbel standen, jetzt mit anderen besetzt sind.«

»Oh«, antwortete der Kommissar, »er hatte die ganze Nacht Zeit und ohne Zweifel auch Komplizen. Dieses Haus muß zu den Nachbarhäusern eine geheime Verbindung haben. Fürchten Sie nichts, Monsieur, ich werde mich sehr aktiv mit dieser Angelegenheit beschäftigen. Der Räuber wird uns nicht für lange Zeit entwischen, da wir den Schlupfwinkel bewachen.«

Ach, mein Herz, mein Herz! Mein armes Herz, wie wild es klopfte.

Ich blieb fünfzehn Tage in Rouen. Der Mann tauchte nicht wieder auf. Mein Gott! Wer hätte diesem Mann auch etwas anhaben, ihn gar überführen können?

Am Morgen des sechzehnten Tages aber erhielt ich von meinem Gärtner, Wächter meines ausgeplünderten und leerstehenden Hauses, folgenden seltsamen Brief:

»Monsieur,
ich habe die Ehre, Sie davon zu unterrichten, was sich in der letzten Nacht zugetragen hat, etwas, was niemand begreift – die Polizei ebensowenig wie wir. Alle Möbel sind wieder da, alle ohne Ausnahme, alle bis auf die kleinsten Gegenstände! Das Haus ist jetzt ganz dasselbe, das es bis zum Vorabend des Diebstahls war. Man könnte darüber den Verstand verlieren. Das geschah in der Nacht vom Freitag zum Sonnabend. Die Wege sind wie umgegraben, als ob man alles vom Garteneingang bis zur Haustür geschleift hätte. Genauso hat es an dem Tag ausgesehen, an dem die Möbel verschwanden.

Wir erwarten Monsieur, dessen sehr ergebener Diener ich bin.

Raudin, Philippe.«

Ah, nein, nein, nein! Ich werde dorthin nicht zurückkehren!

Ich brachte den Brief zum Kommissar von Rouen.

»Das ist eine sehr geschickte Rückerstattung«, sagte er. »Stellen wir uns tot. Einmal schnappen wir den Mann.«

Aber man hat ihn nicht geschnappt. Nein, sie haben ihn nicht geschnappt, und jetzt habe ich Angst vor ihm, als wenn er ein wildes Tier wäre, das man auf mich losgelassen hat.

Unauffindbar! Es ist unauffindbar, dieses Monstrum mit dem Mondschädel! Man wird ihn niemals ergreifen. Er wird nie wieder in das Haus zurückkehren. Was sollte ihm schon daran liegen! Ich allein bin es, der ihm begegnen kann, und ich will nicht.

Ich will nicht! Ich will nicht! Ich will nicht!

Und wenn er zurückkommt, wenn er in seinen Trödelladen zurückkehrt, wer wird ihm schon beweisen können, daß meine Möbel bei ihm waren? Nur meine Zeugenaussage hat er gegen sich, und ich fühle wohl, daß sie beargwöhnt wird.

Aber nein! Dieses Dasein war nicht länger zu ertragen. Und ich konnte das Geheimnis dessen, was ich gesehen habe, nicht für mich behalten. Ich konnte nicht weiterleben wie alle Welt, mit der Furcht, daß ähnliches von neuem beginnen würde.

Ich habe also den Arzt aufgesucht, der diese Nervenheilanstalt leitet, und ich habe ihm alles erzählt.

Nachdem er mich lange befragt hatte, sagte er zu mir: »Wären Sie einverstanden, einige Zeit hier zu bleiben?«

»Sehr gern, Monsieur.«

»Sie haben Vermögen?«

»Ja, Monsieur.«

»Wollen Sie einen Pavillon für sich allein?«

»Ja, Monsieur.«

»Wollen Sie Freunde empfangen?«

»Nein, Monsieur, nein, niemanden. Der Mann aus Rouen könnte es wagen, mich aus Rachsucht hierher zu verfolgen.«

Und ich bin allein, ganz allein, seit drei Monaten. Ich bin einigermaßen ruhig. Nur vor einer Sache habe ich Angst ...

Wenn der Antiquitätenhändler verrückt würde und wenn man ihn in diese Anstalt brächte ... Selbst die Gefängnisse sind nicht mehr sicher.

HERMAN BANG

»Aber du sollst dich meiner erinnern ...«

Eine Gespenstergeschichte? Aber ich habe nie ein Gespenst gesehen. Es gibt überhaupt keine Gespenster. Wer sollte wohl spuken und wer wiedererscheinen? Die Toten sind tot, und vorbei ist vorbei. Hamlet hat nie den Geist seines Vaters gesehen, und nur Macbeths eigenes Entsetzen ließ den Geist des Gemordeten beim Gastmahl erscheinen.

Gespenster, Geistererscheinungen. Wer sollte wohl spuken, wer wiedererscheinen? Eines Nachts in Paris auf einem Ball, während alle nach einem spanischen Orchester Walzer tanzten, einem Orchester, das in Brandgelb und Rot gekleidet war, dessen Seide mit den Kleidern der Gäste um die Wette schimmerte, zog ein Freund von mir aus seinem hohen Stehkragen ein goldenes Herz hervor, das er an einer Kette um den Hals trug. Es war mit Opalen besetzt. Unter einer Glasplatte lag ein wenig weiße Asche oder ein weißes Pulver, so viel, wie wir in einem Kinderlöffel gegen Influenza einnehmen. »Sieh«, sagte er, »das ist die, die ich am heißesten geliebt habe.« Ein wenig weißer Staub, den ich hätte auf meinen Handschuh schütten und mit einem einzigen Atemzug zwischen den sich wiegenden Tanzenden verstreuen können, und niemand, kein einziger Mensch, würde es auch nur geahnt haben. – »Das ist die, die ich am heißesten geliebt habe.« Ein paar Staubkörner, ein paar weiße Flocken. Mein Freund aber schloß das mit Opalen besetzte goldene Herz. »Niemand weiß«, flüsterte er, »wie heiß wir uns geliebt haben.« Spielt, ihr spanischen Spielleute. Spielt glühend und lange. Euer Walzer ist doch nur kurz und geht schnell zu Ende ... Was sagt Hamlet, wenn er mit der bescheidenen Wahrscheinlichkeit rechnet? Was bleibt von dem großen Alexander übrig? Ein wenig Staub, Horatio, ein wenig Staub, womit man ein Spundloch verstopfen kann. Wer soll also spuken und wer wiedererscheinen? Und dennoch – sind die Toten tot? Ganz tot? So völlig tot, daß sie zum Beispiel nicht rufen können? Ja, können sie nicht rufen? Mit einem Klopfen, dem Klopfen einer Hand gegen unsere Tür, oder mit einem Knöchel, so nackt wie der eines Geiers, einem Knöchel – gegen unser Fenster?

Mein armer Bruder, der nur zwanzig Jahre alt wurde und schon so lange tot ist, glaubte, daß er gerufen worden sei, und er siechte dahin und starb und folgte derjenigen, die ihn gerufen hatte. Es war kurz nach dem Tod meiner Mutter. Wir, mein Bruder und ich, lagen jeder in seinem Zimmer, die Tür zwischen unsern Kammern aber stand offen. Wir konnten in dem öden Haus nicht schlafen, der hilflose Schmerz der Jugend starrte uns an, während wir beide wach lagen. Hin und wieder hörte ich meinen Bruder seufzen, ihn, der so selten nur sprach. Dann wurde es ganz still.

»Schläfst du, Oluf?« fragte ich, ich graulte mich im Dunkeln.

»Nein«, antwortete er. »Aber schlaf du nur.«

»Ja.«

Und wir schwiegen wieder – und wachten beide.

Plötzlich aber fuhr ich auf: draußen, gegen das Fenster, gegen das Fenster meines Bruders, erklang ein Schlag und noch einer und noch einer – drei harte, bestimmte Schläge, Schläge wie von einem Knöchel, einem mageren Knöchel, einer harten und nackten Kralle. Und wieder wurde es still, während ich am ganzen Leibe zitterte. Aber ich sprach nicht gleich, und als ich sprach, sagte ich nur – und wußte nicht, weshalb ich nicht nach den Schlägen fragte –: »Schläfst du, Oluf?« Mein Bruder antwortete nur wie vorhin: »Nein – aber schlaf du nur.« Auch er sprach nicht von den Schlägen, den drei Schlägen. Hatte er sie denn nicht gehört? Doch ertönt waren sie, und zwar ganz deutlich, einer und einer und noch einer, drei Schläge – drei Schläge von einem Knöchel, von einer Kralle. Und Oluf *hatte* sie gehört, und es war an seinem Fenster gewesen.

Denn am nächsten Morgen sagte er zu dem alten Mädchen,

der treuen Seele, die ihn als Kind auf den Armen getragen hatte: »Marie, heute nacht hat Mutter mich gerufen ...« Und von dem Tage an siechte er dahin, schweigend und mit angstvollen Augen – so fern, so seltsam fern von uns andern, als ginge er in unserer Mitte, ohne bei uns zu sein, weit, weit fort – ganz weit draußen. Sechs Monate später aber (ja, gerade sechs Monate nach diesem Klopfen) gaben wir ihm das Geleite zum Friedhof, betteten ihn neben Mutter, zur Seite derjenigen, die ihn gerufen hatte.

Aber es ist Aberglaube, es ist eine Unmöglichkeit, es widerspricht allem, was ich in meinen innersten Gedanken glaube, und man soll derartiges weder denken noch erzählen, noch niederschreiben. Was hat es für einen Zweck? Wer schreibt, soll die Gedanken der Menschen stärken und sie nicht verwirren. Die Toten sind tot – sind nur so viel Staub, wie ein goldenes Herz fassen, so viel Staub, wie sich in einer Ritze sammeln kann. Tot ist tot, und die Toten können nicht rufen. Und können sie uns auch nicht erscheinen? Erscheinen, wie sie gingen und standen, erscheinen, wie sie im Leben waren, erscheinen, als ob sie lebten? Erscheinen, um uns zu betrachten, erscheinen, um uns zu mahnen? Ach, welch ein Wahnsinn, wie kann ein Mensch so etwas denken ...

Kann Staub Gestalt annehmen? Kann etwas, was nicht ist, sein? Das spottet jeder Vernunft. Die Toten sind tot. Und die glauben, sie gesehen zu haben, haben nur ein Bild gesehen, das ihr eigenes Gehirn ihnen während einer Krankheit vorgespiegelt hat, ein Zerrbild, das ihre aufgeregten Nerven geschaffen; sie haben eine Halluzination gehabt, sie haben einige von den Bildern gesehen, die, wer kann wissen, wie, plötzlich aus den vergifteten Sümpfen unseres Bewußtseins hervorsteigen, wie fleckige Pilze aufschießen und Gesichter wie halb zusammengeschrumpfte rote Quallen ... Ja, Halluzinationen, nichts anderes, gar nichts anderes als eine Halluzination. Wer aber Halluzinationen hat, sollte zu einem Arzt gehen ... Oder nein, er soll es vielleicht lieber unterlassen. Man muß heutzutage seinen Arzt mit Vorsicht behandeln. Es gibt Dinge, die man besser für sich behält. Wer alles sagen würde, könnte von seinem Hausarzt den Rat bekommen, sich in eine Heilanstalt zu begeben oder an einen noch schlimmeren Ort...

Also die Toten kehren nicht wieder. Der Staub aus einem goldenen Herzen sollte uns erscheinen? Und dennoch ... Ja, ich habe natürlich – und das hab' ich bereits gesagt – nie ein Gespenst gesehen. Das *Bild,* das ich zweimal gesehen habe, das Bild eines verstorbenen Freundes, war natürlich eine Halluzination, nichts anderes als eine Halluzination. Trotzdem aber sind zwei Umstände bei der Sache, zwei seltsame Umstände. Denn erstens: Als ich diesen verstorbenen Freund, nein, sein Bild, sah, war mein Gehirn, soweit ein Mensch ein Gehirn und namentlich sein eigenes Gehirn (was vielleicht am allerschwierigsten ist) kontrollieren kann, ganz und gar gesund. Und zweitens: Mein Freund hatte mir *gedroht* ... Er hatte mich, wie soll ich sagen, vorbereitet ... Aber es lohnt sich nicht, sich in Betrachtungen zu verlieren. Ich will nur erzählen, was geschehen ist und wie es geschah, ganz genau und ausführlich.

Ich hatte meinen deutschen Freund seit seiner ersten Jugend gekannt. Und ich war auch der Leidenschaft, die eines Tages von ihm Besitz ergriff, von der ersten Stunde an gefolgt. Leider hatte ich auch die Frau gekannt, die er liebte – und ich wußte besser als irgend jemand und viel zu gut, daß sie seiner Liebe nicht wert war. Und dennoch schwieg ich. Ich sagte ihm nichts. Ich schwieg aus Rücksicht auf ihn, aus Rücksicht auf sie – was weiß ich? Vielleicht war es nur Rücksicht gegen mich selbst. Diejenigen unserer Handlungen, die als die edelmütigsten erscheinen, sind bisweilen im geheimen die lumpigsten oder feigsten ... An dem Tage aber, an dem mein Freund alles erfuhr, ging er hin und erschoß sich. Es war in einer Nacht, und er schoß sich die Kugel direkt ins Herz, durch ihr Bild hindurch, das er auf der Brust trug. Diese Art Entschlossenheit ist selten, aber sie kommt also vor. Als ich von seinem Tode hörte, war es mir, als hätte ich ihn getötet, und (das war das schrecklichste) ich sollte erfahren, daß er wirklich mit einem Groll gegen mich im Herzen dahingegangen war ... Denn bevor er starb, hatte er einen Brief an mich geschrieben. Darin stand: »Ich gehe, weil zwei Menschen mich betrogen haben – sie und du. *Aber du sollst dich meiner erinnern.*« Du sollst dich meiner erinnern.

Er behielt recht. Er behielt recht. In langen, schweren Zeiten kam mir sein Leben und sein Tod nicht aus dem Sinn ... bis die Zeit verging und sein Bild langsam fortschob. Denn die Lebenden müssen sich mit den Lebenden beschäftigen. Unsere toten Freunde, ach, ihre Schatten sitzen nur wie Bettler am Rand unseres Weges (des Weges, den wir Überlebenden wandern), und wie oft werfen wir mit einem flüchtigen Gedanken ein Almosen in ihre ausgestreckten Hände? Es konnten Wochen vergehen, und es vergingen Monate, wo ich meinem toten Freund nicht einen Gedanken schenkte.

Da aber ... ja, da geschah es. Nämlich eines Nachts sah ich ihn ... das heißt, nein, ich will es genau erzählen. Denn natürlich hat mein Gehirn schlecht funktioniert und ist angegriffen gewesen, gerade als es am gesündesten schien. Trotzdem aber war da ein Nebenumstand, der mich damals verwirren mußte und der mich, ich gestehe es, noch jetzt verwirrt, während ich mich zwinge, daran zu denken. Ich hatte meinen Abend mit Lesen verbracht, und bevor ich zu Bett ging, hatte ich mit dem kleinen Hund meines Wirtes gespielt. Ich hatte zu Abend gegessen und war in einem vollkommenen, ungestörten Gleichgewicht gewesen. Als ich einschlief, brannte die kleine Lampe wie gewöhnlich auf dem Tisch neben meinem Bett. Ich hatte ganz ruhig geschlafen, ohne zu träumen, sehr ruhig. Plötzlich aber erwachte ich und hatte das Gefühl, als ob jemand die Tür geöffnet habe und ins Zimmer gekommen sei. Ich wandte den Kopf und sagte (und war ganz unbekümmert): »Sind Sie es, Andreas?« Denn Andreas war mein Diener, und ich meinte, daß er es sei. An der Tür aber sah ich niemanden, und keiner antwortete mir.

Da plötzlich – und beim Himmel, eine Sekunde vorher hatte ich nicht im entferntesten daran gedacht, es zu tun – drehte ich mich im Bett um und hob den Kopf, und dort, im Lehnstuhl, wo ich zu sitzen und zu lesen pflegte, dort, in der Ecke, gerade mir gegenüber – saß er, er, mein Freund, der sich erschossen, er, an den ich viele Wochen lang nicht gedacht hatte – er saß leibhaftig vor mir. Unbeweglich, in seiner grauen Uniform mit seinem bartlosen, ebenmäßigen, melancholischen Gesicht saß er im Lehnstuhl und starrte auf seine eigenen Stiefelspitzen, wie er zu tun pflegte ... Und ich sagte laut durchs Zimmer zu ihm: »Sind Sie es, Arnold – was wollen Sie?« Ich hatte keine Angst. Ich bekam gar keine Angst. Ich sah nur, daß er dort saß, und ich fragte. Ich sah ihn fortwährend an, ohne irgendein Gefühl von Furcht – bis er verschwand. Er verschwand? Er, er ...

Natürlich nicht, er war es ja nicht. Nein, bis das Trugbild verschwand. Denn obwohl ich mich in völligem Gleichgewicht befand, muß ich doch krank gewesen sein, verwirrt, irgendwie außer mir ... mein Bewußtsein hat sich plötzlich verschoben. Diese Art Verschiebungen gehen ganz tief drinnen in unserem Gehirn vor sich, ohne daß wir selbst es ahnen; sie *sind* da – und sein Bild, das Trugbild meines Freundes, war durch so eine Verschiebung gekommen. Ganz sicher, sicher.

Die Toten sind tot. Ein Häufchen Staub, so wenig, daß es kaum meine hohle Hand bedeckt, so wenig, ein bißchen Staub, kann nicht Gestalt annehmen und nicht »erscheinen« – und auch nicht mahnen ... Obgleich ... Denn da war ein Nebenumstand, und dieser Nebenumstand ... Aber, wie gesagt, ich will genau berichten: Die plötzliche Krankheit *meines* Gehirns muß angesteckt haben. Es ist ganz zweifellos: Das Übelbefinden meines Gehirns hatte ein anderes Gehirn im Hause angesteckt, so daß auch dieses zur selben Zeit verwirrt und zur selben Zeit krank wurde. Und das ist es, was ... Aber ich will erzählen.

Als ich morgens hinunterkam, sagte die Wirtin des Hauses – und ich hatte zu niemandem etwas von meinem seltsamen Anfall in der Nacht erzählt (wie gesagt, man soll nicht über solche Dinge reden, zu seinem Arzt nicht, er könnte einen leicht mißverstehen, und auch nicht zu anderen ganz alltäglichen Menschen soll man davon erzählen, sie könnten die richtige Ordnung der Welt leicht mißverstehen). »Wie geht es Ihnen?« fragte meine Wirtin mich morgens, während ich meinen Tee trank. »Ich habe mich Ihretwegen geängstigt. Ich saß gestern abend und wartete, daß die letzten Gäste fortgehen sollten, ich saß in der kleinen Speisekammer und las. Aber plötzlich wurde mir, ich weiß nicht, warum, so unheimlich zumute, daß ich das Buch beiseite legte und dachte, du willst dich lieber ins Gastzimmer setzen. Dann brechen die Gäste vielleicht auf, und du kannst zu Bett gehen ... Da ging plötzlich ein Windstoß durchs Haus, so daß alle Türen aufflogen. Und ›Wips‹, ja, das war unheimlich, sprang aus seinem Korb und winselte ... er stand vor mir und winselte, als ob eine Leiche im Hause sei ...« (›Eine Leiche im Hause‹, wiederholte ich im stillen, und meine Haarwurzeln wurden wie Eisnadeln in meiner Kopfhaut.) »Mir wurde ganz kalt«, sagte meine Wirtin (und sie sah aus, als sei ihr noch kalt), »obgleich man doch nicht abergläubisch ist ... Aber dann dachte ich, das ist doch seltsam, und ich ging auf den Hof hinaus, um zu sehen, ob es wirklich plötzlich so stark wehte. Aber es war ganz still. Es war völlig windstill. Auf einmal ging mir's durch den Kopf: Gott, wenn der Herr nur nicht krank geworden ist ... Und ich lief die Treppe hinauf, mir zitterten die Knie, so war mir zumut – und ich lauschte an Ihrer Tür. Als aber bei Ihnen alles still war, ging ich wieder hinunter und war so froh ... Das Ganze ist natürlich Unsinn ...« (und sie versuchte zu lachen), »aber man hat nachts manchmal solche Ideen ...«, sagte meine Wirtin.

Ich aber fragte nur: »Wann ungefähr waren Sie an meiner Tür?« – »Die Uhr war gerade zwanzig Minuten vor eins«, sagte sie. »Denn ich hab' nach der großen Stehuhr gesehen, als ich herunterkam.« Zwanzig Minuten vor eins. Das war gerade der Augenblick, genau der Augenblick, in dem ich ihn gesehen hatte, meinen Freund, den Toten – oder nein, nein, sein Bild ... denn auch ich hatte nach der Uhr gesehen: gerade zwanzig Minuten vor eins ... Es war sonderbar, höchst eigentümlich, nicht leicht zu erklären oder überhaupt nicht zu erklären ...

Aber selbst wenn man eine Sache nicht erklären kann, braucht sie einen nicht zu erschrecken. Und außerdem, was war das Ganze für eine lächerliche Idee. Wenn er sich wirklich bei mir in Erinnerung bringen wollte, weshalb dann gerade an einem Tage, wo ich so zufrieden und so ruhig war – es sei denn, daß er gerade meine Ruhe stören wollte. Das war möglich. Wenn er wirklich kam, kam er nicht in guter Absicht. Sein Brief enthielt eine Drohung. Mir war es damals durchaus klar, daß er mir drohte. Nun, wenn ich fortfahre, diese Geschichte dermaßen aufzuwühlen, werde ich schließlich selbst daran glauben, an Gespenster ... Tatsache aber ist, daß ich nie im Leben so ruhig gewesen war wie damals, als ich ihn zum erstenmal sah ... und ... als ich ihn zum zweitenmal erblickte.

Denn ich habe ihn – zum zweitenmal gesehen. Zweimal habe ich ihn gesehen. Und das, das ist es, was ... Nein, nein, ich will mich nicht in Betrachtungen verlieren, ich will um Himmels willen genau erzählen. Ich habe ihn also zum zweitenmal gesehen. Sein Bild, meine ich, habe ich gesehen. Es war in Paris. Ich war von einem großen Ball nach Hause gekommen. Ein Bekannter hatte mich mit seinem Wagen nach Hause gebracht. Wir waren sehr vergnügt und hatten von den gleichgültigsten Dingen der Welt gesprochen. Ich füge hinzu, daß wir nichts getrunken hatten. Auf Pariser Bällen bekommt man nichts zu trinken. Das wissen übrigens alle Menschen. Bei Pariser Festen muß man sich an den Büfetten herumschlagen und erringt sich höchstens ein Glas »Mercier«. Mein Bekannter war aus seinem Wagen gestiegen, und wir hatten noch etwas geplaudert, während wir beide auf dem Trottoir vor meinem Hause standen. Wir redeten von – na, was weiß ich. Schließlich klingelte ich nach dem Portier, meine Haustür wurde geöffnet, und ich ging, leise vor mich hin singend, durchs Vestibül, ich erinnere mich noch genau, es war ein Walzer, den ich summte. Ich trat in mein Wohnzimmer, warf meinen Überzieher ab und dachte noch an meinen Bekannten und an seine Pferde ... als ich mich umwende, und dort, dort in der Ecke, im Lehnstuhl, das Gesicht mir zugewandt, sitzt er – er, mein deutscher Freund, mein toter Freund, er, der sich erschoß ... In seiner Uniform, die Augen auf mich gerichtet ... gerade auf mein Gesicht gerichtet. Ja, jetzt hatte er sie von seinen Stiefelspitzen erhoben ...

Aber ohne Angst, ohne Erstaunen – als hätte ich sein Erscheinen erwartet – sagte ich: »Sind Sie es, Arnold? Was wollen Sie?« Er rührte sich nicht, und während ich den Wagen meines Bekannten draußen auf der Straße fortrollen hörte (denn das hörte ich), fuhr ich fort, ihn anzusehen – bis er verschwand. Nein, nein, bis das Bild von ihm verschwand. Zwar seine Augen, die in die meinen gebohrt gewesen waren, gerade in mein Gesicht ... ich hätte darauf geschworen, daß sie lebten, nicht mit meinem Leben, aber mit einem *anderen,* mit einem Leben, das stärker war als das meiner Augen – aber daß sie lebten ... Ja, darauf hätte ich mein Ehrenwort geben, darauf hätte ich sterben können ...

Ich weiß nicht, wie lange Zeit vergangen war, ob überhaupt Zeit vergangen war, als ich zusammenzuckte, weil gegen meine Fensterläden geklopft wurde. Was war das? Ich öffnete – und ich gestehe, meine Hände zitterten dabei –, und draußen sah ich das Gesicht meines Pariser Bekannten. »Sie sind doch nicht krank?« rief er durchs Fenster. »Nein, durchaus nicht. Weshalb?« antwortete ich und sprach sehr ruhig. (Wie bereits dreimal gesagt: Man soll derartige Dinge niemandem, nicht einmal seinen Freunden offenbaren. So ein Freund hört teilnehmend zu, wenn man es ihm erzählt, und wenn er die Treppe hinuntergeht, sagt er zu sich selbst: »Nun ist es also soweit. Der arme Kerl, aber ich hab' es schon lange erwartet.«)

»Ach«, sagte mein Bekannter draußen vorm Fenster, »es war nur ein dummer Einfall ... Aber als ich wieder im Wagen saß, kam mir plötzlich der Gedanke, Sie seien krank geworden, und ich ließ den Kutscher umkehren. Nun, also Gott sei Dank, gute Nacht ...« Und er stieg wieder in den Wagen und fuhr davon. Die Krankheit meines Gehirns hatte also *angesteckt,* wieder angesteckt, angesteckt gerade wie das erstemal, auch diesen verhältnismäßig fremden Menschen angesteckt, der seelenvergnügt in seinem Wagen saß. – Ja, das ist unleugbar das Sonderbare an der Sache. Weshalb aber sollte nicht auch eine plötzliche Krankheit des Gehirns anstecken können? Das wäre doch nur höchst natürlich. Das ist eine Gedankenübertragung (die Gedankenübertragung eines kranken Gedankens) – eine Gedankenübertragung fast wie jede andere. Eine Krankheit – nur eine Krankheit, die ansteckt.

Aber dennoch, weshalb soll ich es nicht gestehen, nachdem ich all das andere erzählt habe: Ich habe mir selbst gesagt, wenn er mich zum drittenmal »mahnt« – wird er es wohl tun, um mir Ruhe zu verschaffen. Und das dritte Mal – wird vielleicht das letzte Mal sein ...

Wird er denn das letzte Mal vielleicht auch rufen, mit der Hand winken (seine Hand war immer bleich, auch während er lebte, war sie bleich) und mich rufen?

Und ich werde ihm folgen und mit ihm gehen, mit ihm davongehen – fortgehen, wie mein Bruder ging.

ROBERT LOUIS STEVENSON

Die krumme Janet

Murdoch Soulis war schon viele Jahre Pastor der Gemeinde Balweary, eines Heidedorfes im Tale der Dule. Ein strenger, freudlos aussehender alter Mann, den die Kirchgänger fürchteten, hauste er in seinen letzten Lebensjahren ohne Verwandte, Diener oder sonstwelche menschliche Gesellschaft in einem kleinen, einsamen Pfarrhause am Fuße des »Hängenden Gebüschs«. Obgleich er eiserne Gesichtszüge hatte, war sein Blick doch wild, verstört und unsicher; und wenn er in persönlichen Ermahnungen die Zukunft des verstockten Sünders schilderte, dann schienen seine Augen durch die Stürme der Zeit zu dringen und die Schrecken der Ewigkeit zu schauen. Vielen jungen Leuten, die er auf das heilige Abendmahl vorbereitete, jagten seine Reden entsetzliche Angst ein. Er hielt eine Predigt über 1. Petri, Kap. 5, V. 8: »Der Teufel gehet umher wie ein brüllender Löwe«, und zwar jedes Jahr an dem Sonntag nach dem 17. August, und er übertraf sich regelmäßig bei diesem Text selbst, sowohl durch die schauderhafte Natur des Gegenstandes als auch durch sein schreckliches Gebaren auf der Kanzel. Die Kinder gerieten außer sich vor Furcht, und die alten Leute sahen orakelhafter drein denn je und deuteten den ganzen Tag über jene Ahnungen an, denen Hamlet Trotz bot. Das Pfarrhaus selbst lag am Ufer der Dule zwischen dichten Bäumen; auf der einen Seite hing das »Gebüsch« darüber, nach der anderen blickte es auf viele kalte, vermoorte Berggipfel, die gegen den Himmel ragten; schon bald nach Herrn Soulis' Amtsantritt wurde es von allen, die sich etwas auf ihre Vorsicht einbildeten, in der Dämmerung gemieden; und die braven Hausväter schüttelten, wenn sie im Dorfgasthaus zusammensaßen, den Kopf bei dem Gedanken, spät an diesem nicht geheuren Ort vorbei zu müssen. Um es genau zu sagen, eine Stelle gab es dort, die besondere Scheu einflößte. Das Pfarrhaus stand zwischen der Landstraße und der Dule mit je einem Giebel nach den beiden Seiten; die Rückfront ging nach dem fast eine halbe Meile entfernten Kirchdorf Balweary; davor nahm ein kahler, von einer Dornenhecke eingefaßter Garten den Raum zwischen Fluß und Straße ein. Das Haus hatte zwei Stockwerke mit je zwei geräumigen Stuben. Es grenzte nicht unmittelbar an den Garten, sondern an ein Gäßchen, den Durchgang zwischen der Straße, in die es auf der einen Seite mündete, und den von hohen Weiden und Holunderbüschen eingesäumten Fluß, der es nach der anderen Seite abschloß. Und dieser Wegstreifen war es, der unter den jungen Pfarrkindern von Balweary so verrufen war. Der Pastor ging dort oft in der Dunkelheit auf und ab und stöhnte manchmal laut, so inbrünstig waren seine stummen Gebete; und wenn er nicht zu Hause und die Tür des Pfarrhauses verschlossen war, dann wagten es die mutigeren Schuljungen klopfenden Herzens, ihre Spiele auf diesen berüchtigten Ort auszudehnen.

Daß ein Mann Gottes von makellosem Charakter und einwandfreier Rechtgläubigkeit von einer solchen Atmosphäre des Grauens umgeben war, setzte die wenigen Fremden, die der Zufall oder eine geschäftliche Angelegenheit in die unbekannte, abseits liegende Gegend führte, stets in Verwunderung und veranlaßte sie zu neugierigen Fragen. Aber sogar unter den Leuten des Kirchspiels ahnten viele nichts von den seltsamen Begebnissen, die sich in Herrn Soulis' erstem Amtsjahre zugetragen hatten; und von denen, die besser Bescheid wußten, waren einige von Natur schweigsam und andere zurückhaltend, was diesen besonderen Gegenstand betraf. Nur ab und zu wurde einer von den älteren Leuten über seinem dritten Becher warm und mutig und erzählte, warum ihr Seelsorger so seltsam aussah und so einsam lebte.

Vor fünfzig Jahren, als Herr Soulis nach Balweary kam, war er noch ein junger Mann – ein forscher Bursche, wie die Leute sagten – voller Buchgelehrsamkeit und ganz groß in der

Auslegung der Schrift, aber, wie das bei einem so jungen Manne nur natürlich war, ohne lebendige Erfahrung in der Religion. Die jüngeren Leute waren sehr eingenommen von seinem Mundwerk; aber was die älteren, besorgten, ernsten Männer und Frauen waren, die drängte es, für den jungen Mann zu beten – denn sie meinten, er mache sich selbst was vor – und für die Gemeinde, die wahrscheinlich übel mit ihm fahren würde. Es war noch vor den Tagen der Gemäßigten – die Pest über sie; aber mit den schlechten Dingen geht es wie mit den guten, immer hübsch langsam, Schritt für Schritt; und es gab auch damals schon Leute, die sagten, die Universitätsprofessoren wären ganz von Gott verlassen und die jungen Leute, die bei ihnen studierten, täten besser daran, sich wie ihre Vorfahren in den Tagen der Verfolgung ins Torfmoor zu setzen mit einer Bibel unter dem Arm und dem Geiste des Gebets im Herzen. Darüber bestand jedenfalls kein Zweifel, daß Herr Soulis zu lange auf der Universität gewesen war. Er kümmerte und mühte sich um viele Dinge außer dem einen, das not tut. Einen Haufen Bücher brachte er mit, mehr als je vorher in der ganzen Gegend gesehen worden waren, und der Fuhrmann hatte seine liebe Not mit ihnen, sie wären alle beinahe im Teufelsmoor zwischen hier und Kilmackerlie ersoffen. Gewiß, es waren Bücher der Gottesgelehrtheit, oder sie gingen doch zumindest unter diesem Namen; aber die ernsten Leute sahen alle nicht ein, wozu so viele nötig wären, wo doch das ganze Wort Gottes in der Falte eines Plaids Platz hätte. Und so saß er denn den halben Tag und die halbe Nacht dazu – was doch kaum anständig war – und schrieb; und zuerst fürchteten wir, er würde seine Predigten ablesen, und dann kamen wir dahinter, daß er selbst ein Buch schrieb, und das gehörte sich für einen von seinen Jahren und seinem bißchen Erfahrung bestimmt nicht.

Nun, jedenfalls mußte man eine alte, anständige Frauensperson für ihn finden, die ihm das Pfarrhaus in Ordnung hielt und das Essen besorgte; und da wurde ihm eine alte Vettel – Janet M'Clour hieß sie – empfohlen, und so wenig kümmerte man sich um ihn, daß sie ihm tatsächlich aufgeschwatzt werden konnte. Zwar rieten ihm viele ab, denn den ordentlichen Leuten von Balweary war Janet mehr als bloß verdächtig. Vor langer Zeit hatte sie ein Dragoner mit einem Balg sitzenlassen, sie war vielleicht dreißig Jahre nicht zur Beichte gegangen, und die Kinder hatten gesehen, wie sie in der Dunkelheit auf Keys Loan vor sich hin murmelte, und das war eine seltsame Zeit und ein seltsamer Ort für eine Frau, die in der Furcht des Herrn wandelte. Immerhin war es der Gutsherr selber gewesen, der dem Pastor zuerst von Janet gesprochen hatte, und damals wäre auch dem Pastor kaum ein Weg zu weit gewesen, wenn er sich damit bei der Herrschaft beliebt machen konnte. Sagten ihm die Leute, die Janet gehöre zur Sippschaft des Teufels, so war das seiner Meinung nach alles Aberglauben, und hielt man ihm dann die Bibel vor und die Hexe von Endor, so trichterte er ihnen ein, daß diese Tage vorbei wären und der Teufel durch die Gnade Gottes in Ketten läge.

Nun, als es in der Gemeinde herum war, daß Janet M'Clour als Mädchen in die Pfarre kommen sollte, da waren die Leute ziemlich aufgebracht über alle beide, über sie und ihn; und einige Frauen hatten nichts Besseres zu tun, als zu ihr hinzulaufen und ihr alles vorzuhalten, was sie von ihr wußten, von dem Soldatenbalg angefangen bis zu John Tamsons zwei Kühen. Janet sagte für gewöhnlich nicht viel, und die Leute ließen sie ihre eigenen Wege gehen, ohne »Schön guten Abend« oder »Schön guten Tag« zu wünschen; aber wenn sie einmal loslegte, dann konnte sie mit ihrer Zunge den Müller taub machen. Nun, diesmal war sie nicht faul, und es gab keine alte Klatscherei in Balweary, die sie nicht jemand unter die Nase rieb; man konnte ihr nichts sagen, ohne daß sie nicht gleich zwei Antworten darauf gewußt hätte, bis zu guter Letzt die Frauen auf sie losgingen, sie zu fassen kriegten, ihr die Kleider vom Leibe rissen und sie durch das Dorf nach der Dule hinunterschleppten, um zu sehen, ob sie eine Hexe wäre oder nicht, ob sie schwimmen oder ertrinken würde. Das Weibsbild schrie so gellend, daß man sie bis zum »Hängenden Gebüsch« hören konnte, und sie kämpfte wie zehn; mehr als eine Frau

trug die Spuren ihrer Krallen noch manch einen Tag danach, und gerade als es am heißesten zuging, wer mußte (um seiner Sünden willen) vorbeikommen, wenn nicht der neue Pastor!

»Frauen«, sagte er (und er hatte eine mächtige Stimme), »ich befehle euch im Namen des Herrn, laßt sie los.« Janet rannte zu ihm – sie war fast verrückt vor Angst – und hängte sich an ihn und bat ihn um Christi willen, sie vor den Klatschweibern zu retten, und die wieder erzählten ihm alles, was sie von ihr wußten, und vielleicht noch ein bißchen mehr.

»Frau«, sagte er zu Janet, »ist das wahr?«

»So wahr ich vor Gott stehe«, sagte sie, »und so wahr mich der Herr geschaffen hat, nicht ein Wort. Bis auf das Kind«, sagte sie, »bin ich mein Lebtag eine anständige Frau gewesen.«

»Willst du«, sagte Herr Soulis, »im Namen Gottes und vor mir, seinem unwürdigen Diener, dem Teufel und seinen Werken abschwören?«

Nun, wie es scheint, verzog sie ihr Gesicht, als er das verlangte, zu einem solchen Grinsen, daß alle, die es sahen, erschraken, und man konnte hören, wie ihr die Zähne im Munde klapperten, aber es gab weiter keinen Ausweg, und so hob Janet ihre Hand hoch und schwor vor ihnen allen dem Teufel ab.

»Und jetzt«, sagte Herr Soulis zu den Frauen, »macht, daß ihr nach Hause kommt, alle miteinander, und betet zu Gott, daß er euch verzeihe.«

Und er reichte Janet den Arm, obgleich sie nicht viel mehr als ein Hemd anhatte, und führte sie das Dorf hinauf bis zu ihrer eigenen Tür wie eine richtige große Dame, und dabei kreischte und lachte sie, daß es ein Skandal war.

Viele ernsthafte Leute waren in dieser Nacht lange ins Gebet versunken, aber als der Morgen kam, überfiel ganz Balweary eine solche Furcht, daß die Kinder sich versteckten und sogar die Mannsleute nur verstohlen hinter der Haustür hervorguckten. Denn dort kam Janet das Dorf herunter – sie oder ihr Ebenbild, das konnte kein Mensch sagen –, und ihr Hals war verrenkt, der Kopf fiel nach der einen Seite, wie bei einem, der gehängt worden ist, und sie zeigte die Zähne wie eine nicht hergerichtete Leiche. Doch allmählich gewöhnten sich die Leute daran und starrten ihr sogar ins Gesicht, um wegzukriegen, was eigentlich mit ihr los war, aber von jenem Tage an konnte sie nicht wie ein Christenmensch sprechen, sondern sabberte nur so, und die Zähne schnappten – klick! – aufeinander wie die beiden Hälften einer Schere; und von jenem Tage an kam der Name Gottes nie wieder über ihre Lippen. Manchmal versuchte sie es, ihn herauszubringen, aber es ging nicht. Und wer am meisten wußte, der sagte am wenigsten; aber das Ding da nannten sie niemals Janet M'Clour; denn die alte Janet war, so wie sie die Geschichte erzählten, schon in der tiefsten Hölle. Aber der Pastor ließ sich weder raten noch halten; er predigte über nichts als die Grausamkeit der Leute, die daran schuld wären, daß Janet der Schlag getroffen hätte; den Kindern, die sie verspotteten, gab er einen Klaps, und noch am selben Abend holte er sie in die Pfarre und wohnte dort mit ihr ganz allein unter dem »Hängenden Gebüsch«.

Nun, die Zeit ging dahin, und das müßige Volk fing an, leichter über diese schwarze Angelegenheit zu denken. Vom Pastor hatte man eine gute Meinung; immer noch saß er abends am Schreibtisch, und selbst nach Mitternacht sahen die Leute unten am Ufer der Dule seine Kerze brennen; er schien mit sich zufrieden und genauso dünkelhaft wie früher, doch jedermann konnte sehen, daß er dahinsiechte. Und Janet – die kam und ging, und wenn sie früher nicht viel gesagt hatte, jetzt hatte sie allen Grund, den Mund zu halten; sie ließ sich mit niemand ein; aber sie war schauerlich anzusehen, und keiner hätte ihr allein in der Dunkelheit begegnen mögen, selbst nicht, wenn es ihm den Pfarracker von Balweary eingebracht hätte.

Gegen Ende Juli kam eine Wetterwelle, wie es sie hierzulande noch nicht gegeben hatte; es war windstill und heiß und drückend; die Herden kamen nicht den Schwarzen Berg hinauf, die Kinder waren zu müde, um zu spielen; und dann wieder war es böig mit plötzlichen heißen Windstößen, die durch die Täler brausten, und kurzen Regenschauern, die niemand Erfrischung brachten. Wir dachten schon, es würde am nächsten Morgen ein Gewitter geben; aber der Morgen kam und noch ein Morgen, und immer noch war dasselbe unheimliche Wetter, das schwer auf Mensch und Vieh lastete. Von allen, denen es auf die Nerven ging, litt keiner so darunter wie Herr Soulis; er konnte weder schlafen noch essen, so erzählte er den Kirchenältesten; und wenn er nicht über seiner mühseligen Schreiberei saß, dann raste er durch die Gegend wie einer, der vom Teufel besessen ist, während jeder vernünftige Mensch froh war, wenn er nicht in die Hitze hinaus brauchte.

Über dem »Hängenden Gebüsch« im Schutze des Schwarzen Berges ist ein Stück eingefriedetes Land mit einem eisernen Tor, und es scheint, daß dort in der alten Zeit der Kirchhof von Balweary lag, den die Katholischen geweiht hatten, ehe das göttliche Licht über unserem Königreiche erschien. Das war nun Herrn Soulis' Lieblingsaufenthalt, dort saß er oft und arbeitete seine Predigten aus, und es war wirklich ein friedlicher Ort. Nun, als er eines Tages über den öden Teil des Schwarzen Berges schritt, sah er zuerst zwei und dann vier und dann sieben Raben rundherum um den alten Kirchhof fliegen. Sie flogen tief und schwer und krächzten im Fluge, und es war Herrn Soulis klar, daß sie irgend etwas Außergewöhnliches aufgescheucht haben mußte. Er ließ sich nicht so leicht einschüchtern und ging geradewegs auf die Mauer los. Und was glaubt ihr, was er dort findet? Einen Menschen oder zumindest ein Wesen in Menschengestalt, das drinnen auf einem Grabhügel saß. Dieser Mensch war groß und schwarz wie die Hölle, und seine Augen waren seltsam anzusehen. Herr Soulis hatte die Leute schon manches liebe Mal von schwarzen Männern erzählen hören, aber dieser hatte etwas so Unheimliches an sich, daß ihn das Grauen packte. Heiß, wie ihm war, ging ihm doch ein kaltes Schaudern durch Mark und Bein; trotz alledem redete er ihn an und fragte: »Mein Freund, sind Sie hier fremd an diesem Ort?« Der schwarze Mann antwortete kein Wort; er stand auf und schlurfte eilig auf die andere Mauer zu; doch sah er sich in einem fort nach dem

Pastor um, und dieser starrte ihm nach, bis der schwarze Mann im nächsten Augenblick über die Mauer weg war und in den Schutz der Bäume lief. Herr Soulis rannte hinter ihm her, er wußte kaum, warum; aber er war schon ganz außer Atem von dem Spaziergang und dem heißen, ungesunden Wetter; und sosehr er auch rannte, sah er gerade nur noch auf einen Augenblick, wie der schwarze Mann zwischen den Birken hinlief, bis er den Berg hinunter war, und da erblickte er ihn noch einmal, wie er über den Dulefluß nach dem Pfarrhaus hinüberging, mit langen Schritten, in kleinen Sätzen und Sprüngen.

Herrn Soulis gefiel es keineswegs, daß dieser Landstreicher so tat, als ob er im Pfarrhaus von Balweary zu Hause wäre, und er rannte um so schneller und mit nassen Schuhen über den Bach und den Weg hinauf; aber zum Teufel noch mal, da war kein schwarzer Mann zu sehen. Er lief noch bis zur Straße, aber es war niemand dort, er schaute sich im ganzen Garten um, auch da kein schwarzer Mann. Schließlich drückte er auf die Klinke, ein wenig furchtsam, wie das nur natürlich ist, und ging ins Pfarrhaus; und da stand Janet M'Clour vor seinen Augen mit ihrem verrenkten Genick und war nicht gerade erfreut, ihn zu sehen. Und er hat später nicht vergessen, daß ihn, als er sie jetzt erblickte, derselbe kalte Angstschauer überlief.

»Janet«, sagte er, »hast du einen schwarzen Mann gesehen?«

»Einen schwarzen Mann?« fragte sie. »Behüte uns alle! Sie sind nicht ganz gescheit, Herr Pastor. In ganz Balweary gibt es keinen schwarzen Mann.«

Aber sie sprach nicht deutlich, müßt ihr wissen, sondern wimmerte wie ein Pony mit Zaumzeug im Maul.

»Nun«, sagte er. »Janet, wenn hier kein schwarzer Mann war, dann habe ich den Erbfeind selbst gesehen.«

Und er setzte sich wie einer, den das Fieber schüttelt, und die Zähne klapperten ihm im Munde.

»Pfui«, sagte sie, »schämen Sie sich, Herr Pastor«, und gab ihm einen Schluck Branntwein, den sie immer bei sich hatte.

Dann ging Herr Soulis in sein Studierzimmer zu seinen Büchern. Das ist eine lange, niedrige, dunkle Stube, zum Erfrieren kalt im Winter und nicht einmal im Hochsommer besonders trocken; denn die Pfarre steht dicht am Fluß. Er setzte sich also hin und dachte an alles, was sich zugetragen hatte, seitdem er in Balweary war, und an seine Heimat und die Tage, wo er ein Kind war und halbnackt den Abhang hinunterlief; und der schwarze Mann ging ihm nicht aus dem Kopfe wie der Kehrreim eines Liedes. Und je mehr er dachte, desto mehr dachte er an den schwarzen Mann. Er versuchte zu beten, aber die Worte wollten ihm nicht kommen, und er versuchte, so erzählt man, an seinem Buch zu schreiben, aber auch da brachte er nichts zustande. Zuweilen glaubte er, der schwarze Mann wäre neben ihm, und er war über und über von Schweiß bedeckt, so kalt wie Brunnenwasser, und dann wieder kam er wie ein Christenmensch zu sich und machte sich aus all dem nichts.

Das Ende vom Liede war, daß er ans Fenster ging und hinunter in das Wasser des Duleflusses starrte. Die Bäume stehen dort unheimlich dicht, und das Wasser fließt tief und schwarz unter dem Pfarrhaus hin; und dort stand Janet, die Röcke hochgeschürzt, und wusch Wäsche. Sie kehrte dem Pastor den Rücken zu, und dieser war sich kaum bewußt, was er anschaute. Dann drehte sie sich um und zeigte ihm ihr Gesicht; Herr Soulis spürte dasselbe kalte Schaudern wie schon zweimal an diesem Tage, und dann schien ihm auf einmal einzuleuchten, was die Leute sagten, daß Janet schon lange tot und dies ein Gespenst sei, das in ihrem Leichnam umginge. Er zog sich ein wenig zurück und sah sie mit forschenden Blicken an. Sie stampfte auf der Wäsche herum und summte vor sich hin, und – oh, der Herr behüte uns! – es war ein schreckliches Gesicht. Mal sang sie lauter, aber kein Mensch, der von einem Weib geboren war, konnte die Worte ihres Liedes verstehen, und mal sah sie seitwärts nach unten, aber dort gab es für sie nichts zu sehen. Da schüttelte sich der Pastor vor Widerwillen, und das war eine Warnung des Himmels. Aber Herr Soulis machte sich nur selbst Vorwürfe, sagte er später, weil er so schlecht von einem armen, kranken, alten Weibe dachte, das außer ihm niemand zum Freunde hatte, und er betete ein paar Worte für sich und sie und trank ein wenig kaltes Wasser – denn ihm wurde übel bei dem bloßen Gedanken an Essen –, und dann ging er in der Dämmerung in sein kaltes Bett.

Das war eine Nacht, die Balweary nicht vergessen wird, die Nacht des 17. August 1712. Vorher war es heiß gewesen, wie ich schon erzählt habe, aber in dieser Nacht war es heißer denn je. Die Sonne ging zwischen schauerlich aussehenden Wolken unter; es war pechschwarz; kein Stern, kein Lüftchen; man konnte die Hand nicht vor den Augen sehen, und selbst die alten Leute warfen die Decke vom Bett und holten keuchend Atem. Bei all dem, was ihm durch den Kopf ging, war es ziemlich unwahrscheinlich, daß Herr Soulis viel zum Schlafen kommen würde. Er lag wach und wälzte sich herum, und das gute, kühle Bett, in das er gestiegen war, brannte ihn bis auf die Knochen; bisweilen schlief er, und bisweilen wachte er; manchmal hörte er eine Uhr schlagen, und manchmal jaulte ein Köter im Moor, als ob jemand gestorben wäre; manchmal dachte er, der Teufel flüstere ihm was ins Ohr, und manchmal sah er Irrlichter im Zimmer. Er kam zu dem Schluß, daß er krank sein müßte, und krank war er wirklich, wenn er auch keine Ahnung hatte, was ihm fehlte.

Zu guter Letzt fiel es ihm wie Schuppen von den Augen, er setzte sich im Hemd auf den Bettrand und fing an, noch einmal über den schwarzen Mann und Janet nachzudenken. Er wußte nicht, wie er daraufkam – vielleicht weil er kalte Füße hatte –, aber plötzlich drängte sich ihm der Gedanke auf, daß zwischen den beiden eine Beziehung bestand und daß eins von ihnen ein Gespenst war – oder vielleicht auch alle beide. Und gerade in diesem Augenblick hörte man in Janets Stube, die neben seiner lag, ein Füßegetrampel, als ob sich Männer rauften, und dann einen lauten Knall, und dann fegte ein Wind um die vier Ecken des Hauses, und zuletzt war alles wieder so still wie das Grab.

Herr Soulis fürchtete weder Menschen noch Teufel. Er griff

nach seinem Feuerzeug, brannte die Kerze an, und in drei Schritten war er an Janets Tür. Sie war nicht verschlossen, er stieß sie auf und guckte mutig hinein. Es war eine große Stube, so groß wie die des Pastors, und es standen schwere, alte, gediegene Möbel darin; denn er hatte keine anderen. Da war ein Himmelbett mit schönen alten Vorhängen und ein prachtvoller Eichenschrank, bis zum Rande voll mit Büchern der Gottesgelehrtheit, die dem Pastor gehörten und die man dorthin gestellt hatte, damit sie aus dem Wege wären, und ein paar alte Lumpen von Janet lagen hier und da auf dem Boden verstreut. Aber von Janet war nichts zu sehen und auch keine Spur von einem Kampf. Er ging hinein (und es wird wohl wenige geben, die ihm gefolgt wären), schaute sich um und lauschte. Aber es war nichts zu hören, weder im Pfarrhaus selbst noch in dem ganzen Kirchspiel von Balweary, und nichts zu sehen außer den langen Schatten, die sich um seine Kerze drehten. Und dann klopfte dem Pastor auf einmal das Herz wie wild und setzte dann wieder ganz aus, und ein kalter Wind fuhr ihm durch die Haare. Was für ein kläglicher Anblick war das für den armen Mann! Denn dort hing Janet an einem Nagel neben dem alten eichenen Schrank: ihr Kopf lag auf der Schulter, die Augen waren ganz starr, die Zunge hing ihr aus dem Munde heraus, und ihre Hacken waren glatt zwei Fuß über dem Boden.

›Gott verzeih uns allen!‹ dachte Herr Soulis. ›Die arme Janet ist tot.‹

Er trat einen Schritt näher an die Leiche heran; und dann bubberte ihm das Herz gegen die Rippen. Denn – durch welche Zauberei, steht einem Menschen schlecht an zu beurteilen – sie hing an einem einzigen Nagel und an einem einzigen Wollfaden, wie man ihn zum Strümpfestopfen nimmt.

Es ist schrecklich, wenn man nachts mit einer solchen Ausgeburt der Finsternis allein sein muß; aber Herr Soulis war stark im Herrn. Er wandte sich um, ging aus dem Zimmer hinaus und schloß die Tür hinter sich zu, und Stufe für Stufe schritt er die Treppe hinunter; denn die Glieder waren ihm schwer wie Blei; und dann stellte er die Kerze auf den Tisch am Fuße der Treppe. Er konnte nicht beten, er konnte nicht denken, er triefte vor kaltem Schweiß und hörte nichts als das Poch-Poch-Poch seines eigenen Herzens. Vielleicht stand er eine Stunde dort, vielleicht auch zwei, er achtete kaum darauf, als er plötzlich eine leise, unheimliche Bewegung hörte; Füße gingen in der Stube, wo die Leiche hing, hin und her; dann wurde eine Tür geöffnet, obwohl er genau wußte, daß er sie zugeschlossen hatte, und dann hörte man einen Schritt auf dem Treppenabsatz, und es schien ihm, als ob die Leiche über das Geländer dahin schaute, wo er stand. Er nahm die Kerze wieder (denn ohne Licht mochte er nicht sein), und so leise er nur konnte, ging er geradewegs aus der Pfarre hinaus, dorthin, wo der Weg an den Fluß grenzt. Es war immer noch pechschwarz; als er die Kerze auf den Boden setzte, brannte ihr Licht so stetig und klar wie in einer Stube, nichts regte sich außer dem Wasser der Dule, das das Tal hinunter gluckste und seufzte, und jenen unheimlichen Schritten, die drinnen in der Pfarre die Treppen hinuntergetapst kamen. Er kannte sie nur zu gut: Es waren Janets Schritte, und mit jedem Stückchen, das sie näher kamen, kroch ihm die Kälte tiefer in die Eingeweide. Er empfahl seine Seele dem Herrn, der sie erschaffen hat und in seiner Hut hält. »Und, o Gott«, sagte er, »gib mir in dieser Nacht Kraft, gegen die Mächte der Finsternis zu kämpfen.«

Inzwischen kamen die Schritte durch den Flur auf die Tür zu; er konnte eine Hand hören, die an der Wand entlangfuhr, als ob das gräßliche Wesen sich den Weg ertastete. Die Weiden schüttelten sich und stöhnten, ein langer Klagelaut ging über die Berge, die Flamme der Kerze flackerte unruhig; und da stand der Leichnam der krummen Janet in ihrem grobfädigen Kleide und ihrer schwarzen Haube, den Kopf immer noch auf der Schulter und das Grinsen auf ihrem Gesicht – lebendig würdet ihr gesagt haben, tot, wie Herr Soulis wohl wußte –, auf der Schwelle des Pfarrhauses.

Es ist eine seltsame Sache, daß die Seele des Menschen an einen so vergänglichen Leib gebunden ist; der Pastor aber sah dies, und sein Herz brach nicht.

Sie blieb nicht lange dort stehen, dann bewegte sie sich wieder und kam langsam auf Herrn Soulis zu, dorthin, wo er unter den Weiden stand. Das ganze Leben in seinem Körper, die ganze Stärke seines Geistes leuchteten ihm aus den Augen. Es schien, als ob sie sprechen wollte, aber die Worte fehlten ihr, und sie machte ein Zeichen mit der linken Hand; dann kam ein Windstoß wie das Fauchen einer Katze, die Kerze geht aus, die Weiden kreischen wie Menschen; und Herr Soulis wußte, das war das Ende – lebendig oder tot.

»Hexe, Vettel, Teufelin!« schrie er. »Ich befehle dir bei der Macht Gottes, hebe dich hinweg: wenn du tot bist, dann ins Grab mit dir – wenn du verdammt bist, in die Hölle.«

Und in diesem Augenblick schlug Gottes eigene Hand aus dem Himmel heraus das Schreckgespenst, wo es stand; der alte, tote, entweihte Leichnam des Hexenweibes, der so lange nicht ins Grab gekonnt hatte und von den Teufeln umhergetrieben worden war, lohte auf wie Zunder und fiel auf dem Boden in Asche zusammen; es folgte der Donner, Schlag auf Schlag, und der klatschende Regen; Herr Soulis aber sprang über die Gartenhecke, rannte auf das Dorf zu und stieß einen gellenden Schrei nach dem anderen aus.

An ebendiesem Morgen sah John Christie den schwarzen Mann an dem großen Heidensteingrab vorüberschreiten, als es sechs schlug; noch vor acht ging er am Wirtshaus von Knockdow vorbei, und nicht viel danach sah ihn Sandy M'Lellan, wie er rasch den Hügel von Kilmackerlie hinunterlief. Es liegt wenig Grund vor, zu bezweifeln, daß er es war, der so lange in Janets Körper wohnte; aber nun war er fort, und seitdem hat der Teufel uns in Balweary nicht wieder geplagt.

Doch für den Pastor war es eine schwere Prüfung; lange, lange lag er zu Bett und redete irr, und von jener Stunde an bis auf den heutigen Tag ist er der Mann gewesen, den ihr kennt.

AMBROSE BIERCE
Das verfluchte Ding

I

Man ißt nicht immer, was man auf dem Tisch findet

Im Schein eines Talglichtes, das auf dem einen Ende des roh gearbeiteten Tisches stand, las ein Mann Eintragungen in einem Buche. Es war ein altes, sehr abgenutztes Kontobuch, und die Schrift war anscheinend nicht gut leserlich; denn manchmal führte der Mann die Seite nahe an die Kerze, damit mehr Licht aufs Papier fiele. Dann tauchte der Schatten des Buches jedesmal den halben Raum ins Dunkel und bedeckte eine Anzahl Gesichter und Gestalten; denn außer dem Lesenden waren noch acht Männer anwesend. Sieben davon saßen schweigend und reglos an den aus Baumstämmen roh gezimmerten Wänden, die unweit des Tisches verliefen, da der Raum klein war. Streckte einer von ihnen den Arm aus, so konnte er den achten Mann berühren, der mit angelegten Armen auf dem Tisch lag. Das Gesicht der teilweise mit einem Laken verdeckten Gestalt blickte nach oben. Der Mann war tot.

Der Mann mit dem Buch las schweigend, auch die anderen sprachen nicht; alle schienen darauf zu warten, daß etwas passierte, nur der Tote erwartete nichts mehr. Aus der rabenschwarzen Dunkelheit draußen drangen durch die Öffnung, die als Fenster diente, die nie ganz vertrauten Geräusche einer Nacht in der Wildnis: der langgedehnte, nicht beschreibbare Laut eines Steppenwolfes, das gleichmäßig vibrierende Summen unermüdlicher Insekten in den Bäumen, die ungewohnten Schreie der Nachtvögel – so ganz anders als die der Tagvögel –, das Brummen großer, umherirrender Käfer und der ganze geheimnisvolle Chor unauffälliger Laute, die man nur halb gehört zu haben meint, wenn sie plötzlich verstummen, als würden sie sich einer vorlauten Aufdringlichkeit bewußt. Doch von alledem nahm die Gesellschaft keine Notiz; das Interesse der Männer war nicht gerade auf Dinge gerichtet, die keine praktische Bedeutung hatten. Das war jedem Zug ihrer rauhen Gesichter anzusehen, sogar beim trüben Schein einer einzigen Kerze. Die Männer waren sicher aus der Nachbarschaft – Farmer und Waldbewohner.

Der Lesende unterschied sich ein wenig von ihnen; man hätte meinen können, er käme von weiter her, spürte ihm den Hauch der großen Welt an, obgleich er durch seine Kleidung eine gewisse Verbundenheit mit seiner Umgebung bekundete. In San Franzisko hätte er sich mit seinem Anzug kaum sehen lassen können; die Fußbekleidung war nicht städtischen Ursprungs, und hätte jemand den neben ihm auf der Erde liegenden Hut – der Mann war der einzige, der barhäuptig dasaß – als ein der persönlichen Verschönerung dienendes Kleidungsstück angesehen, würde er sich gründlich geirrt haben. Das Gesicht des Mannes, das einen Anflug von Strenge zeigte, nahm für ihn ein, und er hatte sich diesen Ausdruck wahrscheinlich nur zugelegt, weil er ihn für eine Amtsperson angemessen hielt. Er war nämlich Untersuchungsrichter. So hatte er kraft seines Amtes von dem Buche, in welchem er las, Besitz ergriffen. Es war unter der Habe des Toten in dessen Blockhütte vorgefunden worden, wo jetzt die amtliche Leichenschau stattfand.

Als der Richter fertiggelesen hatte, steckte er das Buch in seine Brusttasche. Im selben Augenblick wurde die Tür aufgestoßen, und ein junger Mann trat ein. Er war bestimmt nicht in den Bergen geboren und aufgewachsen, denn seine Kleidung verriet den Städter. Sie war jedoch staubig, als hätte er eine Reise hinter sich. Er war tatsächlich schnell geritten, damit er der Leichenschau beiwohnen konnte.

Der Richter nickte; sonst grüßte ihn keiner.

»Wir haben auf Sie gewartet«, sagte der Richter. »Diese Angelegenheit muß heute abend noch geklärt werden.«

Der junge Mann lächelte. »Es tut mir leid, daß ich Sie warten ließ«, sagte er; »ich bin nicht fortgegangen, um mich Ihrer

Vorladung zu entziehen, sondern um meiner Zeitung einen Bericht von dem abzuliefern,was ich hier vermutlich wiedergeben soll.«

Nun lächelte der Richter.

»Die Darlegung, die Sie Ihrer Zeitung gegeben haben«, meinte er, »wird wahrscheinlich von der abweichen, die Sie hier unter Eid aussagen.«

»Das können Sie halten, wie Sie wollen«, erwiderte der andere ziemlich heftig und errötete sichtlich. »Ich habe Durchschreibepapier benutzt und besitze eine Zweitschrift von dem, was ich abgeschickt habe. Es ist nicht als Zeitungsnachricht gefaßt, denn kein Mensch würde es glauben, sondern wie eine erfundene Kurzgeschichte gestaltet. Sie können es als einen Teil meiner Aussage mit unter Eid nehmen.«

»Aber Sie sagen selbst, daß es unglaubwürdig sei.«

»Das muß Ihnen gleichgültig sein, Sir, wenn ich zugleich beschwöre, daß es wahr ist.«

Der Richter schwieg eine Weile und blickte zu Boden. Die Männer an den Wänden der Blockhütte sprachen im Flüstertone miteinander, wandten dabei aber selten ihren Blick vom Gesicht der Leiche ab. Nach kurzer Zeit hob der Richter den Kopf und sagte: »Wir wollen die Untersuchung fortsetzen.«

Die Männer nahmen die Hüte ab. Der Zeuge wurde vereidigt.

»Wie heißen Sie?« begann der Richter.

»William Harker.«

»Alter?«

»Siebenundzwanzig.«

»Sie kannten den verstorbenen Hugh Morgan?«

»Ja.«

»Sie waren bei ihm, als er starb?«

»In seiner Nähe.«

»Wie kam das – ich meine, daß Sie da waren?«

»Ich habe ihn hier besucht, um mit ihm auf die Jagd zu gehen und zu angeln. Doch ich hatte auch die Absicht, ihn und seine sonderbare, zurückgezogene Lebensweise kennenzulernen. Er schien mir ein geeignetes Vorbild für eine Person in einer meiner Erzählungen. Ich verfasse nämlich manchmal Geschichten.«

»Und ich lese manchmal welche.«

»Vielen Dank.«

»Ich meine überhaupt so Erzählungen – nicht gerade Ihre.«

Ein paar der Beisitzer lachten. Vor dem düsteren Hintergrund hebt sich der Humor besonders grell ab. Leicht lacht der Soldat in einer Schlachtenpause, und ein Scherz in einem Totenzimmer verfehlt nie seine Wirkung, weil ihn da keiner erwartet.

»Berichten Sie über die Todesumstände dieses Mannes«, sagte der Richter. »Sie können dabei alle Ihre Notizen oder Aufzeichnungen nach Gutdünken benutzen.«

Der Zeuge verstand den Wink. Er zog ein Manuskript aus der Brusttasche, hielt es neben die Kerze und blätterte darin, bis er die gewünschte Stelle fand. Dann begann er zu lesen.

II

Was auf einem wilden Haferfeld passieren kann

»... Die Sonne war gerade aufgegangen, als wir die Blockhütte verließen. Wir wollten Wachteln schießen; jeder war mit einer Schrotflinte ausgerüstet, doch hatten wir zusammen nur einen Hund. Morgan meinte, die günstigste Gegend dafür liege jenseits einer bestimmten Erhebung, in deren Richtung er wies. Auf einem Pfad durch das Dornendickicht gelangten wir dorthin. Auf der anderen Seite des Hügelrückens lag ziemlich ebenes, dicht mit wildem Hafer bestandenes Gelände. Als wir aus dem Dickicht traten, ging Morgan nur wenige Schritte vor mir. Plötzlich hörten wir halbrechts vor uns ein Geräusch wie von einem Tier, das sich im Gebüsch unruhig bewegt; wir konnten sehen, wie die Zweige heftig hin und her schwankten.

›Wir haben Wild aufgescheucht‹, sagte ich. ›Schade, daß wir keine Büchse bei uns haben.‹

Morgan, der stehengeblieben war und gespannt das hin und her wogende Dickicht beobachtete, sagte nichts, doch hatte er beide Läufe seines Gewehrs gespannt und hielt die Waffe schußbereit. Ich fand, daß er ein wenig aufgeregt war, was mich überraschte, da er im Rufe ungewöhnlicher Kaltblütigkeit stand, sogar in Augenblicken plötzlich drohender Gefahr.

›Ach, kommen Sie‹, sagte ich, ›Sie wollen doch nicht etwa mit der Vogelflinte ein großes Tier erlegen – oder doch?‹

Noch immer sagte er nichts, aber als er sich etwas zu mir umwandte und ich flüchtig sein Gesicht sehen konnte, war ich von der angespannten Festigkeit seines Blicks betroffen. Da begriff ich, daß wir uns in einer ernsten Lage befanden, und mein erster Gedanke war, wir hätten einen Grislybären aufgestöbert. Ich trat neben Morgan und spannte währenddessen den Hahn meiner Flinte.

Jetzt bewegte sich das Gebüsch nicht mehr, auch das Rascheln hatte aufgehört, aber Morgan musterte den Fleck noch genauso aufmerksam wie zuvor.

›Was ist es?‹ fragte ich ihn. ›Was zum Teufel ist denn das?‹

›Dieses verfluchte Ding!‹ antwortete er, ohne sich umzudrehen. Seine Stimme klang heiser und unnatürlich. Ich sah, daß er zitterte.

Ich wollte gerade weitersprechen, als mir auffiel, wie sich der Wildhafer neben der vorhin bemerkten Stelle auf höchst unerklärliche Weise bewegte. Ich kann das kaum beschreiben. Der Hafer schien wie von einem Windstoß bewegt, der ihn aber nicht nur herunterbog, sondern niederdrückte und zu Boden walzte, so daß er sich nicht mehr aufrichtete. Und diese Bewegung pflanzte sich langsam fort und kam direkt auf uns zu.

Nichts hat mich je so seltsam berührt wie diese ungewöhnliche und unerklärbare Erscheinung, doch erinnere ich mich dabei keiner Spur von Furcht. Ich entsinne mich – und ich erzähle das hier, weil es mir eigentümlicherweise gerade da eingefallen war –, wie ich einmal, als ich zufällig aus einem Fenster schaute, einen Augenblick lang dachte, ein kleiner

Baum vor mir gehöre zu einer Gruppe größerer, weit weg stehender Bäume. Er sah genauso groß wie die anderen aus, aber weil Stamm und Äste deutlichere Konturen aufwiesen, schien er nicht zu ihnen zu passen. Es war eine reine optische Täuschung, doch ich stutzte und erschrak fast. Wir verlassen uns ja so fest auf das gewohnte Walten vertrauter Naturgesetze, daß wir jede scheinbare Aufhebung dieser Gesetzmäßigkeit als Bedrohung unserer Sicherheit und Anzeichen unvorstellbaren Unheils empfinden. So wirkten jetzt die anscheinend grundlose Bewegung der Halme und das langsame, unentwegte Herannahen der Spur wirklich beunruhigend. Mein Gefährte schien tatsächlich verstört, und ich konnte kaum meinen Augen trauen, als ich ihn plötzlich das Gewehr an die Schulter reißen und beide Läufe in das sich bewegende Getreide abfeuern sah! Bevor sich der Rauch der Schüsse verzogen hatte, hörte ich einen lauten, wilden Schrei – wie der Schrei eines Raubtieres klang es –, und Morgan warf sein Gewehr hin, sprang beiseite und verließ fluchtartig diese Stelle. Im selben Augenblick wurde ich durch etwas, das im Rauch nicht zu sehen war, gewaltsam zu Boden geworfen – durch den Anprall einer weichen, schweren Masse, die sich anscheinend mit großer Kraft gegen mich warf.

Bevor ich wieder aufstehen und mein Gewehr ergreifen konnte, das mir wohl aus den Händen geschlagen worden war, hörte ich Morgan wie im Todeskampf aufstöhnen, und heisere, wilde Laute wie von kämpfenden Hunden vermischten sich mit seinen Schreien. Ich war maßlos erschreckt, kam mühsam auf die Beine und blickte in die Richtung, wohin Morgan zurückgewichen war. Der Himmel möge mir gnädig sein und mich so etwas nicht noch einmal sehen lassen! In einer Entfernung von weniger als dreißig Yards sah ich meinen Freund auf einem Bein kniend, den Kopf gräßlich zurückgestoßen, barhaupt und das lange Haar durcheinander, wie sein ganzer Körper von einer Seite zur andern, vor und zurück ungestüm hin und her bewegt wurde. Der rechte Arm war emporgehoben, die Hand schien zu fehlen – jedenfalls konnte ich sie nicht sehen. Der andere Arm war unsichtbar. Von Zeit zu Zeit – so sehe ich diese ungewöhnliche Szene jetzt vor meinem geistigen Auge – konnte ich nur einen Teil seines Körpers wahrnehmen; ich hatte den Eindruck, als wäre ein Teil von ihm ausgelöscht, anders kann ich es nicht beschreiben, doch eine Veränderung seiner Körperhaltung brachte ihn dann wieder völlig zum Vorschein.

Das alles muß sich innerhalb weniger Sekunden abgespielt haben, obwohl Morgan in dieser Zeit alle Stellungen eines schwer Ringenden vollführte, der von etwas Schwerem, Stärkerem überwältigt wird. Außer ihm war nichts zu sehen und er manchmal nur undeutlich. Während des ganzen Vorfalls hörte ich seine Schreie und Flüche durch ein Gebrüll von Wut und Raserei hindurch – Laute, wie ich sie aus menschlicher Kehle oder von einem Tier noch niemals vernommen hatte.

Einen Augenblick lang stand ich unentschlossen da, dann warf ich mein Gewehr weg und stürzte meinem Freund zu Hilfe. Ich hatte den unbestimmten Eindruck, daß er von einem Anfall oder einer Art von Krämpfen befallen war. Bevor ich ihn erreichen konnte, lag er am Boden und war verstummt. Kein Geräusch war mehr zu hören, aber jetzt sah ich mit einem Gefühl des Entsetzens, das mir nicht einmal das schreckliche Geschehen eingeflößt hatte, abermals die mysteriöse Bewegung des wilden Hafers, die sich von dem niedergetretenen Fleck um den am Boden Liegenden aus in Richtung auf den Waldrand hinzog. Erst als sie den Wald erreicht hatte, war ich imstande, meine Augen davon abzuwenden und auf meinen Gefährten zu sehen. Er war tot.«

III

Auch ein Nackter kann in Fetzen sein

Der Richter erhob sich und stand neben dem Toten. Er nahm das Laken am Rande hoch, zog es beiseite und entblößte so den ganzen Körper, der völlig nackt war und im Schein der Kerze die Farbe eines lehmigen Gelbs zeigte. Er wies jedoch große bläulich-schwarze Flecke auf, die unverkennbar von

Prellungen verursachte Blutergüsse waren. Brust und Seiten sahen aus, als wären sie mit einer Keule geschlagen worden. Die furchtbar zerfleischte Haut war in Streifen und Fetzen gerissen.

Der Richter ging um das Tischende und löste ein seidenes Tuch, das unter das Kinn gebunden und auf dem Kopf verknotet worden war. Das weggezogene Tuch enthüllte, was einmal die Gurgel gewesen war. Einige der Beisitzer, die, um besser sehen zu können, aufgestanden waren, bereuten ihre Neugier und wandten sich ab.

Der Zeuge Harker ging zum offenen Fenster und beugte sich über das Fensterbrett, weil ihm schwach und übel wurde. Der Richter ließ das Tuch wieder auf den Hals des Toten fallen, trat in einen Winkel des Raumes, zog aus einem Kleiderhaufen ein Stück nach dem anderen hervor und hielt jedes einen Augenblick zur Ansicht hoch. Alle waren zerrissen und steif von Blut. Die Beisitzer verzichteten auf eine genauere Prüfung und schienen ziemlich uninteressiert. Das alles hatten sie ja schon vorher gesehen; das einzige Neue für sie war Harkers Aussage.

»Meine Herren«, ließ sich der Richter vernehmen, »das ist, glaube ich, unser gesamtes Beweismaterial. Ihre Aufgabe ist Ihnen bereits erläutert worden. Wenn Sie keinerlei Fragen stellen wollen, können Sie nach draußen gehen und über Ihren Spruch beraten.«

Der Obmann, ein hochgewachsener bärtiger Sechziger in bäuerlicher Kleidung, erhob sich.

»Ich hätte mal eine Frage, Herr Richter«, sagte er. »Aus welchem Irrenhaus is'n der Zeuge, den Se hier haben, ausgekniffen?«

»Mr. Harker«, sprach der Richter ernst und ruhig, »aus welchem Irrenhaus sind Sie denn zuletzt entsprungen?«

Harker errötete wieder bis hinter die Ohren, sagte aber nichts, und die sieben Beisitzer erhoben sich und gingen feierlich hintereinander aus der Blockhütte hinaus.

»Wenn Sie keine weiteren Beleidigungen auf Lager haben, Sir«, sagte Harker, sobald er und der Beamte mit dem Toten allein waren, »kann ich mir wohl die Freiheit nehmen, wieder zu gehen?«

»Ja.«

Harker wollte aufbrechen, doch blieb er, eine Hand auf der Türklinke, stehen. Seine beruflichen Neigungen waren stark ausgeprägt – stärker jedenfalls als sein Sinn für persönliche Würde. Er drehte sich um und sprach: »Das Buch, das Sie da haben – ich erkenne es als Morgans Tagebuch. Sie schienen sich sehr dafür zu interessieren; während ich meine Aussagen machte, haben Sie darin gelesen. Dürfte ich es mal sehen? Die Öffentlickeit würde sehr ...«

»Das Buch spielt bei dieser Angelegenheit überhaupt keine Rolle«, unterbrach ihn der Beamte und ließ es in seine Rocktasche gleiten; »sämtliche Eintragungen wurden ja vor dem Tode des Verfassers gemacht.«

Als Harker das Haus verließ, kamen die Beisitzer wieder herein und stellten sich um den Tisch, auf dem sich der wieder verhüllte Leichnam scharf unter dem Laken abzeichnete. Der Obmann setzte sich neben die Kerze, zog Bleistift und ein Stück Papier aus der Brusttasche und schrieb ziemlich mühsam den folgenden Urteilsspruch auf, den die anderen mit unterschiedlicher Anstrengung unterzeichneten: »Wir, der Leichenschau-Ausschuß, befinden, daß die irdischen Überreste zum Tode gekommen sind durch die Hand eines Pumas, aber manche von uns denken trotzdem, der Mann hat Krämpfe in seinen Gliedern gehabt.«

IV

Eine Erklärung aus dem Grabe

Im Tagebuch des verstorbenen Hugh Morgan finden sich gewisse interessante Eintragungen, die als Hinweise vielleicht von wissenschaftlichem Wert sind. Bei der gerichtlichen Untersuchung wurde das Buch nicht als Beweismaterial herangezogen; möglicherweise hielt es der Richter nicht für der Mühe wert, die Beisitzer damit zu belasten. Das Datum der ersten Eintragungen kann nicht ermittelt werden, da der obere Teil der Seite abgerissen ist.

Der übrige Text hat folgenden Wortlaut:

»... rannte im Halbkreis, hielt den Kopf immer zur Mitte gewandt und blieb dann wieder mit wütendem Gebell stehen. Schließlich rannte er, so schnell er konnte, ins Dickicht davon. Ich dachte zuerst, er wäre toll geworden, aber als ich nach Hause kam, fand ich, daß er sich wie sonst gebärdete, außer daß ihm die Angst vor Strafe anzusehen war.

Kann ein Hund mit der Nase sehen? Kann durch Geruch im Gehirnzentrum ein Bild des Gegenstandes entstehen, von dem der Geruch ausströmt?

2. Sept. – Als ich gestern abend sah, wie die Sterne über dem Hügelkamm östlich des Hauses aufgingen, bemerkte ich, wie sie nacheinander verschwanden, von links nach rechts. Jeder war nur einen Augenblick verdeckt, und nur wenige auf einmal, aber alle, die in einem Streifen von ein oder zwei Grad über der ganzen Länge des Hügels standen, wurden ausgelöscht. Es war, als ob etwas zwischen mir und den Sternen vorübergezogen wäre, aber ich konnte es nicht sehen, und um seinen Umriß festzustellen, waren die Sterne nicht dicht genug beieinander. Nein, das will mir gar nicht gefallen!«

Dann fehlen die Eintragungen mehrerer Wochen, da drei Blätter herausgerissen sind.

»27. Sept. – Es ist wieder hier gewesen, jeden Tag finde ich Beweise, daß es da war. Ich habe die ganze vergangene Nacht von der gleichen Deckung aus mit schußbereitem Gewehr – zweimal mit Rehposten geladen – beobachtet. Am Morgen waren wieder frische Fußspuren da. Doch ich kann beschwören, daß ich nicht geschlafen habe – wirklich, ich schlafe überhaupt kaum noch. Es ist furchtbar, unerträglich! Wenn diese schrecklichen Anzeichen auf Tatsachen beruhen, werde ich noch wirklich verrückt; und wenn ich sie mir nur einbilde, dann bin ich es schon.

3. Okt. – Nein, ich gehe nicht – ich lasse mich nicht vertreiben. Das hier ist mein Haus, mein Grund und Boden. Gott macht sich nichts aus einem Feigling ...

5. Okt. – Ich ertrage es nicht mehr. Ich habe mir Harker für ein paar Wochen eingeladen; der Junge ist ein kluger Kopf.

Aus seinem Verhalten werde ich sehen, ob er mich für verrückt hält.

7. Okt. – Ich habe die Lösung des Rätsels; gestern abend fiel sie mir ein, ganz plötzlich, wie eine Offenbarung. Wie einfach, wie furchtbar einfach!

Es gibt Geräusche, die wir nicht hören können. Es gibt an jedem Ende der Skala Töne, die keine Saite des unvollkommenen Instruments, des menschlichen Ohrs, berühren. Sie liegen zu hoch oder zu tief. Ich habe einen Schwarm Amseln beobachtet, die eine ganze Baumkrone besetzt hatten – mehrere Bäume – und alle laut sangen. Plötzlich, im Nu, erheben sich alle in die Luft, in genau demselben Augenblick, und fliegen fort. Wie kommt das? Sie konnten sich nicht alle sehen – ganze Baumwipfel lagen zwischen ihnen. An keinem Punkt hätte ein Anführer allen sichtbar sein können. Es muß ein Warn- oder Befehlssignal gewesen sein, das hoch und schrill über ihrem Gezwitscher lag, von mir aber nicht wahrgenommen werden konnte. Dasselbe gleichzeitige Auffliegen habe ich auch beobachtet, wenn sie alle still waren, und nicht nur bei Amseln, sondern auch bei anderen Vögeln, wie zum Beispiel Wachteln, die durch Gebüsch weit voneinander getrennt waren, ja sogar auf beiden Abhängen eines Hügels saßen.

Seeleute wissen, daß Wale, die sich an der Oberfläche des Ozeans tummeln und sonnen, manchmal im selben Augenblick tauchen und im Nu den Blicken entschwinden, obwohl sie Meilen voneinander getrennt sind und die Erdkrümmung zwischen ihnen liegt. Das Signal ist gegeben worden – zu tief, als daß es das Ohr des Seemanns im Mastkorb und das seiner Kameraden auf Deck vernehmen kann, aber man spürt dennoch das Vibrieren des Schiffes, so wie die Steine einer Kathedrale beim Ertönen des Orgelbasses mitschwingen.

Wie bei den Tönen ist es auch bei den Farben. An jedem Ende des Sonnenspektrums kann der Naturforscher das Vorhandensein von Strahlen, die man ›aktinisch‹ nennt, feststellen. Sie geben Farben wieder – im Licht enthaltene Farbtöne –, die wir nicht zu erkennen vermögen. Das menschliche Auge ist ein unvollkommenes Organ: Es umfaßt nur wenige Oktaven der tatsächlichen ›chromatischen Leiter‹. Ich bin nicht verrückt, es gibt Farben, die wir nicht sehen können.

Und Gott, steh mir bei!, das ›verfluchte Ding‹ hat solch eine Farbe!«

LUIGI CAPUANA

Mastro Rocco, der Schatzgräber

Seitdem Mastro Rocco sich in den Kopf gesetzt, den Schatz der Grotta delle sette porte zu heben, hatte er sein Viktualienlädchen aufgegeben und hielt sich oben auf der Spitze des Hügels, briet seinen breiten Höcker an der Sonne und grub hier und dort, vom Morgen zum Abend, um eine Spur jenes Schatzes zu finden, den die Sarazenen in der Gegend zurückgelassen hatten. Freilich war es ihm nie begegnet, zwischen den Lentiscussträuchern und den Hecken aus indischen Feigen den Mercante, den Zwerg mit der roten Kappe, anzutreffen, der den verzauberten Schatz zu hüten hatte; aber es war ihm bekannt, daß andere ihn bald näher, bald ferner gesehen und vor Furcht fast umgekommen waren. Er hingegen fühlte Löwenmut, ihn würden die Drohungen, die Grimassen des Unholds nicht eingeschüchtert haben, wenn er ihn nur erst einmal vor sich gehabt hätte. Der mußte sich ja so grimmig stellen, um sich das ihm anvertraute Gold und Edelgestein nicht aus den Händen reißen zu lassen; aber einem Christenmenschen, einem richtigen Kerl, der sich nicht verblüffen ließ, konnte der Mercante nichts anhaben, ihm hätte er den Eintritt nicht verwehrt, den Eintritt durch die sieben hintereinanderliegenden Türen in der Höhle, wo der Schatz seit Jahrhunderten geborgen lag, auf den glücklichen Sterblichen wartend, der ihn heben sollte.

Mastro Rocco sprach von jenem Schatz, als hätte er ihn mit seinen eigenen rotgeränderten Äuglein gesehen, mit seinen hufigen Händen, die jetzt Tag und Nacht die Hacke führten, berührt. Er grub des Tags auf seinem eigenen kleinen Grundstück, das wie das zerstörte Jerusalem aussah, alles voll Löcher, Gruben und Erdhaufen ringsum; des Nachts dann auf den Grundstücken der Nachbarn, beim Mondenlicht oder, wenn es dunkel war, beim Schein einer kleinen Laterne, denn die Nachbarn wollten ihren Boden nicht ruiniert haben, verhöhnten ihn wegen seiner Funde von Väschen, die zu nichts dienten, von alten Münzen, mit welchen man nicht einmal für zwei Soldi Brot kaufen konnte.

Mastro Rocco lachte sich ins Fäustchen ob jener dummen Bauernlümmel, die eben nichts verstanden. Er wußte aus Erfahrung, daß jene Väschen, besonders die mit den absonderlichen Figuren darauf, und jene verrosteten Münzen sich sogleich in klingendes Gold verwandelten, wenn er sie zum Verkaufe dem Baron Pedullo brachte, der die Brille aufsetzte, um sie zu betrachten, und gewisse große Bücher aufschlug, dicker als ein Meßbuch, mit allerlei wunderlichen Bildern, und sie mit diesen verglich. So hatte er sich überzeugt, daß das Geschäft des Viktualienhandels viel weniger einbrachte als jenes, antike Sachen auszugraben, und ließ es darum geschehen und zog den Kopf zwischen die verhöckerten Schultern, wenn die Bauern sagten: »Ei, warum zieht Ihr nicht lieber die Gruben für die Bohnen, anstatt Euch das Kreuz zu brechen, um Totengebeine auszuscharren?«

Und er lachte und verhöhnte sie im stillen, wenn man ihm zum Spott wiederholte: »Wißt Ihr, Mastro Rocco, wo es einen rechten Schatz zu heben gäbe?« – »Nun, wo denn?« – »In Eurem Buckel!«

»Und du hast den Schatz am Schädel, wohin ihn deine Frau gezaubert hat!« hatte er einmal ärgerlich geantwortet.

Und es fehlte nur wenig, so wäre er mit dem Taccareddu handgemein geworden, denn dieser trug wirklich Hörner, trug sie aber schweigend und wollte es nicht ins Gesicht gesagt haben.

Einem aber war Mastro Rocco von Herzen gram, das war Don Ottavio Giglio, jener Esel in Strümpfen und Schuhen, welcher Besitzer der Grotta delle sette porte war und nicht zugeben wollte, daß irgendwer dort nur einen Stein umwendete. Auch Don Ottavio glaubte steif und fest, daß in jener Höhle ein Schatz der Sarazenen verzaubert lag und der Mercante mit der roten Kappe zu seiner Hut bestellt war; aber er war überzeugt, daß es, den Zauber zu brechen, der Bücher des Rutilius bedurfte, ohne welche jeder Versuch vergebens bleiben mußte. Und sooft Mastro Rocco jenes Thema berührte, antwortete ihm Don Ottavio kurz und trocken: »Das sind Albernheiten, ohne den Rutilius ist's nichts.« Dies »ohne den Rutilius ist's nichts« sprach Don Ottavio ganz feierlich und brach das Gespräch ab.

Für zwei Seiten des Rutilius, jenes echten jedoch (denn falsche, die keinen Pfifferling wert waren, gab es genug), hätte Mastro Rocco seinen ganzen Viktualienkram und den Esel und die zwei Kühe und wer weiß was noch freudig hingegeben. Wer aber diesen Schatz besaß, so meinte er, hielt ihn hoch und heilig und ließ die anderen nichts davon merken. Da stand Todesstrafe darauf und Exkommunikation der Kirche. Aus der Exkommunikation freilich hätte Mastro Rocco sich nur wenig gemacht, obschon er in der Furcht Gottes aufgezogen war, jeden Sonn- und Feiertag die Messe hörte und gleich jedem guten Christen zu Ostern zum Abendmahl ging. Denn hätte er den Schatz gehoben, so würde er nach Rom gepilgert sein, dem Heiligen Vater gebeichtet und Absolution empfangen haben, und alles wäre in Ordnung gewesen. Das Gold und die Edelsteine wären ihm verblieben, er hätte den Herrn gespielt, würde mit seinen Kindern sich einen großen Palast gebaut, Grundstücke gekauft und nicht mehr Brot und Zwiebeln gegessen haben, wie er's jetzt trieb. Denn auch zu Zeiten der Sarazenen (das bedeutete für Mastro Rocco seit Anbeginn der Welt) war die Gesellschaft immer die gleiche gewesen: viel Arme und wenig Reiche; das sah man an den Gräbern. Doch hatten damals auch die Ärmsten ein Geldstück, das man ihnen zum Bezahlen des Brückenzolls nach der anderen Welt in den Mund steckte, während heutzutage mit den Abgaben, welche einen auffressen, keine Seele mehr einen Soldo hat, den sie mit ins Grab nehmen könnte, denn ihn brauchen die Zurückbleibenden, um sich ein Stück Brot gegen den Hunger zu kaufen.

Solcherlei Betrachtungen stellte er an, während er mit der

Hacke den Boden bearbeitete, vorsichtig, um etwaige Gegenstände, welche die Erde barg, nicht zu zertrümmern. Und wenn es dann kam, daß er mit leeren Händen nach seiner Höhle zurückkehrte, die in den festen Felsen gehauen war und aus der er sich ein bequemes und sicheres Schutzhaus gemacht hatte, so verwünschte er sein Geschick und jenen Halunken von Don Ottavio, der ihm nicht erlauben wollte, in der Grotta delle sette porte zu graben; jener ungeleckte Bär hatte ihm sogar gedroht, ihn über den Haufen zu schießen, wenn er ihn, sei es bei Tag oder bei Nacht, auf seinem Gebiete treffen würde, und er war der Mann dazu, solche Drohungen auszuführen.

War es dagegen geschehen, daß seine Nachgrabungen von gutem Erfolg begleitet gewesen waren, und hatte er irgendeine feine bemalte Vase oder schöne Gold- und Silbermünzen zutage gefördert oder ein Bronzearmband, so wollte er vor Freude aus der Haut fahren; er rieb sich die schmerzenden Hände, streichelte die gefundenen Gegenstände zärtlich und putzte und glättete sie mit den Hemdärmeln so behutsam, als ob sie ihm zwischen den Fingern zerbrechen könnten, und er bewunderte sie von allen Seiten, deutete die Figuren sich auf seine Weise und vermochte, nach und nach sachverständig geworden, ihren Wert abzuschätzen besser als ein Gelehrter.

»Diesmal soll mir der Baron Pedullo mit einem netten Batzen herausrücken!«

Und so kamen ihm seine verräucherte Höhle, die Erbsensuppe oder die ungeschmalzten Bohnen viel schmackhafter vor, und der Wein in dem Tonkrug glitt ihm die Kehle hinab wie labender Balsam.

Aber alle diese Kleinigkeiten zusammengenommen waren nichts, gar nichts. Gelang es ihm nicht, den Schatz des Zwerges zu heben, so war alles vergebene Mühe gewesen. Aber des Rutilius bedurfte man, wie Don Ottavio sagte, und wo den finden? Wo?

»Der Rutilius ist hier!« rief eines Tages Don Tino, der Weißzeugkrämer, der hier heraufgestiegen war unter dem

Vorwand, ein Kaninchen im Busche zu schießen, um den Nachbarn das Maul nicht aufzusperren. Und er zog einen abgegriffenen, schmierig-schmutzigen Schmöker hervor.

»Der echte?«

»Der echte! Seht Ihr denn nicht, wie alt er ist?«

Wirklich sah er es. Dicke breite Holzschnittbuchstaben, vergilbtes Papier, dann Figuren von Planeten, Kreisen, Dreiekken, Schnörkel und lange Zahlenreihen, daß man daran den Verstand verlieren konnte. Er, Don Tino, hatte sich seit Monaten schon daran die Zähne ausgebissen. Ob er es verstehe? Man müßte den »Schlüssel« finden, dann wäre es ein Kinderspiel.

»Und habt Ihr ihn gefunden?«

»Ich glaube, ja. Versuchen wir es mit der Somnambule Don Micios, des Siebmachers, die bis dreißig Meter tief in die Erde schaut, so wie ich Euch und diese Bäume und diese Steine und die indischen Feigen da sehe, aber – reinen Mund halten! Verstanden?«

»Kommt, wollt Ihr nicht einen Bissen mit mir essen?«

Mastro Rocco führte ihn nach seiner Höhle, wo sie vor verräterischen Blicken gedeckt waren. Sie aßen, tranken, blätterten dann wieder in dem wunderbaren Buche, ohne etwas zu verstehen; je weniger sie aber verstanden, um so überraschter und erstaunter waren sie ob der großen hier niedergelegten Wissenschaft. Und so wurde verabredet, daß Don Tino den Don Micio, den Siebmacher, und seine Somnambule hier heraufbringen sollte.

»Das muß an einem Freitag sein, um Mitternacht. Habt Ihr Angst?«

»Vor wem? Vor dem Mercante? Bah! Da kennt Ihr mich schlecht, Don Tino.«

Und er bewies es ihm in jener Freitagnacht, einer stürmischen Nacht voller Blitze, Donner, Wind, Regen und Hagel. Es schien, daß alle Teufel der Unterwelt entfesselt worden. Der Wind hatte bereits die Laterne ausgelöscht; die Somnambule zitterte wie Espenlaub und wollte nicht unter die Erde schauen, wie Don Micio ihr befahl, der vor ihr stand, die Arme ausgestreckt, und sie mit weit aufgerissenen Augen fixierte, die bei jedem Blitzstrahl hell aufglühten.

»Mut! Mut!« rief Mastro Rocco.

Aber seine Stimme bebte, es bebten die Arme, welche in Gemeinschaft mit Don Tino die Hacke schwangen und einschlugen, wo die Somnambule es anzeigte, als die Beschwörung aus dem Rutilius, ehe die Laterne erlosch, vollendet worden war. Und der Wind stieß sausend gegen die Ölbäume und pfiff auf den scharfen Felsenkanten, und der Regen ergoß sich stromweis, und die Blitze entzündeten das Tal und die Berghänge ringsum, daß der letzte Tag gekommen schien. So hatten sie nach drei Stunden erschöpfendsten Grabens die Arbeit aufgeben müssen und waren mehr tot als lebendig nach der Höhle zurückgekehrt, naß bis aufs Mark, und, was das schlimmste war, der Rutilius halb ruiniert; wo jetzt, auch mit Gold aufgewogen, einen neuen finden?

»Wir sind alle miteinander Bestien gewesen«, sagte nächsten Tags Mastro Rocco, sich in die Hände beißend, als er das große, in der Nacht gegrabene Loch sah, das schon wieder mit Wasser und Schutt aufgefüllt war. »Bestien sind wir gewesen, oder Euer Rutilius ist falsch.«

Don Tino begann ganz mörderisch zu fluchen: »Alle Teufel! Dieser Rutilius falsch? Blut Christi! Falsch? Wir sind schuld: Wir haben den ›Schlüssel‹ nicht gefunden!«

Und sie fanden ihn nicht, weder damals noch je. Don Ottavio Giglio jedoch strengte einen Prozeß an gegen den Buckligen, der ihm den ganzen Boden ruiniert hatte, trotzdem er keinen Zeugen der Tat vorführen konnte, und jetzt stand er Tag und Nacht Wache droben zwischen den indischen Feigen, die Doppelflinte bei der Hand, um dem verdammten Krüppel eins auf den Pelz zu brennen. Aber er sagte nicht, daß er auch Furcht hatte, man möchte ihm den Schatz der Grotta delle sette porte wirklich wegführen, wo er durch Don Tino erfahren, daß sie den Rutilius, den wahren, echten, in den Händen hatten; aber vielleicht fehlte der »Schlüssel«!

Und Don Tino hatte ihm das Buch mit der herausgerissenen

Seite gezeigt. »Grade diese, beim Teufel! Aber es kann sein, daß wir uns täuschen.«

Mastro Rocco seinerseits war auf der Hut gegen Don Tino und Don Micio, den Siebmacher, mit der Somnambule; denn der Verdacht, daß sie ohne ihn etwas unternehmen wollten, war in ihm aufgestiegen, nachdem er eines Sonntags den Don Tino mit Don Ottavio unter dessen Torbogen hatte sprechen sehen. Don Tino gestikulierte lebhaft, raufte sich die Haare, und Don Ottavio hatte ihm sehr ernst zugestimmt.

Hatten sie nicht sogleich abgebrochen, als er hinzugetreten war? Er war aber nicht der Mann, von diesen beiden sich über den Löffel barbieren zu lassen. Das letztere gelang hingegen dem Zangara, Perillo und Passalone, drei Spottvögeln, welche von den Beschwörungen Mastro Roccos Wind bekommen hatten. Die wollten sich einen Spaß machen. Mastro Rocco sah sie eines Morgens oben bei sich eintreffen: Zangara mit der Posaune, Perillo mit der Klarinette und Passalone mit dem Waldhorn, daß die Schluchten von Rossignolo, Arcura und Santa Margherita erdröhnten.

»Ob ihr den Krähen ein Ständchen bringen wollt?«

»Wir sind auf dem Wege nach einem Bohnenschmaus bei einem Freunde«, antwortete Perillo.

»Wohl bekomm's euch!«

»Und wann werdet Ihr den Schatz heben?« fragte Zangara.

»Den wird Don Tino holen«, sagte Passalone, »jetzt hat er ja den Rutilius.«

Mastro Rocco schob den Höcker in die Höhe, schüttelte den Kopf und zeigte Gleichgültigkeit. »Der wahre Schatz ist das Geld in der Tasche.«

Aber Passalone erzählte, er habe von Tino selbst gehört, daß dieser ihn sicher heben werde, und zwar in der Nacht des letzten Freitags im März um Mitternacht, denn da finde dort oben bei der Grotta della sette porte der Hexenball statt, der alle zehn Jahre gefeiert wird, und glücklich, wer durch Zufall dazukommt. Ob er's nicht wisse, daß der Schweinehirt des Meiers Ravagna vor Jahren durch Zufall der Geschichte beigewohnt, wo die Geister ihm drei Orangen für einen Soldo verkauften, die der Dummkopf seinem Herrn gab, ohne zu ahnen, daß sie aus purem Gold waren, wodurch dann Meier Ravagna zum reichen Mann wurde.

Mastro Rocco schaute sie mit großen Augen an, er dachte an die Niedertracht des Don Tino, der solche Verräterei an ihm üben wollte, und er schrieb sich die Sache hinter die Ohren und stellte sich, nichts zu wissen bis zum letzten Freitag des Märzmonds, das war der Karfreitag.

An diesem Tag konnte er kaum erwarten, daß es nachtete; er saß und wartete auf einem Steinblock vor seiner Höhle, etwas Furcht im Leibe (denn mit Geistern ist nicht zu scherzen), und schaute nach der dünnen Mondsichel, die sich spät hinter den Hügeln von Daguara erhoben hatte. Die Campagna lag in tiefem Schweigen, kein Blatt regte sich, nicht einmal die Nachtigall, die sonst jede Nacht in den Pappeln der Arcura zu singen pflegte, ließ sich hören. Dann lag er hinter einem Felsen auf der Lauer, um die Schritte derer zu vernehmen, die da kommen sollten: Don Tino, Don Micio und die Somnambule, aber kein Gräschen bewegte sich in der Finsternis, in dem schwachen Mondlicht zeigte sich kein Schatten. Die Stämme der Bäume aber jagten ihm Furcht ein, und die Steinblöcke, das Buschwerk, alles ringsum nahm ungeheuerliche Formen und Gestalten an. Dann, gegen Mitternacht, wo der kleine Mond sich hinter einer dicken Wolke barg, herrschte schwarze Dunkelheit.

Da, hier, da, zwischen den Büschen hüpften Lichtchen auf, kamen, gingen, erloschen, bargen sich – dazu Schläge eines mit Schellen behangenen Zimbals, bald laut, bald leiser; große, plötzlich aufflammende Feuerlohen, die ebenso schnell verloderten ... O allerheiligste Mutter Gottes! Diesmal ward's also Ernst! Und die Lichtchen drangen von allen Seiten auf ihn ein, sie bildeten einen Kreis um ihn her, und Mastro Rocco fühlte das Herz sich zusammenschrumpfen, als er beim Aufleuchten einer neuen Flamme eine glührote Gestalt erblickte, die wie aus Feuer gebildet erschien und verschwand.

Dann von rechts und von links her: Pst! Pst! Pst! – Das waren die Geister, die ihm winkten. – Pst! Pst!

O allerheiligste Mutter Gottes! – Warum zitterte er denn? Wollte er das Glück sich aus den Händen schlüpfen lassen?

Und er schritt den Geistern entgegen, die mit ihrem Pst! Pst! fortfuhren; er hielt den Atem an, er schwankte, er stolperte, das Blut in den Adern stockte – bis ihm die Geister auf den Hals sprangen und ihm den Buckel ausklopften, ohne sich an sein klägliches Geschrei zu kehren!

»Um Gottes willen! Heiligster Christus am Marterholz! Heilige Agrippina, Beschützerin!« Und er schlug, sie zu vertreiben, ein Kreuz über das andere und lief dann Hals über Kopf nach seiner Höhle, die Geister, die ihm den Buckel klopften, ihm nach – bis zur Pforte, wo sie, ihre Ketten schüttelnd, verschwanden.

Er machte keinen Versuch mehr, weder allein noch mit Don Tino und Don Micio, dem Siebmacher, die ihn immer wieder verführen wollten; auch dann nicht, als er erfahren, daß jene Klopfgeister, die ihm den Höcker plattgestrichen, Zangara, Perillo und Passalone gewesen waren, die ihren Spaß mit ihm getrieben hatten. Ja, er schwur, das sei eine Lüge, denn er wäre in jener Nacht in Palagonia zur Feier des Heiligen Grabes gewesen; er schwur Stein und Bein mit den Händen übers Kreuz, um nicht hinter seinem Rücken verlacht zu werden ...

Später begnügte er sich, ohne an anderes zu denken, zu graben und zu hacken. Und wenn Don Tino und Don Micio ihm wieder vom Rutilius sprachen, so wollte er nichts mehr davon wissen. »Glaubt mir's und überzeugt euch: Es ist ein unechter.« Und dabei blieb er.

Dennoch zweifelte er nicht, den echten früher oder später in die Hände zu bekommen, den vom Jahre 500, wie der Dekan Vito ihm gesagt. Und ein Jahr danach, als Pater Mariano von Itria herübergekommen war, um ihm den letzten Trost zu spenden, und ihm empfahl, die Gnade Gottes für seine Seele anzurufen, antwortete Mastro Rocco mit gebrochener Stimme: »Die wahre Gnade wäre ein guter Rutilius gewesen ...« und kehrte ihm den Buckel zu.

ANTON TSCHECHOW

Eine schreckliche Nacht

Iwan Petrowitsch Panichidin erblaßte, schraubte die Lampe etwas herunter und begann mit erregter Stimme: »Tiefe, undurchdringliche Finsternis hing über der Erde, als ich in der Weihnachtsnacht des Jahres achtzehnhundertdreiundachtzig von meinem jetzt verstorbenen Freund, bei dem wir uns allzulange auf einer spiritistischen Sitzung aufgehalten hatten, nach Hause zurückkehrte. Die Gassen, durch die ich ging, waren aus irgendwelchen Gründen nicht beleuchtet, und ich mußte mich fast nur tastend vorwärts bewegen. Ich wohnte in Moskau, neben einer Kirche, im Haus des Beamten Trupow, in einer der abgelegensten Ecken des Stadtviertels Arbat. Meine Gedanken waren, als ich so dahinschritt, schwer und bedrückend ...

›Dein Leben nähert sich dem Ende ... Tu Buße!‹

Das war der Satz, den Spinoza, dessen Geist herbeizuzitieren uns gelungen war, auf der Sitzung zu mir gesagt hatte ... Ich bat, den Satz zu wiederholen, und die Untertasse wiederholte nicht nur den Satz, sondern fügte auch noch hinzu: ›Heute nacht.‹ Ich glaube nicht an Spiritismus, aber der Gedanke an den Tod, sogar nur andeutungsweise, macht mich verzagt. Der Tod, meine Herrschaften, ist unvermeidlich und alltäglich, aber trotzdem ist der Gedanke daran der menschlichen Natur zuwider ... Jetzt aber, da mich undurchdringliche, kalte Finsternis umhüllte, vor meinen Augen die Regentropfen wie rasend umhertanzten und über meinem Kopf der Wind stöhnte, da ich ringsum keine einzige lebende Seele bemerkte und keinen menschlichen Laut hörte, erfüllte meine Seele eine unbestimmte, unaussprechliche Angst. Ich, ein Mensch, der von Vorurteilen frei ist, eilte vorwärts, ich fürchtete, mich umzusehen oder zur Seite zu schauen. Mir schien, ich würde, wenn ich mich umdrehte, unbedingt den Tod in der Gestalt eines Gespenstes erblicken.«

Panichidin atmete stoßweise, trank einen Schluck Wasser und fuhr fort: »Dieses unbestimmte, Ihnen aber begreifliche Angstgefühl verließ mich auch dann nicht, als ich das vierte Stockwerk des Trupowschen Hauses erreicht hatte, die Tür öffnete und mein Zimmer betrat. In meiner bescheidenen Behausung war es dunkel. Im Ofen seufzte der Wind; er klopfte an die Ofentür, als bäte er um Einlaß ins Warme.

Wenn ich Spinoza glaube, dachte ich lächelnd, so muß ich noch heute nacht bei diesem Klagelied sterben. Das ist aber gruselig!

Ich zündete ein Streichholz an ... Ein heftiger Windstoß jagte über das Dach des Hauses. Das leise Klagen verwandelte sich in ein boshaftes Geheul. Irgendwo unten klapperte ein halb losgerissener Fensterladen, und die Ofentür winselte kläglich um Hilfe ...

In so einer Nacht geht es den Obdachlosen schlecht, überlegte ich.

Aber es war nicht die Zeit, sich solchen Gedanken hinzugeben. Als an meinem Streichholz mit einem blauen Flämmchen der Schwefel aufloderte und ich meine Augen durchs Zimmer schweifen ließ, bot sich mir ein unerwarteter und grauenhafter Anblick ... Wie schade, daß der Windstoß nicht auch über mein Streichholz hinweggejagt war. Dann hätte ich vielleicht nichts gesehen, und meine Haare hätten sich nicht gesträubt. Ich schrie auf, machte einen Schritt zur Tür und schloß voller Entsetzen, Verzweiflung und Verwunderung die Augen ...

In der Mitte des Zimmers stand ein Sarg.

Das blaue Flämmchen brannte nicht lange, aber ich konnte noch die Umrisse des Sarges erkennen ... Ich sah den rosa, wie Funken flimmernden Glanzbrokat, ich sah ein Kreuz aus goldener Litze auf dem Deckel. Es gibt Dinge, meine Herrschaften, die sich dem Gedächtnis einprägen, wenn man sie auch nur einen Augenblick gesehen hat. So ging es mir auch mit diesem Sarg. Ich hatte ihn nur eine Sekunde gesehen, aber ich erinnere mich noch an die kleinsten Einzelheiten. Es war ein Sarg, der für einen mittelgroßen Menschen und, der Farbe nach zu urteilen, für ein junges Mädchen bestimmt war. Der teure Glanzbrokat, die Füße und die Bronzegriffe – alles zeugte davon, daß die Verstorbene reich gewesen war.

Ich lief Hals über Kopf aus meinem Zimmer, und ohne zu überlegen, ohne zu denken, ohne etwas anderes zu fühlen als unsägliche Angst, rannte ich die Treppe hinunter. Im Korridor und auf der Treppe war es dunkel, meine Füße verwickelten sich in meinen Pelz, und es ist erstaunlich, daß ich nicht gestürzt bin und mir nicht den Hals gebrochen habe. Als ich wieder auf der Straße war, lehnte ich mich an einen nassen Laternenpfahl und versuchte mich zu beruhigen. Mein Herz klopfte furchtbar, und es verschlug mir den Atem ...«

Eine der Zuhörerinnen schraubte die Lampe höher, rückte näher an den Erzähler heran, und dieser fuhr fort: »Ich wäre nicht erstaunt gewesen, wenn ich in meinem Zimmer einen Brand, einen Dieb oder einen tollen Hund vorgefunden hätte ... Ich hätte mich nicht gewundert, wenn die Decke eingestürzt, der Fußboden durchgebrochen oder die Wände eingefallen wären ... Das alles ist natürlich und verständlich. Aber wie konnte ein Sarg in mein Zimmer geraten? Woher kam er? Ein teurer Frauensarg, der offenbar für eine Aristokratin angefertigt worden war – wie konnte der in das armselige Zimmer eines kleinen Beamten geraten? War er leer, oder lag eine Leiche darin? Wer war sie, diese vorzeitig aus dem Leben geschiedene reiche Frau, die mir einen so sonderbaren und schrecklichen Besuch abstattete? Ein qualvolles Geheimnis!

Wenn das hier kein Wunder ist, dann ist es ein Verbrechen, schoß es mir durch den Kopf.

Ich rätselte hin und her. Während meiner Abwesenheit war die Tür verschlossen gewesen, und der Platz, wo der Schlüssel lag, war nur meinen nächsten Freunden bekannt. Und die Freunde hatten mir doch nicht den Sarg ins Zimmer gestellt. Man hätte auch vermuten können, daß der Sarg versehentlich von einem Sargtischler gebracht worden war. Sie konnten sich getäuscht, sich im Stockwerk oder in der Tür geirrt und den Sarg nicht dorthin gebracht haben, wohin er gehörte. Aber wem ist nicht bekannt, daß unsere Sargtischler das Zimmer nicht verlassen, bevor sie das Geld für ihre Arbeit oder zumindest ein Trinkgeld bekommen haben?

Die Geister haben mir den Tod vorausgesagt, dachte ich. Vielleicht haben sie sich dabei schon bemüht, mir einen Sarg zu besorgen?

Ich glaube heute und glaubte auch damals nicht an Spiritismus, meine Herrschaften, aber ein solches Zusammentreffen kann sogar einen Philosophen in eine mystische Stimmung versetzen.

Aber das alles ist dumm, und ich bin feige wie ein Schuljunge, zu diesem Schluß kam ich. Es war eine optische Täuschung – mehr nicht! Als ich vorhin nach Hause ging, war ich in einer so düsteren Stimmung gewesen, daß es kein Wunder war, daß meine kranken Nerven einen Sarg erblickt hatten ... Natürlich war es eine optische Täuschung! Was denn sonst?

Der Regen peitschte mein Gesicht, und der Wind zerrte böse an meinem Pelz und meiner Mütze ... Ich fror und war völlig durchnäßt. Ich mußte weitergehen, aber ... wohin? Nach Hause zurückkehren – das hätte bedeutet, mich dem Risiko auszusetzen, den Sarg noch einmal zu sehen, und dieser Anblick ging über meine Kräfte. Ich, der ringsum keine einzige lebende Seele erblicken und der keinen einzigen menschlichen Laut hören würde, hätte den Verstand verlieren können, wäre ich mit dem Sarg, in dem vielleicht eine Leiche lag, allein geblieben. In der Kälte und dem strömenden Regen auf der Straße zu bleiben war aber auch unmöglich.

Ich entschloß mich, bei meinem Freund Nepokojew zu übernachten, der sich später, wie Ihnen bekannt ist, erschossen hat. Er wohnte in der Pension des Kaufmanns Tscherepow in der Mjortwy-Gasse.«

Panichidin trocknete sich den kalten Schweiß auf seinem bleichen Gesicht und fuhr schweratmend fort: »Meinen Freund traf ich nicht zu Hause an. Nachdem ich an seine Tür geklopft und mich überzeugt hatte, daß er nicht daheim war, tastete ich den Querbalken nach dem Schlüssel ab, öffnete die Tür und trat ein. Ich warf meinen nassen Pelz auf den Fußboden, tastete mich in der Dunkelheit zu dem Sofa und setzte mich, um auszuruhen. Es war dunkel ... In den Fensterventilatoren summte wehmütig der Wind. Im Ofen zirpte ein Heimchen sein eintöniges Lied. Im Kreml läutete man die Weihnachtsfrühmesse ein. Ich beeilte mich, ein Streichholz anzuzünden. Aber das Licht befreite mich nicht aus meiner düsteren Stimmung, sondern im Gegenteil: Von neuem wurde ich von unbeschreiblichem Entsetzen gepackt ... Ich schrie auf, taumelte und rannte wie von Sinnen aus dem Zimmer ...

Im Zimmer meines Kameraden hatte ich dasselbe erblickt wie bei mir – einen Sarg!

Der Sarg des Kameraden war fast doppelt so groß wie meiner, und der braune Überzug verlieh ihm ein besonders düsteres Kolorit. Wie war er hierhergeraten? Daß das eine optische Täuschung war, daran gab es nichts zu zweifeln ... In jedem Zimmer konnte doch kein Sarg stehen! Offenbar war das eine Erkrankung meiner Nerven, eine Halluzination. Wohin ich jetzt auch gehen würde, überall würde ich diese schreckliche Behausung des Todes vor mir sehen. Also war ich dabei, den Verstand zu verlieren, ich war an so etwas wie einer ›Sargomanie‹ erkrankt – nach der Ursache meiner Geistesstörung brauchte ich nicht lange zu suchen: Es genügte, an die spiritistische Sitzung und die Worte Spinozas zu denken.

Ich werde verrückt! dachte ich voller Entsetzen und griff mir an den Kopf ... Um Gottes willen! Was soll ich tun?

Mein Kopf brummte, die Beine versagten mir den Dienst ... Es goß wie aus Kübeln, der Wind ging durch und durch, und ich hatte weder meinen Pelz an noch meine Mütze auf. In das Zimmer zurückkehren, um beides zu holen, war unmöglich, das ging über meine Kräfte ... Die Angst hielt mich mit ihren kalten Armen umfangen. Die Haare standen mir zu Berge, vom Gesicht rann kalter Schweiß, obwohl ich immer noch glaubte, das alles sei nur eine Halluzination.

Was sollte ich tun?« fuhr Panichidin fort. »Ich war dabei, den Verstand zu verlieren, und riskierte, mich furchtbar zu erkälten. Zum Glück fiel mir ein, daß unweit der Mjortwy-Gasse mein guter Freund Pogostow wohnte, der vor kurzem Arzt geworden ist und der in jener Nacht mit mir auf der spiritistischen Sitzung war. Ich eilte zu ihm ... Damals war er noch nicht mit der reichen Kaufmannsfrau verheiratet und wohnte im Haus des Staatsrates Kladbistschenski im fünften Stockwerk.

Bei Pogostow mußten meine Nerven eine neue Tortur über sich ergehen lassen. Als ich zum fünften Stock hinaufstieg, hörte ich einen furchtbaren Lärm. Oben lief jemand hin und her, stampfte heftig mit den Füßen und schlug die Tür zu.

›Hierher‹, hörte ich einen herzzerreißenden Schrei. ›Hierher! Hausmeister!‹

Und einen Augenblick später kam eine dunkle Gestalt im Pelz und mit einem verbeulten Zylinder auf dem Kopf die Treppe heruntergelaufen ...

›Pogostow!‹ rief ich, als ich meinen Freund erkannte. ›Sind Sie es? Was ist mit Ihnen?‹

Als Pogostow mich erreicht hatte, blieb er stehen und packte mich krampfhaft am Arm. Er war blaß, atmete schwer und zitterte. Seine Augen irrten ziellos umher, seine Brust hob und senkte sich ...

›Sind Sie das, Panichidin?‹ fragte er mich mit dumpfer Stimme. ›Aber sind Sie es auch? Sie sind so bleich, als kämen Sie aus dem Grab ... Aber sind Sie wirklich keine Halluzination? Um Gottes willen ... Sie sehen schrecklich aus ...‹

›Aber was ist denn mit Ihnen? Sie sind ja ganz verstört!‹

›Ach, lassen Sie mich erst einmal Atem holen, mein Lieber ... Ich bin froh, Sie zu sehen, wenn Sie es wirklich sind und keine optische Täuschung. Die verfluchte spiritistische Sitzung ... Sie hat meine Nerven so zerrüttet, daß ich, als ich eben nach Hause kam, stellen Sie sich das nur vor, in meinem Zimmer ... einen Sarg sah!‹

Ich traute meinen Ohren nicht und bat ihn, das zu wiederholen.

›Einen Sarg, einen richtigen Sarg‹, sagte der Arzt und setzte sich erschöpft auf eine Treppenstufe. ›Ich bin kein Feigling, aber der Teufel selbst würde sich erschrecken, wenn er nach einer spiritistischen Sitzung im Dunkeln auf einen Sarg stößt.‹

Verwirrt und stotternd erzählte ich dem Arzt von den Särgen, die ich gesehen hatte ...

Eine Minute lang standen wir uns gegenüber und starrten uns mit großen Augen und offenem Mund an. Dann aber kniffen wir uns, um uns zu vergewissern, daß wir nicht phantasierten.

›Es tut uns beiden weh‹, sagte der Arzt, ›also schlafen wir jetzt nicht und sehen uns nicht im Traum. Folglich sind die Särge, meiner und auch Ihre beiden, keine optische Täuschung, sondern etwas Existentes. Was sollen wir jetzt tun, mein Lieber?‹

Als wir eine geschlagene Stunde auf der kalten Treppe gestanden, herumgerätselt und uns in Mutmaßungen verloren hatten, froren wir entsetzlich und kamen zu dem Schluß, unsere kleinmütige Angst zu überwinden, den Zimmerkellner zu wecken und mit ihm in das Zimmer des Arztes zu gehen. Das machten wir auch. Als wir das Zimmer betraten, zündeten wir eine Kerze an und erblickten tatsächlich einen Sarg, der mit weißem Glanzbrokat bespannt und mit goldenen Fransen und Quasten geschmückt war. Der Zimmerkellner bekreuzigte sich fromm.

›Jetzt werden wir erfahren‹, sagte der Arzt, der bleich war und am ganzen Körper zitterte, ›ob dieser Sarg leer ist oder aber ... bewohnt.‹

Nach langem begreiflichem Entsetzen bückte sich der Arzt, biß vor Angst und Erwartung die Zähne zusammen und riß den Sargdeckel herunter. Wir schauten in den Sarg, und...

Der Sarg war leer ...

Es lag kein Toter darin, aber dafür fanden wir einen Brief folgenden Inhalts:

›Lieber Pogostow!

Du weißt, daß die Geschäfte meines Schwiegervaters furchtbar daniederliegen. Er steckt bis über die Ohren in Schulden. Morgen oder übermorgen soll sein Hab und Gut gepfändet werden, und das würde endgültig seine und meine Familie und unsere Ehre zugrunde richten, die mir das Teuerste auf Erden ist. Gestern haben wir im Familienrat beschlossen, alle wertvollen und teuren Sachen zu verstecken. Da nun das ganze Vermögen meines Schwiegervaters aus Särgen besteht (es ist Dir ja bekannt, daß er der beste Sargtischler der Stadt ist), haben wir uns entschlossen, die allerbesten Särge zu verstecken. Ich wende mich an Dich als meinen Freund, hilf mir, rette unser Vermögen und unsere Ehre! In der Hoffnung, daß Du uns helfen wirst, unser Vermögen zu erhalten, schicke ich Dir, mein Lieber, einen Sarg und bitte Dich, ihn bei Dir zu verstecken und bis auf Abruf aufzubewahren. Ohne Hilfe unserer Bekannten und Freunde gehen wir zugrunde. Ich hoffe, Du erteilst mir keine Absage, um so mehr, als der Sarg nicht länger als eine Woche bei Dir bleiben wird. Allen, die ich für unsere wahren Freunde halte, habe ich einen Sarg geschickt und hoffe auf ihre Großmut und ihren Edelsinn. Dein Dich liebender

Iwan Tscheljustin‹

Nach diesem Ereignis war ich etwa drei Monate lang wegen Nervenzerrüttung in ärztlicher Behandlung. Unser Freund aber, der Schwiegersohn des Sargtischlers, hat Ehre und Vermögen gerettet und besitzt schon ein Begräbnisinstitut; er handelt mit Denkmälern und Grabsteinen. Seine Geschäfte gehen nicht besonders gut, und ich fürchte nun jeden Abend, wenn ich heimkomme, neben meinem Bett ein weißes Marmordenkmal oder einen Katafalk zu erblicken.«

WŁADYSŁAW ST. REYMONT

Eine sonderbare Geschichte

»Ich habe eben erst deinen Brief bekommen. Was ist denn geschehen?«

»Ich bin dir sehr dankbar, ich warte schon mit Ungeduld auf dich ...«

»Ein Duell?«

»Nein, nein. Ich erzähle es dir später. Bleib bei mir, ich fürchte mich vor dem Alleinsein, es ist alles so entsetzlich, so ... Zünde nicht die Lampe an ...«

Er brach plötzlich ab, duckte sich in seinem Sessel und schürte nervös die Glut.

Ich wagte nicht, das Schweigen zu unterbrechen, der rötliche Feuerschein flackerte in der Dunkelheit und spielte auf Möbeln und Fußboden, eine träge, schläfrige Stille erfüllte den Raum, nur der Regen klopfte unaufhörlich an die Scheiben, es plätscherte in den Rinnen, und der Wind polterte auf den Dächern.

Mit einemmal begann eine Turmuhr Mitternacht zu schlagen; die durchdringenden, mächtigen Klänge ergossen sich, den Schlägen silberner Hämmer gleich, in die Stille der Wohnung, schwangen gleichmäßig fort und erstarben in einem langen, klagenden Ton; doch ehe noch der letzte Schlag verhallte, wurden die Fensterscheiben plötzlich von schmetternden Trompetenstößen erschüttert, eine Kapelle spielte einen kräftigen Tusch, und ohrenbetäubender Lärm hob an.

»Das neue Jahr!« flüsterte er und sah mich an.

Ich öffnete ein Fenster, auf der Straße wurde bereits getanzt, die Place de la Sorbonne wimmelte von Menschen und leuchtenden Lampions, die bunten Schmetterlingen ähnelten. Die Kaffeehäuser waren überfüllt, die Terrassen vollgestopft, man saß sogar unter Schirmen auf den Trottoiren, und überall hörte man Geschrei und Gesang, überall wurde getrunken. Wildes, ungezügeltes Gelächter erklang, und aller Augenblicke trafen neue Haufen lärmender Zecher ein, neues Gebrüll flammte auf, neue, leidenschaftliche Tänze begannen, der Gesang und das allgemeine Chaos erreichten ihren Höhepunkt, man schlug mit Stühlen, Stöcken und Fäusten auf Tische und gegen die Wände, Trompeten blökten, die Stimmen von Tieren und Schiffssirenen wurden nachgeahmt, und an der Ecke des Boulevards formierte sich ein Zug und setzte sich unter ohrenbetäubendem Gejohle und Gepfeife in Bewegung.

»Mir ist schrecklich kalt«, klagte er und rückte näher an das Feuer.

Ich schloß das Fenster und setzte mich zu ihm.

»Weißt du, Karol ist gestorben!« flüsterte er kaum hörbar.

»Karol? Wo und wann?«

Diese unverhoffte Nachricht berührte mich schmerzlich.

»Ich weiß nicht, wo, ich weiß nicht, wann, aber ich weiß, daß er gestorben ist.«

»Irgend jemand muß es dir doch gesagt haben?«

»Er selbst hat es mir vor wenigen Stunden gesagt ...«

Unwillkürlich wich ich zurück.

»Er selbst! Sieh mir in die Augen, ich bin gesund und rede bei vollem Verstand.«

Ich war mir absolut sicher, daß er plötzlich verrückt geworden war.

»Auch ich würde es nicht geglaubt haben, wenn mir das jemand gestern abend, ja noch heute früh erzählt hätte ... Aber jetzt weiß ich es, jetzt weiß ich es mit Bestimmtheit. Und da dieses eine gewiß ist, ist alles gewiß!« Er sprach gleichsam zu sich selbst, mit einem merkwürdigen Lächeln.

Ich schwieg, blickte ihm nur aufmerksam ins Gesicht, und er erschien mir so verändert, so anders und fremd, daß sich in meinen Augen wohl Furcht und Erstaunen malten, denn er sagte ganz ruhig: »Du brauchst dir um mich keine Gedanken zu machen, ich bin völlig gesund und mir meines Zustandes durchaus bewußt, und daß ich erregt und zutiefst erschüttert bin, das ist doch wohl normal – immerhin habe ich mit einem Toten verkehrt, habe in das enthüllte Antlitz des Geheimnisses geblickt ... Ist das wenig?«

Was konnte ich darauf erwidern? So hörte ich nur zu und beobachtete besorgt seine brennenden Augen.

Währenddessen erzählte Janek: »In den letzten drei Tagen habe ich Karol dreimal gesehen. Ich habe ihn gesehen, wie ich jetzt dich sehe, und habe ebenso mit ihm gesprochen. Er war in diesem Zimmer und saß auf demselben Platz, auf dem jetzt ich sitze ... Auch meine Haushälterin hat ihn gesehen. Vielleicht ist er sogar noch hier ...«

Er hielt inne und schaute sich um; ich gebe zu, daß es mir kalt über den Rücken lief.

»Sprich alles aus, ich halte schon durch«, bat ich, konnte aber meine Erschütterung kaum verbergen.

»Zünde die Lampe an, vielleicht fällt es mir dann leichter zu sprechen ...«

Ich zündete alle Lampen an, die es in den beiden Zimmern gab.

»Am Dienstag sah ich ihn zum erstenmal«, begann er nun schon lebhafter, wobei er im Zimmer auf und ab ging. »Ich kam aus der Oper, es war schon ziemlich spät und so kalt und naß wie heute. Ich ging über die Brücke, in Gedanken noch ganz bei dem musikalischen Erlebnis, als von der Plattform des Omnibusses, der gerade vorbeifuhr, jemand deutlich meinen Namen rief und eine Gestalt, die sich über die Brüstung lehnte, mir zuwinkte. Natürlich lief ich hinter dem Omnibus her und stieg ein, fand jedoch zu meiner Verwunderung auf der Plattform niemanden vor, nur im Innenraum dösten einige Frauen, die ich nicht kannte.

Ich sagte mir einfach, ich sei einer Täuschung erlegen, und suchte, nachdem ich in meinem Viertel angelangt war, ein Kaffeehaus auf, in der Hoffnung, vielleicht noch einen Bekannten anzutreffen. Es war keiner mehr da, trotzdem blieb ich, bis das Lokal geschlossen wurde. Als ich wieder auf die

Straße trat, war es schon nach zwei, und es regnete in Strömen. Ich lief schnell, bemerkte jedoch schon von weitem, daß jemand vor meinem Tor stand, als wartete er darauf, daß man ihn einließ.

›Haben Sie schon geläutet?‹ fragte ich höflich.

Der Mann drehte sich um, sah mir aus der Nähe in die Augen und äußerte leise, indem er mir die Hand entgegenstreckte: ›Ich habe auf dich gewartet ...‹

Karol stand vor mir. Ich erkannte ihn sofort, und obwohl ich über diese unerwartete Begegnung erstaunt war, freute ich mich doch so sehr, daß ich ihn umarmte und mit Fragen überschüttete. Er antwortete seltsam lakonisch, und als die Tür aufging, stieß er mich leicht vorwärts und sagte: ›Geh voran, ich kenne die Treppe nicht.‹

Ich schlug das Tor zu, nannte dem Hausmeister meinen Namen und riß ein Zündholz an.

›Komm, Karol!‹ rief ich und schaute mich um.

Im Flur war niemand, auf der Treppe ebenfalls nicht, ich lief sofort auf die Straße hinaus, weil ich glaubte, er sei vielleicht draußen geblieben, die Straße lag verlassen, nirgends eine Menschenseele ...

Ich suchte den ganzen Platz ab und alle umliegenden Straßen, und alle Gassen und alle Toreingänge, und in die Nischen schaute ich, aber alles umsonst. Er blieb spurlos verschwunden wie ein Stein, den jemand in einen Ozean geworfen ...

Die Uhr an der Sorbonner Kirche schlug bereits drei, als ich in die Wohnung zurückkehrte. Ich war wie von Sinnen, fühlte mich, einem Vogel im Käfig gleich, in einem unergründlichen Geheimnis gefangen ... Ich raste. Hatte ich ihn doch gesehen, ihn berührt, ich spürte noch seine kühlen Hände und das regennasse Gesicht, ich hörte seine Stimme, die mir so vertraut ist. Ich konnte mich nicht geirrt haben, das konnten keine Wahnvorstellungen sein!

Meinen Kopf hätte ich dafür gegeben, daß er dagewesen ist, und doch war er zerronnen wie ein Schatten.

Ich schlief in dieser Nacht nicht mehr, zermarterte mir das Hirn und suchte vergebens nach einer Erklärung dieses quälenden Rätsels; am nächsten Morgen, gestern in aller Frühe, begann ich mit den Nachforschungen. Ich suchte ihn überall, er war nirgends, und es hatte ihn auch niemand gesehen. Sogar zur Präfektur ging ich, sie schickten Agenten aus, ich gab ihnen seine Photographie, sie suchten den ganzen Tag, aber natürlich fanden sie ihn nicht.

Bei Anbruch der Dunkelheit kehrte ich nach Hause zurück, denn ich hatte keine Kraft mehr, und zuweilen fürchtete ich wirklich schon um meinen Verstand – ich examinierte mich gerade auf das genaueste, als meine Haushälterin hereinkam und mir meldete, draußen vor der Tür stehe jemand.

Von einer Ahnung getrieben, lief ich hinaus.

Im Flur an der Wand lehnte Karol.

Ich führte ihn hinein, geradewegs zum Kamin, denn er war durchnäßt bis auf die Haut und fast blau vor Kälte.

Er sank wie leblos in den Sessel, regte sich nicht und sagte auch kein Wort, und als ich ihm schilderte, wieviel Kummer er mir bereitet hatte, flüsterte er: »Ich konnte gestern nicht länger bei dir bleiben ...«

›Aber wie bist du so plötzlich, so spurlos verschwunden?‹

Statt einer Antwort lächelte er nur.

›Morgen erfährst du alles‹, fügte er etwas später hinzu.

Die Haushälterin brachte Tee, er griff nach einem Glas, doch die Hände zitterten ihm derart, daß er es auf den Tisch stellen mußte, um daraus trinken zu können, dabei veränderte sich sein Gesicht ganz merkwürdig, es wurde gleichsam von Augenblick zu Augenblick ein anderes, so daß ich manchmal den Eindruck hatte, vor mir sitze ein völlig fremder Mensch.

›Du bist sicherlich todmüde‹, sagte ich besorgt.

›Ja, ich halte mich nur mit unsäglicher Anstrengung aufrecht‹, bestätigte er, doch ich erkannte seine Stimme nicht, so als spräche ein mir völlig Unbekannter.

›Leg dich gleich hin, ruh dich aus, ich will dich nicht länger quälen.‹

›Morgen ... ja, morgen erfährst du alles ...‹

Eine unerklärliche Angst bemächtigte sich meiner.

Wir saßen ziemlich lange in völligem Schweigen, nur

manchmal begegneten sich unwillkürlich unsere Augen, aber ich kann dir nicht sagen, was sein Blick ausdrückte, das waren nicht mehr die Augen eines Menschen, das waren bald schwarze, gähnende Abgründe, erfüllt von flackerndem Glanz, bald matt schimmernde Eisscheiben, doch gleich darauf leuchteten sie mit solcher Macht, blickten sie so kalt und durchdringend, daß wildes, wahnsinniges Entsetzen mein Herz ergriff.

Mit einemmal erhob er sich und begann im Zimmer umherzugehen, er berührte die Möbel, betrachtete die Buchtitel, aber ich sah, daß er nichts wahrnahm, daß er sich wie ein Irrschatten bewegte, denn er glitt ohne das geringste Geräusch dahin, als berührte er gar nicht den Boden.

Ich schaute auf ihn mit einem unsäglichen Gefühl des Grauens, des Erstaunens und der Furcht. Hundertmal wiederholte ich mir, daß dies doch Karol sei, der Gefährte meiner Kindheit, der engste Freund, der mir teuerste Mensch, und hundertmal schon wollte ich seine Hand ergreifen, ihn aus dieser schrecklichen Erstarrung wecken und wie früher aufrichtig, geradezu, freundschaftlich mit ihm sprechen, und doch wagte ich nicht einmal, den Mund aufzutun. Etwas Unbegreifliches stand zwischen uns. Er war so fremd, so andersartig und so fern von mir, dabei ging eine so grausige Leblosigkeit von ihm aus, daß ich, gleichsam in ein Meer von Angst getaucht, immer wieder zurückwich.

Offenbar erriet er meine Gedanken und Gefühle, denn er sagte: ›Ich bin schon frei, dein Tag hingegen liegt noch weit vor dir, aber vielleicht finden wir uns noch ...‹

Ich verstand seine Worte nicht, ich verstand überhaupt nichts mehr, ich sehnte mich nur noch nach einem Augenblick des Alleinseins.

Auch das mußte er von meinem Gesicht ablesen, denn er flüsterte gutmütig: ›Auf mich brauchst du keine Rücksicht zu nehmen, leg dich ruhig hin, du bist müde.‹

Er drückte mir fest die Hand und fügte hinzu: ›Vielleicht besuche ich dich noch mal ...‹

Ein Schauder lief mir über den Rücken, denn eisig waren

diese Worte, eisig der Händedruck, und die Stimme dröhnte dumpf, als käme sie aus einem Abgrund herauf.

Ich trat ihm mein Bett ab, während ich mich im Nebenzimmer auf das Sofa legte und bald darauf einschlief.

Am Morgen erwachte ich spät, gegen zehn.

Doch er war nicht mehr da, das Bett stand unberührt, ich war sicher, daß er früher und so leise gegangen war, daß ich nicht aufwachte.

Ich wunderte mich nicht einmal mehr, noch grübelte ich allzulange darüber.

Allerdings mußte ich den ganzen Tag an ihn denken, da ich seinen Zustand und die seltsame Veränderung nicht begreifen konnte, die in ihm vorgegangen war.

Als ich nun heute, schon in der Abenddämmerung, am Dom vorbeikam, blieb ich eine Weile stehen, um einen Blick auf diesen unsterblichen Hymnus menschlichen Glaubens zu werfen, der, in Nebel gehüllt, über der Erde zu schweben schien. Plötzlich ergriff jemand meinen Arm.

›Karol!‹ rief ich unwillkürlich.

Er stand neben mir, ich weiß jedoch nicht, ob die hereinbrechende Dämmerung und der Nebel daran schuld waren oder ob ein Schleier vor meinen Augen lag – ich konnte ihn kaum wahrnehmen.

›Erinnerst du dich an unseren Schwur?‹ fragte er.

Ich konnte mich nicht entsinnen.

›Daß derjenige, der zuerst stirbt, von sich hören läßt ...‹

Ich lachte ziemlich spöttisch.

›Still!‹ rief er streng. ›Siehst du mich?‹

›Aber ja!‹ Jetzt sah ich ihn sehr deutlich.

›Schau hin, das ist mein Begräbnis ... schau nur ...‹

Ich stand wie versteinert, mir schien nämlich, daß sich an Stelle des Doms ein weites, schneebedecktes Feld öffnete, von der untergehenden Sonne blutigrot gefärbt, und daß den schmalen, von Sträuchern gesäumten Weg ein Bauernwagen mit einem Sarg entlangzog, gefolgt von mehreren Leuten, auch ein Trauerlied erklang in der Einöde ...

›Nun weißt du es ... Ich habe meinen Schwur gehalten ...‹

Ich vernahm in mir eine fremde, durchdringende Stimme und schaute mich rasch um. Es war niemand mehr da, der Platz war leer, nur der Dom strebte höher und höher empor, als risse er sich von der Erde los.

Erkläre mir das alles, wenn du kannst.«

»Du bist krank, ich schicke gleich nach einem Arzt.«

Doch einige Tage später erfuhren wir von Karols Tod. Wir überprüften alle Angaben und Einzelheiten. Er war im gleichen Augenblick gestorben, da Janek ihm vor dem Tor seines Hauses begegnete.

MARK TWAIN
Eine Geistergeschichte

Ich nahm ein großes Zimmer weit oben am Broadway in einem riesigen alten Gebäude, dessen obere Stockwerke jahrelang völlig unbewohnt gewesen waren, bis ich kam. Der Raum war seit langem dem Staub und den Spinnweben überlassen worden, der Einsamkeit und der Stille. Als ich am ersten Abend zu meinem Quartier hinaufstieg, war es mir, als tappte ich zwischen Grabmälern herum und als dränge ich in die Abgeschiedenheit der Toten ein. Zum erstenmal in meinem Leben befiel mich eine abergläubische Furcht, und als ich auf der Treppe um eine dunkle Ecke bog und ein unsichtbares Spinngewebe mir seine schwachen Fäden ins Gesicht schwang und haftenblieb, schauderte ich wie einer, der einem Gespenst begegnete.

Ich war heilfroh, als ich mein Zimmer erreichte und Moder und Dunkelheit ausgeschlossen hatte. Ein munteres Feuer brannte im Kamin, und ich setzte mich mit einem beruhigenden Gefühl der Erleichterung davor. Zwei Stunden saß ich dort und dachte an vergangene Zeiten – rief mir alte Bilder ins Gedächtnis und beschwor halbvergessene Gesichter aus dem Nebel der Vergangenheit, lauschte in meiner Phantasie Stimmen, die schon vor langer Zeit für immer verstummt waren, und Liedern, die, einst vertraut, doch niemand mehr singt. Und als sich meine Träumerei zu immer wehmutsvollerem Pathos herabdämpfte, schwächte sich das Pfeifen des Windes draußen zu einem Wehklagen ab, ging das zornige Peitschen des Regens an den Scheiben in ein stilles Rieseln über, und auf der Straße verklang ein Geräusch nach dem anderen, bis die schnellen Schritte des letzten verspäteten Herumstreichers in der Ferne verhallten und keinen Laut mehr zurückließen.

Das Feuer war heruntergebrannt. Ein Gefühl der Einsamkeit beschlich mich. Ich stand auf und zog mich aus, wobei ich mich auf Zehenspitzen bewegte und alle notwendigen Handgriffe verstohlen verrichtete, als wäre ich von schlafenden Feinden umgeben, die zu wecken verhängnisvoll wäre. Im Bett deckte ich mich zu und lauschte dem Wind und Regen und dem leisen Knarren entfernter Fensterläden, bis sie mich in den Schlaf lullten.

Ich schlief fest, doch weiß ich nicht, wie lange. Auf einmal merkte ich, daß ich wach war, erfüllt von furchterregender Erwartung. Alles war still. Nur mein Herz nicht – ich hörte es pochen. Plötzlich glitt das Deckbett langsam auf das Fußende zu, als ob es jemand zöge! Ich war nicht imstande, mich zu rühren; ich war nicht imstande zu sprechen. Immer noch glitt das Deckbett bedächtig weiter, bis meine Brust entblößt war. Mit großer Anstrengung packte ich es und zog es mir über den Kopf. Ich wartete, lauschte, wartete. Erneut begann das stete Ziehen, und erneut lag ich ein Jahrhundert sich schleppender Sekunden lang wie gelähmt, bis meine Brust wieder unbedeckt war. Schließlich nahm ich alle Energie zusammen, riß das Deckbett an seinen Platz zurück und hielt es fest. Das Ziehen verschärfte sich zu einer ständigen Anspannung, die immer stärker wurde. Mein Griff öffnete sich, und zum dritten Male glitt das Deckbett weg. Ich stöhnte. Vom Fuße des Bettes kam ein Antwortstöhnen! Schweißperlen traten auf meine Stirn. Ich war mehr tot als lebendig.

Plötzlich hörte ich schwere Fußtritte in meinem Zimmer – die Tritte eines Elefanten, so schien es mir –, es hörte sich absolut nicht nach einem Menschen an. Aber sie bewegten sich von mir fort, das war ein Trost. Ich hörte, wie sie sich der Tür näherten, hinausgingen, ohne Schloß und Riegel zu bewegen, und durch die düsteren Korridore davonwanderten, indem sie Fußboden und Schwellen belasteten, daß sie knarrten – dann herrschte wieder Stille.

Als sich meine Erregung gelegt hatte, sagte ich mir: »Das ist ein Traum – einfach ein häßlicher Traum.« So lag ich da und sann darüber nach, bis ich mich überredet hatte, *daß* es

ein Traum war; ein tröstliches Lachen entspannte meine Lippen, und ich war wieder froh. Ich stand auf und machte Licht, und als ich feststellte, daß Schloß und Riegel unverändert waren, entquoll noch ein besänftigendes Lachen meinem Herzen und floß über meine Lippen. Ich nahm meine Pfeife, zündete sie an und setzte mich gerade vor dem Feuer nieder, als – herunterfiel die Pfeife aus meinen kraftlosen Fingern, das Blut schwand aus meinem Gesicht, und mein ruhiger Atem wurde von einem kurzen Schnappen nach Luft unterbrochen! In der Asche auf dem Herd befand sich Seite an Seite mit dem Abdruck meines nackten Fußes ein anderer Abdruck, so ungeheuer groß, daß meiner daneben wie der eines Kindes wirkte! Also *hatte* ich einen Besucher, und die Tritte des Elefanten waren erklärt.

Ich löschte das Licht aus und ging wieder ins Bett, vor Furcht gelähmt. Eine lange Zeit lag ich da, starrte in die Dunkelheit und lauschte. Dann vernahm ich ein scharrendes Geräusch über mir, als ob jemand einen schweren Körper über den Fußboden schleifte, dann war es, als würde der Körper hingeworfen, und meine Fenster klirrten bei der Erschütterung. Von entfernteren Teilen des Gebäudes hörte ich dumpfes Türenzuschlagen. In Abständen vernahm ich heimliche Schritte die Korridore auf und ab und die Treppen herauf und herunter schleichen. Manchmal kamen die Geräusche auf meine Tür zu, zögerten und gingen wieder weg. Undeutlich vernahm ich von abgelegenen Gängen Kettengeklirr, und ich lauschte, wie sich das Klirren näherte, wie es mühsam Treppen stieg und jeden Schritt mit dem losen Ende der Kette andeutete, das mit betontem Rasseln gegen jede Stufe schlug, als der Kobold, der die Kette trug, weiterschritt. Ich vernahm heimlich gemurmelte Sätze, halb ausgestoßene Schreie, die anscheinend gewaltsam erstickt wurden, das Rascheln unsichtbarer Gewänder, das Flattern unsichtbarer Flügel.

Dann wurde ich gewahr, daß man in mein Zimmer drang – daß ich nicht mehr allein war. Um mein Bett hörte ich Seufzer und Atem und geheimnisvolles Flüstern. An der Decke direkt über meinem Kopf erschienen drei kleine Kugeln sanften, phosphoreszierenden Lichts, hingen und glühten dort einen Augenblick und fielen dann herab – zwei auf mein Gesicht und eine auf das Kopfkissen. Aus ihnen spritzte Flüssigkeit, und sie fühlten sich warm an. Meine Eingebung sagte mir, daß sie sich in Blutblasen verwandelt hatten, als sie herunterfielen – ich bedurfte keines Lichts, um mich davon zu überzeugen. Dann erblickte ich bleiche Gesichter, schwach leuchtend, und weiße erhobene Hände, die körperlos in der Luft schwebten – einen Augenblick schwebten und dann verschwanden.

Das Flüstern, die Stimmen und Geräusche hörten auf, und eine feierliche Stille folgte. Ich wartete und lauschte. Mir war zumute, als müßte ich sterben, wenn ich kein Licht bekäme. Ich war matt vor Furcht. Langsam setzte ich mich auf, da kam mein Gesicht in Berührung mit einer feuchtkalten Hand! Die Kräfte verließen mich offenbar, denn ich fiel zurück wie ein schwer heimgesuchter Kranker. Dann vernahm ich das Rascheln eines Gewandes – es schien sich durch die Tür hinauszubewegen.

Als alles wieder still war, kroch ich aus dem Bett, siech und schwach, und zündete das Gas mit Händen an, die zitterten, als wären sie um hundert Jahre gealtert. Das Licht hob meine Stimmung ein bißchen. Ich setzte mich und verfiel in eine träumerische Betrachtung des großen Fußabdrucks in der Asche. Nach und nach begann sein Umriß zu flimmern und zu verschwimmen. Ich blickte auf, die große Gasflamme schrumpfte langsam ein. Im gleichen Moment hörte ich wieder jenen elefantischen Tritt. Ich bemerkte, wie er immer näher kam durch die muffigen Gänge, und immer trüber wurde das Licht. Die Tritte kamen genau vor meine Tür und hielten inne – das Licht war zu einem blassen Blau gewelkt, und alle Dinge um mich herum lagen in einem gespenstischen Zwielicht. Die Tür öffnete sich nicht, und doch fühlte ich, wie ein schwacher Luftzug meine Wange streifte, und plötzlich wurde ich einer riesigen nebelhaften Erscheinung vor mir gewahr. Mit gebannten Augen beobachtete ich sie. Ein bleicher Glanz glitt über das Etwas; allmählich nahm das nebelhafte Gebilde Form an – ein Arm erschien, dann Beine, dann ein Leib, und endlich blickte ein großes, trauriges Gesicht aus dem Dunst. Seiner schleierförmigen Behausung entkleidet, nackt, kräftig und stattlich, schwebte undeutlich der majestätische Riese von Cardiff über mir!

All mein Elend war verflogen, denn jedes kleine Kind weiß, daß diese milden Züge nichts Böses ersinnen konnten. Sofort kehrte meine frohe Laune zurück, und übereinstimmend mit ihr flammte das Gas wieder hell auf. Noch nie hat ein einsamer Ausgestoßener Gesellschaft so freudig begrüßt, wie ich den freundlichen Riesen willkommen hieß.

Ich sagte: »Nanu, bist du es nur? Weißt du auch, daß ich mich in den letzten zwei, drei Stunden zu Tode geängstigt habe? Ich freue mich wirklich sehr, daß ich dich treffe. Ich wünschte, ich hätte einen Stuhl ... Hier, hier, versuche nicht, dich auf das Ding da zu setzen!«

Aber es war zu spät. Er setzte sich, bevor ich ihn aufhalten konnte, und schon saß er unten – mein ganzes Leben habe ich keinen Stuhl so zittern sehen.

»Halt, halt, du ruinierst all ...«

Wieder zu spät. Es krachte wieder, und ein zweiter Stuhl löste sich in seine Bestandteile auf.

»Verdammt noch mal, hast du denn überhaupt keinen Verstand? Willst du hier das gesamte Mobiliar zertrümmern? Hier, hier, du versteinerter Idiot ...«

Es hatte jedoch keinen Zweck. Ehe ich ihn zurückhalten konnte, hatte er sich auf das Bett gesetzt, und es war eine traurige Ruine.

»Na, was soll denn das nun wieder sein? Erst stapfst du sinnlos hier im Hause herum, wobei du noch einen Schwarm vagabundierender Kobolde mitbringst, die einen zu Tode quälen, und wenn ich dann über dein unfeines Kostüm hinwegsehe, das von kultivierten Leuten nirgendwo geduldet würde, außer in einem ehrbaren Theater – und auch dort nicht einmal, wenn es sich um die Nacktheit *deines* Geschlechts handelt –, dann zertrümmerst du mir sämtliche Möbelstücke, auf die du dich nur setzen kannst. Und weshalb eigentlich. Du fügst dir genausoviel Schaden zu wie mir. Du hast dir das Ende der Wirbelsäule gebrochen und mit Splittern von deinen Schenkeln auf dem Fußboden herumgeworfen, daß es im Zimmer aussieht wie in einem Marmorbruch. Du solltest dich was schämen – du bist ja schließlich groß genug.«

»Gut. Ich werde keine Möbel mehr kaputtmachen. Aber was soll ich tun? Hundert Jahre lang hatte ich keine Gelegenheit, mich zu setzen.« Und Tränen traten in seine Augen.

»Armer Schlucker«, sagte ich. »Ich hätte mit dir nicht so streng sein sollen. Noch dazu, wo du zweifellos ein Waisenkind bist. Aber setz dich nur mal hier auf den Boden – nichts anderes hält dein Gewicht aus –, und übrigens können wir uns nicht ungezwungen unterhalten, wenn du so weit oben steckst; ich möchte dich hier unten haben, wo ich mich auf diesen hohen Büroschemel hocken und mit dir Auge in Auge plaudern kann.«

Er setzte sich also auf den Fußboden und zündete sich eine Pfeife an, die ich ihm gab, warf sich eine meiner roten Bettdecken über die Schulter, stülpte sich meine Sitzbadewanne wie einen Helm auf den Kopf, warf sich malerisch in Schale und machte es sich bequem. Dann schlug er die Beine bei den Knöcheln übereinander, während ich Holz nachlegte, und streckte die flachen, löcherigen Sohlen seiner kolossalen Füße in die wohltuende Wärme.

»Was ist denn mit deinen Fußsohlen und der Hinterseite deiner Beine los, daß sie so ausgehöhlt sind?«

»Elende Frostbeulen – bis hinauf zum Hinterkopf habe ich mir welche geholt, als ich dort draußen unterhalb Newells Farm nächtigte. Aber mir gefällt es dort; ich liebe den Ort, wie man seine alte Heimat liebt. Nirgends finde ich solchen Frieden wie dort.«

Eine halbe Stunde unterhielten wir uns weiter, dann bemerkte ich, daß er müde aussah, und fragte ihn danach.

»Müde?« antwortete er. »Na, das will ich meinen. Und jetzt will ich dir einmal alles erzählen, da du mich so gut behandelt hast. Ich bin der Geist des Versteinerten Menschen, der dort über der Straße im Museum liegt. Ich bin der Geist des Riesen von Cardiff, ich finde keine Ruhe, keinen Frieden, bis sie den armen Leichnam wieder bestattet haben. Was war also für mich der natürlichste Weg, die Leute zu veranlassen, daß sie mir den Wunsch erfüllen? Ihnen einen Schrecken einzujagen, damit sie es tun! – In dem Hause zu spuken, in dem der Leib liegt.

Nacht für Nacht habe ich deshalb das Museum heimgesucht. Andere Geister habe ich sogar dazu gebracht, mir zu helfen. Es hatte aber keinen Sinn, denn um Mitternacht kam nie jemand ins Museum. Mir fiel dann ein, hier über die Straße zu kommen und in diesem Haus ein bißchen zu spuken. Ich glaubte, wenn ich nur einmal Gehör fände, müßte ich Erfolg haben, denn ich besaß die tüchtigste Begleitung, die die Verdammnis auf die Beine stellen konnte. Nacht für Nacht sind wir in diesen moderigen Räumen herumgeflattert, haben Ketten geschleift, gestöhnt, geflüstert, sind die Treppen rauf- und runtergetrampt, bis ich, um dir die Wahrheit zu sagen, nun fast erledigt bin.

Als ich aber heute abend in deinem Zimmer Licht sah, nahm ich noch einmal alle Kraft zusammen und machte mich beinahe in alter Frische ans Werk. Aber ich bin abgekämpft – bin völlig fertig. Gib mir, flehe ich dich an, gib mir etwas Hoffnung!«

In einem Ausbruch höchster Erregung sprang ich von meinem Sitz auf und rief: »Das übersteigt alles, alles bisher Dagewesene! Ach, du armes, ungeschicktes altes Fossil, die ganze Mühe hast du dir umsonst gemacht – du hast in einem Gipsabguß von dir gesessen, der richtige Riese von Cardiff befindet sich in Albany.* Zum Donnerwetter, kennst du denn nicht deine eigenen Überreste?«

So einen sprechenden Ausdruck von Scham, bemitleidenswerter Erniedrigung habe ich noch nie auf einem Gesicht gesehen.

* Eine Tatsache. Der ursprüngliche Schwindel wurde kunstvoll und betrügerisch kopiert und in New York als der »einzig echte« Riese von Cardiff ausgestellt (zum unbeschreiblichen Entsetzen der Eigentümer des richtigen Kolosses), genau zur gleichen Zeit, als letzterer im Museum von Albany Massen von Besuchern anzog.

Der Versteinerte Mensch erhob sich langsam und sagte: »Ehrlich, ist das wahr?«

»So wahr ich vor dir sitze.«

Er nahm die Pfeife aus dem Mund, legte sie auf den Kaminsims, stand eine Weile unschlüssig da (wobei er unbewußt aus alter Gewohnheit die Hände dorthin steckte, wo die Hosentaschen gewesen wären, und nachdenklich das Kinn auf die Brust sinken ließ) und sagte schließlich: »Na, so albern bin ich mir noch nie vorgekommen. Der Versteinerte Mensch hat alle Leute angeführt, und jetzt setzt sich der gemeine Schwindel selbst ein Ende, indem er seinen eigenen Geist anführt! Mein Sohn, wenn du noch ein bißchen Nächstenliebe für ein armes, freudloses Gespenst übrig hast, dann trete das nicht breit. Denke daran, wie dir zumute wäre, wenn du dich so blamiert hättest.«

Ich hörte seinen majestätischen Tritt, Stufe um Stufe die Treppe hinunter und wie er draußen auf der verlassenen Straße verhallte. Es tat mir leid, daß er weg war, der arme Kerl – und noch mehr leid, daß er meine rote Decke und die Sitzbadewanne mitgenommen hatte.

ANATOLE FRANCE
Luzifer

E si compiacque tanto Spinello di farlo orribile e contrafatto, che si dice – tanto può alcuna fiata l'immaginazione – che la detta figura da lui dipinta gli apparve in sogno, domandandolo dove egli l'avesse veduta si brutta ...
Vite de' più eccelenti pittori ... da M. Giorgio Vasari. – Vita di Spinello *

Tafi, ein florentinischer Maler und Mosaikkünstler, fürchtete sich sehr vor Teufeln, insbesondere zu jenen Nachtstunden, in denen sich die bösen Mächte die Finsternis zunutze machen. Tafis Ängste waren auch keineswegs unbegründet, denn die Teufel hatten damals Ursache, die Maler zu hassen, die ihnen mit einem einzigen Bild mehr Seelen entrissen, als ein guter frommer Bruder es mit dreißig Predigten zuwege brachte. Dabei tat der Mönch sein Bestes, um den Gläubigen einen heilsamen Schrecken einzujagen mit seiner Schilderung vom Tag des Zorns, an dem die Welt nach dem Zeugnis Davids und der Sibylle wieder zu Staub würde. Er ließ seine Stimme anschwellen und blies in die Hände, um die Posaune des Engels nachzuahmen. Aber er redete in den Wind, während ein Bild an der Wand einer Kapelle oder eines Klosters, das Jesus Christus darstellte, wie er über die Lebenden und die Toten zu Gericht sitzt, ständig zu den Blicken der Sünder sprach und diejenigen durch die Augen läuterte, die durch die Augen oder auf andere Weise gesündigt hatten. Damals stellten geschickte Meister in Santa Croce zu Florenz und auf dem Campo Santo

* Und es bereitete Spinello so großes Vergnügen, ihn derartig grauenerregend und mißgestaltet darzustellen, daß es heißt – so viel vermag zuweilen die Einbildungskraft –, besagte von ihm gemalte Figur sei ihm im Traum erschienen und habe ihn gefragt, wo er sie so häßlich gesehen habe ... Lebensbeschreibungen der ausgezeichnetsten Maler ... von Herrn Giorgio Vasari. – Lebensbeschreibung Spinellos.

zu Pisa die Mysterien des göttlichen Gerichts dar. Diese Werke waren nach Dante Alighieris, eines in der Theologie und dem kanonischen Recht hochgelehrten Mannes, in Versen gesetzter Erzählung gemalt, die er einst über seine Reise in die Hölle, das Purgatorium und das Paradies verfaßt hatte, wohin er wegen der außerordentlichen Verdienste seiner Herzensdame bereits zu Lebzeiten gelangte. Deshalb war alles auf diesem Bilde lehrreich und wahr, und man kann wohl behaupten, daß man aus der Lektüre einer weitschweifigen Chronik weniger Nutzen zieht als aus der Betrachtung solcher Gemälde. Die florentinischen Meister gaben sich alle Mühe, in schattigen Orangenhainen auf blumenübersätem Grase Edelfräulein und Ritter darzustellen, denen der Tod mit seiner Sense auflauert, während sie beim Klang der Lauten und Violen von Liebe plaudern. Nichts konnte geeigneter sein, die fleischlichen Sünder zu bekehren, die das Vergessen Gottes von Frauenlippen tranken. Um die Geizhälse zu bessern, stellte der Maler sehr realistisch Teufel dar, die geschmolzenes Gold in den Mund des Bischofs oder der Äbtissin gossen, die ihm eine Arbeit aufgetragen und diese schlecht bezahlt hatten. Deshalb waren die Teufel damals den Malern feind und besonders den florentinischen Malern, die alle andern an Erfindungsreichtum übertrafen. Vor allem nahmen die Teufel übel, daß sie von ihnen in häßlicher Gestalt, mit Vogel- oder Fischköpfen, Schlangenleibern und Fledermausflügeln dargestellt wurden. Ihr Groll tritt in der Geschichte Spinellos offen zutage.

Spinello Spinelli aus Arezzo war der Sproß einer in der Verbannung lebenden edlen Florentiner Familie. Der Adel seines Geistes glich dem seiner Geburt; denn er war der geschickteste Maler seiner Zeit. Er schuf in Florenz bedeutende Werke. Die Pisaner baten ihn, die Mauern des heiligen Klosters, in dem die Toten unter Rosen in Erde aus Jerusalem ruhen, nach Giotto zu schmücken. Nachdem er nun lange Jahre in den Städten gearbeitet und viel Geld verdient hatte, wollte er die gute Stadt Arezzo, seine Mutter, wiedersehen. Die Aretiner hatten nicht vergessen, daß Spinello, der in seiner Jugend bei der Bruderschaft von Santa Maria della Misericordia eingetragen war, im Pestjahr 1383 die Kranken besucht und die Toten beerdigt hatte. Auch wußten sie ihm Dank, daß er durch seine Werke Arezzo in der ganzen Toskana berühmt gemacht hatte. Deshalb empfingen sie ihn mit großen Ehren. Trotz seines Alters war er noch voller Kraft und übernahm wichtige Aufgaben in seiner Heimatstadt. Doch seine Frau erklärte: »Du bist reich. Setz dich zur Ruhe und überlaß es den jungen Leuten, an deiner Stelle zu malen. Es ist weise, am Lebensabend der Muße zu pflegen, und es geziemt sich, das Leben in besinnlicher, frommer Beschaulichkeit zu beschließen. Die weltlichen Werke ohne Unterlaß wie den babylonischen Turmbau zu vermehren heißt Gott versuchen. Du wirst den Frieden deiner Seele verlieren, Spinello, wenn du hartnäckig bei deinem Mörtel und deinen Farben bleibst.«

So sprach die gute Frau. Doch er hörte nicht auf sie. Er war nur darauf bedacht, seinen Reichtum und Ruhm zu vermehren. Anstatt sich zur Ruhe zu setzen, einigte er sich mit den Erbauern von Sant'Angelo über den Preis für eine Geschichte Sankt Michaels, die den ganzen Chor der Kirche mit zahllosen Gestalten bedecken sollte. Mit fieberhaftem Eifer stürzte er sich in diese Arbeit. Immer wieder las er die Stellen der Heiligen Schrift, die ihn inspirieren sollten, und studierte gründlich jede Zeile und jedes Wort. Er gab sich nicht damit zufrieden, den ganzen Tag in seinem Atelier zu zeichnen, sondern arbeitete sogar im Bett und bei den Mahlzeiten und dachte noch abends über sein Werk nach, während er am Fuß des Hügels spazierenging, auf dem sich Arezzo mit seinen Mauern und Türmen stolz erhebt. So kann man gewiß sein, daß er die Geschichte des Erzengels im Kopf bereits fertiggemalt hatte, bevor er den Vorwurf mit Rotstift auf den Mauerputz zu skizzieren anfing. Bald hatte er die Umrisse gezeichnet und ging daran, über dem Hauptaltar die Szene zu malen, die glanzvoller als alle übrigen werden sollte; denn es galt, darin den vor Beginn der Zeiten errungenen Sieg des Anführers der himmlischen Heerscharen zu verherrlichen. Spinello stellte also den heiligen Michael dar, wie er in den Lüften mit der siebenköpfigen, zehnschwänzigen Schlange kämpft, und mit großem Vergnügen malte er im unteren Teil des Bildes den Fürsten der Dämonen, Luzifer, in Gestalt eines schrecklichen Ungeheuers. Die Figuren entstanden unter seiner Hand wie von selbst. Das Ergebnis übertraf seine Erwartungen. Luzifers Antlitz war so abstoßend, daß man sich der Macht seiner Häßlichkeit nicht entziehen konnte. Dieses Gesicht verfolgte den Maler bis auf die Straße und begleitete ihn nach Hause.

Als es Nacht wurde, legte sich Spinello neben seiner Frau zu Bett und schlief ein. Im Schlaf erschien ihm ein Engel, so schön wie Sankt Michael, doch schwarz. Dieser Engel sprach zu ihm: »Spinello, ich bin Luzifer. Wo hast du mich denn gesehen, daß du mich in so abscheulicher Gestalt malst?«

Zitternd erwiderte der alte Maler, er habe ihn niemals von Angesicht erblickt, da er nie wie Dante Alighieri lebend zur Hölle gefahren sei; doch habe er ihn so dargestellt, weil er die Häßlichkeit der Sünde eindringlich veranschaulichen wollte.

Luzifer zuckte die Achseln, und man hätte meinen können, der Hügel von San Geminiano habe sich plötzlich in die Höhe gehoben. »Spinello«, sagte er, »willst du mir die Freude machen und mit mir vernünftig über die Sache reden? Ich bin ein ziemlich guter Logiker. Der, den du anbetest, weiß es.«

Als er keine Antwort erhielt, fuhr Luzifer wie folgt fort: »Spinello, du hast die Bücher gelesen, die von mir berichten. Du kennst meine Geschichte und weißt, wie ich den Himmel verließ, um der Fürst der Welt zu werden. Ein erhabenes Unternehmen, das einzigartig wäre, wenn die Riesen nicht gleichermaßen den Gott Jupiter angegriffen hätten, wie du auf einem antiken Grabmal gesehen hast, Spinello, auf dem dieser Krieg in Marmor dargestellt ist.«

»Es stimmt, ich habe das tonnenförmige Grabmal in Santa Reparata zu Florenz gesehen«, antwortete Spinello. »Es ist eine schöne römische Arbeit.«

»Jedenfalls sind die Riesen darauf weder in Gestalt von Fröschen noch von Chamäleons dargestellt.«

»Sie haben ja auch nicht den wahren Gott angegriffen«, meinte der Maler, »sondern nur ein Idol der Heiden. Das ist sehr wichtig. Dagegen ist es eine unbestrittene Tatsache, daß du, Luzifer, die Fahne des Aufruhrs gegen den wahren König des Himmels und der Erde erhoben hast.«

»Ich streite es nicht ab», erwiderte Luzifer. »Wie viele Sünden legst du mir deswegen zur Last?«

»Man kann dir wohl sieben vorwerfen«, entgegnete der Maler, »und zwar alle Todsünden.«

»Sieben!« wiederholte der Engel der Finsternis. »Das ist eine theologische Zahl. Alles in meiner Geschichte, die eng mit der des Anderen verknüpft ist, kann man durch sieben teilen. Spinello, du hältst mich für hoffärtig, zornig und mißgünstig. Ich gebe zu, es zu sein, vorausgesetzt, du erkennst an, daß allein der Ruhm mich mißgünstig machte. Hältst du mich für geizig? Auch das gebe ich zu. Geiz ist eine Tugend der Fürsten. Was Völlerei und Unzucht anbelangt, so bin ich nicht böse, wenn du sie mir zum Vorwurf machst. Bleibt noch die Trägheit.«

Während dieser Worte kreuzte Luzifer die Arme über seiner Rüstung und schüttelte sein düsteres Haupt, so daß die feurige Mähne ihn umwehte. »Spinello, hältst du mich wirklich für träge? Hältst du mich für feige, Spinello? Glaubst du, ich hätte es bei meinem Aufruhr an Mut fehlen lassen? Nein. Es wäre also recht und billig, mich mit kühnen, stolzen Gesichtszügen zu malen. Man darf niemandem Unrecht tun, auch nicht dem Teufel. Siehst du nicht ein, daß du den beleidigst, den du anbetest, wenn du ihm eine widerwärtige Kröte zum Gegner gibst? Spinello, du bist sehr unwissend für dein Alter. Ich habe große Lust, dich wie einen schlechten Sünder an den Ohren zu ziehen.«

Als er sah, wie Luzifer bereits den Arm nach ihm ausstreckte, um seine Drohung wahr zu machen, griff Spinello sich an den Kopf und fing vor Schreck laut zu heulen an.

Seine gute Frau fuhr aus dem Schlaf hoch und fragte, was ihm fehle. Zähneklappernd antwortete er, soeben habe er Luzifer gesehen und um seine Ohren gezittert.

»Ich habe es dir ja gesagt, all die Gestalten, die du durchaus an die Wände malen willst, werden dich schließlich verrückt machen«, erklärte die gute Frau.

»Ich bin nicht verrückt«, widersprach der Maler. »Ich habe ihn gesehen, er ist schön, doch traurig und stolz. Gleich morgen will ich die schreckliche Gestalt tilgen, die ich gemalt habe, und an ihre Stelle jene setzen, die ich im Traum gesehen habe; denn man darf selbst dem Teufel nicht Unrecht tun.«

»Du tätest besser zu schlafen«, erwiderte die Frau, »du hältst unvernünftige und wenig christliche Reden.«

Spinello wollte sich erheben, doch er hatte nicht die Kraft dazu und sank bewußtlos auf das Kissen zurück.

Noch einige Tage siechte er im Fieber dahin, dann starb er.

Quellenverzeichnis

William Polidori Der Vampir
Deutsche, völlig neu bearbeitete Fassung der 1819 bei Leopold Voß in Leipzig erschienenen »Erzählung aus dem Englischen des Lord Byron« von Hans-Joachim Kruse. Die in Wirklichkeit von dem mit Byron befreundeten italienischen Arzt Polidori nach einer Skizze des berühmten englischen Dichters verfaßte, im Original recht triviale Erzählung löste seinerzeit eine Flut von Vampir-Geschichten aus.

Walter Scott Die Erzählung des blinden Spielmanns
Übersetzung: Ilse Hecht. Aus: Englische Kurzgeschichten, Sammlung Dieterich Nr. 56, Leipzig 1948

William Austin Peter Rugg, der Verschollene
Übersetzung: Martin Schulze. Aus: Amerikanische Kurzgeschichten, Sammlung Dieterich Nr. 61, Leipzig 1957

Nikolai Gogol Die Johannisnacht
Übersetzung: Michael Pfeiffer. Aus: Abende auf dem Weiler bei Dikanka, Aufbau-Verlag Berlin und Weimar 1968

Alexej Tolstoi Die Familie des Wurdalak
Übersetzung: Werner Creutziger. Aus: Die unheimliche Wahrsagung. Erzählungen der russischen Romantik, Rütten & Loening, Berlin 1969

Washington Irving Der Großprior von Menorca
Übersetzung: Helene Klein. Aus: Amerikanische Erzähler des 19. Jahrhunderts, Verlag Neues Leben, Berlin 1958

Théophile Gautier Omphale
Übersetzung: Gabrielle Betz. Aus: Gesammelte Werke, Avalun-Verlag, Hellerau bei Dresden 1926

Prosper Mérimée Die Venus von Ille
Übersetzung: Helmut Bartuschek. Aus: Auserlesene Novellen, Sammlung Dieterich Nr. 134, Leipzig 1951

Edgar Allan Poe Die Maske des Roten Todes
Übersetzung: Günther Steinig. Aus: Phantastische Erzählungen, Sammlung Dieterich Nr. 148, Leipzig 1953

Honoré de Balzac Der Staatsanwalt
Übersetzung: I. Meyer. Aus: Die sehr sonderbaren Geschichten, Greifenverlag zu Rudolstadt 1954

Alexandre Dumas (d. Ä.) Die Katze, der Gerichtsdiener und das Skelett
Übersetzung: Hans-Joachim Kruse

Edward Bulwer-Lytton Ein unheimliches Haus in der Oxford Street
Deutsche Fassung nach der Erstveröffentlichung »The Haunted and the Haunters« in »Blackwood's Magazine«, August 1859, von Herbert Greiner-Mai

Jan Neruda Der Vampir
Aus: Deutsches Wochenblatt, XII, 1899

Gustavo Adolfo Becquer Das Miserere
Übersetzung: Otto Hauser. Aus: Legenden, Alexander Duncker-Verlag, Weimar 1914

Hans Christian Andersen Anne Lisbeth
Übersetzung: Eva-Maria Blühm. Aus: Sämtliche Märchen und Geschichten, Sammlung Dieterich Nr. 133, Leipzig 1953

Bret Harte Die Sage von Devils Point
Aus: Argonauten-Geschichten, Wilhelm-Grunow-Verlag, Leipzig 1873

Fjodor Dostojewski Bobok
Übersetzung: E. Rahsin. Aus: Sämtliche Werke, R. Pieper Verlag München und Leipzig, 1907

Nikolai Leskow Das Gespenst in der Ingenieurburg
Übersetzung: Aljonna Möckel

Claude Vignon (d. i. Noémi Cadiot [1832–1888]) Der Gefährte der Toten
Deutsche bearbeitete Fassung: Hans-Joachim Kruse

Iwan Turgenjew Der Hund
Übersetzung: Herbert Wotte. Aus: Gesammelte Werke, Aufbau-Verlag Berlin und Weimar 1970

Oscar Wilde Das Gespenst von Canterville
Übersetzung: Alice Seifert. Aus: Sämtliche Märchen und Erzählungen, Sammlung Dieterich Nr. 221, Leipzig 1959

Guy de Maupassant Wer weiß?
Übersetzung: Wilhelm Rücker

Herman Bang »Aber du sollst dich meiner erinnern...« Aus: Gesammelte Werke in vier Bänden, S.-Fischer-Verlag, Berlin 1919

Robert Louis Stevenson Die krumme Janet
Übersetzung: Ilse Hecht. Aus: Das rätselvolle Leben. Meistererzählungen, Sammlung Dieterich Nr. 146, Leipzig 1953
Ambrose Bierce Das verfluchte Ding
Übersetzung: Werner Beyer und Joachim Marten. Aus: bittere stories, Sammlung Dieterich Nr. 285, Leipzig 1965
Luigi Capuana Mastro Rocco, der Schatzgräber
Aus: Westermanns illustrierte deutsche Monatshefte, Heft 382, Juli 1888
Anton Tschechow Eine schreckliche Nacht
Übersetzung: Wolf Düwel. Aus: Gesammelte Werke, Rütten & Loening, Berlin 1965
Władysław St. Reymont Eine sonderbare Geschichte
Übersetzung: Kurt Kelm
Mark Twain Eine Geistergeschichte
Übersetzung: Günther Klotz. Aus: Der berühmte Springfrosch von Calaveras, Aufbau-Verlag, Berlin 1993
Anatole France Luzifer
Übersetzung: Irmgard Nickel. Aus: Thaïs, Blaubart, Crainquebille und andere Erzählungen, Sammlung Dieterich Nr. 342, Leipzig 1975

Wir danken den Verlagen für die freundlich erteilten Abdruckgenehmigungen.

Der Herausgeber dankt Irene und Hans Joachim Kruse für mannigfache Anregungen.

Inhaltsverzeichnis